KB138807

동물은
인간에게
무엇인가

옮긴이_천명선

서울대학교에서 수의학과 보건학을 공부하고 독일의 뮌헨 루드비히막시밀리안 대학교에서 수의역사학 박사 학위를 받았다. 인간-동물 관계의 역사와 동물 질병에 대한 사회적 해석에 관심을 두고 연구하고 있다. 현재 서울대학교 수의과대학에서 수의인문사회학 교수로 활동하고 있다.

옮긴이_조중헌

한양대학교 대학원에서 사회학과 여성학을 공부했으며, 다양한 사회집단 간에 맺어지는 권력 관계에 관심을 갖고 있다. 현재는 주로 인간동물과 비인간동물의 관계에 관한 글을 쓰고, 번역하고, 강의를 하고 있다.

동물은 인간에게 무엇인가

한국어판 ⓒ 공존, 2018, 대한민국

2018년 7월 1일 1판 1쇄 펴냄
2019년 4월 1일 1판 2쇄 펴냄

지은이_마고 드멜로 | 옮긴이_천명선·조중헌 | 디자인_도트컴퍼니 | 펴낸이_권기호 | 펴낸곳_공존
출판 등록_2006년 11월 27일(제313-2006-249호) | 주소_(04157)서울시 마포구 마포대로 63-8 삼창빌딩 1403호
전화_02-702-7025 | 팩스_02-702-7035 | 이메일_info@gongjon.com | 홈페이지_www.gongjon.com

ISBN 979-11-985014-1-5 93330

동물은
인간에게
무엇인가

**인간과 동물의 관계를
통찰하는 인간동물학 집대성**

마고 드멜로 지음
천명선·조중헌 옮김

공존

머리말

2003년 처음으로 인간동물학(Human Animal Studies)을 강의하기 시작한 이래로 수년 동안 교재를 쓰고 싶기는 했다. 그러나 이 책을 시작할 수 있었던 것은 동물과사회연구소(Animals and Society Institute, ASI)와 했던 일들, 그리고 인간동물학집행위원회(Human Animal Studies Executive Committee)에서 맡았던 임무 때문이다. 2004년 10월 인간동물학 연구자 15명이 국제온정주의적삶 페스티벌(International Compassionate Living Festival)에 처음으로 모여서 급속도로 성장하고 있는 이 분야와 우리의 역할에 대해 토론했다. 처음 회의에서 우리는 인간동물학을 어떻게 발전시켜 나갈 것인지, 그리고 전국 여러 학술 기관에서 이 새로운 학문 분야를 어떻게 강화시켜 나갈지 논의했다.

처음 회의가 있은 후 나를 비롯하여 케네스 샤피로(Kenneth Shapiro, ASI), 캐리 로먼(Carrie Rohman, Lafayette College), 셰릴 조지프(Cheryl Joseph, Notre Dame de Nature University), 크리스티나 리슬리-커티스(Christina Risley-Curtiss, Arizona State University), 캐시 제니(Kathie Jennie, University of Redlands), 폴 왈도(Paul Waldau, Religion and Animals Institute), 조지나 몽고메리(Georgina

Montgomery, Michigan State University), 로버트 미첼(Robert Mitchell, Eastern Kentucky University)이 위원회를 구성하고 인간동물학 펠로 프로그램을 개설했다. 이 1년짜리 프로그램을 통해 연구자들이 매년 여름 6주 동안 집중 코스에 참여하기 위해 모이게 됐는데, 지금은 웨슬리언 대학교(Wesleyan University)와 공동으로 그 과정을 진행하고 있다. 우리는 또한 자연과학, 사회과학, 인문학 과목에서 인간동물학을 가르치는 데 필요한 정보를 엮어 『동물 가르치기: 학제적 인간동물학(*Teaching the Animal: Human-Animal Studies Across the Discipline*)』(2010)을 출간하기도 했다.

우리는 회의를 지속해온 몇 년 동안 인간동물학이 매우 빠르게 성장하는 것을 지켜보았다. 우리가 이전에 알았던 것보다 훨씬 많은 대학에서 여러 교과목이 개설됐고, 인간동물학을 주제로 더 많은 학술대회가 열리고 있으며, 대학 프로그램, 연구소, 학술지, 뉴스레터, 수의(獸醫) 프로그램, 법률 센터, 기구들이 생겨났다. 인간동물학에 대한 관심은 폭발적이라고 할 수 있다. 그러나 여전히 대학생들을 위한 교재가 부족한 상황이다.

이 책은 교수들에게 이 분야에 대한 포괄적인 개요를 제공하고 학생들에게는 인간 사회 속 동물 문제와 관련있는 다양한 주제를 다루는 쉬운 읽을거리를 제공함으로써 이 분야에 대한 이해의 간극을 메우고자 한다. 나는 또한 이 책을 바탕으로 더 많은 교수들이 인간-동물 관계를 가르치는 새로운 교육 과정을 개발할 수 있었으면 한다. 특히 이 책의 독자인 학생과 교육자 모두가 동물, 인간과 동물의 관계, 그리고 그러한 관계의 실질적 의미를 탐구하는 데서 커다란 즐거움과 유익을 느끼게 됐으면 한다.

차례

III부. 동물을 대하는 인간의 태도

IV부. 인간 문화 속의 동물

V부. 인간은 동물을 어떻게 이해하는가

I부

인간 사회에서
구성되는
동물

1

인간동물학

2010년 11월 첫 2주 동안 인터넷에서 뉴스나 대중문화 사이트를 검색해봤다면 아마 11월 중간선거의 여파나, G20 경제정상회의에 참여한 오바마 대통령, 인도네시아 화산 폭발로 인한 피해, 또는 아이티에 퍼진 콜레라에 관한 뉴스를 접할 수 있었을 것이다. 그리고 어쩌면 코미디 배우인 딕 밴 다이크(Dick Van Dyke)가 몇 년 전 버지니아 해변에서 서핑보드 위에서 잠들었다가 대양 한기운데를 표류하던 중 알라돌고래들 덕분에 서핑보드가 해변으로 떠밀려 구조됐다고 말하는 개그를 들었을 수도 있다. 11월에는 그해 6월 만취자의 음주운전 차량에 희생된 한 자동차 정비공의 개 '스폿'이 여전히 주인이 집으로 돌아오던 길에서 기다리고 있다는 뉴스도 있었다.

또 아마존(Amazon.com)이 공개적인 전자상거래 사이트에서 투견에 대한 책 판매를 중지해야 한다고 주장하는 PETA(People for the Ethical Treatment of Animals, 동물의 윤리적 대우를 위한 모임)의 요구를 다룬 기사도 있었다. 핼러윈 축제에 명절 음식으로 호박을 먹은 동물원 동물들에 대한 기사도 있었다. 주인이 죽은 후에, 남은 애완동물이 존중받으며 살 수 있기를 원하는 사람들에게 이 동물들이 보살핌을 받을 수 있도록 유산을 남기는 애완동물 신탁(pet trust)이 얼마나 인기가 높아지고 있는지에 대한 기사도 있었다. 한 남자를 죽이고 그의 아내에게 부상을 입힌 황소나 주인의 얼굴을 물어뜯어서 결국 안락사를 당한 애완 원숭이같이 사람에게 위해를 가한 동물에 대한 기사도 있었다. 그리고 매주 늘 일어나는 일이지만, 동물 학대와 관련있는 여러 건의 기사도 있었다. 이를테면 굶주린 말과 당나귀 35마리에 대한 소유권이 해제됐는데 관할 공무원이 이들을 발견했을 때 이미 죽은 동물이 다수였다거나, 누군가가 개를 칼로 찌르고 불에 태워 죽였다는 소식이었다. 그리고 2010년 G20 정상회담을 개최하는 한국 정부가 이 행사에 제공되는 물이 안전하다는 것을 보여주기 위해 금붕어를 물 공급 장치 안에 넣었다가 동물권(animal rights) 단체로부터 항의를 받은 기사도 찾아볼 수 있다. 이 모든 기사들은 오늘날 동물이 우리 삶에서 얼마나 중요하고 영향력이 큰지 보여주는 일부 예에 불과하다.

인간동물학이란 무엇인가?

우리 주변 사방에 동물이 있다. 우리 스스로가 동물일 뿐 아니라 인간으로서 우리의 삶은 인간이 아닌 다른 동물과 긴밀하게 연관되어 있다. 우리는 동물을 가족처럼 대하고 반려자로서 이들과 가정을 공유한다. 우리는 이들에게 옷을 사주거나 생일을 축하해 주기도 하고, 휴가에 데려가기도 한다. 우리는 애니멀 플래닛(Animal Planet) 채널의 「캐츠 101(Cats 101)」이나 「미어캣 보호구역(Meerkat Manor)」 같은 텔레비전 프로그램에서 동물을 보기도 하고, 《도그 팬시(Dog Fancy)》나 《래빗(Rabbit) USA》 같은 잡지를 구독하기도 한다. 우리는 매일 식사로 동물이나 이들이 생산하는 축산물을 먹는다. 옷이나 구두의 대부분은 동물의 가죽이나 모피, 털, 털실로 되어 있다. 우리는 동물 실험을 거친 샴푸로 머리를 감고, 실험동물에서 효과가 입증된 약을 먹는다. 우리는 동물원이나 해양포유동물공원을 방문하고, 동물이 벌이는 쇼를 즐기기 위해 로데오(rodeo) 구경을 간다. 그런가 하면 사람들 때문에 서식지가 파괴된 야생동물들이 어쩌다가 우리의 주거지역에 들어와 머물기도 한다. 우리는 누군가에 대해 말할 때 동물에 비유해서 '박쥐처럼 눈먼(blind as a bat)'이라고 하고, 누군가를 '암캐(bitch)'라고도 부른다. 우리는 동물을 종교 의례에 끌어들이기도 하고 그림이나 시 같은 문학 작품에서 이들을 묘사하기도 한다. 동물의 지위나 대우에 대한 이견 때문에 정치적 시위가 촉발되기도 한다. 이런저런 경로로 인간과 비인간(nonhuman)의 세계는 불가피하게 연결되어 있다.

수천 년 동안 모든 종류의 동물은 인간 사회의 물질적인 기반과 정신적인 토대에서 명백하게 중요한 위치를 차지해 왔다. 인간동물학(Human-Animal Studies)은 인간의 사회와 문화에서 동물이 차지하고 있는 위치와, 인간과 동물의 상호작용을 연구하는 융합적 연구 분야이다. 인간동물학을 인류동물학(anthrozoology), 동물연구(animal studies)라고 부르기도 한다. 이 분야의 핵심은 인간 사회와 동물의 삶이 어떤 식으로 교차하는지 탐구하는 것이다.

인간동물학은 단순히 동물에 대한 연구가 아니라, 인간이라는 동물과 비인간동물을 함께 연구한다. 동물행동학, 비교심리학, 동물학, 영장류동물학과 다르고 다양한 동물행동학 계열의 학문들과도 다르게, 인간동물학은 동물 자체에 대한 연구가 아니다. 그보다는 장소와 시간에 관계없이 관찰되는 모든 인간과 여타 동물의 상호 관계를 연구한다. 이 연구는 동물을 주제로 하는 다른 학문 분야로부터 정보를 제공받는다. 동물의 행동, 동물의 학습과 인지, 동물의 의사소통, 감성, 문화 등에 대한 최근의 연구 성과는 인간동물학과 여타 분야 모두에 광범위한 영향을 미치고 있다. 동물의 행동, 정신, 감정의 과정을 이해함으로써 우리는 인간과 동물의 상호작용을 보다 잘 이해할 수 있다.

인간 사회의 많은 부분은 비인간동물과의 상호작용, 또는 동물과 관련 있는 다른 사람들과의 상호작용을 통해 구조화된다. 인간 사회의 정말 많은 부분은 인간의 목적을 위해 동물을 착취하는 것에 기반을 두고 있다. 그런데 최근까지 학계는 이런 상호작용에 관심을 두지 않았다. 학문 영역에서 이런 연구는 동물의 존재가 우리 일상에서 차지하는 중요성을 고려할 때 거의 보

용어 정의

동물권(Animal right): 인간이 아닌 동물에게 도덕적 지위(moral status)와 기본권(basic rights)을 제공해야 한다고 주장하는 철학적인 입장이자 사회운동

동물연구(Animal studies): 적어도 자연과학에서 이 용어는 일반적으로 비인간동물을 과학적으로 연구하거나 의학 연구에 이용하는 것을 의미함. 그러나 인문학에서는 사회과학이 인간동물학이라고 칭하는 분야에 대해 동물연구라는 용어를 선호함.

인류동물학(Anthrozoology): 인간과 동물간의 상호작용, 인간-동물 유대(Human Animal Bond)를 연구하는 학문 분야

비판적동물연구(Critical animal studies, CAS): 동물 착취(exploitation), 억압(oppression), 지배(domination)의 철폐를 위해 연구하는 학문 분야

행동학(Ethology): 동물 행동을 연구하는 학문 분야

인간동물학(Human-animal studies, HAS): 인간과 비인간동물 사이의 관계와 상호작용에 대한 연구

이지 않는 수준이었다. 그러나 인간의 사회와 문화에서 동물이 갖는 고상께, 상징적, 역사적 중요성과 물리적으로 존재하는 동물의 실체를 고려할 때 이들의 존재감은 무시할 수준의 것이 아니다. 동물은 생물학, 동물학, 의과학, 인류학에서 오랫동안 연구 주제였다. 그러나 이 수준을 넘어서지는 못해서, "삶의 주체(subject of life)"가 아니라 학문의 객체로 여겨져왔을 뿐이다. 이렇게 된 원인 중 하나는 인간이 비인간동물을 이용하기 때문일 것이다. 우리가 이익, 필요, 욕망을 포함한 그들의 주체성을 인정하게 되면, 육식이나

그림 1.1. 애넷 에반젤리스타(Annette Evalgenlista)가 미즈 버니 페니(Ms. Bunny Penny)와 포즈를 취하고 있다. (사진: Drew Trujillo)

의학 실험같이 동물을 이용하는 인간의 많은 관행을 정당화하기가 너 힘들어진다.

    이 책의 목적은 인간과 다른 동물 사이의 관계를 학문 탐구의 영역으로 가져오는 것이다. 이 책의 주제는 미국 문화에서 동물이 어떻게 사회적으로 구조화되는가와 이런 사회직인 의미가 인종차별, 성차별, 그리고 계급 특권 같은 인간 및 인간의 위계적 관계를 지속하는 데 이용되는 방식을 알아보는 것이다. 또다른 주제는 가족, 법 체계, 정치 체계, 종교 체계, 교육 체계 같은 사회 제도 속에서 일어나는 동물과 인간의 상호작용을 고찰하는 것이다. 우리는 또한 인간이 동물을 통해 자신과 타인에 대한 정체성의 범주를 구성해 나가는 방법도 관찰할 것이다. 마지막으로 이 책은 미래의 인간-동물 관계와 관련있는 인간 사회 정책에 대한 몇 가지 중요한 철학적 입장을 살펴볼 것이다. 우리가 현재 가지고 있는 인간-동물 관계의 패턴을 21세기에도 지속한다면 어떤 윤리적이고 생태적이고 사회적인 결과가 나타날 것인가?

인간동물학의 역사

인간동물학은 최근 20년 동안 학계에 새로운 학문 영역으로 떠올랐다. 그러나 정치과학이나 인류학, 영문학, 지리학 같은 분야와 달리 인간동물학은 다학문적(multidisciplinary)이며 학제적(學際的, interdisciplinary) 성격을 가지고 있다. 이는 이 분야가 학문 간 영역을 넘나드는 다양한 학제로 구성돼 있음을 의미한다. 다시 말해 인간동물학 연구자는 확연히 다른 다양한 분야에서 나오며, 인간동물학 연구는 다양한 학문 영역에서 나온 데이터와 이론, 학문적 성과를 이용한다.

인간동물학과 비판적동물연구(Critical Animal Studies)는, 인간과 비인간동물의 관계(그것이 실제적이든 가상적이든)에 중점을 두고 심도 있게 연구하는 유일한 학문 분야이다. 여자(women), 여성(female), 여성적인 것(feminine)의 범주를 다루었던 1970년대 페미니스트 연구자들과 마찬가지로 인간동물학과 비판적동물연구 학자들은 '동물'을 인문학과 사회학, 자연과학에 끼워넣고 있다. 인간이 동물에 더 의존하게 될수록, 그리고 21세기 들어 우리와 동물의 관계가 변해감에 따라 이 관계를 학문적인 맥락에서 고찰하지 않는 것이 오히려 더 이상해 보인다. 특히 우리 주위에 동물 옹호자(animal advocate)들이 늘어가는 것을 보면 더 그렇다.

여성학이나 미국의 흑인 연구가 페미니즘이나 시민권 운동과 함께 거세진 것과 마찬가지로 인간동물학은 동물 보호 운동과 병행하여 성장했고 사실 이 운동의 영향을 크게 받았다(비판적동물연구는 이 운동과 더 강하게 연계되어 있다). 동물에 대한 중요한 두 저작물, 피터 싱어(Peter Singer)의 『동물 해방(Animal Liberation)』(1975)과 톰 리건(Tom Regan)의 『동물권에 대한 주장(The Case for Animal Right)』(1983)은 학자들 사이에서, 그리고 동물 옹호자와 일반 대중에게도 큰 관심을 불러일으켰다. 특히 최근 십수 년간 학계에서 인간동물학에 관심이 높아진 것은 윤리적 탐구의 가치를 갖는, 동물에 대한 철학적 논쟁과 직접적인 관련이 있다.

이후 수십 년간 철학 분야에서뿐 아니라 역사학자, 인류학자, 사회학자,

심리학자, 지리학자, 여성학자 등 많은 학자들이 동물에 대해 저술하기 시작
했다. 예를 들어 1980년대에는 동물에 대한 다양한 관행 또는 태도의 역사
에 초점을 맞춘 책들이 출간됐다. 초기작들 중 하나로 역사학자인 키스 토머
스(Keith Thomas)가 1983년 발간한『인간과 자연계(Man and the Natural World: A
History of the Modern Sensibility)』는 서양 사상에서 '자연' 개념의 기원을 탐구했
다. 로버트 단턴(Robert Darnton)은 1984년『고양이 대학살(The Great Cat Masacre
and Other Episodes in French Cultural History)』에서 18세기 한 무리의 파리 노동자
계급 남자들이 고양이를 고문했던 것은 자신들의 사장과 고양이를 좋아하
는 사장 부인에 대한 적대감을 표현한 것으로 간주했다. 코럴 랜즈베리(Coral
Lansbury)의『늙은 갈색 개: 에드워드 시대 영국 여성, 노동자 그리고 생체 해
부(The Old Brown Dog: Women, Workers, and Vivisection in Edwardian England)』(1985)는
초기 빅토리아 시대 영국의 생체 해부 반대 운동 내에서 계급과 성별 사이의
교차점을 관찰했다. 해리엇 리트보(Harriet Ritvo)와 매켄지(J. M. Mackenzie)는
각각 1987년과 1988년에『동물 유산(Animal Estate)』,『지연의 제국(The Empire
of Nature: Hunting, Conservation and British Imperialism)』을 출간했다. 이 두 책은 영
국이 동물과 맺어온 관계의 역사를 조망했다. 같은 시기 제임스 서펠(James
Serpell)의『동물, 인간의 동반자(In the Company of Animals)』(1986)는 비교문화적
맥락에서 애완동물 사육에 초점을 맞추고 있다. 이 분야에서는 다음 두 권의
책이 가장 큰 영향을 미쳤다. 1984년도에 출간된 이푸 투안(Yi-Fu Tuan)의
『지배와 애정(Dominance and Affection: The Making of Pets)』은 이 분야의 고전으로
인간-애완동물 사이에 내재하는 권력 관계를 관찰했다. 또한 도나 해러웨
이(Donna Haraway)의 1989년 저작『영장류의 시각(Primate Visions: Gender, Race,
and Nature in the World of Modern Science)』은 (영장류 학자들의 연구에 기반한) 인간의 기
원에 관한 지배적 설명들이 어떻게 계급, 국가, 젠더(gender), 인종에 대한 이
데올로기를 수용하고 유지해 왔는지 설명하고 있다. 또 1980년대에는 국제
인류동물학회(International Society for Anthrozoology)가 인간동물학 분야의 첫
전문 학술지인《앤스로주스(Anthrozoös)》(1987)를 발행하기도 했다.

　　1990년대에는 새로운 서적들이 출판되고 이 분야가 성장하기 시작했

다. 오브리 매닝(Aubrey Manning)과 제임스 서펠은 『동물과 인간 사회: 관점의 변화(*Animals and Human Society: Changing Perspective*)』(1994)를 엮어냈다. 이 책은 중세 시대 동물의 이미지부터 19세기 동물에 대한 태도까지 아우르며 인간 사회에서 동물이 어떤 역할을 수행하는지 조망한다. 같은 해 여성학자인 캐럴 애덤스(Carol Adams)와 조지핀 도너번(Josephine Donnovan)이 편집한 『동물과 여성(*Animals and Women: Feminist Theoretical Explorations*)』은 페미니즘과 동물 문제를 다룬 최초의 대작이 됐다. 아널드 알루크(Arnold Arluke)와 클린턴 샌더스(Clinton Sanders)의 『동물에 대하여(*Regarding Animals*)』는 1996년에 출간됐는데, 지금은 인간동물학 분야에서 고전의 반열에 올랐다. 인간-동물 관계에 대한 이 사회학적인 연구는 동물과 함께 일하는 인간들(이를테면 실험실 근무자, 동물 보호소 근무자, 개 조련사)이 작업을 어떻게 수행하고 그 과정에서 형성되는 복합적인 관계에 어떻게 대처하는지 탐구한다. 1997년 제니퍼 햄(Jennifer Ham)과 매슈 시니어(Matthew Senior)는 문학 이론에서의 동물성(Animality)을 설명하는 기념비적인 저작 『동물 공연(*Animal Acts: Configuring the Human in Western History*)』을 출간했다. 다음 해에는 지리학자인 제니퍼 월치(Jennifer Wolch)와 조디 에멀(Jody Emel)이 인간과 동물의 관계를 문화지리학적 관점에서 접근하여 인간과 동물이 만나고 갈등을 빚는 지점을 관찰하는 최초의 책 『동물지리학(*Animal Geographies: Place, Politics, and Identity in the Nature-Culture Borderlands*)』을 펴냈다. 1998년에는 동물 학대와 인간의 폭력을 다룬 랜들 록우드(Randall Lockwood)와 프랭크 아시온(Frank Ascione)의 『동물 학대와 인간에 대한 폭력(*Cruelty to Animals and Interpersonal Violence*)』이 출판됐다. 고전으로 자리잡은 이들의 책에 이어 1999년에 출간된 프랭크 아시온과 필 아코(Phil Arkow)의 『아동 학대, 가정 폭력, 그리고 동물 학대(*Child Abuse, Domestic Violence and Animal Abuse*)』도 같은 연장선상에 있다. 사람들이 개를 어떻게 인식하고 의미를 부여하는지 다루는 클린턴 샌더스의 『개에 대한 이해(*Understanding Dogs: Living and Working with Canine Companions*)』 역시 1999년에 발간됐다.

21세기 들어 처음 10년 동안 사실상 거의 모든 학문 분야에서 인간동물학과 관련된 수십 권의 책이 발간됐다는 것은 이 분야의 괄목할 만한 성장을 보여준다. 2000년 앤서니 포드버섹(Anthony Podberseck), 엘리자베스 폴(Elizabeth Paul), 제임스 서펠은『반려동물과 우리(*Companion Animals and Us: Exploring the Relationships Between People and Pets*)』라는 책을 통해 인간과 애완동물의 관계를 집중 조명했다. 이 시기에 비판적동물연구 분야의 핵심 서적들도 출간됐다. 그중 스티브 베스트(Steve Best)와 앤서니 노첼라(Anthony Nocella)의『테러리스트인가 자유 투사인가(*Terrorists or Freedom Fighters: Reflections on the Liberation of Animas*)』(2004), 리사 케머러(Lisa Kemmerer)의『일관성을 찾아서: 윤리와 동물(*In Search of Consistency: Ethics and Animals*)』(2006), 캐럴 지글리오티(Carol Gigliotti)의『레오나르도의 선택(*Leonardo's Choice: Generic Technologies and Animals*)』(2009) 등이 주요 저작물이다.

관점으로서의 인간동물학

사회학자들은 사회적 세계를 바라보는 방식, 즉 사회학적 상상력(sociological imagination)에 대해 이야기해 왔다. 라이트 밀스(Wright Mills, 1959)가 만들어낸 이 용어는 사회적 맥락에서 인간의 삶을 바라보는 관점을 제공한다. 즉 인간의 삶을 구성하는 사회적 힘이 작용하는 방식을 볼 수 있게 해준다. 인간동물학은 사회학과 마찬가지로 하나의 학문 분야이며 사회를 바라보는 관점이다. 인간동물학은 '인간과 동물의 관계와 상호작용'이라는 주제를 통해 정의될 수 있으나, 부분적으로는 동물 그 자체에 대한 다양한 이해 방식을 통해서도 정의된다. 인간동물학이 동물 행동을 이해하기 위한 학문은 아님에도 불구하고(위에서 언급한 바와 같이 행동학의 연구 결과에 의지하기는 하지만), 인간동물학 연구자들은 인간 사회와 문화의 맥락 안에서 동물을 이해하고 싶어한다. 그들은 문학이나 예술 작품 속에서 문학적 또는 예술적 동물 활용을 탐구하며, 인간 가족과 반려동물 사이의 관계, 종교나 언어에서의 동물 상징 사용, 농업이나 의과학 연구에서의 동물 이용, 그리고 동물과 함께 일하는 사람들을 연구한다. 그들은 인간 세계 어디에나 존재하는 동물을 탐구하는 데 집중한다.

현재, 과거, 미래의 인간 상황 전체(생물학적 측면, 문화, 사회, 언어)를 다루기 때문에 전체론적인 과학으로 이해되는 인류학처럼 인간동물학 역시 **전체론적(holistic)**이다. 예를 들어 『토끼가 들려주는 이야기(*Stories Rabbits Tell: A Natural and Cultural History of a Misunderstood Creature*)』(2003)에서 수전 데이비스(Susan Davis)와 나는 한 종으로서의 토끼의 진화, 토끼의 가축화, 세계 각국의 민속·신화·종교에서의 토끼의 역할, 미술·문학·키치(kitsch)·장난감에 나타난 토끼, 고기·털·애완동물·생체 해부 산업에서의 토끼, 가정용 애완동물로 사랑받는 토끼 등을 다룬다. 우리는 우리의 작업이 '진정한' 토끼를 조명하는 것 그리고 토끼가 구조화되고 이용되고 해석되는 다양한 방식을 밝히는 것이라고 생각했다. 그래서 우리의 책은 인간과 토끼의 관계를 광범위하게 구성하는 데 중점을 두고 있다.

초기 사례에서 볼 수 있듯 인간동물학 연구자들은 동물이 어떻게 **사회적으로 구성되는지** 이해하고자 했다. 한 층위에서 보면 동물은 명백하게 자연에 존재한다. 그러나 이들이 인간 사회에 포함되면 이들은 용도에 기초해서 인간의 범주에 할당된다. 동물이 어떻게 보이는가뿐만 아니라 어떻게 이용되고 대우받는가를 구성하는 것은 이런 범주(실험동물, 애완동물, 농장동물)를 통해서이다. 한걸음 더 나아가서 우리는 이렇게 질문해볼 수도 있다.

"문화 밖에서 동물은 무엇인가?"

사회학자인 키스 테스터(Keith Tester, 1991:46)는 "어류는 우리가 어류라고 분류할 때만 어류이다"라고 말했다. 이런 분류는 8 개 에기 기 꾸에더 줌이는 다른 존재(인간 외의 동물)를 희생시켜 누군가(인간이라는 동물)의 이익을 도모하는, 정치적 방식으로 적용된 분류법이다.

중국의 백과사전 『천조인학광람(天朝仁學廣覽, *Emporio celestial de conocimientos benévolos*)』에는 동물을 (a) 천자에 소속된 것, (b) 미라화된 것, (c) 훈련받은 것, (d) 젖먹이 돼지, (e) 인어, (f) 상상의 동물, (g) 길 잃은 개, (h)

이 범주에 속하는 동물들, (i) 마치 미친 것처럼 떨고 있는 동물들, (j) 수를 셀 수 없는 동물, (k) 아주 정교한 낙타의 털붓으로 그릴 수 있는 것들, (l) 그 밖의 것들, (m) 꽃병을 방금 깨뜨린 것들, (n) 멀리서 보면 파리처럼 보이는 것들로 구분한다.

— 호르헤 루이스 보르헤스(Jorge Luis Borges), 『속 심문(*Other Inquisitions*)』(Austin: University of Texas Press, 1964)

이 가공의 분류 체계는 무엇을 의미하는 것일까? 우리가 오늘날 적용하는 다른 많은 분류 체계와 마찬가지로, 이 체계는 인간 사회에서 동물이라는 것은 생물학과는 딱히 관련이 없고 오히려 인간의 문화와 관련이 있음을 보여준다. 동물의 자연적 정체성은 이들의 지위나 대우와는 크게 관련이 없고 오히려 이들의 상징적 정체성과 사회적 의미가 더 중요하다. 덧붙여, 우리가 동물을 어떻게 분류하는가는 우리가 동물을 보는 방식을 형성하고 우리가 이들을 보는 방식은 우리가 이들을 어떻게 분류하는가를 결정한다. 우리가 사회적으로 구성해온 동물의 범주를 면밀하게 관찰함으로써 우리는 우리와 동물의 관계를 보다 잘 이해할 수 있다.

부분적으로 인간동물학은 우리가 동물을 어떻게 표상화(representation) 하는지 그 핵심에 다가서는 것이며, 우리가 동물에게 상징성을 부여하는 것이 어떤 의미를 지니는지 이해하는 과정이기도 하다. 그렇다면 동물은 인간에게 어떤 의미인가? 그들은 대단히 많은 것을 의미한다. 무엇보다 동물이 존재하는 모든 장소를 간단히 살펴보는 것으로 시작하면 좋을 것 같다. 비인간동물의 공간적인 분포를 분석하는 것은 동물이 어떻게 인간 사회에 편입되고 이 편입이 어떤 함의를 갖는지 이해할 수 있는 한 가지 방법이다.

동물은 어디에 존재하는가?

우선 동물은 우리 가정에 애완동물로 존재한다. 문화적인 행위로서 애완동물을 기르는 것은 동물을 인간의 가족 안으로, 그리고 가족의 공간으로 받아들이는 것을 포함한다. 그렇다면 이 관계들 속에서 드러나는 것은 무엇이고, 우리는 이것에서 인간 사회와 문화에 대해 무엇을 알 수 있는가? 반려동물의 존재는 우리가 어디에 살고, 무엇을 하고, 어디서 휴일을 보내고, 어떤 사람과 친구가 되는지 등과 관련있는 관계를 만들고 한정한다. 여기에서 동물은 종종 인간의 대리인으로서 역할을 담당하여, 어린이들을 사회화하고 이들에게 공감(empathy)을 가르치기도 한다. 또한 아이가 없는 어른들에게는 아이의 대리자로서, 노령자나 장애인에게는 동반자로서의 역할을 하기도 한다. 의인화(anthropomorphism, 동물에게 인간의 속성을 추정하여 부여하는 것)는 아마도 가장 복합적인 형태로 표현된 인간과 동물의 관계일 것이다.

동물은 농장에도 존재한다. 점점 더 많은 수의 동물들이 **공장식 축산농장**(factory farm)에서 고기가 되고 있다. 인간과 동물(야생동물과 가축)의 가장 중요한 관계 중 하나는 인간이 동물을 소비하기 위해서 죽인다는 것이다. 사실 많은 사람들에게 있어 가장 일반적인 동물과의 관계는 그들을 먹는 것이다. 모든 사회는 서로 다른 방식으로 이 관계에 우려를 표명한다. 모든 동물이 음식의 재료로 적절하다고 생각되는 것은 아니다. 예를 들어 어떤 동물은 음식으로 받아들이기에 인간과 너무 가깝고, 어떤 동물은 먹기에 혐오스럽다. 왜 어떤 동물이 한 사회에서는 '맛있고' 다른 사회에서는 음식으로 금기시될까? 살아 있는 어떤 존재가 '고기'가 된다는 것은 무엇을 의미할까? 인간 사회는 다른 동물을 죽이고 먹는 것에 어떤 금기와 윤리적 우려를 표명하는 걸일까? 우리는 미국에서 해마다 100억 마리 이상의 동물이 식용으로 사육되고 도살된다는 사실에 대해 무엇을 이야기할 수 있을까?

동물은 모피 농장에도 존재한다. 동물의 피부를 옷이나 주거에 사용하는 것은 고기를 먹는 것과 마찬가지로 아주 오랫동안 동물을 이용해온 방식이며, 그 시작은 수천 년 전 가축화 시기 이전으로 거슬러 올라간다. 동물이 식용으로 사육되는 농장과 마찬가지로 모피 농장도 점점 확대되고 있으며, 수익이 점점 커지고 있고 모피용 동물을 기르는 방법도 점점 산업화되고 있다.

동물은 과학 실험실에도 존재한다. 과학 분야에서는 고대부터 동물을 이용해 왔다. 고대 학자들은 인체가 어떻게 작용하는지 알기 위해 동물을 해부했다. 오늘날 매년 2000만 마리의 동물이 과학이나 의학 연구에 쓰인다. 이런 주제에 주력하는 인간동물학자들은 연구자와 실험동물 사이의 관계, '실험동물'의 사회적 구성, 서구에서 동물 실험의 사회적·문화적 맥락, 동물 실험의 윤리적 상황, 실험의 과학적 정당성 등에 주목한다.

동물은 노동 현장에도 존재한다. 신석기시대부터 인간은 동물과 함께 일했다. 그리고 오늘날에도 여전히 그렇다. 실제로 가장 먼저 가축화된 동물은 '개'이며, 사냥 파트너로 길들여졌다. 그로부터 수천 년이 지나 인간의 문명이 탄생했는데, 이는 인간에게 고기와 우유를 제공하면서 무엇보다 노동의 원천이 될 수 있는 덩치 큰 반추동물의 가축화 덕분에 가능했다. 쟁기질을 시킬 수 있고, 등에 탈 수 있고, 수레를 매달 수 있는 소나 말 같은 대동물의 도움 없이 사회가 어떻게 발전할 수 있었을지는 상상도 되지 않는다. 비록 동물의 노동력이 산업화 이후 기술로 대체되긴 했지만, 동물은 여전히 인간을 위해 노동력을 제공하고 있다. 인간동물학의 또다른 관심사는 예를 들어 인산 치료 차원에서 이용되는 동물, 즉 반려동물이나 장애인 보조견, 학교나 병원이나 감옥 등지에서 일하는 치료견이다.

동물은 동물원, 해양포유동물공원, 그리고 인간에게 즐거움을 주는 공연을 하는 동물을 모아놓은 여타 장소에도 존재한다. 동물은 경주를 하거나 서로 싸우고, 공연이나 스포츠에서 사람을 대우거나 서커스를 하기도 하고, 투우나 로데오에서처럼 사람과 겨루기도 한다. 목양견이나 사냥개 대회를 통해 평가를 받기도 한다. 이런 행위를 어떻게 해석할 수 있을까? 이런 맥락으로 동물을 지켜보거나, 동물과 함께 무언가에 참여하는 사람들을 관찰함으로써 우리는 무엇을 이해할 수 있을까? 동물은 인간 사회에서 자기 자신을 표상화하지 않는다. 그러나 인간 사회는 매우 다양한 방법으로 그들을 표상화하고 그들에게 문화적 의미를 부여한다. 인간동물학 연구자들은 동물을 매개로 인간 자신의 이야기를 하는 것으로 해석되는 공연 동물(특히 야생동물)의 전시나 문화적 표상에 주목한다.

동물은 텔레비전, 유튜브(YouTube), 영화 같은 가상세계에도 점점 더 많이 등장하고 있다. 디스커버리 커뮤니케이션스(Discovery Communications)는 1996년 '애니멀 플래닛'이라는 케이블 텔레비전 네트워크를 만들었는데 지금은 70개가 넘는 나라에서 100만 명에 이르는 시청자를 확보하고 있다. 애니멀 플래닛의 프로그램은 고전적인 자연 다큐멘터리나 리얼리티 텔레비전 쇼 같은 것들이다. 이런 쇼는 응급의학 전문 수의사나 동물 학대 방지 업무 담당 공무원, 동물 심리치료사, 개 조련사, 동물원 관리자, 그리고 이들이 함께 지내는 동물을 다룬다. 게다가 2006년 유튜브의 탄생 이후 동물 비디오는 인터넷에서 가장 인기 있는 동영상이 됐다. '큐트 오버로드(Cute Overload)'와 '치즈버거(I Can Has Cheezburger)?' 같은 사이트는 재미있는 설명 글과 귀여운 동물 사진만 내보낸다. 잠에 빠진 귀여운 동물들을 포착해 보여줄 목적으로 만든 'Cute Things Falling Asleep'이라는 블로그도 인기 있다. 이 웹사이트에는 "이 블로그는 잠에 빠지는 동물을 대상으로 하지, 이미 잠들어 있는 동물을 대상으로 하지 않는다. 이 블로그는 귀여운 녀석들이 깨어 있으려고 애쓰다가 잠에 빠져버리는 걸 지켜보려는 아이디어에서 비롯됐다"라고 명시하고 있다. 세상의 많은 사람들에게 스크린 속 동물을 지켜보는 것은 큰 즐거움 중 하나다.

동물은 '야생' 또는 인간 사회의 바깥에도 존재한다. 비록 동물들이 진짜 야생으로 존재하는 장소가 점점 줄어들고 점점 멀어지고 있기는 하지만 말이다. 그래도 야생동물은 우리 삶과 지속적으로 접촉한다. 우리가 하이킹, 피크닉, 사냥 같은 야외활동을 할 때, 새나 고래를 관찰할 때, 정원에 심은 것을 사슴이나 토끼에게 먹이로 빼앗길 때, 길에서 로드킬을 당한 동물을 목격할 때에도 말이다. 인간 사회나 야생동불에서 이런 편(?)은 어떤 영향을 미칠까?

때로 동물은 '부적절한(out of place)' 장소에 존재하기도 한다. 이 단어는 지리학자인 크리스 필로(Chris Philo)와 크리스 윌버트(Chris Wilbert, 2000)가 동물이 사회에서 원래 있어야 할 자리가 아닌 곳에서 발견되는 것을 설명하기 위해 사용했다. 예를 들어 영국에서 모든 개는 반드시 소유주가 있어야 한다. 따라서 영국 법에 의하면 유기견은 불법이고 잡아들여야 한다. 하지만 다른 문화권에서는 꼭 그렇지가 않다. 길고양이는 일종의 경계에 존재한다. 이들은 가축화된 것도 아니고 야생도 아니다. 많은 나라에서 이들은 포획되거나 죽임을 당한다. 비둘기 또한 한때는 전령으로 각광을 받았으나 지금은 도심의 유해동물로서, 역시 야생동물도 아니고 가축화된 동물도 아닌 상태이다.

동물은 세계 곳곳의 신화와 전설, 민속에도 존재한다. 모든 사회의 종교는 동물을 (긍정적이거나 부정적으로) 그들의 우주관, 신념, 관행, 상징과 결합시킨다. 동물은 숭배와 금기의 대상이거나 희생양이며, 신이거나 영적인 존재이며, 초자연적인 어떤 것들과 관련있다. 인간동물학자들은 종교적 사고와 관례에서는 동물의 세계를 어떻게 이해하고 있는지, 그리고 인간의 상황을 설명하는 데 그것들을 어떻게 이용하는지 탐구하고자 한다.

동물은 문화적 상징, 언어적 은유나 직유, 비하어로 존재하기도 한다. 모든 언어에는 사람이나 관계, 믿음을 일컫는 동물 관련 표현이 있다. 왜 인간의 언어는 이리도 풍부한 표현을 동물에게서 가져왔으며, 이것은 인간과 동물에 대해 무엇을 의미하는 것일까? 언어학자, 인류학자, 여성학자들은 이런 관행의 의미를 논의해 왔으며, 특히 여성과 소수 인종이 동물 관련 비하어의 대상이 되는 것에 관심을 가졌다. 인간동물학자들은 동물에게 사용되는 '도살(slaughter)' 같은 용어가 어떻게 사람에게 적용되는지에도 관심을 둔다.

동물은 인간 사상의 거울로도 존재한다. 동물을 통해 우리는 생각하고 말하고 우리를 다른 존재들과 구별한다. 그래서 인종, 계급, 젠더에 대한 연구는 인간 사회에서 동물의 역할을 관찰함으로써 발전되어 왔다. 동물, 그리고 우리가 동물을 이용하는 방식은 인종화(racialization)나 젠더의 구성에 있어 중요한 역할을 한다. 마찬가지로 계급은 우리가 동물의 세계에 어떤 식으로 관여하는지와 다양한 방식으로 관련이 있다.

또한 동물은 우리의 사법 체계와 법률에도 영향을 미친다. 법정에서는 인간-동물 관련 갈등과 분쟁이 종종 다루어지며, 연방, 주, 지역 법률에는 동물을 법적으로 정당하게 대하는 방법, 함께 살아도 되는 동물의 수, 개에게 물린 경우, 동물 정책, 사냥법 같은 내용이 포함되어 있다. 이런 법률은 동물로부터 인간을 보호할 수도 있고(동물소란행위법), 인간으로부터 동물을 보호(동물학대방지법)할 수도 있다. 우리는 또한 **멸종위기종보호법**(Endangered Species Act), 멸종위기종 야생동식물의 국제거래에 관한 협약(Convention on International Trade in Endangered Species of Wild Flora and Fauna)같이 전체 종에 대한 범죄를 법으로 규정하기도 한다. 동물이 사람을 공격했을 때, 투계장이 발각됐을 때, 개와 고양이가 유기됐

그림 1.2. 하비스트홈동물보호소에 살고 있는 흰발가락 장닭 로키. (사진: Christine Morrisey)

을 때, 도시에서 사자가 우리를 탈출했을 때처럼 동물 문제는 종종 법 집행의 논란거리가 된다. 동물 관련 문제와 법을 연구하는 학자들은 동물이 일반적으로 법 규정에서 재산으로 간주되고 있으며, 따라서 이들의 권리가 전혀 보장되고 있지 않음에 주목한다. 심지어 야생동물까지도 공공의 자산으로 여겨진다.

요컨대, 우리의 삶은 이렇게 동물과 연결되고 동물에 의존하기 때문에 이러 복잡다단한 관계에 내재된 갈등을 다루자면 다양한 방식이 필요하다. 동물권과 동물 복지 운동은 이런 결과물 중 하나이니, 피근 수십 년 동안 동물권 문제는 주목을 받았고 사람들의 감정을 움직였으며 대중의 생각을 변화시켰다. 서구 사회에서 동물은 억압받는 소수자로 간주되기에 이르렀으며 많은 단체가 동물의 이런 지위를 바꾸기 위해 투쟁해 왔다. 많은 인간동물학자들은 새로운 이 사회 정의 운동을 이해하는 데 주력하고 있다.

동물이 어느 곳에 사는지가 왜 중요한가? 동물이 있는 곳에는 거의 예외없이 사람도 존재한다. 동물을 범주화하는 방식은 농장동물, 동물원 동물,

실험동물, 야생동물, 애완동물 등과 같이 그들이 어디에 존재하는가에 따라 달라진다. 그리고 이는 해당 동물이 어떤 대우를 받는지를 결정한다. 우리에게 보이지 않는 공장식 축산농장이나 생물의학 실험실에 살고 있는 동물들은 우리가 볼 수 있는 동물들과 전혀 다른 대우를 받게 된다. 고기를 먹는 것이 여전히 우리 사회에서 논쟁거리가 되지 않는 이유 중 하나는 식용으로 사육되는 동물이 어떻게 살고 어떻게 죽는지가 일반 대중에게는 대체로 보이지 않기 때문이다.

이 책은 여러 방면에서 인간 사회가 음식, 의류, 안전, 노동력, 즐거움을 얻기 위해 동물에게 크게 의존하고 있음을 보여줄 것이다. 우리는 어떻게 이런 방식에 이르게 됐을까? 그것에는 어떤 의미가 있을까? 이런 방식을 바꿀 수 있을까? 우리는 이런 방식이 변화되기를 바라는 걸까?

동물에 대한 정의

인간과 동물의 상호작용이라는 주제로 인간동물학을 정의하는 데는 한 가지 문제가 있다. 우리는 '인간'을 그리고 '동물'을 어떻게 정의할 것인가? 이 질문은 겉보기처럼 쉽지 않다. "무엇이 동물을 동물로 만드는가?"는 사실 이 분야의 본질적인 주제이다. 동물은 인간의 언어로 분류되어 정의된다. 이를테면 애완동물(pet), 가축(livestock), 사역동물(working animal)같이 인간이 동물을 어떻게 이용하느냐와 관련 지어 불린다. 또한 이 분류는 때로는 동물이 공간적으로 어디에 위치하고 있는지를 반영하기도 한다. 집인지, 농장인지, 실험실인지, 텔레비전인지, '야생'인지 말이다. 문제를 좀더 복잡한 차원에서 보자면, '인간'은 일반적으로 '동물이 아닌 존재'이다. 생물학적으로 볼 때 인간은 '동물'임에도 말이다. 심리학자인 케네스 샤피로(Kenneth Shapiro)는 인간동물학의 명칭 자체가 '당근과 채소'를 말하는 것처럼 앞뒤가 맞지 않는다고 지적하기도 했다(2008:7).

우리가 동물을 어떻게 정의하는지, 그리고 이 연구 분야를 어떻게 정의

하는지와 관련된 언어적인 난제에는 의미론의 차원을 넘는 함의가 포함되어 있다. 사실상 "(인간을 제외한) 다른 동물"로 규정해야 하는 경우에도 동물을 그냥 "동물"이라고 부르는 것은 비인간동물을 계속 예속화하는 것일 수 있다. '우리'와 '그들' 사이의 인위적인 경계는 우리가 다른 동물을 우리가 필요한 용도로 이용하도록 허용하는 근거가 된다. 만약 우리가 다양한 종들 간의 밀접한 관련성을 인정한다면 어떤 동물은 고기로, 어떤 동물은 사역동물로(그리고 또 어떤 동물은 가족의 일원으로) 이용하는 것을 정당화하기가 더 어려워질 것이다. 철학자인 리사 케머러(Lisa Kemmerer, 2006)는 인간이 아닌 동물을 일컫는 "anymal"이라는 용어를 제안했다. 그러나 이는 여전히 "동물은 무엇인가?"라는 문제에 접근하는 답은 아니다. 한편, 민속학자인 보리아 색스(Boria Sax, 2001)는 우리가 동물을 정의하는 것은 일종의 '전통'이라는 의견을 내놓았다. 이는 우리가 정의를 내릴 때 동물과 관련된 예술·신화·전설·문학적 측면을 이용하고 있다는 의미로, 인간의 문화를 가공하는 아이디어, 관례, 사건들에 동물이 연계되어 있다는 것이다.

우리는 이미 '동물'이 사회적으로 구성되는 것에 대해 논의했다(추후 단원에서 상세히 다룰 것이다). 인간동물학자들의 주된 역할은 이것을 해체하는 것으로, 우리가 동물의 신체에 함축해온 의미의 층위들을 풀어내는 것, 그리고 그 안의 동물을 관찰하려고 노력하는 것이다. 우리가 가슴살, 닭다리, 너깃과 같이 닭을 더 이상 먹을거리로 생각하지 않을 경우 닭은 우리에게 어떤 의미일까? 닭은 대체 어떤 존재일까? 이에 대해 답은커녕 사회적 범주의 권리에 대한 문제로 이의를 제기할 생각조차 하기 힘든 이유는 무엇일까? 한 동물, 예컨대 닭이 상품이라는 한정된 형태로 이해될 성우, 다른 방식으로 이 동물을 생각하는 것은 상상하기가 어렵다. 영국의 화가인 뱅크시(Banksy)는 2008년 뉴욕에서 개최한 「동네 애완동물 가게와 숯불구이 석쇠(The village Pet Store and Charcoal Grill)」라는 전시에서 이런 문제를 다뤘다. 뱅크시

---

* 영국의 미디어 아티스트. 전시는 홈페이지 www.thevillagepetstoreandcharcoalgrill.com 참조. 옮긴이.

는 애완동물 가게 창문에 대중이 볼 수 있도록 움직이는 전시물을 설치했다. 그중 하나가 닭과 그 "아기들"인데, 치킨 너깃들이 돌아다니고 부화되고 물통에서 디핑 소스를 마시기도 한다. 다른 전시물에서는 암컷 토끼가 거울 앞에서 립스틱을 바르고 있다. 이 두 전시물 모두 오늘날 사회에서 동물을 사용함에 있어 보이지 않는 것(우리가 어떻게 살아 있는 닭을 "맥너깃"으로 만드는지, 토끼를 립스틱이나 화장품 시험 과정에서 어떻게 이용하는지)들을 어느 정도 보이게 만들었다.

개에 대해서도 마찬가지다. 미국인에게 개는 매우 소중해서 개를 식용으로만 기르고 도살하는 것은 상상하기 어렵다. 그러나 예를 들어 미국에서 위험한 존재로 인식되는 핏불처럼 개가 다르게 인식될 때, 그 개들은 사회적으로 매우 다른 성격을 띠게 된다. 그래서 이들과 상호작용하는(또는 기피하는) 새로운 방식이 나타난다.

동물을 이용하는 것에 대한 이해

인간동물학이 사회 속 동물에 대한 관심에서 비롯됐고 이것이 동물 보호 운동의 부흥을 이끌어냈다고는 하지만, 이 자체가 동물 옹호에 대한 학문인 것은 아니다. 인간동물학자들은 동물이 인간 사회와 문화에서 좋고 나쁨을 떠나 어떤 방식으로 역할을 담당하는지 모든 측면을 관찰한다. 그들은 드러나 보이지 않던 것들, 너무 당연해서 생각해볼 필요도 없던 것들을 보이도록 만든다. 인간동물학은 인간-동물 관계의 험악한 면을 빈번하게 드러낸다. 그래서 학생들이 그런 정보를 일상적으로 접하며 이용할 정도이다.

한편 많은 인간동물학자들은 동물에 대한 관심과 열정 때문에 이 학문에 이끌리게 됐다. 그래서 그들은 실제로 동물 옹호자(animal advocate)이기도 하다. 여성학, 인류학, 게이나 레즈비언 연구자들이 종종 자신의 분야에서 '옹호자'가 되는 것과 마찬가지로 많은 학자들은 실제로 동물에 대해 염려하고 인간동물학이나 관련 분야인 행동학 연구 등을 통해 얻은 지식을 동

그림 1.3. 캘리포니아 델마(Del Mar) 경마장에서 소음과 군중에 익숙해지기 위해 경주 중간에 '훈련받는' 경주마. (사진: Ribin Montgomery)

물의 삶을 향상시키는 데 활용하고자 한다.

　이런 상황 때문에 다른 학문 분야에 비해 인간동물학의 객관성이 떨어지는 것은 아닐까? 사실 어떤 학문 분야도 완전히 객관적일 수는 없다. 인간동물학도 마찬가지일 뿐이다. 학자들은 자신의 전문 분야가 인문학이든 사회과학이든 자연과학이든 상관없이 각자의 가치와 편견, 의제를 자신의 연구에 끌어온다. 학문적 연구는 우리가 생각하는 것만큼 가치중립적이지 않다. 더구나 때때로 인간동물학자들은 인간 사회에서 동물을 험악하게 대하는 현실을 접할 수밖에 없다. 사회학자처럼 많은 인간동물학자들은 때로는 자신의 입장을 명확히 밝힌다. 사회 문제를 통찰하여 인간의 고통을 줄이는 정책을 만드는 역할을 담당하는 사회학자들과 마찬가지로 인간동물학자들도 그러한 역할을 수행한다. 특정한 인간동물학 연구에서 나온 지식은 그러한 방식으로 활용될 수 있다.

인간동물학과 유사한 연구 분야는 비판적동물연구(Critical Animal Studies)이다. 비판적동물연구는 동물에 대한 착취, 억압, 지배를 철폐하는 데 집중하는 학문이다. 인간동물학과는 다르게 단순히 하나의 학문 영역인 것을 넘어 '비인간동물을 향한 모든 사회적 맥락에서의 억압을 없앤다'는 명백한 정치적 의제를 가지고 있다. 한 예로, 비판적동물연구소(Institute for Critical Animal Studies)는 학술지《비판적동물연구저널(*Journal for Critical Animal Studies*)》을 발행하고, 학술 대회를 개최할 뿐만 아니라, 대학을 기반으로 하는 운동에도 관여해서 대학 캠퍼스에 비건(vegan) 음식을 제공하고 동물 실험 연구를 막기 위한 일들도 수행한다.

반면에 인간동물학 영역에서는 연구자나 교수, 학생들이 어떤 특정한 입장을 옹호하거나 정치적인 입장을 갖도록 요구하지 않는다. 또한 인간동물학자들은 지리학, 사회학, 인류학, 심리학, 종교학, 영문학 등 연구 분야에 상관없이 근거중심 연구(evidence-based scholarship)라는 필요조건에 충실해야 한다. 인간동물학은 학자들의 이해(interests)와 관계없는 철저한 학문적 연구이다. 그렇기 때문에 인간동물학이 사실 동물권(animal rights) 옹호나 다름없다는 비판은 큰 힘을 발휘하지 못한다.

방법론적인 문제

인간동물학은 이미 앞에서 언급했듯, 방법론으로 규정되는 다른 학문 영역과는 다르게 인간-동물 관계라는 주제를 통해 규정된다. 사실 인간동물학의 학제적(interdisciplinary) 성격으로 인해 관련 학문의 학자들이 공유하는 이론적 패러다임이나 방법론을 규명하기는 어렵다. 대신 특정 학문들 안에서 공통된 이론적 접근법을 살펴보는 것이 더 적절하다. 또한 방법론이란 측면에서, 인간동물학에 존재하는 영역의 다양성 때문에 모든 학문 영역에서 적용할 수 있는 한 가지 방법론은 존재하지 않는다. 그렇다면 우리는 무엇을 알고 있는지 어떻게 알 수 있단 말인가?

우리가 인간-동물 관계라는 주제에 접근할 때 이 문제는 더욱 복잡해진다. 인간의 측면에서 이 관계를 이해하는 것이 한 방법인데, 이를테면 사회학자나 인류학자들은 참여관찰(participant observation)이라는 고전적인 방법을 끌어오거나, 동물에 대한 인간의 태도를 이해하기 위해 설문 조사를 할수 있다. 문학비평가나 미술사학자들은 문학과 예술에서 동물의 역할을 분석할 수도 있다. 그러나 우리가 어떻게 동물의 감정, 태도, 인식을 이해할 수 있을 것인가? 동물의 행동을 연구하는 행동학과 비교심리학 연구에 바탕을 두는 것도 한 방법일 수 있으나 이 방법에도 문제는 있다.

인류학자인 탈랄 아사드(Talal Asad)는 인류학 내의 문화번역(culture translation) 문제에 대한 토론에서 타문화의 번역이 언어의 불평등성(inequality of languages)으로 인해 얼마나 주관적이고 문제가 있는지 논한 바 있다 (1986:156). 문화기술자(ethnographer)는 연구되고 있는 행위의 의미를 결정하는 데 있어 최종 결정권을 가지고 있는 저자이자 번역자이다. 따라서 문화번역은 불가피하게 권력에 얽혀 있고, 인류학자들은 이 관계에서 불가피하게 권력을 쥐게 된다.

비인간동물의 마음을 이해하고 인간의 언어로 표현하려 할 때 이런 문제는 더 심각하다. 예를 들어 동물행동연구는 여전히 자신의 주관성을 억누르려고 시도하는 과학자의 객관적 설명에 주로 의존한다. (기술적이고 환원주의적인 언어와 수동태를 통해) 텍스트에서 저자의 존재를 지우는 것은 동물의 객체화(objectification)를 야기해서 그 설명 속 동물을 파악하기 더 힘들게 만든다. 그러나 과거의 강한 환원주의에서 탈피한 최근의 동물행동연구들은 동물의 행동, 그리고 동물의 감정과 의식에 대한 통찰을 제공할 수도 있다는 측면에서 매우 가치가 있다.

비인간동물과 공유할 수 있는 언어가 없기 때문에, 우리가 확실히 이들과 소통할 수 있음에도 불구하고 그 마음에 접근하는 것은 더욱 어렵다. 철학자인 루트비히 비트겐슈타인은 "만약 사자가 말을 할 수 있다고 하더라도 우리는 그를 이해할 수 없을 것이다"라고 했다(1994:213). 그리고 이 장의 처음에서 언급한 바와 같이, 동물에 대한 우리의 지각 역시 사회적으로 구성된 방식으로 이루어지기 때문에 동물을 그 자체로, 그들의 방식대로 이해하기는 더욱 힘들다.

개의 세상은 어떠할까? 우리는 개의 눈으로 보는 것이 어떤지 상상할 수 있을까? 아니면 개의 코를 통해 냄새 맡는다면 어떨까? 우리가 이 질문에 진정으로 답을 할 수 있는지에 상관없이(사실 우리는 조사 연구나 다른 전통적인 방법으로 이 질문에 대답할 수는 없다) 인간동물학자들은 세상을 이해하거나 세상에 존재하는 다른 방식이 있다는 것을 유념해야 한다. 이를테면 샤피로(Ken Sapiro, 2008)는 그가 운동감각적 공감(kinesthetic empathy)이라고 칭한 개념을 이용해 사람이 동물의 신체적 경험을 이해함으로써 동물에 공감하려고 한다고 설명했다. 샤피로에 따르면 이런 방식으로 비인간동물의 입장에서 보는 것은 '타자의 특정한 세계에 대한 보편적 접근'을 가능하게 해준다(2008:191). 우리 자신의 이해와 우리의 공감에 덧붙여 동물의 개별적 역사(그 또는 그녀의 전기)를 이해하는 것 또한 마찬가지다. 이런 공감으로부터 샤피로는 개별 존재로서의 개를 이해하고 개가 인간에게 갖는 유대감(개에게 인간이 갖는 유대감이 아니라)을 이해하고자 했다. 이와 같은 방법으로 우리는 인간의 특성을 동물에게 투사하는 의인화를 피할 수 있다.

이론적인 출발점

몇몇 학문 분야들은 다른 분야들보다 인간-동물 관계를 연구하기에 보다 수월하게 적용할 수 있는 이론적, 방법론적 접근법을 가지고 있다. 이들 분야는 주로 사회과학과 인문학에 속해 있고 다른 접근법들에 비해 인간동물학과 더 많은 기반을 공유한다. 이들 중 하나가 사회학이다. 사회학의 핵심 이론적 패러다임, 즉 상징적 상호주의(symbolic interactionism), 기능주의(functionalism), 갈등 이론(conflict theory) 등은 모두 인간동물학에 적용할 수 있으며 이 분야의 고전적인 인간동물학에서 모두 만날 수 있다. 사회학자인 셰릴 조지프(Cheryl Joseph)는 다음과 같이 말한다.

사회학은 인간이 사회적 동물이고 인간의 행동은 개인, 집단, 사회 구조, 주변 환경에 의해 만들어진다고 가정하기 때문에, 인간 사회의 맥락에서 다른 동물을 연구하는 데 사회학을 활용하는 것은 논리적이고 시기적절해 보인다.

— 2010:299

예를 들어 사회의 안정성과 사회 제도의 기능에 중점을 두고 있는 기능주의는 동물이 인간 사회에서 담당하는 역할을 분석하고 이런 동물들에 대한 인간 태도의 근간을 연구하는 데 이용될 수 있다. 사회학에서 널리 활용되고 있는 또다른 거시적 접근법인 갈등 이론은 카를 마르크스(Karl Marx)의 연구로부터 비롯됐으며 사회 안에서의 갈등과 권력 투쟁에 초점을 두고 있다. 갈등 이론은 인간동물학에서 인간의 경제적 이득을 위한 동물 착취를 관찰할 때 특히 가치가 있다. 이는 인간과 동물이 어떻게 상호작용하는지에 관한 핵심 요소이기 때문에 오늘날 동물에 관심이 있는 사회학자들은 갈등 이론을 광범위하게 활용한다.

인간동물학에 있어 또다른 중요한 사회학적 접근법은 상징적 상호주의이다. 상징적 상호주의는 미시적 차원의 이론으로, 거대한 사회적 영향력보다는 인간과 인간의 상호작용에 초점을 둔다. 이는 인간과 동물 사이의 관계와 상호작용을 연구하는 데 적합한 접근법이다. 더구나 상징적 상호주의는 인간이 어떻게 사회적 세계를 구성하고 그 안에서 상호작용과 상징을 통해 의미를 만들어내는지 관찰한다. 이런 접근법은 사회학자들로 하여금 인간과 동물의 상호작용뿐 아니라 이런 상호작용이 갖는 의미를 분석할 수 있게 해준다. 또한 알루크와 샌더스(Arluke and Sanders, 1996)의 책『동물에 대하여』에서처럼 인터뷰나 설문 조사, 그 밖의 다른 도구와 조합하여, 참여관찰을 사회학적으로 활용해 인간과 동물의 상호작용, 동물에 대한 인간의 태도 등을 관찰하고 분석할 수 있다. 또다른 고전적 연구에서 앨저와 앨저(Alger and Alger, 1999)는 참여관찰을 통해 고양이를 연구하고 이 동물이 인간과 같은 상징을 사용하여 인간과 소통할 수 있음을 밝혀냈다.

인류학, 즉 인간에 대한 연구는 문화인류학, 생물인류학, 언어인류학, 고고학을 포함하는 네 개의 학문 분야로 이루어져 있다. 엄밀히 말하자면 우선시되는 이론적인 패러다임이나 방법론은 없다. 그러나 현대 인간 문화를 연구하는 문화인류학은 몇몇 방법론(주로 참여관찰)뿐만 아니라 사회적 동물로서의 인간에 초점을 맞추는 시각도 사회학과 공유한다. 그런데 사회학과는 다르게 인류학 연구에서 동물은 역사적으로 비록 부수적이기는 하지만 큰 역할을 담당해 왔다. 예를 들어 영장류는 생물인류학자들이 인간의 행동과 진화를 이해하는 렌즈의 역할을 해왔다. 문화인류학자들은 동물을 인간의 사회 경제 시스템 내의 자원으로, 자연과 야만성의 상징적인 대리자로, 토템과 상징으로, 그리고 문화와 개인의 정체성을 창조하는 거울로 보았다. 도나 해러웨이(1991)는 "우리는 자기 자신을 돌아보기 위해 동물 거울을 닦는다"고 했다. 클리퍼드 기어츠(Clifford Geertz, 1994)의 발리 투계 연구나, 에미코 오누키티어니(Emiko Ohnuki-Tierney, 1990)의 일본 사회에서의 원숭이 연구, 엘리자베스 로런스(Elizabeth Lawrence, 1982)의 로데오 연구 등이 이런 작업의 고전적인 사례들이다. 인류학은 이렇듯 인간중심적이다. 이 분야의 관심이 동물에게 있다고 할지라도 동물 자체가 탐구의 주제가 되는 것은 드문 일이다.

다른 문제점은 문화(한 집단의 사람들에게 공유되고 사회적으로 전달되는 지식과 행동)라는 것이 대부분의 인류학자들에게는 인간과 다른 동물을 구분하는 어떤 것으로 생각됐기 때문에, 문화인류학이 전통적으로 인류학 연구의 세계에서 동물을 배제해 왔다는 것이다. 인간이 생물학적이면서 동시에 문화적인 존재인 반면, 동물은 문화를 소유하지 못한 생물학적인 존재로 생각됐다. 반면에 적어도 인류학은 명확하게 인간이 동물이라고 인정하기는 한다. 이것이 출발점이다. (동물과 문화의 문제에 대한 대안적 관점은 17장에서 설명할 것이다.)

비록 문화인류학자들이 여전히 비인간동물 문화(nonhuman animal culture)를 인정하고 있지는 않지만 문화인류학은 그래도 인간동물학에 적용할 수 있는 적절한 분야로서의 많은 특성을 지니고 있다. 문화인류학은 연구 대상으로부터 연구자를, 객체에서 주체를 분리하는 객관성을 가졌다기보다는,

연구자와 연구 대상 간 상호 관계에 의존하는 간주관성(intersubjectivity)을 보인다. 인류학의 전체론적인 접근법과 참여관찰법, 그리고 환원주의에 대한 거부는 역사적, 사회적 조건하에 만들어지는 '타자'의 표상화를 가능하게 해준다. 이는 인류학을 인간 사회 내 동물의 역할을 이해하기에 이상적인 학문으로 만든다. 사실 동물의 가축화가 인간과 동물에게 가지는 연속적인 중요성을 고찰한 리베카 캐시디(Rebecca Cassidy)나 몰리 멀린(Molly Mullin, 2007), 반려동물인 앵무새를 관찰한 패트리샤 앤더슨(Patricia Anderson, 2003) 같은 학자들의 연구는 단지 인간의 정체성 구성을 이해하는 창으로서보다는 동물 자체에 중점을 두고 있다. 다른 좋은 사례는 존 나이트(John Knight)가 편집한 『인간 안의 동물(*Animals in Person*)』(2005)이다. 이 책은 다양한 조건과 형식 안에서의 인간-동물 관계를 교차문화적 관점으로 고찰한다. 예를 들어 피터 드와이어(Peter Dwyer)와 모니카 미네갈(Monica Minnegal)은 파퓨아뉴기니에서 돼지를 경제적 자원으로서뿐만 아니라 이들을 기르고 먹는 사람들에게 슬픔을 느끼게 하는 동물로서의 중요성도 논했다.

최근 수년 동안 지리학자들은 동물이 살고 있는 공간과 이 공간들이 인간-동물 관계의 성격을 결정하는 데 어떻게 도움을 주는지에 집중하여 인간동물학에 기여해 왔다. 인류학에서의 최근 연구와 유사하게 지리학자들은 이 논의에서 동물 행위성(animal agency)을 고려했다. 왜냐하면 동물은 인간이 동물을 만나는 것만큼 인간을 맞닥뜨리기 때문이다. 이런 문제를 다루고 있는 두 종의 주요 문헌은 제니퍼 월치(Jennifer Wolch)와 조디 에멀(Jody Emel)이 『동물 지리학(*Animal Geographies: Place, Politics, and Identity in the Nature-Culture Borderlands*)』(1998)과, 크리스 필로(Chris Philo)와 크리스 윌버트(Chris Wilbert)의 『동물의 공간, 야만적인 장소(*Animals Spaces, Beastly Places*)』(2000)이다. 두 책 모두 '야생의 공간'에 존재하는 동물에 대한 관점에서 벗어나 시골이든 교외든 도심이든 상관없이, 동물원부터 실험실, 농장, 가정까지, 이들이 현재 존재하는 인간의 장소에 집중한다. 또한 이 책들은 동물들이 어떻게 현재 존재하는 장소로 옮겨지게 됐는지, 그리고 어떤 종류의 권력 관계가 이들을 그곳에 머무르게 하는지 설명한다. 조디 에멀과 줄리 우르바니크(Julie Urbanik,

2010)가 설명한 바와 같이, "동물의 '장소'는 이들 자신의 요구나 욕망뿐 아니라 제국주의, 남성성과 여성성, 계급, 인종화, 생계 전략, 규모의 경제 등에 의해 결정된다." 동물지리학자들은 또한 언제 그리고 어디에서 동물들이 '부적절한 장소(out of place)'에 놓이게 되고, 이것이 어떻게 결정되는지에 대한 문제도 설명한다. 여기서 지리학자들은 또한 동물이 무엇을 원하고 어디로 가고 싶어하는지에도 관심을 가진다. 이런 질문은 동물에 대한 학문적인 해석에서는 드물게 제기되는 것들로, 짧은 기간 동안 인간동물학이 어느 정도로 발전했는지 보여주는 증거이다.

인류학과 마찬가지로 심리학 역시 역사적으로 동물을 주제의 일부분에 포함시켜온 사회과학 분야이다. 그러나 이 역사의 많은 부분에서 동물은 인간을 이해하는 수단으로 사용됐고, 인간-동물 상호작용과 동물 그 자체가 대개는 빠져 있기까지 했다. 예를 들어 실험심리학자들은 애착, 인지, 학습 같은 현상을 이해하기 위해 인간이 대체물로 동물에 대한 과학적인 연구를 수행했다. 예를 들어 1950년대 심리학자 해리 할로(Harry Harlow)가 수행한 일련의 악명 높은 심리학 연구들이 그렇다. 지금은 원숭이 '애착 실험(mother love)'으로 알려진 이 실험에서 그는 어린 붉은털원숭이를 어미에게서 떼어내 모성 박탈이 유아 발달에 미치는 영향을 연구하고자 했다(할로의 연구는 잔인하다는 이유로, 그리고 이미 대부분의 사람들이 알고 있는 정보[부모의 보살핌과 접촉 없이 아이를 기르는 것은 심리상애를 유발한다] 밖에는 제공할 수 없다는 이유로 강한 비판을 받았다. 이 사실은 할로도 인정했다). 동물을 이용하는 다른 고전적인 심리학 영역은 **행동주의**(behaviorism)이다. 행동주의 연구에서는 인간의 학습을 이해하기 위해(그리고 때로는 동물의 삶을 향상시키기 위해) 동물이 어떤 특정한 활동에 참여하도록 훈련시킨다. 오늘날 심리학자들은 여전히 동물에 대한 연구를 수행하고 있다. 그러나 다른 심리학자(예를 들어 비교심리학자)들은 예를 들면 현장 관찰 같은 좀더 덜 침습적인 방법으로 동물의 지능, 감정, 인지에 대한 문제를 다룬다. 이런 모든 접근법이 동물을 이용하고는 있지만 이들은 전반적으로 인간동물학으로 간주되지는 않는다. 이들이 인간-동물 관계를 다루고 있지 않기 때문이다.

오늘날 인간동물학에서 심리학자들이 담당하는 주제들은 광범위하다. 예를 들어 많은 심리학자들이 그들의 연구에서 인간-동물 관계에 집중하고 동물이 가족 대체 구성원, 일할 때의 파트너, 다른 사람들과의 사회적 상호 작용을 도와주는 **사회적 윤활유**(social lubricant)로서 기여하는 방식을 다룬다 (Netting, New, and Wilson, 1987). 이런 접근과 관련해서 인간-동물 애착 관계 도 주요 주제가 된다. 예를 들면 연구자들은 동물의 죽음에 대한 인간의 슬 픔이나 **인간-동물 유대**(human-animal bond)로부터 인간에게 누적되는 신체 적, 감정적 이득에 대해 연구한다. 동물이 인간의 사회화 과정에서 어떻게 이용되는지도 연구 주제이며, 심리학자들은 아동 발달에 있어 동물의 역할 에 주목해 왔다. 다른 학자들은 서로 다른 종 간의 소통과, 인간과 동물이 음 성, 신체, 상징을 서로의 소통과 유대를 강화하는 데 사용하는 방식도 탐구 한다. 심리학에 있어 또다른 연구 주제는 동물에 대한 인간의 태도, 그리고 이 태도가 어떻게 형성되는지, 어떤 특성들이 이 태도와 관련있는지, 이 태 도들이 어떻게 변화하는지에 대한 것이다. 이를테면 동물과 함께 살아가는 것과, 공감 또는 연민 같은 태도 사이의 연관성은 무엇인가 같은 연구 주제 가 이에 해당된다.

오늘날 심리학계가 중요하게 생각하고 있는 영역(또한 사회 복지와도 연관 되어 있는 영역)은 동물 학대, 그리고 동물 학대와 인간에 대한 폭력 사이의 연 관성을 찾는 것이다. 프랭크 아시온과 랜들 록우드는 이 두 가지 형태의 폭 력에 연관성이 있음을 증명했다. 이들의 연구는 정책 변화와 국가 전체의 법 률 제정을 이끌어냈다(Lockwood, Ascione, 1998; Ascione, Arkow, 1999; Ascione, 2005; Ascione, 2008). "링크(link)"로 알려진 이 분야는 가장 의견이 분분한 인 간동물학 영역으로 사회복지 및 법 집행 영역에 매우 폭넓은 영향을 미치 고 있다.

인문학 내에서도 문화 연구(cultural studies)처럼 인간동물학이 주요한 역할을 담당하는 많은 영역이 있다. 그 자체가 가지고 있는 융합적, 다학문 적 성격으로 인해 문화 연구는 이 영역의 독창적인 본질에 잘 들어맞는다. 문화 연구 분야 학자들은 다양한 학문 분야(생물학, 행동학, 환경과학 등)의 연구 결과물을 사용한다. 이들은 동물의 문화적인 구성 및 그것이 역사적, 문화적으로 어떻게 조건지어지는지를 이해하기 위해 그 결과물들을 문화(텔레비전이나 영화 등)에서의 동물 표상에 대한 분석과 조합한다. 사회학자들과 마찬가지로 문화 연구 학자들은 인간-동물 관계가 어떻게 사회적인 힘, 태도, 구조, 제도에 의해 형성되어 왔는지 탐구한다. 도나 해러웨이(Donna Haraway)의 『영장류의 시각(視角)(*Primate Visions*)』(1989), 스티브 베이커(Steve Baker)의 『동물 이미지(*Picturing the beast*)』(1993), 조너선 버트(Jonathan Burt)의 『영화 속 동물들(*Animals in Film*)』(2002)은 이런 접근의 좋은 예이다.

역사학은 인간동물학의 오랜 전통과 맞닿는 또다른 학문 분야이다. 역사학자인 조지나 몽고메리(Georgina Montgomery)와 사회학자인 린다 칼로프(Linda Kalof, 2010)는 동물 역사에 관심을 두고 있다. 이들의 관심은 역사학자들이 "아래로부터의 역사(history from below)", 즉 장군이나 왕이 아니라 평범한 사람들의 경험에 의거한 역사를 연구해야 한다는 E. P. 톰슨(E. P. Thompson, 1968)의 주장에 근거한 것이다. 오늘날 동물의 역사에 집중하고 있는 역사학자들은 이 주장에 따르고 있다.

여기에서 다시 동물의 행위성(animal agency)에 대한 질문이 떠오른다. 왜냐하면 전통적으로 우리는 동물이 역사를 가지거나 역사를 창조하는 데 역할을 수행한다고 생각하지 않기 때문이다. 그러나 인간동물학 분야 역사학자들은 동물을 역사적 주체(historical subject)로 대한다. 인간뿐만 아니라 동물의 관점에서 역사적 시기를 설명하는 것은 매우 다양한 관점들을 포괄하는 것이다. 물론 동물은 문자 기록을 남기지 않는다. 그래서 동물의 역사를 재구성하려면 동물의 역사를 사실상 파생물로 취급하는 인간의 기록에 의존할 수밖에 없다. 동물고고학(zooarchaeology)은 역사와 관련하여 고고학과 마찬가지로 (문서 기록보다는) 물질적인 유존체(remains)에 의존하여 과거를 재구성하는데, 특히 동물의 유존체에 집중한다. 그러나 과거 동물의 행위를 촉발한 동기를 알아내는 것은 여전히 어렵다.

해리엇 리트보(Harriot Ritvo)의 『동물 유산(*Animal Estate*)』(1987)은 빅토리아 시대 영국에서의 동물의 역할을 분석하고 있고, 코럴 랜즈베리(Coral

Lansbury)의 『늙은 갈색 개(*The Old Brown Dog*)』(1985)는 역사학자가 출간한 최초의 인간동물학 저작물에 속한다. 이들은 과거에 인간의 삶에서 동물이 형상화되는 복합적인 방식을 묘사하고 있다. 캐서린 그리어(Katherine Grier, 2006)의 『미국 애완동물의 역사(*Pets in America: A History*)』는 흥미로운 역사 연구로, 미국 내 애완동물의 증가와 빅토리아 시대 미국 어린이들에게 가치를 전달하는 데 있어 동물이 담당한 역할을 고찰한다. 그리어의 책에 따르면 부모와 도덕주의자들은 반려동물과 관계를 유지하는 것이 어린아이들에게 바람직한 성품을 주입하는 길이라고 생각했다. 그리어는 이를 "친절의 가정 윤리(domestic ethic of kindness)"라고 칭했다. 어린이들이 동물과 관계를 맺음으로써 긍정적인 가치를 배운다는 생각은 오늘날도 여전히 유효하다. 인도주의 단체와 애완동물 사업가들은 부모가 아이에게 책임감, 친절, 보살핌 행동(nurturing behavior)을 가르치기 위해 동물을 집에 들일 것을 장려한다.

젠더 연구(gender studies)와 여성학(women's studies)은 문화 연구와 마찬가지로 학제적 연구 영역이며, 그런 의미에서 인간동물학에 특히 적절한 분야이다. 또한 양쪽 모두 차이점을 조명하고, 차이점이 어떻게 구성되고 표상화되는가에 집중한다. 페미니스트 학자들은 성차별주의와 **종차별주의**가 서로 어떻게 닮아 있고 서로 어떻게 영향을 미치는지, 그리고 이 둘이 남성과 여성 또는 인간과 동물 사이에 본질적이고 중요한 차이가 있다는 가정에 어떻게 기반하고 있는지에 주목했다. 페미니즘에 바탕을 둔 인간동물학은 또한 다른 집단에 다른 특성을 부여하는 **타자화**(othering)의 과정도 탐구한다. 이 차이들은 이른바 그들의 본질적인 천성에 근거하여 어떤 범주의 사람들이나 동물들을 지배하는 것을 정당화하는 데 이용됐다.

페미니스트이자 동물권 운동가인 캐럴 애덤스(Carol Adams, 1990;1994)는 여성의 몸에 대한 통제와 동물(주로 암컷 동물)의 몸에 대한 통제 사이의 유사성에 대해 그리고 이 둘이 어떻게 뗄 수 없이 연결되어 있는지에 대해 광범위하게 기술했다. 애덤스는 이것을 "성-종 시스템(sex-species system)"이라고 명명했는데, 이 시스템은 여성과 동물의 몸을 수단화하고 성화(sexualization)하는 방식이다. 대상화와 성화는 특히 육식과 포르노그래피를 통해서 이루어지며, 이 둘 모두 여성과 동물의 몸을 문자 그대로, 그리고 은 유적으로, 소비할 수 있는 고기로 환원한다. 궁극적으로 애덤스는 동물에 대한 극단적인 폭력과 여성에 대한 폭력을 연관시켰다. 생물학자인 린다 버크 (Lynda Birke, 1994) 또한 여성과 동물에서의 차이점의 구성과 과학 내에서 타자화가 갖는 함의에 대해 연구했다.

철학의 접근법과 이론은 인간동물학의 여러 학문 분야에서 널리 사용되고 있는 듯하다. 예를 들어 인간동물학 과목은 사회학, 인류학, 심리학, 지리학 등 어느 학문 분야에 개설되어 있든지 상관없이 한 부분을 할애하여 동물과 관련된 윤리적 문제를 다루곤 한다. 그래서 다양한 인간동물학 과목에서 동물의 윤리적 지위에 대해 기술한 고대나 현대의 이론가들을 활용하고 그들의 저술을 읽게 된다. 거슬러 올라가면 피타고라스 같은 철학자들부터 인간-동물 관계를 관찰하고 사회가 동물을 대하는 방식이 윤리적인지에 대한 질문을 던져 왔다. 보다 최근에는 피터 싱어(Peter Singer)이 『동물 해방 (*Animal Liberation*)』(1975)과 톰 리거(Tom Regan)이 『동물권에 대한 주장(*The Case for Animal Right*)』(1983)이 현대 동물권 운동뿐만 아니라 현대 철학 저술들의 자극제가 됐다. 이와 관련된 내용들은 18장에서 다룰 것이다.

인간동물학이 현실에 미치는 영향

인간동물학은 학문의 영역을 넘어선다. 여성학이나 민족연구처럼 인간동물학은 현실세계에 정책적 영향을 미친다. 어떤 인간동물학 연구는 특정 정책 분야에 직접적으로 구체적인 데이터를 제공한다. 동물원에서의 코끼리 이용(Bradshaw, 2007), 반려동물을 포함하는 재난 대책(Irvine, 2007), "위험한 개" 법 제정(Bradley, 2006)에 대한 연구들은 해당 문제와 관련있는 공공정책을 수립하는 데 활용될 수 있고, 또 활용되어야 한다.

인간동물학이 직접적으로 사회 정책 수립에 활용되는 또다른 분야는 인간에 대한 폭력과 동물 학대 사이의 관계를 연구하는 것이다. 이 중요한 분야에서 연구가 정책에 영향을 끼친 결과, 피학대 여성들이 폭력의 가해자로부터 벗어날 때 반려동물을 함께 데려와 동물을 집에 남겨두지 않도록 하는 프로그램을 개발할 수 있게 됐다. 이 프로그램에서는 수의사와 사회복지사, 그리고 수사관들이 가정에서의 학대 증후(동물에 대한 학대나 사람에 대한 학대 모두)를 발견할 수 있도록 훈련한다. 그런가 하면 애니멀 호딩(animal hoarding, 과잉 사육 학대)에 집중해서 이런 상황에서의 위험 요소를 이해하려고 노력해온 연구자들도 있다.

동물에 의한 폭력도 인간동물학자들이 연구해온 또다른 분야이다. 이들은 개가 물거나 공격하는 것에 대해 심도있게 연구해 왔다. 이들은 무는 개들의 위험 요소를 관찰하고 이른바 한 사회에서 '위험한 개'를 법적으로 지정하는 정책과 법들을 분석했다. 이 연구를 통해(예를 들어 Bradley, 2007) 묶인 개나, 괴롭힘당하는 개, 방치된 개들이 어떤 견종인지와 무관하게 올바른 대우를 받는 개에 비해 물 가능성이 높다는 것이 밝혀졌다. 이 연구 결과 '위험한 개 법(핏불 같은 견종의 사육을 금지하는 법)'은 무는 개 문제를 해결하는 방안이 될 수 없다는 의견이 제시됐다.

인간동물학을 현실에 적용한 다른 예로 동물 매개 치료(animal-assisted therapy)도 있다. 동물 매개 치료는 병원에 입원 중이거나 장애가 있거나 노인이거나 혼자 사는 등 다양한 조건에 있는 사람들을 돕는 데 동물을 이용하는 인간 중심적 활동이다. 돌고래와 수영하기 프로그램, 승마 치료 프로그램, 병원·호스피스·가정 간호·감호 시설에서의 동물 활동 프로그램은 이런 연구 선상에서 개발된 다양한 유형의 프로그램이다.

인간동물학이 적용되는 다른 중요한 분야는 동물 보호소와 관련있다. 미국에서는 적어도 400만 마리의 동물이 해마다 동물 보호소에서 안락사당한다(미국휴메인소사이어티는 매년 600만 내지 800만 마리의 동물이 안락사당한다고 추정한다). 이는 동물의 죽음과 보호소 직원들의 트라우마 측면에서 중요한 문제이며, 중요한 경제적 문제이기도 하다. 동물 보호 인력들이 이런 동물을 구조하고, 돌보고, 결국은 안락사시키는 데는 매년 수백만 달러가 소요된다. 반려동물의 사육과 유기, 입양과 관련된 모든 요인들을 연구하는 것은 이런 엄청난 문제를 해결하는 중요한 요소일 수 있다. 어떤 학자들은 가축화된 고양이의 기질 검사, 어떤 요인 때문에 동물들이 보호소에 버려지는지에 대한 연구(Kass et al. 2001 참조), 개 훈련 교실이나 여타 보호소 지원 프로그램 등이 동물이 가정에서 생활해 나가는 데 도움을 줄 수 있는 방안이라고 생각한다. 또 어떤 학자들은 사람들로부터 버림받은 동물들을 돌보는 어려운 일을 하고 있는 보호소 직원들에 관심이 있다(Arluke and Sanders, 1996). 인간동물학자들은 연민 피로(compassion fatigue)라는 용어를 사용하여 보호소 직원, 동물복지 자원봉사자, 수의사 그리고 이런 복지 계통 인력들이 느끼는 피로감을 설명한다. 또한 영화와 텔레비전 쇼가 동물 기르기를 어떻게 유행시키는지 분석하는 연구도 있다. 예를 들면 영화 「101마리 달마티안(101 Dalmatians)」이 상영된 이후 달마티안 개의 구매가 증가했으며, 영화 「베벌리힐스 치와와 (Beverly Hills Chihuahua)」 개봉 후 및 말하는 치와와가 출연하는 타코벨 치즈 텔레비전 광고 후에 치와와 구입이 증가했다.

인간동물학에 영향을 받은 다른 학문 분야는 동물 복지 과학과 동물법, 인도주의 교육 등인데, 이들 모두 현실세계의 맥락에서 인간과 동물의 관계에 대한 연구를 활용하여 농장동물의 삶의 질을 높이고, 법이나 사회 정책을 수립하며, 아이들을 교육한다.

궁극적으로 인간동물학은 인간-동물 관계를 이해하는 도구이면서, 우리가 동물과 상호작용하는 방식을 형성하는 정책 결정이나 법 제정에 영향을 미칠 수 있는 강력한 도구가 될 수도 있다.

더 읽을거리

Adams, Carol and Josephine Donovan, eds. 1994. *Animals and Women: Feminist Theoretical Explorations*. Durham, NC: Duke University Press.

Arluke, Arnold and Clinton Sanders. 1996. *Regarding Animals*. Philadelphia: Temple University Press.

Davis, Susan and Margo DeMello. 2003. *Stories Rabbits Tell: A Natural and Cultural History of a Misunderstood Creature*. New York: Lantern Books.

Ingold, Tim, ed. 1988. *What Is an Animal?* London: Routledge.

Kalof, Linda and Brigitte Resl, eds. 2007. *A cultural History of Animals*, vols. 1-6. Oxford: Berg.

Manning, Aubrey and James Serpell, eds. 1994. *Animals and Human Society: Changing Perspectives*. London: Routledge.

Regan, Tom. 2001. *Defending Animal Rights*. Urbana: University of Illinois Press.

Serpell, James. 1996. *In the Company of Animals: A Study of Human-Animal Relationships*. Cambridge: Cambridge University Press.

Singer, Peter. 2002. *Animal Liveration*. Rev. ed. New York: Harper Perennial.

Wolch, Junnifer and J. Emel, eds. 1998. *Animal Geographies: Place, Politics and Identity in the Nature-Culture Borderlands*. New York: Verso.

참고할 만한 영상물

A Natural History of the Chicken. DVD. Directed by Mark Lewis. Washington, DC: Devillier Donegan Enterprises, 2000.

참고할 만한 웹사이트

Banksy's Pet Store: http://thewillagepetstoreandcharcoalgrill.com

Cute Overload: http://www.cuteoverload.com

Cute Things Falling Asleep: http://www.cutethingsfallingasleep.org

LolCats: http://www.icanhascheezburger.com

나의 동물문학연구

수전 맥휴(Susan McHugh, 뉴잉글랜드 대학교)

내가 동물문학연구(literary animal studies)를 시작하게 된 것은 윌리엄 워즈워스(William Wordsworth)의 「개암따기(nutting)」라는 짧고 잊기 쉬운 시에 대한 개론 강의에서 동물 행위성(animal agency)에 대한 의문을 갖게 되면서부터였다. 소심한 대학생이었던 나는 망설이면서 텍스트를 계절 변화에 대한 다람쥐의 생각을 반영하는 것으로 해석할 수 있다고 말했다.

교실 전체가 조용해졌고, "말도 안 됩니다"라고 덕망 있는 그 교수님이 말했다. "동물은 생각하지 않을뿐더러 절대로 시를 쓸 수 없어요."

20여 년이 지나 지금 그런 순수한 시간은 좀 다른 이유로 특별하게 남아 있다. 나는 이 시의 원래 맥락을 확실하게 헤아리지 못했고, 대신에(워즈워스의 영국과는 달리) 다람쥐가 아주 많았던 20세기 후반 미국에 해당하는 특별한 감수성을 보였다. 그런데 이 자책에는 더 많은 의미가 담겨 있다.

이 이야기가 어느 정도는 해피엔딩이기 때문에 나는 이 이야기를 여러 번 했다. 나는 지금 문학가이자 문화 이론가이며 동물 이야기를 다루는 몇 안 되는 사람 중 하나다. 그리고 이 일이 벌어지고 나서 오랜 후에 나는 우리 교수님과 내가 서로 다른 방식으로 둘 다 옳았다는 것을 알게 됐다.

시에 등장하는 설치류 같은 생물들은 문학 비평사에서 특별한 패러독스를 만들어낸다. 동물은 모든 시대와 문화에 걸쳐 문학에서 흔하디흔하게 등장했지만 매우 경직된 방식으로만 체계적 문학 연구의 관심을 받아왔다. 워즈워스의 다람쥐 같은 동물은 시적 상상의 은유적 역할을 하고 인간 경험의 한계를 표현함으로써, 인간으로 가장하고 인간에 대해 그리고 인간을 위해 은유적으로 이야기하는 존재로서 문학적 가치를 인정받는다. 문학 속 동물을 동물의 탈을 쓴 인간(human-in-animal-suits)으로 독해하는(나 역시 무신경하게 그런 적이 있다) 전통에 반론을 제기하면, 학계는 그러한 문제 제기를 무시해 버린다.

오늘날 문학사에 존재하는 이러한 동물 문제를 풀기 위해 역사적 접근을 하는 문학 연구자는 나 외에도 많다. 무엇이 사람들로 하여금 동물을 자신의 이야기를 가진 존재로, 넓은 의미에서는 역사를 가진 존재로 읽도록 변화시켰을까? 시간의 흐름에 따라 변형되는 반려종(companion species) 이야기들에 주목하는 나의 연구는 이러한 변형들이 여타 사회적 변화들과 어떻게 교차하는지 추적한다. 그 작업을 통해 나는 복잡한 역사적, 문화적 상호관계에 따라 부각되는 서사 및 종(species)의 유형을 파악한다. 이러한 작업을 하기 위해선 과거의 기록들을 뒤져야 하며, 간혹 기록들에 대한 평가를 다시해야 한다. 이종간 관계의 본질에 대한 우리의 일반적인 가정에 이의가 제기되는 경우에는 더더욱 그러하다.

한 가지 예를 들면 케이블 텔레비전 채널 옥시전(Oxygen)이 2008 올림픽 프로그램에서 마상 경기 전체를 방송하기로 결정했을 때, 이는 남성과 여성이 동등한 조건에서 경쟁하는 유일한 올림픽 스포츠를 텔레비전 방송 역사상 처음으로 중계하는 것이었고, 많은 이들의 눈에 전혀 문제될 것이 없어 보였다. 원래 여자와 말은 밀접한 관계가 아닌가! 하지만 이런 가정은 오랫동안 나를 혼란스럽게 했다. 왜냐하면 내가 연구를 통해, 에니드 배그널드(Enid Bagnold)의 1935년 작품이며 베스트셀러인 『녹원의 천사(National Velvet)』가 나오기 이전의 상황을 밝혀냈기 때문이다. 이 책은 1944년 엘리자베스 테일러가 불가능에 가까운(그리고 여전히 불법인) 그랜드내셔널 스티플체이스(The Grand National Steeplechase, 영국 장애물 경마 경주) 우승자인 주인공을 연기한 영화로 만들어져 지금까지도 유명하다. 만약 여자와 말의 연관성이 그렇게 당연한 것이라면 왜 1978년까지 영국경마클럽(British Jockey Club)은 여성 기수들의 국제 경기 참여를 금지했는가! 그리고 왜 여자와 말을 다룬 20세기 이전의 이미지나 이야기가 그렇게 드문가? 이 질문에 대한 답을 찾기 위해 나는 일련의 힘든 기록 연구를 시작했다.

국립스포츠박물관의 연구 지원(John H. Daniels Fellowship for Research in Residence)을 받아서 나는 한 달 간 이들의 소장품을 조합해 이런 문학과 문화의 수수께끼를 풀고자 했다. 여우 사냥 이야기로 장애물 경주의 역사를 추적하면서 나는 1865년에 출간된 R. S. 서티스(Robert Smith Surtees)의 소설

『페이시 롬퍼드 씨의 하운드(*Mr. Facey Romford's Hounds*)』에서 흥미로운 단서를 찾아냈다(찰스 디킨스나 버지니아 울프 그리고 많은 유명한 작가들에게 영향을 주었음에도 불구하고 이 작가의 소설들은 출간되지 못했다). 이 소설에서 능력이 뛰어난 기수인 루시 글리터(Lucy Glitter)는 '예쁜이 말 조련사'라는 오명을 받는다. 점잔 빼는 시대에 글을 썼기 때문에 서티스의 비평가들 중 이 주인공의 캐릭터 유사성을 그 시대의 악명 높은 창녀에서 찾고자 한 사람은 별로 없었다. 그 시대의 전기에서 나는 마침내 '예쁜이 말 조련사'가 가장 흔한 형태의 유급 노동자인 여성 기수들에게 사용된 완곡한 표현이라는 것을 발견했다.

그 다음 세기의 모터쇼 모델처럼, '예쁜이 말 조련사'의 일은 도시의 공원이나 주요 도로에서 몸에 붙는 승마복을 입고 말을 타면서 사람들이 자신에게 주목하도록(그리고 말의 결점이 드러나지 않도록) 하는 것이었다. 빅토리아 시대 영국에서 공개적이고 직업적인 신체 노출은 매춘과 다를 바 없었다. 19세기 후반 무렵에는 핀치 메이슨(Finch Mason)이 1880년 소설 『무대 위의 여왕(*The Queen of Arena*)』같이 스턴트 쇼나 '서커스 승마'를 하는 여성들을 더 호의적으로 묘사한 여러 글들이, 말을 타고 하운드를 모는 국토 횡단 사냥에 나설 만큼의 큰 대담성과 활동성을 그들에게 연관시켰다. 하지만 20세기 들어, 기존 재현 방식에 왜곡된 섹슈얼리티(sexuality)가 덧입혀져 여성의 승마 참여 확대에 악영향을 끼쳤다.

『동물 이야기(*Animal Stories*)』(2011)에서 나는 평등을 향한 이 역사적 분투를 인간-동물 반려 관계의 표상화 양식 및 (「인터내셔널 벨벳(International Velvet)」(1978)과 『호스 위스퍼러(*The Horse Whisperer*)』(1996, 영화 1999) 등 최근의 서사들에서 점점 더 많이 보이는) 여성과 말 모두에 대한 성화된(sexualized) 폭력 묘사와 관련지으며, 이러한 문학적·문화적 역사에서 어떻게 『녹원의 천사』의 새로운 가치를 알 수 있는지 설명했다. 『녹원의 천사』가 없었다면 경마의 인기가 시들었을 것이다.

인정하건대, 내가 조각조각 모은 이런 역사적 이야기들은 인간과 동물이 함께 사는 삶의 추악한 실상을 드러낸다. 그렇더라도 이런 이야기가 인간과 동물이 공유하는 삶을 통해 이루어질 더 나은 미래에 대한 희망을 줄 수 있다면, 그리고 특히 위기에 처하고 사라져버린 서로 다른 종(cross-species) 간의 관계에 대해 중요한 교훈을 제공할 수 있다면, 나는 거기서 계속 영감을 얻을 것이다.

이런 면에서 내 연구가 대체로 어디에나 존재하는 특정한 동물, 게다가 관련된 이야기들이 늘 죽음으로 끝나는 그 동물에 초점을 맞추고 있다는 것은 좀 이상해 보일 수도 있다. 완전히 바보 같은 소리로 들릴지 모르겠으나, 나는 책 『개(Dog)』(2004)를 출간하고 문학과 예술과 유전학에서의 개에 대한 몇 편의 에세이를 펴낸 후에야, 이 특별한 동물 종의 이야기에 대한 나의 깊은 연민과 호기심이 어릴 적 개에게 공격당한 경험에서 비롯됐을 수도 있다는 것을 알게 됐다. 그러나 내가 이 연구들이 나에 대한 것이라고 전혀 생각하지 못했기 때문에(그 사고로 인해 생긴 내 얼굴의 흉터는 신경 쓰지 말아 달라), 문학과 문화 속 표상의 역사 안에 자리한 복잡한 사회적 장면들을(특히 그것들이 동물에 관한 것일 경우) 이해하기 위해 다른 학자들, 특히 다른 학문 분야의 학자들과 함께 협력하고 서로에게 배우는 일은 어렵지 않았다.

몇몇 학자들은 이런 종류의 지적인 이종교배가 대학 문화에서 문학의 역할을 약화시킬 것이라고 염려한다. 그런 노력이 문학 연구 분야에서 시작된 활기를 인문학 전반에 불어넣을지, 아니면 이런 종류의 문학 속 동물연구가 보다 포괄적인 지식 구조의 해체를 가져올지는 좀더 두고 보아야 하겠다. 나의 경험으로 볼 때, 동물 표상 문제의 범위(scale)와 직접성(immediacy)을 고려하는 데 있어 우리에게 필요한 것은 다양한 텍스트 기록, 그것들을 해석하기 위한 방법론적 도구, 동물에 대해 읽고 쓰는 (그리고 그들과 사는) 방식을 더 나은 쪽으로 변화시킬 수 있는 이론이다. 내가 연구를 하는 데 있어, 문학 연구가 인문학의 명확한 분과로 지속되어야 하는지 또는 탈전문화된(postdisciplinary) 틀을 통해 완전히 재구성되어야 하는지는 전혀 문제가 되지 않는다. 인간동물학의 광범위한 노력에 참여하는 서로 다른 방법들에 개방적인 태도를 유지하기만 한다면 말이다.

2

인간과 동물의 경계

동물과 인간: 넘을 수 없는 상벽의 구분인가?

내가 좋아하는 웹사이트 중 하나는 icanhascheezburger.com이라고 하는 **롤캣 사이트**이다. 이런 롤캣(lolcat) 사이트에는 고양이(때로는 다른 동물) 그림에 마치 고양이가 말하는 것같이 웃기는, '롤스피크(lolspeak)'라는 문법에 맞춰 쓰인 캡션이 달려 있다. 롤캣에 익숙하지 않은 사람들에게는, 사람의 말을 고양이에게 갖다 붙이는 것이 좀 우스꽝스러울지도 모르겠다. 그러나 인간이 아닌 동물에게 인간의 특성을 부여하는 행위는 이미 수천 년 전부터 있어 왔고, 우리는 이것을 전 세계적으로 신화, 민담, 상징, 예술 작품에서 볼 수 있다(14장에서 다시 다룰 것이다). 반면에 인간 문화의 많은 부분은, 특히 최근의 문화는 인간이 동물과 같지 않다는 전제하에 성립됐다. 인간의 사상과 말 그리고 행동이 동물에게서 기인했다고 볼 수도 있지만, 인간은 특별하고 동물 세상에서 멀리 동떨어져 있다.

문제는 '왜'이다. 인간과 동물의 구분은 무엇을 근거로 한 것인가? 엄격하게 생물학적 관점에서 보면 인간은 동물이다. 다시 말하면 우리는 개, 고

그림 2.1. 롤캣(lolcat)은 이상한 문법으로 웃기는 캡션을 덧붙인 고양이 사진들이다. 위의 사진은 롤낙타(Lolcamel)이다. (사진: Lynley Shimat Lys)

양이, 곤충과 마찬가지로 다세포, 진핵생물이며 성장을 위해 탄소를 이용하고, 독립적으로 움직이고, 유성생식하며, 살기 위해 다른 생명체를 먹어야한다. 동물계의 한 구성원으로서 우리는 척추동물, 포유류, 영장류 등으로보다 세부적으로 분류된다. 그러나 이는 우리가 일상생활에서 늘 쓰는 그런분류 체계는 아니다. 우리 대부분은 자신들만을 인간이라고 부르면서 지구상의 다른 모든 동물을 부르는 '동물'이라는 용어에 포함시키지 않는다. 인간이 동물의 세계에서 특별한 존재인지를 우리는 어떻게 알 수 있게 됐을까(소위 인간예외론human exceptionalism)? 그리고 만약 그렇다면 어떤 점이 특별한가? 동물은 인간을 포함하는 영역인가? 아니면 인간을 배제하는 조건인가?

흥미롭게도 인간과 다른 모든 동물 종의 구분이 보편적이라고 여겨지지도 않으며, 이에 대해 보편적으로 합의된 바도 없다. 이는 행동학이나 생물학에 근거한 배타적인 구분이 아니며 때로는 생물학, 행동, 종교적 위상,

연대감 같은 것들이 개입돼 왔다. 궁극적으로 우리는 이런 구분이 사회적으로 구성됐음을 살펴볼 것이다. 이는 문화적 그리고 역사적 조건하에 만들어지는 것이다. 시간과 장소에 따라 이 경계가 변화하는 것뿐 아니라 동물과 인간을 각각의 경계에 할당하는 이유마저도 변화한다.

비서구권의 생각들

우리가 논하고 있는 인간과 동물 사이의 개념적인 경계는 인간 사회 어디에나 있다. 그러나 인류학 연구나 역사 연구는 이와 관련하여 상당한 문화적, 역사적 다양성이 존재한다는 것을 보여준다. 비서구권의 많은 사회에서 자연과 동물은 쉽게 문화나 인간의 대립자로 구분되지 않는다. 사실 많은 문화권에서 동물을 잠재적인 사회 구성원, 조상, 분리된 종족, 또는 신성한 세계와 세속적인 세계 사이의 중재자로 생각하고 있거나 그렇게 생각했었다. 이런 문화 중 대다수가 인간, 동물, 식물, 무생물 모두에 영혼이 깃들어 있다고 믿는 애니미즘(animism)을 공유한다.

예를 들어 동물을 다른 부류로 인식하지 않는 사회들이 있다. 수렵채집인들은 특히 인간과 동물을 다르다기보다는 관련있는 것으로, 인간을 동물처럼 자연의 한 부분으로 보는 경향이 있다(Ingold, 1994). 이런 문화에서는 사회와 자연 또는 인간과 사물 사이에 엄격한 구분이 없다. 사냥꾼들은 자연을 지배하기보다 동물과 적절한 관계를 유지하고 싶어한다. 물론 그들은 사냥을 해야 한다. 하지만 이들은 그렇게 할 때 종종 동물의 허락을 구하거나 양해를 구한다. 어떤 문화에서는 동물이 훌륭한 사냥꾼에게 스스로를 선물한다고 생각하기도 한다. 많은 오스트레일리아 원주민 종족들은 인간과 동물이 공존하고 있는 자연은 균형을 위해 사냥과 의식의 형태로 인간의 중재를 필요로 한다고 믿는다(Flannery, 1994).

서구의 인간-동물 구분을 공유하는 비서구권 사회에서도 인간과 동물의 경계는 때로 유동적이어서 동물(때로는 인간)은 다른 종으로 환생할 수 있는 존재이다. 예를 들어 중앙아시아 튀르크족 사람들은 그들이 늑대의 후예라고 생각한다. 아세나(Asena)라는 암컷 늑대는 사람의 아기를 돌봤는데 이후 이 늑대가 반인반늑대인 튀르크족의 선조를 낳았다. 이와 유사하게 그 창조자로 동물을 갖는 사회가 많다. 힌두교 신화 속에는 브라마(Brahma) 신이 창조한 신성한 어머니 소와 프리투(Prithu) 신이 변장한 존재로서 세상의 식물을 창조한 소의 이야기가 담겨 있다. 아메리카 인디언인 틀링기트(Tlingit)족에게는 까마귀가 창조신이다. 다른 문화권에서 사람들은 신이나 마술에 의해 동물로 변할 수도 있다. 그리스 신화에서 아르테미스가 님프를 곰으로 바꿔 버리듯 말이다(그 곰은 결국 후에 큰곰자리가 됐다).

고대 이집트에서는 인간과 동물의 경계가 존재하긴 했으나 절대적인 것은 아니었다. 이집트인들은 동물이 사람과 마찬가지로 인간과 동물의 창조신인 프타(Ptah)를 숭배한다고 생각했다. 고양이는 신성한 것으로 간주됐고, 태양신 '라(Ra)'는 자신을 고양이로 바꿀 수 있다고 믿었다. 고대 이집트에서는 고양이를 중요하게 생각했기 때문에 고양이를 죽이는 것에 대한 형벌은 사형이었다. 이집트인들은 사랑하는 집고양이가 죽었을 때 자신들의 눈썹을 밀고 애도를 표했다. 기원전 14세기경을 시작으로 고양이는 인간과 마찬가지로 미라로 만들어졌다. 이 미라화된 고양이는 인간과 비슷한 대우를 받아서, 사람들은 이들의 얼굴을 붕대로 감싼 후 거기에 그림을 그렸고, 어떤 경우에는 청동으로 만든 데스 마스크를 씌우기도 했다.

다양한 문화 속에 사람이나 동물의 형상으로 변신할 수 있는 동물 신과 정령이 존재한다. 일본의 아이누족은 동물을 신으로 삼는 나름의 문화가 있는데, 예를 들어 곰은 모든 신들의 우두머리이고, 이 신들이 지구를 샀나섰을 때 동물의 형상을 취했다. 많은 문화권에서 인도 곤드족(Gond)의 코다 펜(Koda Pen)이나 갈리아인들의 에포나(Epona) 같은 '말' 신을 섬겼다. 가나안 사람, 그리스인들, 일본인들은 물고기를 숭배했다. 하와이에서는 '매' 신이 있었고, 북미 원주민인 알곤킨족은 미차보(Michabo)라는 '토끼' 신을 숭배했다. 어떤 문화권에는 반인반수의 신들도 있었는데, 그리스 신화에 등장하는 반은 사람이고 반은 염소인 판(pan)이 그 예이다.

그림 2.2. 아멘호테프(Amenhotep) 3세의 방해석
동상과 '악어' 신 소베크(Sobek). 룩소르박물관.
(사진: Jerzy Strzelecki, Wikimedia Commons)

그림 2.3. 이 머스큄(Musqueam) 토템 기둥은 캐나
다 밴쿠버 머스큄 인디언 부족의 전통 구역 내에 있
는 브리티시컬럼비아 대학교 교정에 있다. (사진:
Leoboudv, Wikimedia Commons)

동물은 또한 세계적으로 인간들의 친족 시스템에서 중요한 역할을 한
다. 예를 들어 아메리카나 오스트레일리아의 많은 원주민들은 동물을 자신
들의 **토템**으로 삼는다. 토템은 한 씨족의 구성원들에게 있어 자신의 조상
을 추적할 수 있고 자신들을 보호해 주는 상징적인 형상이다. 어떤 아메리
카 원주민들은 동물과 인간이 형상은 달라도 같은 문화를 공유한다고 믿는
다. 동물 토템은 아프리카에도 있다. 예를 들어 케냐의 카디무(Kadimu)족은
자신들이 거대한 비단구렁이(Python)의 후손이라고 믿는다. 그런가 하면 죽
은 자들의 영혼과 정령이 동물로 환생한다고 여기는 문화도 있다. 태국 사람
들은 흰코끼리가 죽은 사람의 영혼을 지니고 있다고 믿으며, 아프리카 줄루
(Zulu), 카피르(Kafir), 마사이(Masai), 난디(Nandi) 같은 종족에서는 뱀을 죽은
선조들의 환생이라고 본다.

마지막으로, 인간이 동물로 변하는 변신이나 환생(transmigration)은 샤머니즘 문화나 주술 문화에서는 일반적인 교리이다. 샤먼과 마녀는 이런 능력이 있는 것으로 간주된다. 어떤 아마존 부족들은 그들의 샤먼이 원래 재규어인데 잠시 인간의 형상을 하고 있다고 생각한다. 마녀들은 동물로 변할 수 있을 뿐 아니라 일을 처리해 주는 동물정령도 거느린다. 한 가지 재미있는 예로 스칸디나비아와 북유럽 민담에 등장하는 우유 토끼(Milk Hare)를 들 수 있다. 이 우유 토끼는 마녀가 이웃의 우유를 훔칠 때 이용하는 정령인데, 이 토끼가 잡히거나 죽으면 그녀는 다시 여성의 모습으로 되돌아온다. 유사한 전설이 유럽 전역에 있는데, 토끼가 아니라 대개는 고양이가 일반적인 정령 동물이다.

환생에 대한 믿음은 수천 년이 넘은 오래된 것이다. 5세기경 그리스 철학자 피타고라스는 인간의 영혼은 죽은 후 동물로 환생한다고 믿었다. 이는 그가 육식을 반대하면서 내세운 논리의 중요한 부분이기도 하다. 또한 힌두교에서 윤회에 대한 믿음은 종의 경계를 넘어선다. 힌두교의 자연과 인간의 세계들이 하나이고 서로 같다는 범신론(pantheism)적 믿음은 단지 윤회나 모든 종의 연계에 대한 관념뿐만 아니라 아힘사(ahimsa, 비폭력주의) 사상에도 반영되어 있다. 그러나 이런 비폭력주의의 믿음을 공유하는 힌두교도나 불교도 역시 여전히 비인간동물은 인간보다 열등한 존재라고 보고 있다. 그렇다면 우리가 적용한 서구의 시스템들은 왜 인간을 동물의 세계에서 내보낸 걸까?

종차별주의, 그리고 인간-동물 경계의 대두

인간과 동물 사이의 완전한 분화와 차별적 가치 부여는 아마도 동물의 가축화와 함께 생겨난 것 같다. 인류학자들은 인간의 생존 방식과 관련있는 두 종류의 일반화된 생산 방식으로 '수집'과 '생산'을 인정하고 있다. 수집(collection)은 야생의 식물성 식량을 모으고 야생동물을 사냥하는 것을 뜻하며, 자연과의 긴밀한 상호작용을 수반한다. 반면에 생산(production)은 식물과 동물의 가축화와 지배를 포함하며, 자연에 대한 개입(intervention)을 수반한다. 동물을 방목하는 유목 사회(pastoral societies)에서는 농업 사회에서와는 다른 방식으로 동물과 관계를 맺는 경향이 있다. 유목 사회의 목동들에게 있어 인간과 동물은 상호 의존적이다. 예를 들어 동아프리카 유목 종족인 누에르(Nuer)족은 단지 먹기 위해 동물을 죽여서는 안 된다고 생각한다. 만약 그들이 그렇게 하면 소는 그들에게 저주를 내릴 수 있다(Evans-Pritchard, 1940). 농업이 발전하면서 특히 유럽, 중동, 아시아 지역에서는 동물과 자연을 초월한 존재인 인간이 그들을 지배한다는, 동물과 인간에 대한 새로운 개념이 생겨났다. 이런 변화와 함께 동물은 더 이상 인간과 같은 세계에 존재하는 것이 아니라 인간이 극복해온 자연 안에 존재한다.

서구에서 인간과 동물의 분리는 고전적인 그리스 사상과, 창조에 대한 성경적 설명을 통해 강화됐다. 『정치학』에서 아리스토텔레스는 인간은 말할 수 있다는 점에서 동물과 구분되며, 인간의 윤리적 존재성은 이에 기반한다(Aristotle and Benjamin Jowett, 1943)고 밝혔다. 그래서 말할 수 없는 동물은 인간의 필요에 따라 봉사하게끔 태어난 것이다. 또한 아리스토텔레스는 영혼을 세 부분으로 나누었다. 식물이 가진 영양(nutritive) 부분, 동물이 가진 감각(sensitive) 부분, 그리고 인간만이 가진 이성(rational) 부분이다.

초기 기독교인(그리고 그들 이전의 유대인)은 그리스인의 동물에 대한 생각을 그대로 가져왔다. 특히 육체를 가치절하하고 동물에게 결핍된 고차원적 의식을 존중하는 아리스토텔레스의 이론과 이집트인에게서 전수받은 영혼이라는 개념도 중요했다. 다음으로 이들은 인간이 동물과 다르고 동물보다 우월하다는 것을 구체화하는 신학 체계를 만들어냈다. 『성경』의 「창세기」에는 그 구분이 명확하게 드러난다.

"하느님께서는 말씀하시길, 우리 모습을 닮은 사람을 만들자. 그래서 바다의 고기와 공중의 새, 또 집짐승과 모든 들짐승과 땅 위를 기어다니는 모든 길짐승을 다스리게 하자(Then God said, "Let us make mankind in our image, in our likeness, so that they may rule over the fish in the sea and the birds in the sky, over the livestock and all the wild animals, and over all the creatures that move along the ground." 「창세기」 1장 26절)"

4~5세기경 성 아우구스티누스(St. Augustine)는 인간은 신성한 신과의 연계성을 통해 귀하게 가치 매겨진다고 생각했다. 이 연계성은 동물 또는 여성과는 공유할 수 없는 것이다(Augustinus, 2000). 존재의 거대한 사슬(the great chain of being, *scala naturae*)에 나타난 중세적 사상은 아리스토텔레스의 사상을 따른 것이다. 신은 높은 것과 낮은 것의 위계에 따라 모든 생명을 창조했고 인간은 신 바로 아래에, 그리고 동물은 인간 계급의 아래에 존재한다는 내용을 담은 이 사슬은 이런 관점을 더 강화한 것이다.

인간과 동물 사이의 이런 분할은 13세기 신학자 토마스 아퀴나스(Thomas Aquinas)를 통해 더 확고해졌다. 그는 이성을 가졌기 때문에 불멸의 영혼을 가진 인격체(person)와, 본질적으로 인간의 이익을 위해 이용될 수 있는 비인격체(nonperson)로 세상이 구분된다고 생각했다. 인격체는 이성이 있기 때문에 인격체이고, 그래서 본질적인 가치를 가지며 존중받아야 한다. 비이성적인 존재인 동물은 도구적인 가치만을 가지며 인간이 보기에 적절한 방법으로 사용될 수 있다(Thomas, 1906).

로마 가톨릭 교리문답서는 "인간이 아닌 동물은 식물이나 무생물과 마찬가지로 과거, 현재, 미래의 공동체를 위한 공공재(common good)로 자연이 설정해 놓은 것(*Catechism of the Catholic Church* 1994, paragraph 2415)"이라고 가르친다. 이런 관점은 20세기 교회가 발표한 수많은 성명과 회칙에 그대로 반영되고 있다. 예를 들어 요한 바오로 2세는 1984년 "동물은 인간이 사용하도록 의도된 것이 확실하다"고 말했고, 2001년 바티칸 교황성과학원(Vatican's Pontifical Academy for Life)에서는 "오직 인간만이 유일하고 우월한 존엄을 누릴 수 있으며 신은 인간이 아닌 생명체를 인간에게 봉사하도록 하셨다. 따라서 동물의 희생은 인간의 이익과 연관되어 있는 한은 정당하다(Preece and Fraser, 2000)"고 밝혔다. 또한 가톨릭 교리에 따르면 동물(아울러 식물)이 어떤 종류의 영혼을 가질 수 있다고 하더라도 이는 영원한 영혼이 아니라 동물이 죽는 순간 사라진다. 오직 인간만이 영원한 영혼을 갖는다는 믿음은 아리스토텔레스의 사상과 관련이 있다. 왜냐하면 기독교의 교리에서 인간의 영혼은 이성과 지성의 주체이고 동물은 이성이 없기 때문이다. 그리하여 유럽 기독교 사상의 발달 과정에서, 인간은 신과 가깝기 때문에 선(good)이고 반면에 동물은 이런 근본적인 선을 가지지 못한다는 생각이 나타나게 됐다. 더욱이 뭔가 나쁜 짓을 하는 사람들은 동물 같다거나 짐승 같다고 여겨졌다. 인간 본성의 가장 밑바닥은 동물적인 측면으로 간주됐다.

인간과 동물의 이런 차이는 서구 사회에서는 보편적인 것이 됐고, 사회적 관행이나 철학 사상을 통해서 강화됐다. 유럽에서는 특히 동물이 인간의 착취를 위해 창조된 것으로 생각했다. 자연은 억눌러야 할 힘으로 간주됐고, 기독교 성직자들은 아퀴나스와 '존재의 거대한 사슬'로 돌아가 인간이 다른 창조물들과 극단적으로 다르며 우위에 있다는 점을 강조하려고 했다. 근대 초기 유럽인들은 인간에 비해 열등한 어떤 것, 그리고 정복하고 착취해야하는 어떤 것으로 받아들여지는 **동물성(animality)**을 통해서 그들과 동물 사이의 경계를 유지하기 위해 노력했다. 예를 들어 영국 상류층의 가족들은 동물같이 보인다는 이유로 아기가 기어다니지 못하게 했다. 따라서 **수간(bestiality)**은 매우 중대한 범죄였고, 때로는 사형에 처해졌다. 인간과 동물의 경계에 대한 우려는 중세 유럽의 늑대인간에 대한 공포와 괴물과 신화 속 야수, 특히 반인반수의 존재들에 대한 집착의 원인이라고 설명되어 왔다.

그림에도 이 시기 대부분의 인간들은 동물과 충분하게 접촉할 수 있었고, 인간의 삶은 동물의 삶과 밀접하게 연관되어 있었다. 사실 중세 시대에는 동물이 인간처럼 범죄로 고발되고 법정에서 재판받는 일이 드물지 않았다. 심지어 교회로부터 파문당하기도 했다. 1567년 살인죄로 교수형을 당한 돼지의 사례와 같이 유죄 판결을 받은 동물은 때때로 처형당하기도 했다(Beirne, 1994). 동물들은 투옥되기도 했고, 유럽 사회의 집단 죄의식(collective guilt) 때문에 희생되기도 했다. 고양이를 불태워 죽이고 지붕 꼭대기에서 던져 버리는 공공의 제의에서 동물이 공공의 희생양 역할을 했음을 알 수 있다. 그리고 사람들이 유죄 판결을 받을 때 동물이 함께 처벌받기도 했다. 누군가가 극악무도한 범죄로 유죄 판결을 받았을 때 그의 죄에 대해 개 두 마

수간의 역사

수간(Bestiality)을 묘사한 이미지는 인간이 동물과 성관계를 갖는 모습을 조각과 그림으로 묘사한 석기 시대부터 존재해 왔다. 수간은 세계적으로 많은 사람들에 의해 행해졌다. 히타이트인들은 어떤 동물이 성관계에 이용될 수 있고 어떤 동물은 안 되는지에 대한 규정을 가지고 있었다. 바빌로니아, 그리스, 이집트, 로마 사람들도 어느 정도는 동물과의 성관계를 가진 것으로 보인다. 그런데 고대 히브리인들이 처음으로 동물과의 성관계를 금지했고, 이는 기독교 전통으로 이어졌다.

중세에 수간은 사형에 처해지는 범죄였다. 관련된 사람과 동물 모두가 죽임을 당했다. 덴마크에서는 이런 범죄자를 교수형과 화형에 처했다. 이런 법이 유럽 전역에 있었음에도 불구하고 수간은 흔한 일이었음이 분명하다. 예를 들어 양치기 소년들이 소나 양과 성관계를 갖는 일이 흔하게 일어났기 때문에 17세기 가톨릭 교회는 소년들이 양을 돌보지 못하도록 금지하려고 했었다. 『구약성경』으로 돌아가서 수간을 금하는 법과 동성애를 금지하는 법이 동일했던 시대가 수세기 동안 이어졌다. 이런 행위들은 똑같이 역겨운 것이어서 '소도미(sodomy)'라고 불리며 한데 뭉뚱그려졌기 때문이다.

수간은 아시아와 중동에서도 매우 일반적인 일이었지만, 어떤 문화권에서는 사회적으로 허용된 반면 다른 문화권에서는 금지됐다. 아랍에는 동물과 성관계를 맺는 것은 남성의 정력을 높여 주고, 병을 낫게 하고, 성기의 크기를 크게 해준다는 오래된 믿음이 있다. 수간은 신대륙에서도 흔한 일이어서 잉카에서 총각은 암컷 알파카를 소유하는 것이 금지됐다. 주변의 다른 문화들에서도 수간은 정

상적인 행위였다. 한때 대평원과 남서부의 아메리카 인디언들에게
도 그러했다.

　　오늘날 각 국가들은 서로 다른 법을 가지고 있는데, 이는 『성
경』에 언급된 윤리보다는 동물 학대 문제에 근거하고 있다. 예를 들
어 인간의 성기를 동물에게 삽입하거나 동물의 성기를 인간에게 삽
입하는 행위로 정의되는 수간은 영국에서는 불법이지만, 스웨덴에
서는 합법이다(그러나 사회적으로도 용납된다는 뜻은 아니다). (스웨덴에서 수
간은 2014년 1월부터 불법화됐다. 옮긴이) 미국에서 수간은 연방법에 규정
되어 있지는 않지만, 30개 주에서 범죄로 간주된다. 가장 최근의 입
법은 2011년 플로리다 주에서 있었고, 나머지 주에서는 아직 이런
법이 제정되지 않았다. (2017년 현재 45개 주에서 수간을 불법화하고 있다. 옮
긴이)

리를 함께 매달아 교수형에 처했다. 이 모든 사례에서 볼 수 있듯 인간과 동
물의 경계는 사회적 관심을 유발하는 중요한 요소였다.

　　유럽의 철학이 르네상스와 근대 초기를 거쳐 변화함에 따라 동물과 인
간 사이의 골은 더 넓어졌다. 그리고 이런 경계에 대한 정당화는 좀더 정교
해지고 다시 아리스토텔레스의 가정으로 되돌아갔다. 우리가 이미 살펴본
바와 같이, 아리스토텔레스는 인간과 동물을 구분 짓는(그리고 노예와 노예가 아
닌 자를 구분 짓는) 것은 이성과 말할 수 있는 능력이며 동물과 노예는 이성적
인 창조물에 봉사하기 위해서 존재한다고 생각했다. 17세기 프랑스 철학자
인 르네 데카르트는 정신(mentality)과 말할 수 있는 능력은 인간과 동물을 구
분하는 가장 중요한 특징이라고 주장했다(Decartes, 1991). 데카르트는 동물
이 언어를 사용할 수 없기 때문에 본질적으로는 기계라고 생각했다. 이 마음
없는 자동기계(mindless automata)는 고등한 생각이나 의식 없이 작동한다.
한 세기 후에 독일 철학자 이마누엘 칸트는 이성(rationality)이란 인간을 다

른 동물로부터 구분하는 핵심 특성이라고 기술했다. 동물은 이성적이고 도덕적인 선택을 할 능력이 없기 때문에 도덕적 행위자가 아니며 어떤 도덕적 지위도 갖지 못한다는 것이다(Kant, 1785). 20세기까지도 철학자들 사이에서는 이런 주장이 여전히 유효했다. 예를 들어 독일 철학자인 마르틴 하이데거(Martin Heideger, 1971)는 인간과 동물에 있어 가장 중요한 차이가 언어라고 여겼을 뿐 아니라 언어는 알고 이해하고 세상과 이성적으로 상호작용하는 데 있어 매우 중요한 능력이라고 생각했다.

오늘날 도덕성(morality) 문제는 인간과 동물을 구분하는 가장 중요한 특성 중 하나가 되고 있다. 인간과 동물은 모두 지각력이 있는(sentient) 존재지만 오직 인간만이 도덕적이고 윤리적인 행위를 할 수 있는 능력을 가졌다는 것이다. 인간과 동물을 구분하는 또다른 중요한 특성은 다시 아리스토텔레스로 돌아간다.

인간은 지능, 언어, 자아 인식, 행위자성을 지니고 있다고 여겨진다. 아리스토텔레스에 따르면 이런 특성들은 오직 인간에게만 삶의 권리와, 박해나 고통으로부터 자유로울 권리를 부여한다. 또한 이런 특성들은 인간에게 이런 능력이 없는 동물 같은 존재를 지배할 수 있는 권리를 부여한다. 그렇기 때문에 아마도 인간은 동물과의 관계를 통해 가장 잘 정의될 수 있다. 특히 인간이 동물보다 우월하는 것을 드러낼 때 더욱 그렇다.

진화와 종간 연속성

19세기 중반, 박물학자인 찰스 다윈의 **자연선택에 의한 진화**(evolution by natural selection) 이론은 수천 년간 이어져온 동물에 대한 종교와 철학 사상에 혁명적인 변화를 가져왔다. 다윈의 저술(『종의 기원(On the Origin of Species)』은 1859년에, 『인간의 유래(The Descent of Man)』는 1871년에 출간됐다)은 인간이 특별하다는 것에 대한 도전이었고, 인간과 동물을 같은 부류, 즉 동물로 분류했다. '동물성'이라는 것이 '인간성'보다 하등한 것으로 정의됐음에도 불구하고 다윈은 명백하게 인간은 동물이라고 규정했다. 인간이 동물이라고 주장한 것은 다윈이 처음은 아니다. 18세기 생물학자인 카롤루스 리나이우스(Carolus Linnaeus, 칼 폰 린네Carl von Linné)는 1735년 『자연의 체계(*Systema naturae*)』에서 인간을 영장류로 분류했고 이로 인해 대주교로부터 질책을 받기도 했다. 흥미롭게도 린네는 다른 종이긴 하지만 인간과 같은 속(genus)에 침팬지 *Homo troglodytes*를 포함시켰다. 그리고 17세기 해부학자인 에드워드 타이슨(Edward Tyson)은 해부를 통해 인간과 원숭이의 유사성을 증명했다(Tyson, 1966). 그러나 각 종 간의 관계를 설명하는 과학적인 이론이 다윈 이전에는 없었다. 인간과 동물은 유사할 뿐 아니라 이들의 유사성은 이들이 공유한 하나의 조상에서 유래했기 때문에 생겼다는 것이다.

이뿐만 아니라 다윈은 정신적 능력이라는 측면에서 인간과 '고등동물' 사이에 근본적인 차이는 없다고 주장했다. 이는 차이에 대한 기존의 기본 가정을 다시 흔들어 놓는 것이었다. 다윈은 인간뿐 아니라 다른 모든 동물들이 연계되어 있고 모두가 고통을 느끼고 감정을 공유하고 기억, 이성, 상상력을 가진다는 것을 증명했다. 다윈은 인간과 동물을 분류학상 다르게 보지 않았고 인간을 포함한 모든 동물이 정신적, 감정적 능력의 연속성을 공유한다는 것을 보였다. 물론 『종의 기원』이 1859년에 출판됐다고 해서 그 후 100년 동안 그의 생각이 모두 수용된 것은 아니다. 그리고 비인간동물이 감정을 경험하고 이성을 가진다는 생각이 진지하게 받아들여진 것은 20세기 후반 현대적인 개념의 행동학이 발전된 후에나 가능했다.

오늘날 비인간동물의 마음과 행동을 연구하는 행동학자들은 다윈이 이론화한 것처럼 인간과 다른 동물의 감정적, 정신적 능력 사이에 대단한 차이가 없다는 것을 보여준다. 오히려 서로 간에 이런 능력의 연속성(continuity)이 있다. 행동학자들은 유인원과 돌고래, 앵무새, 그 밖의 많은 다른 동물들에서 이런 연속성에 대한 보다 많은 증거들을 찾는 연구를 진행하고 있고 우리는 17장에서 이를 다시 다룰 것이다. 우리는 이제 많은 동물들이 예전에 우리가 "인간적인" 감정이라고 간주했던 것들을 느끼고 경험할 수 있다는 것, 동물이 자아를 인지하고 인식하며 세련된 의사소통 시스템(어쩌면 언어)으로 자기들끼리 또는 우리 인간과 소통할 수 있다는 것을 알고 있다. 그들은 도구를 만들고 사용할 수 있으며, 서로 공감하거나 다른 이들을 속이거나 농담을 하거나 계획을 세우거나 과거와 미래를 이해할 수도 있다.

또한 다윈의 시대 이후로 유전학은 우리가 다른 동물들과 어느 정도 유전물질을 공유할 수 있고, 특히 대형유인원과는 더더욱 그러하여 침팬지와 98퍼센트의 유전자를 공유함을 보여주었다. 침팬지는 유전적으로는 고릴라보다 오히려 인간과 가까운 동물이다. 최근의 고인류학 연구에 따르면, 진화의 역사에서는 매우 짧은 기간인 1000만 년 전 정도의 가까운 과거에 인간과 침팬지에게 공통의 선조가 있었음이 증명됐다.

사실 19세기 이래로 인간과 동물의 거리가 점점 좁혀져 왔다고 말할 수 있다. 유전학, 인류학, 신경심리학, 사회생물학, 행동학 분야의 새로운 발견을 통해 우리는 육체적으로, 행동학적으로, 감정적으로 예전에 알던 것보다 인간이 더 동물에 가깝다는 것을 알게 됐다. 과거의 과학자, 신학자, 철학자들이 인간과 동물의 다른 점을 과도하게 강조하느라 유사성을 과소평가하거나 무시했던 것과 달리 오늘날의 과학자들은 종 간의 간극을 줄여가고 있다.

인간과 동물 사이의 경계는 지속적으로 변하기 때문에, 인간이 동물로부터 단순히 떨어져 나오기만 한 존재가 아니라 더 우월한 존재라는 생각을 하고 있는 사람들에게 그 경계를 지키는 것은 매우 중요하다. 우리는 이 책에서 인간의 '특별함'이 동물에 관한 인간의 모든 활동을 정당화하는 데 실제로 이용됐음을 알게 될 것이다. 오늘날 우리는, 우리가 인간을 다른 동물로부터 구분하기 위해 사용하는 이 기준을 지속적으로 재정립하고 있다. 왜냐하면 우리는 조금씩 동물이 우리가 생각했던 것보다 훨씬 더 영리하고 훨씬 더 '인간답다'는 것을 발견하고 있기 때문이다.

그렇다면 대체 동물은 무엇인가? 궁극적으로 우리는 이 질문에 대한 답을 하지 못했다. 3장에서 이와 관련된 주제를 다시 다룰 것이다. "우리는 동물을 어떻게 분류하는가?"

더 읽을거리

Creager, Angela, ed. 2005. *The Animal/Human Boundary: Historical Perspectives.* Rochester, NY: University of Rochester Press.

Darwin, Charles. 1895/1985. *The Origin of Species.* New York: Penguin.

Fudge, Erica, Ruth Gilbert, and Susan Wiseman, eds. 1999. *At the Borders of the Human: Beasts, Bodies and Natural Philosophy in the Early Modern Period.* New York: St. Martin's Press

Henninger-Voss, Mary. 2002. *Animals in Human Histories: The mirror of Nature and Culture.* Rochester: University of Rochester Press.

Ingold, Tim, ed. 1988. *What Is an Animal?* London: Routledge.

Noske, Barbara. 1997. *Beyond Boundaries: Humans and Animals.* Montreal: Black Rose.

Salisbury, Joyce. 1994. *The Beast Within: Animals in the Middle Ages.* New York: Routledge.

Tattersall. Ian. 1998. *Becoming Human: Evolution and Human Uniqueness.* Oxford: Oxford University Press.

Thomas, Keith, 1983. *Man and the Natural World: A History of the Modern Sensibility.* New York: Pantheon.

3

동물의 분류와 사회적 구성

친구이며 동료인 토끼 구조자 수전 데이비스(Susan Davis)와 함께 우리 채 『토끼가 들려주는 이야기(*Stories Rabbits Tell*)』(2003)를 집필하려고 자료 조사를 하고 있을 때 무지개 다리(rainbow bridge)에 대해 알게 됐다. 무지개 다리는 동물 애호가(animal lover)들이 생각하는 동물을 위한 천국으로, 애완동물이(때로는 사람들도 함께) 사후에 가게 되는 곳이다. 인터넷은 사랑했던 반려동물이 세상을 떠난 후 이들을 기억하기 위해 게시한 기념 사진들, 예술 작품, 시, 추억담을 올려놓는 사이트로 가득하다. 그러나 이런 믿음에 있어 놀라운 점은 식용 토끼를 사육하고 죽이는 사람들 또한 이 무지개 다리를 인정하고 있다는 점이다. '토끼 사육자(rabbit grower)'들은 그들의 개, 고양이, 새가 죽으면 이 무지개 다리에 갈 것으로 믿지만, 그들이 도살하는 토끼는 아니라고 믿는다. 수전과 나는 어안이 벙벙해졌다. 우리가 속해 있는 토끼 애호가 커뮤니티는 이 무지개 다리 개념을 진지하게 받아들이고 있었다. 인기 있는 소셜네트워크 사이트 번스페이스(www.bunspace.com)에는 "무지개 다리를 건너간" 토끼의 프로필에 붙이는 작은 무지개 이미지가 있기도 하다. 그러나 토끼와 관련있는 모든 사람들이 이런 정서를 공유하는 것은 확실히 아니다.

그림 3.1. 종명이 *Oryctolagus cuniculus*인 토끼 '제시'. 제시는 애완용 토끼나 실험용 토끼일 수도 있고 식용 토끼나 모피용 토끼일 수도 있다. 그리고 유럽이나 오스트레일리아에서는 야생 토끼일 수도 있다. (사진: Tracy Martin)

무지개 다리가 어떤 특정한 종의 동물을 위한 천국이라는 생각은, 그런 믿음의 이상한 본질은 물론이고 우리가 동물을 분류하는 방식이 띠는 유동적 본질을 보여주는 것이기도 하다. 만약 동물을 위한 천국 같은 게 존재한다면 어떤 동물들이 갈 수 있는 걸까? 어떻게 천국에 가게 될까? 그리고 우리가 동물을 그렇게 분류하는 방식의 근거는 무엇일까? 어떤 동물은 사는 동안 다정하고 사랑스러운 내우를 받기에 죽은 후에도 영광스러운 사후세계로 가지만, 어떤 동물은 짧고 끔찍한 삶을 살다가 죽고 나서도 아무것도 얻지 못한다.

그림 3.1에 있는 동물은 무엇일까? 야생 토끼? 애완용 토끼? 아니면 식용이나 실험용 토끼? 아니면 부활절 토끼(부활절에 착한 어린이들에게 부활절 달걀을 가져다 주는 토끼. 독일 지역의 민간 전통이 기독교와 결합되어 생겨난 것으로 추측됨. 옮긴이)? 생물학적으로 토끼는 위의 모든 토끼에 해당된다. 린네의 **분류학**에 따

르자면, 이 생물은 *Oryctolagus cuniculus* 종에 속하며, 일반적으로 집토끼(가축화된 토끼)로 알려진 동물이다. 이 종의 토끼는 유럽에서는 야생동물이고, 가정에서는 애완용으로, 때로는 식용으로, 모피용으로, 실험용으로 사육된다. 가축화된 토끼는 가축화된 고양이와 마찬가지로(사람도 마찬가지다) 아종이 없다. 색이나 크기에 상관없이 모든 토끼는 기본적으로 같은 유전자를 갖는다.

토끼를 애완동물로, 식용 또는 실험용 동물로 부르기는 하지만, 우리가 토끼를 어떻게 분류하는가는 그들이 어디에 살고, 어떤 용도로 우리가 이들을 다루는가에 달려 있다. 여기에는 중요한 시사점이 있다. 우리가 오늘날 사회에서 동물을 어떻게 이용하는가는 우리가 이들을 어떻게 구분하는가에 일부 영향을 미친다. 그리고 그 역도 역시 맞는 말이다. 즉 우리가 그들을 어떻게 구분하는가는 그들이 어떤 대우를 받는가를 좌우한다. 예를 들어 *Oryctolagus cuniculus*는 애완동물, 식용 동물, 실험동물로 구분됨에 따라 각각 다른 법의 영향을 받는다. 미국에서 모든 종류의 이런 토끼들에게는 이들을 어떻게 돌보고 대해야 하는지를 규정하는 법률이 각각 따로 있다. 만약 토끼가 애완동물로 규정된다면 토끼를 죽이는 것은 대부분의 주에서 동물학대방지법에 의거해 불법이지만, 토끼를 실험동물로 또는 농장의 토끼로 분류한다면 토끼를 죽이는 것은 완전히 합법이다.

우리는 동물을 어떻게 분류할까? 2장에서 우리는 사회가 어떻게 인간과 다른 동물 사이, 흔한 표현으로 인간과 동물 사이의 경계를 구성해 왔는지 논의했다. 이번 3장에서는 우리가 동물의 종류를 어떻게 분류하는지 보게 될 것이다. 이런 다양한 분류 체계를 이해함으로써 우리는 동물의 사회적 구성에 대해, 그리고 이보다 더 중요한 점으로 우리가 오늘날 사회에서 동물을 어떻게 '이용'하고 있는지에 대해 이해할 수 있다.

동물 분류의 생물학적 체계

박물학자인 린네가 자신이 본 모든 것들을 식물계와 동물계로 나누어

고릴라의 이름

아프리카 사하라 남부를 넘어 고릴라와 처음 조우한 인간은 그들을
털 많은 야만 여성으로 생각한 듯하다. 기원전 5세기 카르타고의
탐험가 하노(Hanno)는 아프리카 소식통들이 그에게 말한 단어를
따서 이 낯선 종족을 '고릴라이(gorillai)'라고 불렀다. 2,000년도 넘
게 흐른 후인 19세기에 토머스 새비지(Thomas Staughton Savage)라
는 미국 선교사는 이 종을 과학적으로 묘사하고 하노가 붙인 이름
을 차용하여 과학적인 분류법으로 *Troglodytes gorilla*라고 명명했다.

명명하고 분류한 1735년 이래로 우리는 린네 분류법을 사용해 '자연계'의
요소들을 분류해 왔다. 2장에서 논의한 바와 같이 서양인들은 오랫동안 동
물과 식물이 자연계의 일원이라고 생각해 왔기 때문에 린네의 분류법을 신
속하게 받아들였다. 부분적으로나마 동물을 린네의 분류학에서 차지하는
위치에 따라 정의했다(지금은 수정됐다).

　동물은 물리적 공통 속성에 따라 문(phylum), 강(class), 목(order), 과
(family), 속(genus), 종(species)으로 구분된다. 린네의 시대 이후 우리는 각
각의 동물 종에 고유한 이명식 종명을 붙였다. 예를 들어 늑대는 척색동물
(chordata)문의 척추동물(vertebrata)아문, 포유동물(mammalia)강, 육식동물
(carnivore)목, 개(canidae)과, 개(*Canis*)속, 늑대(*lupus*)종이다. 이런 구분은 늑대
가 중추신경계가 있고, 태생이고, 다른 동물을 먹는다는 사실에 근거한 것이
다. 진화론이 등장한 이래로 우리는 이제 일반적으로 동물 집단이 공유하는
속성이라는 것이 한 조상을 공유한다는 것에 대한 표시임을 알고 있다. 그래
서 새끼를 낳고 젖을 먹여 기르는 동물들은 포유류로 분류된다. 진화적인 위
치에서 볼 때 알을 낳는 동물들보다 그들 서로가 가깝기 때문이다.

그러나 린네의 시스템이 매우 합리적이고 현재 자연 과학에서 쓰이고 있는 유일한 분류법임에도 불구하고 또다른 분류법이 존재하기도 한다. 이를테면 린네 이전에 박물학자들은 동물을 그들의 움직임 유형(걷기, 미끄러지기, 수영하기, 날기)에 따라 또는 그들이 사는 환경(물, 공기, 땅)에 따라 구분하기도 했다. 생물학적 분류 체계의 부정적인 면은 이 개념이 **생물학적 결정론** (biological determinism)이기 때문이다. 생물학적 결정론은 동물의 행동을 엄격하게 생물학적인 측면에서 해석하여 문화, 사회적 행위, 인격을 행동 요인에서 배제한다. 인간은 '단지' 생물학적인 존재로 간주되는 것이 두려워, 2장에서 언급한 바와 같이, 계속해서 인간을 다른 동물과 구분하려고 한다. 과학을 배운 사람이라면 누구나 인간과 동물이 둘 다 동물계의 일원이므로 서로 비슷한 점이 있다는 것을 인정해야 한다(그래서 유인원 같은 많은 동물은 우리와 같은 문(門, phylum), 강(綱, class), 목(目, order), 심지어 과(科, family)에 속해 있다.). 하지만 우리는 그러한 유사성을 받아들이지 않는 일종의 의인관 거부(anthropodenial)를 지속하고 있다. 인간도 동물일 수 있지만, 우리는 '특별한' 동물이라는 것이다.

다른 분류 체계

2장에서 다룬 바와 같이 중세 유럽에서는 동물을 일반적으로 기독교 교리에 따라 분류했다. 모든 동물은 신으로부터 멀리 떨어져 있고 인간보다 낮은 위치에 있었지만 일부는 다른 동물보다 더 높은 지위를 누렸다. 예를 들어 사자나 독수리 같은 육식동물은 동물의 위계에서 가장 상위에 자리했고, 반면에 초식동물이나 가축은 가장 하위에 위치했다. 이 시기의 전통 문화는 용기나 영민함, 지혜 같은 특성을 지닌 동물 영웅을 만들어내기도 했지만, 여타 동물들은 불운하고 멍청하고 약한 존재가 됐다. 동물은 고귀한 존재일 수도 있고, 사악한 존재일 수도, 순수한 존재일 수도 있었다.

우리가 동물을 분류하는 또다른 주요 방법은 그들이 어디에 살고 있는지, 또는 인간의 문화에서 이들이 일정 부분을 차지하고 있는지 여부와 관련 있다. 이런 구도에서 동물은 야생이거나(문화 영역 밖의 존재) 아니면 길들여져 있다(인간 문화 안의 존재). 이런 관점에서 어떤 동물이 가축화되어 선택적으로 교배되고 인간에 의해 제어되어 왔는지 여부는 해당 동물을 야생동물로 대할 것인가를 판단하는 결정적인 요소이다. 그런데 이런 정의에도 문제는 있다. 예를 들어 동물원에 살고 있는 동물들은 거의 야생에서 왔지만(아무도 개를 보려고 동물원에 가지는 않는다), 이들이 울타리 안에 살고 인간에 의해 사육당하기 시작하면, 과연 이들은 어느 정도 야생일 수 있겠는가? 한때는 인간과 살았으나 다시 야생으로 돌아간 동물들 역시 다른 종류의 문제를 제기한다. 내가 살고 있는 뉴멕시코 주에서 이 문제는 단지 의미론적인 문제가 아니다.

내가 사는 지역에서는 지역민과 관할 당국이 수년간 한 무리의 말을 두고 싸워 왔다. 지역의 관련 전문가들은 이 말들이 1971년 **야생 자유 말과 당나귀에 대한 법**(Wild Free-Roaming Horses and Burros Act)이 통과되기 전부터 이 지역에서 자유롭게 살아왔다고 말한다. 이 법은 '야생'의 말과 당나귀가 학대받지 않고 공유지에서 살 수 있도록 규정하고 있다. 하지만 야생마의 정의란 무엇인가? 법에 따르면, 야생의 말과 당나귀는 "미합중국의 공유지에서 살고 있으면서 소유 낙인과 소유주가 없는 말과 당나귀"여야 한다. 이것은 이 법률이 통과됨에 따라 소유 낙인이 없고 소유주가 나타나지 않는 모든 말들이 야생이라는 의미이다. 그러나 토지관리국은 이 말들을 몰아서 모아놓고 이들이 아메리카 원주민 보호구역 중 한 곳에서 도망친 것이라고 주장하면서 이들을 경매에 내놓으려 한다. 일부 동물들은 결국 멕시코의 도축장에서 최후를 맞게 됐다. 이 말들 중 일부는 세통민 계를 통해 그 조상이 16세기 스페인 정복자들이 멕시코에 들여온 말로 밝혀지면서 문제가 더 복잡해졌다. 그러나 이들은 절반만 스페인 혈통이기 때문에 야생 스페인 말 보호구역에 살 수 있는 자격이 주어지지도 않는다. 따라서 이 경우에, 해당 말들이 야생인지, 길을 잃었는지, 스페인 말인지, 가축화됐는지 여부는 이들이 자유롭게 살 수 있는지 또는 잡힌 뒤 경매에서 높은 가격을 부르는 사람에게 팔려갈지 여부를 결정한다.

모든 문화에서 어떤 동물은 먹을 수 있고, 어떤 동물은 먹을 수 없다. 예를 들어 유대인과 무슬림은 돼지, 조개, 파충류 같은 많은 동물을 먹을 수 없다. 미국에서는 개, 고양이, 말은 먹을 수 없는가 하면, 다른 문화권에서는 물고기, 곤충, 사슴, 낙타를 먹어서는 안 된다. 어떤 동물을 먹어도 되는가 안 되는가에 대한 질문은 그 동물이 종교 의식의 희생 동물로서 적합한가와 관련이 있다. 토템 신앙 사회에서 누군가의 토템 동물을 먹는 것은 금기시되어 있음에도 불구하고, 해당 동물이 종교 의식 동안 희생되어야 하는 것은 분명하다.

토템 동물들은 동물을 포함하는 분류 체계에 있어 또다른 예이다. 토템은 영적으로 한 씨족이나 부족과 관련있다고 여겨지는 동물로, 일반적으로 이 사람들의 조상으로 생각된다. 오늘날 토템 문화에 속하지 않은 사람들도 이 토템의 개념을 받아들여서 동물을 영적인 조력자나 보호자로 보기도 한다. 토템은 동물을 분류하는 기준일 뿐만 아니라 자연과 문화 세계를 분류하는 기준이기도 하다. 누가, 무엇이 서로 관련되어 있는가, 그리고 때때로 누가, 무엇을 먹을 수 있는가.

서구에서는 먹을 수 있는 식용 동물과 가족 구성원인 애완동물 사이의 구분이 뚜렷하게 이루어진다. 일반적으로 미국에서 한 동물은 식용이면서 동시에 애완용일 수 없다. 토끼 같은 동물은 어떤 사람들에게는 식용이고 다른 어떤 사람들에게는 애완동물임에도 불구하고, 그리고 미국 농무부가 이들을 이중 구분으로 '다용도 동물'(mixed-use animal)로 규정하고 있음에도 불구하고, 대부분의 사람들은 '자신의' 애완동물을 먹지는 않는다. 서구에서 이런 식용과 애완용 동물의 구분이 뚜렷해진 이유 중 하나는 식용 동물을 사육하는 일에 종사하는 매우 소수인 사람들이 직업적으로 특화되어 있기 때문이다. 대부분의 미국인들은 그것이 동물성이건 식물성이건 자신이 먹는 음식과 전혀 관련이 없다. 이로 인해 우리는 다른 사람들이 먹고살기 위해 기른, 우리가 음식이라고 부르는 동물들을 먹고 있음에도 불구하고, 여전히 동물을 사랑하고 동물과의 친밀한 관계를 즐길 수 있다.

한 동물이 특정 종류의 동물이 되는 방식

오늘날 한 동물이 식품이든, 우유든, 달걀이든, 아니면 다른 어떤 것으로 이용되든 그 동물의 이용 가치는 서구에서 인간이 동물을 분류하는 주된 기준이다. 그렇다면 어떻게 한 동물이 애완동물이 되거나 가축이 되거나 실험동물이 되는 것일까?

애완동물은 인간의 가정에서 살고 이름이 부여되는 동물이다. 동물에게 이름을 붙인다는 것은 그 동물을 우리의 사회적 세계에 편입시킨다는 것을 의미한다. 우리는 그들과의 상호작용과 감정적 애착 때문에 그 이름을 사용한다. 우리가 자기 동물의 사진을 보여주거나 블로그와 유튜브에 영상을 올리며 그 동물에 대해 다른 사람에게 이야기하면, 동물은 우리에게 의미 있는 내력(history)을 지니게 된다. 동물이 죽은 후에도 그 모든 것들은 남을 것이다. 많은 사람들은 자신의 애완동물이 죽은 이후에도 애정을 담아 그들에 대해 이야기하고 기억하곤 한다(그렇지만 우리 대부분은 그들이 죽은 후에 그들을 향해 말을 건네지는 않는다).

실험동물, 식용 동물, 모피용 동물은 애완동물과 공간적으로 분리되어 있다. 이 동물들은 절대 인간의 집 안에서 살지 않는다. 그들에게는 이름이 주어지지도 않는다. 그들은 객체이지 주체가 아니다. 그들은 내력도, 일대기(biography)도, 의사도, 감정도 없는 존재이다. 그들은 다른 동물들과 부대끼면서 한 공간에서 살며 개별성(individuality)을 잃어 간다. 감정적인 친밀감도 없이 필요할 때까지 사람이 부릴 뿐이다. 필요에 따라 그들에게는(말을 걸기 위해서가 아니라) 그들을 확인할 수 있는 번호가 부여되며, 그들은 고통을 느끼지 못한다고 여겨지기 때문에 인도적인 방식으로 마취나 도살이 이루어지지도 않는다. 그리고 그들은 행위성(agency)도, 그들의 삶을 스스로 제어할 능력도 없다. 궁극적으로 그들은 제품이다.

예를 들어 그레이하운드 경주견들은 인간의 집 안에서 살지 않고 침대에서 잠들지 않으며, 인간 누군가가 안아주고 이야기를 나누며 돌봐주는 시간을 누리지 못한다. 대신에 그들은 다른 수백 마리의 개와 함께 개집에서 산다. 그들을 쓰다듬어주거나 그들에게 말을 걸어주는 일은 거의 없다. 경주견을 다루는 것은 인간과 개 사이의 관계 맺음이 아니라 훈련일 따름이다. 그레이하운드 경주견은 고유 번호나 경주 관련 서류에 기록된 공식 이름으로 알려질 뿐, 그들에게 말을 건네는 사람이 이름을 불러주는 것은 아니다. 운이 좋은 그레이하운드 경주견들이 구조되거나 경주 산업에서 은퇴하고 일반 가정으로 보내질 경우 이들의 삶은 완전히 달라진다. 이것은 그들이 변하기 때문이 아니라 그들이 새로운 분류 체계의 대상, 즉 애완동물이 되기 때문이다.

5장에서는 동물의 가축화에 대해 역사적으로 고찰해 보고 왜 어떤 동물은 어떤 처지에 처하는지 살펴볼 것이다. 예를 들어 개는 인간이 동물을 식용으로 가축화하기 수천 년 전에 사냥의 동반자로서 가축화됐다. 이로 인해 인간은 개와 수천 년간 동반자 관계를 형성해 왔으며, 이는 왜 개가 서양에서 식용으로 사용되지 않는지, 왜 이들이 세계에서 가장 사랑받는 반려동물이 됐는지를 말해 준다.

그런데 이런 역사를 통해, 어떤 동물은 애완동물이 되어갈 때 다른 어떤 동물은 왜 식용 동물이 됐는지 일부는 설명할 수 있을지 모르지만 완전히 설명해낼 수는 없다. 예를 들어 어떤 동물은 이런 분류의 영역을 넘나들어 때로는 식용 동물에서 애완동물로 바뀌기도 했다. 포트벨리 돼지(potbellied pig)는 베트남에서 수백 년 동안 식용으로 사육됐지만, 현재 서구 사회에서는 애완동물이다.

사회동물학 척도

계층화된 사회는 인간을 분류하고 수직적인 사회 위계에 따라 순위를 매긴다. 이런 위계는 사람이 만들었다기보다 원래 그런 것처럼 보일 정도로 자연스러워서 거기에 동반되는 불평등조차도 자연스럽게 보인다. 계급, 인종, 카스트에 근거해 계층화되어 있는 사회는 인간을 독단적인 기준에 맞춰

그림 3.2. 고양이 먹이를 먹는 아기 너구리 가족을 집고양이가 바라보고 있다. (사진: Robin Montgomery)

조직화하고 특권과 기회를 각 계층마다 다르게 할당한다. 최상위 계급은 더 많은 특권을 차지하고 최하위 계층은 그 사회에서 가장 빈곤한 자리를 차지하는 것이 당연하게 여겨져왔다. 아리스토텔레스의 시대부터 인간은 고대 '존재의 거대한 사슬'에서 그랬듯이 항상 동물보다 높은 지위에 있었다. 사회동물학 척도(Sociozoologic Scale)는 사회학자인 아널드 알루크와 클린턴 샌더스(1996)가 만들어낸 용어로, 동물에게 이런 계층을 적용해 본 것이다. 이 제도에 의하면 동물은 인간 사회에 주는 이득에 근거하여 분류되고 순위가 정해진다. 그리고 이를 통해 인간은 그들을 정의하고, 그들의 지위를 정하고, 그들과 다른 존재들 간의 상호작용을 정당화한다.

사회동물학 척도에 따르면 인간에게 이득을 주는 동물은 '좋은 동물'이다. 그들은 애완동물이고 도구이기도 하다. 후자는 식용 동물, 실험동물, 사역동물이다. 사람은 가축화를 통해 동물을 이용할 수 있었고, 동물은 인간의 문화에 잘 통합됐다. 반면에 '나쁜 동물'은 해충과 유해 동물이다. 이들은 원래 있어야 할 자리에서 나와 돌아다니며, 인간에게 이용되기를 거부한다. 동

실험용 래트의 탄생

래트(rat)가 실험동물로 처음 이용된 것은 1828년이다. 그전까지 래트는 흑사병을 일으키는 해로운 동물이었다. 유럽에서는 래트 사냥꾼들이 래트를 잡아 식용이나 래트 사냥용으로 팔았다. 이 사냥은 일종의 스포츠로, 래트를 갱에 넣고 테리어 사냥개를 풀어 잡아 죽이게 했다. 이 스포츠가 매우 인기가 있어서 참가자들은 래트를 특별히 사냥용으로 사육하기 시작했는데, 색과 품종을 다양하게 만들어냈고, 나중에는 실험용으로 쓰이게 된 알비노, 즉 전형적인 실험실 래트도 만들어냈다.

케네스 샤피로(2002)는 실험용 래트의 사회적 구성에 대해, 즉 이 래트가 어떻게 정의되고 실험의 맥락 속에서 어떻게 이용되는지에 대해 저술한 바 있다. 실험용 래트는 야생의 위험한 래트와 정반대다. 이들은 제어 가능하고 조작 가능하고 표준화될 수 있으며 멸균된다. 미국에서(상점에서 애완용으로 판매되는 래트와 다르게) 실험용 래트는 심지어 동물이 아니다. 동물복지법(Animal Welfare Act)에 따르면 이들은 동물의 정의에서 제외되며, 이로 인해 어떤 법적인 보호도 받을 수 없다. 래트는 '연구 도구(research tool)'이고 데이터 측정을 위한 수단이다. 이들은 개별적인 존재가 아니다. 이들은 이름이 없고 번호가 매겨지며 이들의 삶과 죽음은 간결한 과학 언어로 기록된다.

오늘날 래트와 마우스(mouse)는 가장 인기 있는 실험동물이다. 이들은 생물의학 연구와 제품 검사에 쓰이는 동물의 95퍼센트를 차지한다. 불과 200년 전만 해도 이들은 아주 더럽고 해로운 동물에 불과했다.

물은 좋음과 나쁨의 경계와 맥락을 넘나들 수 있다. 예를 들어 래트(rat)는 실험실에서 이용할 때는 좋은 동물이지만 골목에 숨어 있다가 발견되면 나쁜 동물이다. 이런 분류는 동물에 대한 정의를 포함하고 있어서 그 범주에 잘 들어맞는다. 우리는 어떤 한 범주에 의거해서 동물을 대한다. 이렇게 할 경우, 예를 들어 소는 식품을 의미하므로 도살하고 먹도록 만들어진다. 소를 '좋게' 만드는 소의 능력이라는 것은 잘 사육되고 먹히는 것이다.

사회학자인 레슬리 어바인(Leslie Irvine, 2009)은 동물과 관련있는 재난에 대해 쓴 책에서 2005년 8월 미국의 멕시코만 지역을 강타한 엄청난 규모의 허리케인인 카트리나로 야기된 비극을 논하고 있다. 초기에는 긴급대피명령 이후에도 많은 주민들이 그들의 애완동물과 떨어질 수 없어서 그냥 남아 있었다. 그러나 결국 주민들이 집을 떠나게 됐을 때 그들은 집에 동물을 떼어 놓고 가야 했다. 정부 구조 기관이 피난자들이 애완동물을 데려오는 것을 허가하지 않았기 때문이다. 우는 사람들과 버려진 동물에 대한 많은 이야기와 사진들로 뉴스가 채워졌다. 많은 동물들이 익사하고 실종됐다. 그중에는 가족이 모두 슈퍼돔에서 버스에 오를 때 경찰이 스노볼이라는 작은 하얀 개를 울고 있는 소년에게서 떼어낸 이야기도 있다. 스노볼의 이야기는 전국으로 방송됐고, 수많은 사람과 단체들이 개와 소년이 다시 만날 수 있기를 바라며 스노볼을 찾기 위해 노력했다.

그런데 어바인은 여기서 모순점을 시적했다. 많은 사람들이 스노볼 같은 동물을 구하기 위해 돈을 기부하거나 자원봉사를 했지만, 허리케인에 희생된 수백만 마리의 닭과, 수많은 소와 염소 등 농장동물에 대해 생각한 사람은 별로 없었다. 왜냐하면 개와 닭은 사회동물학 척도상 서로 다른 위치를 차지하기 때문이다. 개는 상위에 가깝고, 닭은 거의 하위에 가깝다. 대중은 카트리나 같은 재난의 희생양이 된 개와 관련해서는 수백만 달러를 쓰고 많은 눈물을 흘릴 수 있지만, 닭에 대해서는 단돈 1페니도 쓰지 않고 단 한 방울의 눈물도 흘리지 않는다.

동물 옹호자들조차도 포유류가 아니거나 존재감 없는 다른 동물들에게 공감을 느끼기가 쉽지 않다. 예를 들면 많은 사람들이 곤충은 불쾌하고 이질

존재감이 큰 동물

아래의 동물들은 사회동물학 척도에서 상위에 있다. 이들은 귀엽거나 위엄이 있어서 인간의 흥미를 끄는 특성을 가지고 있다. 이런 특성들 때문에 인간은 이들에게 매료되고 이들을 지켜내고 싶어한다.

코알라(koala)
판다(panda)
하프 바다표범(harp Seal)
돌고래(dolphin)
호랑이(tiger)
고래(whale)

적인 것으로 여겨 그들과 공감하지 못한다. 그래서 우리는 그들을 옹호하기 어렵다.

요컨대, 동물은 각각의 사람들에게 각기 다른 의미를 지닌다. 우리가 개는 친구이고 닭은 저녁거리라는 식의, 우리 사회에서 우세한 분류 체계를 공유한다고는 해도 우리 중 일부는 닭을 애완동물로 길러서 이런 분류에 이의를 제기해 볼 수 있다. 우리가 어떤 동물을 애완동물로 결정하고 나면(그리고 이 정의에 따르는 이점을 받아들이면) 우리는 그들을 다르게 대할 뿐만 아니라 그들로부터 다르게 영향을 받을 것이고 그들을 잃게 되면 슬퍼할 것이다. 이것은 그들이 닭이든, 개든, 돼지든 마찬가지다.

데이비드 쾀멘(David Quammen, 2001)은 그의 에세이 「누가 참치와 수영하는가(Who Swims with the Tuna)」에서 다음과 같이 질문한다.

"우리는 왜 참치 잡는 그물에 돌고래가 걸리는 것을 걱정하는가? 왜 참

그림3-3. 배터리 닭장에 갇힌 산란계. 이 사진은 양계 회사(The Quality Egg of New England)에서 촬영됐다. (사진: Mercy for Animals)

치가 걸리는 것은 걱정하지 않는가?"

과학과 자연 분야 작가인 쾀멘은 돌고래가 지적이고 사회적이고 인간과의 상호작용을 좋아하는 것처럼 보이는 데다 인간이 함께 헤엄치는 것을 허용하는 데 반해, 참치는 식품으로서의 의미를 제외하고 생각하기가 힘들다는 점에 주목했다. 이것이 우리가 식료품점에서 **돌고래 보호 참치**(dolphin-safe tuna)는 볼 수 있지만 참치 보호 돌고래(tuna-safe dolphin)는 볼 수 없는 이유이다(종종 돌고래는 참치잡이 그물에 걸린다. '돌고래 보호'라는 표현은 참치를 잡을 때 돌고래를 보호하는 방법을 적용했음을 의미한다). 쾀멘은 "누가 왕나넝어와 함께 헤엄치는가"라는 질문으로 에세이를 마무리 짓는다. 그의 대답은 '돌고래'이다.

새로운 분류 체계

동물과 문화가 그러하듯 본질적으로 분류에는 많은 체계가 있다. 토끼는 애완동물일 수도, 식품일 수도, 도구일 수도 있다. 그들은 신성한 존재이 기도 하고 제물로 희생되기도 한다. 그들은 인간과 분리되어 있기도 하고 언어와 문화를 공유하기도 한다. 그러나 어떤 문화나 시스템 또는 생물과학의 객관적인 시각 하에서든, 우리가 동물에 대해 알고 있는 것은 우리가 동물과 우리 자신에 대해서 만들어낸 이야기에 지나지 않는다. 만약 우리가 논하고 있는 이 분류 체계 모두가 본질적으로 단지 만들어진 이야기일 따름이라면, 우리는 보다 포용적이고 인도적인 새로운 이야기를 만들어 낼 수도 있지 않을까? 우리는 동물이 우리에게 가지는 중요도에 근거해서 동물의 순위를 매기지 말고, 뭔가 다른 특성을 기준으로 동물을 생각할 수 있지 않을까? 아니면 아예 순위를 매기지 않을 수도 있지 않겠는가?

한 가지 가능성은 모든 것을 뒤집는 시도를 해보는 것이다. 우리의 눈을 통해 동물을 보거나 이해하는 것이 아니라 동물의 눈을 통해 세계를 보려고 해보는 것은 어떠한가? 나는 애니메이션 영화「꼬마 돼지 베이브(Babe)」(1995)에 나오는 오리인 페르디난드가 한 대사를 생각한다.

"크리스마스? 크리스마스는 만찬을 의미하지, 만찬은 죽음을 의미해. 죽음은 대학살이야. 크리스마스는 대학살이야!"

유럽이나 아메리카 사람들에게 크리스마스는 가장 좋아하는 휴일이고, 가족이 함께 모이는 시간이며, 사람들이 다른 사람들에게 좀더 베푸는 시간이고, 교인들이 구원자의 탄생을 축하하는 시간이다. 그러나 페르디난드 같은 농장동물에게 크리스마스는 대학살이다. 전 세계 오리와 돼지, 칠면조, 거위에게는 이것이 명확한 현실이며, 이 현실은 사회적으로 구성된 것이다. 이와 관련해 자연스러운 것(원래 그런 것)은 없다. 다음 몇 장에 걸쳐서 우리는 이 조건들이 어떻게 생겨났으며, 우리가 어떻게 이 조건들을 정상적이고 자연적인 것으로 보게 됐는지 살펴볼 것이다.

더 읽을거리

Arluke, Arnold, and Clinton R. Sanders. 1996. *Regarding Animals*. Philadelphia: Temple

University Press.

Sax, Boriz. 2001. *The Mythical Zoo: An Encyclopedia of Animals in World Myth, Legend and Literature*. Santa Barbara: ABC-Clio.

Serpell, James, 1996. *In the Company of Animals: A Study of Human-Animal Relationships*. Cambridge, UK: Cambridge University Press.

참고할 만한 영상물

Cane Toads: An Unnatural History. VHS. Directed by Mark Lewis. New York: First Run, 1987.

Creature Comforts. DVD. Directed by Nick Park. Bristol, UK: Aardman Animations, 1990.

A Natural History of the Chicken. DVD. Directed by Mark Lewis. Washington, DC: Devillier Donegan Enterprises, 2000.

닭들과의 즐거움

애니 포츠(Annie Potts, 캔터베리 대학교)

내가 기억하는 한 나의 세계는 동물들로 기분 좋게 가득 차 있었다. 그리고 닭은 내 인생에서 특별히 중요하고 행복한 부분을 차지해 왔다. 그래서 나는 일상에서, 연구 분야에서 그리고 인간동물학을 가르치면서 부당한 대우를 받고 있는 이 새를 옹호하는 특권을 누리고 있다.

나는 뉴질랜드 남섬 끝에 있는, 추운 지방 도시에서 자랐다. 아버지는 제2차 세계대전 때 캐나다에서 파일럿 훈련을 받고 돌아와서 이 도시 자락 1/4 에이커 토막의 땅에 어머니와 자신을 위한 집을 지었다. 아버지는 닭을 키우고 싶어했고, 채소와 과일을 재배했다. 그래서 닭은 내게 항상 주위에 있는 것으로 인식됐다. 다섯 살 때 나는 내 접시 위의 하얀 살코기와 내가 좋아하는 뒷마당의 새를 연관 지을 수 있게 됐다. 이 활기차고 삶을 사랑하는 '추크(chook, 오스트랄라시아에서 닭의 일반적인 명칭)'가 우리 집에서는 지역상에서 일생을 마감하는 일이 드물었다. 그렇지만 내 마음속에서는 이런 일이 자주 벌어지는 것처럼 느껴졌다. 우리 가족이 닭고기를 먹을 때마다 나는 이 호기심 많고 활기찬 새들이 먹히기 위해 죽었다는 사실에 오싹함을 느꼈다. 그래서 닭고기는 내가 채식주의를 시작하면서 첫 번째로 거부한 고기였다. 나는 닭(*Gallus domesticus*) 덕분에 음식 이전 동물의 존재를 먼저 인식하게 됐다. 그리고 닭으로 인해 나는 육식 문화를 비판하고, 다른 많은 형태의 채식주의를 연구하는 직업에 전념하게 됐다.

닭은 또한 내가 서열(pecking order, 조류 집단 내에서 먹이를 쪼아먹는 순서) 중 어디에 있는지 깨닫게 해준다. 나는 이들을 옹호하기 위해 여기에 있다. 노벨상 수상자인 소설가 아이작 바셰비스 싱어(Isaac Bashevis Singer)는 왜 채식주의자가 됐는지 질문을 받았을 때 다음과 같이 말했다.

"나는 나 자신의 건강을 위해 채식을 하는 것이 아니다. 닭의 건강을 위해 채식을 한다."

닭이 내 연구에 가장 강력한 영향을 미친 것 역시 이런 식으로 이해할 수 있다. 닭의 건강보다 내 건강에 더 이익이 됐다는 것만 제외하고 말이다. 이 새들의 곤경과 관련해, 그리고 우리가 닭을 대하는 방식에 있어 조속한 변화가 필요하다는 것에 대해 저술하고 사람들을 교육하고 있음에도 불구하고, 여전히 수백만 마리의 닭들이 배터리 닭장에 감금된 채로 양계장에 있으며, 수천만 마리의 볼썽사납게 비대해진 육계들이 닭고기 산업을 위해 죽어간다. 닭에 대한 현대의 폄하와 학대가, 닭의 감정적 능력과 지능에 관한 오측(誤測), 그리고 산업화와 밀집 사육 농장의 결과로 광범위하게 형성되고 강화된 오측과 어떤 연관이 있는지 밝혀내는 것이 내 연구의 목적이다. 100년이 넘는 지난 시간 동안 과학, 기술, 기업식 농업은 닭이 번식되고, 사육되고, 도살되고, 가공되고, 포장되고, 소비되는 방식을 극단적으로 변화시켜 왔다. 닭을 이해하고 표상화하는 방식도 불가피하게 큰 변화를 겪었다. 닭이 사람 사이에서 더 자유롭게 살았던 시절에 우리는 이들을 가치 있는 존재로 여겼다. 수탉의 용감함, 경계심, 충성심은 존경의 대상이었고(그리고 이들의 아름다움도 찬사를 받았다), 암탉은 부모의 헌신과 지혜의 전범이었다. 대부분의 사람들은 이제 이들의 고기와 알을 소비하는 것 외에 닭과 어떤 관계도 맺지 않는다. 이 새들은 탈인격화되고(depersonalized), 탈동물화되고(de-animalized), 심지어 악마화됐다(여기서 최근의 조류독감 공포를 언급하지 않을 수 없다).

하나의 종으로서 인간은 다른 종에게서 대안적인 형태의 지혜를 인식하고 존중하는 문제에 대해서는 이상하게도 비이성적이 되는 경향이 있다. 계통발생상(또는 생리적으로) 인간과 다른 생물 사이의 차이가 클수록, 그 존재들을 더욱더 본능대로 행동하는 '마음 없는(mindless)' 손새로 산주이는 경향이 크다. 닭은 일반 어휘에서 '멍청한 존재'로 언급된다. 이를테면 닭대가리(bird-brained)가 그렇다. 이는 '작은 두뇌 오류', 즉 작은 존재들은 지능이나 지각력이 없다는 생각에서 유래된 편견이다. 이런 가정은 대뇌피질(인간 두뇌의 크고 주름진 부분)이 모든 생물에서 우월한 '지능'을 보여주는 부분이라는 믿음에 의해 강화된다. 이런 해부학적 구조가 닭을 비롯한 새들에서는 두드러지지 않기 때문에(조류의 대뇌피질은 매끄럽다), 까마귀와 앵무새 따위를 제외한 다른 모든 조류는 멍청하다고 여겨진다. 그러나 지능에 대한 이런 관점은 확실히 인간 중심적이다. 인간을 우월하게 만드는 것으로 여겨지는 이런 능력은 많은 다른 종이 일상생활을 하거나 살아남는 데 그렇게 중요하지 않기 때문이다. 따라서 해부학적 기준은 생명체들의 엄청나게 다양한 지능이나 적응성을 측정하기에 적절하지 않다. 사실 새의 뇌에는 도구 없이 길을 찾아갈 수 있는 능력과 관련있는 과선조체(hyperstriatum)라는, 고도로 발달한 부위가 있다(인간에서는 그다지 발달되지 못했다). 조류에게 특화된 이 지능을 측정해 보면 인간은 현저하게 부족한 존재다.

나는 개인적으로 닭이 우리가 헤아릴 수 없는 그들 고유의 독특한 지능을 가지고 있다고 믿고 있다. 또한 우리가 우리의 추측과 우선 순위에 따라 그들의 능력을 측정하려고 할 때마다 닭에게 몹쓸 짓을 하는 것이라 생각하고 있다. 나는 여기서 닭이 가지고 있는 몇 가지 기술과 재능을 열거할 것이다. 이들은 모두 새에 대한 실험과 현지조사에서 과학적으로 증명된 것들이다. 우선, 닭은 달걀 안에 있을 때부터 기억을 생성한다. 부화해서 나올 때 이들의 감각계는 이미 잘 발달되어 있어서 수시간 내에 엄마 닭을 인식하고 엄마 닭으로부터 배울 수 있다. 이들은 커가면서 자신을 보호해주는 안정된 사회 집단으로 무리의 중요성을 인식한다. 또 그 무리 속에서 자신에게 맞는 위치를 배우게 되고, 100마리가 넘는 다른 닭들의 얼굴을 기억하고 인식하게 된다. 다양한 시각적, 청각적, 후각적, 촉각적 신호를 구분할 수 있기 때문에 이들은 또한 표상적 사고(representational thinking)가 가능하다. 이를테면 닭의 경고성 울음소리는 닭뿐 아니라 다른 새들에게도 약탈자의 존재와, 적들이 땅으로 접근하는지 공중에서 접근하는지에 대한 의미 정보를 전달한다. 수탉은 암탉에게 이들이 발견한 먹을거리가 새로운 것인지, 또는 특별히 맛난 것인지 말해준다(그리고 심지어 암탉을 짝짓기로 유인하기 위해 맛있는 먹을거리를 발견한 척할 수도 있다). 닭은 청각이 매우 예민하고 색각도 정교하다. 이들은 세상을 파노라마로 보면서 동시에 자기 앞에 있는 물체에 바로 초점을 맞출 수도 있다. 이는 인간이 실질적으로 이해하기 힘든 시각적 경험이다. 이들은 추상적인 개념을 이해할 수 있다. 어린 닭은 부분적으로 가려진 물체를 보고 그것이 무엇인지 알아낼 수도 있는데, 이는 어린아이의 능력을 넘어서는 것이다. 닭은 또한 미래를 예측하며, 걱정하거나 좌절하기도 한다. 오스트레일리아의 조류학자인 크리스 에번스(Chris Evans)는 학술대회에서 장난으로, 이미 언급한 이 속성들 중 많은 것을 열거하고 청중에게 그가 어떤 동물 종의 능력에 대해 이야기하는지 맞혀 보라고 요청했다. 청중은 예외없이 그가 원숭이에 대해 이야기한다고 생각했다.

인간의 지능에 대해서 편견을 가져왔던 것과 똑같은 방식으로, 우리는 다른 종의 감정적인 능력에 대해서도 오류가 많은 가정을 해왔다. 대개는 인간만이, 그리고 어쩌면 우리가 좋아하거나 가까운 특정한 생명체들만이 진짜 느낄 수 있는 능력을 갖도록 축복받았다고 추론한다. 타고난 성향이 인간과 친하지 않고 인간을 좋아하지 않는 동물들은 우리와 삶을 공유하는 '애완동물'과 다르게 구분된다. 그래서 우리는 농장에 있는 동물(소, 닭, 양)과, 일부 야생동물 종(물고기, 설치류, 족제비), 그리고 야생조류는 감정이 없는 존재로 너 쉽게 묵살하거나, 아니면 적어도 우리의 반려동물이 우리에게 보여주는 수준의 감정을 가질 수 없다고 생각한다. 산업화되고 도시화된 나라의 사람들은 대부분 닭 무리와 함께 사는 경험은 고사하고 닭 한 마리와도 알고 지낼 일이 없으므로, 이 새들을 아무것도 느끼지 못하는 존재로 일축하고 고통도 별로 느끼지 못할 거라고 오해한다. 나의 목표 중 하나는 다른 사람들에게 닭의 삶이 실제로는 매우 감정적이라는 것을 가르쳐주는 것이다. 예를 들어 야생 상태이거나 방목되는 닭들은 구조화된 사회관계와 '우정'을 경험한다. 이들은 친절함, 속임수, 이타심, 슬픔을 느끼내 보이며, 심지어 외상후스트레스장애로 고통을 받기도 한다. 병아리에 대한 어미 닭의 헌신은 닭들 사이에 감정이 있다는 것을 충분히 증명한다. 또한 암탉은 무리 속 특정 구성원들과 긴밀한 관계를 형성한다. 이들은 종종 서로 나란히 다니며 먹이를 찾고, 각자에게 먹이 조각을 보여주며, 함께 모래 목욕을 준비하고, 알을 낳을 때 다정하게 둥지를 튼다. 닭은 또한 말이나 염소, 개, 고양이, 오리, 그리고 사람 같은 다른 동물 종과도 우정을 나눈다. 16세기경 조류학자 울리세 알드로반디(Ulisse Aldrovandi)는 닭에 대한 논문에서 자신이 암탉 한 마리와 나눈 헌신적 우정을 묘사했다. 그 암탉은 그와 함께, 그의 책들에 둘러싸여야만 밤에 잠을 잤다고까지 한다.

리틀턴 항구 도시의 우리 집에서 부모님과 나와 함께 살았던 암탉 두 마리의 우정에 대한 이야기가 있다. 두 암탉 중 한 마리인 버피(Buffy)는 우리와 함께 살던 첫해가 끝나갈 무렵 병에 걸렸다. 그리고 천천히 병세가 악화되어, 결국 정원 캐비지야자 나무 아래에 그냥 가만히 앉아 있고만 싶어하고 때때로 물만 홀짝이면서 시름시름 앓게 됐다. 버피의 친구인 메키(Mecki)는 이 시간 동안 특별히 배려심 있게 굴었고, 다른 활달하고 시끄러운 암탉들의 유혹 행위에도 불구하고 둥지에 있는 버피 곁에 앉아 있었다. 메키가 부드러운 소리를 내면 버피가 같은 방식으로 응답하면서, 메키는 아픈 버피의 얼굴과 등 주위를 부드럽게 부리로 쓰다듬었다. 버피가 죽었을 때 메키는 한참 동안 닭장에 은거했고 먹기를 거부하면서 일상적인 무리 활동에 참여하지도 않았다.

이와 같이 닭은 슬퍼한다. 그리고 이들은 엄청난 기쁨을 느끼기도 한다. 나는 공장식으로 번식되고 길러진 닭들이 생득권(birthright)을 누리는 삶에 적응하도록 돕는 데서 즐거움을 느껴 왔다. 이 과정에는 수개월이 소요된다. 그러는 사이 닭들은 빠졌던 깃털이 다시 자라나고, 밀집 사육 때문에 옮은 바이러스와 질병에서 회복하고, 망가진 다리로 걷는 법을 배우고, 자유롭게 돌아다니는 다른 닭들과 적절하게 사회화가 된다. 과거에 배터리 사육장에서 살았던 암탉들도 자연광에 적응하고 처음으로 풀밭에서 움직이고 먹이를 찾고 모래목욕을 하는 방법을 배울 필요가 있다. 이들의 이야기는 역경을 극복해가는 투지의 표현이다. 이 닭들은 엄청난 용기를 보이며 만성 통증과 질환에 시달리면서도 살고자 한다. 이는 즐거움을 발견하는 이야기이기도 하다. 각각의 닭들은 자유롭게 사는 닭 무리의 한 구성원으로서 새로운 세계와 마주칠 때 심오한 즐거움을 경험하게 된다.

닭의 감정 변화를 목격하면서 나는 바쁜 삶에서 한걸음 벗어나, 신선하고 희망적인 삶을 경험하는 다른 존재들과 함께 순간을 즐길 수 있는 방법을 배웠다. 나는 친구가 필요하거나 위안, 기분전환 또는 즐거움이 필요할 때 함께 살고 있는 닭들 사이에서 시간을 보낸다. 또한 사무실에서 인간 중심의 일과를 마친 후에는, 닭들의 익살스러운 행동에 스트레스가 해소된다. 그래서 나는 닭을 옹호하면서(chicken advocacy) 내 일의 의미를 찾는다.

인간은 동물을
어떻게
이용하는가

4

야생의 동물과 인간 사회 속의 동물

배고픔으로 거의 죽을 지경인 여윈 늑대 한 마리가 우연히 지나치는 집 개를 만났다.

"이봐, 사촌," 개가 말을 걸었다. "내가 이렇게 될 줄 알았어. 너 그렇게 정착하지 못하고 살다가는 큰 낭패를 보게 될 거야. 너는 왜 나처럼 꾸준히 일하고 주어지는 음식을 규칙적으로 먹지 않니?"

"네 말이 맞아." 늑대가 말했다. "그럴 수 있는 적절한 곳만 찾을 수 있다면 말이지."

"내가 너에게 일자리를 마련해 줄 수 있어." 개가 말했다. "나와 함께 가서 우리 주인에게 말하면 내 일을 너에게도 나눠줄 거야."

그래서 늑대는 개와 함께 마을을 향해 걸어가던 중에 개의 목 부위 털이 빠진 것을 보게 됐다. 늑대는 어찌된 사연인지 물었다.

"아, 이건 아무것도 아냐. 밤에 나를 묶어 놓는 데 쓰는 목줄 자리야. 피부가 좀 쓸리기는 하는데 곧 익숙해질 거야."

"그게 다야?" 늑대가 말했다. "그럼 난 이만 가 볼게, 주인 있는 개야."

— 『이솝 우화』 중 「개와 늑대」(1894)

수천 년간 아이들이 들은 이 우화의 교훈은 '살찐 노예로 사는 것보다 굶주리더라도 자유롭게 사는 게 낫다'는 것이다. 그런데 이는 또한 야생동물과 가축의 차이를 말해주는 명쾌한 설명이기도 하다. 우리는 3장에서 인간이 동물을 분류해온 체계와 그런 범주들이 어떻게 우리가 동물을 이용하고 대우하는 방식을 정당화해 왔는지 논의했다. 서구에서 가장 중요한 동물 분류는 그들을 '야생(wild)' 동물과 '가축화된(domesticated)' 동물로 나누는 것이다. 이 구분은 그 자체가 현대 사회에서 매우 뚜렷한 자연과 문화의 구분이 반영된 것이다. 우리는 중세에 유럽인들이 자연에 대해 불안해하면서 자연을 공포와 통제의 대상으로 보아왔다는 것도 논의했다. 유럽인들이 인간은 자연 앞에서 속수무책이다라는 생각에서 벗어나자 비로소 자연과 야생동물이 좀더 긍정적으로 보이기 시작했다.

오늘날 산업화된 사회의 많은 사람들은 야생동물을 추상적인 관점에서 소중히 여길 가치가 있는 어떤 것으로 본다. 비록 우리가 '각각의' 야생동물에 대해서는 거의 생각한 적도 없지만 말이다. 야생동물은 현대적 삶의 위안물로 생각되어서, 우리는 이들을 보기 위해 동물원이나 해양포유동물공원에 가고, 자연 다큐멘터리를 즐겨 본다. 야생동물에 대한 이러한 현대적 관점이나 인간과의 관계는 다분히 최근에 생겨난 것들이다. 이 장에서 우리는 인간과 야생동물이 맺어온 관계의 역사를 살펴볼 것이다.

구석기시대의 동물과 인간

구석기시대는 플라이스토세, 즉 약 250만 년 전에서 1만 5000년 전까지의 문화 시기를 말한다. 구석기라는 이름은 이 시기 우리의 조상과 여타 호미닌(hominin) 종이 이용한 도구인 돌을 의미한다. 플라이스토세는 빙하기였다. 이 기간에 많은 빙하가 확장되어 지구의 표면을 덮었다. 이 얼음들은 엄청난 추위뿐만 아니라 식물과 동물의 삶에 극적인 변화를 가져왔다. 빙하기는 그 사이의 **간빙기**로 구분되는데, 간빙기에는 빙하가 물러나고 기후가 좀 따뜻해졌으며 식물과 동물이 다시 이 변화에 적응했다. 새로운 빙하기에 동물은 대체로 얼음을 피해 남쪽으로 이동해 북쪽 지역이 텅 비었다. 숲이 없어지고 초원과 사막이 생겨났다. 빙하기 사이의 간빙기에는 동물이 다시 북쪽으로 이동할 수 있었다. 때때로 기후 변화가 너무 심해서 동물 종들이 멸종하기도 했다. 플라이스토세 후기에는 매머드, 검치호랑이, 동굴곰, 마스토돈 같은 거대동물(megafauna)이 대량 멸종했는데, 이는 아마도 기후 변화와 과도한 사냥 때문이었을 것이다. 예를 들어 매머드는 기후 변화로 개체수가 준 데다, 남아 있던 개체들을 인간이 사냥으로 멸종시킨 것으로 보인다. 이런 동물들은 더 작은 동물, 변온동물, 철새로 대체됐다. 플라이스토세의 동물 멸종은 인간이 다른 동물에게 미친 심각한 영향의 가장 첫 번째 사례이기도 하다.

우리는 고고학 기록을 통해 선사시대 동물에 대해 알게 된다. **동물고고학**(zooarchaelogy)은 고고학 유적에서 동물 유존체(remains)를 연구하는 하문 분야로, 어떤 동물 종이 고대 인간과 연관되어 있는지 어부외 이런 연관의 특성은 무엇인지에 대해 알 수 있게 해준다. 예를 들어 어떤 지역에서 개가 죽은 뒤 정성스럽게 매장됐음을 보여주는 증거는 약 1만 4000년 전 무렵으로 거슬러 올라간다. 이는 개와 인간의 관계에 대한 명백한 증거가 된다. 그런데 인간 주거지에서 발견되는 가장 일반적인 유존체는 인간이나 인류의 조상이 먹었던 개이다. 이는 인간과 동물의 상호관계에 있어 처음으로 중요했던 형태가 포식임을 보여준다. 선사시대 사회에서 인간과 동물의 관계를 이해하는 다른 방법은 선사시대인들이 남긴 예술품을 살피는 것이다.

이런 정보에 의거하여 우리는 이전 조상들이 아마도 현대의 침팬지와 매우 유사한 식이 습관을 가져서, 대부분은 식물성 식품을 먹었지만 때로는 죽은 동물의 고기나 사냥한 작은 동물의 고기도 먹었다는 것을 알 수 있다. 250만 년 전 **호모 하빌리스**(*Homo habilis*) 같은 종이 남긴 돌 도구는 아마도 사냥을 위해서라기보다는 동물을 해체하는 데 쓰였을 것이다. 우리 조상들이 진화함에 따라 사냥은 점점 더 중요한 생존 전략이 됐다. **호모 에렉투스**(*Homo erectus*)는 180만 년 전쯤부터 30만 년 전까지 살았다. 이들은 몸

집과 뇌 용량이 더 컸으며, 좀더 정교한 도구를 이용해서 큰 사냥감을 사냥할 수 있었다. 사실 많은 고고학자들은 협동 사냥(cooperative hunting)을 우리 선조들이 이룩한 매우 중요한 성과로 보는데, 이는 뇌를 더 크게 발달시키고 문화를 정교하게 만드는 데 이바지했다고 생각한다(일부 학자들은 언어나, 협동 육아, 또는 여타 사회적 행위들을 우리 종의 발달에 있어 핵심적인 요소로 보기도 한다). 우리 조상들이 진화함에 따라 사냥 도구와 기술은 지속적으로 향상됐고, 협동 사냥이 가능하게 됐으며, 결과적으로 지구상의 거대동물을 멸종시킨 원인이 되기도 했다. 구석기시대가 끝나면서 인간은 낚싯바늘과 작살 같은 새로운 도구를 만들어냈다. 이는 물고기 같은 새로운 종류의 동물을 이용했다는 것을 의미한다. 상부홍적세인 후기구석기시대에 해당하는 4만 5000년 전쯤 인간은 사슴이나 다른 동물의 이동 경로를 추적할 수 있게 됐고, 그 덕분에 보다 효율적으로 사냥할 수 있었다. 화석 기록에 화살촉과 창, 그물이 나타난 것을 보면 인간은 동물을 쫓아서 때려잡는 초기 사냥 방식 대신 새로운 방법으로 사냥할 수 있게 됐음을 알 수 있다.

선사시대인들의 식이 중 어느 정도가 육식이었는지는 과학자들도 아직 잘 알지 못한다. 하지만 지리적으로 각 지역마다 달랐던 것은 분명하다. 초기의 많은 인간 종들은 상당량의 고기를 섭취했던 것 같다. 그러나 중석기시대(약 1만 5000년 전)쯤에는 끝나가던 마지막 빙하기와 과도한 사냥 때문에 인간이 다양한 식량 자원으로 남용하던 많은 동물이 멸종됐다. 이 시기에 우리 선조들은 작은 동물들, 물고기, 새, 그리고 식물 자원에 더 의존하기 시작했다. 인간은 지구상 대부분의 지역으로 퍼져나가 아프리카, 유럽, 아시아, 극지방, 오세아니아의 섬들, 아메리카 대륙에까지 살게 됐다. 먼 북쪽 지방에 살던 사람들은 사냥으로든 목축으로든 동물을 더 심하게 이용했고, 남쪽 문화권에서는 식용식물을 재배하는 데 더 많은 노력을 기울였다.

현생 호모 사피엔스(*Homo sapiens*)는 적어도 10만 년 전에 출현했으며, 매장지나 동굴 벽화에서 볼 수 있듯, 동물을 사냥했을 뿐 아니라 종교적인 삶에도 이용했다. 그렇게 많은 예술 작품과 조상들의 종교적 삶에서 동물이 수없이 표상화된 것을 보면, 동물은 우리 조상들의 삶에서 중요한 부분을 차지했음이 분명하다. 후기구석기시대에 인간은 보석이나 암석 예술, 보디 페인팅을 포함해 매우 풍부한 예술품을 만들어냈는데, 이들의 많은 부분은 동물 신체의 일부(깃털이나 뼈, 피부 같은)를 포함하고 있거나 동물을 표상화하고 있다. 후기구석기시대 동굴 벽화에는 동물이 주로 사냥 장면에 묘사되어 있다. 이런 사냥 장면은 종종 주술을 통해 성공적인 사냥을 기원하는 것으로 해석되어 왔다. 한편, 이 그림들 안에 있는 반인반수의 존재에 주목하여, 이들이 종교 의례의 일부로 동물처럼 차려 입은 주술사(샤먼)의 모습을 형상화했다고 보기도 한다. 동물은 주술사에 의해 매개체가 됐을 뿐 아니라 고대 인간의 종교적 행위에서도 중요한 많은 역할을 수행했을 것이다. 그들은 신에게 희생제물로 바쳐지거나 그들 자체가 숭배의 대상이었을 것이다. 예를 들어 일부 학자들은 짧은 시간이지만 현생 인류와 유럽 지역에서 함께 살았던 호미닌인 네안데르탈인은 곰 컬트 문화의 일환으로 곰을 숭배했을 것이라고 말한다. 남부 아프리카에 살았던 후기구석기시대 사람들은 비단구렁이를 숭배했다. 일정 집단의 인간이 동물을 자신들의 영적인 소상으로 여기는 토템 신앙은 선사시대에 생겨났을 것이다. 이런 모든 예에서 알 수 있듯, 특정 동물들은 숭배의 대상이 되기도 했고 종교 의례 중에 희생되기도 했다.

생존을 위한 사냥과 인간-동물 관계

현대의 수렵채집 사회는 단백질원을 동물에 의존하고 있다. 그러나 인류학자들은 수렵채집인들이 소비하는 열량의 대부분은 동물성이 아니라 식물성 식품에서 유래한다는 것을 밝혔다. 그런데 예외가 있다. 북미 원주민과 극지방 수렵인들은, 육식 빈도가 더 낮은 아프리카의 수렵채집인들보다 좀 더 육식에 치우쳐 있다.

한편 동물의 고기가 이들의 식이에서 주된 부분을 차지하지 않았더라도 고기를 구할 수만 있다면 이는 언제나 축하할 일이다. 성공적인 사냥은 공동체 축제를 열 충분한 이유가 된다. 이 축제에서 고기가 분배된다. 고기는 누구나 원하는 것이고, 사냥은 수렵채집 사회에서 가치 있는 기술이다.

자신들이 의존하고 있는, 공존하는 동물에 대해 수렵채집 사회인들은 어떻게 생각할까? 수렵채집 사회에서 동물은, 가축화되어 있는 사회에서와는 다른 방식으로 통합될 것이다. 이들은 수렵채집 사회에서도 매우 중요하긴 하지만 그 의미가 다르다. 수렵채집 사회에서 동물은 사냥되거나 식용으로 이용되지, 사육되거나 제어되지 않는다. 이들은 두려워해야 할 포식자이지만 때로는 길들여진 동반자이기도 하다. 이들은 종교 시스템과 신화에, 그리고 예술과 민속에도 등장한다. 우리가 2장에서 논의한 바와 같이 많은 수렵채집 사회에서 인간과 동물은 둘 다 자연의 일부이다. 인간은 현재 서구 사회에서처럼 자연의 밖에 있거나 자연보다 우세하지 않다. 수렵채집 문화에서 동물과 인간은 공존한다. 종교 의식이나 예술, 신화에서 이들은 종종 서로가 서로로 변신하기도 한다.

인류학자인 팀 잉골드(Tim Ingold, 1994)가 지적하는 바와 같이 전통적인 수렵채집인들에게 있어 동물과 인간의 관계는 때로는 상호 신뢰와 같은 것으로, 이 관계 속에서 인간과 동물은 환경과 자원을 공유한다. 그리고 인간에게 사냥되는 동물은 동등하게 여겨진다. 수렵채집인들은 동물을 자신들과 마찬가지로 이성적이고 지적인 존재로 보고 인간과 같은 영적 중요성을 가졌다고 생각한다. 그러나 동물은 인간 그 자체는 아니고 일종의 형제 같은 존재이며, 한편 여전히 먹을 수 있는 존재이다. 반려동물을 인간의 대체자로 보아 먹을 수 없다고 생각하는 서구인들과 다르게, 전통적인 수렵채집인들은 그렇게 멀리 여기지는 않는다.

잉골드가 '기부 환경(giving environment)'이라고 이름 붙인 환경 안에서 사람들은 다른 사람들, 그리고 환경과도 함께 나누며 산다. 자연을 제어하려고 하기보다 수렵인들은 동물과 적절한 관계를 유지하려고 한다. 만약 동물을 존중하며 대하지 않는다면 그 동물의 영혼은 자신을 함부로 대한 사람들에게 앙갚음을 할 것이다. 어떤 문화권에서는 수렵인이 그들을 존중한다면 동물이 자신을 수렵인에게 바친다고 말한다. 수렵인이 얼마나 능숙한지와는 상관없이 만약 동물이 스스로를 제공하고자 하지 않는다면 잡히지 않을 것이다. 또 어떤 문화권에서는 만약 동물이 수렵인의 눈에 띈다면 이는 정령이 보낸 것이고, 그는 반드시 그 동물을 죽여야 한다.

동물이 자신을 기꺼이 수렵인에게 주었는지에 대해 논쟁할 수는 없다고 해도, 이 관점은 전통적인 수렵인들이 동물에게 매우 다른 태도를 가지고 있음을 보여준다. 현대 사회에서 일반적으로 동물은 스스로의 권리가 없는 사유재산으로 간주되지만, 수렵인들에게 동물은 비록 죽임을 당할지라도 존중할 가치가 있는 존재이다. 사실 많은 토속(indigenous) 문화들은 수렵인과 그들의 동물 사냥감이 동맹 관계로 연결되어 있다고 여긴다. 그래서 수렵인들은 특히 동물을 죽일 때 불필요한 고통을 반드시 피하려고 한다. 동물이 일단 죽으면 동물의 모든 부분은 이용되고 공유된다. 어떤 것도 버려지지 않는다. 우리는 엄청난 잔인함과 고통을 수반하는 산업화된 서구의 동물 생산 방법(7장에서 논의)과 엄청난 양의 고기(또는 관련 식품)가 낭비되는 미국의 육류 소비 행태와 이 태도를 비교해 봐야 하다

약 1만 년 전 시작된 가축화로 인해 인간과 야생동물의 관계가 변했다. 가축화는 이 관계를 인간이 주인의 역할을 담당하는 지배와 제어의 관계로 바꾸어 놓았다. 동물은 더 이상 야생이 아니며 사유재산으로 분류되어 소유하거나 교환할 수 있는 물품으로 간주됐다. 오늘날 가축화된 동물은 소유주의 욕망에 따라 사육되고, 제어되고, 학대당하고, 죽는다. 전 세계 부족 문화에 나타나는 동물 신(animal god)도 일부는 인간이고 일부는 동물인 숭배의 대상에서 동물성을 전혀 갖지 않는 더 의인화된 존재로 변해왔다.

동물의 가축화가 전 세계적으로 전파되면서 인간이 동물을 소유하고 제어하는 이런 새로운 관계는 가축화된 동물부터 야생동물까지 널리 확산됐다.

생존 수단에서 오락 수단으로

신석기시대 이후 식물을 재배하고 동물을 가축화하면서도 동물 사냥은

인간의 전반적인 역사에서 핵심적인 경제 활동이었지만, 이제는 야생동물을 착취하는 것이 많은 문화권에서 더 이상 그렇게 중요하지 않게 됐다. 예를 들어 가축화된 동물을 목축하는 유목민들은 대체로 사냥을 몹시 꺼리며 야생동물을 가축에 대한 위협으로 받아들였다. 어떤 유목민들은 사냥을 하긴 하지만 그 대상을 대개 가축을 위협하는 포식자들로 한정했다. 그런가 하면, 대동물을 성공적으로 가축화한 농업 사회에서는 가축이 있기 때문에 더 이상 야생동물을 사냥해 단백질을 섭취하지 않았다. 그래서 사냥은 수렵채집 사회의 중요한 경제 행위에서 최상류층의 스포츠로 변화되어 갔다.

한 예로, 중세와 르네상스 시대에 영국에서 사냥은 귀족적인 전통이었고, 일반인들은 대체로 사냥을 하지 않았다. 당시에는 지금 우리가 이해하는 공유지(public land)라는 개념이 존재하지 않았기 때문이다. 부자인 토지 소유주와 그들의 친구들만이 사유지에서 사냥을 할 수 있었다. 모든 재산은 사유물이었으며 왕이나 영주, 교회가 소유했다. 부자들만이 사냥할 여력이 있었기 때문에 일반인은 야생동물을 부자들의 사유물이라고 생각했다. 사냥은 그래서 부와 지위의 상징이었고, 지연과 낮은 지위의 사람들에게 지배력을 과시하는 것이었다.

영국과 다르게 미국에서는 사냥이 귀족적 전통이라기보다 민주주의적 전통으로 시작했다. 적어도 초기 식민지 시대에는 대부분의 토지가 공유지였다. 초기 미국인들은 아메리카 원주민에게 이 땅을 소유할 권리가 있다고 생각하지 않았다. 그러나 20세기로 들어오면서 대부분의 미국인은, 서부에 사는 사람들까지도 더 이상 식량을 구하기 위해 사냥하지는 않았다. 미국인이 먹는 대부분의 식량은 농장에서 생산됐고 야생동물에서 비롯되는 것이 아니었다. 산업화가 진행되면서 점점 더 많은 미국인이 농촌 지역에서 도시로 이주했고, 야생동물과의 접촉도 줄어들었다. 영국에서처럼 미국에서도 사냥은 최상류층의 스포츠가 되어 훨씬 소수의 사람들만 관심을 가졌고, 매우 부유한 사냥꾼에게만 매혹적인 일이었다. J.P. 모건(J.P. Morgan)이나 코닐리어스 밴더빌트(Cornelius Vanderbilt) 같은 부유한 미국인들은 자신과 친구들을 위해 개인 소유의 사냥 보호구역(game reserve)를 개발하고 오리 사냥

클럽을 만들었다. 이런 흐름으로 인해 노동자 계급의 사냥꾼들은 미국에서도 결국 유럽에서처럼, 개인 소유의 사냥터를 만들고 사냥을 도와줄 사냥 가이드를 고용할 능력이 되는 부유한 사람들만 사냥을 누리게 될 것을 걱정하게 됐다.

오늘날 스포츠로서의 사냥은 생존을 위한 사냥과는 매우 다르다. 그리고 미국에서 서부 개척과 초기 식민지 시대에 행해지던 사냥과도 다르다. 스포츠 사냥은 오락으로 동물을 죽이는 것이다. 때로 사냥꾼은 동물의 고기를 먹기도 하지만 고기 섭취나 경제적 이득이 스포츠 사냥의 목적은 아니다. 오락과 사냥 전리품(trophy)이 주된 목적이다.

식민지 확장과 동물

야생동물과 가축은 둘 다 유럽 식민주의(colonialism)에서 주요한 역할을 담당했다. 식민주의는 대개 아시아, 아프리카, 아메리카에서 새로운 자원과 노동력을 구하려는 경제적 동기로 시작됐다. 또한 식민 강대국(영국, 프랑스, 스페인)들은 자국의 상품을 팔 수 있는 시장을 찾고, 종교적이고 전략적인 이득을 추구하고, 시인 러디어드 키플링(Rudyard Kipling)이 말한 전 세계의 원주민을 문명화하는 "백인의 책무"를 수행했다(Kipling, 2007). 식민주의는 전 세계적으로 막대한 문화적 영향을 미쳤고 현대 글로벌 경제의 탄생을 가져왔다. 그리고 동물에게도 중대한 영향을 미쳤다.

신대륙에 처음 도착하고 정착한 스페인 사람들은 가축인 말과 양, 염소, 소, 돼지를 함께 데려갔다. 말은 스페인 정복자들이 아즈텍과 잉카 문명을 지배하고 멕시코 남쪽으로는 남아메리카로, 북쪽으로는 북아메리카로 스페인 문화를 전파하는 데 중요한 역할을 했다. 그리고 스페인의 가축은 각각의 정착지로 이동되어 스페인 사람들이 이 지역에서 경제적 기반을 다지게 해주었다. 스페인 정복자들은 원주민과의 싸움에서 마스티프와 그레이하운드 같은 훈련된 개를 이용하기도 했다.

다른 유럽 정착민들은 오스트레일리아와 북아메리카로 동물을 데려갔고 정착 이후 식량 자원으로 이용했다. 해당 지역에서 유래하지 않은 동물을 식민지로 수입함에 따라, 토속 동물 및 식물 종이 새로운 외래종으로 대체되는 의도하지 않은 결과가 파생됐다. 이 새로운 동물들은 많은 원주민의 삶을 변화시키기도 했다. 이를테면 평원 인디언(Plain Indian)들은 자기네 세력 확장을 위해 말을 받아들여 이용했고, 나바호(Navajo)족은 양을 치기 시작했다. 양은 오늘날에도 여전히 나바호족 문화의 중요한 요소이다.

16세기부터 유럽 강대국들이 아프리카와 아시아를 식민지화함에 따라 영어를 쓰는 특권층들이 식민지 지배를 확장해 나갔다. 이 영어권 식민주의자와 탐험가들은 스포츠를 위해, 또는 경제적 이익을 위해 크고 위험한 동물을 죽이고 이들의 사체를 표본으로 만들어 전리품으로 삼았다. 유럽 사냥꾼들은 값나가는 가죽이나 상아를 지닌 동물을 목표로 삼았다. 코끼리는 이 두가지 측면을 모두 만족시켰기 때문에 19세기부터 20세기 초반까지 영국인 사냥꾼들의 주요 사냥감이 됐다. 대형동물 사냥이나 식민지 전쟁은 아프리카에 직접적인 영향을 미쳤다. 유럽인들은 대형 사냥감과 아프리카 원주민을 통제하고자 했고 그 둘 모두를 타당한 이유 없이 죽일 수 있었다.

아프리카에서 유럽 사냥꾼은 아프리카 원주민들이 이전까지 생존과 교역에 중요한 존재였던 야생동물을 보는 관점과 이들을 이용하는 방법을 변화시켰다. 유럽인들이 상아나 사냥 전리품 그리고 동물 신체 부위를 교역하기 시작하면서 아프리카인들 또한 그들의 자원을 더 심하게 착취하기 시작했다. 아시아에서와 마찬가지로 아프리카에서도 유럽인들은 원주민 사냥꾼을 시켜 유럽이나 이후 미국에서 전시하기 위해 살아 있는 이국적인 동물을 잡아들였다. 이것이 현대적인 동물원과 서커스의 시작이다.

명백한 운명(Manifest Destiny)이라는 전제(미국의 서부 개척을 신이 부여한 권리와 의무라고 하는 주장) 하에 정착민과 광부들은 본래의 미국 식민지 지역에서 서쪽으로 이동해 갔다. 이들은 이동 중에 종종 원주민들과 마주쳤다. 18~19세기 동안 공식적인 정부의 정책은 원주민이 유럽계 미국인에게 땅을 팔고 문명화되도록 권유하는 것이었다. 정착민은 원주민이 동물 사냥을 그만두고 농부가 되기를 바랐으며, 백인들이 농사나 광업, 목장 운영에 땅을 이용할 수 있도록 원주민이 광활한 땅을 자유롭게 풀어주길 기대했다. 원주민과 그들이 전통적인 방식으로 사냥한 동물 모두가 이런 활동에 경제적 방해물이 됐다. 1870년 초 정부는 평원에서 들소(bison)를 제거하는 새로운 정책을 수립했고, 이로 인해 원주민들은 그 땅을 이용할 일이 없어졌다.

전면적인 미국 들소 말살(50년간 3000만 두 몰살)은 여러 가지 목적으로 행해졌다. 많은 미국 식민주의자들은 아메리카 원주민과 들소 모두를 야만적인 짐승으로 보았다. 미국 원주민이 더 이상 사냥하지 못하게 함으로써 인디언 보호구역으로 이들을 손쉽게 이주시키고 가둘 수 있었다. 철길 위나 주위에 들소가 있으면 기차 진로를 방해할 수 있었기 때문에 새롭게 건설된 철도 운행에는 들소 말살이 이득이 됐다. 덫을 놓거나 사냥을 하는 백인들은 원주민이 제거되거나 죽임을 당한 후 주인 없는 공간으로 밀려들었고, 이 새로운 이주자들은 가죽용으로 수천만 마리의 들소를 죽여서 이득을 취했다. 대부분의 미국인이 원주민을 보호구역으로 이주시키고 서쪽으로 진출하는 데 찬동했기 때문에, 이렇게 원주민의 주된 식량원인 들소를 제거하는 것은 좋은 정책으로 받아들여졌다. 군인도 이 행위에 동참해 미국 군대가 서부에서 수행한 주된 업무는 들소 죽이기였다. 들소를 제거한 땅에서는 필연적으로 소(cattle) 방목이 행해졌는데, 이 소는 백인들의 주 식량원 중 하나가 됐다.

생존을 위한 사냥을 둘러싼 논쟁

현대에는 수렵채집 문화가 거의 존재하지 않지만 많은 전통 문화권에서는 여전히 생존을 목적으로 사냥을 한다. 그래서 미국과 캐나다에서는 특정 동물을 과도하게 사냥하지 못하도록 보호하는 법률이 있긴 하지만 지금도 전통적인 방법으로 사냥을 하는 아메리카 원주민의 경우는 예외로 한다.

원주민들의 생존을 위한 사냥에서 가장 논란이 되는 것은 고래나 돌고래, 물개 같은 해양 포유류를 죽이는 것이다. 해안가에 사는 원주민들은 오랜 세월 동안 고래 사냥을 해왔다. 마카(Makah)족 같은 알래스카 원주민들은 전통적으로 부풀린 물개 가죽을 부착한 고래잡이 작살로 고래를 사냥했다. 고래는 이런 작살 때문에 지쳐 긴 창으로 찔러서 죽일 수 있을 정도가 되거나 내상으로 피를 흘리다 죽게 된다. 유럽인, 유럽계 미국인, 일본인은 고래 고기를 먹거나 고래 지방이나 기름, 뼈를 이용했다. 이 고래잡이들은 고래를 죽이는 새로운 방법을 고안해 냈다. 고래를 추적하는 큰 배를 이용해 그 자체를 작살 줄에 달린 큰 부표인 '드로그(drogue)'로 사용했다. 후에 이들은 총과 포탄을 주로 사용했다. 이런 대규모 포경 산업에서 과도하게 포획하는 바람에 20세기 말까지 고래의 수가 급격하게 줄어들었다. 이런 이유로 오늘날 상업적인 고래잡이는 금지되어 있다.

고유한 사냥 전통에 대한 논쟁은 몇 가지 복합적인 요소를 포함한다. 동물 보호 옹호자들은 고래나 돌고래같이 지적, 사회적 능력이 뛰어난 동물을 (때로는 매우 잔인하게) 죽이는 행위에 대해 강하게 비판한다. 많은 원주민 사냥꾼들이 지금은 현대적 무기를 사용하고 사냥한 고래를 돈을 목적으로 팔기 때문에, 이런 행위가 전통적이라는 주장은 더 이상 소용이 없다고 역설한다. 원주민 사회는 이런 사냥이 수백, 수천 년 된 생활의 방식이고 수많은 국제, 국내 조약에 의해 보호받고 있으며, 아울러 이런 원주민의 사냥을 막는 것은 전통 문화를 위협하는 신식민주의(neocolonialism)의 한 형태라고 주장한다. 그들은 또한 동물 보호 옹호자들이 단지 고래나 아기 표범 같은 매력 있는 동물만 보호하려 한다고 주장한다. 문제를 더욱 복잡하게 만드는 것은 대중이나 학자들 여기 종종 일주민들의 해위를 낭만화하여, 이런 행위들이 전통적인 방식으로 행해지면 승인하고 상업적인 목적으로 행해지면 비판하곤 하는 것이다.

야생동물과의 현대적 관계: 사냥과 보전

오늘날 대부분의 미국인은 야생동물과 거의 상호작용을 하지 않는다.

캠핑 애호가나 아웃도어 활동에 열정적인 사람들은 때로 야외에서 야생동물을 본다. 그리고 도시나 도심 외곽의 주택 지역이 한때 야생의 땅이었던 지역으로 확장됨에 따라 많은 미국인은 자신과 이웃의 뒷마당이나 길에서 야생동물을 본다. 점점 줄고는 있지만 미국인의 일부는 여전히 야생동물을 사냥한다.

오늘날 6퍼센트의 미국인(1250만 명)이 동물을 사냥한다(어류및야생동물국 Fish and Wild Life Service, 2007). 소수의 미국인에게만 해당된다고 해도 여전히 사냥에는 상당히 상징적이고 감정적인 무게가 실려 있다.

사냥을 하는 미국인은 자신을 위대한 전통인 **사냥 유산(hunting heritage)**의 계승자로 본다. 대개는 아버지나 친척 중 남성이 대부분의 젊은 사냥꾼을 가르치기 때문에 사냥에 참여하는 사람들은 이 행위를 가족과 역사, 야외 활동에 대한 애정의 의미가 담긴 신성한 전통으로 간주한다. 많은 사냥 옹호자들은 보전 운동의 역사와 사냥의 연계성을 가장 중요한 정당화의 논리로 내세운다. 20세기 전환기의 미국 사냥꾼들과 시어도어 루스벨트(Theodore Roosevelt)나 알도 레오폴드(Aldo Leopold) 같은 보전주의자들이 사냥감 동물 관리 정책과 야생동물 및 야생동물 주거지 보호에 중요한 역할을 했기 때문에, 사냥의 역사는 미국 환경 보전 운동의 탄생과 관련이 있다.

자립(self-reliance) 또한 사냥과 커다란 관련이 있는 개념이다. 많은 사냥꾼들은 자신이 미 대륙의 자연과 개척지를 정복한 정착자들의 재치와 기술, 인내심을 바탕으로 한 삶의 양식을 되살리고 있다고 느낀다. 물론 대부분의 미국 사냥꾼은 그들이 죽이는 동물에 의존해서 살아가지는 않는다. 이 사냥꾼들은 그들을 동물에게 데려다주는 하이테크 장비에 의존하고, 심지어 **통조림 사냥(canned hunting,** 길들여진 동물을 바로 죽일 수 있게 준비해 놓은 사냥)을 하기 때문에 이런 개척자의 이미지는 대체로 무색해진다.

보전이라는 측면에서 보면 사냥꾼들은 확실히 오늘날의 야생동물 보전에 참여하고 있다. 사냥 허가 비용과 사냥 도구 부가세로 미국의 모든 주에서 야생동물 보호 프로그램을 지원한다. 사냥꾼들은 사냥감인 야생동물뿐 아니라 이들의 서식지도 보전할 수 있도록 광범위한 보전 프로젝트를 지원한다. 사냥꾼들은 사냥 관리 정책을 통해 자신들이 동물 개체수가 너무 늘어나지 않게 조절하여 일부 동물이 굶주리는 것도 예방하는 역할을 한다는 점에서 스스로를 보전주의자로 인식한다. 그러나 반론을 펴는 사람들은 사냥꾼들이 병들거나 늙어서 자연이 어차피 해결할 동물보다는, 그리고 사냥을 통해 개체수 감소를 가져올 수 있는 암컷들보다는 다 성장한 건강한 수컷 동물을 주로 사냥한다고 주장한다. 이들은 사냥 대상인 건강한 동물이 굶어 죽는 일은 거의 없으며, 어쨌든 생존 동물은 개체수 감소에 반응하여 더 많은 새끼를 낳을 것이라고 말한다.

사냥은 전형적으로 아버지로부터 아들에게 전수되기 때문에 많은 사냥옹호자들이 사냥을 중요하고 신성한 가족 전통으로 보고 있다. 특히 사냥이 광대한 자연에서 벌어지기 때문에 더 신성하다고 생각한다. 사냥꾼들은 전형적으로 농촌 지역 출신이기 때문에 이들 중 많은 수가(헨리 데이비드 소로 Henry David Thoreau의 전통에 따라) 스스로를, 대부분 사냥을 하지 않으며 사냥에 대해 농촌 출신에 비해 덜 우호적인 도시 출신보다 '자연'에 더 가까이 닿아 있다고 생각한다.

그러나 미국 내에서도 사냥꾼들은 동일하지 않다. 예를 들어 스포츠 사냥꾼들은 먹기 위해 사냥을 하지 않으며, 사슴이나 곰이나 무스(moose) 같은 대형 사냥감, 토끼나 다람쥐나 여우 같은 작은 동물, 그리고 퓨마나 코요테 같은 포식자들, 비둘기, 오리, 거위 같은 조류에 관심을 갖는다. '사냥 전리품(트로피trophy)'은 나뭇가지처럼 생긴 사슴뿔, 일반적인 뿔, 상아, 머리 또는 사냥꾼이 죽인 동물의 시체를 가리키는 단어인데, 많은 미국 사냥꾼들은 이 트로피를 가지려는 열정이 대단하다. 사실 미국은 현재 이런 '트로피 동물'의 최대 시장이다. 전 세계 사냥꾼들이 잡은 수천 마리의 동물이 트로피 용으로 미국으로 들어온다.

무슨 수를 써서라도 트로피 동물을 입수하는 데 주력하기 때문에 트로피 사냥꾼들은 전통적인 미국 사냥꾼들과는 좀 다른 변화 양상을 보였다. 이제 많은 트로피 사냥꾼들은 하루 사냥을 끝내면서 사냥감을 확실히 잡을 수 있도록 덫을 놓고, 사냥개를 이용하고, 사냥 농장(game farm)이나 통조림 사

통조림 사냥

통조림 사냥은 개인 소유의 사냥 농장이나 목장, 즉 울타리를 치고 동물을 모아놓아 한정된 지역 내에서 사냥꾼들이 쉽게 동물을 죽일 수 있도록 한 사냥 사업이다. 통조림 사냥은 '높은 울타리 사냥 (high-fence hunting)'이라고도 하며, 미국 내 20개 주에서 불법이거나 금지하는 법률이 발의되어 있다. 또한 통조림 사냥은 이 나라의 많은 사냥꾼들이 주로 해온 '사냥감 추적(fair chase)'과 상반되는 개념이다.

통조림 사냥 사업에 쓰이는 동물은 일반적으로 두 종류의 경로로 입수된다. 사냥을 위해 가축 농장에서 사육하거나 동물 서래업자에게서 매입한 것이다. 동물 거래업사들은 다양한 곳으로부터 동물을 구매해 온다. 합법이건 불법이건 아시아나 아프리카에서 수입되어 오는 기존의 이국적인 애완동물, 기존의 서커스 동물과 동물원의 잉여 동물이 그 예이다. 통조림 사냥은 사냥감 추적이라는 개념에서 완전히 벗어나 있을 뿐 아니라 미국의 전통적인 사냥꾼들이 혐오하는 귀족적인 스타일의 사냥법까지 보여주기도 한다. 실제로 부유한 사냥꾼들은 그들이 좋아하는 동물이라면 무엇이든, 어떤 비용을 주고서라도, 일반적인 미국인은 들어갈 수 없는 사유지에서, 거의 노력을 기울이지 않고 죽일 수 있다.

낭(canned hunting) 농장을 찾고, 사냥 가이드를 고용하고, 기술을 이용한다. 200년이 넘는 세월 동안 아프리카에서 대형동물이 몰살되어 왔다. 남아 있는 동물들은 상아 같은 트로피 사냥으로 인해 영구적 손상을 입었다. 그래도 미국에서처럼 아프리카에서도 최초의 보호 법령들이 식민지에서의 사냥감을 보호하고 보전할 목적으로 유럽의 사냥꾼들에 의해 통과되기는 했다.

인간과 야생동물 간의 갈등

대개 야생동물은 연방 정부의 어류및야생동물국(Fish and Wildlife Service)
과 각 주의 해당 기관에 의해 '관리된다.' 이런 기관들은, 야생동물이 공공
의 소유이자 정부가 관리하는 자원이라는 전제 하에 활동한다. 국가는 또한
골치 아프고 해로운 동물로 여겨지는 특정 야생동물도 관리한다. 어떤 경우
든 야생동물은 표면상 공공의 이익을 위해 존재한다. 그리고 야생동물을 관
리하는 업무를 맡는 많은 주 정부의 기관들은 이런 철학을 가지고 있다. 미
국 어류및야생동물국은 "미국인의 지속적인 이익을 위해 어류와 야생동식
물은 물론이고 이들의 거주지까지 보전, 보호하고 개선하는 것을 목적으로
한다." 이 기관은 1956년 상업적인 어업을 감독할 목적으로 어패류와 야생
동물 자원 정책인 어류및야생동물법이 제정된 후 설립됐다. 최근 매년 800
만 명이 넘는 사람들이 국가 야생동물 보호구역 시스템 하에서 야생동물을
사냥하거나 덫을 놓아 잡거나 낚시하는 등 야생동물을 소비적으로 이용하
는 데 참여하고 있다. 이는 1997년 야생동물보호구역시스템개선법(National
Wildlife Refuge System Improvement Act)이 통과된 후에 가능해진 일인데, 그것
은 이 법이 야생동물 보호구역을 이용하는 주요 용도 여섯 가지 중 두 가지
를 사냥에 낚시에 두었기 때문이다.

어류 및 사냥 부서, 보전 부서, 자연자원 부서 같은 주 정부의 야생동물
담당 조직은 사냥을 규제하고 야생동물을 관리한다. 이 조직들의 담당자는
재생 가능 자원으로서의 야생동물 보전을 위해 법 집행관 겸 보전주의자로
서의 업무를 담당한다. 또한 어떤 조직들은 인간과 동물 사이의 갈등을 조
정하기 위해 존재한다. 이들은 야생동물로 인해 개발자, 목장주 그리고 여
타 경제적 이권을 가진 사람들의 이익이 훼손되지 않도록 해준다. 이 조직들
은 도시 교외 개발 지역에 있는 사슴, 캠핑하는 사람들에게 접근하는 배고픈

곰, 도시의 공원을 파헤쳐 놓는 프
레리도그, 애완동물인 고양이와 개
를 잡아먹는 코요테를 막는 방법으
로 사냥을 이용한다. 이런 동물들
은 해로운 동물로, 인간의 경제적
이득을 위해 제거되어야 할 대상으
로 여겨진다.

환경사회학자인 테리사 괴데
케(Theresa Goedeke, 2005)는 다양
한 이해당사자들에 의한 야생동물
의 사회적 구성이 어떻게 정책을
형성하는지에 대해 쓴 적이 있다.

그림 4-1. 많은 사람들은 프레리도그를 해로운 동물
로 보지만, 매우 중요한 핵심종(keystone species)
이다. (사진: Yvonne Boudreaux)

수달(otter)의 사회적 구성에 대한 그의 논문에 따르면, 환경주의자들은 수
달을 즐거운 천사로 보는 반면, 어부들은 이들을 자신들과 물고기를 두고 경
쟁하는 '굶주린 작은 악마'로 본다. 놀랄 일도 아닌 것이, 한 동물이 대중적
으로 존재감이 클수록 대중은 이 동물의 '파괴적인' 행동을 참고 넘긴다. 대
중적으로 존재감이 작은 동물일수록 사람들로부터 해로운 동물로 정의되고
보다 엄격한 수준의 통제를 받게 될 가능성이 커진다. 유사하게 우리는 북미
산비둘기(mourning dove)는 평화롭게 노래하는 새로 여기지만, 칙칙한 갈색
비둘기에 대해서는 이 새가 합법적 사냥 대상인지에 주로 관심을 갖는다(사
람들 또한 야생동물 법령에서 사회적으로 구성될 수 있다. 사냥꾼과 밀렵꾼의 차이는 인위적인
것이며, 이는 사람이 현존하는 법에 따라 적절한 도구를 사용하여 적절한 장소에서 적절한 동
물을 사냥하는가에 대한 문제이다.).

1931년 의회는 동물피해방지법(Animal Damage Control Act)을 통과시킴
으로써 늑대, 사자, 코요테, 보브캣, 프레리도그 등 농업에 피해를 줄 것으
로 예상되는 동물들을 박멸할 수 있도록 했다. 이 법령은 동물피해방지프로
그램(Animal Damage Control Program, ADC)을 만들었고, ADC는 각기 다른 시
기에 서로 다른 연방 기관들, 가장 최근에는 미국 농무부의 동식물검역소

동물피해방지법(1931)

"이 법은 농무부 장관에게 특정한 포식동물, 야생동물 및 문제를 일으키는 포유류, 조류를 조사하고 제어할 수 있는 광범위한 권한을 부여한다. 장관은 퓨마(mountain lion), 늑대, 코요테, 보브캣, 프레리도그, 땅다람쥐(gopher), 얼룩다람쥐(ground squirrel), 산토끼(jack rabbit), 갈색나무뱀(brown tree snake) 등 농업, 원예, 임업, 축산업, 사냥업, 모피업, 조류 산업에 해를 끼칠 수 있는 동물을 박멸하고 억제하고 제어할 수 있는 가장 좋은 방법을 결정하기 위해 조사와 실험 그리고 시험을 해볼 권한을 갖는다. 이런 조사의 또다른 목적은 포식동물이나 다른 야생동물에서 광견병이나 야토병(tularemia)을 억제함으로써 가축을 보호하는 것이다. 장관은 또한 이런 동물을 박멸하거나 제어하기 위해 캠페인을 벌이도록 한다."

(Animal and Plant Health Inspection Service)에 의해 수행됐다. ADC의 기존 조직은 생물조사부(Bureau of Biological Survey)였다. 이 조직의 목적 중 하나는 해로운 동물과 늑대 같은 포식동물을 박멸하는 것이었다. 2년 동안 직업적인 사냥꾼들이 이 기관에 고용되어 1,800마리의 늑대와 23,000마리의 코요테를 국가림에서 몰살했다. 1915년부터 1942년까지 24,000마리 이상의 늑대가 죽임을 당했고(Isenberg, 2002), 1926년에 이 조직에 의해 옐로스톤 국립공원의 마지막 늑대가 죽음을 맞았다. 이런 업무 초기에도 이 조직의 목적은 가축을 보호하고 사냥을 위한 동물의 수를 증가시키는 것이었다. 그러자 현대적인 시각에서 예측 가능한 결과가 나타났다. 사슴의 개체수는 늑대가 줄어든 후 폭발적으로 늘어났지만, 수만 마리의 사슴이 다음 해에 죽었다. 이는 이들을 위한 충분한 먹이가 없었기 때문이다. 연방정부가 성공적으로 늑

대를 몰살한 후에 회색 늑대는 1973년 멸종위기종보호법의 목록에 올라간 첫 동물이 됐다.

원래 동물피해방지법은 동물이 공유지에 끼치는 피해에 초점을 맞추었다. 그러나 오늘날 이 법은 공유지와 사유지 모두에 적용된다. 오늘날 동물피해방지프로그램(현재는 야생동물관리Wildlife Services로 불림)의 집행 기관은 동식물검역소(APHIS)이며, 각 주의 낚시 및 사냥 부서들과 연계되어 있다. 야생동물관리프로그램은 애리조나, 캘리포니아, 콜로라도, 아이다호, 미네소타, 몬태나, 네브래스카, 네바다, 뉴멕시코, 노스다코타, 오클라호마, 오리건, 사우스다코타, 텍사스, 유타, 워싱턴, 와이오밍 주에서 포식자를 죽인다. 이 프로그램은 서부에서 가장 큰 열아홉 종의 포유류와 프레리도그 같은 많은 소형 동물의 몰살에 책임이 있다.

동물피해방지프로그램에서 사냥의 목적이 스포츠 사냥에서와는 전혀 다르다고 해도 동물피해방지 사냥은 사냥꾼과 사냥 옹호자들에게 이득이 된다. 왜냐하면 이 프로그램은 사냥이란 것이 가치 있는 공공 서비스라는 인식을 심어주는 또다른 방법이기 때문이다. 이러면 부유한 목장주, 정치인, 주와 연방의 임명직 관료 같은 기득권자들 역시 (목장주 사업을 지원하는) 연방 기금을 통해 이득을 볼 수 있게 된다.

동물피해방지 옹호자들은 때로 사냥 대상 동물을 해로운 동물로 규정한다. 예를 들어 사슴은 농장동물을 죽이지는 않지만 성원을 망쳐 놓거나, 질병을 옮기거나, 차 사고를 유발하거나, 교외에서 무언가를 망쳐 놓는다. 그래서 스포츠 사냥꾼들은 대중의 지지와 함께 사슴을 사냥하도록 허가받는다. 어느 누구도 사슴과 충돌하고 싶지는 않은 것이다. 사슴에게는 불행하게도 사냥은 이들의 개체수를 조절하는 데 하등의 영향을 미치지 않는다. 이들은 사냥 철이 지나고 나면 먹잇감에 대한 경쟁이 줄어들기 때문에 금세 그 수를 불린다. 물론 동물피해방지프로그램은 자연 포식자를 없애서 이들의 개체수가 늘어나는 데 중요한 역할을 하기도 한다. 사슴의 피해를 줄일 수 있는 방법은 많다. 이를테면 좀더 주의 깊게 운전하거나, 속도 제한을 하거나, 경고판을 붙이거나, 갓길에 반사판을 붙이거나, 길을 따라서 울타리를

늑대 박멸의 역사

미국에서의 늑대 박멸의 역사를 보면 동물피해방지의 논리에 대한 흥미로운 관점을 파악할 수 있다. 정부(또는 관련 부처)는 17세기 중반 이후로 다양한 종류의 늑대를 박멸 대상으로 삼아 왔다. 1800년까지 늑대는 소와 양을 위주로 하는 (주로 지금처럼 공유지에서 가축을 방목하는) 축산업에 위협이 됐기 때문에 동부 해안 지역에서 대부분 박멸됐다. 19세기와 20세기 동안 늑대를 박멸하려는 노력은 동부에서 서부로 옮겨갔고, 자신들의 가축을 늑대의 약탈로부터 지키기 위해 늑대를 죽여야 한다는 목장주들의 요구와 함께 박차가 가해졌다. 유럽계 미국인들은 들소(bison)를 멸종시켰고 늑대도 모두 죽였다. 스포츠 사냥꾼들은 늑대가 사냥 대상 동물들에게 위협이 된다고 보았기 때문에 목장주들과 함께 이런 정책을 지지했다.

지리학자인 조디 에멀(Jody Emel, 1995)은 늑대 사냥의 경제적 이유를 넘어, 사냥꾼이 그들을 죽이는 흉포한 행동은 늑대가 어떤 존재로 특징지어지는가와 관계가 있다고 지적했다. 사람들은 늑대가 가축을 죽이는 것에 대해 손해를 야기하고 포악하고 공정하지 않다고 생각했다. 대중은 늑대가 비열하고 위험한 동물이어서 재미로 다른 동물을 죽이므로, 심지어 사람의 아이도 죽일 수 있다고 보았다. 이런 인식 중 일부는 늑대가 위험할 뿐 아니라 사악하며고 생각했던 유럽 중세시대로 거슬러 올라간다. 여하튼 이것은 많은 아메리카 인디언 토착민이 늑대를 생각했던 방식과 매우 다르다. 그들은 늑대가 인내심이 많고 가족 간 유대감이 강하고 용감하기 때문에 늑대를 존경했다. 20세기의 박멸 이후 멕시코 회색 늑대를 애리조나와 뉴멕시코에 재도입하도록 한 미국어류및야생동물보호

프로그램은 오늘날에도 지속되고 있다. 그러나 모순적이게도 같은 정부 기관이 다시 도입된 늑대를 목장주들의 요구에 따라 또 죽이고 있다.

세울 수도 있다. 그러나 개발자들이 이 지역에서 건설을 계속하는 한 인간과 야생동물은 계속 접촉하게 된다는 사실은 변하지 않는다. 안타깝게도 동물피해방지프로그램에는 이런 문제를 풀 수 있는 방법이 딱 하나, 즉 사냥밖에 없다.

야생동물은 또한 새로운 질병의 유입이나 이국적인 애완동물 교역 때문에 생존을 위협받으며 상업적인 개발 정책, 주택 건설, 유전 개발, 광산 개발로 인해 서식지를 잃을 위협도 받는다. 예를 들어 서부의 일부 주들은 여전히 적은 수의 야생 말을 보유하고 있다. 이 말들은 훈련을 받다가 17·18세기에 풀려난 스페인 종자들의 후손이다. 이 말들은 훈련받지 않은 상태로 빠르게 되돌아갔고, '야생마(wild mustang)', 엄밀히 말하자면 야생화한 (feral) 말이 됐다. 여전히 콜로라도, 뉴멕시코 지역에서는 이들을 볼 수 있다. 안다깝게도 늘 침략적인 문명화의 요구 때문에 이런 아름다운 말들이 점점 더 많이 잡히고, 이들이 야생마및당나귀보호법(Wild Free-Roaming Horses and Burros Act, 1971)에 의해 보호받고 있음에도 불구하고 경매를 통해 팔려나간다.

이런 서부 야생마의 수난은 미국에서 야생동물이 겪은 변화의 한 예이다. 야생마가 미국 서부와 자유의 강력한 상징임에도 불구하고, 이들은 아직 정복되지 않은 동물 종이자 인간에 의해 제어되어야 하는 (다시 말해 전부 몰살되어야 하는) 동물 종을 대표한다. 게다가 많은 사람들은 동물이 무언가를 위해 이용됐을 때만 쓸모가 있다는 생각을 가지고 있다. 훈련받거나 어떤 개인적 또는 상업적 목적으로 쓰이지 않으면 이 동물들은 쓸모가 없다는 것이다.

미국의 다른 야생동물도 마찬가지다. 코요테와 늑대, 들소, 프레리도그

그림 4.2. 토지관리국(Bureau of Land Management)은 뉴멕시코 주 플래시터스(Placitas)의 야생말을 '야생'으로 분류하는 것을 거부했다. 그래서 이들은 현재 법으로 보호받지 못하고 있다. (사진: Robin Montgomery)

는 경제 산업과 국가 기관에 의해 별 쓸모없는 해로운 동물이 되어 버렸고 어떤 개인과 산업의 경제적 이익에 해가 된다고 여겨진다. 그래서 이들은 제거되어야만 한다. 한편 사냥꾼과 사냥을 통제하는 기관에 의해서 '사냥 대상 동물'로 정의된 동물은 사냥에 쓸모가 있다. 이것이 아마도 이들이 아직까지 존재할 수 있는 이유일 것이다.

더 읽을거리

Animal Studies Group. 2006. *Killing Animals*. Champaign: University of Illinois Press.

Brightman, Fobert. 1993. *Grateful Prey: Rock Cree Human-Animal Relationships*. Berkeley: University of California Press.

Herda-Rapp, Anne and Theresa Goedeke. 2005. *Mad About Wildlife: Looking at Social Conflict over Wildlife*. Danvers, MA: Brill Academic Publishers.

Ingold Tim. 1980. *Hunters, Pastoralists and Ranchers*. Cambridge: Cambridge University Press.

Mighetto, Lisa. 1991. *Wild Animals and American Environmental Ethics*. Tucson: University of Arizona Press.

Nelson, Richard K. 1986. *Make Prayers to the Raven: A Koyukon View of the Northern Forest*. Chicago: University of Chicago Press.

Philo, Chris and Chris Wilbert, eds. 2000. *Animal Spaces, Beastly Places: New Geographies of Human-Animal Relations*. London: Routledge.

Proctor, Nicholas. 2002. *Bathed in Blood: Hunting and Mastery in the Old South*. Charlottesville, VA: University Press of Virginia.

Tober, James. 1981. *Who Owns the Wildlife: The Political Economy of Conservation in Nineteenth- Century America*. Westport, CT: Greenwood.

Wolch, Jennifer and Jody Emel, eds. 1998. *Animal Geograhies: Place, Politics and Identity in the Nature-Culture Borderlands*. New York: Verso.

참고할 만한 영상물

Cost of Freedom. DVD. Directed by Vanessa Schulz. Bend, OR: 21st Paradigm, 2003.

Cull of the Wild: The Truth Behind Trapping. DVD. Produced by Camila Fox. Sacramento, CA: Animal Protection Institute, 2002.

Wildlife for Sale: Dead or Alive. HGS. Directed by italo Costa. Oley, PA: Bullforg Rilms, 1998.

식민지의 동물

월터 퍼트넘(Walter Putnam, 멕시코 대학교)

내게 있어 '동물에게 다가서기'는 기대하지 못했던 깨달음의 순간이었다. 갓 태어난 내 딸이 잠들도록 흔들어주던 중에 나는 아기 방 작은 동물원에 자리잡은 동물 인형들이 궁금해지기 시작했다. 이들은 어디로부터 왔을까? 이들은 무슨 의미를 가질까? 이들은 실제 동물과 어떤 관련이 있을까? 이 동물들을 소중한 우리 아이들에게 적합한 친구로 만들기 위해 어떻게 우리는 이 위험한 동물들의 발톱을 제거하고, 이를 뽑고, 중성화하고, 오그라뜨리고, 인형으로 만들 수 있었을까? 이러한 동물의 상업화는 나에게 호기심을 불러일으켰고, 아리스토텔레스가 언급한 것처럼, 이는 철학으로 향하는 첫걸음이었다. 적어도 잠정적인 대답은 동물들이 '귀엽고, 안아주고 싶은' 존재라고 단정하고자 하는 단순한 논리보다 훨씬 더 복잡한 어떤 것이었다. 마르크스, 프로이트, 장 보드리야르, 도널드 위니콧(Donald Winnicott)에 의거해서 나는 동물 인형들이 식민지 공간에서 온, 산업화되고 변조된 야생동물의 표본이라고 주장한다. 그리고 이들은 우리의 심리적, 물질적, 문화적 세계에 기이하고 놀라운 방식으로 침투해 있다고도 주장한다. 이 대중문화의 아이콘은 뉴욕 시의 쓰레기 트럭 앞에 묶여 있어 왔고, 마약이나 폭탄을 밀수하는 데 쓰였다. 최근 연구에서는 여행하는 사업가들 중 1/4이 가방 안에 동물 인형을 가지고 다닌다는 것이 밝혀졌다. 예술가와 수집가, 성인과 아이 모두가 자연종 동물을 글로벌 소비 문화에서 동물의 가장 흔한 형태인 이행대상(transitional object)으로 재구성해 냈다.

프랑스의 인류학자인 클로드 레비스트로스(Claude Lévi-Strauss)는 "동물은 생각하기에 좋은 대상(good to think)"이라고 말한 걸로 유명하다. 이 말을 통해 우리는 이들에 '대해' 생각하는 것뿐 아니라 이들과 '함께' 생각해 보자는 초청장을 열어 보게 된다. 나의 연구 중 대부분은 동물이 어떻게 우리 인간의 의미화 체계에서 중요한 위치를 차지하게 됐는지, 그리고 어떻게 문화적 풍경의 깊고 후미진 곳까지 파고들었는지에 대한 질문을 중심으로 수행됐다. 문화란 주로 인간의 속성이고, 동물에게는 허락되지 않는 것이다. 동물을 연구하는 데 있어 나의 접근법은 학제적(interdisciplinary)이고, 문화 연구의 넓은 영역 안에 속해 있다. 그리고 인간-동물 관계가 여러 개의 학문 영역을 포괄하고, 각각 분리된 담론들이 서로의 지식을 풍부하게 만드는 초학문적(transdisciplinary) 접근에 의해서만 파악될 수 있다는 믿음에 근거하고 있다. 나는 비교문학 분야에서 초기 훈련을 받을 때 특히 조지프 콘래드(Joseph Conrad)나 앙드레 지드(Andre Gide) 같은 작가들을 통해 영국과 프랑스 문학의 세계시민주의(cosmopolitanism)를 다루었다. 이들은 식민지 사하라 남부 아프리카에서의 여행기나 소설을 저술했다. 동물이 자주 등장하는 탐험과 발견의 이야기에 지속적인 관심을 가지고 나는 "식민지의 동물(The Colonial Animals)"이라고 명명한 학제적 연구 프로젝트를 수행했다. 이 프로젝트는 문학, 과학, 철학, 예술, 인류학, 역사학의 접점에서 이루어진 동물연구이다.

아프리카, 또는 이프리카라는 판념은 인종, 젠더, 계급, 국가에 대한 유럽의 문화적 긴장이 재현되는 장소가 됐다. 나는 이 목록에 '종(species)'을 추가한다. 왜냐하면 동물이 자연계에 대한 서구의 지배를 정당화하는 특권의 증표가 됐고, '모방순환(mimetic circulation)'이라는 식민지 형태를 구성하는 데 광범위하게 동원됐기 때문이다. 『경이로운 소유물(Marvelous Possessions)』(1992)에서 스티븐 그린블랫(Stephen Greenblatt)은 먼 거리를 사이에 두고 이미지들을 만들어내 순환시키는 능력이 어떻게 초기 현대 사회에서 생산의 사회적 관계를 변형했는지 연구했다. 그린블랫의 이론을 확장하여, 나는 동물들이 어떻게 (미디어의 묘사든 직접적인 전시든) 이국 정취, 야만성, 경이로움, 모험의 비유를 구체화하며 유럽과 아프리카 사이의 식민적 관계를 깊고도 미묘하게 변화시켰는지 보여주고자 한다. 그리고 나는 오늘날 인간이 비인간동물과 맺는 관계, 그 가정과 실천의 많은 면모 역시 '식민적인' 것으로 이해할 수 있다고 주장한다.

고대부터 현재까지 동물은 야생의 아프리카 신화를 서양식으로 구성하는 데 중요한 위치를 차지해 왔다. 아프리카는 다음의 두 가지 의미에서 정복당하는 자연의 동의어가 되어 왔다. 그것은 우선 아프리카를 '야생 맹수의 나라'로 그렸던, 헤로도토스와 대(大)플리니우스의 후계자인 초기의 탐험가와 정착민에 의해 떠올려지는 이미지로 인해, 그리고 이후 유럽으로 옮겨져 제국의 전리품으로 전시됐던 동물들로 인해서이다. 고대 로마에서 사자, 코끼리, 기린 등의 대규모 전시는 (이는 종종 대규모의 도살에 뒤따르는 것이었다) 수도와 멀리 떨어진 제국 사이에 존재하는 권력과 권위의 관계를 드러내 보이는 것이었다. 공포와 욕망에 기반한, 매혹과 혐오가 이중적으로 작동하는 이러한 패턴은 식민지 시기마다 반복되어, 아프리카에 대한 유럽의 이미지 역시 거대한 위험과 엄청난 유혹이 공존하는 장소였다. 이전에는 에덴동산 같은 낭만적 비유의 대상이 됐던, 유럽인들의 침입을 기다리는 여성화된 장소였던 아프리카 대륙은 실제적인 위험과 대면할 용기와 배짱을 요구하는 사자나 코끼리 사냥을 통해 남성성을 과시할 수 있는 곳으로 점차 남성화됐다. 아프리카는 시간이 정지한 듯한, 그리고 인간의 노력으로 계속 진보하는 교양 있는 서양 세계와 반대로 이성과 판단 능력이 없는 존재들이 사는, 자연과 유사한 의미를 가진 장소가 됐다. 제국은 아프리카를 불길하지만 매혹적인, 저항은 하지만 유럽의 팽창이 가능한 장소로 묘사했고, 동물은 그 과정에서 환유(metonymy)되는 존재가 됐다. 나의 프로젝트는 동물이라는 존재가 어떻게 그러한 신화의 역사에 기여했고 또 여러 관념과 이데올로기들에 영향을 주었는지 기록하는 것이다.

식민지의 동물은 여기서 다 자세히 다룰 수 없는 긴 계보의 결과물이다. 이는 동물을 타자성(alterity)을 부여한 최초의 존재로 설명하는 철학적인 논쟁으로부터 시작된다. 인간의 능력으로 이야기되는 이성과 언어가 결핍된 존재로 이해되면서, 이들은 '상이한(different)' 그리고 '다른(other)' 존재로 표현됐다. 보편적인 행복을 추구하는 자기결정(self-determination)의 계몽주의 사상에 의해 확장되고 증폭된 데카르트의 '자동기계(automata)'라는 개념은, 인간과 동물의 본성에 대한 이후의 많은 입장과 가정을 지배해 왔다. 아프리카인과 동물을 연관 지어 온 오랜 환유적 관계에 의존하여, 인종 담론은 원시성을 반대하고 새로운 생물학과 자연과학을 토대로 문명을 발전시켰던 링크(19세기 동안 떠들썩했던 '미싱 링크')를 이론화했다. 아프리카의 동물들은 현대 문학에서도 중요한 위치를 차지한다. 주목할 만한 지점은 1987년 마리 니미에(Marie Nimier)가 쓴 프랑스 소설 『기린(La Girafe)』이다. 이 책은 로마 시대 이후 프랑스 땅에 처음으로 발을 붙인 기린의 역사적인 이야기를 배경으로 파리의 뱅센 동물원(Zoo de Vincennes)에서의 현대적이고 희비극적인 사랑 이야기를 펼치고 있다. 인간 주인공 캐릭터를 통해 니미에는 자라파(Zarafa)가 파리에 도착한 역사적인 이야기와 병행하여, 이민자의 소외와 성적 일탈 같은 현대의 이야기를 엮는다. 이를 통해 작가는 인간과 동물의 이동과 조우의 이야기 속에서, 아프리카인들의 프랑스 이주에 관한 문제를 제기한다. 거대 육상 포유류는 아프리카 야생동물의 '발견'에 고무된 이미지와 도상학 속에서도 쉽게 발견할 수 있다. 나는 2008년 여름 남부 프랑스의 엑스앙프로방스에 있는 해외프랑스제국아카이브(Archives of Overseas French Empire) 연구차 여행을 떠났다. 이곳에는 식민지 시대의 사진 6만여 점과 엽서 4만 5000점 이상이 소장되어 있다. 나는 이데올로기적 표지로 쓰였던 아프리카 동물에 특별히 관심을 가졌다. 예를 들어 초기의 많은 지도들은 아프리카를 '검은 공간'으로 칠하고, 그 안에 유럽인의 탐험과 정복에 대한 기대를 의미하는 동물 그림을 플레이스홀더(placeholder)로 그려놓았다. 마지막으로, 식민지 동물 프로젝트는 특히 박물관, 순화원(Jardin d'acclimatation), 동물원, 식민지 풍물장터(colonial fair)에서 이루어진 야생동물의 전시와 진열을 다룬다. 동물원은 종별, 서식지별 자연과 식민지 세계를 구성한 것일 뿐만 아니라 작은 피식민 집단들에 대한 유럽인의 권력 행사를 표상화하는 장이 되기도 했다. 서구의 메트로폴리탄 중심가로 아프리카 야생동물의 표본을 대량으로 이동시킨 것은 프로파간다를 위해 대대적으로 전개한 논리적, 정치적, 이념적 전략의 일환이었다. 보전이나 종 보호에 대한 최근의 논쟁 중 대부분은 식민적 패턴을 반영하고 있다. 나는 서구와 이외의 다른 세계, 그리고 인간과 동물 사이에 여전히 존재하는 골치 아픈 관계를 주목하면서 그 안에 존재하는 식민성을 밝혀내고자 한다.

5

동물의 가축화

지구가 봄을 흔들자 거대한 균열이 생겨서 최초의 남자와 여자를 동물의 왕국에서 떨어뜨려 놓았다. 그 구렁이 더 깊어지고 넓어짐에 따라 모든 다른 피조물들은 죽을까 봐 두려워 숲으로 되돌아갔다. 개는 예외였다. 많은 고민 끝에 인간 곁에 머무르기 위해 그 위험한 균열을 뛰어넘었다. 다른 동물에 대한 애착보다 인간에 대한 사랑이 훨씬 크다고 개는 말했다. 개는 이를 증명하기 위해 기꺼이 천국에서 그의 자리를 박탈당했다.

— 아메리카 토착민의 설화

이 설화는 왜 개가 가축화(domestication)됐는지를 설명하는 전 세계의 유사한 여러 이야기들 중 하나이다. 내가 찾은 많은 이야기들은, 개가 강압에 의해 또는 조종당해서 인간 세상으로 들어왔거나(이것이 일반적이다), 아니면 자발적으로 인간 세상으로 들어왔거나 상관없이 그 결과가 동일하다. 개는 인간과 함께 머무르는 것을 선택했고, 자유와 야생성(설화에서 보자면 천국에서의 자리)의 특권을 포기했다.

가축화의 역사

고고학자와 역사학자들이 오랫동안 주목해온 바에 따르면 동물의 가축화(동물을 길들이는 것과는 다르다)는 중석기시대 개의 가축화로 처음 시작됐다. 동물을 가축화하는 것은 이들을 단순히 길들이는 것 이상을 의미한다. 인간이 명확한 목적을 위해 동물을 가두고, 그들의 번식을 제어할 수 있고, 그들이 생존을 인간에게 의존하고, 야생 종에서는 발견되지 않는 유전적 특성을 발전시킬 때 비로소 한 동물이 가축화됐다고 할 수 있다.

개는 15,000년 전쯤 사냥의 동반자로서 가축화됐다(하지만 30,000년 전으로 거슬러 올라갈지도 모른다). 일부 과학자들은 유전적인 증거를 바탕으로 그 시점이 13,5000년 전일 수도 있다고 제안한다. 이 시기에 인간은 여전히 수렵과 채집 생활을 하고 있었고 자신들의 식량 생산을 전혀 제어하지 못했다. 증거를 보면 개는 동아시아 지역과 독립적인 서로 다른 세 지역에서 처음 가축화된 것으로 보인다. 그리고 이곳들로부터 전 세계로 퍼져나갔다. 세계적으로 14,000년경부터는 인간의 매장지에서 개가 발견됐다. 이들이 중석기시대의 인간에게 얼마나 중요한 존재였는지 알 수 있다.

포인터, 하운드, 리트리버 같은 개의 초기 품종들은 모두 사냥을 위한 품종이었다. 인간이 지구 전체로 거주지를 확장해 나감에 따라 다양한 개 품종 역시 함께 이주했다. 농업이 발달하면서 개는 사냥으로부터 새롭게 특화되어 목축, 방호, 경주, 짐을 끄는 일, 식품 저장고에서 쥐를 막는 일을 하게 됐다. 오늘날에는 400여 종의 개 품종이 있고 모두 외형과 행태가 다르지만 늑대로부터 비롯됐다.

일부 연구자들은 개가 인간에게 제공한 이득 덕분에 인간이 신세계에서 빨리 팽창해 나가는 데 도움을 받았다고 생각한다. 고고학과 역사학의 증거들을 보면, 북미의 최초 거주자들은 사냥에 유용한 특성을 지닌 개들을 선택적으로 번식시켰다. 그들은 트러보이(travois)라고 부르는 나무 썰매를 이용해서 개가 땔감용 목재와 여타 생필품을 나르게 했다. 워싱턴 주 퓨젓사운드의 클랠럼(Clallam) 인디언들은 옷이나 담요를 짤 수 있는 긴 털을 가진 개

개는 언제 가축화됐는가?

고고학자들은 개와 인간이 함께 묻힌 매장지를 근거로 개가 15,000년 전에 처음으로 가축화됐다고 오랫동안 말해 왔다. 이런 매장지 중에서 가장 오래된 것은 14,000년 전으로 거슬러 올라가며 독일의 본(Bonn)에 위치하고 있다. 그러나 이런 시기 추정에 대해 적어도 두 가지 영역에서 다른 의견이 제시되고 있다. 고고학자들은 벨기에의 고예(Goyet)라는 동굴에서 31,700년 전의 것으로 추정되는 가축화된 개의 머리뼈를 찾아냈다. 프랑스의 쇼베(Chauvet)라는 동굴에서는 화석화된 26,000년 전 개의 뼈가 발견됐다. 또한 미토콘드리아 DNA를 이용한 연구에서 개와 늑대의 유전적인 구분이 100,000년 전으로 거슬러 올라간다는 새로운 DNA 증거가 나왔다. 이는 우리의 생각보다 훨씬 오래전부터 인간이 개와 함께 살아왔다는 것을 의미한다.

를 기른다. 다른 토착민 집단은 대부분 개를 방호용으로 이용한다.

약 1만 년 전 신석기시대부터 '살아 있는 비축 식량(live-stock)'인 가축을 사육하고 식물을 재배한 덕분에 우리 선조들의 원시 경제 활동은 식량을 수집하는 것에서 식량을 생산하는 단계로 넘어갔다. 이런 변화는 인간과 동물의 역사에서 가장 기념비적인 것이었다.

개에 이어서 가축화된 동물은 염소, 양, 돼지, 소였다. 이들은 모두 젖이나 고기, 털이나 가죽 때문에 가축화됐다. 처음에는 식용으로 사냥의 대상이었던 말은 약 5,000년 전에야 처음으로 농업 사회에서 짐을 나르거나 쟁기를 끌게 됐고, 2,000년쯤 후에야 인간이 탈 수 있게 됐다. 말은 인간이 여행을 하고 전쟁을 하고 교역을 하고 노동을 하는 데 있어, 나중에는 경마나

가축화된 동물

- 양 — 중동, 기원전 9000~11000년
- 고양이 — 근동, 기원전 8500년
- 염소 — 중동, 기원전 10000년
- 돼지 — 근동, 중국, 기원전 7000년
- 소 — 인도, 중동, 아프리카, 기원전 8000년
- 닭 — 인도, 동남아시아, 기원전 6000년
- 기니피그 — 안데스 산지, 기원전 5000년
- 당나귀 — 동북아프리카, 기원전 4000년
- 오리 — 중국, 기원전 4000년
- 말 — 카자흐스탄, 기원전 3600년
- 라마 — 페루, 기원전 3500년
- 쌍봉 낙타 — 러시아 남부, 기원전 3000년
- 단봉 낙타 — 사우디아라비아, 기원전 3000년
- 꿀벌 — 이집트, 기원전 3000년
- 물소 — 파키스탄, 기원전 2500년
- 야크 — 티베트, 기원전 2500년
- 알파카 — 페루, 기원전 1500년
- 칠면조 — 멕시코, 기원전 1000년

로데오 같은 오락을 즐기는 데 있어 엄청나게 중요한 동물이 됐다. 인간에게 말의 중요성은 내연기관이 개발된 19세기가 되어서야 약해지기 시작했다. 그전까지 말은 인간 사회에서 매우 중요해서 많은 문화권에서 반려 관계(companionship)의 원천이 됐다.

고양이, 닭, 라마, 알파카, 낙타가 말의 뒤를 이었다. 약 2,000년 전에는 토끼 같은 보다 작은 동물도 가축화됐다.

많은 학자들이 제시한 바와 같이, 진정한 의미에서 가축화가 된 14종의 대동물이 있다. 이들 중 대부분은 행동학적 특성에 의해 가축화됐다고 할 수 있다. 죽은 고기를 먹는가 하면, 빠른 성숙률을 보이고, 신체 크기가 적절하고, 성질이 온순하고, 갇힌 상태에서도 번식이 가능하고, 집단생활에 적합한 천성을 지니고 있고, 좁은 공간에서 다른 개체들과 함께 살 수 있고, 위계적인 집단생활을 할 수 있다. 고양이의 경우는 특별히 예외이다. 이런 모든 특성으로 인해 개나 말과 같은 동물은 인간과 함께 살기에 적절했고 그 대가로 먹을 것과 관리를 받았다. 물론 동물도 인간에게 무엇인가를 제공해야 했다. 식량과 옷을 제공했고, 사냥이나 짐 나르는 일을 했고, 나중에는 동반자로서의 역할도 했다.

자연선택을 통해 가축화할 수 있는 기준 요건에 매우 잘 부합하는 동물일지라도 가축화 과정 그 자체는 자연과 문화적 진화의 결과이다. 우선 남은 것을 먹거나 인간의 야영지 주위를 어슬렁거리던 각 동물 개체의 특별한 행동학적, 생리적 특성이 가축화 과정의 자연선택에 선호되는 특성이어야 했다. 예를 들어 겁이 많지 않고 호기심이 더 많은 동물이 인간 사회에 우선적으로 접근할 수 있었다. 인간 사회에서 번식한 후에 이런 특성들은 이들의 자손에게 남겨졌다. 각각의 세대가 태어났을 때 이런 동물들의 '도주 거리(flight distance)'는 이전 세대보다 더 짧아졌고 가축화된 동물은 보다 편하게 인간 주위에서 살 수 있었다. 인간은 또한 야생 양(정상적으로는 털이 그렇게 많지 않다) 중에서 털이 많은 야생 양을 선택하기로, 그래서 양모를 얻고 저지대의 더위에 적합한 가축을 얻기로 결정했을 것이다. 작은 크기의 동물은 다루기 쉽기 때문에 선택됐고, 큰 동물은 많은 고기나 다양한 색과 촉감의 털과 모피를 얻을 수 있기 때문에 선택됐을 것이다.

그리고 나서 인간은 아마 자신의 행동에 동물들을 적응시켰을 것이다. 그들을 인간 사회와 경제 구조로 끌어들였고 생리적 특성과 행동 자체를 조작했다. 가축이 된다는 것은 최소한 인간의 문화적인 환경에서 인간에게 소

가축화에 적절하지 않은 특성들

- 공격적인 성격(얼룩말, 코뿔소, 하마)
- 먹이사슬에서 상위 포식자(사자, 호랑이, 여타 육식동물)
- 까다로운 식성(판다, 코알라)
- 느린 성장 속도(코끼리)
- 영역을 정하고 단독으로 생활하는 동물(사슴, 영양)
- 은둔형으로 번식하고 구애 행위가 어려운 경우(치타)
- 잘 놀라는 성격(가젤)

유되고 제어당한다는 뜻이다. 이것은 인간이 이처럼 동물을 소유한다는 생각을 할 수 없었던 비농업화 사회에서의 인간-동물 관계와는 완전히 다른 것이다. 우리가 향후 논의하게 되겠지만, 21세기의 가축화는 자연선택에서 인위선택으로 이동해 왔으며 전적으로 인간의 손에 의해 결정됐다.

가축화의 결과

동물의 가축화는 인간 문명의 발전에 있어 결정적인 단계에 속했었다. 동물의 가축화 덕분에 인간은 안정적인 식량 공급원을 확보하고, 새로운 노동력과 새로운 형태의 반려 관계와 보호를 얻을 수 있었다. 또한 가축화는 새로운 형태의 종교적인 숭배의 원천이 되기도 했다. 반추동물을 사육하기는 하지만 농장을 운영하지 않는 유목 사회에서 동물은 시베리아나 몽고, 아프리카 사막 같은 불안정한 환경과 기후에서도 식량을 구할 수 있도록 해주었다. 이 문화권에서 동물은 젖과 털, 가죽, 피, 배설물, 그리고 (귀하기 때문에)

드물게 고기도 이용된다. 이들은 또한 지참금이나 선물 교환의 가치를 지니기도 하며, 사람들의 지위도 동물 소유에 많이 의존한다. 이처럼 동물은 인간으로부터 대단한 관심과 애정을 받기는 하지만 때로는 잡아먹히기도 한다.

농업 사회에서 대형 반추류의 가축화가 식물의 작물화와 함께 진행되면서 동물이 쟁기질에 활용됐다. 이들의 노동력 덕분에 경작지를 비옥하게 할 수 있었다. 이들은 추수 후에 경작지에 남는 작물의 줄기나 잎을 먹어 치우고, 사람이나 상품을 운반하기도 했다. 이들은 또한 교육, 이주, 전쟁을 가능하게 했고, 상품의 잉여 생산도 도왔다. 이런 요소들로 인해 초기 도시국가들에서 복합적인 노동이 분화되고 고도의 불평등이 유발됐다. 나중에는 몇몇 유럽 및 아시아 사회가 세상의 나머지 지역들을 정치적으로나 경제적으로 지배할 수 있게 됐다. 동물의 가축화 덕분에 단백질 섭취가 증가했고, 홍역, 유행성 이하선염, 그리고 아메리카 원주민들을 몰살했던 흑사병 같은 전염병이 유입됐다. 최근 사스나 조류독감, 광우병, AIDS 같은 질병도 가축화에서 기인했다. 오늘날 육류 소비 장려, 산업화된 육류 생산 방법 때문에 우리는 새로운 심혈관계 질병과 더 심각한 환경 악화에 직면해 있기도 하다.

그런데 인간-동물 관계나 동물에게도 가축화는 혁명적이다. 인류학자인 팀 잉골드(Tim Ingold, 1994, 1998)에 따르면 수렵채집 전통에서 동물과 인간은 상호신뢰 관계였다. 이 관계를 통해 동물과 인간이 환경과 그 자원을 공유했고, 인간이 사냥하는 동물은 인간과 동등하게 여겨졌다. 가축화는 이런 관계를 지배와 피지배의 관계로 바꾸어 놓았다. 인간은 지배자로서의 역할을 취하고 동물은 자산의 일부가 됐다. 동물은 소유되거나 교환될 수 있는 가치를 지니게 됐다.

가축화는 또한 동물들에게 장기간 영향을 미쳐 왔다. 동물의 본성이 이 과정을 통해 변화했고, 이는 늘 그렇듯 동물의 뜻대로 진행되지 않았다. 과거에 야생동물이었던 동물이 가축화를 거치면서 인간에게 신체적으로 감정적으로 의존하게 됐다. 어린 개체들에게서 발견되는 이런 몇몇 속성(이를테면 호기심, 겁없음, 새로운 것을 기꺼이 시도하는 것, 음식을 달라고 조르는 것, 복종심 등)이 가축화에서 선택됐기 때문에 어린 개체들의 신체적인 특성(짧은 머리, 지나친 지방, 작은 뇌 용량, 작은 치아 등) 역시 선택됐다. 그래서 신체적으로 행동적으로 독립해서는 살 수 없는 현대의 가축화된 동물이 생겨났고, 사실 이들은 영원히 어린 상태로 남게 됐다(유태성숙neoteny의 상태로 알려짐). 특정한 신체적인 또는 행동적인 특성을 강조하거나 없애기 위해서 사람이 선택적으로 동물을 교배시키기 시작하면(그리고 이런 특성에 맞지 않는 후손과 야생의 경쟁자들을 죽이게 되면) 동물은 계속 변하게 된다. 오늘날 가축화된 종들은 대개 더 작고(그러나 통통하고), 얼굴이 짧고 더 밝은색이며, 머리가 둥글고, 털의 색과 종류는 물론이고 귀와 꼬리의 모양도 훨씬 더 다양하다. 게다가 가축화는 한 종 안에서 유전적인 다양성을 영원히 없애 버렸다.

연구자들은 가축화를 통해 개가 그들이 야생에서 가졌던 문제 해결 능력을 잃었다고 생각한다. 행동학 연구에서 애완견들은 늑대나 야생의 개들이 쉽게 통과하는 기본 지적 능력 테스트를 통과하지 못했다. 이 연구 결과(Smith and Litchfield, 2010)를 보면 개들은 이제 사람에게 너무 의존해서 그들의 선조들에 비하면 '멍청한' 변종이 됐다. 개들이 사람에게 의존하는 측면을 볼 수 있는 또다른 방법은 이들이 인간과의 소통을 더 잘할 수 있다는 것과 인간을 이용할 수 있다는 것이다. 가축화된 개들은 스스로 문을 열기보다 우리가 그들을 위해 문을 열어줄 때까지 기다린다!

일부 학자들은(Budiansky, 1997) 초기의 가축화된 동물과 인간 선조들은 서로의 능력을 합친 덕분에 가축화 과정이 상호간에 이익이 됐다고 생각한다. 1만 년이 지난 지금 우리가 스스로에게 해야 할 질문은, 만약 동물이 인간 사회와 공조함으로써 진정으로 약탈자로부터 보호되고, 쉽게 먹이를 얻고, 험한 날씨를 피할 수 있는 은신처를 얻는 이득을 보았다면, 현대의 가축화된 동물도 같은 이득을 경험하고 있는가 하는 것이다.

사실 오늘날 가축화된 동물이 사육되는 다양한 장소에 대한 연구에 따르면 우리가 가축화된 동물과 관계를 맺는 방법에서 명백한 이분법이 드러난다. 가장 상호 이득이 되는 최근의 가축화 형태인 반려동물을 보면, 인간에게 사랑받고 가족처럼 대우받으면서 먹을거리, 귀티 나는 의류, 수 없이

그림 5.1. 3.2킬로그램 치와와 페페(Pepe)는 가장 극한 형태의 유태성숙(neoteny)을 보여준다. 페페는 인간의 부상핌이 없이는 살 수 없다. (사진: 지자)

다양한 장난감과 놀거리를 후하게 받을 뿐 아니라 해외 여행까지 함께 다니는 동물이 있다. 그런가 하면 어항이나 우리에 갇혀서 또는 줄이나 사슬 끝에 묶인 채 일생을 보내는 동물, 질병에 걸려도 거의 치료받지 못하는 동물, 먹을 것이 부족하고 은신처도 없고 사랑이나 배려를 받지 못하는 동물도 있다. 대부분의 반려동물이 사랑을 받으며 살다가 생을 마감하긴 하지만, 다른 많은 동물은 수익을 위해 사육되고 애도하는 사람도 없이 죽음을 맞이한다. 식용으로 쓰이는 동물은 반려동물이 누리는 긍정적인 대우 중 일부분도 받지 못한다. 사실 그들은 대개 매우 짧고 힘든 삶을 살다가 매우 잔인한 최후를 맞게 된다.

동물 신체의 변형

동물의 가축화에 대한 이야기는 오늘날 주요 가축을 만들어내는 것에서 끝나지 않는다. 가축화는 오늘날에도 계속되고 있으며 동물에게 새로운 형태와 특성을 부여하고 '개량된' 존재에 맞는 새로운 용도를 찾아내 인간을 위한 이득과 수익을 창출한다.

우리가 언급한 바와 같이 식량이나 노동이나 가죽을 위해 처음 동물이 가축화된 이래로 가축은 행동학적으로나 생리학적으로 다양한 방식으로 변화해왔다. 자연선택에서는 각각의 종과 개체를 가축화에 적합하게 만드는 특성들이 선택됐고, 이런 특성들로 인해 초기의 가축화된 동물들은 야생 친척들과 다른 모습을 띠며 다르게 행동했다.

농부 그리고 나중에는 쇼 동물 번식업자(show breeder)들이 특성 유전에 대해 더 많이 알게 됨에 따라 동물 번식업자(animal breeder)들은 크기, 털의 색이나 질감, 귀나 꼬리의 모양 같은 특성에 맞춰 동물들을 선택적으로 교배하기 시작했다. 다윈이 인위선택(artificial selection)이라고 명명한 선택적인 교배를 통해 수백 품종의 개가 만들어졌다. 개는 세계적으로 가장 집중적으로 사육되는 동물 중 하나이다. 개의 예를 보더라도 품종은 인간의 욕망을 충족시키기 위해 만들어진 것이다. 어떤 품종은 사냥하는 동안 오리를 찾아오도록, 어떤 품종은 양치기용으로, 또 어떤 품종은 경주를 위해 만들어졌다.

20세기 식량 생산의 사업화가 이루어짐에 따라 가축 품종 변화가 가속화됐다. 가장 짧은 시간 안에 많은 양의 고기를 생산하기 위해 축산 전문 회사(animal agribusiness company)들은 돼지나 닭 같은 농장동물을 비정상적으로 빨리 성장하게 만들었다. 이런 변화는 식용 동물의 생산성을 증가시키는 데 목적을 둔 농업 과학의 발전으로 조장됐다. 예를 들어 미국의 육우에게는 성장촉진호르몬이 정기적으로 투여된다. 우유 생산량을 늘리기 위해 생산자들은 젖소에게 대개 호르몬을 주사한다.

20세기 초반부터 농부들은 주의 깊은 교차 교배를 통해 새로운 품종의 가축을 만드는 실험을 지속하고 있다. 이는 가축의 크기, 지방의 구성, 생산성 또는 다른 특성들을 극대화하기 위해서이다. 인공수정(artificial insemination)과 정액 동결 기술이 발달한 이후 소 농장의 농부들은 보다 선택적으로 이들의 형질을 복제하기 위해 수상 경력이 있는 수소와 암소를 교배시켰다.

애완동물과 쇼 산업 또한 인간의 기호에 맞는 특성을 가진 동물 종을 생산하기 위해 인위선택(오늘날에 축산업에서는 인공수정법)에 의존한다. 최근 몇 해 동안 품종을 까다롭게 고르는 소비자의 관심을 끌기 위해 개, 고양이, 여타 반려동물의 다양성이 증가된 것으로 보인다.

과거에는 개 품종이 일하는 능력을 중심으로 생산된 것과는 달리, 최근의 품종은 보다 심미적인 면에 중점을 두고 있다. 반면에 고양이는 일하는 동물이 아니기 때문에 대부분의 고양이 품종은 심미적 목적에 맞게 눈동자 색, 크기, 털의 종류, 꼬리, 귀 같은 신체의 특성이 다르게 생산된다. 그 결과로 생산된 수백 종의 개와 수십 종이 고양이, 토끼, 여타 동물을 크고 작은 번식업자들이 애완동물 산업을 통해 팔고 있다. 이런 품종 생산의 다른 결과로는 이 품종들과 관련된 수많은 건강상의 문제가 있다. 특히 많은 품종의 개들이 비정상적인 몸과 다리, 머리로 인해 건강 위험에 노출되어 있다. 다른 형태의 인위선택으로는 번식업자들이 교배 과정에서 나쁜 특성들이 잘 나타나도록 하는 것이 있다. 일본 밥테일(Japanese Bobtail, 짧은 꼬리를 가진 유전적 돌연변이 고양이), 털 없는 고양이, 스코티시 폴드(Scottish Folds, 귀가 접힌 고양이 품종)가 극단적인 사례들이다.

동물 유전자 조작은 동물의 신체를 비가역적으로 변화시키는 '새로운 과학 발전'의 대표 격이다. 돼지, 육우, 닭은 식용으로 생산되기 때문에 그들의 유전자는 이 목적에 적합하도록 모든 면에서 변형되어 왔다. 예를 들어 돼지는 건강에 신경 쓰는 소비자들에게 맞춤형으로 기름기가 더 적은 육질을 갖도록 유전자가 조작됐다. 한 예로 생명공학 회사인 젠테크(Gentech)는 과학자들이 기름기 적은 육질을 가진 돼지를 번식시킬 수 있도록 유전자 표지자(gene marker)를 개발해냈다. 육용동물연구센터(Meat Animal Research

Center)는 소에서 중복근육(double muscling)을 만들어내는 유전자를 선택할 수 있는 기술을 개발해서 소 한 마리당 기름기 적은 고기(그리고 다양한 합병증)를 더 많이 생산해냈다. 미국인들의 입맛이 바뀜에 따라, 그리고 식습관이나 요리 트렌드에 따라 동물 자체가 변형되어 왔다.

동물로 실험하는 과학자들은 유전적으로 조작된 동물을 더 선호한다. 유전적으로 조작된 마우스나 래트(rat)는 특히 인기가 좋다. 과학자들은 이 동물들을 이용해 유전자가 발현되는 방법과 이들이 어떻게 돌연변이를 일으키는지 연구할 수 있기 때문이다. 유전자 조작은 애완동물 쪽에서도 찾아볼 수 있다. 알레르기 항원을 만들어내는 유전자를 조작해서 12,000~28,000 달러짜리 저자극성 고양이(hypoallergenic cat)를 생산한다.

번식(reproduction)이라는 측면에서 클론(clone) 동물은 인간이 동물의 신체에 대한 고도의 제어가 가능한 미래 방식이다. 이제까지 축산업계는 클론을 이용하는 데 가장 적극적이었다. 번식력이 매우 좋은 동물을 복제하여 보다 높은 생산성(고기, 양모 등)을 확보하기 위해 수상 실적이 있는 종자 동물을 클로닝(cloning)하는 것이 그 예이다. 클로닝은 생체 해부나 애완동물 산업에서도 이용된다. 실험실 과학자들은 연구에 이용되는 동물을 유전적으로 동일하게 만들고, 어떤 종류의 '결점(imperfection)'이든 제어하기 위해 마우스, 토끼, 여타 실험동물을 클로닝한다. 애완동물 쪽에서는 클로닝에 그다지 성과를 거두지 못했다. 끔찍하게 변형된 채 태어나거나 클론 동물을 생산하는 데 희생되는 동물이 엄청나게 많이 필요하기 때문이다. 그런데 요즘은 비교동물을 클로닝하거나, 클로닝할 수 없는 동물의 경우 조직 동결 서비스를 제공하는 일부 회사들도 있다.

그런가 하면 외과 수술을 통해 동물의 신체를 변화시키기도 했다. 가축에서는 동물의 번식을 제어하는 것이 중요하기 때문에, 원하지 않는 동물이 번식하지 못하도록, 그리고 어떤 동물을 크게 만들거나 성질을 온순하게 할 목적으로 수천 년 동안 거세술이 적용되어 왔다. 20세기에는 반려동물의 인기가 높아짐에 따라 암컷 동물의 자궁이나 난소를 제거하는 외과술이 발전했다. 암컷 중성화는 이제 반려동물에게 매우 일반적인 외과 처치지만, 여전

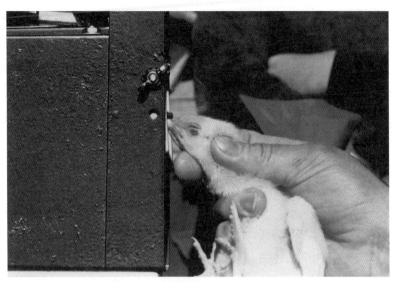

그림 5.2. 부리 자르기(debeaking) 과정에서 병아리는 달궈진 절단기에 부리의 일부분을 절단당한다. 이는 배터리 닭장에서 밀집 사육될 때 서로 쪼아서 상처를 입히지 않도록 하기 위함이다. (사진: Mercy for Animals)

히 농장동물에는 거의 행해지지 않는다.

여타 형태의 외과적인 신체 변형은 최근 수년간 특히 농장동물과 순종 반려동물에서 일반화되어 왔다. 20세기 공장식 축산에서 밀집 사육으로 인해 농장동물들에게 많은 절차들이 생겨났다. 닭의 **부리 자르기**(debeaking, 마취 없이 닭의 부리 끝을 절단)는 양계업에서 일반적인 관행이 됐다. 닭들이 과도하게 작은 닭장에서 사육되어 스트레스와 밀집 때문에 서로를 쪼는 상황이 벌어지기 때문이다. 밀집 사육되지 않는 상황에서도 농부들은 으레 동물의 신체 일부를 제거한다. 젖소에서의 **꼬리 자르기**(tail-docking)는 흔하게 행해지는 절단술이다. 생산자들은 대개 마취 없이 꼬리의 2/3 정도까지 절단해 버린다. 소는 뿔을 자르고, 양은 꼬리를 자른다(대개 마취 없이 밴딩을 통해 한다).

애완동물 번식에서는 반려동물이 품종의 인위적 특성을 갖도록 하기 위해 수술을 하기도 한다. 품종 기준에 맞추자면, 예를 들어 어떤 개들의 꼬리 또는 귀를 자르거나 둘 다 잘라내야 한다. 또한 오늘날 많은 반려동물은 인간이 바라지 않는 어떤 행동을 할 수 없게 만들기 위한 외과적 처치를 겪기도 한다. 어떤 사람들은 예를 들어 자신의 개가 짖는 것을 줄이기 위해 성대 수술을 하고, 고양이 주인들은 가구에 흠집 나는 것이 싫어서 고양이 발톱을 뽑아버린다(고양이 발가락의 앞부분을 절단해야 함).

동물의 신체를 이용하는 이 모든 과정들은 프랑스 철학자인 미셸 푸코(Michel Foucault, 1988)가 제기한, 현대 국가가 시민의 신체를 제어하고 규제하는 방식으로서의 **생체권력(biopower)**과 비교할 수 있다. 인간의 신체 측면에서 보면, 고대 이집트나 로마, 남북전쟁 이전 미국에서 행해진 것처럼, 노예나 죄인에게 표식을 낙인 찍는 것은 국가가 인간 신체 위에 군림하는 권력을 나타내는 것이다. 이것을 동물에게서 살펴보면, 사회의 요구와 욕망이 동물의 신체를 어떻게 변화시켜 왔는지 이 장에서 쉽게 알 수 있다.

가축화는 인간에게 이로운가, 해로운가?

동물의 가축화가 없었다면 인간의 문명은 지금의 모습이 아니었을 것이다. 쟁기를 끌고, 수레나 썰매나 마차를 끌어 상품이나 사람을 나르고, 인간의 사냥을 돕고, 다른 동물을 감시하는 동물의 도움이 없었더라면, 식용으로, 그리고 섬유를 얻기 위해 동물을 이용할 수 없었다면, 현재 인간의 사회가 어떤 모습으로 존재했을지 상상하기란 어렵다. 그렇다면 동물에게는 어떠해 을까?

많은 반려동물은 인간과 함께 살면서 낳을 것을 쁜다. 그리고 많은 사역동물(working animal)도 인간이 없는 것보다는 함께 살아서 좀더 나은 삶을 누린다. 우리가 앞에서 짧게 살펴본 바와 같이 동물이 인간과 함께 있는 것이 더 좋다고 인지했기 때문에 가축화되는 것을 선택했다는, 가축화의 상호 의존성이나 상호 이익에 관한 이론이 있기는 하지만, 이것이 필연적으로 농업 동물의 현대적 진화를 가져왔다거나 이들의 삶이 야생에서 가능했을 삶보다 훨씬 낫다는 것을 의미하지는 않는다. 생태학자인 폴 셰퍼드(Paul

Shepard)에 따르면, "가축화가 동물에게 이득이 된다는 것은 헛소리다. 이들은 애지중지 길러지지만 노예일 뿐이고, 시간이 지남에 따라 정신이 피폐해지고 더 약해지기 때문이다(1995:267)." 어쨌든 의견이 분분한 문제이다. 잡종 고양이는 예외지만 오늘날 가축화된 동물은 인간의 이득에 맞춰 대량으로 사육되고 유전적으로 조작되어 이들은 다시는 독립적으로 살 수 없기 때문이다. 요컨대 우리가 돌보지 않으면 이들이 살 수 없기 때문에 우리가 돌본다. 그리고 이들은 이 상황에서 더 이상 선택의 여지가 없기 때문에 우리와 함께 살고 우리에게 복종한다.

그러나 우리 또한 동물에게 점점 더 의존적이 되어 왔기 때문에 가축을 돌보는 것이기도 하다. 이것이 동물의 노동력이 경제의 중요한 일부였던 산업화 이전 사회에 더 들어맞는 말이긴 하지만, 현대 사회에서 사람들이 고기나 동물의 신체에서 생산된 것들뿐 아니라 애완동물과의 반려 관계, 사랑, 애정에 의존하는 것도 여전하다. 그러나 인간에 대한 가축의 의존성이 대부분 비가역적인 반면(동물권 옹호자들조차도 가축화된 닭, 돼지, 소, 친칠라, 페르시아 고양이가 다시 '야생'이 될 수 있는 날이 올 거라 기대하지 않는다), 동물에 대한 인간의 의존성은 꼭 비가역적이라고 할 수 없다.

이렇게 우리 자신을 가축에 의존하지 않도록 해방시키려고 하지 않는 마음은 사랑이나 탐욕, 이기심 또는 이들을 지배하려는 욕망에서 오는 것일까? 우리는 길들여진 인간-동물 관계에 의존성을 키워온 것과 더불어, 같은 관계 안에서 당연한 결과물로 '지배력'도 키워왔다. 우리는 이들의 정신과 신체에 가하는 모든 단계의 통제를 통해 농장동물을 지배할 뿐만 아니라, 비록 애정을 통해서라고는 하지만 우리의 애완동물도 지배한다(우리가 조건 없는 사랑과 절대적인 복종을 요구하는 대상에게 말이다). 그게 아니라면, 우리의 이런 의존성은 동물과 연결되어 있고 싶거나, 그들이 온 야생과 연결되어 있고 싶거나, 더 나아가 우리 자신의 근원과 연결되어 있고 싶은 인간의 필요에서 비롯된 것일까?

더 읽을거리

Budiansky, Steven. 1992. *The Convenant of the Wild: Why Animals Chose Domestication*. New Haven, CT: Yale University Press.

Cluttton-Brock, Juliet. 1987. *A Natural History of Domesticated Mammals*. Cambridge: Cambridge University Press.

Diamond, Jared. 1999. *Guns, Germs and Steel: The Fate of Human Societies*. New York: W.W. Norton & Co.

Henninger-Boss, Mary, ed. 2002. *Animals in Human Histories*. Rochester, NY: University of Rochester Press.

Manning, Aubrey an dJames Serpell, eds. 1994. *Animals and Human Society: Changing Perspectives*. New York: Routledge.

Serpell, James. 1986. *In the Company of Animals: A Study of Human-Animal Relationships*. Cambridge: Cambridge University Press.

Shepard, Paul. 1995. *The Others: How Animals Made Us Human*. Washington, DC: Island Press.

참고할 만한 영상물

Dogs That Changed the World. DVD. Directed by Corinna Faith; narrated by F. Murray Abraham. New York: Thirteen/WNET New York, 2007

Holy Cow. VHS. Directed by Harry Marshall. New York: Thirteen/WNET New York, 2004.

동물을 통해 자신을 이해하는 인간

몰리 멀린(Moly Mullin, 앨비언 대학)

나는 북중부 플로리다의 한 농장에서 자랐다. 이곳은 어린아이에게는 외로운 곳이었다. 도로도 없고, 다른 아이들도 없고, 아예 이웃을 찾아보기가 힘들었다. 다른 많은 미국 어린이들도 그렇겠지만, 동물이 나의 외로움을 덜어주었다. 동물은 가족이 함께 나눌 수 있는 얼마간의 흥밋거리와 즐거움의 원천이 되기도 했다. 가족이라는 정체성이 명확하지 않기는 했지만 말이다.

대학에 갈 때까지 나는 동물보다는 인간을 이해하는 데 좀더 흥미가 있었다. 내게 있어 인간은 매우 혼란스럽고 문제가 많기 때문에 오히려 매력적인 존재였다. 나는 역사를 전공했고 4학년 때 젠더(gender)에 대한 인류학 강의를 딱 하나 수강했다. 그런데 문제가 많고 때로는 깅이토운 유사성과 차이점을 가진 존재인 인간에 대한 나의 호기심을 가장 잘 추구할 수 있겠다고 느낀 건 인류학이었다. 1985년 나는 듀크 대학교의 인류학 석사 과정에 입학했다.

1980년대 중반 듀크 대학교 인류학과에는 문화인류학자와 생물인류학자가 모두 있었고, 이들 중 대부분은 영장류학자였다. 생물학 프로그램과 문화 프로그램 사이에 연계나 협력은 별로 없었다. 나를 포함해서 우리 중 많은 이들은 우리가 다른 학문 분야로부터 이미 충분히 배웠고, 인류학의 다른 하부 분야에 관심을 두기에는 시간이 없다고 느꼈다. 그러나 인간에 대한 관점과 인간 연구에 대한 접근법이 너무 달라서 서로 다른 것들에 다리를 놓으려는 시도가 적대감을 낳을 것이라는 염려 또한 기저에 깔려 있었다.

결국 1990년대 중반 대학에서는 인류학과를 분리했고, 원래 있던 공간에는 문화인류학이 남았으며, 생물인류학자 중 일부는 의과대학으로, 다른 일부는 듀크영장류센터로 옮겨갔다. 그러나 초기에 한 건물에 함께 있었던 경험으로 인해 나는 영장류학과 문화인류학의 관계, 인간과 동물, 문화와 자연의 관계에 대해 계속해서 생각해볼 수 있었다.

1980년대 후반이나 1990년대 초반까지는 지도교수나 내가 함께 일하던 대학원생들이 인간과 동물의 관계에 대한 나의 관심에 특별히 용기를 북돋아주지는 않았다. 예비 구술 고사 중에 미셸 푸코(Michel Foucault)의 『말과 사물(The order of things)』 중 마지막 부분에 대해 두서없이 지껄이고 있는 나 자신을 발견하고는 당황스러웠다. 푸코는 이 부분에서 '인간 과학(human science)에서' 중점을 두고 있는 '사람'이 바닷가 모래 위에 그려진 얼굴처럼 곧 지워질 것이라고 말한다(Foucault, 1970:387).

나는 그의 문장을 인류학자들이 인간과 동물의 경계가 독단적임을 인지해야 한다는 요청으로 해석했다. 우리가 성의 경계, 각 학문 분야가 쌓아온 경계가 독단적이라는 것을 인지했듯이 말이다. 나는 내가 인간과 동물의 경계에 대해, 그리고 인류학에서 그 중요성에 대해 그런 식으로 말한 경험이 전혀 없다는 것을 깨달았기 때문에 당황했다.

나는 '미국 남서부 토착 문화 후원에 있어 성, 계급, 문화의 개념'을 고찰한 박사 논문 막바지에 이르러 그런 경험을 하게 됐다. 내가 연구한 몇몇 예술 후원자들은 동물에 대해 다양한 관심을 보였다. 인류학과 아메리카 토착민 연구에 있어 잘 알려진 후원자인 화이트가(家)의 자매들은 1930년대와 1940년대에 아이리시 울프하운드(Irish Wolf-hound)를 길렀다. 나중에 내가 이 사실을 연구하겠다고 생각했을 때, 예술 후원가들이 보기에 개를 번식시키는 것과 예술을 후원하는 것이 서로 매우 유사하다는 사실에 나는 놀랐다. 두 활동을 통해 이득은 과거와 미래의 관계를 조정하고, 사소해 보이는 기술로 대중적 영향력을 발휘할 수 있었다(Mullin, 2001). 내가 생각하기에, 동물은 사실상 인류학과 그 역사를 이해하는 데 가장 중심에 있었고, 인간을 이해하는 데 관심이 있는 모든 이에게 동물은 중요한 존재였다.

도나 해러웨이(Donna Haraway)나 세라 프랭클린(Sarah Franklin), 게리 마빈(Garry Marvin), 리베카 캐시디(Rebecca Cassidy) 같은 학자들의 연구에서 용기와 영감을 얻어 나는 문화와 자연 그리고 인간과 동물의 관계에 대한 탐구를 지속했다. 1995년 인류학을 가르치기 위해 도착한 작은 대학에서 나는 동물의 문화정치학(cultural politics)에 대한 인류학 및 환경학 강의를 새로 기획했다. 강좌를 기획하고, 인간동물학의 최신 연구에 대해 《인류학 애뉴 얼 리뷰(Annual Review of Anthropology)》에 글 한 꼭지를 쓰면서 나는 미국, 유 럽, 오스트레일리아, 뉴질랜드에 있는 많은 학자들에게 연락을 했다. 이들 의 열정과 관대함에 용기를 얻어, 나는 생명공학을 주제로 한 연구와 최초 의 클론 동물인 돌리(Dolly)에 대한 연구로 잘 알려진 인류학자 세라 프랭클 린(Franklin, 2007)과 함께 미국인류학회 연례 학술대회에서 두 개의 세션을 구성했다.

2004년 리베카 캐시디와 나는 웨너그렌인류학연구재단(Wenner-Gren Foundation for Anthropological Research, Inc.)의 후원을 받아 국제 심포지엄을 조직했다. 우리는 조심스럽게 인류학의 갈라진 '네 분야'와 인문학 그리고 자연과학을 아우르는 생산적인 토론과 협력을 이끌어낼 수 있다는 희망을 가지고, 가축화(domestication)를 주제로 선택했다. 도전 없는 과세는 없다. 그리고 심포지엄과 그 결과로 출판된 『야생의 존재는 지금 어디에 있는가 (Where the Wild Things Are Now)』(Cassidy and Mullin, 2007)도 예외는 아니었다. 그러나 동물과 인간, 그리고 이들의 관계라는 주제를 통해, 적어도 일시적 이나마 다양한 배경과 관점을 가진 학자들이 자신의 관점을 나누고 토론할 수 있도록, 이들을 한데 모을 수 있음을 증명했다.

최근 나의 연구는 가축화에 초점을 맞추고 있다. 나는 개 번식업자 들과 그들의 역사 그리고 애완동물 사료 산업의 정치학에 대해 연구해 왔 다. 가장 최근에는 문화기술지(文化記述誌, ethnography) 연구 프로젝트인 '쿠 프 룹스와 암소 공유: 탈산업화된 가축화(Coop Loops and Cow Share: De-industrial Domestication)'를 시작했다. 이 프로젝트에서 나는 뒷마당 닭사육 운동(backyard chicken movement)과, 내가 살고 있는 주를 포함한 주 정부가 살균되지 않은 우유 판매를 금지하지 못하도록 하는 전략인 '암소 공유' 판 매라는, 서로 관련있으면서도 다른 이 두 현상을 연구하고 있다. 나는 이 두 트렌드가 탈산업화의 맥락과 관련있다고 생각한다.

내가 성장하는 동안 동물은 혼란스러운 인간의 의미를 명확하게 이해하도록 도와주었다. 인간동물학 분야에서 가르치거나 연구할 때 나는 지속적으로 인간과 동물 사이에서, 인문학자와 자연과학자 사이에서, 농부, 사냥꾼, 채식주의자, 보전주의자 사이에서 연결점을 찾으려고 한다. 나는 내 학생들이 다양한 관점과 인간 그리고 동물의 가치를 소중히 여기고, 어떤 사람도 우리가 직면한 많은 긴급한 사회적, 환경적, 정치적 문제를 해결할 모든 답을 가지고 있지 않다는 점을 인식하도록 독려하고 있다. 하위 분야와 학문 분야를 넘어서는 협력이 필요하다. 아울러 협상과 타협도 필요하다.

6

전시, 공연, 스포츠에 이용되는 동물

서커스 호랑이 한 마리가 조련사를 공격해서 죽였답니다.

"무엇이 호랑이를 도발하게 했는지 모르겠어요." 아나운서가 말했어요.

나는 모릅니다. 가족들로부터 떨어지면 기분이 어떨지,

우리에 갇혀 다른 도시로 보내졌을 뿐인 거지요.

채찍과 당근에 사로잡힌 삶,

그리고 강압적인 공연을 위한 지독한 굴욕,

채찍이 있을 따름이지요.

만약 당신이 호랑이라면, 그렇게 살아가겠나요?

달아나겠나요?

탈출을 생각하면서, 만약 절박하다면,

당신의 끝없는 굴욕과 예정된 죽음을 멈추고 항변할까요?

자, 인간으로서 당신은 그렇게 할 건가요?

만약 그렇지 않다면, 나는 무엇이 호랑이를 도발하게 했는지,

당신이 왜 모르는지 이해할 수 있어요. 아나운서님.

— 세르이 탄키안(Serj Tankian), 「서커스 타이거(Circus Tiger)」(2002)

우리는 왜 동물을 구경하는가?

미국인은 동물 구경을 좋아한다. 우리는 동물이 먹고, 놀고, 다른 동물과 무언가를 하고, 심지어 자는 것도 지켜보길 좋아한다. 우리는 또한 이들을 만지고 싶어하고, 가능한 한 가까이 있는 것을 좋아한다. 만약 자신의 동물을 지켜보고 있지 않는 사람이라면 새나 고래를 관찰하고, 야생동물 사진을 찍고, 스쿠버 다이빙을 하고, 스노클링을 하고, 애니멀 플래닛 채널 또는 동물원이나 동물 보호 구역에서 촬영된 「웹캠(Webcam)」의 장면들을 보고 있을 것이다.

미국인들이 오늘날 이렇게 동물에 사로잡혀 있는 한 가지 이유는 동물이 우리 삶으로부터 사라져 버렸기 때문이다. 산업화가 끝난 세계에서 미국인이 동물과 접촉할 수 있는 연결 고리로 남은 것은 반려동물뿐이다. 축산업(animal agriculture)이 거대한 공장의 닫힌 문 뒤에서 돌아가고, 대부분의 미국인이 도시나 교외에서 살기 때문에 반려동물이 아닌 동물과의 상호작용은 사실상 우리 대부분에게 과거의 일일 뿐이다. 이런 이유로 영화나 텔레비전에 동물이 많이 나오게 되고 거기에서 우리는 평상시 볼 기회가 전혀 없는 동물들을 볼 수 있다. 그러나 텔레비전이나 영화보다 훨씬 이전부터 서구인은 도시 거주자들이 볼 수 있도록 가축 울타리 안으로 야생동물을 데려와 동물원이나 서커스를 만들었다. 그리고 이를 이용해 야생동물을 관람하고, 이들과의 연결 고리를 만드는 방법을 고안해 왔다.

동물에게 매료되고 동물을, 특히 야생동물을 보고 싶어하는 욕구를 가졌다는 것으로 인간이 서커스나 해양포유동물공원, 개나 말의 경주, 또는 동물의 싸움, 로데오 같은 오락용 동물을 이용하는 방식을 설명하기에는 부족하다. 왜 그렇게 많은 사람들이 동물들이 그냥 있는 게 아니라 뭔가 위험한 행위를 하도록 강요받는 오락 시설에 가고 싶어할까? 코끼리나 침팬지, 호랑이 같은 큰 동물을 어린아이처럼 입혀 놓고 재주 부리는 걸 보는 것에는 대체 어떤 즐거움이 있는 걸까?

관광객들이 동물원이나 야생동물 공원에 매년 지불하는 어마어마한 돈 때문이거나, 현대의 야생동물 사파리 산업, 고래나 조류를 관찰하는 생태관광이 확산되기 때문이거나, 또는 「동물 경찰(Animal Cops)」이나 「미어캣 보호구역(Meerkat Manor)」 같은 애니멀 플래닛의 텔레비전 쇼가 인기를 끌어서이거나 관계없이, 대중은 동물 보는 걸 간절히 원하는 듯하다. 우리가 「도그 위스퍼러(The Dog Whisperer)」를 보면서 소파에 편하게 앉아 동물을 관찰하든, 오스트레일리아나 아프리카나 남극으로 코알라, 사자, 펭귄을 보러 가든 이런 흐름은 계속될 것이다. 우리가 해볼 수 있는 한 가지 질문은 '동물에 대한 이런 관심이 모두 좋은가 아니면 나쁜가?'이다. 야생동물의 고난과 이들의 서식지 손실에 대한 다큐멘터리는 확실히 동물에게 이로운 것 같다. 동물을 위험에 빠뜨릴지 모를 방법들이나 우리가 이를 위해 해야 할 일에 대해 대중을 교육시켜 긍정적인 결과를 가져올 수 있기 때문이다. 마찬가지로 동물 구조나, 동물 친화적인 방법으로 동물을 훈련시키는 조련사나, 그 밖에 우리가 텔레비전이나 영화에서 동물을 볼 수 있는 여러 가지 방식들은 유익해 보인다.

반면에 인간이 돌고래나 코끼리, 소, 말, 그 밖의 야생동물 또는 가축을 관찰하고 상호작용하는 다른 많은 방식이 동물에게 반드시 이득이 되는 것만은 아니다. 서커스나 로데오, 해양 동물 공원에서는 동물이 부자연스러운 방식으로 쇼를 하도록 강요할 뿐 아니라 이들을 매우 밀집된 환경에 가두어 두는데, 이는 이 '스타들'에게 전혀 이득이 되지 않는다.

이 장에서는 인간이 동물을 지켜보는 다양한 장소를 살펴보고, 이들이 살아가는 환경 조건, 가능한 이득과 손실에 대해 살펴보고, 사람들이 동물을 관찰하는 즐거움을 포기하는 동기에 대해 알아볼 것이다. 아울러 야생동물은 물론이고 가축화된 동물에게도 초점을 맞출 것이다. 왜냐하면 이들이 수많은 방식으로 오락에 이용되고 있기 때문이다. 보통 더 거칠고, 더 이국적인 동물일수록 서커스와 해양 동물 공원에서 이들의 공연과 재주를 지켜보는 즐거움이 더 크다. 여러 가지 면에서 인간과 유사하게 행동하는 이국적인 야생동물을 보는 것은 이미 우리와 비슷하고 인간처럼 재주를 부리는 가축을 지켜보는 것보다 즐거움이 더 클 수 있다. 그런데 일반적으로 우리와 가까운 가축은 경주나 격투 또는 로데오에 참여하면 뭔가 쇼를 보여주어야 한다. 왜냐하면 동물원에서 가축화된 말, 수탉, 또는 소를 보는 것이 사람들이 생각하는 '오락'의 개념에는 잘 맞지 않을 수 있기 때문이다.

궁극적으로 동물은 가축화됐든 야생 상태든, 우리가 동물을 지켜보는 것이 즐겁다는 이유로 인간의 오락에 깊게 자리매김하고 있다. 사회학자인 에이드리언 프랭클린(Adrian Franklin, 1999)이 지적했듯이, 동물은 우리와 같기도 하고 다르기도 하여 우리는 다양한 방법으로 동물을 해석해 이들의 다른 점과 타자성(otherness)을 표상화하기도 하고 유사성과 동질성(family)을 표상화하기도 한다.

동물원

사람들은 숭배의 대상으로, 로마제국의 검투사 결투의 한 부분으로, 그리고 중세의 곰곯리기(bearbaiting)나 소싸움(bullfighting)의 형태로, 동물원이라는 개념이 생겨나기 전부터 수천 년 동안 동물을 감금해 왔다. 고대 이집트, 그리스, 중국, 로마, 그리고 이후에 중세나 르네상스 유럽에서도 부유한 최상류층은 이국적인 동물을 가둬 길렀다. 이런 초기 형태의 동물원에 기린, 원숭이, 코끼리, 사자 같은 동물을 소유하고 있다는 것은 소유주 개인의 부유함이나 그 제국의 부유함 그리고 이런 맹수들을 가둘 수 있는 능력을 통해 자연에 대한 지배력을 보여주는 것이었다. 때로는 다른 왕국이나 국가의 선물로 이런 동물을 보내기도 했다. 17세기 후반에 이런 규모의 개인 동물원, 소위 머나저리(menagerie)는 부유한 유럽인의 상징이었고 일반인들은 이들을 구경할 수 없었다.

고대와 초기 유럽의 이국적인 동물 수집은 대중에게 보여주기 위한 것이 아니었다. 대중이 방문해서 야생동물을 볼 수 있는 동물원, 이상한 구경거리나 오락 이상의 의미를 가진 동물원의 개념은 18세기나 되어서야 형성됐다. 일반인이 이런 동물을 볼 수 있는 한 가지 방법은 유랑 엔터테이너

(traveling entertainer)의 형태였다. 19세기 중반 이들은 저글링, 노래, 시 낭송, 그리고 특이한 인간(기형) 쇼 등의 유랑단 쇼를 제공하기도 했다. 이런 쇼의 목적은 구경거리를 보여주는 것으로, 동물은 기형 인간, 식민지에서 데려온 원주민들과 함께 (사슬로 묶여 있지 않을 때는) 작은 우리 속에 살았다.

최초의 **동물원**(zoological garden)은 1794년 파리에서 개장한 메나제리 드 자뎅(Ménagerie du Jardin des Plantes)이다. 동물원은 소규모 개인 동물원이나 유랑단 쇼하고는 달랐다. 여기에서는(사람들이 가만히 서서 한 지점에서 우리 속에 있는 동물을 보는 것이 아니라) 걸으면서 동물을 둘러볼 수 있었다. 게다가 소규모 개인 동물원에 동물이 무작위로 어수선하게 배치되어 있었던 것과 달리, 동물원에서는 대륙별 또는 분류학적 설명을 붙여 동물들을 체계화했다. 현대의 동물원과 마찬가지로 이런 초기 동물원들도 가장 멋지고, 가장 이국적인 동물을 전시하기 위해 경쟁했다. 그리고 고대의 동물 수집(collection)과 마찬가지로 이곳은 아프리카와 아시아의 통치자들이 선물로 보낸 모든 동물을 전시하는 곳이었다.

동물원이 자연사 연구를 발전시킬 수 있다는 아이디어를 처음으로 제안한 것은 초기의 프랑스 동물원들이었다. 그들은 점차 교육을 강조하기 시작했다. 이런 새로운 발전은 동물의 본성에 대한 과학적인 개념의 발전과 관련이 있다. 이 개념들은, 동시에 이루어진 것은 아니지만, 동물을 가두어 두는 행위를 지지했다. 이 시기에 개인 동물원이 과학 지식을 증진시키는 데 이바지할 수 있다는 생각이 대중화됐고 유럽으로 퍼져나갔다.

19세기 동물원 구경은 여전히 상위계층에 집중되어 있었다. 가난한 사람들은 감당할 수 없는 수준의 입장료 때문이었다. 대신 가난한 사람들은, 나중에 북유럽 국가에서는 모두 금지된, 동물 싸움이나 곰끓리기, 경주를 관람하는 데 만족할 수밖에 없었다. 이들이 동물에 대한 잔인함에 신경을 쓰지 않아서가 아니라 이것이 가난한 사람들을 제어하는 수단이었기 때문이다. 이 시기의 동물원은 교육적인 메시지를 홍보했음에도 불구하고, 대개는 이전처럼 오락에 치중했다. 침팬지 티파티(chimpanzee tea party)는 1920년대부터 1970년대까지 런던동물원의 명물이었고, 브롱크스동물원(Bronx Zoo)은 오랑우탄 티파티를 열었다.

미국 동물원의 역사는 좀 다르다. 미국 최초의 동물원은 1860년에 설립된 뉴욕 센트럴파크동물원(Central Park Zoo)이고 1874년에는 필라델피아동물원이 문을 열었다. 이들을 비롯해 초기의 미국 동물원들은 공립 공원이 처음으로 계획되고 건설되던 시기에 발전했기 때문에, 실제로 많은 수가 이 공원들 내부에 설립됐다. 대중에게 입장료를 무료로 한 덕분에 중산층과 빈곤층 모두를 유인할 수 있었고, 이를 통해 이들에게 교육적이고 희망적인 경험을 제공할 수 있었다. 19세기에 미국과 유럽의 모든 주요 도시에 공립 동물원이 설립됐다.

이런 동물원에 어떤 동물들이 있었을까? 동물원들은 무엇보다 '야생'동물과 '가축화'된 동물을 구분하고 야생동물만 동물원에 두었다. 그리고 사회적 통념상 코끼리가 없다면 그건 동물원도 아니었다. 수백 년 동안 동물원은 야생에서 동물을 생포하는 사냥꾼과 거래업자에게 돈을 지불하면서 동물을 조달해 왔다. 19세기 동물원의 규모가 커짐에 따라 동물들은 생포되는 과정에서 받는 스트레스뿐 아니라 아프리카나 인도나 다른 곳에서 유럽으로 옮겨지는 스트레스로 인해 1/3~2/3가 이동 중에 죽었다. 대형동물 사냥꾼이기도 한 수집가들은 이들의 악행에 대해 광범위하게 기술했다. 많은 수집가들이 '킬링 다이어리(killing diary)'를 남겨서, 이들이 동물을 어떻게 괴롭히며 죽였는지, 그리고 그 죽은 어미들 옆에서 울부짖던 어린 동물들을 어떻게 포획해서 우리에 넣고 사슬로 묶어 유럽으로 이송했는지 자세하게 설명했다. 고릴라나 침팬지, 코끼리, 하마 같은 사회적인 동물은 어린 새끼들을 보호하기 때문에, 사냥꾼들은 어린 개체를 포획하면서 때로는 어미를, 때로는 그 무리 전체를 죽여야 했다.

식민지 시대가 끝난 후에도 동물원 동물을 야생에서 포획하는 일은 계속됐다. 멸종위기종 야생동식물의 국제거래에 관한 협약(Convention on International Trade in Endangered Species of Wild Fauna and Flora)이 인준되고 멸종위기종보호법(Endangered Species Act)이 통과된 1973년이 되어서야 비로소 미국에서 야생동물 수입이 줄어들기 시작했다. 그러나 그때나 지금이나 부도덕한 매매상들은 이 동물들이 포획 번식됐다는 가짜 증명서를 만들 수 있고, 세관 공무원들은 수입 외래(exotic) 동물을 구분할 수 있는 훈련을 받지도 못한다. 게다가 근대 동물원은 일반인으로부터 동물을 받았다. 선의의 개인으로부터 동물을 '기부'받거나, 더 이상 기르기 싫어서 버리는 수입 외래 동물들을 받았다. 지역 단체들은 동물원의 동물 수집을 완성할 특정 동물을 동물원에 사 주기 위해 자금을 모으기도 한다. 오늘날에도 지역 동물원이 코끼리 같은 특별한 동물(가장 특별한 동물은 판다지만)을 소유하고 있다는 것은 지역민들의 자부심 문제가 되곤 한다.

동물원은 동물을 전 생애에 걸쳐 여러 차례 국내 여기저기로 이동시킨다. 동물원들은 비용효율적이고, 동물원의 목적을 위해 적절한 균형을 유지할 수 있고, 관람객을 유인할 수 있고, 번식 기회를 줄 수 있는 방식으로 동물 수를 유지한다. 이럴 경우 동물원은 동물을 사고 팔며, 때로는 한시적으로 그리고 때로는 영구적으로 빌려오기도 하고, 동물을 익숙한 환경과 다른 동물들로부터 떼어놓게 된다. 그렇다면 동물원이 '잉여' 동물을 소유할 경우에는 어떻게 할까? 가장 좋은 방법은 동물원이 보호구역이나, 은퇴한 동물을 풀어줄 수 있는 장소를 찾는 것이다. 종종 동물원들은 동물을 안락사시킨다. 그리고 때로는 매매상이나 브로커를 통해 길거리 동물원이나 개인 가정, 수입 야생동물 식육 농장, 실험실, 오락업체 또는 통조림 사냥(canned hunting) 운영자에게 동물을 팔아넘긴다. 다행스럽게도 동물원 인증 대행기관인 미국동물원수족관협회(American Zoo and Aquarium Association)는 현재 회원사 동물원이 잉여 동물을 통조림 사냥터나 인증받지 않은 다른 시설에 넘기는 것을 금지하고 있다. 그래서 안타깝게도 많은 동물원들은 잉여 동물을 처리할 곳이 부족하여 마지막 수단으로 잉여 동물을 죽일 수밖에 없다.

초기 유럽의 동물원들은 유랑 전시처럼 동물을 빗장 지른 작은 우리에 넣은 채로 보여주었다. 어떤 동물원들은 전시에 공을 들이기도 했다. 브리스톨동물원(Bristol Zoo)의 원숭이사원(Monkey Temple)은 그 한 예로, 버려지고 정글화된 개방형 '인도 사원' 형태로 만들어졌다. 원숭이사원은 동물을, 특히 이곳에서는 붉은털원숭이(rhesus macaque)를 빗장이나 줄 없이 '자연주의적'인 울타리에 풀어놓는 앞선 시도였다. 이곳에서 관람객들은 사람들이 '자연적'이라고 생각하는 방식으로 행동하는 동물을 즐길 수 있다. 이런 디자인은 19세기와 20세기 초반 동물원의 흔한 테마에 기반한 것이다. 이런 디자인은 동물이 원래 살았다고 추측되는 정글 환경을 본땄을 뿐 아니라 그 동물과 연관된 이국적인 문화와도 관련있었다. (이국적인 문화와 사람 그리고 이국적인 동물의 연계는 유럽의 동물원에 동물을 공급하던 카를 하겐베크Carl Hagenbeck라는 동물 매매상 겸 수집가의 행적에서 명확히 드러난다. 그는 바넘P.T. Barnum 같은 유명인을 고객으로 두기도 했다. 그는 1910년 두 명의 어린 카메룬 소년을 수입해서 오스트리아에 있는 그의 동물원에 갇혀 있는 어린 고릴라와 함께 두었다. 아프리카 소년과 아프리카 원숭이가 서로 가까운 연관 관계를 가진다는 것을 보여주기 위해서였다. 1906년 브롱크스동물원은 오타 벵가라는 아프리카 피그미족 남성을 침팬지와 함께 전시하다가, 그 도시의 아프리카계 미국인 공동체가 강하게 항의하자 중단했다.)

20세기가 되어서야 콘크리트 해자(concrete moat), 함몰 울타리(sunken fence)를 사용하는 새로운 스타일의 동물 울타리가 본격적으로 개발되기 시작했다. 또한 동물을 가두기만 하는 것이 아니라 대중이 동물을 보는 데 가로막는 것이 없도록 하는 새로운 디자인도 부각됐다. 그가 함부르크동물원에 1907년 이 방식을 도입했을 때 하겐베크는 이런 새로운 형식의 동물원 울타리의 숨은 혁신가였다. 하겐베크는 정교한 파노라마(panorama)를 만들었는데, 콘크리트 바위와 자연 대체물을 활용해서 마치 동물들이 야생에서 살고 있는 것처럼 보이도록 디자인했다. 이런 새롭고 복제하기 쉬운 '자연 ┌╟' ┌┤┌┤┤┤은 곧 동물원 울타리의 표준이 됐다. (많은 어린 동물이 포획이나 운송, 부적절한 환경에서 오는 스트레스로 폐사하는 것은 초기 유럽 동물원에서 흔한 일이었다.) 그러나 이런 변화의 궁극적인 목적은 동물의 삶을 개선하는 데 있지 않았다. 이 새로운 울타리는 대중이 동물원을 더 즐겁게 방문할 수 있도록 고안됐다. 동물원은 보다 현대적인 형태의 오락거리와 경쟁해야 했고 더 많은 고객을 유인할 수 있는 무언가가 필요했기 때문이다. 그래서 가로대가 제거되는 경우가 많아 동물의 삶이 더 악화되기도 했다. 가로대는 동물이 기어오를 수 있는 형태의 울타리였다. 해자나 함몰 울타리처럼 가로대 없는 많은 새로운 울타리로 인해 동물들은 서로 상호작용할 수 있는 구조가 전혀 없는 황량한 환경에 놓이게 됐다.

오늘날 경관 몰입(landscape immersion)으로 알려진 동물원 디자인에 대한 현대적인 접근법 또한 콘크리트로 바위나 여타 자연물과 유사하게 꾸미고, 관객과 이들의 주거지를 연결하기 위해 동물이 살던 환경을 가급적 유사하게 복제하는 것이다. 관람객을 더 행복하게 만드는 것이 목적이다. 사실 연구 결과를 보면, 관람객들은 보는 즐거움이 줄어들기 때문에 가로대로 동물을 가리는 것을 좋아하지 않는다. 인류학자인 밥 멀란(Bob Mullan)과 게리 마빈(Garry Marvin, 1987)은 생활 환경을 개선하거나 동물에게 "보다 좋은 무대, 보다 정교한 풍경과 보다 만족스럽게 착시현상을 만들 수 있는 소도구들을 제공함으로써"(159) 관람객들이 동물에 대한 대우를 보다 만족스럽게 느끼고, 따라서 동물원에 동물을 가둬 둔다는 것을 윤리적으로 보다 쉽게 받아들일 수 있다고 지적했다. 최근 연구에서 동물원 방문객들은 자연주의 울타리가 동물에게 가장 좋은 복지에 해당한다고 여기는 것으로 밝혀졌다(Melvin, McCormick, Gibbs, 2004).

1970년대를 시작으로 동물 보호 논쟁이 점차 증가하면서 사람들은 제한적이고 잔혹한 감금 시설에서 야생동물을 전시하는 것에 윤리적 문제를 제기하기 시작했다. 동시에 의회는 동물복지법(Animal Welfare Act)을 확장해서 전시 동물 보호에 대한 기준을 포함시켰다. 보다 최근인 1995년에는 로퍼여론연구센터(Roper Center for Public Opinion Research)의 설문에서 69퍼센트의 미국인이 동물원, 수족관, 야생동물 공원에서의 동물 대우를 염려하는 것으로 나타났다.

이제 많은 동물원들은 환경풍부화(environmental enrichment)를 활용해 동물의 지루함, 스트레스, 감금 상태에서 나타나는 정신 이상인 주코시스(zoochosis)를 줄이고 종특이적 행동을 늘리려고 한다. 동물원에 따라 이는 동물의 활동성을 높일 수 있는 나무나 구조물, 정글짐 같은 환경 복합화(environmental complexity)를 의미하거나, 동물이 먹이를 얻기 위해 노력을 기울여야 하는 작업 또는 먹이 풍부화(occupational/feeding enrichment)를 의미하거나, 동물이 탐구하고 냄새 맡고, 만져보고 가지고 놀 수 있는 물건을 주는 관능 또는 감각 풍부화(physical/sensory enrichment)를 의미하거나, 사회적인 주거(social housing)를 의미하기도 한다. 그런데 경우에 따라서는 고릴라에게 타이어나 공을 주거나 종족 집단과 함께 두는 것을 의미하는 것이 아니라 평생 동안 관련도 없는 동물들과 한 울타리에서 지내는 것을 의미하기도한다. (보유 동물을 팔아서 개체수를 조절할 필요가 있는 동물원에서 후자는 특히 어렵다.)
환경풍부화가 동물원 동물의 심리적 복지에 긍정적인 영향을 미친다는 것은 연구 결과를 통해 밝혀졌다. 최근 많은 미국의 동물원들은 코끼리 전시를 없애고 있으며 코끼리를 미국 내 몇 개의 코끼리 보호구역에 보내서 남은 생을 보낼 수 있도록 하고 있다. 동물원 코끼리가 작은 공간에서 감금 상태로 단축된 삶을 사는 것을 비난해온 동물 복지 옹호자들의 입장에서는 긍정적인 발전이다. 야생의 아시아 코끼리와 아프리카코끼리가 각각 42년, 56년을 사는 데 비해, 동물원의 아시아 코끼리는 17년을, 아프리카코끼리는 19년을 산다(Clubb et al, 2008).

사람들은 도시나 교외 환경으로부터 벗어나기 위해, 야생동물을 보거나 심지어 상호작용할 수 있는 기회를 갖기 위해, 즉 도시나 교외에서의 생활 방식에서 잃어버린 어떤 것을 찾기 위해 동물원을 찾는다. 그래서 평판이 좋은 동물원조차도 동물을 타고, 만져보고, 먹이를 주고, 동물에게 가까이 다가갈 수 있는 동물 전시나 이벤트를 교육적 홍보에 활용하고 있다. 방문객들은 또한 동물이 움직이는 것을 보고 싶어한다. 그들은 야행성인 동물이 낮에는 깨어 있으며 와 되는데도 불구하고 동물이 잠을 자면 지루해한다. 그래서 동물원 고객들은 동물에게 소리를 지르고, 소란을 피우고, 동물 시설의 유리창을 두드려댄다. 동물원 방문객이 동물에게 비호의적인 행동을 하지 않더라도, 이들이 있는 것만으로도 동물들의(특히 유인원)의 스트레스 지표 행동에 변화가 올 줄 수 있다는 연구 결과도 있다.

요즘 동물원들이 선전하는 메시지는 보전(conservation)이다. 몇몇 동물원은 '방주(ark)'라는 단어를 사용해서 이미 서식지가 파괴되거나 과도한 사냥이나 그 밖의 이유로 멸종 직전에 있는 동물 종을 보전하는 자신들의 역할을 강조한다. 또한 많은 동물원이 희귀하거나 멸종위기에 놓인 동물 종을 번식시키는 데 참여한다. 야생에서의 보전 프로그램인 현지내 보전(in situ conservation)과 반대되는 개념으로 이를 현지외 보전(ex situ conservation)이라고 한다. 샌디에이고동물원 같은 동물원들은 지속 가능한 개체수, 야생동물 서식지 보전, 동물 건강 증진, 멸종위기종의 DNA 수집 같은 연구 프로그램을 만들어냈다. 어떤 동물원은 동물원에서 자란 멸종위기종 동물을 야생으로 풀어주기도 한다. 이 모두가 가치 있는 명분들이다.

그러나 갇힌 상태에서 고작 2~3년쯤 살게 될 동물을 획득하기 위해 야생을 파괴했던 수백 년의 역사를 지닌 동물원들이 수천 종의 동물을 보전하는 책임을 지는 사회 조직이 되겠다고 하는 것은 믿기가 어렵다. 서식지 보전(habitat conservation)이나 재도입 프로그램(reintroduction program)조차도 수천 에이커의 우림에 포장도로가 생기거나 매일 불길이 타오르고 나서야 가능해졌다. 개발과 소 목축, 경작지에 밀려 야생동물 서식지는 계속 사라지고 있다. 스포츠 사냥꾼들은 트로피를 만들려고 희귀동물과 멸종위기종 동물을 계속 죽이고 있다. 그리고 인간이 끊임없이 서식지와 전체 동물 종들을 위협하고 있기 때문에 사육 시설 내 번식 프로그램(captive breeding program)에 많은 희망을 거는 것은 근본적인 멸종 문제가 그대로인 이 상황에서 큰 의미가 없어 보인다. 우리가 기억해야 할 가장 중요한 사실은 동물원에 있는 대부분의 동물은 멸종위기종도 아니라는 것이다. 많은 동물원들은 사육 시설 내 번식이나 종 보전에 맞는 좋은 모델이 아니다. 사육 시설 내 번식 프로그램이 있는 동물원들은 동물원 동물을 더 생산해 내기 위해 이 프로그램을 이용한다. 이는 야생동물이 원래의 자연 서식지에서 살아남을 수 있게 하는 데에는 어떤 역할도 하지 못한다. 안타깝게도 전 세계 사람들은 인간의 역사에서 전례없이 심각하게 서식지 손실과 멸종이라는 실제적인 문제에 직면해 있다. 만약 이런 흐름이 지속된다면 사육 시설 내에 남아 있는 소수의 개체들은 계속 존재하긴 하겠지만 한때 존재했던 동물을 떠올리는 애처로운 추억거리가 되고 말 것이다.

생태관광(ecotourism)과 야생동물보호지구(wildlife preserves) 설치는 서식지를 보전하고 동물이 자연 속에서 방해받지 않고 살 수 있도록 해주는 방식이다. 제한된 생태관광을 허용하면 소수의 방문객들(안타깝게도 경제적 능력이 있는 이들로 한정되겠지만)이 이 지역을 방문할 수 있고, 그들이 지불하는 비용은 자금 마련에 일조한다. 물론 서구인들이 얼마나 많은 돈을 더 여기에 쓰게 될지에 따라 생태관광은 환경에 좋지 않을 수도 있다. 또한 몇몇 예비 연구에서는 생태관광이 동물에게 미치는 위해성도 드러나기 시작했다. 예를 들어 최근의 한 연구에 따르면 관광객들과 자주 접촉한 티베트원숭이의 공격성이 증가했다. 연구자들은 동물에게 먹이를 주는 행위가 이런 공격성을 유발했다고 보고 있다(Matheson et al, 2006).

해양포유동물공원

동물을 갇혀 있는 상태에서 구경거리로 만드는 것이 아니라 관람객을 위해 공연하게 만든다는 점에서(돌고래와 함께 수영하기 프로그램 등) 해양포유동물공원은 대부분의 동물원들과 다르다. 동물원 기업들과 유사하게 해양포유동물공원 옹호자(advocate)들은 고래나 돌고래, 물개, 바다사자 같은 해양포유동물을 가둬두면 대중을 교육시킬 수 있고 과학자들이 이들에 대해 정보를 얻을 수 있으며, 전 세계적인 보전 노력에 이바지하게 된다고 말한다. 해양포유동물공원은 동물원에 비해 상대적으로 최근에 생겼다. 최초의 해양포유동물공원인 마린 스튜디오(Marine Studio)는 1938년 플로리다 주 세인트어거스틴에 설립됐다.

해양포유동물공원은 동물원이나 여타 야생동물 관람 시설과 마찬가지로, 야생동물을 통해 사람들에게 즐거움을 주고, 야생동물의 삶에 대해 교육함으로써 대중이 이런 동물을 더 배려할 수 있게 된다고 여긴다. 그래서 만약 대중이 이들을 배려한다면, 이들 또한 보전 활동에 이바지하게 된다. 해양포유동물공원들은 해양포유동물의 생활과 자연 서식지, 해양 보전의 중요성 등에 대한 교육적인 강연과 전시를 하고, 아울러 장난기 많은 동물을 보는 즐거운 경험도 제공한다. 판다나 여타 귀여운 동물과 마찬가지로 돌고래는 여기에 적합하다. 이들은 다정하고, 장난기 많고, 아래턱선은 사람의 웃는 모습과 비슷하기 때문이다. 동물원과 해양포유동물공원은 동물이 인간의 방식으로 행동하게 만들어서 관람객이 동물과 감정적 교감을 형성하도록 유도하면서도, 동물에 대한 대중의 애매한 교감이 보전의 효과나 동물이 야생에서 살아남도록 돌봐야 하는 의무로 와닿도록 하려고 노력한다. 로퍼여론연구센터의 1995년 설문에 의하면 90퍼센트의 응답자가 이런 대중적인 전시가 대중을 교육하는 데 가치 있는 수단이라고 믿고 있다. 그러나 이런 교육프로그램이 대중의 행위, 특히 보전과 관련된 행위에 어떤 영향을 미치는지 측정하는 연구는 하나도 없다.

해양포유동물공원은 행동학, 생물학, 해부학 등 다양한 분야의 과학자들을 고용해서 동물을 연구하는 데 심혈을 기울이며, 이런 지식이 야생에서 동물의 삶을 연장하는 데 쓰이기를 바란다. 물론 이런 지식은 야생동물에게 그다지 적용되지 않을 수도 있다. 갇힌 상태와 관련된 **성형행동**(stereotypic behavior)을 보이는 동물이 주제가 되기 때문이다. 많은 동물원의 사육 시설 내 번식 프로그램처럼 이는 오히려 돌고래나 고래, 여타 동물에 대한 합법적이거나 비합법적인 사냥, 오염, 서식지 파괴 등 어마어마한 인간의 위협을 감안할 때 임시방편에 불과하다.

요컨대, 동물원과 마찬가지로 사육 시설 내 번식 프로그램이 있는 해양포유동물공원들은 동물원과 마찬가지로 이러한 노력이 멸종위기종을 존속시키기 위한 것이라고 홍보한다. 물론, 예를 들어 돌고래의 사육 시설 내 번식 프로그램은 해양포유동물 공원에서 이용할 야생 돌고래를 잡아들일 필요를 줄여주기는 했으나 지금까지 사육 시설 내에서 태어난 돌고래를 야생의 개체수를 유지하기 위해 방사한 경우는 없다. 10퍼센트 이하의 동물원과 해양포유동물공원만 보전 프로그램에 참여하고 있다.

동물 보호 옹호자들은 해양포유동물공원에 살고 있는 동물에 대해 우려를 표하고 있다. 특히 이들이 살고 있는 작은 수조를 걱정한다. 야생에서 많은 종의 해양 포유동물은 하루에 100마일 정도는 이동하고 크고 복잡한

케이코

케이코(Keiko)는 영화 「프리 윌리(Free Willy)」(1993)에서 맡은 역할 덕분에 세계적으로 유명해진 범고래이다. 그는 1979년 아이슬란드에서 포획됐으며 아이슬란드와 캐나다 그리고 멕시코의 해양포유동물공원 세 곳에서 몇 년을 보냈다. 1993년 영화 「프리 윌리」에서 어린 소년과 해양포유동물공원의 고래 윌리는 친구가 되고, 나중에 소년은 윌리를 탈출시켜 바다의 가족들과 다시 만나게 해준다.

이 영화가 상영된 후 많은 사람들은 케이코를 풀어달라고 강력하게 요청하기 시작했다. 케이코를 멕시코로부터 사와서, 오리건해안수족관(Oregon Coast Aquarium)으로 옮긴 후 건강을 회복하도록 하고, 궁극적으로는 풀어줄 수 있게 돌볼 자금을 모으기 위해 1995년 프리윌리케이코재단(Fee Willey Keiko Foundation)이 설립됐다. 케이코는 오리건까지 비행기로 운반됐고, 여기서 수년간 지내면서 몸무게를 수천 파운드 늘렸다. 1998년 그는 아이슬란드로 다시 옮겨져 야생에서 살기 위한 훈련을 거쳤다. 그런데 케이코는 훈련 도중 사라졌다. 결국 그는 노르웨이 해안을 벗어나 대서양에서 발견됐고, 배고픔에 시달리고 있었으며 사람과 소통하려고 노력하고 있었다. 케이코는 2003년 폐렴으로 죽었고, 그 이후 과학자들은 갇힌 채로 오래 살았던 동물을 풀어주는 것이 그다지 좋은 생각은 아니라는 결론을 내렸다.

사회 집단 안에서 살면서 먹이를 사냥하고 매우 깊은 곳까지 가곤 한다. 비용이 얼마가 들든 콘크리트로 만든 수조에서는 이런 조건 중 어느 것도 만족시킬 수 없다. 해양 포유류들은 감금 상태의 스트레스와 지루함으로 인해 공격성, 반복행동, 과도한 씹기 같은 정형행동을 보인다. 이들의 건강 상태도 역시 악화된다. 이들은 물 속의 염소 같은 화학물질, 불량한 수질, 세균 감염, 폐렴, 심장마비, 상처, 눈 이상, 궤양, 농양 등으로 고통받다가 죽게 된다.

해양포유동물 중 일부는 이제 사육 환경 개선으로 인해 갇힌 상태에서도 좀더 오래 살 수 있을지 모르지만, 많은 동물은 그렇지 못하다. 동물원 동물처럼 많은 해양포유동물이 중독이나, 이물질 섭취, 수송 스트레스, 갇힌 상태로 인한 쇼크처럼 피할 수도 있었을 원인 때문에 죽는다. 또한 수용되어 있는 해양포유동물 대부분이 동물원 동물처럼 야생에서 잡혀왔다. 게다가 해양포유동물을 포획하는 과정에서 많은 다른 동물을 죽이게 된다. 1989년 이전에는 미국 내 야생 포획에 허가를 내주는 국립해양수산청(National Marine fishery Service)이 거의 모든 포획을 허가해 주었다. 일본을 비롯해서 다른 나라들은 과학 연구를 위해, 그리고 지역의 해양공원에서 전시하기 위해 여전히 잔인한 사냥으로 돌고래를 잡고 있다

동물원과 해양포유동물공원에 대한 대중의 반응

동물원에서 실시한 설문 조사에 따르면 동물원 방문자들 중 대다수가 동물원이 야생동물을 구하는 데 역할을 하길 원하며, 동물원이 이런 기능을 수행할 수 있다고 생각한다. 또한 그들 중 대다수는 어린이들이 학교나 텔레비전보다 동물원에서 야생동물에 대해 더 많이 배울 수 있고, 야생동물에 대한 관심을 키울 수 있다고 생각한다. 그러나 다른 연구에 따르면 실제로는 그렇지 않다. 방문객은 평균적으로 각 동물사육시설(enclosure)마다 30초에서 2분 정도 시간을 보낸다. 예를 들어 워싱턴 D.C.의 국립동물원 파충류관 앞에서 관람객은 평균 44초를 보낸다(Mullan, Marvin, 1999). 대부분의 관람객은 동물사육시설에 붙어 있는 설명을 읽지도 않는다. 이는 전달되는 교육 정보가 매우 적다는 것을 의미한다. 사회생태학자인 스티븐 켈러트(Stephen Kellert, 1979, 1997)는 동물원 관람객은 동물이나 그들의 참상에 대해 거의 교

상자글 6.2.

그들을 왜 뉴스거리가 되어야 하는가?

2010년 2월 갇힌 상태의 해양 포유동물이 다시 한 번 뉴스거리를
만들어냈다. 올랜도의 시월드(Sea World)에서 공연을 하던 고래 틸
리쿰(Tilikum)이 동물 조련사인 돈 브랜쇼(Dawn Brancheau)를 죽게
했기 때문이다. 그러자 동물 복지 단체와 그 지지자들은 해양포유
동물공원과 동물원의 대표자들에게 포획된 야생동물을 오락용으
로 이용하는 것을 중단하라고 요구했다. 그러나 대표자들은 시월드
의 샤무 쇼(Shamu Show) 같은 쇼는 오락거리라고 하기보다는 교육
이나 보전에 관련있다고 주장했다.

서커스, 해양포유동물공원, 동물원 같은 오락 사업자들이 화려
한 공연의 외형과 보전이라는 미사여구 뒤에 윤리적으로 건전하지
않은 거래를 숨길 경우, 많은 대중은 야생동물을 가둬 두어서 생기
는 위해가 어떤 것인지 알기가 어렵다. 서커스, 해양포유동물공원,
동물원을 구경하러 가는 게 왜 문제가 될까?

나의 제2의 고향인 뉴멕시코의 주민들은 최근 리오그란데동물
원(Rio Grande Zoo)에 있는 카샤카(Kashaka)라는 인기 높은 16세 기
린이 2010년 동물원에서 안락사당한 후 쓰레기 수거 용기에 버려
져 쓰레기 매립지로 실려 갔다는 것을 듣고 충격에 빠졌다. 이것은
무엇에 대한 분노인가? 사람들은 지역 동물원에 이익을 가서나
고, 지역민들에게 즐거움을 준 한 동물에 대한 냉담한 처분에 경악
한 것일까?

죽은 동물원 동물을 쓰레기 매립지에 버리는 것은 동물이 죽은
후 해야 하는 합법적인 처리 과정임이 알려졌다. 그러나 카샤카의
사체는 동물원의 다른 쓰레기와 함께 쓰레기 수거 용기에 버려지지

않고 단독으로 바로 매립지로 옮겨졌어야 했다. 이 글을 쓰는 시점에 이 규정을 위반한 혐의로 담당 직원이 조사를 받고 있다.

명백한 점은, 카샤카가 2,200파운드(약 998킬로그램)이고 아프리카에서 100평방마일에 이르는 넓은 공간을 가족과 함께 돌아다니며 시속 35마일로 뛸 수 있는 동물임에도 자연 서식지의 극히 작은 일부만 한 동물원 사육 시설에 갇혀 있었다는 사실을 아무도 신경 쓰지 않았다는 것이다. 카샤카는 아프리카에서 일족과 함께 여행하고, 새끼를 낳고, 주변의 기린들과 사회적 관계를 맺으며 먹이를 찾아 헤매고, 야생에서 생을 마감했어야 했다. 왜 카샤카는 그런 생활에서 떨어져나와 이런 작은 공간에서 살고, 다른 동물원에 팔리게 될 새끼를 낳고, 대중을 즐겁게 하거나 "교육 수단"이 되어야 했는가? 그리고 카샤카는 죽은 후 쓰레기 수거 용기에 버려져서는 안 되는 존재였음에도 불구하고, 현실에서는 이런 슬픈 결말이 그 슬픈 삶에 찍힌 마지막 슬픈 마침표였다.

육받지 못했다고 지적했다. 사실 켈러트의 연구에 따르면 동물원을 방문한 후 많은 사람들이 느끼는 가장 중요한 메시지는 인간이 다른 동물보다 우월하다는 것이었다.

최근 시카고링컨파크동물원(Chicago Lincoln Park Zoo)의 유인원관 방문자에 대한 연구에서 연구자들은 사람들이 안내판을 보지도 않은 채, 원숭이들이 쉬고 있어서 불평하는 어린이들의 질문에 답을 꾸며낸다는 것을 알아냈다(Janega, 2007). 2007년 미국동물원수족관협회(American Zoo and Aquarium Association)는 동물원이 방문객에게 보전 메시지를 전파하고 있다는 것을 보여주는 연구를 수행했다. 그러나 로리 마리노(Lori Marino)와 동료들은 이 연구의 결과를 분석하여 그들이 발견한 이 연구의 결함과, 동물원 방문자들의 태도를 다룬 다른 연구들을 바탕으로 "동물원과 수족관이 보전 측면에서 방

그림 6.1. 수용된 여러 동물 중 이 기린들은 리빙사막동물원(Living Desert Zoo)과 팜스프링스(Palm Springs, CA) 식물원에서 먹이를 공급받는다. (사진: 저자)

문객의 태도 변화, 교육, 관심을 향상시킨다는, 설득력 있거나 특별히 시사적인 증거는 전혀 없다"는 결론을 내렸다(Marino et al, 2010).

동물원의 개념은 인간동물학자인 조너선 버트(Jonathan Burt)가 말한 바와 같이 "대개 엉망진창인 장소"로 모순이 가득 차 있다. 동물원은 관람객들이 도시에서 벗어나 '자연'으로 여행할 수 있도록 해준다. 그러나 도시의 동물원에 펭귄, 호랑이, 코끼리를 ᄉᆸ니ᄃ ᄋᆻ니ᄃ 자연적인 것은 아무것도 없다. 동물들을 주로 실내에 수용하고, 이들이 살아 있을 수 있도록 기온을 조설한다. 작고 빗장 걸린 동물사육시설에 있든 유리 섬유나 시멘트로 만들어진 넓은 자연 모방 환경에 있든 차이는 없다. 철학자인 키콕 리(Keekok Lee, 2006)가 말한 것처럼 "동물원에 있는 동물은 야생동물인가 아니면 야생동물의 그림자인가?" 오늘날 동물원은 보전에 초점을 두고 있으나 이것은 최근의 모습이며 다소간 이윤 추구적인 변화이다. 서구 동물원 역사는 전 세계적 야생

파괴와 관련이 깊으며, 여전히 보전이라는 이름하에 행해지는 야생동물 포획이나 잉여 동물의 죽음과 연관이 있다. 동물원은 교육에 중점을 두고 있는데, 어떤 동물은 다른 동물보다 더 높은 교육적 가치가 있다. 판다 같은 동물은 의인화하기가 쉽고, 털이 복슬복슬한 둥근 체형에 크고 동그란 눈을 가져서 사람들의 이목을 끈다. 그래서 가장 많은 방문객들이 찾는다. 사람들은 동물을 사랑하기 때문에 동물원을 찾는다. 비록 동물이 살고 있는 환경에 대해 죄책감을 느끼긴 해도 자신의 이익(동물을 보고 만지고자 하는 욕망)을 실현하고, 이로 인해 동물원은 영원히 사업을 이어갈 수 있다. 철학자 랠프 아캄포라(Ralph Acampora, 2005)는 아무리 동물사육시설이 진짜와 비슷하더라도 동물원의 모든 곳은 인간들에게 동물을 최소한 볼 수 있게라도 해놓아서(야생에서는 매우 드문 상황), 동물의 행동을 부자연스럽게 만든다고 지적했다.

동물에 대한 우리의 애정과 일부 동물을 의인화할 수 있는 우리의 능력으로 인해 우리가 이들과 공감할 수 없거나 이들을 감금 상태에서 빗어나게 해줄 수 없다는 것은 이상한 일이다. 그런데 니이절 로스펠스(Nigel Rothfels, 2002)가 언급했듯, 동물원은 우리에게도 역시나 실망스럽다. 사람들은 동물을 단지 보는 것만을 원하지 않는다. 동물과 교감하기를 원한다. 동물원의 구조적인 제약 때문에 불가능하지만 말이다. 동물원이 사람을 위해 존재하고 동물을 위해 존재하지 않는데도 여전히 우리는 만족하지 못하고 있다.

서커스

서커스는 우리가 오늘날 알고 있듯 미국에서 시작되긴 했지만 로마의 대중전시(public exhibition)와 중세 유럽의 유랑 쇼(traveling show)라는 서로 다른 두 역사적 형태에 뿌리를 두고 있다. 고대 로마인들은 경마나 마차 경주, 검투사 격투, 그리고 개방된 무대(아레나)에서 열리는 인간과 동물 이벤트를 포함해 다양한 대중 경기와 축제를 즐겼다. 로마의 동물 유흥 시설(animal entertainment venue)에는 막시무스 대전차 경기장(Circus Maximus)과 플라비우스 원형극장(Flavian Amphitheather, 후에 콜로세움으로 알려짐)이 포함된다. 기원후 1세기에 콜로세움이 설립됐을 때는 코끼리, 사자, 호랑이 같은 이국적이고 위험한 동물이 그런 곳들에서 100일이 넘는 기간 동안 9,000마리나 도륙당하기도 했다. 그리스의 박물학자이자 철학자인 대(大)플리니우스는 콜로세움에서 고통받는 코끼리에 대해 다음과 같은 글을 남겼다.

> 폼페이우스가 연 전시에서 코끼리들은 달아나려는 희망을 모두 버린 채 말로는 표현할 수 없는 태도로, 그리고 불행한 운명을 비통해하는 일종의 탄식으로 군중에 동정심을 호소했다. 이 순간 마음이 크게 움직인 전체 군중은 입때까지 입은 호의를 모두 잊고 통상적인 규칙도 무시한 채 그들에게 경의를 표하기 위해 눈물을 흘리며 일어나 폼페이우스에게 저주를 퍼부었다. 결국 그는 얼마 지나지 않아 손들고 말았다.
> — BOSTOCK AND RILEY, 1890

이런 명물은 인기가 많았음에도 불구하고 유럽의 다른 지역으로 옮겨가지는 않았다. 대신에 유럽인들은 사나운 야생동물, 공연자들, 기형 인간이 등장하는 유랑 쇼를 즐겼다. 18세기 말엽 이들은 싸구려 박물관(dime museum)의 형태로 미국으로 들어왔고 P. T. 바넘(P. T. Barnum) 같은 사람들에 의해 운영됐다. 초기의 이 싸구려 박물관은 장애인이나 문신한 사람들, 원주민, 그리고 피지의 인어 같은 위조품, 신화적인 생명체를 흉내낼 의도로 여러 종의 동물에서 신체 일부를 떼어내 만든 미라 형상과 동물을 함께 전시했다. 1840년에 싸구려 박물관은 서커스의 부수적인 쇼가 됐고, 미국박물관의 설립자인 P. T. 바넘은 이어서 'P. T. 바넘 박물관, 동물원, 서커스'를 설립했다.

동물원 동물과 마찬가지로 서커스 동물도 동물 수집가나 사냥꾼에 의해 어릴 때 포획됐다. 바넘 서커스의 유명한 코끼리인 점보(Jumbo)의 엄마를 죽인 독일 사냥꾼이 점보를 포획하고 이렇게 기록했다.

"어미 코끼리가 뒤로 쓰러져서 나는 옆으로 신속히 뛰어올라 치명적인

공연동물복지협회

할리우드의 전(前) 동물 조련사인 팻 더비(Pat Derby)가 1984년에 설립한 공연동물복지협회(Performing Animal Welfare Society, PAWS)는 포획된 야생동물 보호소다. 여기서는 버려지거나 학대받은 동물, 은퇴한 공연 동물, 포획되어 팔려다닌 이국적인 동물이 존중받으며 평화롭게 살 수 있다. 더비는 래시(Lassie), 플리퍼(Flipper), 건스모크(Gunsmoke)를 비롯해 동물 영화나 텔레비전 광고에 출연하는 동물을 훈련시켰었다. 그녀는 오락물에서 동물을 훈련하는 데 쓰이는 많은 학대 방법들을 보고 경악을 금치 못했다. 이 업계를 떠난 후 그녀는 이런 동물이 더 이상 할리우드에서 필요치 않게 됐을 때 비참한 상황에 처해진다는 것을 알고 뭔가 해야겠다고 결심했다. PAWS는 연예계로부터 동물을 받아들일 뿐 아니라 동물 배우들이 학대받지 않도록 하기 위해 공무원들과 함께 정책과 법령을 만들기도 한다.

마지막 총알을 쏠 수 있었다. 어미는 즉시 죽었다. 자연의 법칙에 따라 새끼는 어미 곁에 남아 있었다. 일행들이 도착할 때까지 나는 이 불쌍한 어린 것이 어떻게 어미 주위를 뛰어다니며 자기 몸으로 어미를 밀어대는지 지켜보았다. 마치 어미를 깨워서 도망가자고 하는 듯했다."(Rothrels, 2002)

대부분의 서커스에서 이제 더 이상 기형 인간을 전시하지 않는다고 해도 인간과 동물의 공연이 혼합된 형태는 계속 운영되고 있다. 동물 공연에는 구식 승마 공연, 야생동물 공연, 그리고 다양하게 훈련된 코끼리 공연 등이 있는데, 이는 여전히 관중을 가장 즐겁게 하는 공연이며, 현대 서커스의 가장 큰 수입원이기도 하다. 서커스 관람객들은 조련사가 자기 머리를 사자의

입에 넣거나, 350파운드에 달하는
호랑이와 레슬링하며 위험한 야생
동물을 제어하는 것을 지켜본다.

우리는 초기 서커스에서 조련
사가 동물에게 이런 공연을 시키기
위해 동물을 위협하고, 채찍질하
고, 학대했다는 것을 알고 있다. 동
물권 운동가(animal rights activist)들
은 이런 행태가 아직도 많은 서커
스에서 벌어지고 있다고 주장한다.
서커스에서 일했던 사람들이 하는
말을 들어보거나 동물권 운동가들
이 찍은 몰래카메라 영상을 보면

그림 6.2. 「넌 왜 들어와 있는 거야?」 (Dan Piraro,
만화 제공: www.bizarro.com)

서커스 종사자들은 먹이를 빼앗거나, 협박하거나, 다양한 형태의 신체적·
감정적 체벌을 통해 동물이 공연을 하도록 훈련시킨다. 서커스 측은 이들의
훈련 방법이 동물과 조련사 사이의 애정 관계에 바탕을 두고 있다고 주장하
지만, 몰래카메라 영상에는 채찍질하거나, 불후크(bull hook, 불쏘시개같이 생겼
고 행동 제어에 쓰이는 막대기)나 전기봉으로 밀치는 장면이 등장한다. 공연을 하
지 않을 때는 코끼리와 다른 동물 모두 계속 우리에 갇혀 있거나, 앞다리와
뒷다리가 줄로 묶여 있다. 많은 동물이 갇힌 상태의 생활에 대한 반응으로
끼리기 앞다리 몸을 흔드는 정형행동을 보인다. 이는 갇힌 상태에서 유발되
는 스트레스와 관련있는 증상이다. 유감스럽게도 이런 스트레스 때문에 코
끼리는 채찍질당했던 곳에서 조련사나 사육사를 공격하거나 때로는 죽이기
도 한다. 1983년 이래 코끼리의 공격으로 미국에서만 28명이나 사망했다.

역사적으로 서커스의 모든 동물은 야생에서 포획됐다. 오늘날 많은 동
물들은 더 이상 그렇지 않지만, 야생에서 태어나고 부모 동물이 살해당해 어
릴 때 포획되어 온 늙은 코끼리나 여타 동물이 여전히 현대 서커스에 남아
있다. 1995년 링링브라더스서커스(Ringling Brothers Circus)는 플로리다에서

코끼리보전센터를 개원하고 코끼리의 사육 시설 내 번식 프로그램을 시작했다. 이 센터는 지금까지 20마리의 아시아 코끼리를 번식시켰고, 이들 모두는 링링의 두 공연단에서 공연용 코끼리로 이용되고 있다. 이들은 현재 모두 61마리이다. (동물권 운동 진영의 격렬한 공격을 받아 온 링링브라더스서커스는 2016년 코끼리 쇼를 폐지한 데 이어 2017년 5월에는 146년 역사의 막을 내렸다. 옮긴이)

동물 경주

동물 경주는 수천 년 동안 있어 왔다. 예를 들어 고대 그리스인과 로마인들은 말을 이용해 전차 경주를 열었던 것으로 유명하다. 그레이하운드 경주는 가장 오래되고 가장 인기 있는 개 경주이며, 사냥꾼들이 훈련시킨 하운드 종 개들이 토끼나 여우, 사슴 같은 동물을 쫓아 몰아오게 만든 **사냥**(coursing)에서 유래했다. 개나 말의 경주에 돈을 거는 것도 수천 년이나 됐으며, 경주 동물을 교배시키고 훈련시키고 경주시키는 사람들뿐 아니라 일반인도 이득을 보았다. 사람들은 전국에서 경마에, 그리고 15개 주에서 개 경주에 돈을 거는데, 경주의 긴장감을 즐기면서 돈도 벌기를 바란다.

경마는 일반적으로 순종마 경주의 형태로 진행되어 왔다. 이런 경주에서는 잘 길러신 말의 부유한 미주가 조련사와 기수를 고용해서 경주를 한다. 미국에서 경마는 다양한 종류의 트랙에서, 다양한 거리로 진행되는데 대개는 900미터 내지 2.4킬로미터를 달린다. 순종 교배와 경마는 수천만 달러 규모의 산업이다. 순종마를 훈련시키는 데는 1년에 22,000달러가 든다. 품종이 좋은 종마의 번식 비용은 25,000달러에서 시작해 500,000달러에 달하며, 최고의 경주마의 경우에는 1000만 달러에 이르기도 한다. 베팅하는 판돈, 관광 비용, 승리마의 마주에게 수여되는 '상금(최근 최상급 경주에서는 백만 달러를 넘고 있다),' 그리고 여타 관련 수입을 포함하면 경마는 큰돈이 된다.

말 관리자들은 최상급 말들의 복지에는 지대한 관심을 기울이지만, 그다지 성공하지 못한 말들에게는 그러지 않는다. 최소한의 사육 및 훈련 규정은 반드시 지켜야 하는데, 경주 자체가 말에게는 위험으로 가득하다. 훈련이나 경주 중에 넘어지거나 골절을 입는 것은 다반사이며, 이는 종종 말에게 치명적이다. 때로는 부상당한 말들에게 약물을 투여해서 경주에 나가게 만들기도 한다. 다른 흔한 부상으로는 인대나 근육이나 관절의 손상이 있으며, 운동기인성폐출혈(exercise-induced pulmonary hemorrhage)이라는 질병에 걸리는 경주마들이 많다.

경주마로서의 역할이 끝나면 어떤 일이 생길까? 바바로(Barbaro) 같은 승리마는 대개 은퇴 후 종마가 될 것이다. 성공한 말들은 은퇴하면 편안한 삶을 희망할지 모른다. 그러나 성공이 절대 행복한 은퇴를 보장하지는 않는다. 수천 마리의 경주마들이 매년 배출되고 있고, 이들 중 대부분은 경주에서 한번도 우승하지 못할 것이다. 대부분은 한두 시즌 후에 경주마로서의 역할을 마치고, 애완용이나 승마용으로 또는 식육용으로 경매를 통해 팔려나간다. 사실 1986년 켄터키 더비(Kenturkey Derby) 우승마인 퍼디낸드(Ferdinand)는 일본에서 식육용으로 도살된 것으로 알려졌다. 2007년 미국에서는 마지막 말 도축장이 문을 닫았다. (이때까지 미국에서 연간 10만 마리 이상의 말이 도살됐다.) 최근 미국에서 말도축장을 다시 열려는 움직임이 일고 있다. 도축장 개전 전까지 많은 말들이 멕시코나 캐나다로 옮겨져 도살될 것이다.

경마와 마찬가지로 그레이하운드 경주는 도박과 관련있으며, 말들이 경주하는 동일한 경주장에서, 도박을 위한 동일한 기반 시스템을 통해 개최된다. 그레이하운드 경주는 경마보다 수익성은 떨어지지만, 그래도 많은 돈을 기미질 가능서이 있다 수백만 명의 팬들이 이 스포츠가 정점에 이르렀던 1992년에 3000만~5000만 달러를 배팅했다. 그때 이래로 이 스포츠의 나쁜 평판과 개 학대에 대한 대중의 우려가 확산되어 팬이 줄어들긴 했지만, 매출은 아직도 연간 1000만 달러에 이른다.

매년 수백만 마리의 반려견이 아무 이유 없이 단지 수가 많다는 이유로 안락사당하고 있는 이 세계에서 그레이하운드 산업의 번식 문제는 동물 복지 옹호자들 사이에서 걱정거리이다. 1,500개가 넘는 번식용 농장에서 해마다 약 3만 마리의 개를 이 스포츠를 위해 기른다. 번식용 그레이하운드들은

그림 6.3. 그레이하운드 경주에서 발생하는 수익은 수십억 달러에 이른다. (사진: Jan Eduard, Wikimedia Commons)

야외나 농장의 개집에 갇힌 채 운동, 장난감, 애정, 개집 밖에서의 야외 활동도 전혀 없이 살아간다. 경주견들조차 경주장을 빼면 작은 개집에서 일생을 산다. 1,000마리의 개가 각 경주장 트랙에서 살기도 한다. 경주견 관리에 대한 규정이 거의 없다 보니 대부분의 경주장은 제각각의 개 복지 규정을 따르고 있다.

그레이하운드를 번식시켜 훈련하는 것이 순종 구입보다 훨씬 싸기 때문에 이들은 더욱 소모품처럼 취급된다. 경기 중의 심장마비, 다리나 목의 골절 같은 부상은 흔하디흔하다. 경주를 위한 약물을 투여받기도 하고, 밀폐된 생활 환경 때문에 전염성비기관지염(kennel cough)이 빈번하게 발생한다. 기껏해야 몇 년을 사는 이 동물들에게 수의학적 관리는 최소한으로 제공된다.

그레이하운드 경주에서 가장 안타까운 일은 이들의 역할이 끝날 즈음에 일어난다고 볼 수 있다. 개의 평균 수명이 12년이 넘지만, 이들은 3~5년 경에 경주를 멈춘다. 어떤 개는 태어난 번식 농장으로 돌려보내지고, 여생을 작은 개집에서 번식용 개로 보내게 된다. 소유주나 경주 운영자는 일부 개를 가차없이 죽여 버린다. 2002년 3,000마리의 그레이하운드 사체가 전(前) 앨

라배마 경주 보안 요원의 집 근처에서 발견됐다. 그는 1마리당 10달러를 받고 이 개들을 '은퇴'시켰다. 불과 몇 년 후인 2006년에는 영국인 조련사들이 늙었거나 남아도는 개들을 처리하라고 한 남자에게 1마리당 10파운드를 준 사건도 있었다. 15년 동안 그는 10,000마리의 개를 전기나 총으로 죽였고 그 뼈를 정원 장식에 사용했다.

동물 싸움

유혈이 낭자한 스포츠는 고대 로마, 제국주의 일본, 중국, 동남아시아에서 인기가 있었다. 이런 스포츠에는 중국의 귀뚜라미 싸움과 동남아시아의 투계뿐 아니라, 동물끼리 혹은 사람끼리 또는 동물과 사람이 싸우는 경기도 있다. 중세부터 현대까지 유럽에서는 투견, 곰 싸움, 투우를 포함해 다양한 잔인한 스포츠를 구경해 왔다. 그중 다수가 빅토리아 시대에 금지됐는데, 이는 동물 복지에 대한 관심이 높아진 탓도 있지만, 이런 경기에 참가해 대결을 벌여야 하는 사람들이 받는 영향 때문이기도 했다.

투견에서는 맹렬하게 싸우도록 훈련받은 두 개를 닫힌 공간에 넣고 한쪽이 너무 많이 다쳐 더 이상 싸울 수 없거나, 극심한 고통과 심각한 탈진으로 싸움을 그만두거나, 한쪽이 죽을 때까지 싸우도록 한다. 투견에서는 100명 넘는 사람들이 5만 달러까지 돈을 건다. 지하 투견 업계는 개를 팔고, 번식시키고, 훈련시키고, 싸우게 하고, 그 개들에게 베팅하는 데 수백만 달러가 움직일 정도로 거대하다. 최상급 투견들은 수천 달러에 이르기도 한다.

투견에서 살아남은 개들의 사진 중에는 얼굴에 너무 심하게 상처를 입어 앞을 보지 못하게 된 핏불들이 종종 있다. 귀가 찢기고, 입과 코가 찢겨 비공이 무너져내리고, 조직 손상을 입고, 뼈가 부러지기도 한다. 이들은 대개 이런 상처나 과도한 출혈 때문에, 때로는 탈진 때문에 죽게 된다. 규칙을 따를 것 같으면, 투견이 아예 포기하거나 싸우기를 거부하면 투견을 끝내야 하지만, 어떤 싸움은 수시간 동안 지속되어 한쪽 개가 고통스러운 죽음을 맞이해야 끝난다. 심각하게 부상당한 생존견은 과다출혈이나 감염으로 며칠 뒤에 죽을 수 있으며, 소유주가 싸움에 진 개를 더 이상 데리고 있기 싫어 죽이기도 한다. 론다 에번스(Ronda Evans), 디앤 고디어(DeAnn Gauthier), 크레이그 포사이스(Craig J. Forsyth)는 남부 백인 투견꾼과 개장수에 대한 연구에서 (2007), 개는 남자의 남성성을 상징한다고 밝혔다. 개가 싸움에 지면 남자의 명예와 남성성을 회복하기 위해 반드시 죽여야 한다. 투견은 모든 주에서 불법임에도 그 인기가 점점 높아지고 있다. 매년 약 25만 마리의 개가(대부분 핏불) 희생당한다. 전국적으로 적어도 4만 명이 투견용으로 핏불을 소유하거나 번식시키는 것으로 추정되며, 투견이 매우 비밀리에 진행되기 때문에 경찰이 이런 범죄 행위를 감시하는 것도 어렵다.

투계는 '게임용 닭'으로 특별히 교배되고 훈련된 두 닭을 한 구덩이에 넣고 이기는 쪽에 돈을 거는 방식으로 진행된다. 투계(cocker)들은 대개 면도날처럼 생긴 칼이나 얼음송곳처럼 생긴 갈고리가 나리에 달려 있어 상대 닭에게 상처를 입히거나 신체를 훼손할 수 있다. 닭들은 종종 피부가 찢어지거나, 눈에 상처를 입거나 폐에 천공이 생기거나 뼈가 부러지기도 한다. 투견과 마찬가지로 투계도 대개 죽게 되며, 계속 싸우도록 강요당하기도 한다. 수백 명의 사람들이 이 싸움에 돈을 거는데, 폭력은 투계장 구덩이 바깥에서도 빈번하게 발생한다. 투계장에서는 판돈이 큰 도박과 흉기가 난무하고 이런 경기는 불법 마약 거래와 관련있다. 투계에서의 싸움은 사람들의 부상으로 이어지고, 치명적인 총기 사용도 흔하다. 투견꾼과 마찬가지로 투계꾼도 닭을 자신과 동일시하거나 더 강한 집착을 보이며, 동물이 지거나 죽으면 슬퍼하고, 동물이 이기면 자부심을 느낀다.

동물을 바라보는 대안적 방법

미국인들은 살면서 동물을 무척이나 필요로 한다. 많은 사람들이 사랑스러운 반려동물로 이 욕망을 다 채우지 못한다. 동물원과 서커스가 계속 존재하고 로데오와 동물 경주 같은 것들에 동물을 이용하는 것에서 알 수 있듯, 많은 사람들이 야생동물이나 가축화된 동물을 원한다. 이로 인해 우리가 그 동물들에게 위해를 끼치는 업계를 먹여살리게 될지라도 말이다.

사람들이 야생동물을 만날 수 있고, 때로는 그들과 상호작용을 할 수 있는 다른 활동들도 인기를 얻고 있다. 고래 관찰(whale watching)은 이런 활동의 하나이고 생태관광(ecotourism)도 마찬가지다. 둘 다 우리가 동물원이나 해양포유동물공원에서 야생동물을 구경하는 것과 같은 동기에서 이루어진다. 학자들이 말하는 소위 야생성에 대한 탐구이면서, 서구의 산업화된 생활에서 잃어버린 것들을 채우는 것이기도 하다. 그러나 이런 장소 중 어떤 곳들에서는 관람객을 이끄는 야생성 탐구 역시 가짜일 수 있다. 관람객이 야생동물에게 접근하자면 동물이 사실 어느 정도는 갇혀 있어야 한다. 우리가 대형 야생동물공원을 방문하더라도 일정 형태의 동물 감금이 이루어진다. 그렇게 하지 않으면 우리는 동물을 볼 수 없을 것이다. 여성학 연구자인 칠라 불벡(Chilla Bulbeck, 2005)은 생태관광 지역을 연구하고 참가자들을 인터뷰했다. 그녀는 인간이 있는 것이 동물에게 좋지 않다는 것을 많은 관람객이 알고 있어서 이 지역을 방문하며 일종의 죄책감을 느낀다는 것을 밝혀냈다. 요컨대, 다른 관람객들보다 보전에 대한 의지가 강한 사람들에게도 자신의 이익(동물을 보고 만지고 싶다는 욕망)이 우선했다. 역설적이게도 생태관광 장소가 야생에 가까울수록 동물의 움직임이 더 적고, 동물의 행동 제어가 더 어렵고, 관람객의 행동에 제약이 더 많다. 동물의 자유는 증가하고(그곳에 있지 않을 때에서 ㅍ럼해서), 관람객의 즐거움은 줄어든다. 생태관광의 장점에 대한 연구에 의하면, 생태관광에 따르는 부정적 환경 비용도 발생한다. 이를테면 해당 국가의 물, 음식, 에너지 비용이 높아지는데, 이는 서구인이 토착민보다 자원을 더 많이 쓰기 때문이다. 또한 관광 지역으로부터 토착민이 쫓겨나 이주해야 할 수 있고, 관광객이 죽거나 다칠 수도 있으며, 동물이 스트레스를 받거나 행동 변화를 일으킬 수도 있다. 하지만 많은 생태관광 옹호자들은 여전히 관람객, 동물, 환경에 대한 생태관광의 장점이 이런 비용보다 크다고 주장한다.

고래 관찰도 사람들이 '야생'과 접촉할 수 있는 활동이며, 이는 관찰되는 동물에게 미치는 영향이 적은 것 같다. 매년 수백만 명이 여행 상품을 통해 고래 관찰 여행에 등록한다. 수천 명은 카약이나 작은 보트를 타고 더 멀리 나가서 고래, 돌고래, 알락돌고래를 접하기도 한다. 이런 조우에서 사람들은 진짜를 접한 느낌, 심지어 영적인 느낌까지 받는다고 말하며, 많은 사람들은 자신이 본 그 생명체의 서식지를 보전하는 데 관심을 갖고

그림 6.4. 「쇼 비즈니스」(Dan Piraro. 만화 제공: www.bizarro.com)

돌아온다. 그리고 고래 관찰 여행이 동물에게 부정석인 영향을 끼칠 수 있더라도(이를테면 모터가 달린 배로 고래떼를 침범해 들어가더라도) 돌고래와 고래는 이런 변화에 적응할 수 있다. 게다가 특히 돌고래의 경우 갑자기 관람객에게 쇼를 선사하거나 가까이 접근하기도 한다. 고래(돌고래도 마찬가지) 사냥 산업이 번창한 일본 같은 나라에서 고래 관찰 여행은 사람들이 고래나 돌고래를 죽이는 것에 대한 태도를 바꾸는 데 기여할 수 있다는 연구 결과도 있다.

우리가 동물을 볼 수 있는 또다른 방법은 텔레비전과 영화를 통한 관람이다. 요즘은 매우 다양한 다큐멘터리 프로그램과 영화에서 서식지에 있는 야생동물을 보여준다. 예를 들면, 감동적이고 놀라운 「펭귄의 행진(March of the Penguins)」의 매우 사실적인 컴퓨터 애니메이션과 애니마트로닉을 통해 우리는 동물의 삶을 방해하지 않고 동물의 모든 생활방식을 볼 수 있다.

2009년에는 「말리와 나(Marley and me)」, 「강아지 호텔(Hotel for dogs)」, 「볼트(Bolt)」, 「스페이스 버디(Space Buddies)」 같은 동물 영화들이 동물 친화적인 메시지로 극장 관람객들의 관심을 끌었다. 자연 서식지에 있는 야생동물을 영상을 통해 보는 것을 즐기는 미국인의 수가 이제 7000만 명을 넘어

섰다. 이는 야생동물의 터전과, 그들의 주변 동물들과의 관계를 유지시키려는 생각이 점점 더 늘어나고 있음을 보여준다. 영화에서의 동물 이용에 대해서는 16장에서 다룰 것이다.

더 읽을거리

Acampora, Ralph. 2005. "Zoos and Eyes: Contesting Captivity and Seeking Successor Practices." *Society & Animals*, 13: 69-88.

Acampora, Ralph, ed. 2010. *Metamorphoses of the Zoo: Animal Encounter after Noah*. Lanham, MD: Lexington Books.

Berger, John. 1977. "Why Zoos Disappoint." *New Society* 40: 122-123

Berger, John. 1980. *About Looking*. New York: Pantheon.

Bulbeck, Chilla. 2005. *Facing the Wild: Ecotourism, Conservation, and Animal Encounters*. London: Earthscan.

Hanson, Elizabeth. 2002. *Animal Attractions: Nature on Display in American Zoos*. Princeton, NJ: Princeton University Press.

Lawrence, Elizabeth. 1985. *Hoofbeats and Society: Studies of Human-Horse Interactions*. Bloomington: Indiana University Press.

Lee, Keekok. 2006. *Zoos: A Philosophical Tour*. New York: Palgrave MacMillan.

Malamud, Randy. 1998. *Reading Zoos: Representations of Animals and Captivity*. New York: New York University Press.

Mullan, B. and G. Marvin. 1997. *Zoo Culture: The Book about Watching People Watch Animals*. 2nd ed. Chicago: University of Illinois Press.

Rothfels, Nigel. 2002. *Savages and Beasts: The Birth of the Modern Zoo*. Baltimore: Johns Hopkins University Press.

Warkentin, T. and L. Fawcett. 2010. "Whale and Human Agency in World-Making: Decolonizing Whale-Human Encounters." *Metamorphoses of the Zoo: Animal Encounter after Noah*. Ralph Acampora, ed. Lanham, MD: Lexington Books.

참고할 만한 영상물

The Cove. DVD. Directed by Louie Psihoyos. Boulder, CO: Oceanic Preservation Society, 2009.

A Life Sentence: The Sad and Dangerous Realities of Exotic Animals in Entertainment. VHS. Sacramento, CA: Animal Protection Institute, 2006.

Lolita: Slave to Entertainment. DVD. Directed by Timothy Michael Gorski. Blackwood, NJ: Rattle the Cage Productions, 1993.

March of the Penguins. DVD. Directed by Luc Jacquet. Los Angeles: Warner Independent Films, 2005.

The Urban Elephant. DVD. Directed by Nigel Cole/Allison Argo. New York: Thirteen/WNET New York, 2000.

A Whale of a Business. VHS. Directed by Neil Docherty. Melbourne, FL: PBS Frontline, 1997.

Wildlife for Sale: Dead or Alive. VHS. Directed by Italo Costa. Oley, PA: Bullfrog Films, 1998.

인간동물학에 기여하는 문화기술자

게리 마빈(Garry Marvin, 로햄튼 대학교)

1996년 나는 10년간 일해 온 텔레비전 다큐멘터리 제작 분야를 떠나 학계로 돌아왔다. 그리고 나는 내가 가르치고 연구했던 학문 분야인 사회인류학이 어느 방향으로 이동해 왔는지 재빨리 알아낼 필요가 있었다. 그러나 내 관심과 흥미를 끌었던 것은 사회인류학에서의 새로운 이론적 관점 같은 것이 아니라, 인간과 동물이 맺고 있는 관계를 학문적 관심의 가장자리에서 중심으로 이끈 다학문(multidisciplinary) 분야의 출현과 발전이었다. 과거에 인간-동물 관계에 대해 저술한 적은 있지만 인간동물학이라니!

이 분야는 형성되어 발전하는 중이었다. 대체로 역사, 문학, 철학, 퍼포먼스 연구, 시각예술, 여성학 같은 인문 분야의 학자들이 주축이 됐다. 인간-동물 관계에 대한 인류학 연구는 이 분야에 어떻게 기여할 수 있을까?

동물의 중요성은 사냥과 유목과 농업에서, 짐을 나르고 이동하는 수단이라는 측면에서, 그리고 우주 체계와 종교 의식 같은 인간 문화에서, 인류학의 매우 초창기부터 많은 연구를 통해 인식되어 왔다. 그렇다면 인간-동물 관계에 대한 현대 인류학 연구 가운데 인간동물학의 중심 쟁점에 걸맞은 뭔가 특별한 것이 있을까? 학술대회에 참석하고, 이 분야의 학자들이 펴낸 출판물을 읽으면서 나는 인류학에서 나와야 하는 것은 특정 주제가 아니가 특정 연구 과정에서 생성되는 연구의 본질임을 느꼈다.

인문학 분야의 학자들은 철학적이거나 여타 이론적인 논쟁과 문서, 역사적 문헌, 문학, 예술 작품에 몰두하고 전념한다. 이 연구들의 재료는 각각의 안에서 서로 얽혀 있지만, 이들이 언급하는 인간-동물 관계로부터 적어도 한 발짝은 떨어져 있다. 사회인류학의 주요 연구 방법은 관여와 참여의 다른 형태, 즉 참여관찰로 연구 대상과 함께하면서 긴 시간 동안 이들의 일상생활을 공유하는 것이다. 내가 연구하는 것은 인간과 동물 간 관계의 직접성, 현재성, 가공되지 않은 어떤 것이며, 이러한 연구 접근법은 또다른 복잡성, 즉 그 관계가 발생하고 끝나는 불확실한 속성을 다룬다.

한 가지 중요한 측면, 다시 말해 이 분야를 관통하는 하나의 주제일 수 있는 것은 인간이 동물을 이용하고 대하는 방식을 수용할 수 있을지 없을지에 대한 우려이다. 이는 나에게 골치 아픈 문제가 됐다. 왜냐하면 나의 연구 대상이 처음에는 투우였다가 지금은 사냥인데, 동물의 죽음으로 귀결되는 인간과 동물의 관계에 집중하고 있기 때문이다. 그러나 윤리 문제는 내 연구의 중점 사항이 아니다. 그런 행위가 현대 사회에서 받아들일 수 없는 것으로 비판받고 규탄받는다는 것은 놀라운 일이 아니다. 그러나 인류학자로서 나의 일은 다르다. 나의 인류학 연구는 그런 행위를 이해하는 것이다. 또한 인간과 동물의 삶과 죽음이 그런 사건들 안에서 어떻게 진행되고, 어떻게 경험되고(동물에게는 어떻게 경험되는 것 같은지), 사건 관계자들에게 어떤 의미가 있고, 사회적·문화적으로 어떻게 구성되는지에 관한 것이다.

스페인 투우에 대한 박사 논문을 준비하기 위해 문헌 조사를 하면서 나는 우선, 공공 경기장에서 고도로 제의화된 방법으로 황소를 죽이는 것에 어떤 중요성이 있는지 이해할 필요가 있었다. 나는 이 행사가 희생 제의의 잔유물 같은 것일 수 있다고 생각했고, 현대 스페인에서 황소를 희생물로 바치는 것의 목적과 의미를 파악할 필요가 있다고 보았다. 이것은 단순히 황소 번식업자, 투우사, 투우 마니아와 관련된 문화기술적(ethonographic) 현지조사로는 불가능했다. 황소는 투우 중에 죽는데, 황소가 죽는다는 사실에 초점을 맞추는 것만으로는 이 사건, 이것에 대한 경험, 이에 대한 반응의 복잡성을 설명할 수 없었다. 나는 투우 관계자들에게 투우에서의 중심 관심사는 황소가 죽는다는 사실이 아니라, 그 죽음이 어떻게 이루어지는가임을 점차 알게 됐다. 내가 이해하고 설명해야 하는 '어떻게'는 문화적인 감각과 관련있었다. 나와 대화하던 황소 번식업자들은 그들이 투우에 내보내려고 기르는, 결국은 경기장에서 죽게 될 황소에 대한 경외와 존경, 심지어 애정에 대해 이야기했다. 투우사들 역시 비슷한 방식으로 이야기했다. 그들은 황소가 하나의 예술 작품에서 파트너이자 협력자이기를 희망했다. 그들 또한 황소에 대한 애정을 표현했다. 이런 생각과 감정 경험은 외부인들은 이해하기가 힘들다. 이들은 내부에서, 문화적 맥락을 통해서만 이해할 수 있다. 이것이 바로 인류학적 현지조사로 할 수 있는 이해이다. 이는 투우 경기장에 모이는 사람들과 수개월간 가깝게 지내 봐야 가능한 것이다. 나는 황소와 함께 일하는 사람들과 시간을 보내고, 투우사들이 그들의 전문 기술을 배우고 훈련받는 것을 관찰하고, 경기 전 호텔 탈의실에서 이들의 희망에 대해 의견을 나누고, 투우 마니아들과 바에 앉아 정말 많은 시간을 그들의 열정과 투우(los toros)의 미학에 대해 토론했다. 단순히 투우를 관찰하는 것으로는 이 사건이 어떻게 형성되고 경험되는지, 투우를 하는 사람이나 구경하는 사람에게 근본적으로 어떤 의미가 있는지 이해하기가 어렵다. 사실 투우 전에 이루어지는 온갖 것들을 이해하지 못하면, 외부의 관찰자는 이 사건을 전혀 이해하지 못할뿐더러 이해할 수도 없다.

지금 생각해보면 나는 투우를 연구하면서 목적이나 의도, 중요성 같은 의미에 너무 많은 신경을 썼다. 나는 황소를 기르는 것의 의미, 투우사가 되는 것의 의미, 그리고 투우의 문화적 의미가 무엇인지 알아내는 데 너무 많은 관심을 가졌다. 이제 나는 경험에 더 주목해야 한다고 생각한다. 투우사에게 어떤 의미가 있는가뿐만 아니라, 투우사나 황소 번식업자나 투우 마니아가 어떻게 생겨나는지도 중요하다. 그래야 이 사건에서 사람과 동물 사이에 어떤 일이 일어나고 있는지 알 수 있는 풍부한 자료를 확보할 수 있다.

나는 사냥을 이해해 가면서 경험에 더 초점을 맞추려고 노력한다. 사냥꾼이 어떻게 사냥을 하는지, 사냥꾼과 사냥감의 관계가 어떻게 형성되는지, 사냥 중에 어떤 경험이 추구되고 새롭게 나니비산 이에 집중한다. 사냥의 의미(다시 말해 사냥의 목적, 의도, 중요성)는 사냥이 벌어지는 동안이 아니라 사냥 전이나 후에 생성된다. 나의 인류학 연구는 바로 무엇이 일어나는지 그리고 어떻게 일어나는지 이해하고 해석하는 일로 구성된다. 사냥 연구에 접근하면서 나는 동물을 죽이는 것이 그 행위를 정의하는 끝(목적과 최종 결과 모두의 의미에서)이 되지 않을 가능성을 경계했다. 야외 사냥에서는 특히 누군가가 비판적인 시각으로 바라볼 경우, 아마 동물이 죽임을 당한다는 사실에 집중할 수밖에 없을 것이다. 그러나 투우에 대해서와 마찬가지로 이렇게 집중하는 것은 사냥의 본질과 그것의 경험적, 문화적 복잡성을 이해하기에 너무 좁은 시각이다. 이 복잡성은 사냥꾼들을 통해서만 설명할 수 있다. 투우에서와 마찬가지로 사냥꾼에게 동물이 죽임을 당한다는 것만 중요한 것이 아니라, 동물의 죽음이 어떻게 야기되는가가 더 중요하다. 내가 배운 바에 의하면, 사냥꾼에게 사냥은 총알 한 개가 발사되기 전에 발생하는 모든 것이다. 사냥을 이루는 것은 환경에 친숙하기, 느리게 쫓기, 따라다니기, 조용히 기다리기이다. 이를 통해 사냥꾼은 잠재적인 사냥감에 가깝게 접근할 수 있다. 내가 연구한 사냥꾼들은 이 점이 매우 명확했다. 총을 쏘는 것은 단순히 쏘는 것일 뿐이고, 그들이 추구하는 것은 총을 쏘는 것이 아니라 사냥을 경험하는 것이다. 그들에게 사냥이 무엇인지, 그들이 어떻게 사냥에 참여하게 됐는지를 이해하는 것은 나 자신을 그들의 세계에 빠져들도록 해야만 할 수 있는 일이다. 그들이 동료 사냥꾼에게 들려주는 이야기를 듣고, 그들과 함께 사냥 나갈 준비를 하고, 새벽 무렵과 헤질 무렵 숲 속에서 그들이 사냥할 때 함께 있고, 사냥이 끝난 뒤 그들이 그날의 행동과 경험에 대해 다시 생각하고 성찰할 때 함께 휴식을 취해 봐야 한다. 또한 그들에게 귀를 기울이고, 그들이 자신이 누구이고 어떤 사람이고 무엇을 하고 있는지 나에게 가르쳐줄 때 잘 받아들이는 것도 중요하다. 내가 할 일은 가급적 그것을 잘 배우고, 나의 학술 연구에서 되도록 완결성 있고 공정하게 그들의 행동을 표상화하고 해석하는 것이다.

문화기술지 현지조사를 하는 연구자는 연구 중에, 그곳에 있기(being there), 함께 있기(being with), 예상치 못한 것에 열려 있기(being open to the unexpected), 그리고 궁극적으로 우리가 연구하려는 대상의 생활 방식에 비규범적인 태도로 열려 있기라는 네 가지 있기(being) 임무를 수행한다. 나는 이런 연구에서 나오는 결과가 세세한 특이성에 근거하는 인간동물학에 가치 있는 기여를 할 것으로 믿는다. 인간동물학은 특정 인간과 특정 동물이 특정 시기에 특정 장소에서 맺는 관계의 복잡성에 주목하기 때문이다.

7

육류의 생산과 소비

왜 우리는 돼지고기 엉덩살을 먹는 것은 전적으로 정상이라고 생각하지만 인간의 엉덩살을 먹는 것은 터무니없다고 생각하는가? 이 장에서 우리는 '고기'가 무엇인지, 어떻게 동물이 고기가 되는지, 그리고 왜 어떤 동물만 고기가 되는지에 대해 논할 것이다.

대부분의 미국인에게 저녁 식사 감이 되는 동물과의 상호작용이란 그저 그들을 준비하고 소비하는 것뿐이다. 사람들은 오늘날 '동물'이 아니라 '고기'를 먹는다. 동물

그림 7.1. 「돼지 엉덩살」(Dan Piraro, 만화 제공: www.bizarro.com)

생산 과정과 지리적으로 동떨어져 있고 육류 가공 과정의 보이지 않는 특성 때문에, 미국인들은 매년 수백만 마리의 동물을 소비하지만 이 사실을 인지

하지도 못한다. 슈퍼마켓의 고기는 스티로폼 용기에 담겨서 깔끔하게 비닐 포장되어 있고, 살아 있는 생명체였던 죽은 동물을 연상시킬 어떤 것도 담고 있지 않다. 우리는 동물을 먹는 것을 동물과 접촉하는 것으로 보지 않는다. 우리는 이를 '식품'과의 접촉으로 보고 이런 소비를 '자연스러운 것'으로 여기는 데 익숙해져 있다. 그러나 현대 미국인들에게 자신이 소비하는 고기와의 관계는 절대 자연스러운 것이 아니다. 이는 수렵채집 사회든, 유목 사회든, 농경 사회든 상관없이 전통 사회에서 만들어졌던 관계와 매우 다르며, 약 100년 전 우리 사회에서의 관계와도 다르다.

고기에 대한 금기

엄밀히 말하면 어떤 동물이든 고기가 될 수 있다. 그러나 각 사회에는 어떤 동물은 먹어도 되고 어떤 동물은 먹어서는 안 되는지에 대한 사회적 규범이 있다. 고기는 세계 어느 사회에서나 매우 귀하게 여겨지지만, 어떤 종류의 고기는 특정 사회에서 금기시된다. 이런 규범은 동물 자체와는 아무런 상관도 없다. 그것은 동물과 음식에 관한 사회적 의미와 관련이 있다.

대개 고기인 음식의 금기 이유를 이해하려고 노력하는 학자들은 기능적인 설명과 상징적 설명, 두 종류의 설명에 주력하는 경향이 있다. 기능적인 설명은 동물이 살아 있는 상태와 죽은 상태 중 언제 가치가 더 높은가, 즉 동물의 효용에 초점을 맞춘다. 그런가 하면, 특정 종류의 동물을 먹는 것이 비용 효율적인지, 특정 종류의 동물 소비를 제한하는 것이 특정 환경에서 자원 보전에 해당하는지, 특정 동물을 먹는 것이 인간에게 보건상의 문제를 야기할 수 있는지에 집중하는 다른 기능적 설명 관점들도 있다. 반면에 상징적 설명은 동물 자체의 의미를 강조한다. 예를 들어 토템 사회에서는 사람들이 동물 토템의 자손이라고 말한다. 전형적으로 토템은 아주 특별한 종교 의례 때를 제외하면 음식 재료로 금지되어 있다. 이 경우 사람들은 해당 동물과 관계를 맺고 있고, 인간은 그들 종류를 먹지 않기 때문에 그들은 식용으로 소비되지 않는다.

인도의 예를 들면 힌두인이 신성하게 여기는 소를 먹는 것은 금기이다. 인류학자들은 일반적으로 쇠고기 금기를 경제적 관점에서 설명한다. 소는 죽은 것보다 살아 있는 상태(말 그대로 도살되지 않은 상태)일 때 더 가치가 높다. 쟁기를 끄는 소는 인도 농업에서 매우 소중하다. 소의 분변은 건축에 사용되고, 비료와 연료로 쓰이며, 우유는 매일 소비된다. 소의 오줌도 아유르베다 의학에 쓰일 정도로 가치가 있다. 그래서 경제적 가치 때문에 소를 찬양하고 보호하는 것이다. 또한 인도 사회에서 소의 신성한 지위는 동물 희생의 역사에서 시작됐다. 인도에 사냥 문화가 번성했던 시대에 종교 의례에서 정기적으로 크고 작은 동물을 희생시키는 것은 흔한 일이었다. 인도가 동물을 가축화하고 동물에게 고기뿐 아니라 더 많은 것을 의존하기 시작한 이후에, 특히 기원전 8세기경 쟁기를 도입한 이후에 이런 방식으로 소를 죽이는 것은 용납할 수 없는 일이 됐다. 힌두교에서 소 죽이는 것을 금지한 것은 불교와 사이나교의 영향을 받은 것이다. 힌두인에게 소 먹는 것은 금기일 뿐 아니라, 인도 전역에서 소 도살이 불법이다. 비록 인도계 무슬림과 기독교인은 모두 소를 먹지만 말이다. 많은 힌두인, 특히 가장 높은 계층인 브라만은 채식을 한다. 그런데 모든 인도인은 낙농 제품(특히 소에서 나오는)을 소비한다. 우유와 유제품을 힌두 종교 의식에서 쓴다. 마지막으로, 힌두교의 소 도살과 소비 금지는 인도의 **카스트** 제도를 유지하는 데 도움이 되기도 했다. 깨끗하지 않다고 여겨져서 접촉할 수 없는 계층은 쇠고기를 먹는 것이 허락됐다. 그래서 음식의 차이는 사람들 사이의 신분 차별을 강화했다.

유대교와 무슬림에게는 돼지고기가 금기이다. 유대인에게는 카슈루트 (kashruth), 무슬림에게는 하람(haram)이라고 한다. 어떤 학자들은 이를 다시금 돼지 사육의 실용적 측면에 집중하여 설명한다. 돼지에게 습하고 그늘진 장소가 필요하다는 것을 생각하면, 덥고 건조한 중동에서 돼지를 기르는 것은 이치에 맞지 않는다. 게다가 돼지는 잡식성인데 풀을 뜯지 않아서 기르자면 인간의 음식을 먹여야 하는데, 이는 경제적으로 합당하지 않다. 반면에 인류학자인 메리 더글러스(Mary Douglas, 1975)는 돼지뿐 아니라 「레위기」

에서 추악하다고 언급된 온갖 동물에 대한 『성경』의 금기를 청결함(purity)과 불결함(impurity)에 초점을 맞춘 논거로 설명한다. 그녀는 신성함이라는 개념에 바탕을 둔 고대 히브리의 상징 체계를 이용해 음식 금기에 대한 시스템적 해석에 찬성한다. 더글러스에 따르면, 음식에 대한 규칙은 성스러움에 대한 은유의 전형적인 예이다. 특히 깨끗하지 않거나 추한 동물은 그들의 적절한 분류에 맞지 않았다. 즉 날짐승은 깃털이 있어야 하고 곡식을 먹어야 한다. 물에 사는 동물은 지느러미와 비늘이 있어야 하고, 땅 위에 사는 동물은 되새김질을 해야 하고 발굽이 두 개로 갈라져 있어야 한다. 이런 기대치에 부응하지 않는 동물, 이를테면 조개, 양서류, 파충류, 육식동물, 박쥐, 맹금류 등은 그래서 추악하고, 그래서 금기시됐다. 더글러스의 설명은 상징주의적이면서 실용적이다. 고대 히브리인은 유목생활을 했고 양이나 염소 같은 반추동물을 길렀다. 전형적인 육지 동물은 그들이 이미 기르고 있는 동물이어야 했다. 무슬림은 유대인과 모든 음식 금기를 공유하지는 않지만(예를 들어 이들은 유대인은 먹지 않는 낙타 고기를 먹는다), 맹금류를 먹지 않는 것을 비롯해 많은 금기를 공유하고 있다. 무슬림의 주요 2대 종파 중 하나인 시아파는 유대교의 금기를 거의 공유하지만, 수니파는 일부만 공유한다. 제7일재림교 또한 유대인과 음식 금기를 공유하지만 많은 이들이 채식주의자이기도 하다.

미국과 서구 사회에서는 일반적으로 개를 먹지 않는다. 이는 개가 처음에 식용 동물이 아니라 사냥 동반자로 가축화됐기 때문이다. 그래서 나중에 개는 애완동물의 지위를 얻었다. 일단 어느 동물이 식용이 아니라 애완용으로 키워지면 이 동물을 식용으로 소비하는 것은 매우 어려워진다. '애완동물'이 된다는 것은 최소한 어느 정도 가족으로 여겨지는 것이고, 가족의 일원을 먹는 것은 그 일원이 동물일지라도 상징적인 형태의 '식인'이다. 게다가 경제적인 측면에서 다른 동물을 먹이로 주어야 하는 동물을 먹는다는 것은 이치에 맞지 않는다.

그러나 개는 중국, 베트남, 한국, 태평양 섬 문화권에서 식용이다. 인류학자들은 이런 모순 역시 경제적인 관점에서 설명한다. 미국처럼 식용으로 소비할 동물이 풍부한 곳에서는 개가 사냥의 동반자로서, 경비견이나 반려견으로서 더 가치가 있다. 이론적으로 개는 다른 동물 자원이 부족하거나, 식용 이외의 역할이 그다지 가치를 인정받지 못하는 곳에서 식용으로 쓰인다. 그런데 다른 단백질 공급원이 풍부하고 개가 식용 이외의 다른 역할을 수행하는 중국을 볼 때 이런 설명은 설득력이 떨어진다. 이 나라에서는 1000만~2000만 마리의 개가 여전히 식용으로 사육된다. 이를 상징적 가치에 근거해 설명하는 다른 이론도 있다. 중국과 필리핀에서 개를 먹을 때, 개고기가 '몸을 따뜻하게 하는' 매우 가치 있는 특성을 지닌 것으로 여겨진다.

개, 소, 돼지가 가장 잘 알려진 금기 동물이기는 하지만 대부분의 문화에는 적어도 한 가지 정도의 음식 금기가 있고, 그중 대부분은 육류이다. 죽은 동물의 고기를 먹는 맹금류는 금기시되는 경우가 많은데, 이는 이들이 죽음이나 질병과 관련있기 때문이다. 래트나 마우스도 마찬가지다. 동물이나 동물의 부위는 가난이나 기아와 연관이 있어 금기시되기도 한다. 미국에서 내장 음식, 비둘기, 다람쥐는 가난한 사람들의 음식이다. 그래서 중상류 미국인에게는 가치가 없다. 고양이를 식용으로 기르는 경우는 매우 드물지만, 경기가 매우 좋지 않던 시절에는 중국, 러시아, 유럽에서도 고양이를 먹었다.

동물은 어떻게 고기가 되는가

특정 동물이 어떤 사회에서 식품으로 소비된다는 것은 궁극적으로 경제적이고 상직적인 의미를 갖는다. 그렇다면 동물은 어떻게 고기가 되는가?

동물을 고기로 만들자면 동물이 문화적인 생산 방법에 근거해 '먹을 수 있는 것'으로 간주되어야 하며, 상직적인 체계에 기초해서도 그러해야 한다.

그러면 동물은 고기로 정의된다. 영어권 국가에서 예를 들어 이런 먹을 수 있는 동물은 '가축(livestock)'으로 인식되고, 말 그대로 살아 있는 '공급(supply)' 또는 '돈(money)'을 의미한다. 흥미로운 점은 이 용어가 실제로 '고기 동물'을 뜻하지는 않는다는 것이다. 대신 이는 돈이나 부의 형태로 쓰이는 동물을 일컫는다. 가축의 용도 중에서 먹을 수 있다는 것이 동물의 다른

그림 7.2. 미국 슈퍼마켓에 진열된 육류 가공 상품. (사진: Blair Butterfield, Wikipedia Commons)

기능만큼 중요하지 않다는 것을 의미한다. 동물을 먹을 수 있게 만드는 다른 방법은 동물을 지각력(sentience) 있는 존재에서 먹을 수 있는 대상물로 전환하는 것이다. 동물에게서 주체성(subjectivity)을 어떻게 제거할 것인가? 먹히는 동물에게 이름을 붙이지 않는 것도 하나의 방법이다. 일반적으로 우리는 개인적인 관계를 맺은 누군가를 먹지는 않는다.

동물이 먹을 수 있는 대상으로 규정되고 나면, 그 동물은 도살되고, 해체(가공)되자마자 고기가 된다. 동물은 살아 있는 존재에서 먹을 수 있는 식료품으로 변한다. 사냥 문화, 유목 사회, 농경 사회, 이 모두에는 동물을 도살하고 해체(가공)하는 특별한 방법들이 있다. 해체는 한 마리의 온전한 동물을 조각으로 바꾸어 놓는다. 이 조각들은 '고기'로 인지된다. 그래서 고기는 사실 분해되고 해체된 동물에 지나지 않는다.

미국에서 고기의 생산을 결정하는 다른 요소는 동물이 어떻게 사육되느냐와 관련있다. 산업화된 서구에서 동물은 고기가 되기 위해 태어나고 자란다. 이들은 날 때부터 죽을 때까지 '상품(stock)'으로 간주된다. 그리고 그들의 중요성은 오직 그리고 전적으로 고기로서의 경제적 가치에만 근거한다.

이렇게 공장에서 최종 상품인 고기로 생산됨으로써 동물이 고기로 변한다.

서구에서 동물은 해체된 후 포장된다. 대부분의 미국인은 슈퍼마켓에서 스티로폼과 플라스틱으로 포장된 상태로 구입한 후 조각난 동물을 먹는다. 이런 포장은 최종 상품과 살아 있는 동물 간의 거리, 그리고 소비자가 먹는 실체와의 거리를 더욱 떨어뜨려 놓는다.

과거의 육류 소비

우리의 선사시대 조상인 오스트랄로피테신(*Australopithecines*)과 호모 하빌리스는 거의 죽은 동물을 먹거나 채집을 했으며, 오히려 야생동물에게 사냥 당하는 처지였을 것이다. 예를 들면, 고인류학자들은 호랑이나 독수리 또는 다른 포식동물의 겹치에 몰려서 생긴 것으로 보이는 구멍이 있는 오스트랄로피테신의 머리뼈를 발견했다. 그들은 대개 채식을 했으며 때때로 죽은 동물을 주워 먹으며 식이를 보충했다.

250만 년 전 호모 에렉투스의 진화와 함께 우리 조상은 사냥꾼이 됐고, 여전히 식물성 음식을 섭취하긴 했지만 덩치가 큰 동물도 먹었다. 많은 인류학자들은 호모 에렉투스의 커진 뇌가 정교한 도구를 만들 수 있는 능력과 관련있고, 당시의 경제적 전략으로 협동 사냥이 시작됐을 것이라고 생각한다. 옛 호모 사피엔스(archatic *Homo sapiens*, 고인류)와 해부학적으로 현생인 호모 사피엔스가 수십만 년 전에 등장하고부터 우리 종은 주로 대형 동물을 사냥하고 식물을 채집하면서 삶을 유지해 나갔다.

약 1만 5000년 전 **중석기 혁명**(Mesolithic revolution)으로 알려진 이 시기에 가장 최근의 빙하기가 끝나면서 기후가 점점 따뜻해졌다. 그러면서 많은 대동물 무리가 북쪽으로 이동했고, 남쪽에서 살던 사람들은 더 일반적인 경제 전략을 적용하기 시작했다. 그들은 큰 동물보다 작은 동물, 조류, 어류, 여타 다양한 종류의 풀과 콩과 완두콩을 비롯한 곡물에 집중했다. 시간이 지남에 따라 거대동물 중 대부분은 결국 과도한 사냥 때문에 멸종하게 됐다. 또한 이 시기에 개는 사냥 파트너로 가축화됐는데, 이들은 인간이 보다 효율적으로 작은 동물을 사냥할 수 있게 해주었다. 수렵채집은 신석기 혁명까지는 모든 인간에게 가장 중요한 경제 활동이었다. 약 1만 년 전에 시작된 신석기 혁명 때 인간은 처음으로 식물을 경작하고 동물을 가축화했다. 그러나 이 시기 이후에도 세계의 많은 사람들은 가축화를 진행하지 않고 수렵채집 상태에 머물렀다. 이런 문화를 연구한 인류학자들 대부분은 이 문화권에서 식물성 음식을 먹었고 육류는 식이의 적은 일부에 지나지 않았다는 것을 밝혀냈다. 그러나 어떤 문화권에서는 이런 법칙에 예외가 있다. 예를 들어 이누이트(Inuit)족은 주로 동물의 살로 된 식이에 의존해 살아간다.

신석기 혁명 때 식용 동물은 최초로 중동에서 그리고 나중에는 아시아와 아프리카 지역에서 가축화됐다. 이는 동물이 식용으로 번식되고 사육되고 도살되는 첫 문명의 시작이었다. 물론 전통적인 농경 사회, 유목 사회에서는 가축이 이미 수천 년 동안 사육되어 왔다. 그런데 그동안은 동물을 사육하지 않고 스스로 풀을 뜯게 하거나 방목했다. 시스템은 단순했고, 경제적으로 효율적이었으며 환경에도 좋았다. 동물은 단지 식용으로만 도살되는 경우가 드물었고, 주로 종교적 목적에 따라 희생됐다. 일상적으로 고기를 먹는 문화권에서는 주로 물고기로 연명했는데, 주위에 식물이 거의 없는 환경에서 사는 이누이트 족 같은 사람들이었다.

동물의 가축화가 집중적으로 이루어짐에 따라, 그리고 고대 거대 문명이 성장함에 따라 고기를 먹는 것이 일반화됐다. 그전까지 대부분의 사람들은 일상적으로 고기를 먹지는 못했다. 부유한 사람들만 많은 양의 고기를 섭취했다. 최상류층은 매일 식사 때 고기를 먹었을 뿐 아니라 많은 양의 고기를 허비했다. 그리스에서는 다른 많은 문화권에서와 마찬가지로 부자들이 자신의 신분 상승 표시로 육류 소비를 즐겼다. 오늘날에도 부유한 사람들은 이국적이고 비싸고, 심지어 멸종위기종인 동물을 먹음으로써 자신의 부와 지위를 과시한다.

현대의 육류 생산

19~20세기가 되어서야 비로소 육류 소비는 미국에서 일상적인 일이 됐다. 이는 가축을 사육하고 고기를 생산하는 방식이 크게 변했기 때문에 가능해진 일이다. 생산 양식의 변화는 소비 양식의 광범위한 변화를 가져왔다. 소비 증가 때문에 더 효율적인 증산 방법을 찾는 데 박차를 가했다. 이 새로운 축산물 수요는 수천 년 전 출현한 가족형 농장으로는 더 이상 충족될 수 없는 수준에 이르렀다. 이제는 **공장식 축산농장**(factory farm)들이 매일 소비되는 고기, 낙농품, 달걀의 대부분을 생산한다.

미국의 가축 생산(livestock production) 현대화에서 첫 번째 혁신은 철로를 남부와 서부로 확장하고 기차에 냉장 철도 차량을 개발해 도입한 것이다. 19세기까지는 텍사스나 캘리포니아 같은 서부에서 자란 소를 고기로 가공해서 북동부 큰 도시의 시장으로 운반하는 것이 쉽지 않았다. 남서부로 철로가 확장되자 소는 도살 전 수용 시설인 대규모 계류장(stockyard)이 있는 시카고로 이송될 수 있었다. 도살 후에는 냉장 철도 차량으로 신선한 고기(낙농품이나 달걀을 포함하여)가 동쪽으로 운반됐고, 이는 미국인들의 육류 소비를 촉진했다. 냉장 철도 차량 개발 전에는 돈육이 미국에서 가장 대중적인 육류였다. 돼지는 작은 농장들에서 키울 수 있었지만 소는 서부의 대형 목장에서 사육해야 했다. 냉장 철도 차량 덕분에 더 넓은 지역에서 쇠고기를 이용할 수 있게 되자 쇠고기는 빠르게 미국에서 가장 대중적인 육류가 됐다. (쇠고기의 대중화가 지속될 수 있었던 것은 미국 내에 소가 풀을 뜯어 먹을 수 있는 넓은 미개척지가 있었다는 사실과 관련있다. 미국만큼 큰 땅을 가진 나라는 드물기 때문에 전체 육류 소비율은 훨씬 낮다.)

다음 단계의 발전은 현대적 동물 사육 기술이며, 산업화에서 비롯된 방식이다. 이는 대규모, 중앙집중식, 밀집 사육으로 요약될 수 있다. 동물은 좁은 공간에 갇혀 정해진 사료와 물을 제공받고, 정해진 온도가 유지되며, 건강 점검이 용이하다. 산업적으로 '불필요하거나' '비효율적'으로 여겨지는 동물의 운동은 제한된다. 이런 방식은 어느 산업에서나 생산량을 늘리고 소비를 증가시킨다. 자동화는 인간 노동자와 동물을 생산 공정의 톱니바퀴 속으로 밀어넣었다. 역설적이게도, 동물 생산의 산업적인 방법들은 헨리 포드가 자동차 산업에서 선구적으로 제시한 대량 생산 공정으로부터 차용된 것인데 헨리 포드는 자동차 생산 모델을 개발할 때 시카고 도축장의 해체 라인에서 영감을 받았다.

오늘날 가축은 CAFO(Confined Animal Feeding Operation, 감금식 가축 사육 시스템)라 불리는 거대한 시설에서 사육된다. 이곳에서 동물의 삶은 모든 면에서 제어되고 인간에 의해 만들어진다. 외부의 공기가 차단되고, 먼지가 없으며, 태양빛이 없고, 털을 고르거나 놀거나 운동하거나 자연스러운 번식 과정을 거칠 수 없다. 어이없게도, 동물의 가축화를 가능하게 했던 바로 그 사회 행동들이 제거됐다. 동물의 사회적 구조는 철저한 감금 사육 안에서 붕괴되고 말았다. 혼자이거나 혈족 아닌 집단 속에 밀집되어야 했기 때문이다. 이 시스템에서 동물은 더 이상 지각력이 있는 존재가 아니다. 그들은 산업 생산물이다.

공장식 축산농장 생산에서 반드시 필요한 폐쇄형 감금 때문에 많은 새로운 농업 관행이 생겨났다. 부리 자르기(debarking, 마취 없이 병아리의 부리 앞부분을 절단하는 것)은 달걀 생산에서 일반적이다. 이런 산업에서 닭은 너무 작은 케이지에 갇혀서 스트레스와 밀집 때문에 서로 공격할 수밖에 없다. 돼지의 꼬리 자르기(tail docking, 마취 없이 대개는 밴드를 사용) 관행도 늘어나는 추세인데, 밀집 사육되는 돼지가 서로의 꼬리를 물어뜯지 않도록 하기 위해 실시한다. 소의 제각 또한 점점 더 일반화되고 있다. 뿔이 잘린 소는 여물통 앞에서 먹는 공간을 적게 차지하고 다루기 쉽고 다른 소에게 상처 입힐 일이 없다. 뿔 때문에 손상을 입으면 고기에 멍이 들어 제 값을 받고 팔 수 없다.

현재 전 세계 90퍼센트 이상의 달걀은 배터리형 사육장에서 생산된다. 이곳의 비좁고 층층이 쌓인 닭장은 거대한 시설 안에 놓여 있고, 빛과 온도, 사료와 물이 엄격하게 통제되며, 지속적인 항생제 투여로 닭의 건강을 유지한다. 이런 시스템은 매우 효율적이어서 한 사람이 3만 수 정도의 닭을 돌볼 수 있고, 단일 산란계 양계장에서 동시에 500만 수까지 사육이 가능하다.

전통적인 방목형 양돈 시스템은 거대한 창고형 감금 시스템으로 바뀌었다. 암돼지는 통제가 가장 심하고 움직임이 완전히 제한된 임신틀(gestation stall)에서 거의 대부분의 임신 기간을 지낸다. 항생제는 이들의 식이에서 중요한 부분이다. 송아지 고기용 송아지는(젖소 새끼이며 생후 즉시 어미에게서 분리됨) 가장 엄격하게 갇힌 상태로 지낸다. 도살될 송아지를 모아 놓은 우리에서 이들은 몸을 돌리거나 걸을 수 없으며, 철분이 제거된 우유 대체물을 공급받는다. 이렇게 빈혈에 걸린 송아지 고기는 애호가들에게 높게 평가된다. 육우와 낙농우 생산도 지난 50년간 밀집화됐다. 또한 방목장은 사육 시설로, 풀은 곡류로 대체됐고, 우유 생산을 높이는 인공 착유기가 도입됐고, 호르몬과 항생제로 체중 극대화가 이루어졌다.

동물이 수천 년 동안 식용으로 사육되긴 했어도 그동안 동물은 사람이 주는 먹이를 먹은 것이 아니라 목장에서 풀을 뜯을 수 있었다. 이 시스템은 단순하고 경제적 효율성이 있었고, 환경에도 좋았다. 그러니 오늘날 이 시스템은 엄청난 자원을 소비하는 방법으로 대체됐다(동물이 마시거나 청소에 쓰이는 물, 동물의 건강 유지에 이용하는 화학물질, 공장을 돌리고 동물을 운송하는 데 필요한 석유, 기존에는 사람이 먹었지만 지금은 동물에게 주는 곡물). 현대 농장의 원칙은 비용을 낮게 유지하고 생산성을 높이는 것이다. 동물을 돌보는 인간의 노동을 줄이고, 동물을 가능한 가장 작은 공간에 밀어넣고, 공장은 동물을 죽일 때 한 번만 청소하고, 동물을 가급적 빨리 도살함으로써(수컷 병아리는 태어나자마자 죽인다) 비용을 줄인다. 항생제와 호르몬, 유전자 변형을 통해, 그리고 사육사가 빛을 조절하거나 먹이를 통제함으로써 생산성이 향상된다. 예를 들어 미국 육우에게는 정기적으로 성장 자극을 위한 호르몬이 투여된다. 우유 생산성을 높이기 위해 생산자는 젖소에게도 호르몬을 주사한다. 우리가 5장에서 다룬 바와 같이 농부들은 새로운 가축 종을 만들기 위해, 그리고 지금의 종을 개조하기 위해 유전자 조작 실험을 해왔다.

동물을 도살하는 방법도 최대한 효율적이어야 한다. 아직 도살 전체 과정을 기계화하지는 못했지만(여전히 작업자 한 사람이 동물을 전살電殺해야 하고, 다른 작업자가 동물의 목을 그어 방혈해야 하고, 또다른 작업자들이 동물을 해체해야 한다) 이

과정은 꾸준히 최대한 효율적으로
개선되고 있다. 자신의 자폐증 때
문에 동물처럼 생각하고 느낄 수
있게 됐다고 말하는 동물과학자 템
플 그랜딘(Temple Grandin)은 도축
장으로 동물을 데려가는 많은 새
로운 방법을 고안해냈다. 그것들의
목적은 동물의 공포를 줄이고 동
물 죽이는 일이 쉬워지게 하는 것
이다. 그랜딘이 이 분야에서 일하
기 전에는 소나 양 같은 동물이 도
축장의 광경, 소리, 냄새 때문에 너
무 공포에 떨어 강제로 도축장으로
밀어넣어야 했다. 그래서 동물들이

그림 7.3. 일생 동안 이와 같은 임신틀에 갇혀 사는 암퇘지. 정신적인 자극이 없고 지루하기 때문에 이들은 자주 임신틀의 창살을 물어뜯는다. (사진: Mercy for Animals)

안전한 과정이 진행될 것이라 느끼도록 도살장에서 '유인 동물'을 이용하기도 했다. 그랜딘과 그의 지지자들은 소를 도살장으로 유도하는 장치인 '천국으로 가는 계단(Stairway to heaven)' 같은 그랜딘의 발명품을 이용하면 유인 동물이나 강제적 무력이 더 이상 필요하지 않다고 생각했다. 그러나 여전히 도살은 끔찍한 작업이다. 인도적도살법(Humane Methods of Slaughter Act)은 동물을 도살 전에 기절시켜야 한다고 규정하고 있다. 그럼에도 이 법률은 ˼ˇ ˥ ˥ ˥ ˥에 대해 토끼나 새 같은 동물은 예외로 하고 있고, 규정대로 강제되고 있지도 않다.

우리는 왜 고기를 먹는가: 기업식 농업의 정치경제학

왜 고기를 먹는지 묻는다면 대부분의 사람들은 육식이 건강에 좋고, 맛있고, 계속 고기를 먹어 왔고, 가족 모두 그리고 사회 전체에서 고기를 먹기 때문이라고 말할 것이다. 그러나 우리가 고기를 왜 먹는지, 미국에서 왜 그렇게 많은 양의 고기를 먹는지는 육류 산업과 축산업 그리고 미국 정부가 육식을 촉진하고 지원해 온 방식과 큰 관련이 있다.

육류 산업은 미국의 대규모 산업 중 하나로, 이윤이 거대하고 정부 보조금도 지원받는다. 지난 수십 년간 육류 산업의 사실상 모든 측면이 점점 더 통합되고 있어서, 소수의 기업들이 달걀, 낙농품, 우유 시장을 좌지우지하고 있다. 미국 농무부(Department of Agriculture)에 의하면 상위 2퍼센트의 거대 농장이 모든 농장동물의 40퍼센트 이상을 생산한다. 오늘날 필그림스 프라이드(Philgrim's Pride), 타이슨(Tyson), 퍼듀(Perdue), 샌더슨 팜(Sanderson Farm), 이 네 기업이 육계의 58.5퍼센트를 생산한다. 소수의 대규모 육계, 양돈, 육우 생산자와 가공자가 미국 시장을 지배하고 있으며, 소규모 가족 농장뿐 아니라 중간 규모 농장 역시 서서히 몰아내고 있다. 카길(Cargill)이나 타이슨 푸드(Tyson Food), 아이비피(IBP), 콘아그라(ConAgra) 같은 거대 그룹은 이제 수직적으로 통합되어 동물을 생산하는 시설, 동물을 비육하는 사육사, 동물을 도살하여 고기를 포장하는 육류 가공 시설을 모두 소유하고 있다. 이러한 통합을 통해 위의 대기업들은 생산의 모든 측면을 제어할 수 있으며, 작은 농장들이 경쟁하거나 성장하기 위해 이윤을 창출하지 못하도록 만들 수 있다.

미국 국내와 해외에서 경제적으로 유력한 산업 중 하나인 기업식 농업(agribusiness)은 정치인과 밀접한 관계를 맺는다. 종종 특정 후보자에게 선거 기부 형태로 경제적 영향력을 행사한다. 당선되기만 하면 이런 후보자들은 해당 업계에서 로비하는 이익을 지지하게 된다. 전국육우협회(National Cattlemens Beef Association)는 이런 그룹 중 가장 강력하다. 이들은 1998년부터 2004년까지 연방 정부에 로비하려고 200만 달러 이상의 돈을 썼다.

지역을 놓고 볼 때, 공장식 축산농장은 규제가 약한 주나, 주민들의 정치적 힘이 약해서 시설 설립을 반대하기 힘든 가난한 지역에 위치한다. 산업용 동물 이익단체들 또한 엄청난 액수의 돈을 주와 지역 차원에서 로비에 사용한다. 예를 들어 2008년에 캘리포니아 주는 송아지 사육 상자(veal crate),

양계 산업에서의 수직적 통합

필그림 프라이드는 미국에서 다섯 번째로 큰 양계 생산자이다. 이 회사는 사육 농장, 부화장, 육성 농장(Grow-out farm), 그리고 닭을 가공장으로 보내는 트럭과 닭을 도살하고 가공하는 가공장까지 소유하고 있다. 또한 닭에게 먹이는 사료를 만드는 공장과 달걀을 생산하는 별도의 산란계 농장도 가지고 있다. 이런 수직적인 통합으로 필그림 프라이드는 가금육 시장의 상당 부분을 지배할 수 있다.

배터리 닭장 같은 공장식 축산 행위를 금지하는 주민 발의(ballot initiative)를 통과시켰다. 그러나 기업식 농업 측에서 이 반대 운동에 맞서기 위해 900만 달러의 돈을 썼다. 만약 주 정부가 새로운 규제를 도입하려고 하면 공장식 축산농장들은 재빠르게 다른 곳으로 옮겨가면 된다. 공장식 축산농장이 위치한 몇몇 지역의 상당수 정치인들은 이 업계와 밀접한 관계를 맺고 있거나 업계 내부자들이다.

종종 규제 당국은 그들이 규제해야 하는 기업들의 전(前) 대표들로 채워지기도 한다. 최근 미국 농무부의 고위 공직에는 전(前) 전국육우협회의 홍보 책임자와 로비스트, 전(前) 전국양돈협회(National Pork Producers Council, NPPC) 회장을 비롯한 육류 업계의 전(前) 지도자들이 포진하고 있다. 정부와 육류 업계의 이런 은밀한 관계로 인해 이 산업은 육류 연구, 검사, 포식자 관리(미국 야생생물보호국을 통해) 같은 분야에서 정부 지원금의 혜택을 누리고 있다. 잉여 육가공품을 매입해 주거나 주로 가축의 사료로 쓰이는 옥수수와 콩을 대규모로 경작하는 농부들에게 지원금을 주는 방식의 이득도 여기에 포함된다.

육류 소비를 독려하는 다른 방식은 광고인데, 이들도 정부의 보조금을

농장동물안식처

1986년 진 바우스턴과 로비 바우스턴(Gene and Lorri Bauston)이 설립한 농장동물안식처(Farm Sanctuary)는 미국에서 구조된 농장동물만 돌보는 최초의 안식처(sanctuary)이다. 바우스턴 가족은 이 동물들을 도축장, 계류장, 농장에서 구조하며 종종 동물 학대 조사 현장에서 데려온다. 오늘날 농장동물안식처(현재는 이혼 후 이름을 바꾼 진 바우어가 이끌고 있다)는 북부 뉴욕 주와 캘리포니아 주 두 곳에서 보호소를 운영하고 있는데, 모두 합쳐 약 1,200마리의 소, 칠면조, 닭, 돼지, 양, 염소, 토끼를 기른다. 농장동물안식처는 또한 공장식 축산농장의 현실을 대중에게 교육시키고, 비건의 생활 방식을 추친하는 활동을 적극적으로 펼친다. 이 조직은 또한 농장동물을 보호하는 주 법과 연방 법 제정을 위해 일한다. 예를 들어 이들은 플로리다 주에서 돼지의 임신틀(gestation crate)을 금지하는 데 참여했고, 애리조나 주에서는 임신틀과 송아지 사육 상자(veal crate)를 금지시키는 데 동참했다. 또한 산란계, 고기용 송아지, 임신 및 수유 중인 돼지 등이 더 넓고 인도적인 환경에서 사육되어야 한다는 캘리포니아 주민 발의안 2조를 통과시키기 위한 활동에도 참여했다.

받는다. 예를 들어 국립우유가공진흥위원회(National Milk Processor Promotion Board)는 "우유를 마셨나요(Got Milk)?" 캠페인을 만든다. 이 위원회는 우유 소비 촉진을 위해 미국 농무부가 만든 우유촉진법(Fluid Milk Promotion Act, 1990)에 따라 설립된 단체이다.

사회학자인 멜러니 조이(Melanie Joy, 2009)는 육식을 지지하는 신념 체계라는 의미로 육식주의(카니즘carnism)라는 단어를 만들었다. 조이에 따르면,

육식주의가 음식을 둘러싼 지배적인 이데올로기가 됐기 때문에 의문의 여지 없이 받아들이게 되고, 고기를 먹는 사람들은 자신이 왜 고기를 먹는지 의문을 품지 않는다. 즉 이것은 그야말로 주어진 것이다. 반면에 채식주의는 이상한 대안이고 주류에서 벗어난 것으로 보이고, 의문시되고, 채식주의를 고수하는 사람들이 방어해야 하는 어떤 것으로 보인다. (지금까지) 육식주의는 이름 붙여지지 않았기 때문에 가시화되지 않았고, 그래서 대부분의 사람들은 이에 대해 생각해 보지도 않았다. 일단 이름이 붙여지면 가시화된다. 소비자들이 고기를 먹기로 한 결정의 어떤 부분에 대해 의문을 가지기 시작하는 것이다.

도축업 종사자들

미국 사회에서 육류 소비가 많은 이유 중 하나는 육류가 너무 싸게 생산되기 때문이고, 미국 내 육류 가격이 그토록 낮은 이유는 동물이 사육되는 공장식 축산 환경 때문이다. 다른 이유는 이 업계에서 힘들게 일하는 노동자들에 대한 형편없는 대우 때문이다. 미국에는 약 5,700개의 도축장과 가공장이 있고, 이 업계에는 약 527,000명의 임금 노동자들이 있다. 이들의 급료는 높지 않다. 미국 노동부에 의하면 2004년 도축업 노동자의 평균 연봉은 21,440달러였고, 육류 가공자의 평균 연봉은 18,660달러에 지나지 않았다. 비교적 임금이 낮을 뿐은 물론이고 도축장의 작업은 무척이나 위험한 일이기도 하다.

도축업 종사자들은 위험한 도구와 날카로운 연장을 사용해서 매우 빠른 속도로 종일 반복되는 일에 시간을 보낸다. 이들은 다양한 종류의 상해를 입는다. 바닥을 덮고 있는 피와 분변, 여타 체액 때문에 미끄러져서 넘어진다. 살아보겠다고 몸부림치는 동물에게 차여서 다친다. 내장을 제거하거나 동물을 해체하는 칼에 베이기도 하고, 고통스럽고 만성적인 반복 동작 손상(repetitive motion injury)을 참고 견뎌야 한다. 도축업에서는 공정 속도(회선 속도, line speed)가 계속 빨라지고 있기 때문에 사람들이 베이거나, 타박상을 입거나, 화상을 입거나, 찔리거나, 눈이 멀거나, 사지가 절단되거나, 흉터가 생기거나, 혹은 더 나쁜 일들이 생길 위험이 높아진다.

미국 농무부에 따르면 도축업 종사자 중 13퍼센트 이상이 매년 이런 작업 환경 때문에 상해를 입거나 병에 걸린다. 이는 민간 산업 분야에서 가장 높은 비율이다. 뿐만 아니라 이미 이런 측면에서 악명 높은 식품 가공업 분야에서도 가장 높은 상해와 질병 발생률이기도 하다.

도축장의 공정 속도는 지속적으로 빨라지고 있다. 예를 들어 도계장에서 1분당 50수의 닭이 노동자들 앞을 지나간다. 이는 작업자들이 매일 여덟 시간 또는 그 이상의 시간 동안 기구를 점검하거나 칼날을 갈거나 잠시 쉴 틈도 없이, 매분 여러 마리의 닭을 매달고(shackle) 죽이고 잘라내야 한다는 것을 의미한다. 소음 수준이 높고 온도는 도살 단계(killing floor)에서 120도까지 올라가고 냉동 공정(refrigeration unit)에서는 0도 이하로 떨어진다. 모든 가금류와 돼지, 소는 도축장 작업자들이 자신을 매달 거라는 것을 인지할 수 있기 때문에 공포에 질려 몸부림을 치고, 발로 차고, 퍼덕거리며 빠져나가려고 한다. 세척은 가장 위험한 작업 중 하나다. 작업자들은 야간에 자욱한 열기와 증기 속에서 일하는데, 기구에 올라가고 기계를 씻어내고 독한 화학물질과 높은 수압의 물을 사용하고 미끄러운 동물 체액이 질척거리는 바닥에 발을 붙이고 서 있으려 애를 쓴다. 공정 작업자들은 하루 근무 시간 동안 무거운 생체 또는 사체 동물을 자르고 들어올리는 동작을 수천 번 반복한다. 따라서 이들은 심각한 부상이나 고통스러운 반복성 긴장 장애를 당할 가능성이 높아진다. 도축장 내 공기는 먼지와 오물, 공기를 떠다니는 분료와 혈액 입자로 가득하다. 그 결과 작업자들은 많은 질병에 감염될 수 있다. 도축 공정에 들어간 동물이 감염되어 있는 경우도 흔하다. 이런 동물이 작업자들에게 배변하거나 토할 경우 대장균이나 캄필로박터, 리스테리아 같은 병원균을 퍼뜨릴 수 있다. 항생제로 관리된 동물은 항생제 내성균에 감염되어 있을 수 있기에, 작업자들도 같은 종류의 위험한 균에 감염될 수 있다.

작업자 이직률은 연간 100퍼센트가 넘는다. 이직률이 높다는 것은 노동자들이 병가나 휴가를 갈 수 없고 보험 혜택을 받을 수 있을 만큼 오래 근무하지 못한다는 것을 의미한다. 관리자는 작업자들이 계속 일하게 하거나 그들의 부상을 무시한다. 관리자가 병으로 출근하지 못하는 사람을 해고하기 때문에 작업자들은 통증을 참고 일을 계속해야 한다. 특히 관리자는 작업자들이 최소 작업량을 채우지 못하면 성과금을 받을 수 없기 때문에, 부상당한 작업자들이 그만두도록 종용할 수도 있다. 육류 업계는 작업 환경이나 임금에 대한 기본적인 개선을 요구하는 피고용인을 저지하기 위해 노조를 해체하고 보복하는 것으로 악명이 높다.

육류 회사들은 자신의 권리를 잘 알지 못하고 낮은 임금을 감수하는 멕시코계 노동자들을 고용한다. 도축장 인력의 1/4이 해외에서 온 비(非)시민권자들이다. 육류 산업에서 일하는 생산 및 위생 노동자 304,000명 중 38퍼센트가 해외에서 온 비시민권자들이다. 이들 중 다수는 영어를 못하고, 일자리를 잃거나 추방당하는 것을 두려워하기 때문에 위협당하거나 조종당하기 쉽다. 이런 노동자들은 산재보상법(Compensation Law)을 모를 수 있고, 아프거나 부상을 당해도 언어 장벽 때문에 관리지와 소통이 어려울 수 있다.

현대 육류 생산 및 소비의 문화적 영향

인간동물학은 육류 생산과 노동 착취의 연관성을 탐구하는 데 주력해 왔다. 사기계계이나 갈등 이론(conflict theory)에서 볼 때, 평가절하되고 억압받는 집단은 모두 자본주의 사회의 불가항력적 폭력의 희생양이라고 말할 수 있다. 동물에 대한 인도적인 대우, 노동자에 대한 온당한 대우, 장기적으로 지속가능한 농업과 환경 정책보다 이익이 우선이다.

갈등 이론은 인간에 대해서든 동물에 대해서든 억압은 개인적인 태도나 행동이 아니라 조직적, 경제적 압력에서 비롯된다고 본다. 자본주의 경제에서 수익이 목표이기 때문에 수익을 내지 못하는 인간과 동물은 불이익을 당할 수 있다.

미국의 기업식 농업에서 동물의 삶의 질은 그다지 고려의 대상이 되지 않는다. 동물은 상품으로 취급되고 노동자들은 착취당한다. 산업에서 야기되는 오염 물질로 훼손될 수 있는 환경에 대해서도 무심하다. 그러나 만약 동물 복지가 수익을 내는 데 도움이 된다면 기업들은 변화를 꾀할 것이다. 예를 들어 PETA(동물의 윤리적 대우를 위한 모임)나 미국휴메인소사이어티(Humane Society of the United States, HSUS) 같은 단체의 활동 덕분에 이제 많은 미국인이 이런 상업적인 농업 환경에서 동물이 얼마만큼 고통을 당하는지 알게 됐고, 많은 시민들이 보다 인도적인 동물 사육 방식을 요구하고 있다. 맥도날드나 웬디스 같은 대형 업체들은 식육용 동물이 사육되는 특정 조건을 변화시키는 방식으로 이런 요구에 대응해 왔다. 동물을 때리는 학대 행위는 수익에도 영향을 줄 수 있다. 왜냐하면 고기에 멍이 들어 제값을 받고 팔 수 없기 때문이다.

현실적으로 공장식 축산농장으로 인한 환경 훼손을 고려할 때(미국 농부는 식용으로 사육되는 가축이 매년 1500만 톤의 폐기물을 배출하는 것으로 추정하는데 이는 수질, 대기 오염은 물론 지구 온난화의 주범이 된다), 육식 관련 보건 비용과 해당 분야 노동자들에 미치는 위해를 고려할 때, 공장식 축산농장 환경에서 동물을 기르는 것은 적절하지 않다. 고기를 생산하는 데는 식물을 기르는 것보다 수백 갤런의 물이 더 필요하며, 1파운드의 고기를 생산하자면 인간도 먹을 수 있는 곡물이 수 파운드가 넘게 들어간다. 세계 인구가 늘어남에 따라 사람들은 보다 많은 식량을 필요로 한다. 세계적으로 식생활이 미국식으로 전환되고 있기 때문에 사람들은 더 많은 육류를 필요로 하게 되고, 곡물이나 채소를 생산하는 것보다 고기를 생산하는 데 더 많은 자원이 소요된다.

우리는 이런 수요를 어떻게 충족시킬 수 있을까? 우리에게 이런 수요를 충족시킬 용의가 있기는 한가? 만약 우리가 현재의 방식을 고수한다면 우리는 이 장에서 설명한 것처럼 더 많은 공장식 축산농장을 짓고 더 많은 토지와 자원을 가축 기르는 데 전용해서 이런 수요를 충족시키게 될 것이다. 그러나 더 많은 육류를 소비하더라도 인간의 허기는 더 심해질 것이다. 육류를 생산하자면 식량과 물, 토지를 전용해야 하므로 채소와 곡물 생산을 하지 못해 기아 문제가 유발되기 때문이다.

　　많은 학자들이 육류 소비와 권력 사이의 관계를 지적해 왔다. 그리스 철학자 플루타르코스(Plutarch, 1874)가 언급한 바와 같이 고대인들 대부분은 고기를 거의 먹지 않았다. 하지만 상류층은 많은 양의 고기를 먹었을 뿐 아니라 낭비하기도 했다. 여성학자인 캐럴 애덤스(Carol Adams, 1991)는 권력 있는 자들은 항상 고기를 먹어 왔고 고기를 먹는 것은 특히 남성성과 관계있다는 것에 주목했다. 여성과 어린이, 그리고 가난한 자와 소수 계층은 채소나 곡물, 과일 같은 열등한 음식을 먹었다. 여성은 대체로 고기를 먹지 못하거나 매우 드물게 섭취했지만 남편이나 아들, 아버지를 위해 고기를 준비해야 했다. 과거에 중국인과 일본인은 '쌀을 먹는 사람', 아일랜드인은 '감자를 먹는 사람'으로 여겨졌고, 이런 특성은 이들을 영국인에 비해 열등하게 보이게 만들어 이들에 대한 정복을 정당화했다. 오늘날에도 세계적으로 육류 공급이 원활할 때는 모든 사람이 고기를 섭취할 수 있지만, 그렇지 않을 때는 상류층만 고기를 섭취할 수 있다.

육식과 윤리

　　매년 미국에서 거의 90억 마리의 동물이(그중 80억 마리는 가금류) 식용으로 사육되고 죽는데도 불구하고(미국 농무부 국가농업통계서비스, 2009), 이들을 보호하는 법께거의 버렸음 없다. 대부분 주(州)의 동물학대방지법은 일반적인 농업에서 행해지는 일을 예외로 하고 있어서 그 희생자가 개나 고양이나 된 범죄로 기소당할 수 있는 학대 행위가 농장에서는 동물학대방지법에 저촉되지 않는다.

　　대부분의 사람들이 가공되어 플라스틱 용기에 포장된 고기 또는 반(半)조리나 조리된 고기를 선호하는 데에는 충분한 이유가 있다. 우리는 편안한 거리를 유지하고 싶어한다. 우리는 우리가 먹는 동물에 대해, 이들이 어떻게 살고 죽는지에 대해 생각하고 싶지 않다. 게다가 우리는 음식이 어디로부터

오는지 생각할 때 오래된 맥도날드 아저씨의 농장을 떠올린다. 동물이 가치 있는 삶을 사는 작은 농장들이 여전히 우리에게 음식을 제공하고 있다고 믿으며 위안을 얻고 있는 것이다. 그러나 미국에서 가족 농장은 자취를 감추었고 이들은 전체 인구의 2퍼센트에 지나지 않는다. 현실에서는 미국 농장동물의 대부분이 정상 수명의 일부밖에 살지 못한다. 이들의 삶은 우리가 상상할 수도 없는 고통으로 가득 차 있다. 이들을 생산품의 일부분으로만 여기는 기업에 의해 존재하기 때문에 이 동물들은 일상적이고 조직적인 끔찍한 학대를 견뎌야 한다.

우리가 스스로 소비하는 육류에 대해 생각하지 않을 수 있는 한 가지 방법은 그 소비 행위에 이름을 붙이는 것이다. 많은 형태의 육류는 그것이 기원한 동물을 숨기는 이름을 가진다. 돼지(pig)가 아니라 돼지고기(pork), 소(cow)가 아니라 쇠고기(beef)라고 부른다. 여성학자인 캐럴 애덤스가 지적했듯이, 동물은 고기에 부재하는 지시대상(absent referent)이다. 동물이 없다면 고기는 없다. 그러나 동물은 도살과 가공, 마케팅을 통해 식품으로 변했기 때문에 고기에는 존재하지 않는다. 동물은 죽었기 때문에 고기에 부재한다. 우리가 이들을 먹을 때 동물에 대해 이야기하는 방식이 다르기 때문에 동물은 고기에 부재한다. 동물은 다른 어떤 것을 은유하기 때문에 고기에 부재한다. 우리가 "나는 힌 조각 고깃덩어리 같아"라고 말할 때 우리는 실제로 고기를 생각하는 것이 아니며, 우리는 고기 조각이 되는 동물을 절대 생각하지 않는다.

육류 소비는 모든 인간 사회에서 실제로 벌어지고 있으며, 그것도 높은 가치로 여겨진다. 그럼에도 모든 사회는 이 행위에 대해 다양한 방식으로 표현되는 문화적 모호성 형태를 보인다.

예를 들면 우리가 이 장에서 다룬 육류 금기 같은 것이 있다. 다른 예로 동물을 죽이는 것과 관련된 규칙이나 의식과 관련이 있다. 중동의 많은 고대 문명에서 동물은 소비되기 전에 제사장에 의해 신에게 바쳐졌다. 대개 동물을 죽이는 것은 승인을 거쳤다. 고대 문명들에서 대부분의 사람들은 자신이 먹는 동물을 죽이지 않았으며, 동물을 날것으로 먹지 않았다. 대신 고기

신시내티 프리덤

신시내티 프리덤(Cincinnati Freedom)은 2002년 오하이오 신시내티
에서 도축장을 탈출해 경찰과 동물관리관을 따돌리고 11일간 잡히
지 않았던 샤롤레 육우다. 탈출 과정과 포획 과정이 잘 알려졌기 때
문에(이 소는 언론에서 지역의 영웅이 됐다) 공무원들은 이 소를 도축장으
로 돌려보내지 않고 집을 찾아주기로 결정했다. 예술가이며 동물권
운동가인 피터 맥스(Peter Max)는 그의 그림을 신시내티 동물학대방
지협회에 기증해서 이 소의 보호를 위한 비용을 대고 나중에 북부
뉴욕 주의 농장동물안식처(Farm Santuary)로 데려갔다. 이 소는 그곳
에서 6년간 다른 탈출 소인 퀴니(Queenie), 애니 도지(Annie Dodge),
맥시나(Maxina)와 함께 살다가 2008년 척수암으로 세상을 떠났다.
다음은 농장동물안식처 홈페이지에서 인용한 글이다:

> 신시에게 작별을 고해야 할 시간이 됐을 때 소 무리는 신시 주위로
> 모여들었다. 그중 가장 나이가 많은 케빈이 한 발 앞으로 나아가 신시
> 의 얼굴을 핥았고, 가장 나이가 많은 암컷인 아이리스는 등을 핥아서
> 신시가 마지막 숨을 거둘 때까지 위로하고 안정시켰다. 우리의 이 아
> 름다운 암소가 떠나자 무리의 모든 소가 다가와 작별 인사를 했다. 모
> 두가 신시와 마지막 사랑의 순간을 나눴다.

를 가공하고 요리해서 변형했다. 이는 사람들이 날것으로 섭취하는 것을 편
하게 여기지 않았기 때문일 것이다. 과학자들은 인간이 고기에 대해 근친교
배적인 거부감을 가지고 있다고 주장해 왔다. 우리는 우리가 먹는 다른 어떤
음식보다 고기에 대해 거부감을 보이는 경향이 있다. 아이들은 새로운 종류

의 고기 섭취를 매우 싫어한다. 사람들은 고기를 원하지만 또한 매우 금기시 하기도 한다.

오늘날 공장식 축산농장과 관련있는 밀집 사육 때문에, 그리고 현대 농업에 내재된 잔인함 때문에, 세계적으로 수백만 명의 사람들이 채식이나 비건 식이를 받아들이고 있다.

또 수백만 명은 유기농 농업으로 사육된 동물로부터 생산된 고기를 사려고 한다. 사실 시장 조사 업체인 민텔(Mintel)의 조사에 따르면, 미국 식당에서 채식주의나 비건 메뉴의 수가 2008년부터 2010년까지 26퍼센트 증가했다. 또한 닭장에서 기르지 않은 닭에서 생산된 달걀은, 밀집 사육되는 암탉에게 고통을 주는 행위에 동참하지 않으려는 달걀 소비자들에게 인기 있는 대안품이 되어 왔다.

미국에서 다른 현대적인 움직임은 슬로 푸드, 로컬 푸드 운동이다. 이를 통해 고기는 공장식 축산농장보다 더 인두적인 조건에서 사육되고 도살되고 가공되는 지역에서 소비된다. 그런가 하면 많은 도시 미국인들은 닭과 토끼를 직접 기르고 있다. 가정에서 쉽게 사육할 수 있는 작은 동물은 인도적 도살법에서 정의한 '가축(livestock)'에서 예외가 되기 때문에 가정에서 도축해도 된다.

더 읽을거리

Davis, Karen. 2001. *More Than a Meal: The Turkey in History, Myth, Ritual and Reality*. New York: Lantern Books.

Eisnitz, Gail. 1997. *Slaughterhouse: The Shocking Story of Greed, Neglect and Inhumane Treatment Inside the U.S. Meat Industry*. Buffalo, NY: Prometheus Books.

Hoy, Melanie. 2009. *Why We Love Dogs, Eat Pigs, and Wear Cows: An Introduction to Carnism*. Newburyport, MA: Conari Press.

Mason, Jim and Peter Singer. 190. *Animal Factories*. 2nd ed. New York: Harmony Books.

Sapontzis, S. F. 2004. *Food for Thought: The Debate Over Eating Meat*. Amherst, NY: Prometheus Books.

Williams, Erin and Margo DeMello. 2007. *Why Animals Matter: The Case for Animal Protection*. Amherst, NY: Prometheus Books.

참고할 만한 영상물

Animal Appetites. VHS. Directed by Michael Cho. New York: Third World Newsreel, 1991.

A Cow at My Table. VHS. Directed by Jennifer Abbot. Galiano Island, BC, Canada: Flying Eye Productions, 1998.

Death on a Factory Farm. DVD. Produced by Tom Simon and Sarah Teale. Hastings-on-Hudson, NY: Working Dog Productions, 2009.

45 Days: The Life and Death of a Broiler Chicken. VHS/DVD. Washington, DC: Compassion Over Killing, 2007.

Life Behind Bars: The Sad Truth About Factory Farming. DVD. Watkins Glen, NY: Farm Sanctuary, 2002.

Meat. DVD. Directed by Federick Wiseman. Cambridge, MA: Zipporah Films, 1976.

Meet Your Meat Collection. DVD. Directed by Bruce Friedrich. Norfolk, VA: PETA, 2003.

8

애완동물

　최근 대중의 관심을 끄는 동물에 대한 뉴스에는 많은 이야기가 담겨 있다. 이들 중 많은 이야기에서는 종을 뛰어넘는 우정을 다룬다. 이를테면 코끼리 타라(Tara, 테네시 주 호헨월드의 코끼리 안식처에서 살고 있다)는 벨라(Bella)라는 개와 친구가 됐고, 토끼인 섬퍼(Thumper)와 친구가 된 사슴 뱀비(Bambi)도 있고, 2004년 쓰나미로 폐허가 된 인도네시아의 해안에서는 아기 하마인 오언(Owen)과 코끼리거북이 므지(Mzee)가 친구가 됐다. 종을 넘어선, 대개 야생과 가축의 경계를 넘어선 이들의 우정 이야기는 원래 서로 포식자와 먹이 관계에 있던 동물도 함께 행복을 찾을 수 있다는 것을 보여준다.

　그런데 아마 더 희한한 이야기는 다른 종을 애완동물로 기르는 동물에 대한 이야기일 것이다. 캘리포니아 고릴라 재단에 살고 있는 코코(Koko)의 사례는 유명하다. 대부분의 사람들은 코코와 그의 사랑을 받은 고양이 올 볼(All Ball), 그리고 올 볼이 죽었을 때 코코가 얼마나 슬퍼했는지 알고 있다. 그렇다면 동물을 애완동물로 기르는 것에는 어떤 의미가 있을까? 일반적으로 애완동물을 기르는 것은 유용성보다는 즐거움을 위해 동물을 다른 종으로부터 보호하는 것이다. 예를 들면 심리학자인 할 헤르조그(Hal Herzog, 2010)

는 먹을 것을 확보할 수 있는 정착 또는 반(半)정착 환경 속에 사는 동물만 '애완동물'을 둔다고 주장했다. 먹이 수급이 어려운 야생동물은 그렇게 하지 못한다. 설령 그런 경우가 있다 하더라도(한 사례이긴 하지만 고양이를 애완동물로 둔 야생 영장류에 대한 새로운 연구가 이루어지고 있다), 동물이 동물을 애완동물로 둔다는 것은 엄연한 사실이다. 포유류 사이에서 또는 적어도 영장류 사이에서 자기 종이 아닌 다른 동물과 친밀한 관계를 공유하고자 하는 욕망은 보편적이다. 그리고 배고픔으로부터 벗어나면 이런 욕구가 실현될 수 있다. 즐거움을 위해 동물을 기르고자 하는 욕구는 인간 사회에서 보편적인 것이기 때문에 애완동물을 기르는 것은 자원이 풍부하고 사람들이 생존 투쟁을 하지 않아도 되는 문화 속에서만 유행했다.

도시에 사는 서구인에게 인간-애완동물 관계는, 육류 섭취를 제외하면, 동물과 가지는 유일하고 진정한 관계이다. 2009년 미국애완동물용품제조협회(American Pet Products Manufacturing Association, APPMA)의 조사에 의하면 아이들과 함께하는 미국인보다 반려동물과 함께 사는 미국인의 수가 더 많다(2008년 46퍼센트에서 62퍼센트로 증가). APPMA에 따르면 미국인은 2009년 애완동물 사료, 장난감, 옷, 여행용품을 비롯해 애완동물 용품에 450억 달러를 소비했다. 그해에 거의 4억 1200만 마리의 동물이 7100만 미국 가정에 살고 있었다. 이는 미국 인구보다 1억이 많은 숫자이다. 그렇다면 매년 수십억 마리의 다른 동물이 짧고 잔인하고 고통스러운 삶을 사는 것과 달리 무엇 때문에 어떤 동물은 이런 혜택을 받게 되는 걸까?

애완동물은 어떻게 규정되는가?

이 책에서 우리는 동물이 어떻게 사회적으로 구성되는지, 그리고 우리가 다른 동물들에게 각각 다른 분류 기준을 어떻게 부여하는지 논해 왔다. 예를 들어 7장에서 우리는 고기와, 고기를 생산하는 일을 다루었다. 인간에 의해 소비되는 동물에 걸맞게 이들은 우선 '고기(식용) 동물(meat animal)'로 정의되어야 할 필요가 있다. 그러지 않으면, 미국 같은 나라에서는 수많은 법을 어겨야만 어떤 동물이든 죽이거나 먹을 수 있다. 우리의 상징과 분류 체계에서는 그것이 허용되지 않는다.

기능적인 면부터 상징적인 면까지 매우 중요한 다른 동물 부류는 애완동물(pet)이다. 애완동물 또는 반려동물은 인간과 친밀한 관계를 맺고 있는 동물로 정의된다. 고기 동물, 농장동물, 사역동물, 실험동물 같은 수많은 동물 분류군을 볼 때, 우리가 애완동물을 특별히 구분할 기준은 없다. 단지 인간이 선택해서 애완동물이 됐다는 사실을 제외하고는 말이다. 미국에서 애완동물로 간주되는 수많은 종류의 동물에 대해 생각해보자. 많은 동물이 가축화됐고 오랜 기간 인간 가까이에 얽매여 살아왔지만, 애완동물이라고 하면 개와 고양이가 가장 먼저 떠오른다. 다른 많은 동물은 가축화되지 않고 여전히 야생동물로 남아 있다. 새와 물고기, 그리고 거북이, 뱀, 개구리, 고슴도치, 거미, 유인원처럼 특수동물(exotic pets)로 간주되는 많은 동물은 가축화 환경에 편입된 야생동물이다. 역사학자인 키스 도머스(Keith Thomas, 1991)는 1400년부터 1800년까지 있었던 영국의 애완동물에 대해 논하며 애완동물이란, 이름이 있고 집 안으로 들어오고 절대 잡아먹지 않는 동물이라고 했다. 이 기준은 세계적으로 모두는 아니지만 대부분의 애완동물에 대한 정의에 잘 부합한다.

대부분의 애완동물은 태어나는 방식 때문에 애완동물이 된다. 반려동물을 포함한 가축은 인간의 목적에 따라 제어된 교배의 산물이다. 이런 과정은 수천 년이나 된 것이고, 우리와 함께 살면서 크기, 모양, 색부터 기질, 그리고 우리와의 관계에 이르기까지 모든 것에 영향을 미쳐 왔다. 식용 동물이 농업 분야에서 '생산'되고 있는데, 반려동물도 점점 더 공장식 축산농장 환경에서 애완동물 판매자나 애완동물 소유주에(의도적이든 비의도적이든) 의해 번식되고 있다.

번식업자에 의해 의도적으로 교배된다면 애완동물은 작은 시설이나 가정, 아니면 퍼피 밀(puppy mill) 또는 키튼 밀(kitten mill)이라고 불리는 큰 사육 시설에서 태어날 것이다. 이들은 대규모인데 허가받지 않은 경우도 있으며,

대개 시골 지역에서 흔하게 적발되는 전형적인 지저분한 시설이다. 이 시설에서 강아지, 고양이, 토끼, 최근에는 새까지도 대규모로 사육되어 대부분 브로커들에 의해 애완동물 상점으로 팔려나간다. 이 시설에서 살고 있는 교배용 동물은 일생을 철망 우리 안에서 보낸다. 이들은 말 그대로 지쳐쓰러질 때까지 계속 교배에 교배를, 출산에 출산을 반복한다. 이곳에서 태어난 강아지, 새끼 고양이, 토끼는 건강 관리나 적절한 치료가 잘 안 되기 때문에 질병에 시달린다. 북미의 애완동물 상점에서 살 수 있는 거의 모든 동물은 이런 상업적인 교배 시설에서 온다. 그런가 하면, 취미나 쇼를 목적으로 번식시키거나 은밀히 비윤리적 번식을 시키는 사람도 있으며, 가정에서 '우연히' 새끼를 보게 되는 사람도 있다. 이들은 주로 신문 광고나 인터넷 같은 매체를 통해 직접 동물을 판매한다. 상업적 교배 시설에서는 대체로 동물을 브로커나 판매상에 한꺼번에 넘긴다. 이들은 동물을 애완동물 상점으로 보내고 거기서 동물은 팔려나간다. 매년 많은 동물이 번식업자에 의해 생산되고, 역시 많은 동물이 가족에 의해 버려지기 때문에 많은 애완동물은 유기동물 보호소나 사설 구조 센터로 보내진다(이 주제는 이 장의 뒤에서 다룰 것이다). 운이 좋은 동물은 '재활용'되어 다른 인간 가족에게 애완동물로 입양된다.

애완동물은 인간의 주거 공간에 사는 동물이다(많은 애완동물은 집 안에 살지 않고 집 밖이나 마당에 살며, 말을 비롯해 애완동물로 여겨지는 다른 농장동물은 축사에 산다). 애완동물의 다른 기준은 이들이 이름을 가진다는 것이다. 서구에서는 적어도 이름이 없으면 애완동물이 아니다. 동물의 이름을 짓는다는 것은 이들을 인간 사회에 편입시키는 것이며, 우리는 이들을 지칭하거나 언급할 때 이름을 사용할 수 있다. 우리는 가족이나 친구에게 말하듯 이들에게 말할 수 있다. 그리고 자신에게 중요한 어떤 사람에 대해 말하듯 자신의 동물에 대해 말할 수도 있다. 두 경우 모두 이름을 부름으로써 상호작용과 감정적 애착이 가능해진다. 게다가 다른 사람에게 자신의 애완동물에 대해 말함으로써 그 동물의 이력과 특성이 명확해진다.

애완동물이란 애완동물로 적합한 특정 품종이며, 인간의 주거 공간에 살고 대체로 인간이 제어하고 돌볼 수 있으며, 가축화됐거나 적어도 길들여

그림 8-1. 토끼인 루비는 어린이들과 함께 캘리포니아에 있는 소년원에 방문했다. (사진: Suzi Hibbard)

진 동물이다. 인기 있는 애완동물은 인간과 지낼 수 있는 유순한 기질을 지니고 있다. 개와 같은 많은 동물은 선천적으로 인간과 함께 있는 것을 좋아하는 것처럼 보인다. 그러니 애완동물은(적어도 동물 애호가의 마음에서는) 애정과 관심받는 삶을 누려야 마땅하다. '애완동물(pet)'이라는 용어는 15세기 영국에서 '버릇없는 아이'를 의미하는 단어였다. 이 단어는 불어의 'petit', 즉 '작은'이라는 말에서 왔고 확장되어 버릇없는 어떤 것이나 사람을 의미하게 됐을 것이다. 그런데 많은 예외가 있다. 특수동물은 잡혀온 야생동물이고 특수동물 산업(때로는 불법)을 통해서 포획되고 팔린다. 이들은 가축화되지 않았고 교배용도 아니며 대체로 길들여지지도 않는다. 게다가 우리는 애완동물을 그 역할 면에서 주로 반려동물로 정의하지만 많은 애완동물을 집 밖의 사육장에 가두거나 사슬로 묶어두기도 한다. 이들은 인간 가족과 반려 관계를 가질 수 없다. 안전이나 경제적 목적이 우선인 애완동물도 있고(동물 쇼를 위한 동물이나 예쁜 애완동물처럼), 뱀과 물고기 같은 애완동물도 있는데, 이들 역시 친밀감을 그다지 형성하지 않는다.

애완동물의 대두

수천 년 동안 세계적으로 모든 사회에서 애완동물을 기르긴 했지만, 서구 사회에서 이렇게 애완동물이 폭발적으로 늘어난 것은 지난 세기 정도의 일이다. 애완동물을 생산하고, 먹이고, 돌보고, 수의학적 처치를 하고, 이들의 사체를 처리하는 데까지 수억 달러 규모의 산업이 형성됐다.

사람들은 오랫동안 동물을 반려동물로 길렀다. 가축이 없었던 수렵채집 시대의 사람들에게도 애완동물이 있었다. 이런 집단의 사람들이 소유한 동물은 어릴 때 잡혀 길들여진 야생동물이며 친밀감에 익숙해졌다. 예를 들어 오스트레일리아 원주민은 딩고(dingo)와 왈라비를 애완동물로 기른다. 폴리네시아인은 개와 앵무새를, 남아메리카 원주민은 원숭이와 앵무새와 야생 고양잇과 동물을, 아메리카 원주민은 사슴, 개, 까마귀를 애완동물로 기른다. 이들의 문화에서는 애완동물과 같은 종인 동물을 사냥하기도 하고 먹기도 하지만, 대개는 일단 어느 동물을 애완동물로 만들면 그런 이용 대상에서 예외로 한다. 어떤 부족에서는 여성이 고아가 된 동물에게 젖을 먹이기도 한다. 원시 문화에서 여성은(그리고 아이들도) 애완동물과 밀접한 관계를 형성해 왔으며, 이는 현대 서구 문화에서도 마찬가지다.

약 8,000년 전 동물의 가축화가 시작된 이후에는, 이미 가축화되어서 길들여져 있고 사람에게 익숙한 동물 중에서 선택할 수 있기 때문에 애완동물을 기르기가 더 쉬워졌다. 고고학자들은 적어도 5,000년 전의 고대 문명에서 애완동물이 있었음을 밝혀냈다. 많은 역사에서 작은 커뮤니티의 동물은 사는 동안 다중의 목적으로 이용됐다. 이들은 달걀이나, 우유, 비료의 새 원으로 쓰이거나, 사역동물로 또는 애완동물로 그리고 종종 최종적으로는 식용으로 도살됐다. 반려의 목적으로만 동물을 기르고 먹이는 것은 매우 사치스러운 일이었기 때문에 이는 상류층의 호사였다.

어떤 동물이 최초의 애완동물일까? 약 15,000년 전에 가축화되어 사냥 파트너가 된 개가 첫 번째 애완동물인 것은 거의 확실하다. 개는 가축화된 동물 중 유일하게 식용 동물이 아니다. 사냥꾼들은 파트너인 개와 친밀한 관계를 발전시켰다. 최초의 애완동물은 당시에 사냥과 반려라는 두 가지 기본 목적을 모두 만족시켰다. 그러나 고대 문명 시대 이후에는 일부 개들이 노동을 멈추고 부자를 위한 반려견으로 완전히 바뀌었다.

야생에서 잡힌 새들은 로마나 아즈텍 제국같이 다양한 문화에서 길렀던 또다른 초기 애완동물이다. 사실 고대 지배자들은 야생동물을 작은 동물원 같은 곳에 가두고 자신이 자연마저도 정복했음을 보여주고자 했다. 몸집이 작기 때문에 새들은 실내 새장에 쉽게 가둘 수 있다. 새는 아름답고 이국적이며 노래까지 할 수 있다. 음악이 녹음되기 이전 시대에는 이것이 또 하나의 장점이기도 했다. 다른 야생동물로는 잡고 통제하기 쉬운 동물인 관상용 물고기가 있는데, 중국과 일본에서 애완동물로 많이 길렀다. 이 지역들에서 물고기를 애완용으로 기른 것은 아마 7세기부터였을 것이다. 고양이도 초기 애완동물이다. 개와 유사하게 고양이는 식용으로 가축화되지 않고 인간의 경작지 주변에 살도록 유도됐기 때문에 인간과 함께 집 안에서 실기에 좋은 애완동물 후보 중 하나였다. 이들은 이집트인이 길렀던 애완동물(그리고 신성한 동물)로 유명하다. 그리스인과 로마인은 개와 앵무새를 애완동물로 길렀고, 로마인은 자신의 죽은 개를 대리석 무덤에 매장했다. 현대 이전에 애완동물은 다양한 이유로 길러졌다. 사람들은 반려의 목적뿐 아니라, 이들이 아름답고, 아름다운 소리를 내고, 이국적이고, 소유주의 사회적 신분을 나타내기 때문에 길렀다. 로마인은 애완동물이 사후에도 사람들과 동반한다고 생각했기 때문에 주인이 죽으면 종종 애완동물도 죽여서 운명을 함께하도록 했다.

개는 아마 약 3000년 전부터 기능적 목적 없이 새로운 종을 만들기 위해 애완동물로 교배된 최초의 동물일 것이다(순종 개는 20세기 중반까지는 평민들에게 인기가 없었다). 이전의 개는 감시, 양치기, 사냥, 수색을 비롯한 목적에 따라 교배됐다. 따라서 이 시기가 바로 더 작고, 털색과 질감이 더 다양하고, 다른 심미적 특성을 갖춘 개를 교배한 첫 시기일 것이다. 유럽과 아시아에서는 지주나 귀족, 여타 부유한 계층만이 밥값을 하지 않는 동물을 돌볼 여유가 있었다. 유럽에서는 예를 들어 사냥개가 귀족에게 매우 귀한 대접을 받았는데, 아마 사냥용과 반려용 역할을 모두 수행했을 것이다. 중국에서 페키니즈와 시츄는 반려동물로 교배됐으나 이차적인 기능도 있었다. 시츄는 크기가 작았음에도 불구하고 제국의 궁전에서 감시견으로 이용됐고, 페키니즈는 불교에서 신성하게 여기는 중국 사자와 유사해서 신성시됐다.

중세에는 많은 수녀와 수도사가 애완동물을 길렀음에도 불구하고 가톨릭 교회는 애완동물 기르는 것을 인간과 동물의 경계를 위협하는 이단의 한 형태로 보았다. 애완동물 기르는 것을 하찮은 일(정도는 약해졌지만 오늘날에도 여전히 그렇다)로 보는 또다른 이유는 역사적으로 여성이 애완동물 관리자였기 때문이다. 애완동물과 여성의 관계로 인해, 특히 애완용 작은 개를 비롯한 애완동물은 여성화, 여성의 열등함을 상징하는 것으로 간주됐다. 심지어 중세 유럽 여성들은 동물과 너무 가까운 관계를 가졌다고 인식될 경우 마녀로 비난을 받기도 했다. 유럽의 상류층은 애완동물을 기르다가 언론에서 풍자화되곤 했다. 사냥개를 기르는 귀족은 이런 오명에서 예외였다. 반면에 영국에서는(토지가 교회와 귀족의 소유였기 때문에) 가난한 사람들은 사냥이 금지되어 결국 사냥개를 소유하는 것도 금지당했다. 또한 순종 애완동물은 상류층이 소유했고 가난한 사람들은 부자들이 더럽거나 병들었다고 생각하는 동물을 소유할 수 있었다. 오늘날 모든 사회경제적 지위의 사람들이 애완동물을 키울 수 있지만 소득은 여전히 애완동물 기르는 것과 상관이 있다. 사람들은 소득이 많을수록 애완동물 보호자가 되려는 성향이 강하다.

현대 애완동물 산업의 발전

역사가 키스 토머스(1983)에 의하면 사람들이 애완동물에게 사람 이름을 붙이기 시작한 것은 18세기에 이르러서였다. 19세기나 되어서야 오늘날 우리가 알고 있는 방식으로 애완동물을 기르기 시작했다. 이때서야 비로소 사람들이 동물을 반려 목적으로만 기르는 데 충분히 사용 가능한 자원을 가질 수 있었다. 이 시기는 또한 상업적인 애완동물 산업이 생겨난 시기이기도 하다. 이 산업은 반려동물을 위한 사료, 약품, 우리(cage)를 파는 회사들로부터 시작했지만 번식업자(breeder), 매매 중개인, 조련사, 스파 같은 관련 업종까지 확장됐다. 영국에서는 1860년에 처음으로 상업용 개 사료 구입이 가능해졌지만, 미국에서는 20세기 초나 되어서야 가능해졌다. 첫 상업용 고양이 화장실은 1947년에 생산됐다.

　이 시기에는 동물에 대한 태도가 오늘날과 완전히 달랐다. 역사가인 해리엇 리트보(Harriet Ritvo, 1987)는, 현대 애완동물 산업이 19세기에 성장했다고는 하지만 이 시기는 또한 동물에 대한 심각한 학대의 시기이기도 했다고 지적한다. 대부분의 유럽인과 미국인은 동물의 통증과 고통에 관심이 없었다. 그러나 20세기 들어 우리가 인도적인 자극(humane impulse)의 시작이라고 부르는 태도가 천천히 생겨났다. 리트보는 이런 변화가 유럽인과 미국인이 스스로 자연을 정복했고 인간 문명에 가해진 많은 위험들을 격파했다고 느꼈기 때문에 생겼다고 말한다. 인간은 자연계 위에 인간의 도시를 시어 농물을 집 안에 들여놓기 시작했다. 그러다가 농장동물이 내부분의 지역사회에서 불필요해지는, 농업에서의 산업화와 변화가 일어남에 따라 동물은 많은 사람들의 삶에서 사라져버렸다. 이는 중산층 가정이 아이를 더 적게 낳게 된 것과 더불어 복합적인 공백을 가져왔다. 이 공백은 현대 애완동물 산업의 발달을 통해 메꿔졌다. 어느 정도는 중산층의 소득이 증가하여 과거에 상류층의 전유물이었던 소소한 취미에 돈을 쓸 있게 됐기 때문에 애완동물 기르는 것이 널리 유행할 수 있었다. 이 기간에는 애완동물이 증가했을 뿐 아니라 개, 고양이, 토끼 고급 품종 번식자 클럽도 나타났다.　•

　역사학자인 캐서린 그리어(Katherine Grier, 2006)는 애완동물이 유행한 덕분에 빅토리아 시대 일부 가정에서 아이들에게 친절함이나 자기조절 같은 중산층 부르주아의 미덕을 가르치는 데 동물을 활용했다는 점을 지적했다. 이 시기의 도덕주의자들은 애완동물과 친하게 지내는 것이 아이들에게 바람직한 성품을 심어주는 방법이라고 생각했다. 그리어는 이것을 "친절의 가정 윤리(domestic ethic of kindness)"라고 불렀다. 이는 당시 동물에 대한 무심한 폭력을 얼마간 줄이는 데 기여했을 것이다(동물 학대는 이 시절에는 '내적인 도덕의 붕괴'로 여겨졌다). 아이들은 애완동물, 노인, 노예를 포함해 자신들의 돌봄에 의지하는 타자들에게 친절해야 한다고 배웠다. 이런 가정 윤리는 미국 가정에서 애완동물을 많이 기르게 만들었고, 19세기 말엽에는 동물 복지 운동을 일으켰으며, 지금도 여전히 영향을 미치고 있다. 그러나 그리어가 지적한 바와 같이 애완동물 기르기가 사람들이 가정에서 동물을 어떻게 생각하고, 어떻게 다루느냐에 대한 생각을 변화시키긴 했지만, 집 밖에 있는 일반 동물에 대한 사람들의 생각을 바꾸지는 못했다.

비록 19세기에 상업적인 애완동물 산업이 대두되고 현대적인 애완동물 기르기가 생겨났다고는 해도 20세기 중반까지는 애완동물 생산과 관련된 많은 일들이 문제가 되지 않았다. 예를 들어 반려동물이 아프면, 죽게 내버려 두거나 주인이 죽였다(동물을 수의사에게 데려가는 것은 1900년대까지 일반적이지 않았다). 20세기 애완동물 산업은 철저하게 상업화된 비즈니스였다. 산업 초기에 설립된 소수의 조류 특화 상점들부터, 사료나 새장, 도구 등을 생산하는 회사나 펫코(Petco), 펫스마트(PetSmart) 같은 대형 할인 매장 체인에 이르기까지 애완동물 산업은 믿을 수 없을 정도로 큰 수익을 내왔으며 세력이 커졌다.

우리는 왜 애완동물을 기르는가?

모든 사람이 애완동물을 사랑하는 것은 아니다. 많은 사람들은 반려동물을 싫어한다. 동물은 어지럽히고, 큰 불편을 야기하고, 알레르기를 악화시킨다. 많은 이들은 동물이 집 밖에서 살아야 한다고 생각한다. 사람들은 자신의 애완동물 때문에 다치거나 심지어 죽을 수도 있다. 일부 특수동물은 살모넬라 같은 질병을 옮기고, 매년 많은 사람들이 개의 공격을 받아 사망한다. 많은 사람들은 애완동물을 소유하고 있어도 가족 구성원으로 지위를 올려주지 않으며, 또 많은 사람들은 얼마나 많은 돈과 시간, 그리고 에너지를 동물에게 쏟아야 하는지를 걱정한다.

얼마 전까지만 해도 애완동물을 기르는 것이 소모적이고 비이성적인 일이라서 학자들은 애완동물의 존재를 설명하기 위해 많은 이론을 내놓을 필요가 없다고 생각했다. 예를 들어 콘라트 로렌츠(Konrad Lorenz, 1970)를 비롯한 동물행동학자들은 애완동물을 '사회적 기생충(social parasite)'이라고 생각했다. 이들은 인간의 부모 되기 본능을 유발할 의도로 매우 귀여운 얼굴과 몸을 가지도록 진화했다. 게다가 우리는 애완동물을 의인화한다. 동물에게 우리의 생각과 욕망을 투영하며, 그들 안에서 대체 가족의 형태를 만들어낸다. 이런 관점에서 보면, 동물에 대한 애착을 발달시킨 사람들은 다른 사람들과의 관계를 맺기 어렵다. 우리는 인간 대체물(애완동물)과 인위적인 관계를 만들어낸다. 1960년대와 1970년대에 실시된 두 건의 연구에서는 애완동물을 기르는 사람들은 심리적으로 건강하지 못하고, 애완동물은 보호자가 다른 사람들과 효과적인 사회적 관계를 맺는 것을 방해한다고 주장한다 (최근에는 기존의 이 연구들이 극도로 오류투성이임을 증명한 연구들이 나왔다). 그러나 오늘날 대부분의 학자들은 사람들이 아주 단순한 이유로 동물과 함께 산다는 것에 동의한다. 바로 동물이 인간에게 현실적인 도움을 주기 때문이다.

반려동물이 제공하는 다양한 기능에 대해 이미 논하긴 했지만, 오늘날 애완동물을 기르는 것은 반려 관계(companionship)를 얻기 위해서이다. 예를 들어 미국애완동물용품제조협회(APPMA)는 애완견의 56퍼센트가 같은 침대 위에서 같은 이불을 덮고 주인과 함께 잔다고 밝혔다. 그리고 대부분의 고양이가 과거에는 집 밖에서 살았지만 지금은 집 안에 살며 가족 구성원으로 간주되고 있다. 가장 최근에(식용을 목적으로) 가축화된 동물인 토끼도 지금은 수천 가구에서 애완동물로 대우받고 있다. 토끼는 가정의 애완동물로 집 안에서 살며, 많은 수가 주인의 침실에서 잔다. 이 동물들에 대한 친밀감은 이들이 우리에게 친구로서 수행하는 주된 역할을 보여주는 증거에 해당한다. 인간-동물 유대에 대한 연구(10장에서 더 자세히 다루도록 한다)에 따르면, 인간은 동물과 함께 살면 실제로 많은 감정적, 심리적, 육체적 이득을 얻을 수 있다. 아이들에게 친절이나 공감 같은 긍정적인 기술을 가르치기 위해 애완동물을 기르게 했던 빅토리아 시대의 동기는 오늘날에도 여전히 유효하다. 연구 결과에 의하면 반려동물과 관계를 형성하는 것은 아이들에게 보살핌 행동 (nurturing behavior)을 발달시키고 애완동물과 함께 자라는 아이들은 그렇지 않은 아이들에 비해 공감 능력을 발달시키게 된다.

동물은 인간의 복지에 왜 이런 중요한 영향을 미치게 될까? 과학자들은 반려동물과 함께 사는 것이 왜 인간에게 이렇게 이득이 되는지 밝혀내기 위해 몇 가지 이론을 발전시켰다. 생물학자인 에드워드 윌슨(Edward Wilson, 1984)이 도입한 **생명애** 가설(Biophilia hypothesis)은 인간과 다른 동물은 본능적으로 서로에게 끌리며 이런 관계는 서로에게 도움이 된다는 것이다. 이는 인간과 반려동물의 유대를 설명할 뿐만 아니라 왜 동물이 문학, 예술, 아이들의 놀이에서 중요한 역할을 하는지도 설명한다. 한편 인간이 진화하면서 식량 자원인 동물에게 의존해 왔기 때문에 동물에게 관심을 가지도록 고착됐다는 설명도 있다. 달리 말하면, 애완으로서의 동물에 대한 관심은 식량으로서의 동물에 대한 관심에 비해 부차적이라는 것이다. 사회적 지지 이론 (social support theory)에서는 우리에게 사회적 접촉에 대한 욕구가 있기 때문에 사회적 지지를 제공하는 것(이를테면 결혼, 교회 활동, 단체 활동 등)은 무엇이든 인간의 건강에 이롭다고 주장한다. 이 접촉이 동물과의 접촉이든 다른 사람과의 접촉이든 상관없이 중요한 점은 우리가 다른 존재와 사회적 접촉 관계에 있는 것이다. 마지막으로, 어떤 학자들은 남성이 여성보다 이런 사회적 지지를 더 갖는 경향이 있어서 여성이 남성보다 더 반려동물을 필요로 할 수 있다고 주장한다.

인간과 애완동물의 관계

반려동물은 우리의 가족 내에서, 가정 안에서, 일상에서 '사회적인 자리 (social place)'가 있다. 아침을 먹을 때, 텔레비전을 볼 때, 명절을 지낼 때 함께함으로써 그들은 진정으로 가족의 일원이 된다. 인간과 애완동물의 관계는 동물의 이용에 중점을 둔 것이 아니라 양방향의 관계이며, 인간과 동물

둘 다 중요한 역할을 담당한다는 점에서 대부분의 다른 동물과의 관계와 다르다. 반려동물과 상호작용을 할 때 우리는 자신이 개별적인 존재(individual)로 인식하는 동물과 관계를 맺는 것이다. 우리 삶에서 이런 목적을 가진 상호작용은 반려자, 친구, 가족과 이루어진다. 가장 이상적인 환경에서라면 이런 관계는 인간의 필요에 의해서뿐만 아니라 동물의 필요에 의해서도 구성된다. 나는 개, 고양이, 토끼, 새와 함께 산다. 어떤 경우(특히 개와 고양이에게) 나는 내가 원할 때 이들을 들어올려 안아주고 애정 어린 반응을 받고 싶어할 수 있다. 나는 또한 내가 집에 돌아왔을 때 개들이 나를 열정적으로 반겨주기를 원할 수 있다. 이들의 행동은 이들이 나를 보고 싶어했고, 내가 돌아와서 기쁘다는 것을 뜻한다. 우리 집에 함께 사는 토끼 중 크고 까만 잡종 토끼인 매기는 거실에서 산다. 매기 역시 나를 애정으로 대하며 나를 핥고, 내 손에 코를 비벼댄다. 난쟁이 토끼 이고르는 거실에서 살고 있는데, 내 관심을 참아 주는 수준이다. 다른 토끼인 세밤 몰리두 역시 거실에 사는데 나를 적극적으로 피한다. 나에 대한 감정을 존중해서 나는 몰리를 가급적 귀찮게 하지 않으려고 노력한다. 인간과 애완동물의 관계 행동에서 각 파트너는 다른 파트너가 어떻게 행동하느냐에 따라 다소간 달리 행동한다.

이 장 앞에서 이미 동물이 애완동물이 되기 위한 가장 중요한 조건 중 하나가 이름을 갖는 것이라고 했다. 이름을 갖는다는 것은 상징적으로나 문자 그대로나 인간의 가정 영역에 받아들여졌다는 의미이기 때문이다. 이름이 있다는 것은 또한 인간과 동물의 의사소통을 가능하게 한다. 즉 우리는 동물에게 말을 걸 수 있다. 동물이 인간의 언어를 구사할 수 없다 하더라도 우리는 동물에게 말을 걸 수 있고, 실제로 말을 건다. 그리고 많은 반려동물은 우리가 말하는 것 중 많은 부분을 톤이나 억양, 몸짓, 표정 등에 근거해 이해한다. 많은 동물이 자기 이름을 알고 있으며, 특정 어휘들의 의미도 알고 있다.

인간-동물의 의사소통을 연구해온 사회학자들은 아기의 말과 유사하게 인간-애완동물 대화가 명확한 구조와 뚜렷한 톤, 일련의 몸짓, 행동으로 이루어진다는 것을 증명했다. 직접적인 소통을 넘어선 이런 대화는 인간과 동물의 관계를 이어주며, 보다 넓게는 인간-동물 관계에서 반려동물의 사회적 윤활제로서의 역할을 증대시킨다. 사회학자인 클린턴 샌더스(Clinton Sanders, 1999)는 인간과 개의 관계를 연구해 왔다. 그는 언어가 인간과 개의 관계에서 상호간에 정의되는 실재를 구성하고 그것의 공유를 가능하게 한다고 주장했다. 사람의 언어를 사용하지 않기 때문에 동물은 일반적으로 인간과의 사회적 교류에서 제외된다. 그러나 가정에서 애완동물 보호자는 이런 언어의 결핍을 메꾸기 위해 많은 아량을 베푼다. 애완동물을 돌보는 사람에게 물어보면 그는 자신의 동물에게 말을 걸 뿐 아니라 자신의 동물이 자신의 말을 이해한다는 것을 인정할 것이다. 게다가 우리는 친구나 가족이나 수의사 앞에서 자신의 동물을 대변한다. 우리는 또한 동물을 통해서 말을 한다. 간혹 사람들은 애완견이나 애완묘를 다른 사람들에게 정보를 주기 위한 일종의 매개자로 이용하기도 한다. 애완동물 주인은 이종간 대화가 실제적이고 가능하다고 본다. 그리고 이 가능성 자체가 우리가 친구와 발전시키는 것과 같은 상호 관계와 소통을 가능하게 한다.

이종간 소통의 문을 열고 동물을 우리 세상으로 편입시킴으로써 우리는 동물을 인간화하고 그들에게 '사람과 같은(person-like)' 지위를 부여한다. 샌더스는 예를 들어 개가 밖에 나가도 되는지 물어보는(몸짓과 짖는 행위를 통해) 것을 포함하는 사회적 교류 유형을 설명한다. 양쪽 당사자는 이 교류에서 동등한 역할을 하며, 상대의 요구와 관심을 예상하고 인정할 수 있다.

모든 사람이 같은 방식으로 반려동물과 관계를 맺는 것은 아니다. 심리까 기인 마이클 폭스(Michael Fox, 1979)는 애완동물과 주인의 관계에 네 가지 유형이 있다고 기술했다. 객체지향적 관계(objective-oriented relationship)는 애완동물을 신기한 것이나 장식용 아이템으로 보는 관점이다. 실용주의적 관계(utilitarian relationship)는 인간이 동물을 특별한 이득을 위해 이용하는 관계이다. 욕구지향적 관계(need-oriented relationship)에서는 동물이 인간의 친구 교제 욕구를 만족시킨다. 마지막 유형인 실현적 관계(actualizing relationship)에서는 인간과 동물의 관계가 완전히 동등하며 상호 존중에 입각한다.

애완동물을 기르는 것은 성별에 따라 다르기도 하다. 사회학자인 마이클 라미레스(Michael Ramirez, 2006)는 애완동물 주인들이 반려동물을 선택할 때, 그리고 자신의 애완동물을 묘사할 때 젠더 규범(gender norm)을 어떻게 이용하는지 보여준다. 애완동물 주인들은 애완동물을 자신의 젠더 정체성을 보여주는 데 이용한다. 예를 들어 라미레스가 연구한 남성들은 개를 고양이보다 더 '남성적'으로 여긴다고 했으며, 남성과 여성 모두

그림 8.2. 「Cat Love」(Dan Piraro, 만화 제공: www.bizarro.com)

자기 애완동물의 행동을 각자의 성별에 맞춰 설명했다. 암컷 동물은 '집적댄다'는 말을 많이 듣고, 여성들은 애완동물을 여성적인 언어로 묘사하는 경향이 있다. 반면 남성들은 남성적인 표현을 사용하며, 자신의 개와 시끌벅적하게 논다. 여성들은 애완동물에게 입을 맞추거나 안아 주는 경향이 있다. 성별에 따른 역할과 기대는 주인이 반려동물을 어떻게 보는지뿐만 아니라 반려동물과 어떤 관계를 맺는지도 좌우한다.

애완동물과의 사랑과 슬픔

다른 동물이 아니라 애완동물을 언급할 때 쓰이는 단어는 바로 '사랑'이다. 애완동물을 기르는 가장 중요한 이유 중 하나는, 많은 사람들이 그렇듯, 우리가 몸무게, 외모, 수입, 성격에 상관없이 자신을 무조건적으로 사랑하는 누군가가 있는 것에 큰 가치를 두기 때문이다. 우리는 살면서 자신에게 긍정적인 감정을 표현하는 누군가를 갖는 데서 즐거움을 느낀다. 또한 많은

동물은 우리가 고통이나 슬픔을 느낄 때 그런 감정을 약화시켜 주기 때문에 그들이 그런 감정을 알아서 적절히 반응하는 것처럼 보인다.

많은 동물이 마치 우리를 사랑하는 것처럼 행동한다. 많은 미국인은 자신의 개가 자신이 일을 끝내고 집으로 돌아오기를 기다릴 뿐 아니라 자신이 돌아오는 것을 실제로 예측한다고 느낀다. 생물학자인 루퍼트 셸드레이크(Rupert Sheldrake, 1994)는 이런 현상을 그의 책『개는 주인이 언제 집에 올지 알고 있다(*Dogs That Know When Their Owners Are Coming Home*)』에서 밝히고자 했다. 그는 이런 속성이 애완동물과 주인 사이의 일종의 텔레파시라고 설명한다. 어떤 학자들은 이런 행동에 대한 더 논리적인 설명이 가능하다고 생각한다. 이를테면 개는 하루 일과가 끝났음을 알려주는 '내부 시계(internal clock)'를 지니고 있고, 우수한 후각이나 청각을 통해 또는 배우자나 동거인에게 거는 전화벨 소리 같은 환경적인 신호를 통해 그것을 알아낸다. 어떤 설명에 의해서든 주인에 대한 개의 행동은 확실히 사랑과 유사해 보인다. 죽은 주인이 돌아오길, 때로는 몇 년 동안, 참을성 있게 기다리는 개들의 이야기를 생각해보라.

반려동물과 함께 살고 관계를 형성하는 데 있어 문제점 중 하나는 대개 인간이 자신의 애완동물보다 더 오래 산다는 것이다. 사람들은 이런 상실을 어떻게 이겨낼 수 있을까? 다른 친밀한 관계에서와 마찬가지로 애완동물이 죽었을 때 우리가 느끼는 슬픔은 주체하기 힘들다. 인간의 슬픔(부인, 분노, 협상, 우울, 수용)에 대해 엘리자베스 퀴블러로스(Elizabeth Kuebler-Ross, 1969)가 정리한 단계는 반려동물을 잃고 슬퍼하는 이들에게도 적용할 수 있다. 사회학자와 심리학자들은 최근 이런 감정의 깊이와 사람들이 이를 극복하는 방법을 이해하기 위해 비애경험척도(grief experience inventory)와 센셰어 애완동물 애착 조사(Censhare Pet Attachment Survey) 같은 도구를 이용하여 애완동물의 죽음에 대한 인간의 슬픔을 주제로 삼아 연구했다. 이들의 연구에 의하면 사람들은 애완동물에 대한 애착이 강할 때, 다른 사람들로부터 위안이나 이해를 얻지 못할 때, 개인의 삶에 스트레스가 강한 다른 사건들이 있을 때 더 큰 슬픔을 느낀다. 또 사람들이 생각하는 것과는 달리, 아이가 없는 사람

그림 8.3. 로스앤젤레스 애완동물 추모 공원에 있는 버니(Bernie)를 추모하는 묘비. (사진: Elizabth Terrien)

들이 애완동물의 죽음에 대해 느끼는 슬픔이 아이가 있는 사람들에 비해 크지 않고, 여러 마리의 애완동물을 기르는 사람보다 한 마리의 애완동물을 기르는 사람이 꼭 더 큰 슬픔을 느끼는 것도 아니다. 여성이 남성에 비해 애완동물을 잃었을 때 확실히 더 큰 슬픔을 느끼기는 하지만, 남성은 슬픔을 밖으로 표시하는 것이 사회적으로 수용되지 않기 때문에 자신의 감정을 숨길 가능성도 있다. 철학자인 이푸 투안(Yi-Fu Tuan, 1984)은 애완동물을 잃는 것은 사람을 잃는 것과 다르다고 말했다. 왜냐하면 아끼는 친구나 가족 구성원이 사망하면 그들은 영원히 사라지지만 애완동물이 죽으면 그 빈 자리가 대체물로 채워질 수 있기 때문이다. 일부 사람들이 아직도 여전히 반려동물의 중요성을 인정하지 않는다 하더라도, 다행히 그보다 더 많은 사람들이 반려동물의 중요성을 인정하고 있다. 애완동물을 사랑하는 사람들은 더 이상 혼자 슬퍼할 필요가 없다. 이 주제를 다룬 많은 책이 있고, 반려동물을 잃은 슬픔을 극복하도록 도와주려고 상담역을 자처하는 사람들도 있다.

애완동물을 통한 인도적 태도의 발달

애완동물이 중요한 역할을 한다는 것은 분명하다. 그들은 우리의 행동에 영향을 미치고, 감정을 유발하고, 건강에 영향을 주기도 한다. 최근 연구를 통해 명확해진 또다른 측면은 동물이 우리의 태도, 즉 동물에 대한 태도와 인간에 대한 태도에도 영향을 준다는 것이다.

연구에 따르면 동물에 대한 태도와 넓게 관련있는 다섯 가지 요소가 있는데, 성격(personality), 정치적·종교적 성향, 사회적 지위(계급, 연령, 성별, 교육, 수입, 고용 상태, 인종), 환경에 대한 태도, 동물과 연관된 현재의 경험이나 습관 등이다(Kellert, 1980; 1985; 1994). 우리는 일반적으로 반려동물과 함께 살면서 동물에 대한 태도를 형성한다(Herzog and Burghardt, 1988; Kidd and Kidd, 1990; Schenk et al., 1994; Daly and Morton, 2006). 반려동물과 함께 사는 사람들은 다른 동물에 대해 보다 긍정적인 태도를 가질 수 있으며, 현재 동물과의 관계가 착취적이라면 부정적인 태도를 가질 수 있다. 성인이 되어서 가지는 애완동물에 내한 태도는 어릴 적 집에 애완동물이 있었는지 또는 자신에게 중요한 애완동물이 있었는지와 긍정적인 상관관계가 있다. 어린 시절의 경험이 좋았다면 어른이 되어서도 여전히 애완동물을 좋아하고 갖고 싶어한다. 연구에 따르면, 어린 시절에 애완동물을 길러 본 경험이 어른이 됐을 때 채식을 하거나, 동물 보호 기금에 기부하거나 동물 복지 단체에 가입하는 것을 포함한 인도적인 태도에 긍정적인 영향을 미친다. 반려동물과 함께 사는 것이 최소한 다른 동물들에 대한, 어쩌면 다른 사람들에 대한 우리의 태도에 영향을 미친다는 것은 분명해 보인다.

최근 많은 연구를 통해 반려동물에 대한 긍정적인 태도와 다른 동물에 대한 인도적인 태도 사이에 상관관계가 있음이 밝혀졌다. 예비 단계의 몇몇 연구에서는 동물에 대해 긍정적인 태도를 갖는 사람이 인간에 대해 좀더 연민하는 태도를 갖는 것으로 나타났다. 인류학자인 제임스 서펠(James Serpell)과 엘리자베스 폴(Elizabeth Paul, 1993; 1994)은 서양에서 애완동물 문화의 발전과 인간에 대한 태도의 연관성을 추적했다. 이들의 연구에 따르면, 17세

그림 8.4. 올리비아 몽고메리(Olivia Montgomery)가 셰바(Sheva)와 공던지기 놀이를 하고 있다. (사진: Robin Montgomery)

기를 시작으로 많은 계몽적 인도주의자들이 동물에 대하여 친화성을 보였다. 고대 그리스 때부터 학사와 철학자들은 동물에 대한 폭력을 추방함으로써 인간을 보다 평화롭게 만들 수 있다고 생각했다. 또한 노예 해방론자와 동물권 운동가가 종종 같은 사람이기도 했다. 적어도 동물에 대한 친화도와 사회 정의 사이에는 상관관계가 있어 보인다. 우리가 이 장에서 논의한 바와 같이 19세기 상업적 애완동물 산업이 발전하기 시작했을 때, 많은 사람들은 동물을 반려자로 삼는 것이 아이들의 친절함이나 자기 조절 능력을 기르는 방법이라고 생각했다. 인도주의교육운동(Humane Education Movement)에서는 어린 시절에 애완동물을 기르는 것이 어린이가 다른 동물에 대한 공감 능력을 키우는 데 근간이 된다고 본다. 1882년 매사추세츠 동물학대방지협회(Massachusetts Society for the Prevention of Cruelty to Animals)의 창립자인 조지 에인절(George Angell)은 방과후 클럽인 밴드오브머시(Bands of Mercy)를 만들었다. 이곳에서 어린이들은 서로 만나 동물에 대해 배우고 자신이 도왔던 동물에 대해 기도하고 이야기했다. 최근 9개 주에서는 어린이들이 동물에 대한 친절함을 배우는 것이 중요하다고 인식하여 공립학교에서 어떤 형태로든 인도주의 교육을 의무화하고 있다.

오늘날 일부 학자들은(Ascione 1992, 1997; Paul, 2000; Melson, 2003; Taylor and Signal, 2005; Henry, 2006; Daly and Morton, 2006, 2009) 동물과 함께 살면 실제로 동물과 인간에 대한 공감과 연민을 배울 수 있다고 생각한다. 그런데 최근의 한 연구는 이 의견에 반대한다. 동물과 함께 사는 것은 공감을 느끼는 것과 관련이 없으며, 고양이와 사는 것은 오히려 부정적인 상관관계가 있다는 것이다(Dale and Morton, 2003). 생각해 보아야 할 또다른 쟁점은 애완동물이 인간 사회에서 특별한 지위를 차지하고 있다는 것이다. 문화이론가 에리카 퍼지(Erica Fudge, 2002)가 지적한 바와 같이 "애완동물이 우선이고, 동물은 그 다음이다." 말을 바꾸면, 우리는 애완동물은 사랑할 수 있지만 여전히 다른 동물은 그렇게 사랑할 수 있다고 생각하지 않는다. 왜냐하면 애완동물은 '실제로' 동물이 아니기 때문이다.

애완동물에 대한 모순적 태도

애완동물은 우리에게 많은 것을 준다. 이들은 우리의 사랑스러운 가족이기에 우리는 이들에게 관심과 사랑 그리고 돈을 아끼지 않는다. 우리는 이들에게 옷과 장난감을 사주고, 털 고르는 도구를 산다. 또 이들을 유치원에 데려가고, 애완동물 묘지에 안장한다. 이들이 죽은 후 건너는 '무지개 다리'로 알려진 특별한 애완동물 천국까지도 만들어냈다. 하지만 이들은 주인이 자신의 지위를 과시하거나 정체성을 형성하는 데 이용된다. 또 수익을 좇는 산업의 상품으로 동물 복지의 사각에 놓이는 경우가 흔하며, 미국식 일회용 문화(throwaway culture)의 가장 지독한 예로 엄청난 수가 버려지고 안락사당한다.

미국동물학대방지협회

미국동물학대방지협회(American Society for the Prevention of Cruelty to Animals, ASPCA)는 북아메리카 최초의 인도주의 단체이며, 세계적으로 가장 큰 규모에 속한다. 본회는 뉴욕 시에 있으며, 미국에서 반려동물 보호를 위해 일하는 가장 큰 단체이다.

1866년 헨리 버그(Hennry Bergh)는 동물이 인간에게서 친절한 대우와 존중을 받을 권리가 있으므로 이를 법적으로 보장해야 한다는 믿음을 바탕으로 미국동물학대방지협회를 건립했다. 버그는 뉴욕 시에서 마주들이 채찍으로 가혹하게 다루던 마차용 말들에 대한 대우를 개선하기 위한 캠페인을 시작한 동물 애호가이기도 하다. 미국동물학대방지협회를 창설한 지 9일 만에 뉴욕 주는 미국 내 처음으로 마차용 말들에 대한 학대 행위를 금지하는 법을 통과시키고 협회에 이를 강제할 수 있는 권한을 부여했다.

동물이 학대로부터 보호되어야 한다는 개념이 확산되면서 다른 인도주의 단체들도 전국적으로 설립됐다. 대부분의 주에서 동물학대방지법을 제정했다.

오늘날 미국동물학대방지협회는 지역 보호소와 연계하여, 입양 증진 프로그램과 자료를 제공하는 지역사회 지원, 애도 상담, 동물 병원, 동물중독관리센터(Animal Poison Control Center) 같은 동물 보건 서비스, 그리고 인도적인 법 강화나 강력한 동물 학대 방지 법률 제정을 위한 로비를 포함한 동물 학대 방지 계획 등 세 가지 주요 분야에서 활동한다.

어떻게 우리는 자신의 사랑스러운 반려동물에게 엄청난 사랑과 돈과 보호를 아끼지 않으면서 같은 동물 수백만 마리가 고통받고 죽어가게 방치할 수 있을까? 이는 미국에서 애완동물이 겪는 가장 큰 모순이다. 반려동물과의 친밀한 관계는 인간과 동물이 상호작용하면서 서로에게 커다란 이득이 될 수 있는 가장 바람직하고 만족스러운 방법임에 틀림이 없다. 그러나 집이 없거나 학대와 방치의 삶을 살고 있는 가축으로 이미 차고 넘치는 세상에서 이런 반려동물의 생산은 대개 동물 복지보다 수익에 따라 이루어진다. 미국휴메인소사이어티에 따르면 600만~800만 마리의 개와 고양이가 매년 미국 내 동물 보호소로 수용되고, 이 중 3~5퍼센트의 고양이, 20~30퍼센트의 개만 집으로 돌려보내지며, 거의 절반은 안락사당한다(대부분의 보호소는 방치되거나 안락사되는 동물 수 통계를 가지고 있지 않다). 이 수백만 마리의 동물 외에 풀려나거나 집 잃은 수많은 개들이 굶주림이나 질병, 교통사고로 죽는다. 이런 생명 손실이나 이들이 겪는 고통은 엄청나다. 세금을 내는 사람들에게 전가되는 비용 또한 적지 않다. 워싱턴 주의 한 동물 보호소는 유기견이나 유기묘를 포획해 보호소로 이동하고 사료와 물을 공급하고, 재입양이나 가족 재회가 가능하지 않으면 안락사해서 사체를 매립지로 보내는 동물 관리관 한 명당 세금 105달러가 든다고 추정했다. 미국 내 동물 관리 프로그램에만 매년 20억 달러가 소요되며, 이는 독립적인 동물 단체가 동물을 구조하고 재입양하는 데 들어가는 수백만 달러는 포함하지 않은 금액이다.

애완동물로 보는 인간의 농물 지배

역사학자인 해리엇 리트보(Harriot Ritvo, 1987)는 19세기의 조직화되고 확장된 애완동물 기르기가 동물에 대한 새로운 일련의 태도와 어떤 관련이 있는지 기술했다. 이 시기에서 우리는 동물에 대한 애정과, 타자에 대한 제어나 지배 관념 사이의 연관성을 찾아볼 수 있다. 초기의 애완동물 애호가는 동시에 애완동물 번식업자이기도 했다. 애완동물을 번식시키는 것은 인간이 동물에게 영향력을 행사하는 가장 구체적이고 물질적인 방법 중 하나이다. 이는 왜 그렇게 오랫동안 잡종 동물이 혐오스러운 것으로 간주됐는지에 대한 이유이기도 하다(지금도 여전히 애완동물 업계에서는 그렇다). 마음대로 아무 상대나 골라 짝짓기해서 '잡종'을 낳는 동물은 저속하고 제어되지 않는 것으로 생각된다.

그림 8.5. 「절단(Clipped)」(Dan Piraro, 만화 제공: www.bizarro.com)

오늘날 이런 수준의 제어는 특수한 동물 번식과 동물 유전자 조작뿐 아니라 애완동물이 겪어야 하는 일반적인 외과 수술에서도 찾아볼 수 있다. 번식업자들은 완벽성에 집착한 나머지 개 성형술에 매달리게 됐다. 종의 기준을 확립하기 위해 예를 들어 어떤 개는 꼬리를 자르고, 어떤 개는 귀를 절단한다. 몇몇 개 행동학자들은 개가 꼬리를 이용해 다른 개와 소통하기 때문에 단미술을 받게 할 경우 이들이 사회화에 어려움을 겪고 안정성을 비롯한 신체 기능도 영향을 받을 수 있다며 우려를 표한다. 학자들은 이런 불필요한 외과술이 자연과 동물에 대한 인간 지배의 상징이라고 생각한다. 역사학자인 해리엇 리트보는 고양이가 개보다 제어하기가 힘들기 때문에 애완동물로 인기가 적었던 것 같다고 추측했다.

철학자 이푸 투안은 『지배와 애정: 애완동물 만들기(*Dominance and Affection: The Making of Pets*)』(1984)에서 애완동물-인간 관계에서의 지배에 대한 질문을 다루고 있다. 현대의 많은 반려동물 품종은 우리가 매력적이라고 생각하는 형질에 맞춰 생산되는데, 이는 동물의 건강에 해롭다. 정상적인 기능을 잃은 돌출 눈을 가진 금붕어를 생산해 내는 것은 잔인한 일인가, 아니면 재미있는 일인가? 특정한 개나 고양이 품종과 관련있는 특정한 유전적 결함이 없더

보호자인가, 소유주인가?

최근 애완동물, 그리고 이들과 함께 사는 사람을 일컫는 용어가 변하고 있다. 동물 복지 옹호자들과 일반 대중은 동물이 우리와 삶을 공유한다고 묘사할 때 애완동물보다는 반려동물(companion animal)이라는 용어를 점점 더 많이 사용하고 있다. 그런데 이보다 중요한 다른 변화는 반려동물과 함께 사는 사람을 소유주(owner) 대신에 '보호자(guardian or caretaker)'라고 부르게 된 것이다.

동물을보호하는사람들(In Defense of Animals, IDA)은 국제적인 동물권 단체로 '소유주'라는 용어 사용을 끝내기 위한 캠페인의 선봉에 서 왔다. 이 단체는 이 용어가 동물에 대한 대우와 관련있다고 주장한다. 특히 소유주라는 단어를 사용함으로써 반려동물을 독립된 존재가 아니라 단지 소유물이나 상품으로 여긴다는 것이다. '동물을 보호하는 사람들'은 이런 구분이 동물에 대한 착취를 내포하고 있다고 말한다. 이 조직과 여타 동물권 옹호자들은 여성과 어린이 같은 사람들이 법률 용어로 단지 소유물에 지나지 않았던 것이 바로 얼마 전의 일이라는 논거를 들었다.

1999년 동물을 보호하는 사람들은 동물을 다루는 방식과 동물에 대한 사회의 기준을 제거위할 목적으로 보호자 캠페인(Guardian Campagin)을 위한 전국 규모의 플랫폼을 만들었다. 그 후로 로드아일랜드를 위시한 수십 개의 북미 도시들이 관련 법규에서 '소유주'를 '보호자'로 변경했다.

2006년 칼라일프랭크와 프랭크(Carlisle-Frank and Frank)는 소유주와 보호자라는 단어를 쓰는 것이 애완동물에 대한 태도와 관련있는지 연구했고, 연구자들은 이것이 실제로 관련있다는 것을 밝혀냈다. 스스로를 보호자라고 정의한 사람들은 그렇지 않은 사람들보다 반려동물에게 책임감 있는 행동을 보인다. 그러나 이 결과에서 이유를 밝혀내지는 못했다. 왜냐하면 태도와 대우의 차이가 이런 용어 사용 차이에서 비롯되는 것인지, 아니면 동물에 대한 각기 다른 태도에서 용어 선택이 결정되는지와 관련하여 밝혀진 바가 없기 때문이다.

라도 현대의 많은 개와 고양이 품종은 인간의 살가운 관심이 없으면 살아가기가 힘들다. 의존성이 가축화 초기부터 이들에게 심어지긴 했으나, 최근에는 신체적으로나 기질적으로 보호 환경을 벗어나면 살아남을 수 없는 치와와 같은 동물의 생산을 통해 의존성이 가속화되고 있다. 가장 충격적인 사례는 트위스티 캣(Twisty-Cat)이나 캥거루 캣(kangakang Cat) 같은 이름으로 불리는 고양이이다. 이들은 모두 많은 번식업자들이 교배시켜 만들어낸 종이기 때문에, 유전적 이상이 있어서 앞다리가 극도로 짧거나 정상적인 앞다리에 지느러미 같은 발톱을 지니고 있다. 이푸 투안은 묻는다. 이들이 건강하지 못한 데다, 기대수명을 단축하는 방식으로 계속 이들을 기른다면, 우리는 과연 자신의 애완동물을 진실로 사랑한다고 말할 수 있는가?

우리는 역사 속에서 인간이 동물을 제어하기 위해 이용해 온 수많은 방법들을 찾아볼 수 있다. 거세, 단미술, 발톱 제거, 문신, 마이크로칩 삽입, 성대 수술, 단이술 같은 방법들이 있다. 그런데 이런 이차적인 제어 방법보다 더 중요한 것은 선택적인 교배라고 할 수 있다. 더 작고, 더 유순하고, 더 색이 다채롭고, 더 의존적인 동물을 만들어냄으로써 인간은 가장 심한 제어를 행해 왔다. 왜냐하면 우리는 동물의 몸 그 자체를 제어하기 때문이다.

대부분의 사람들은 비의존적인 동물이 생산되는 것을 바라지 않기 때문에 애완동물에게 건강 문제나 의존성 문제를 야기하는 것에 사실 별로 신경쓰지 않는다. 우리는 개에게 '앉아', '일어서'라는 훈련을 시켜서 이들의 역할이란 우리가 지시하는 바를 수행하고 다른 문제를 일으키지 않는 것임을 각인시킨다. 우리는 애완동물이 조용하고, 야단스럽지 않고, 가구처럼 있기를 바란다. 이푸 투안이 분석한 바에 따르면, 개가 명령에 복종하는 것은 개가 지녀야 하는 가장 중요한 속성이다.

더 읽을거리

Alger, Janet and Steven Alger. 2003. *Cat Culture: The Social World of a Cat Shelter.* Philadelphia: Temple University Press.

Beck, Alan. 1996. *Between Pets and People: The Importance of Animal Companionship*, rev. ed. New York: Putnam.

Fudge, Erica. 2002. *Perceiving Animals: Humans and Beasts in Early Modern English Culture.* Champaign: University of Illinois Press.

Paul, Elizabeth, A. Podberscek, and J. Serpell, eds. 2000. *Companion Animals and Us: Exploring the Relationships between People & Pets.* Cambridge: Cambridge University Press.

Sanders, Clinton. 1999. *Understanding Dogs: Living and Working with Canine Companions.* Philadelphia: Temple University Press.

Tuan, Yi-Fu. 1984. *Dominance and Affection: The Making of Pets.* New Haven, CT: Yale University Press.

참고할 만한 영상물

Dealing Dogs. DVD. Produced by Tom Simon and Sarah Teale. Hastings-on-Hudson, NY: Working Dog Productions, 2006.

Katrina's Animal Rescue. VHS. Written by Kim Woodard. New York: Thirteen/WNET New York, 2005.

Shelter Dogs. DVD. Directed by Cynthia Wade. Burbank, CA: Red Hen Productions, 2004.

사람을 돕는 것과 애완동물을 돕는 것

세릴 조지프(Cheryl Joseph, 노트르담 드 나무르 대학교)

"대형견용 심장사상충 약이 충분히 있는지 확인하시고, 고양이 건사료 50파운드는 별도로 가져다 주세요! 지난번에 둘 다 거의 떨어졌거든요!"

수의사인 일라나 스트러블(Ilana Strubel)이 지시했다.

"셰릴, 당신과 학생들은 더피 박사님과 함께 가세요. 우리는 모두 서드 애비뉴를 벗어나서 자동차 야영장 입구에서 만나요. 오늘 오후에 덜로리스 공원으로 갈 거예요."

거리동물진료서비스(Veterinary Street Outreach Service, VET SOS) 직원과 자원봉사자들의 또다른 아침이 시작된다. 이들은 하루 종일 샌프란시스코 노숙자들의 반려동물을 돌볼 것이다.

2002년 일라나 스트러블 박사가 자주 만나던 한 여성 노숙인이 부탁에서 시작됐지만, 그녀의 생각은 확대됐다. 그녀는 봉사 활동에 맞춰 득별히 장비가 구비된 밴을 이용해 노숙자의 애완동물을 위한 무료 진료 및 병원 이송 서비스를 제공하고, 먹이와 애완동물 용품을 나눠주고, 마이크로칩을 주입하고, 중성화 수술을 해주고, 책임감 있는 애완견 반려에 대한 교육을 실시했다. 모든 서비스는 수의사와 수의 테크니션, 자원봉사자가 제공했다.

이 시기에 나는 이 서비스에 참여했고, 노트르담 드 나무르 대학교에서 '인간 사회 속 동물(Animals in Human Society)'을 전공하는 사회학과 학부 학생들도 참여시켰다. 2006년 16세가 된 나의 독일 셰퍼드 에보니의 죽음을 슬퍼하고 있을 때, 스트러블 박사가 VET SOS 행사에 한번 참여해 보면 좋을 것 같다고 제안했다. 이미 노숙자나 그들의 동물을 수년간 돌봐 왔기 때문에 괜찮아 보였다.

나는 지금도 그때의 첫 활동을 생생히 기억한다. 우리는 그날, 노숙자 커넥트 프로젝트(Project Homeless Connect)에서 함께 일하고 있었다. 이 프로그램은 샌프란시스코 시장이었던 개빈 뉴섬(Gavin Newsome)이 시작한 것으로, 노숙자들을 돕기 위해 수백 개의 비영리, 영리 기관들이 한 지붕 아래 모였다. 그곳에서 하루 동안 노숙자들은, 예를 들어 잃어버린 신분증을 갱신하고, 이발을 받고, 법률 자문을 받고, 거주지 임대 계약을 하고, 취업 상담을 받을 수 있었다. VET SOS는 내가 도착했을 때 그들의 서비스 밴을 길가에 주차해 놓고, 반려동물 접수를 받으며 다른 서비스를 제공하기 위해 건물 밖에 안전한 공간을 확보하고 있었다. 나는 즉시 애완동물 사료와 용품을 정리하고 이를 체계적이고 공평한 방법으로 나눠주는 업무를 할당받았다. 혼란스럽고 힘든 일이었다는 건 절제된 표현일 뿐이다. 사람들은 친절하고 동물들은 착하게 굴었지만, 그들은 수없이 밀려들었다. 내 주변의 모든 이들이 필사적인 노력을 펼쳤다. 동물에 대한 그들의 애정과 헌신은 진정 나에게 행복감을 주었다. 한 여성이 내게 말했다.

"내 고양이들은 내가 아침에 눈을 뜨고 삶을 계속하고 싶어하는 유일한 이유랍니다."

걸프전 참전군인은 이렇게도 말했다.

"이 개는 내게 치료제와 같아요. 다른 어떤 누구도 사랑하지 않는 나를 사랑해 줍니다. 다른 어떤 약도 해줄 수 없는 치료를 해주지요."

VET SOS는 단지 동물만 돌보는 데 그치지 않고 이렇게 함으로써 노숙자들과 접촉할 수 있는 기회를 만들어낸다. 대개는 노숙자를 위해 외부의 도움을 요청하지 않지만 그들의 애완동물을 염려해 도움을 요청하기도 한다. 나는 애완견의 발이 감염되어 치료를 원했던 한 남자를 기억한다. 그의 애완견 로켓을 수의사가 치료하는 동안 그는 자신의 발도 똑같은 상황이라며 나와 농담을 주고받았다. 그래서 나는 그를 위해 의료 서비스를 요청할 수 있었다. 다른 사람들도 노숙자가 어떻게 술을 줄였는지, 특정 중독 프로그램에 참여하려고 노력해서 자신의 동물을 어떻게 더 잘 돌볼 수 있게 됐는지 나에게 이야기해 주었다. VET SOS 자원봉사자들은 이런 일을 자주 목격한다.

함께 일하고 그 효과를 알게 되면서 깊은 감명을 받아 나는 그때뿐 아니라 그 다음달에도 VET SOS에 참여했다. 나는 그 서비스 밴 팀의 일원으로 노숙자들의 주거지에서 기본 검사와 봉사 과정을 도왔다. 우리가 9시에 도착했는데, 사람들이 이미 몇 시간 전부터 줄을 서서 기다리고 있었다. 나는 애완동물이 심각한 질병에 걸려 병원으로 옮겨져야 할 경우 보호자를 안심시키고, 법을 강제로 집행하여 애완동물을 그들로부터 빼앗아가지 않는다는 것을 확인시켜 주었다. 그들은 애완동물이 자신의 삶에서 얼마나 중요한 역할을 하는지에 대해 많은 이야기를 들려주었다. 한 여성은 이렇게 말했다.

"노숙자로 사는 것은 힘든 일이에요. 모든 것을 잃게 되지요. 물질적인 것, 가족과 친구, 안전, 존중 같은 것들이요. 어느 누구도 동정해 주지 않아요. 사람들은 우리를 재단하고 검열하지요. 항상 공포 속에서 살아요. 사람들은 우리를 무서워하고 우리는 사람들을 무서워해요. 애완동물은 나의 모든 것이에요. 나의 심장이에요. 내 개가 없다면 나는 더 이상 살아갈 수가 없어요."

이 두 번의 경험 이후에 나는 VET SOS와 일할 때 내 학생들 몇 명을 데리고 갔다. 그들 역시 노숙자와 애완동물 사이의 특별한 유대를 목격할 수 있었다. 한 학생은 다음과 같이 인정했다.

"나는 노숙자들이 애완동물을 갖지 못하게 해야 한다고 생각했어요. 그러니까, 그들은 자신도 돌보지 못하잖아요. 그렇지 않나요? 그런데 나는 완전히 다른 관점을 가지고 돌아가게 됐어요. 내가 본 개와 고양이는 대부분 자기 주인보다 훨씬 잘 먹고 있더라고요."

그 학생들이 돌아와서는 다른 학생들에게 함께 가자고 부탁해서 우리는 서비스 참여자들이 공유해 준 설명과 이야기, 그리고 학생들이 관찰한 것들을 바탕으로 일화 연구(anecdotal study)를 발전시킬 수 있었다. 한 학생은 이 연구를 이렇게 정당화했다.

"많은 사람들이 우리 사회에서 노숙자를 악마화하고 있는 이때에 우리가 이런 풍부한 자료와 가슴 아픈 이야기들을 놓친다면 이건 부끄러운 일이 될 거예요. 저는 동물과 함께 있는 노숙자들을 만나서 개인적으로 더 인정 있는 사람이 됐어요."

이 프로젝트는 나중에 노트르담 드 나무르 대학교의 사회학과와 함께 하는 공동 작업으로 승격됐다. 사회학과는 샌프란시스코 골든게이트 공원에 살고 있는 노숙자들과 함께 수년간 추수감사절 피크닉을 열어 왔다. 대학 봉사 단체가 이미 공원 거주자들의 신뢰를 얻고 있기는 했지만, VET SOS는 의심의 눈초리를 받았다. 이 두 단체가 2007년 추수감사절에 함께 도착했을 때 노숙자들은 거주지에서 개를 데리고 떼를 지어 나왔다. 대학 봉사 단체는 그날 300명의 노숙인에게 샌드위치와 호박 파이를 나눠주었고, VET SOS는 50마리의 개를 돌봐주었다. 그때 이후로 VET SOS는 두 달에 한 번씩 공원에 살고 있는 점점 더 많은 수의 반려동물을 돌봐주기 위해 왔고, 대학의 학생과 교직원 들은 추수감사절마다 점점 더 많은 노숙자들에게 피크닉 점심을 제공했다.

나와 학생들은 VET SOS에 참여함으로써 많은 것을 성취할 수 있었다. 나는 지금 자랑스럽게도 VET SOS 자문위원회에 소속되어 있으며, 이 위원회 구성원들은 인간-동물 유대의 다양한 측면에 대해 정기적으로 나의 수업에 와서 강의해 준다. 나는 이들이 공동으로 돕고 있는 동물들을 보다 잘 돌보기 위해 VET SOS와 자주 함께 일하는 샌프란시스코 PAWS(애완동물은 훌륭한 도우미Pets Are Wonderful Support)와 협력 관계를 발전시켰다. PASW-SF는 애완동물을 기르는 저소득층의 병약자, 노인, AIDS 감염자를 보조한다. 이 관계들을 바탕으로 나는 '동물을 통한 가르침, 배움 그리고 치유(Teaching, Learning and Healing through Animals)'와 '동물, 사람 그리고 환경(Animals, People and their Environments)'이라는 교과목을 개발할 수 있었다. 궁극적으로 VET SOS, PAWS 같은 단체들은 우리 학생들이 지역사회를 강의실 안으로 가져올 수 있는 기회를 제공해 주었고, 연구 기회는 물론이고 인턴십과 졸업 후 일자리도 제공해 준 셈이다.

9

동물 실험

카툰 상을 수상한 만화 작가이자 화가인 댄 피라로의 이 카툰을 보면 두 마리의 래트(rat)가 우리 안에 앉아서 사람 크기의 쥐덫을 놓고 미끼로 맥도날드 봉투를 바닥에 놓은 채 기다리고 있다. 한 래트가 말한다.

"얘들아 조용히 해. 실험동물이 오고 있어!"

그러는 사이 동물 실험 연구자인 사람이 문으로 다가오고 있다. 피라로의 다른 많은 카툰에서처럼 이 만화 역시 동물 실험 연구 상황

그림 9.1. 「빅 맥」(Dan Piraro, 만화 제공: www.bizarro.com)

을 뒤집어 상상함으로써 유머를 이끌어낸다. 여기서는 설치류가 실험 진행자이고 과학자는 실험 대상이다.

과학과 의학 연구에 동물을 이용하는 것은 현대의 인간-동물 상호작용 형태에서 가장 논쟁의 여지가 많은 부분이다. 동물 실험 연구자와 대부분의 사회 구성원들은 만약 인간에게 이롭다면, 우리의 연구에 동물을 이용할 권리가 있다고 생각한다. 반면에 동물 옹호자들은 이런 방식으로 동물을 이용하는 것은 윤리적인 문제가 있다고 본다. 이 장에서 우리는 이런 복합적인 문제를 다룰 것이다.

생체 해부의 역사

인간과 동물 모두에게 생체 해부, 즉 살아 있는 개체에 행하는 외과술은 수천 년 동안 진행되어 왔다. 고대 그리스인들은 비인간동물은 물론이고 살아 있거나 죽은 사람(대개는 죄수나 노예)도 해부했다. 예를 들어, 아리스토텔레스는 살아 있는 동물에게 실험을 했고, 그리스 학자인 헤로필로스는 수백 명의 살아 있는 사람에게 실험을 했다. 살아 있는 사람을 해부하는 것은 로마 시대 기독교가 대두된 이후 중단됐으나 인간에 대한 약물 실험은 계속됐다. 사실 의사나 개발자들이 자신이나 가족에게 약물을 시험하는 것은 일반적인 일이었다.

동물에 대한 실험은 17세기에 야생동물, 농장동물, 고양이, 개 등이 실험물로 쓰이기 시작한 이래 의학 연구의 일반적인 부분이 됐다. 이런 연구를 바탕으로 수많은 발견이 이루어졌다. 예를 들면 이보다 400여 년 앞선 13세기 아랍 의사였던 이븐 알 나피스(Ibn-Al-Nafis)는 살아 있는 동물을 해부한 덕에 순환계를 알아냈다. 18세기 생리학자인 스티븐 헤일스(Stephen Hales)는 말을 연구하여 혈압을 설명했고, 의사인 앙투안 라부아지에(Antoine Lavoisier)는 기니피그를 이용하여 호흡이 어떻게 일어나는지 설명할 수 있었다. 19세기 루이 파스퇴르(Loise Pasteur)는 양을 이용해서 박테리아에 의한 감염을 증명했다.

동물 실험과 인간 사체 해부를 통해 과학자들은 인간의 몸이 어떻게 기능하는지 알 수 있었고, 이는 결과적으로 대부분의 현대 백신과 의약품, 외과술이 발전할 수 있게 했다. 이런 일에 동물을 이용하는 것을 정당화하는 것은 2장에서 다룬 바와 같이 동물에 대한 철학적이고, 신학적인 태도였다. 예를 들어 데카르트는 동물이 기계와 같아서 영혼과 마음이 없고 고통도 느낄 수 없다고 보았다. 19세기 중반까지 마취가 발달되지 않아서 동물은 의식이 또렷한 상태로, 우리가 아는 바와 같이 통증을 완전히 느낄 수 있는 상태로 조각조각 해부됐다.

　　살아 있는 사람에 대한 실험은 죄수에 대한 실험도 대부분 동물 실험으로 대체됐지만, 제2차 세계대전 중에 나치 과학자인 요제프 멩엘레(Josef Mengele)가 사람을 대상으로 실험을 해서 다시 큰 비난이 일었다. 이들은 대부분 강제 수용소에 수감된 유대인과 러시아인, 집시였다. 일본 과학자들은 1930년부터 1940년까지 중국인 전쟁 포로들에게 실험을 자행했다. 미국도 사람을 대상으로 한 실험의 역사가 있다. 1940년대 미군은 시카고 대학교 의학부와 공동으로 신약을 시험하기 위해 시카고 교도소에서 400명의 수감자들에게 말라리아를 감염시켰다. 미군과 미국 중앙정보국(CIA)은 군인과 수감자를 비롯한 실험 대상자(인간 피험자)들에게 수많은 실험을 실시했다. 이들 중 다수에게는 동의를 구하지도 않았다. 1932년 터스키기(Tuskegee) 의과대학은 동의 없이 환자들에게 악명 높은 터스키기 매독 연구 실험을 실시했다. 수십 년의 연구 과정에서 매독에 걸린 가난한 아프리카계 미국인들이, 치료를 받지 않으면 매독이 어떻게 진행되는지 알아보는 의사들의 검진을 받았다. 이 연구 과정에서 수백 명이 사망했고, 이들의 아내와 아이들도 감염됐지만 매독에 걸렸다는 통보조차 받지 못했고, 1947년경에 이미 치료제로 널리 사용되고 있었던 페니실린을 통한 치료를 권유받지도 못했다. 이 연구는 1972년 언론이 이 사실을 알리고 대중이 격렬한 반응을 보인 후에야 겨우 종료됐다. 2010년에는 미국인 의사들이 고의적으로 과테말라의 죄수와 정신병 환자들에게 1946년부터 1948년까지 매독을 감염시킨 것이 드러났다.

　　제2차 세계대전 후 나치의 잔혹한 행위들이 드러나자 인간을 대상으로

동물복지법

1966년 린든 존슨(Lyden Johnson) 대통령은 동물 실험 연구용으로 애완동물을 절도하는 행위에 대한 대중의 분노를 누그러뜨리기 위해 실험동물복지법(Laboratory Animal Welfare Act)에 서명했다. 현재 동물복지법으로 불리는 이 법은 실험실 온혈동물의 이동, 사육, 사료, 수의학적 처치, 그리고 애완동물 산업과 동물원 및 서커스에서의 동물 생산, 이동을 다룬다.

　해당 동물을 이용하는 실험실은 미국 농무부의 관할 하에 있으며, 농무부는 허가, 조사, 준수 명령을 비롯한 강제 수단을 적용할 수 있다. 국회는 동물복지법을 세 차례에 걸쳐 개정했다. 1970년 이 법은 오락 동물(entertainment animal)과 애완동물 산업에서의 동물을 포함하도록 확장됐다. 1970년 개정에서는 또한(실험에 방해받지 않는 경우) 마취제와 진통제 및 동물을 취급하는 모든 사람들이 미국 농무부가 인정하는 자격을 취득할 것을 요구하고 있다. 1985년 의회는 동물복지법을 다시 개정하여 보다 나은 동물 관리와 조작을 위해 동물 관리 직원을 훈련시킬 것과 개를 위한 최소 운동 준수 사항, 영장류를 위한 환경풍부화(environmental enrichment), 사육 시설 개선을 의무화했다. 이 개정안의 다른 새로운 조항에서는 동물을 이용하는 기관들이 모두 동물실험윤리위원회(Institutional Animal Care and Use Committee, IACUC)를 설치하여 동물을 어떻게 대하는지 감시하도록 했다. 또한 이 법은 연구자들이 고통스럽거나 스트레스가 심한 연구에 대해 대안을 고려했다는 것을 증명하도록, 그리고 같은 동물에게 여러 번의 외과 시술을 할 수 없도록 강제하고 있다. 의회는 1990년 다시 개정안을 통과시켜서 지방자치단체의 동물 보호소에서 동물을 연구 시설에 팔기 전에 의무적으로 5일을 기다리도록 했다(이는 소유주가 소유권을 주장하기 전에 애완동물을 실험실로 즉시 넘겨버리는 것을 막기 위해서였다).

하는 실험의 가이드라인을 설정한 뉘른베르크 강령(Nurenberg Code)이 제정 됐다. 여기에는 실험 대상자(인간 피험자)의 자발적 참여와 **사전동의**(informed consent)에 대한 의무, 강압이 없을 것, 고통이 없을 것, 대상자의 위험을 최소화할 것, 그리고 피험자와 사회 전반을 위해 명백한 과학적인 성과를 목적으로 할 것 등의 조건이 포함되어 있다. 이 규약은 또한 연구가 이전의 동물 실험 결과에 바탕을 두고 있어야 한다는 점을 의무화하고 있다. 이는 다시 말하면, 인간은 연구의 첫 실험 대상이 되어서는 안 된다는 것이다. 1979년 생물의학과 행동학 연구의 인간 피험자 보호를 위한 국제 위원회(National Commission for the Protection of Human Subject on Biomedical and Behabioral Research)는 새로운 보고서를 채택했다. 「벨몬트 보고서(Belmont Report)」라고 알려진 이 보고서는 인간을 대상으로 하는 실험을 실시하는 과학자들에게 세 가지 기본 원칙으로 인간에 대한 존중(respect for persons), 선행 (beneficence), 정의(justice)를 제시한다. 이 윤리적인 원칙들은 오늘날 많은 국가에서 의료법의 기반이기도 하다.

오늘날 인간 대상 실험은 임상시험으로 제한되어 있다. 다시 말하면 전임상(preclinical) 연구를 동물에게 실험한 이후에(또는 최근 생체외in vitro 또는 컴퓨터 모델 실험), 약물, 백신, 또는 의료 기기를 임상시험할 수 있다는 것이다. 이 단계에서 임상시험에 동의한 사람들은 안전성과 효과를 증명하고자 하는 약물이나 의료 기기에 노출된다. 이런 임상시험 없으면 아무리 많은 동물 실험이 실시된다 하더라도 실제적으로 약물이나 처치법의 안전성과 유효성을 측정할 수 있는 방법은 없다.

동물 실험 연구에 맞는 실제적인 '뉘른베르크 강령'은 없다. 의학 연구에 이용되는 동물은 동물복지법의 보호를 받는다. 동물복지법은 실험실 내 온혈동물의 이동, 사육, 사료, 수의학적 처치를 규제한다. 또한 애완동물 산업에서의 동물 생산과 이동, 그리고 동물원과 서커스의 동물도 이 법에 의해 관리된다. 그러나 미국 농무부가 정의하는 '온혈동물' 중 가장 흔하게 쓰이는 실험동물인 마우스와 래트, 조류는 빠져 있다. 식용으로 사육되는 동물은 이 법이 제정된 초기부터 제외되어 왔다.

이 법에서 관리하는, 다시 말해, 설치류나 조류, 농장동물이 아닌 동물을 이용하는 실험실은 미국 농무부의 관할 하에 있다. 농무부는 허가, 조사, 준수 명령을 비롯해 강제 수단을 적용할 수 있다. 동물복지법은 또한 "만약 실험에서 가능하다면," 연구자들이 동물에게 진통제와 마취제를 사용할 것을 의무화하고 있다. 하지만 안타깝게도, 연구자들이 마취나 진통의 과학적 필요성을 판단하기 때문에 통증에 관한 한 강제성은 전혀 없다. 사회학자인 메리 필립스(Mary T. Phillips, 2008)는 요즘도 많은 과학자들이 동물에게 진통제가 필요한지 여부를 임의로 결정한다고 지적했다. 마취가 일반적으로 행해지는 최근에도(비록 되는 대로 처방되고 있기는 하지만), 진통제를 여전히 잘 쓰지 않으며, 대개는 쓰려고 생각하지도 않는다. 동물복지법에는 쥐, 조류, 래트가 포함되어 있지 않기 때문에 정부 지원을 받지 않거나 이런 동물만 이용하는 실험실들은 정부 기관에 해명할 책임이 전혀 없다. 설치류 유전자에 새로운 유전자를 삽입한 유전자 조작 마우스와 래트의 수가 증가하고 있기 때문에 이런 범주에 해당되는 실험실도 점점 늘고 있다.

동물 실험 연구

오늘날 서구에서 동물에 먼저 실험해 보기 전에는 어떤 약품도, 외과적 기술도, 의료 기기도 인간에게 사용할 수 없다. 또한 엄청난 양의 이론적인 연구가 동물에 행해진다. 동물은 인간 질병의 모델로 활용되고, 장기 이식이나 조직, 세포의 예비 부품으로 이용된다. 동물은 또한 의학이나 수의학과

학생들에게 의학 기술을 가르치는 데 쓰이고, 동물의 사체는 과학 분야 학생들에게는 해부용으로 쓰인다. 동물은 천식부터, AIDS, 암, 당뇨병, 선천적 기형, 생화학 무기, 장기 이식, 심장 질환, 항생제, 백신까지 모든 범주의 연구에 쓰이고 있다.

동물이 쓰이는 다른 주요 분야는 제품 평가이다. 미국에서는 샴푸나 치약부터 AIDS 약제나 항암제, 탈모 방지제, 바닥 청소제, 구두약, 마스카라, 새로운 약물까지 매년 수천 종의 새로운 또는 개선된 가정용품이 판매된다. 수년 동안 이런 제품과 성분 물질의 대부분은 인간에게 해를 유발하는지 여부가 동물에게 시험되어 왔다. 미국 식품의약국(Food and Drug Administration, FDA)과 환경보호청(Environmental Protection Agency, EPA)은 약품과 화학물질을 동물에게 시험할 것을 의무화하고 있다. 시험하지 않을 경우 이를 경고하는 라벨을 붙여야 한다. 약품은 동물 실험을 거치기 전까지는 법적으로 판매가 금지된다. 이는 가정용품뿐만 아니라 화장품 같은 개인 위생용품에도 해당된다. 이런 제품들은 시장에서 상품화되기 전에 정기적으로 동물에게 시험된다. 약품이나 화학물질의 안전성 검사는 이 제품을 안전하게 만드는 것이 아니라는 사실에 주목할 필요가 있다. 이런 시험은 제품이 안전하지 않을 경우 알려주는 것일 뿐이다.

많은 동물 실험 연구는 동물이 인간의 해부학적 모델이 아니라 심리학적 모델이 되는 **실험심리학, 비교심리학** 분야에서 실시된다. 동물은 우울증, 비만, 흡연, 불안, 사회적 고립, 고통, 식욕이상항진증, 환각 같은 주제를 포함하는 심리학 연구의 실험 대상이다. 이런 연구 중 가장 악명 높은 사례는 1950년대 심리학자 해리 할로(Harry Harlow)의 '애착 실험(mother love)'이다. 이 연구에서 할로는 새끼 붉은털원숭이를 어미에게서 떼어내 이들에게 나무, 철사, 옷으로 만든 가짜 어미 대체물을 주었다. 이 대체물들은 포근한 느낌을 주었으며, 외로운 새끼들이 스트레스를 받을 때 껴안을 수 있는 무언가가 되어 주었다. 하지만 때로 이 '가짜 어미'들은 새끼들이 껴안으려고 할 때 충격을 주거나 위해를 가하기도 했다. 이 연구의 결과(그리고 많은 다른 연구의 결과)들은 이미 많은 사람들이 알고 있는 것을 보여주었다. 엄마를 빼앗긴 아기들은 감정적으로 심리적으로 평생 지속되는 문제를 갖게 된다는 것이다.

동물은 중학교, 고등학교, 대학교에서 수업 시간에 해부용으로, 의과대학, 수의과대학의 해부 및 외과 실습용으로 이용된다. 여기서 동물은, 학생들에게 외과 수술 과정과 기술을 가르치고 생리학적 기능을 보여주고 질병을 연구하고 유발하는 데 이용된다. 수천만 마리의 동물이 매년 이런 교육을 위해 쓰인다.

해마다 미국 농무부는 정부 기관이 감독한 동물 실험 시설의 수(2007년 1,088개), 각 시설에서 이용한 등재 동물의 수, 그리고 얼마나 많은 동물이 고통 없는 실험(2007년 약 392,000마리), 고통으로 인해 고통 경감제를 쓴 실험(2007년 약 557,000마리), 어떤 약물로도 진정시킬 수 없는 고통을 수반하는 실험(2007년 77,776마리)에 쓰였는지 자세하게 보고한다. 다시 말하지만, 이 숫자는 동물복지법의 보호를 받지 못하는 래트, 마우스, 조류(양서류, 파충류, 어류도 제외)를 포함하지 않기 때문에 매년 고통을 당하는 이런 동물의 수는 추측할 수밖에 없다.

오늘날 미국의 실험실에 얼마나 많은 동물이 있는지 파악하기는 힘들다. 연간 실험실 동물의 85~95퍼센트를 차지하는데도 불구하고 연구나 시험 시설에서 마우스, 래트, 조류, 파충류, 양서류같이 보호받지 못하는 동물의 수를 보고하지 않기 때문이다. 미국 농무부에 의하면 감독받는 시설에서 2007년에 연구와 시험, 실험 목적으로 온혈동물을 100만 마리 넘게 이용했다. 보고되지 않는 동물 수의 추정치를 감안하면 모두 2000만 마리 또는 그 이상의 동물이 매년 이용된다. 연방 정부의 지원을 받는 연구를 수행하는 과학자들은 가능하다면 지각력이 낮은 동물(원숭이보다는 어류)을 이용하도록 되어 있다. 그리고 비용 때문에 많은 과학자들이 큰 동물보다는 작고 (마우스 같은) 덜 비싼 동물을 이용한다. 그러나 연구의 종류(예를 들어 의학 및 수의학 전공 학생들을 위한 외과 수업에서는 일반적으로 큰 동물을 이용한다), 동물의 생물학적 특성(제브라 피시는 종종 발생학 연구에 이용되는데 이는 배아가 투명하고 모체 바깥의 알에서 발달하기 때문이다) 같은 다른 많은 요인도 동물의 선택에 영향을 미친다. 그리고

그림 9.2. 가상 일반적으로 보고되는 실험동물인 토끼는 그림에서 보는 바와 같이 피부찰상법(dermal abrasion test) 대상이 될 수 있다. (사진: People for the Ethical Treatment of Animals)

제약회사 같은 비정부 기관의 지원을 받는 연구는 대학이 갖추어야 하는 많은 요건들에 제약을 받지 않는다.

연구에서 설치류는 단연코 가장 많이 이용되는 동물 종이다. 이들이 작고, 생식 주기가 짧고, 경제적이고 싸기 때문이다. 래트 한 마리는 9달러부터 시작하지만, 붉은털원숭이(macaque monkey)는 850달러이다. 유전자 조작 마우스와 래트는 특히 과학자들에게 인기가 높다. 마우스 생산업체들은 이 동물들을 주문 '제작'할 수 있어서 연구자들이 다양한 측면의 유전자 기능, 표현, 질환 모델, 유전적 이상 등을 연구하고 조작할 수 있다.

토끼는 실험실에서 보고되는 가장 일반적인 동물로 2007년 1년 동안 미국에서 약 236,000마리가 이용됐다. 이들은 연구자들이 30달러면 살 수 있고, 쉽게 다룰 수 있으며 임신 기간이 짧고, 생식 주기를 쉽게 추적할 수 있기 때문에 인기가 높다. 또한 이들의 눈은 극도로 예민하고 눈물이 독성물질을 쉽게 씻어내지 못하기 때문에 연구자들은 토끼의 눈에 자극적인 물질을 투여하는 시험을 할 수 있다. 또한 몇몇 연구자들은 토끼가 항체를 생산하는 데 있어 실험동물 중에서 가장 우수하다고 여긴다. 이들의 높은 생식 능력과 독특한 생식 주기로 인해 생식 및 수정 연구에서 인기가 높다.

토끼에 이어 기니피그(2007년 207,000마리)와 햄스터(172,000마리)도 의학 연구에서 가장 일반적으로 보고되는 동물이다. 기니피그라는 동물은 오랫동안 널리 이용되어 왔지만, 뭔가 새로운 것을 시험하는 데 이용되는 사람이나 대상을 일컫는 단어로 '기니피그'라는 단어가 쓰이기 시작한 것은 사실 그리 오래되지 않았다.

의학 연구자들은 심장 질환과 심장 및 판막 대체물질 연구를 위해 양이나 돼지 같은 농장동물(2007년 110,000마리)을 이용한다. 연구자들이 건강하지 못한 인간의 장기를 동물의 장기로 대체하고자 수행하는 **이종장기이식**(xenotransplantation) 실험 대상으로는 돼지가 많이 이용된다.

인간의 가장 좋은 친구라는 것이 비극적이기도 한 개는 다루기가 쉽기 때문에 연구와 시험에 돼지 다음으로 많이 이용되는 동물이다. 2007년 한 해 동안 미국의 실험실에서는 약 72,000마리의 개를 독성 시험, 의과대학 학생들의 외과 교육 프로그램, 치과나 심장 실험 등을 포함하는 각종 프로젝트에 이용했다. 이들은 동물 약품과 애완동물 사료 시험의 연구이기도 하다.

2007년 미국의 연구 시설들은 약 70,000마리의 영장류를 이용했다. 가장 흔하게 이용된 영장류는 원숭이(monkey), 특히 붉은털원숭이(macaque)이다. 연구자들은 영장류를 매독, 간염 같은 인간 질병의 바이러스로 감염시키거나, 다양한 장기이식 실험 또는 행동이나 기타 민생학 연구에 이용했다. 연구자들은 원숭이를 자동차 충돌 실험이나, 인간의 신체와 유사한 이들의 몸이 다양한 외상으로 고통받을 수 있는 다양한 실험에 배치했다. 우리는 침팬지를 우주선에 태워 우주로 보내기까지 했다. 하지만 침팬지는 지적 능력, 감정적·사회적 복잡성, 인간과의 유전적인 근접성, 그리고 멸종위기종이라는 사실 때문에 이들을 실험에 쓰는 것에 대한 논란이 크다. 영국이나 뉴질랜드 같은 나라들은 유인원 실험을 금지하고 있음에도 불구하고, 미국에서는 2007년 현재 1,300마리의 침팬지가 실험실에 있다. 2007년에는 재정적

실버스프링원숭이

실버스프링원숭이(Silver Spring Monkey)는 메릴랜드 실버스프링행
동학연구소(Institute of Behavioral Research in Silver Spring)에 살았던
한 그룹의 붉은털원숭이들이다. 이들은 PETA(동물의 윤리적 대우를 위
한 모임), 실험실, 국립보건원 간의 법적 분쟁으로 유명해졌고, 그 결
과 동물 실험 연구에 대한 대중의 관심을 이끌어냈다.

이 원숭이들은 심리학자인 에드워드 토브(Edward Taub)의 실
험에 이용되고 있었다. 그는 원숭이의 신경계 일부를 못 쓰게 만들
고, 우리에 가둔 후 이들이 사지를 이용하도록 강제하기 위해서 음
식을 제한했다. PETA의 창립자인 앨릭스 파체코(Alex Pacheco)는
이 실험실에 잠입하여 원숭이들을 발견했고, 이들이 처한 상황을
경찰 조사와 미디어 캠페인을 통해 대중에게 알렸다. (이 원숭이들은
철망 우리에서 잠잘 곳이나 사료통, 장난감을 비롯해 아무것도 없이 따로따로 살고
있었다. 상당수의 원숭이는 신체를 심하게 훼손당하고 몸의 상처가 드러난 채로 있
었다.) 토브는 119건의 동물 학대로 기소됐고, 6건의 기소에 대해 유
죄 판결을 받았으나, 후에 항소를 통해 번복됐다.

대중은 이 사건에 분노했고 결국 이는 동물을 보다 잘 관리하
고, 환경풍부화를 제공하고, 대체 연구법이 있을 경우 고통이 심
한 실험을 막도록 요구하는 1985년 동물복지법 개정을 이끌어냈
다. 이는 또한 PETA가 해내지 못한, 이 원숭이들에 대한 공공 보호
(public custody) 투쟁을 이끌어냈고, 결국 모든 원숭이들이 안락사
됐다.

인 이유로 국립보건원(National Institute of Health)이 연구 목적으로 침팬지를 사육하는 것을 금지하겠다고 발표했다(침팬지의 수명이 50년이 넘기 때문에 침팬지 한 마리 관리를 위해 쓰이는 비용이 50만 달러를 넘을 수도 있다).

한때 일반적인 고등학교 해부용 실험동물이었던 고양이는 2007년에 23,000마리가 실험 대상이 됐다. 이들은 거의 대부분 신경학과 시각 연구에 쓰였다. 고양이의 척수를 자르고, 눈을 봉합하고, 오랫동안 잠을 자지 못하도록 하는 잔인한 실험들이 실시됐다.

환경풍부화

실험실의 많은 동물은 일생 동안 고립된 금속 사육장에서 장난감이나 부드러운 잠자리, 최소한의 편안함도 없이 살아간다. 토끼, 개, 원숭이, 유인원, 래트는 모두 매우 사회적인 동물이다. 이들은 친밀한 관계를 누리는 야생이나 가축화된 환경에서 대부분의 시간을 서로 털고르기를 해주거나 의사소통하거나 상호작용을 하면서 보낸다. 이런 행동이 사육장에서는 불가능하다. 한때 의학 연구에 쓰이는 동물은 신체적으로 건강하기만 하면 되는 것으로 여겨졌다. 하지만 지금은 지적 능력이 있고 감정을 느낄 수 있는 사회적인 존재가 다른 존재와 친밀한 관계나 상호작용 없이, 운동하거나 놀 수 있는 기회도 거의 없이 인간과의 제한되고 스트레스 심한 관계만 지속하여 일생을 사육장 안에서 보내는 것이 미치는 정신적으로 스트레스가 크다는 것이 암묵적으로 인정되고 있다. 그러나 수많은 동물이 이런 조건을 감내해 왔으며, 수많은 동물이 앞으로도 계속 그래야만 한다.

전형적인 실험실 조건에서의 동물 행동과 더 적합하게 수정된 환경에서의 행동을 비교하는 많은 과학 연구에서 흔들기(rocking), 서성거리기(pacing), 빤히 쳐다보기(staring), 털 씹기(fur chewing), 자해(self-mutilation) 같은 정형행동이 전형적인 무미건조한 실험실 사육장에서 흔하게 일어난다는 것이 증명됐다. 이런 행동은 지루함, 불행함, 심리적 스트레스의 징조이다.

실험실 환경에 오래 있을 경우 동물의 자연적인 행동 레퍼토리가 현저하게 감소한다는 것도 연구를 통해 알려졌다. 이는 동물을 무기력하고, 신경이 날카롭고, 절망적이고, 적대적이게 만든다.

'환경풍부화(environmental enrichment)'는 동물이 실험실이나 여타 환경에서 인공적인 조건하에 살고 있음에도 불구하고 이들의 행동학적 요구를 어느 정도 충족시키는 방법을 말한다. 동물복지법에서는 영장류 사육장이나 여타 시설을 개조하여 원숭이와 유인원이 지루하고 우울하지 않도록, 심리적 손상에 의한 정형행동이 아니라 정상적이고 종특이적인 행동과 사회적인 상호작용을 할 수 있도록 환경풍부화를 의무화하고 있다. 예를 들어 사회적인 주거를 제공하거나 장난감 같은 '무생물 풍부화(inanimate enrichment) 도구' 또는 먹이를 찾을 기회를 제공할 수도 있다.

안타깝게도 유인원, 그리고 그에 훨씬 못 미치기는 해도 개 정도가 정부에서 환경풍부화나 운동 제공을 요구하는 소수의 동물이다. 토끼나 고양이, 기니피그, 마우스, 래트 같은 많은 다른 동물은 여전히 사료와 물 용기, 가능하다면 화장실 또는 똥, 오줌을 받아낼 다른 용기 정도만 제공받으며 무미건조한 사육장에서 일생을 보낸다. 장난감이나 담요, 친밀감, 그리고 사육장보다 좀더 흥미로운 환경은 이 동물들에게 존재하지 않는다. 한 가지 예외가 있다면, 마우스는 집단 내에서 지내는 것이 가능하다.

인간의 대체물로 이용되는 동물

왜 동물은 이렇게 인간을 대신하는 실험 대상으로 광범위하게 쓰일까? 생물의학 연구에서 동물을 이용하는 것은 다음 두 가지 모순적인 생각에 바탕을 두고 있다. 동물은 생리학적으로, 정신적으로, 감정적으로 인간과 비슷하다. 그래서 동물을 이용하면 한 종에서 다른 종으로 외삽이 가능한 의미 있는 결과가 산출된다. 인간의 건강 문제를 다루는 양심 있는 과학자라면, 그 결과를 인간에게 적용할 수 없다고 판단될 경우 동물에게 약물을 시험하려고 생각하지도 않을 것이다. 그래서 우리는 시험의 타당성을 위해 침팬지 뿐 아니라 마우스나 래트도 인간과 유사성이 있다는 사실을 인정할 수밖에 없다. 비록 연구자들이 동물을 '미니어처 사람'으로 간주하지 않아도, 동물은 인간의 생리, 해부, 심리, 감정적인 능력에 대한 대체물로 이용된다. 우리는 동물이 질병에 걸리게 할 수 있고, 질병에 걸린 상태의 그들을 연구할 수 있으며, 질병에 대한 저항성을 연구할 수 있고, 그들이 걸린 질병이 인간에게 발생하는지도 연구할 수 있다. 그러나 어느 경우든 동물은 인간과 해부적, 생리적, 심리적, 행동적, 감정적 특성을 공유하고 있기 때문에 선택된다.

한편 연구자들이 역사적으로 동물 실험을 정당화해 온 방법 중 하나는 인간과 동물 사이에 거리를 두는 것이다. 여기에서의 주장은 동물은 사람이 아니기 때문에 생각할 수 없고, 고통을 예측하거나 기억할 수 없으며, 명백히 인간과 같은 법적, 윤리적 지위를 누리지 못한다는 것이다. 이것은 동물을 의식이 없고, 감정이 없는 기계로 보았던 데카르트의 동물 의식 모델로부터 한걸음 나아간 것이다. 그러나 감춰진 의미는 동일하다. 동물은 인간이 아니다. 따라서 인간과 같은 것을 느낄 수 없고, 고통, 외로움, 공포를 표명할 수 없으므로 인간과 같은 정도의 보호가 타당하지 않다.

그러나 많은 동물 옹호자(animal advocate)들은 동물이 인간과 얼마나 비슷해서 의료용품과 약물 시험에 쓰일 수 있는가, 그리고 얼마나 달라야 인간에게는 절대 해서는 안 되는 대우를 받지 않을 수 있는가에 의문을 갖고 있다. 인간의 우울증을 이해하기 위해 심리학자들이 동물을 연구할 정도로 동물이 인간과 유사하다면, 왜 그 연구자들은 과도한 감금, 다른 동물로부터의 고립, 긍정적인 자극의 부재가 동물에게 (같은 상황하의 사람에게와 마찬가지로) 외로움과 슬픔, 공포는 물론이고 우울증까지 일으킬 수 있다는 것을 인식하지 못하는가? 다시 말하면 연구자들은 인간을 위해 판매될 모든 종류의 심리 질환 약물의 안전성을 측정하고 효능을 평가하기 위해 동물을 대상으로 실험해 왔다. 과학자들은 자신의 연구에서 동물의 우울증을 막는 데 약물이 효과있음을 보여준다고 주장하지만, 동시에 동물은 우울증을 겪지 않는다고 주장한다. 과학자들은 이런 차이점과 유사성 사이의 불일치를 어떻게 정당화할 수 있을까?

실험동물의 사회적 구성

실험실에서 동물에게 행해지는 모든 것을 정당화하려면 현대 농업에서
그러한 것처럼 '탈동물화(de-animalized)'해야 한다. 이는 실험동물 공급업자
가 종종 '동물'이라는 단어 자체를 전혀 쓰지 않는 이유 중 하나이기도 하다.
이들이 팔고 있는 생물체는 연구 '모델'이지 동물이 아니다. 절대 특별한 동
물이 아니다. 그리고 동물 실험이라는 행위를 하기 위해서는 연구자와 동물
사이의 거리는 멀어져야만 한다.

우리가 알고 있는 것과 같은 '실험동물'은 20세기 전까지는 존재하지
않았다. 미국인들은 동물을 활용 가치에 따라 분류해 왔다. 미국 역사에서
동물은 농장동물, 반려동물, 야생동물로 구분됐다. 20세기 중반까지 실험농
물 카테고리는 없었다. 그리고 연구용 동물을 생산하는 회사도 없었다.

1960년대 초반 실험, 교육, 군사, 연구에 쓰인 많은 동물은 과거에 애완
동물이었다가 지역 보호소에서 팔려왔다. 동물 보호소 압수(pound seizure)는
안락사 상황에 처한 동물을 파는 관행을 뜻한다. 오늘날 연구 목적으로 동물
을 팔아넘기는 보호소를 찾기는 어렵지만 미네소타, 오클라호마, 유타 3주
는 여전히 공적으로 자금을 지원받는 보호소들에 이를 요구하고 있으며, 그
밖의 일부 주에서도 이러한 관행이 허용되고 있다. 오늘날 실험실 연구에 쓰
이는 거의 모든 동물은 중개인들로부터 온다. 일부는 여전히 동물 보호소,
경매, 여타 등록된 중개인 등으로부터 동물을 취득하는 B등급 중개인한테
서 온다. 그러나 대부분은 실험용 동물을 특수하게 생산하는 회사에서 공급
된다.

생물학자인 린다 버크(Linda Birke, 1994, 2003)와 심리학자인 케네스 샤피
로(Kenneth Shapiro, 1998, 2002)는 오늘날 과학적인 사고에 너무 만연해 있는
동물과 비동물의 이분법에 대해 논했다. 불결한 것을 옮긴다고 여겨지는 전

형적인 동물인 '야생' 래트가 실험실에 처음 나타난 것은 20세기 초반이다. 이제 연구자들은 야생의 형태에서 변화시킨 수천 가지 변종의 래트를 과학적 목적으로 이용하고 있다. 실험용 래트는 이제 질병이 아니라 질병에 대항하는 과학적인 진보를 표상하게 됐다. 그런데 매년 수백만 마리의 설치류를 이용하는 지속적인 연구를 정당화하는 데는 여전히 이들에 대한 혐오나 양가성이 필요하다. 개나 영장류에 대한 우리의 감정은 이들을 연구 목적으로 이용하는 것을 더욱 어렵게 만든다. 동물로서의 래트와, 온전한 동물이 아닌 과학 도구로서의 래트 사이를 왔다 갔다 하면서 과학자와 대중은 언어와 개념의 가는 줄 위를 걷고 있다. 이는 대중의 동정심이 승리하는 것을 막으려는 전쟁과도 같다.

동물은 또한 매년 희생되는 얼굴 없고, 대체 가능하고, 이름 없는 동물 무리의 일원으로 탈개체화(de-individualized, 탈인격화)된다. 근친교배를 통해 태어나서 겉으로는 동일하게 보이고, 다른 동물들처럼 눈에 띄게 고통을 표현하지 않는 마우스와 래트 같은 동물에게는 탈개체화가 어렵지도 않다. 케네스 샤피로(1998)는 동물이 탈종화(de-specified)된다는 점도 지적했다. 이들은 더 이상 종을 대표하지 않고 대신에 우리를 대신한다. 29474B 래트는 더 이상 래트가 아니며, 심지어 동물도 아니며, 인간 모조품일 따름이다. 인간의 진화 계통에서 700만~800만 년 전에 갈라져 나온 종인 래트를 인간생물학적 기능의 모조품으로 쓰는 것을 정당화하자면 래트는 더 이상 래트일 수 없다.

동물 과학자들이 거치는 훈련 중 하나는 감정과 공감을 억제하는 법을 배우는 것이다. 이는 동물 실험 연구를 수행하는 과학자들의 성패를 위해한다. 생물학자인 린다 버크(2003)는 이를 "대상으로부터의 분리(objective detachment)"라고 불렀다. 과학자들은 기술적인 글쓰기를 통해 그렇게 한다. 과학자들은 동물 대상과 실험 절차를 언급할 때 동물과 연구자 사이, 과학의 객체와 주체 사이의 거리를 생성하기 위해 특별한 종류의 언어를 사용한다. 과학적인 전문용어로 말하자면 실험실 래트는 죽임을 당하는 것(be killed)이 아니라 '희생된다(be sacrificed).'

그림 9.3. 케이트 털링턴(Kate Turlington)과 함께 있는 피튜니아(Petunia)는 대학 실험실에서 구조됐다. (사진. Ed Turlington)

과학적인 글쓰기에서는 피흘림(bleed)보다는 출혈(hemorrhage)처럼 거리 두는 단어와 수동태를 사용함으로써 모호함과 불편함을 제거하거나 줄인다. 다른 기술은 그래프, 차트 등과 같이, 살아 있는 생물일 수도 있는 과학 대상물과 과학자 사이를 매개하는 '기입 도구(inscription device)'를 사용하는 것이다. 살아 있고 느낄 수 있는 개별적인 존재로서의 동물은 과학적인 글쓰기에서는 부재하는 대상물이다. 글에 부재하지만 근거로 삼는 것이 바로 동물이다. 동물은 심지어 글 속 사진에도 없다. 과학 전문 학술지에 실린 사진에는 한 마리의 동물 전체가 아니라 특정한 신체 부위만 포함되어 있다.

실험실의 동물은 이름이 없다. 이들은 숫자를 가진다. 이들은 행동하거나, 선택하거나, 자신에게 벌어진 일에서 역할을 담당하지 않는다. 이들에게는 어떤 행동이 가해진다. 요컨대, 과학 언어에서 동물은 삶의 주체가 아니라 객체이다. 만약 그들에게 주체성이 부여된다면, 그들에 대한 실험은 훨씬 어려워질 것이다. 과학자들이 동물을 증오하거나 동물에 대한 동정심이 부족해서가 아니다. 예상과 달리 많은 과학자와 실험실 종사자는 집에서 반려동물을 기른다. 그런데 그 동물들은 개별적인 존재로 인식되며 그렇게 대우를 받는다. 대상화되는 것은 실험실의 동물뿐이다. 실험실의 동물은 생물학적 존재에서 대상이나 인간의 용도에 따른 도구로 바뀐다.

흥미롭게도, 동물 실험 연구에 쓰이는 현대 과학 언어의 발달은 비교적 최근의 현상이다. 1847년 캐나다 생리학자인 호러스 넬슨(Horace Nelson)은 마취제로서의 에테르의 유용성을 보여주기 위해 살아 있는 개를 해부했다. 개의 귀를 제거한 후 다리를 자르고, 다리부터 목까지 절개하여 열자 개가 깨어났다. 넬슨은 "개의 과격한 몸부림과 울부짖음을 본 모든 참석자들은 개가 더 이상 잠들어 있지 않음을 알아차렸다"고 기록했다(Connor, 1997). 그 개는 그 후 목 졸려 죽었다. 넬슨은 스스로 개가 항상 결국 목졸려 죽는 이 실험이 잔인하다고 언급했다. 오늘날 동물을 포함하는 실험의 과학적인 설명에는 절대 이런 묘사적인 언어와 솔직한 평가가 등장하지 않는다.

생체 해부 반대 운동의 역사

많은 사람들이 동물권 운동을 매우 현대적인 것으로 생각하고 있지만, 사실 시작은 19세기 영국에서 생체 해부에 반대했던 한 그룹의 사람들로 거슬러 올라간다. 생체 해부 반대 운동에는 영국에서(이후 미국도 포함) 여성참정권 운동에 참여했던 페미니스트, 윤리적인 이유로 생체 해부에 반대했던 종교 지도자, 생체 해부를 신의 창조물에 대한 범죄로 보았던 인문주의자들이 참여했다.

동물 실험에 반대한 종교 집단 중에서는 퀘이커교파(Society of Friends)가 가장 큰 목소리를 냈다. 퀘이커교도들은 사후세계를 믿고, 인간과 다른 종들이 평화롭게 함께 살 수 있는 현세를 믿는 흔치 않은 기독교 그룹이다. 뿐만 아니라, 이들은 여성과 남성이 정신적으로 동등하다고 믿었다. 실제로 여성이 남성과 함께 설교할 수 있었다. 애나 슈얼(Anna Sewell) 같은 퀘이커교도는 생체 해부에 내재하는 잔인함을 맹렬하게 비판했다. 1877년 슈얼은 일생 동안 매우 많은 학대를 당한 말의 이야기인『검은 말 이야기(Black Beauty)』를 저술했다. 동물 보호 운동에 있어『톰 아저씨의 오두막(Uncle Tom's Cabin)』과 같은 위치를 차지하는『검은 말 이야기』는 영국에서 동물 학대 방지 운동에 매우 큰 영향을 미쳤다. 그리고 이 책은 어린이 책이었기 때문에 많은 어린 독자들이 동물에게 감정을 이입하고 동물을 이해하는 마음을 갖도록 해주었다.

여성참정권론자들 역시 생체 해부가 잔인하다고 봐서, 여성이 남성에 의해 희생되는 것은 동물이 인간에 의해 희생되는 것과 같은 방식이라고 생각했다. 여성도 동물도 당시에는 권리를 가지지 못했으므로, 많은 페미니스트들은 아이를 출산하는 동안 줄로 묶여 있고 자궁적출술을 강요받는 여성에 대한 대우와 동물에 대한 대우 사이의 공통점을 볼 수밖에 없었다. 1875년 프랜시스 파워 코브(Frances Power Cobbe)는 세계 최초로 국립생체해부반대협회(National Anti-Vivisection Society)를 창립했다. 1898년 그녀는 두 번째 단체인 영국생체해부폐지연합(British Union for the Abolition of Vivisection)을 세웠다. 코브를 비롯한 생체 해부 반대자들의 활동 덕분에 영국은 세계 최초의 동물 보호법인 '동물학대방지법(Cruelty to Animals Act)'을 통과시켜서 생체 해부에서 동물 이용을 규제했다. 이 법은 고통을 가하는 실험은 "인간의 생명을 구하거나 연장하는 데 반드시 필요할 때"에만 가능하도록 했고, 안락사해야 하는 동물은 한 가지 실험에만 이용해야 하고 실험이 끝나면 반드시 안락사하도록 강제했다.

노동자 계급의 사람들 역시 한동안은 생체 해부에 반대하는 태도를 취했다. 가난한 사람들이나 범죄자의 시체가 여전히 해부용으로 쓰이고 있었기 때문에 노동자 계급의 많은 이들은 자신이 그렇게 될까 봐 걱정했다. 1907년 많은 다양한 부류의 사람들이 오늘날 브라운 독 사건(Brwon Dog Riot)으로 알려진 생체 해부 반대 운동에 동참해서 함께 싸웠다. 동물학대방지법이 지켜지지 않아 여러 번에 걸쳐 실험에 이용된 개의 죽음에 대해 두

명의 의대 여학생이 제기한 주장이
이들을 움직였다. 두 여성은 후에
(생체 해부 반대 병원이 위치한) 영국 배
터시(Battersea)의 한 공원에 이 개
를 기리는 동상을 세웠다. 이곳은
나중에 생체 해부 찬성자(대부분 의
과대학 학생)와 (페미니스트, 노동조합원,
사회주의자인) 생체 해부 반대자들
간의 분쟁에 있어 중심지가 됐다.
노동자 단체는 대개 부유한 엘리트
로 구성된 의학 기득권층이 그들
을 억압한다고 봐서, 생체 해부 반
대 운동에 동조했다. 이들은 모두
스스로가 약자라고 생각했다. 코럴
랜즈베리(Coral Lansbury)가 이 사건

그림 9.4. 영국 배터시(Battersea)에 세워진 갈색
개 동상. (사진: 국립생체해부반대협회, Wikimedia
Commons)

에 대해 쓴 책에 따르면, "(19세기 후반) 여성의 권리와 생체 해부 반대 문제가
의식적인 인식의 수준을 넘어 서로 혼합됐다. 그리고 계속해서 자신의 비극
을 생체 해부자에 의한 희생으로 해석한 페미니스트들은 동물을 자신의 대
체물로 보았다."(1985:128)

생체 해부 반대 운동은 1860년대와 1870년대 최초의 동물 실험실이 설
립되면서 미국에 상륙했고 1883년 필라델피아에서 미국생체해부반대협회
(American Antivivisection Society)가 설립됐다. 원래 미국생체해부반대협회는
과학 연구에서 동물의 이용을 규제하기 위해 설립됐는데, 나중에는 이런 연
구를 폐지하는 것을 목적으로 했다. 국립생체해부반대협회(영국)와 유사하
게 미국생체해부반대협회는 여성 참정권이나 아동 보호, 금주 같은 다른 형
태의 사회 개혁 운동에 참여했던 여성들에 의해 시작됐다. 이 여성들 중 많
은 이들은 19세기 중반 노예제 반대 운동에서도 활발하게 활동했다. 영국의
생체 해부 반대 운동은 1876년 동물학대방지법 제정으로 결실을 맺었음에

미국생체해부반대협회

1883년에 설립된 미국생체해부반대협회(American Antivivisection Society, AAVS)는 동물 실험 금지를 목적으로 한 미국 최초의 단체이다. 이 단체의 주요 프로그램 중 하나는 애니멀런(Animalearn)으로, 학교에서 생체 해부를 없애는 것이다. 애니멀런에서는 학교에서 동물을 쓰는 대신 대여 도서관인 '과학 은행(Science Bank)'을 이용할 수 있도록 제공한다. 미국생체해부반대협회의 관련 기관인 대체법 연구개발재단(Alternatives Research & Development Foundation, ARDF)은 동물을 이용하지 않는 방법을 개발하도록 과학자와 교육자에게 연구비를 지원한다.

도 불구하고, 미국에서는 거의 한 세기가 지난 후에야 같은 종류의 법령인 동물복지법이 통과됐다. 그런데 안타깝게도 동물 복지 옹호자들에게는 이 법이 실험에 이용되는 동물을 보호하는 데 충분하지 않았다.

생체 해부 반대 운동은 20세기 초반에 그 흐름을 잃었고, 대서양 양쪽 모두에서 동물을 보호하기 위한 이런 작업들의 많은 부분이 반려동물에 초점을 맞추게 됐다. 1960년대에 현대적인 동물권 운동이 일어나면서 현대적인 생체 해부 반대 운동 또한 대두됐고, 동물을 이용하지 않는 대체 연구법을 강구하는 첫 발걸음이 시작됐다.

동물 실험 연구의 대안

동물은 인간과 관련있는 의학 문제를 연구하기 위해 이용하는 연구 모델 가운데 하나일 뿐이다. 다른 방법들로는 컴퓨터 시뮬레이션, 생체 외 실험, 역학적 연구 등이 있는데, 이들은 모두 유전학적 기능 연구, 의약품 개발, 영양학, 심리학, 질병, 해부학 등을 연구하는 데 유용하다. 아직 개발되지 않은 것들을 비롯한 여타의 방법들이 의학 연구와 제품 시험에서 동물 실험을 완전히 대체할 수 있을까?

동물복지법의 목적 중 하나는 의학 연구 및 제품 시험 대체 방법을 이용하여 동물의 고통과 스트레스를 최소화하는 것이다. 많은 기관과 연구자들은 실제로 이를 위해 일하고 있다. 또한 연방 정부의 지원을 받는 연구 기관과 대학들은 동물 모델을 대체하는 방법을 강구하는 데 더 많은 노력을 기울일 것으로 기대된다. 예를 들어 '대체법연구개발재단(Alternatives Research & Development Foundation, ARDF)'은 제품 시험 대체법을 개발하는 과학자들에게 연구비를 지원한다. '존스홉킨스 동물실험대체법센터(Johns Hopkins Center for Alternatives to Animal Testing)' 또한 과학자, 동물 복지 단체, 생물 산업계와 협력하여 연구와 시험에서 대체법을 개발하고 있다. '생체외과학연구소(Institute for In Vitro Science)'는 비영리 조직으로 생체외 연구와 실험 서비스를 제공하며, 과학자들에게 대체법을 이용하는 방법을 훈련한다. 국립환경보건과학연구소(National Institute of Environmental Health Sciences)는 '대체법 검정에 대한 관계기관합동 조정위원회(Inter-agency Coordinating Committee on the Validation of Alternative Methods)'를 설립해서 동물을 이용하지 않는 실험 방법을 개발하고 검증한다. 오늘날 이들과 같은 기관의 노력 덕분에 수많은 회사들이 제품과 원료 성분을 검사하는 데 더 이상 동물을 이용하지 않는다.

동물복지법은 생물의학 연구자들이 연구 제안서를 작성할 때도 동물 실험 대체법을 고려하도록 요구하고 있다. 연구 프로젝트에 동물을 이용하는 것을 결정하기 전에 살아 있는 동물을 이용하는 것에 대한 모든 대체법을 조사하도록 요구한다. 이런 강제 조항에도 불구하고 여전히 미국에서 수백만 마리의 동물이 연구 대상물로 쓰인다. 대체법을 개발하고 연구하는 일이 장려되고 있기는 하지만 많은 연구자들에게는 여전히 그다지 중요하지 않은 것처럼 보인다. 왜 더 많은 대체법이 개발되지 않고, 왜 더 많은 연구자들이 동물을 이용하지 않는 연구 방법을 활용하지 않을까? 이는 종종 관성의 문제일 따름이다. 방법을 바꾸는 것은, 그것이 어렵거나 비용이 크지 않더라도, 뭔가 새롭고 다른 것을 해야 함을 의미한다. 우리와 마찬가지로 과학자들에게도 이런 변화는 힘들 수 있다.

동물 실험 연구에 대한 대체법을 개발하는 것은 연구자들 사이에서 3R라고 알려진, 동물 수 최소화(Reduction), 고통 경감(Refinement), 대체법(Replacement) 중 하나이다. 동물 수 최소화는 보다 적은 수의 동물로부터 보다 많은 결과를 얻어내기 위해 동물 이용을 줄이는 것이다. 고통 경감은 동물의 고통과 스트레스를 최소화하고 이들의 복지를 증진시키는 것을 의미한다. 대체법은 동물을 이용하지 않는 방법을 통해 동물 실험을 대체하는 것이다.

동물 실험을 대체할 수 있는 방법은 수없이 많다. 동물 실험을 하시 않더라도, 약물이 시판되기 전에 반드시 행해야 히는 대조군 실험에서 동의를 얻은 사람들에게 약물과 치료법을 시험하는 것, 즉 임상 연구나 관찰 연구 등이 가능하다. 초저용량 시험(microdosing)은 약물의 안전성과 효과를 시험하기 위해 자원자들에게 매우 적은 용량의 약물을 투여하는 것이다. 역학 연구에서는 건강 트렌드를 연구하기 위해 모든 인구를 조사한다. 예를 들면 이런 연구를 통해 폐암과 흡연을 연관시킬 수도 있다. 유전 연구는 어떤 유전자가 유전성 건강 질환을 유발하는지 밝혀낼 수 있다. 생체외 연구에서는 시험관과 페트리 접시에 세포와 조직을 배양하는데, 이는 약물 개발에 이용된다.

시판 후 조사(Post Market Surveillance)는 약물이 미국 식품의약국의 허가를 받아 일반에 공개된 이후에 약물의 부작용을 추적하는 방법이다. 인체 생검이나 컴퓨터단층촬영(CAT 스캔), 자기공명영상(MRI) 같은 비침습적 영상 기술로 인체를 검사할 수 있으며, 인체 줄기세포나 조직도 백신을 개발하는 데 유용하다. 인공 조직 또한 독성을 판별하는 데 좋은 도구이다. 컴퓨터와 수학 모델을 통해서 생리학적 과정을 시뮬레이션하고 세포 내에서 독성 물질이 어떻게 작용하는지, 몸 전체에 어떤 영향을 미치는지 파악할 수도 있다.

생체외 연구는 모든 질병이 발현되는 가장 근본적인 수준인 미시적 수준(microscopic level)에서 질병을 시험하는 데 특별히 중요하다. 에피덤 (EpiDerm, 생체외 인체 피부 모델)과 에피오큘러(EpiOcular, 생체외 인체 각막 모델)는 드레이즈 테스트(Draize test) 같은 동물 독성 시험을 대체하기 위해 사용된다. 코로지텍스(Corrositex, 인공 피부) 또한 훌륭하고 저렴한 독성 시험 방법이다. 에피덤과 에피오큘러를 제작하는 마텍 코퍼레이션(MatTek Corporation)은 인 간 세포에서 유래한 인간 기관지, 구강 내 피부, 심지어 질을 모방한 모델도 출시했다.

안타깝게도 식품의약국은 과학자와 정부가 시판 후 부작용을 연구하도 록 강제하는 시판 후 약물 조사를 요구하지 않는다. 가끔은 환자가 약물을 복용한 후 부작용으로 고통을 받거나 사망하는 일들도 벌어진다. 그러나 인 기 있는 약품은 매대에 진열되면 매일 수백만 달러를 벌어다 주기 때문에 제 약회사로서는 약물로 인한 부작용을 모르는 채하는 편이 훨씬 유리하다. 예 를 들어 항염제인 바이옥스(Vioxx)를 생산하는 머크(Merck)는 이 약물을 마 우스와 래트에서 몇 가지 실험을 통해 시험했다. 그러나 2004년 55,000명이 이 약을 복용한 후 심장마비, 뇌졸중으로 사망했기 때문에 이 회사는 시장에 서 바이옥스를 회수했다. 그 이후로 환자의 사망과 손상에 대한 수천 건의 소송이 머크를 대상으로 제기됐다. 이는 임상시험이 아니라 동물 실험에 의 존할 때 발생하는 위험성을 여실히 보여준다.

이미 개발된 많은 대체법을 이용하는 데 심각한 장애물은 적절한 정부 기관이 아직 이 방법들 중 대부분을 검증하지 않았다는 것이다. 1997년 국 립환경보건과학연구소는 대체법 검정에 대한 관계기관합동 조정위원회 (ICCVAM)와 독성 실험 대체법 평가를 위한 국립독성프로그램합동기관센터 (National Toxicology Program Interagency Center for the Evaluation of Alternative Toxicological Methods, NICEATM)를 설치했다. 이들은 제품 검사 대체법을 개 발하고 검증하여 수용 여부를 조정하기 위해 구성됐다. 2000년 ICCVAM은 연방 정부 기관들이 드레이즈 피부 검사법을 코로지텍스를 이용하는 피부

부식 검사로 대체할 것을 권고했다. 또한 2001년 미국은 반수치사량(Lethal Dose 50, LD50) 검사법 이용을 단계적으로 폐지하는 국제경제협력개발기구(Organization for Economic Cooperation and Development, OECD) 조약에 서명했다. 이 조약은 OECD 30개 회원국의 동물 실험에 영향을 미치게 된다. 그러나 아직도 많은 방법들이 검증을 기다리고 있다.

현재 생물학과 해부학 수업, 심지어 수의과대학과 의과대학의 외과수업에서조차도 살아 있는 동물 대신 대체 모델을 쓸 수 있다. 마네킹이나 시뮬레이션, 멀티미디어 소프트웨어, 가상현실 기술, 동물조직과 세포를 이용하는 생체외 기술, 그리고 '윤리적으로 취득한'(자연적으로 또는 사고로 죽은 동물로, 이런 교육 목적으로 기증된) 동물의 사체 등을 이용할 수 있다. 또한 인간 환자를 이용하는 임상 교육과 마찬가지로 동물 환자를 이용하는 임상 교육으로 수의과대학 학생들에게 실습(hands-on) 경험을 제공할 수도 있다. 수의과대학 학생들이 경험 많은 수의사들과 함께 보호소 동물에게 중성화 수술을 실시하는 것도 하나의 좋은 예가 될 수 있다.

동물 실험을 둘러싼 최근의 대립

동물 실험의 중요성을 놓고 동물 실험에 찬성하는 사람들과 반대하는 사람들 모두가 노벨상 수상에 동물 실험 연구가 얼마나 기여했는가에 대해 상반된 주장을 펼치고 있다. 미국휴메인소사이어티의 분석에 따르면 생리의학 분야에서 수여된 노벨상의 2/3는 연구에서 동물을 주로 또는 전적으로 이용하지 않은 연구자들에게 돌아갔다. 그러나 생물의학연구재단(Foundation for Biomedical Research)은 노벨상 수상자 10명 중 7명은 적어도 부분적으로는 동물 실험 연구에 의존했다는 것을 보여주었다. 그렇다면 누가 옳은가? 동물 실험은 과학에 긍정적인가 부정적인가?

생체 해부 반대자들이 이런 동일한 발견들 중 많은 수가 동물을 이용하지 않고도 가능하다고 지적했음에도 불구하고 동물 실험 연구자들은 중요한 발견을 해왔다. 또한 동물이 인간의 건강과 몸을 위해 매우 부적절한 모델이 됐던 수많은 사례도 있다. 그래서 약물(탈리도마이드나 최근의 바이옥스)이 강도 높은 동물 실험을 거쳤음에도 불구하고 인체에 심각한 건강상의 문제를 야기했었다. 식품의약국은 일부 약물이 동물 실험에서 문제가 있었더라도 임상시험에서 인체에 문제를 일으키지 않을 경우 시판을 허가하기도 한다. 반대로 인체 임상시험에서 효능을 보이는 약물도 동물에 투여해 부작용이 생길 경우 식품의약국에 의해 허가가 취소되기도 한다. 그리고 동물에게 실시된 시험이 인간이 그 약물을 사용하는 방법과 너무 달라 시험 결과가 무의미해지기도 한다. 예를 들어 수년 동안 미국 마약단속국은 마리화나가 뇌세포를 죽인다고 주장해 왔다. 이들은 1974년에 실시된 연구를 인용했는데, 이 실험에서는 한 그룹의 붉은털원숭이에게 매우 짧은 시간에 가스 마스크를 통해 60개가 넘는 마리화나 연기를 한꺼번에 흡입하도록 했다. 3개월 정도 이런 실험이 있고 나서 원숭이들은 질식사했고, 뇌세포 손상이 일어났다.

침팬지가 인간과 유전적으로 가깝다고 해서(이들은 우리와 98퍼센트의 유전자를 공유한다) 이들이 완벽한 인간 모델이 되는 것은 결코 아니다. 대부분의 HIV 연구자들은 이제 HIV가 유인원의 유인원면역결핍바이러스(Simian Immunodeficiency Virus, SIV)에서 기원했으며 침팬지에서는 인간에서와 매우 다르게 작용한다고 생각한다. 실험 목적으로 침팬지에 HIV를 감염시키면 증상이 없고 감염 증후가 나타나지 않는다. 많은 침팬지들은 자신의 자연면역계에서 HIV를 거부하기도 한다. 이런 이유로, 침팬지는 대부분의 인간과 자연면역을 공유하지 않기 때문에 효력이 있을 만한 HIV 백신을 시험하기에 적절한 시험 대상이 아닐 것이다. B형 간염 백신을 침팬지에게 시험해 오기는 했지만, 침팬지는 B형 간염 바이러스에 감염되어도 질병을 일으키지 않는다. 이들은 C형 간염에도 인간과는 다르게 반응한다.

동물의 장기를 인간에게 이식하는 이종 장기 이식 연구는 연구자들이 인간의 생명을 구하기 위해 동물의 이용이 반드시 필요하다고 생각하는 분야이다. 전 세계적으로 이식을 위한 인간 장기가 부족하기 때문이다. 현재 92,000명의 미국인이 장기 이식을 기다리고 있으며, 이들 중 절반은 기다리다 죽음을 맞이하게 될 것이다. 그 결과 장기 매매 암시장과 이식을 위한 장기와 조직의 불법 채취가 확대되고 있으며, 암시장에서 조직과 장기를 이식받은 사람들은 질병에 걸리게 된다. 대부분의 장기 기증 활동 단체들은 늘어나는 수요에 맞추기 위해 새로운 기증자를 모집하는 데 집중하고 있지만(일부는 장기 기증 보상금을 제안하기도 한다), 생물의학 연구 단체들은 오히려 이종 장기 이식에 집중하도록 지원한다.

　　과학자들은 수십 년 동안 이종 장기 이식을 연구해 왔다. 동물이 인간에게 장기를 제공하기 위해 사육되는 '장기 공장(body part farm)'에 대한 윤리적인 고민을 제외하더라도, 이종 장기 이식은 의학적인 관점에서 완전히 실패했다. 인간에게 침팬지의 심장을 이식했던 1964년 이래로, 개코원숭이의 심장을 유아에게 이식했던 1984년을 거쳐 돼지의 간을 여성에게 이식했던 1994년까지, 그 결과는 똑같았다. 모든 경우에서 수술 후 얼마 지나지 않아 환자가 사망했다. 이런 실패로 알 수 있는 점은, 서로 매우 가까운 종들인 침팬지와 인간 사이의 아주 작은 유전적 차이가, 한 종의 장기가 다른 종 안에서 살아남는 정도로 따져볼 때, 실제로는 매우 크다는 것이다. 오늘날 과학자들은 돼지를 유전적으로 좀더 '인간같이' 변형하고 있다. 돼지-인간 장기를 성공적으로 인간에게 이식하기 위해서이다. 이종 장기 이식에 반대하는 운동가들은 돼지 장기를 인간 장기에 가깝게 만드는 데 수년의 시간을 보내는 것보다, 우리가 인간 장기를 보다 쉽게 얻을 수 있도록 해야 한다고 주장한다. 미국에서는 장기 기증자가 될 것인지를 선택해야 한다. 만약 법적으로 모든 시민이 선택을 하지 않아도 장기 기증자가 된다면, 장기 기증을 하지 않을 선택권이 주어진다 해도(유럽의 몇몇 나라들은 이미 그렇다) 우리는 금방 수백만의 장기 기증자를 이식 시스템에 보유하게 된다.

　　동물 실험 연구자들은 의학 연구나 제품 시험에 동물을 이용하는 것이 인간의 건강에 매우 중요하다고 주장한다. 그러나 많은 과학자와 의사를 포함한 동물 실험 반대자들은 이것이 쓸모없고, 동물은 인간 질병에 부적절한 모델이고, 약물이나 백신 임상시험에서는 동물 실험에서 나타나지 않은 부작용과 문제가 보이기도 하고, 동물이 쓸데없이 고통받고, 생물의학에서 동물을 이용하는 것은 동물을 이용하지 않는 대체법에 지원할 예산을 전용하는 것이라고 반박한다. 예를 들면 임상 연구는 인간 환자에게 직접 실시되지만 동물 실험 연구에 비해 훨씬 적은 지원을 받는다. 동물 옹호자들이 연구에서의 동물 이용에 반대하는 또다른 이유는 윤리적인 문제 때문이다. 비록 동물 실험 연구가 인간의 건강에(또는 수의학의 경우, 다른 동물들에게) 구체적인 이익이 된다고 해도, 생체 해부 반대론자들은 다른 이에게 이득을 주기 위해 지각력이 있는 존재에게 통증과 고통을 가하는 것은 윤리적으로 옳지 않다고 주장한다.

왜 생체 해부에 많은 이들의 생사가 달려 있는지 설명하는 것은 생명의학 산업에서 논쟁의 프레임을 구성하는 전형적인 방식이다. 과학에서의 동물 이용을 늘리려는 사람들은 인간을 구하기 위해 동물을 희생하는 것의 문제를 제기하거나, 산업계에서 얘기하듯, "당신의 아이를 구할 것인가 아니면 래트를 구할 것인가"라고 묻는다. 만약 그 선택이 정말로 아이와 래트 사이에 있다면 누구나 자신의 아이를 구하려고 할 것이다. 그들은 그 목적을 달성하기 위해 몇 마리의 동물을 희생시킬 것이다.

그런데 이것이 정말 이 논쟁을 바라보는 가장 정확한 방법인가? 그리고 이것이 진정 가장 핵심적인 질문인가? 아이와 동물 중 어느 하나를 희생시키지 않고 둘 다 살려서 잘 자라게 할 수 있는 다른 방법은 없을까? 어쩌면 이렇게 물어보는 것이 더 타당할지 모른다.

"어떻게 해야 래트를 희생시키지 않고 아이를 구할 수 있을까?"

동물을 이용하는 연구자들은 생체 해부 반대론자 그리고 좀더 일반 대중을 상대로 윤리성과 효과에 대해 치열한 홍보 전쟁을 치뤄야 한다. 동물 이용에 대한 대안이 없을 경우 동물 이용을 지지하는 여론 조사에 의거하면 동물 실험 연구자들이 이 전쟁에서 이기고 있는 듯 보인다. 그런데 동물 대체 실험에 대해 설문을 해보면, 압도적인 지지가 나타난다. 이런 설문에 따르면, 다수의 대중은 동물 실험 연구가 인간의 생존을 위협하는 질병을 치료하거나, 동물에게 고통이 가해지지 않거나 다른 대체법이 존재하지 않을 경우에만 동물 실험 연구를 지지한다.

여론 조사 결과를 보면 압도적으로 미국인과 유럽인은 연구와 시험에서 동물을 쓰지 않는 대체법 이용을 늘리기를 원하고 있다. 대중은 동물이 인간의 이익을 위해 고통받고 죽어간다는 것이 불편하다. 특히 효과적인 대체법이 존재하는데도 이런 방법이 계속 증가하고 있는 상황이라 더욱 그렇다. 대중은 통증과 고통에 대해서도 명확한 의견을 보인다. 한 설문 결과에서 동물 실험 연구에 대한 지지는 동물의 고통이 미미한 수준에서 심

그림 9.5. 「무감각」 (Dan Piraro, 만화 제공: www. bizarro.com)

각한 수준으로 상승할 때 40퍼센트 이상 급락했다.

동물 보호 옹호자들은 대중의 동정을 이끌어내기 위해 동물 실험 중 가장 지독한 것들만 골라서 보여준다는 비난을 받기도 한다. 거기에 등장하는 동물은 독살당하거나, 감전되거나, 고의에 의해 불구로 만들어지거나 혹은 더 나쁜 상황에 처한 동물들이다. 그런데 의학 연구를 위한 로비 역시 같은 방식으로 진행된다. 생명을 구하는 약물과 특히 어린이들의 고통을 경감시키는 치료법에 초점을 맞추고, 필요도 없는 연구에 낭비되는 동물과 돈은 대단치 않게 다룬다.

왜 이렇게 많은 이들이 우리가 동물 실험을 하지 않으면 사람들이 고통에서 벗어나지 못하거나 예방 또는 치료 가능한 질병으로 죽게 된다고 생각할까? 철학자인 캐서린 펄로(Katherine Perlo)는 다음과 같이 적고 있다. "당신이 이식할 장기를 얻기 위해 다른 아이를 죽이는 것을 참는다고 해서 '당신의 아이를 죽게 내버려두었다'는 비난을 받지는 않는다."(2003:54) 바꾸어 말하면, 동물 실험을 지지하지 않는다고 해서 어린이들을 죽게 버려두는 것이 아니며, 동물 보호 옹호자들이 종종 비난받듯, 아이들을 죽이는 것도 아니

다. 펄로는 또한 동물 실험을 지지하는 것은 지극히 당연한 행동인 반면, 이에 반대하는 것은 위협적인 비정상으로 보일 수 있고, 아이들의 생명을 구하는 약을 빼앗는 위험한 행위로 여겨진다는 점을 지적했다. 게다가 대부분의 사람들은 이웃의 아이나 동물보다 자신의 아이와 반려동물을 먼저 구할 것이기 때문에 일반적인 우선순위를 사회 정책의 기본으로 삼지 않아야 한다.

동물을 이용하는 대부분의 동물 실험 연구자, 정부 연구소, 민간 회사는 지속적으로 3R(Refinement, Reduction, Replacement)를 염두에 두어야 한다. 그러나 이는 많은 구체적인 변화로 전환되지는 못했다. 동물 옹호자들은 동물이 계속 이용될 것이라며, 여전히 변화가 필요하다고 말한다. 예를 들어 적절한 사육장과 환경풍부화는 많은 종의 많은 시설에서 여전히 부족하며, 동물은 지루하고 스트레스 받고, 외롭고 우울한 상태로 방치되고 있다. 이 장에서 다룬 모든 관리 및 법의 변화가 이루어지고 많은 대체 방법이 가능하다고 할지라도, 동물 이용(보고되지 않는 동물을 포함하여)은 실제로 증가하고 있다. 그리고 너무 많은 동물이 정부 규정에서 벗어나 있기 때문에 매년 수백만 마리의 동물이 통증과 고통으로부터 전혀 보호받지 못하고 있다. 결국 이런 동물의 복지는 이들을 관찰하는 과학자와 학생들에게 의존하고 있다. 적어도 대중이 이들에 대한 다른 수준의 보호를 요구하기 전까지는 말이다.

더 읽을거리

Birke, Lynda. 1994. *Feminism, Animals, and Science: The Naming of the Shrew*. Buckingham, YK: Open University Press.

Groves, Julian McAllister. 1997. *Hearts and Minds: The Controversy over Laboratory Animals*. Philadelphia: Temple University Press.

Lansbury, Coral. 1985. *The Old Brown Dog: Women, Workers, and Vivisection in Edwardian England*. Madison: University of Wisconsin Press.

Rader, Karen. 2004. *Making Mice: Standardizing Animals for American Biomedical Research, 1990-1995*. Princeton, NJ: Princeton University Press.

Rollin, Bernard. 1989. *The Unheeded Cry: Animal Consciousness, Animal Pain, and Science*.

Oxford: University of Oxford Press.

Rowan, Andrew. 1984. *Of Mice, Models and Men: A Critical Evaluation of Animal Research.* Albany: State University of New York Press

참고할 만한 영상물

Chimpanzees: An Unnatural History. VHS. Directed by Allison Argo. New York: Thirteen/ WNET NewYork, 2006.

The Laboratory Rat: A Natural History. DVD. Directed by Manuel Berdoy and Paul Stewart. Oxford: Oxford University, 2002.

One Rat Short. DVD. Directed by Alex Weil. New York. Charlex, 2006

10

인간을 보조하는 동물

2010년 가을 나의 「동물과 사회」 강의 수강생 중에 개가 한 마리 있었다. 실은 학생 중 하나가 이라크에 파병됐던 참전군인으로 외상후스트레스장애(post-traumatic stress disorder, PTSD)를 겪고 있어 심리치료견인 록(Rock)을 데려온 것이다. 참전군인을 보조하는 서비스 개(service dog)는 사람들이 우울증이나 분노, 사회적 고립, 악몽이나 공황장애 같은 문제를 극복하는 데 도움이 될 수 있다. 서비스 개는 주인을 불안하게 만들 수 있는 상황이나 군중으로부터 참전군인을 보호한다. 이들은 참전군인 곁에 다정하고 조용하게 있어줌으로써 사회적 상황에 윤활유 역할을 하고, 참전군인이 다시 사회로 돌아오는 것을 돕고, 불을 끄고 방을 점검하는 등 참전군인이 안전하다고 느낄 수 있게 도와준다. 우리가 계속 전쟁을 해야 한다면, 그리고 우리 군인들이 감정적으로, 심리적으로 외상을 겪은 채로 우리 곁으로 돌아온다면, 록 같은 개들이 점점 더 우리 사회의 한 부분으로 자리 잡게 될 것이다.

인간의 보조자로서의 동물

적어도 15,000년 전 무렵에 처음으로 가축화된 동물은 인간을 보조했다. 개는 인간의 첫 번째 동물 파트너였고, 사냥에서 인간을 돕고 그 대가로 사냥감을 공유했다. 중석기 인간에게 가치 있었던 것이 개의 사냥 기술만은 아니었을 것이다. 개가 가진 보호 능력, 유쾌한 천성, 사회적 성향 등 모두가 유용했을 것이며, 수렵채집인 대부분은 이 모든 특성에서 이득을 보았을 것이다. 사냥 파트너로 이용된 다른 동물로는 중동 지방에서 인기 있었던 맹금류와 이집트의 몽구스를 들 수 있다.

개는 오늘날에도 여전히 사냥을 보조하고 있으며 사냥 기술을 목적으로 개량되어 온 개들이 수십 종에 이른다. 사이트하운드(sighthound) 같은 종은 먼 거리에서도 먹잇감을 보고 접근해서 사냥할 수 있고, 센트하운드(scenthound)는 냄새로 사냥을 한다. 테리어는 작은 포유류를 찾아내도록 번식되고 훈련을 받는데, 때로는 굴을 파헤치기도 한다. 총이 개발된 이후에는 이른바 건독(gun dog)으로 알려진 새로운 종들이 개발됐다. 사냥꾼이 쏜 동물을 찾아서 되돌아오는 리트리버(retriever)와 사냥꾼이 쏜 사냥감의 위치를 찾아내고 가리킬 수 있는 세터(setter)와 포인터(pointer), 수풀에서 동물을 몰아낼 수 있는 스패니얼(spaniel)이 이에 해당된다. 오늘날에는 사냥이 일상적으로 행해지지는 않기 때문에 개를 이용해 사냥하는 것에 대해 의견이 분분하다. 영국에서는 말을 탄 사냥꾼이 개들을 보내서 가축화되고 사육된 여우를 쫓아 가 죽이게 하는 형태의 사냥이 있었는데, 수년에 걸쳐 국민의 항의가 이어진 끝에 2005년 결국 금지됐다. 미국에서는 개를 이용해 나무 사이로 곰 같은 동물을 뒤쫓게 한 후 사냥꾼이 그 동물을 죽이는 형태의 사냥을 두고 논란이 일었다. 여우 사냥 또한 미국에서 인기가 높아지고 있지만, 그에 대한 항의 여론도 함께 높아지고 있다.

개는 말 같은 대형 가축이 없는 곳에서 운송 수단으로 이용되어 왔다. 벨트에 묶인 개들이 물건 실린 썰매를 끌고 아시아 유목민들이 베링해협을 건너 북아메리카에 정착하는 것을 도왔다.

약 1만 년 전 중동의 비옥한 초승달 지역에서는 식물 경작이 시작되면서 동물에 대한 인간의 의존도가 높아지기 시작했다. 농작물, 특히 저장된 곡물은 마우스와 래트를 끌어들였고, 인간 사회는 설치류를 구제하기 위해 마을과 주변에 고양이가 살도록 했다. 소는 8,000년 전쯤 가축화됐는데 짐을 끄는 동물로 처음 이용된 가축이다. 쟁기를 끌 수 있는 소의 능력은 인간의 문화가 발전하는 데 기념비적인 영향을 끼쳤다. 쟁기 덕분에 농업 사회는 곡물 생산량을 현저하게 증가시킬 수 있었다. 더 많은 사람들을 먹이고, 더 많은 잉여 식량을 생산했으며, 이는 일하지 않는 계층을 부양하고, 교역할 수 있는 물건을 생산하고, 문화가 확장되는 결과를 낳았다.

짐을 나르는 새로운 종류의 동물로 당나귀, 물소, 낙타 등이 곧바로 뒤를 이었고 말은 아시아와 중동 지역에서 수천 년에 걸쳐 가축화됐다. 이 동물들은 등에 짐을 져 나르고, 쟁기나 마차를 끌었으며, 무엇보다 중요하게 사람을 태울 수 있었다(신대륙에서 가축화된 라마와 알파카는 사람을 태운 적이 없으며 농업에 이용된 적도 없다). 흥미롭게도 말은 초기에는 너무 작아서 탈 수가 없었고, 원래 고기나 마유를 얻기 위해 가축화했다. 크고 힘이 센 말은 번식을 통해 현대의 말로 만들어졌다. 사람을 태울 수 있고 물건을 나를 수 있는 능력 덕분에 말과 운송용 동물은 장거리 교역로 구축이나 서로 멀리 떨어진 문화 간의 소통이 가능하게 했으며, 영역 확장과 심지어 전쟁까지 일어나게 했다.

사실 몇몇 고고학자들은 말이 다른 동물보다 인간의 문명화에 더 많이 기여했다고 생각한다. 편지를 전하는 데 말이 이용된 것은 약 2,500년 전 페르시아제국에서 처음 시작됐고 로마제국에서도 널리 이용되었다. 유라시아 문화에서는 적어도 5,500년 전부터 말을 이용했으며, 초기에는 마구를 씌워 전차나 마차를 끄는 데에, 나중에는 기마 부대의 일원으로 다른 문화를 공격하는 데 이용했다. 말편자나 안장, 등자 같은 새로운 발명품이 등장해 전투에서 말의 이용이 강화됐다. 로마인, 중앙아시아 유목민, 무슬림 전사, 중세기사는 모두 말을 잘 이용했으며, 스페인 정복자들도 그러했다. 특히 스페인 정복자들은, 등 위에 타기 위해 동물을 가축화해 본 적이 없는 신대륙의 거대 문명을 효과적으로 정복하는 데 말을 이용했다(카르타고의 유명한 한니발 장군은 기원전 3세기 전투에서 코끼리를 이용했는데, 전쟁에서 이들을 이용한 것은 아마 인도에서 기원전 1000년경까지 거슬러 올라갈 것이다). 정복 후에 스페인인들은 그리고 이후 영국 식민지인들은 편지를 전달하는 것부터 개척자들을 정착시키기 위해 소를 관리하는 데까지 모든 면에서 말을 이용했고, 이는 북미 대륙의 서부 개척을 가능하게 했다.

개의 역할은 식용 동물이 가축화된 후 더 확장됐다. 개는 염소나 양 같은 동물을 지키고 몰 수 있도록 선택적으로 교배되고 훈련받았다. 이는 지금도 여전히 개들이 하는 일이다. 예를 들어 경비견(guard dog)은 가축 무리를 보호하도록 훈련받는다. 반면에 목양견은 가축들이 일하게 유도하고, 그들을 구분하고, 몰고, 이동시킨다. 고대 그리스인과 로마인은 공동체를 지키고 군대의 전초기지를 지키는 데 개를 이용했다. 대부분의 개는 인간에게 위험이 닥쳤음을 경고할 수 있다(아주 작은 개도 감시견 역할을 할 수 있다). 그리고 큰 개들은 인간과 동물을 위험으로부터 지킬 수 있다. 가축을 지키는 개는 사람과 살지 않고 자기가 지켜야 하는 동물과 내내 함께 지낸다. 이는 그 조상이 포식자-피식자 관계를 가졌던 동물들이 시간이 지남에 따라 매우 새로운 관계를 발전시킨 한 예이다. 경비용 동물로 이용된 다른 동물로는 라마나 당나귀가 있다.

우리가 사역동물(일하는 동물, working animal)로 간주하지 않는 동물들도 일을 했었다. 돼지와 양은 경작지를 돌아다니며 종자를 땅속에 밀어넣었고, 양은 수확된 곡물을 발로 탈곡했다. 르네상스 시대 유럽에서 개는 마차 옆에 나란히 함께 달리면서 말의 활동을 보조해 말이 바쁜 도시 거리를 지나도록 인도하기도 했다. 말처럼 개도 전쟁에 이용됐다. 예를 들어 개는 유럽인이 북아메리카에 정착한 후 토착민을 공격하도록 훈련받았다. 1494년 크리스토퍼 콜럼버스(Christopher Columbus)가 자메이카에 도착했을 때, 그는 토착민들의 연회에 개를 풀어 여섯 명을 살해했다. 에르난 코르테스(Hernan Cortes)와 프란체스코 피사로(Francisco Pizarro)는 중앙아메리카와 남아메리카에서 토착민들을 정복하는 데 개를 이용했다. 이보다 훨씬 전에 알렉산더 왕은 자신의 그레이하운드인 페리타스를 전장에 데려갔다. 전설에 따르면 페리타스

그림 10.1. 뉴멕시코 주 길라 산(Gila Mountain)에서 등산로 관리 담당자인 데이비드와 웨인이 아침에 캠핑 자를 위한 공급품을 챙기고 있다. (사진: Kerrie Bushway)

는 알렉산더의 목숨을 구하고 죽었다. 개나 말 같은 동물의 역할이 없었다면 많은 전쟁의 역사에서 결과가 매우 달라졌을 것이라고 말하는 것도 과장은 아니다.

19세기 산업혁명과 함께 개, 소, 말 등 중요한 사역동물의 전통적인 역할이 기계로 대체됐다. 차와 열차는 말이 끄는 마차를 대신했고, 전쟁에서는 탱크가 말을 대신했으며, 트랙터가 쟁기를 대신했다. 개의 경비 역할은 오늘날 울타리나 전기 장치로 대체됐다. 그리고 고양이조차도 쥐를 잡거나 퇴치하는 화학물질, 전자 장비로 점점 대체되어 왔다. 한때 동물이 했던 활동 중 대부분은 이제 스포츠에서 행해진다. 경마, 개 경주, 가축 몰이 경연 대회(herding competition), 매 사냥, 그리고 현대 로데오에서의 모든 경쟁은 사실상 사역동물의 역할과 임무로부터 유래했다.

오늘날의 사역동물

산업화 이후 오늘날조차도 많은 나라에서 사람들은 여전히 동물의 노동에 의존한다. 개발도상국뿐 아니라 많은 선진국에서도 여전히 동물을 이용해 운반하고, 땅을 갈고, 물건을 끌고, 곡식을 탈곡하고 가축을 친다. 그런데 현대 사회에서 동물은 새로운 기술을 익히도록 또는 오래된 기술을 새롭게 사용하도록 훈련받는다.

유럽에서의 예를 들면 개와 돼지는 수백 년 동안 냄새로 송로(땅속에서 자라는 작은 버섯)를 찾는 데 이용됐다. 우월한 후각 덕에 개는 오늘날 완전히 새로운 업무를 수행한다. 개들은 곰팡이를 찾아내고, 곤충을 파괴하거나 폭발물과 관련있는 화학물질 잔유물을 감지한다. 소방서에서 개는 화재가 시작됐던 촉매제를 찾아내는 데 활용된다. 개들은 이민국(Immigration and Naturalization Service), 마약단속국(Drug Enforcement Administration), 농무부 같은 정부 기관에 소속되어 국경 지역에서 차량을 검색하고, 공항에서는 여행자들을 검색해서 불법 약물이나 무기, 반입 금지된 식물이나 동물, 심지어 불법 이민자까지 찾아낸다. 최근에 밝혀진 바로는 어떤 개들은 인간 환자에서 암세포 냄새를 맡는 능력이 있다고 한다. 지난 10년간 과학자들은 이것이 가능한지, 그리고 만약 가능하다면 어떻게 개를 질병 예방과 치료에 이용할 수 있는지 연구해 왔다.

개는 오늘날 법 집행에 중요하게 이용된다. 그런데 그 역사는 경찰관들이 순찰할 때 자신의 개를 데리고 다녔던 19세기 영국으로 거슬러 올라간다. 세기가 바뀔 무렵 유럽과 미국에서는 특별히 경찰 업무를 위해 개를 훈련하기 시작했다. 오늘날 경찰견은 '경찰견 부서(canine unit)'에서 관리자와 함께 일한다. 관리자들은 경찰견과 함께 업무를 수행할 뿐 아니라 밤에는 이들을 집으로 데려간다. 이 개들은 밀수품을 탐지하거나 용의자를 추적하고 체포하는 데도 중요한 역할을 담당한다. 이 업무가 위험하고 많은 개들이 일하다가 죽기 때문에 관련 기관들은 경찰견에게 방탄조끼를 입히기 위해 예산을 늘리려고 한다.

수색과 구조는 개가 하는 또다른 종류의 일이다. 개는 뛰어난 후각과 매우 잘 진화된 충성심을 지니고 있어서 이런 일에 특별히 적합하다. 탐색과 구조 작업을 하도록 훈련받은 개들은 인간 파트너와 함께 재난 현장에서 생존자를 찾아내며, 인간 유존체의 냄새를 감지하는 훈련을 받아 인간의 시신을 찾아내기도 한다. 개는 이 두 종류의 일을 지진이나 산사태, 포탄 공격같이 자연재해나 인재가 일어난 곳에서 수행한다. 그런가 하면 법 집행을 통해 실종자를 수색하는 데 이용되는 개도 있다. 미국에는 이런 개가 수백 마리나 있으며 일부는 법 집행 기관에 소속되어 있고, 일부는 전 세계 재난 지역에서 자원봉사자들과 함께 활동한다. 다른 법 집행 관련 분야에서 일하는 개에게도 흔한 일이지만, 탐색 및 구조견은 작업 중에 심리적, 신체적으로 위험에 처하게 된다. 뉴욕에서 9.11 테러 이후 수백 마리의 개들이 생존자와 시신을 찾아냈는데, 많은 수가 숨 쉬기 힘든 상황에 상부 호흡기 손상으로 고통받았다. 이들은 발톱이 찢어지거나 화상을 입었고 심리적인 스드레스에 시달렸다. 생존자를 찾도록 훈련받은 개들이 생존자를 거의 못 찾기도 했는데, 이들은 아마 주위 사람들의 반응 때문에 종종 스트레스와 불안을 겪었을 것이다.

대부분의 경찰관이 차를 운전함에도 불구하고 아직도 많은 법 집행 기관의 공무원들이 공원이나 시골, 산간 지역, 심지어 도시 지역에서도 말을 타고 순찰을 한다. 경찰 기마대(mounted unit)는 대규모 대중 집회에서 군중을 통제하도록 배치되기도 한다. 그런 상황에서 말과 군중은 상해를 입을 수 있다.

동물이 인간 문화에서 군사용으로 가장 우선적으로, 가장 광범위하게 이용되긴 했지만 오늘날에는 그렇다고 말하기가 쉽지 않다. 말과 코끼리는 탱크나 다른 현대식 무기로 대체되어 더 이상 현대전에 참여하지 않는다. 제1차 세계대전은 엄청난 수의 말을 이용한 마지막 전쟁이다. 이 전쟁에서 수백만 마리의 말이 죽었고, 수만 마리의 개, 그리고 전선을 넘어 메시지를 전달하던 비둘기 같은 동물도 죽었다. 그런데 개는 20세기와 21세기 전쟁에서 더욱 중요해졌다. 과거의 전쟁에서 개는 보초를 서거나 짐을 나르거나 메신

저 역할을 하거나 가끔은 공격용으로 이용됐다. 그들은 또한 군인의 반려견이나 마스코트, 추적 또는 안내견 역할을 하기도 했다. 오늘날 이들은 감시뿐 아니라 지뢰 탐지에도 이용된다. 또 부상당한 군인을 안전한 곳으로 끌어오거나 군인보다 먼저 움직이면서 위험이 있는지 알리는 정찰견 역할도 수행한다.

짐작할 수 있듯, 군견의 목숨은 매우 큰 위험에 처한다. 전쟁 중에 얼마나 많은 개가 죽고 다치는지에 대한 추정치는 없지만, 베트남 전쟁에서 희생된 만도 수천 마리에 이른다. 전쟁은 사람에게 그러한 것처럼 개에게도 위험과 심한 스트레스를 야기한다. 최근에서야 과학자들은 개들이 외상후스트레스장애(PTSD)로 고통받을 수 있다는 것을 인지했다. 군견에게 또다른 매우 서러운 점은 제2차 세계대전에서 생존한 개들이 종전 후 귀국할 때가 됐으나 미국으로의 귀국 허가를 받지 못했다는 사실이다. 미국을 구하고, 미국군인의 생명을 구한 개들이 전장에 남겨지거나 즉결 사살을 당했다. 베트남전쟁 말엽 미국 군견은 대부분 죽임을 당하거나 남베트남 군에 남겨졌다. 이개들은 분명 식용으로 쓰였을 것이다. 2000년 대중의 격분이 수년간 지속된후에야 은퇴한 군견이 귀국하는 것을 허용하는 법이 통과됐다. 이들은 돌아와서 자기가 따르던 군인과 함께 살거나 새로운 가정에 입양될 수 있다. 그런데 이 새로운 법에도 불구하고 많은 군인들은 함께 복무하던 개를 집으로데려오는 데 어려움을 겪는다. 많은 개들은 이전 관리자가 퇴역한 후 전장에남아서 새로운 군인들과 복무해야 한다. 은퇴가 허가된 개들은 공격성이나집에서 기를 경우 위험할 수 있는 기질에 대한 주의 깊은 평가가 진행된다. 이런 특수한 개들은 소유에 필요한 책임감을 인식하고 있는 가정이나 법 집행 기관에만 배정될 수 있다.

이라크와 아프가니스탄에서 많은 군인들이 현지의 개나 고양이와 친근하게 지냈다. 그리고 퇴역할 때 그들을 집으로 데려갈 방법을 찾았다. 역사적으로 미군은 다른 나라에서 입양한 동물을 입국시키는 것을 허락하지 않았기 때문에 이는 불가능했다. 사실 미군은 종종 해외 기지 주변을 떠도는동물들을 죽였다. 최근 동물 보호 단체들은 군인이 외국에서 기르던 동물을 데리고 귀국할 수 있도록 하는 지원과 원조를 이어가고 있다. 미국동물학대방지협회(ASPCA) 국제 지부는 군인들이 이라크에서 동물을 데리고 귀국하는 것을 돕는 바그다드 강아지 구출 작전(Operation Baghdad Pups) 프로젝트를 진행하고 있다. 또한 전직 군인들이 설립한 나우자드(Nowzad)라고 불리는 영국 단체는 아프가니스탄과 이라크에서 개들을 데려온다. 이 동물들은 전쟁 동안 군인들에게 위안을 주었고, 대부분의 사람들은 이들을 입양자인 군인들과 함께 미국으로 데려와야 한다는 데 동의한다. 게다가 이 개들은 파견지에 남겨지면 굶주림과 죽음에 직면하게 된다. 아프가니스탄이나 이라크 어느 곳에도 아직 동물 친화적인 문화는 없으며, 특히 떠돌이 개나 고양이에게는 더욱 그렇다. 그런데 미국 정부가 이 동물들이 입국하는 것을 허가한다고 해도, 군인들은 산더미 같은 서류를 작성해야 하고 개들에게 예방접종을 해야 하고, 군사 지역 바깥으로 이송해 와야 한다. 이 과정에서 수천 달러가 소요된다.

최근 들어 새롭게 군사 업무를 수행하는 동물로 아프리카두더쥐붙이쥐(giant African pouched rat)가 있다. 미군은 이 쥐들이 땅속 지뢰를 탐지하도록 훈련하고 있다. 잘 발달된 후각과 작은 몸집(성체가 10~15파운드, 즉 4.5~6.8kg) 덕에 이들은 폭발물의 냄새를 맡을 수 있고 그 위에 서 있어도 폭발이 일어나지 않는다. 이렇게 고도로 영리한 설치류는 어릴 때부터 클리커 보상 훈련(clicker reward training)으로 길들여져, 조련자의 끈에 묶인 채 지뢰가 묻힌 땅을 돌아다니게 된다. 이 쥐들은 또한 훈련을 받은 후 자연재해 피해자나 인간의 결핵을 탐지하는 데 이용되기도 한다.

보조 동물

사역동물 중에서 보조 동물(assistant animal) 또는 서비스 동물(service animal)이라고 알려진 부류는 매우 특별하다. 보조 동물은 신체적, 정신적 장애가 있는 사람들을 물리적으로 보조하도록 훈련된 동물이다. 이 중 어떤 동물은 보호소에서 구조되어 오지만, 요즘은 특별한 종의 동물을 보조 동물 단체가 훈련시킨 후 필요한 사람들에게 분양하는 것이 일반적이다. 대개는 입양 가정에서 도입 훈련을 하고 새로운 주인과 함께 심화 훈련의 최종 단계를 거친다. 그리하여 이런 동물은 특정인과 상호작용하는 법을 배운다. 또한 강도 높은 훈련을 통해 공공장소에 익숙해지며, 타인의 관심에 주의가 흐트러지지 않게 된다. 한 마리의 동물을 훈련하는데 6만 달러(6000만 원) 정도가 소요된다.

다른 나라와 마찬가지로 미국에도, 장애인들이 공공 또는 민간 시설을 이용할 권리를 가지고, 차별받지 않고 평범한 삶을 누릴 수 있도록 보호하는 연방법이 존재한다(예를 들면 미국 장애인보호법). 이런 법들에서는 규정된 장애를 가진 사람들이 보조 동물과 함께 살아가고 여행할 수 있도록 허용한다.

보조 동물의 가장 오래된 유형은 맹인인도견이다. 이 개들은 시각장애인들이 외출을 하고 안전하게 길을 건너고 일상생활을 해나갈 수 있도록 돕는다. 유럽에서 맹인인도견은 수백 년 동안 이용되어 왔으며, 미국에는 제1차 세계대전 이후 '시잉 아이(Seeing Eye)'라는 단체를 통해 도입됐다. 그래서 맹인인도견을 시잉아이독(seeing eye dog)이라고 부르기도 한다. 예를 들어 헬렌 켈러(Helen Keller)는 1920년대에 맹인인도견을 받았다. 그런데 인간을 인도하는 개에 대한 아이디어는 이보다 훨씬 오래됐다. 많은 문화권의 신화에서 개는 사후 세계로 죽은 자들을 인도하는 역할을 한다. 첫 번째 인도견은 독일셰퍼드(German Shepherd)였다. 오늘날 골든리트리버나 래브라도 같은 보조 동물 개도 있지만 독일셰퍼드는 여전히 인기가 있다.

그런가 하면 파킨슨병을 앓는 환자처럼 신체적 장애가 있는 사람들을 돕는 보조 동물 개도 있다. 이 개들은 휠체어를 끌거나 밀고, 문을 열고, 주인이 떨어뜨린 물건을 줍고, 불을 켜거나 끈다. 어떤 개들은 세탁을 돕기도 하고 주인이 옷을 입거나, 식료품 쇼핑을 하는 것을 돕기도 한다.

개는 청각장애나 난청인 사람들을 돕도록 훈련받을 수도 있다. 이들은 차의 경적이나 현관문 벨소리, 화재 경고음이나 비명 소리를 들으면 주인에게 알린다. 어떤 개들은 간질 환자인 주인에게 경련이 곧 일어날 것 같다고

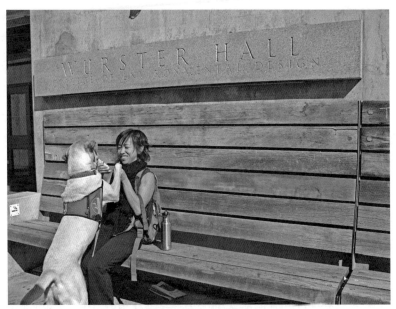

그림 10.2. 하루나 마츠모토(Haruna Matsumoto)는 UC버클리의 건축학과 학생이고 마일스는 그녀의 청각 보조견이다. (사진: Karen Diane Knowles)

알릴 수 있다. 그러면 주인은 경련 발작이 일어나기 전에 앉아서 약을 먹을 수 있다. 물론 경련 발작에 반응하는 개들은 발작을 일으킨 사람들을 돕도록 훈련받는다. 또 어떤 개들은 정신의학 서비스 개(psychiatric service dog)로 훈련받을 수 있다. 이 개들은 정신 질환자와 함께 살면서 환자를 안정시키는 역할을 한다. 예를 들어 환각 증세가 있는 환자들의 개는 어떤 것이 진짜이고 어떤 것이 진짜가 아닌지 주인이 인식하도록 도울 수 있다. 앞에서 언급한 바와 같이 외상후스트레스장애로 고통받는 사람은 개가 불을 켜고 방을 점검하게 함으로써 안전하다는 것을 확인할 수 있다.

만약 주인의 상황이 변하면, 보조 동물은 그 변화를 받아들일 수 있다. 예를 들어 파킨슨병과 다발성경화증(multiple sclerosis) 환자는 종종 활동성이 떨어지는 경우가 있는데 보조 동물이 이에 적응한다. 보조 동물은 주인과 함께 살고, 집 밖에서도 이들과 동행한다. 미국 내 장애인 중 단 1퍼센트만이 이런 보조 동물과 함께 산다. 이처럼 비율이 낮은 이유는 이렇게 고도로 훈련된 동물에 대한 수요가 공급보다 훨씬 많기 때문이다.

보조 동물들이 살아 있는 동안 내내 일하는 것은 아니다. 서비스 개들은 일반적으로 8~10년 정도 일하고 자리에서 풀려나 자신이 보조하던 가족과 함께 애완견으로 살거나 새로운 가족과 살게 된다. 보조 동물이 일하고 있을 때는 밝은 색 조끼를 입혀 이들이 보조 동물임을 표시한다. 이런 표시에는 두 가지 기능이 있다. 이는 대중에게 이 동물이 보조 동물임을 알리는데, 예를 들어 미국에서는 이 동물이 동물의 출입이 허용되어 있지 않은 건물에 들어가도록 허용해야 한다는 것을 의미한다. 그리고 이는 또한 대중에게 이 개가 일하고 있음을 알린다. 사람들은 이 개(또는 흔하지는 않지만 말)를 보면 우선 쓰다듬고 싶어하는데 이것은 일하고 있는 동물의 주의를 산만하게 만들 수 있다. 긴 하루를 보내고 개와 주인이 집에 돌아오면 주인은 개의 조끼를 벗겨준다. 그제야 개는 쉬고, 놀고, 다시 보통의 개가 될 수 있다. 그래서 보조 동물은 우리 문화 안에서 독특한 위치를 갖는다. 이들은 인간을 위해 매우 특별한 기능을 제공한다는 측면에서 도구이며, 이런 기능을 제공해야만 가치가 있다. 그런데 이들은 인간 보호자들과 친밀한 관계를 형성하여 가족의 일원이 되기도 한다.

지난 20여 년간 미니어처 말이나 꼬리감는원숭이(capuchin monkey) 같은 동물이 보조 동물의 세계로 편입됐다. 이 모든 동물이 주인에게 중요한 기능만 수행하는 것은 아니다. 이들은 반려 관계(companionship)도 맺는다. 이 기능은 많은 장애인이 사회 속에서 겪는 사회적 고립을 고려할 때 매우 중요하다고 볼 수 있다. 보조 동물과 함께 사는 장애인이 그렇게 않은 개에인보다 자존감이 더 높으며, 불안 장애나 사회적인 고립감을 적게 경험한다는 연구 결과가 있다. 그런데 2010년 법무성은 미국 장애인보호법에서 보조 동물을 개로, 어떤 경우에서는 신체적 장애를 가진 사람들을 보조하는 미니어처 말로 협의의 정의를 내렸다. 이는 정신 질환 보조 동물을 포함해서 다른 모든 보조 동물이 장애인보호법의 보호를 받을 수 없고 공공 또는 민간 시설에서 더 이상 이들을 허용할 필요가 없다는 의미이기도 하다.

퍼피스비하인드더바

퍼피스비하인드더바(Puppies Behind the Bar)는 이라크와 아프가니
스탄 전쟁 참전군인을 위한 정신의학 서비스 개를 훈련시키는 단
체이다. 이 단체는 래브라도 리트리버 강아지를 교육받은 수감자를
짝 지워서 8주령부터 15개월령까지 보조 동물로 기르고 훈련한다.
수감자는 개가 휠체어 옆을 따라 걷고, 문을 열고, 불을 켜고, 전화
기를 가져오고, 참전군인이 가는 곳이라면 어디든 따라가도록 훈련
한다. 수감자에게 훈련받은 개는 참전군인에게 배정된다.

　이 개는 외상후스트레스장애로 고통받는 참전군인을 육체적
으로 보조할 뿐 아니라, 집에서나 공공장소에서 안정시키고 안전하
게 느끼도록 도와준다. 궁극적으로는 참전군인이 사회로 다시 통합
될 수 있도록 돕는다.

　퍼피스비하인드더바는 참전군인을 돕는 일만 하는 것이 아니
다. 이런 종류의 수감자-동물 프로그램은 수감자의 범죄 재발을 감
소시킨다는 연구 결과가 있다. 동물은 수감자를 편견 없이 다른 사
람과 똑같이 대하기 때문에, 수감자가 다시 인간성을 회복하고 감
정을 느낄 수 있게 하며, 이들의 공격성을 줄이고 공감 능력을 키워
준다. 연구 결과에 의하면, 수감자는 함께 일하는 개에게 사회적 정
체성을 부여하는데, 이는 수감자의 자아 인식에 긍정적인 영향을
미친다. 이런 수감자는 수감 생활을 마치고 나서 재사회화되는 것
이 더 수월해진다.

동물 매개 치료

가장 최근의 동물 보조 활동 유형은 **동물 매개 치료**(Animal Assisted Therapy)로 알려진 분야이다. 동물 매개 치료는 다양한 질환으로 고통받는 환자를 정신적, 육체적, 감정적으로 치료하는 데 훈련받은 동물을 이용하는 방법이다. 동물 매개 치료에 이용되는 동물은 치료 동물(therapy animal)로도 불리는데, 온화한 기질을 지니고 있고 환자 치료를 도울 수 있기 때문에 선택된다. 개, 고양이, 토끼, 말, 새, 기니피그, 돌고래 등이 이에 해당된다. 장애를 가진 사람과 함께 살아가는 서비스 개와는 다르게 치료 동물은 이들을 훈련시키고, 이들이 환자와 만나도록 데려가는 관리자(handler)와 함께 (때로는 특별한 시설에서) 산다. 그리고 이들은 대개 치료사의 반려동물이면서 치료 동물이기도 하다.

동물 매개 치료는 공식적으로 제1차 세계대전 중에 스모키라는 이름을 가진 요크셔테리어가 윌리엄 윈(William Wynne) 상병과 함께 전투 임무를 수행하다가 군 병원에 입원 중인 부상병들을 방문하면서 시작됐다. 스모키의 존재는 부상병들의 기운을 북돋아주었다. 이런 현상은 사람이 동물과 함께 살아오는 동안 지속됐을 가능성이 크다. 예를 들어 몇몇 고대 그리스의 신전에서는 병자와 부상자를 치료하는 데 개들이 도움을 주었으며, 19세기 벨기에에서는 종종 동물이 장애인의 장애 극복을 돕기도 했다. 그러나 제2차 세계대전까지는 인간을 치유하는 데 있어 동물은 유희적인 도구에 불과했다. 두묘이 정신의학 치료에서 역할을 담당할 수 있다는 생각은 1960년대 미국 뉴욕의 정신의학자 보리스 레빈슨(Boris Levinson)이 7일 개 징글스를 치료 현장에 데려온 후에야 발전됐다. 그는 환자들이 의사가 없는 곳에서 징글스와 이야기하려고 한다는 것을 알아냈다.

동물 매개 치료는 지난 30년간 폭발적으로 증가해 왔다. 새로운 단체와 대학 프로그램들에서 인간 치료에 기여하는 동물의 역할을 연구하고 치료 동물의 이용을 확대해 왔다. 오늘날 치료 동물은 병원, 요양원, 재활 기관, 고아원, 호스피스 병원에서 이용된다. 예를 들어 오스트레일리아 셰퍼드인 조

델타소사이어티

델타소사이어티(Delta Society)는 1977년에 설립됐다. 창립자인 정신과 의사인 마이클 매컬러(Michael McCulloch)와 내과 의사인 빌 매컬러(Bill McCulloch), 참전군인인 레오 버스태드(Leo Bustad)는 동물이 인간의 건강에 미칠 수 있는 이로운 영향에 주목했다. 1981년 빌 매컬러는 미국수의사회가 인간-동물유대대책위원회(Human-Animal Bond Task Force)를 만들어 인간-동물 유대를 인식하고 증진하는 데 있어 수의사의 역할을 고찰하는 일을 도왔다. 델타소사이어티 프로그램 중에는 펫 파트너(Pet Partners)도 있다. 이 프로그램에서는 애완동물과 함께 자원봉사자를 훈련하고 선별해서 이들이 병원, 요양원, 호스피스, 물리치료 센터, 학교, 도서관 같은 많은 시설을 방문할 수 있도록 돕는다. 또한 건강 관리, 교육, 전문가를 위해 자료를 제공하여 이들이 진료 상황에서 치료 동물을 어떻게 활용할 수 있는지 배울 수 있게 한다. 델타소사이어티에는 국립서비스동물자원센터(National Service Animal Resource Center)가 있어서 현재 보조 동물을 데리고 있거나 향후 입양할 예정인 장애인에게 정보와 방안을 제공한다.

지아(Zosia)는 최근 미국커널클럽(American Kennel Club)의 우수견상(Award for Canine Excellence)을 받았다. 조지아는 수천 번 넘게 참전군인 병원에서 부상이 회복되고 있는 참전군인이나, 암 환자, 사지 절단 환자를 방문했고, 정신병원의 환자들을 찾아갔다. 또한 해당 지역의 '개에게 책 읽어주기' 프로그램에 참여해서 어린이들이 개에게 큰 소리로 글을 읽어주면서 자신감과 독해 능력을 키우도록 돕기도 했다.

치료 동물은 장애인이나 부상자 그리고 신경학적인 운동장애가 있는 사람들의 운동 기능이나 균형 감각을 향상시켜 육체적 건강을 증진하는 재활 과정에도 이용된다. 히포세러피(hippotherapy) 또는 치료 승마(therapeutic horse riding)에서 승마는 육체적으로나 감정적으로 장애가 있는 사람들, 뇌졸중 같은 질환을 겪은 사람들을 위한 치료 행위이다. 안전이 유지되는 상황에서 말 타는 법을 배우면 장애가 있는 사람들은 균형감과 유연성을 기를 수 있고 관계자들은 성취감이나 유대감을 갖게 된다(Burgon, 2003). 어떤 프로그램들에서는 말을 보살피는 활동을 포함하기도 하는데 이를 통해 책임감이나 승마술을 가르친다.

치료 동물은 육체적인 활동이 아니라 전적으로 감정적이거나 정신의학적인 분야에서 이용되기도 한다. 예를 들어 교도소나 소년원, 학교나 도서관 같은 곳에서 그리고 자폐증, 언어 장애, 파킨슨병, 치매, 정신분열증 같은 많은 질환 환자들을 위해 이용된다. 동물이 함께하면 사람의 스트레스를 낮춰준다는 것이 증명되었기 때문에(Hansen, Messinger, and Baun, 1999) 어린아이들이 스트레스를 심하게 받으며 증언해야 하는 법정에서도 이제 동물을 도입하기 시작했다. 뉴멕시코 홉스(Hobbs)의 골든리트리버 쿠퍼는 미국 최초의 법정견(courthouse dog)이 됐다. 2010년 10월 쿠퍼는 리 카운티(Lea County) 법정에 증인이거나 범죄 피해자인 어린이들이 방문할 때 활용되었다. 쿠퍼가 함께하면 아이들은 안전하다고 느낀다. 쿠퍼가 상담자나 변호사와 함께 아이들을 만나면 쿠퍼는 아이들이 어른들을 믿을 수 있게 돕는다. 상담계 동물 매개 치료 교수인 신시아 챈들러(Synthia Chandler, 2005)는 치료 동물이 효과가 있는 이유 중 하나로 개가 접촉요법(therapeutic touch)의 대리 작용을 한다는 데 주목했다. 왜냐하면 치료 과정에서 종종 치료사들은 환자와 접촉하는 것이 적절하지 않기 때문이다. 말을 이용한 심리치료(Equine-facilitated psychotherapy)는 정신의학적 문제를 가진 환자의 심리 치료에 말을 활용하는 것이다. 분노조절장애를 가진 사람의 예를 들면 이들은 분노를 표출하지 않고 말을 돌보는 법을 배울 수 있다. 아울러 자존감과 자기 수용, 신뢰, 공감, 대화 능력도 키울 수 있다.

또한 치료 동물을 활용하면 언어를 통한 상호작용, 집중 능력 향상, 외로움 감소, 자존감 증대로 사회적 건강이 증진된다. 교육 환경에서 동물을 활용하면 학생들의 어휘 사용 능력이 증대되고, 읽기 능력이 좋아지며, 기억력도 좋아진다(Hergovich et. al. 2002; Gee, Crist, and Carr, 2010). 치료 동물은 위안이 되고, 편안하게 말할 수 있는 상대가 되며 안정감과 안도감을 준다. 내성적인 어린이나 외상후스트레스장애로 고통받는 성인을 자기 세계 밖으로 이끌어내는 역할을 한다. 대화가 불가능하고, 고립되어 있는 환자가 치료 동물을 만난 후에 말을 하기 시작하는 것은 드문 일이 아니다. 요양원 같은 일부 시설에서는 고양이나 토끼, 개를 입양해서 환자들이 항상 동물과 접촉할 수 있도록 한다. 치료 과정에 동물을 참여시킬 경우, 약물 남용 치료에도 도움이 될 수 있다(Wesley, Minatrea, and Watson, 2009)

인간-동물 유대

이 장에 소개된 사역동물의 역사를 보면 주로 실용적 측면이 두드러진다. 동물은 자기 의사가 반영되지 않거나 자기의 의지에 반하여 인간에게 서비스를 제공하는 데 이용되어 왔다. 그런데 동물이 인간에게 이용되는 최근의 사례들을 보면 인간-동물 유대(Human-Animal Bond)가 잘 드러난다. 철저하게 실용적 측면만 강조하는 방식을 취해야 인간이 동물로부터 이득을 얻을 수 있다고 생각했다면 동물 매개 치료가 전혀 각광을 받을 수는 없었을 것이다. 예를 들어 보조 동물은 단순히 휠체어를 밀거나 시각장애인이 길 건너는 것만 돕는 것이 아니다. 이들은 사람들이 외로움을 덜 느끼게 하고 누군가와 연결되어 있다는 느낌도 준다. 군견 또한 단순히 포탄을 감지하거나 설비를 지키는 일만 하는 것이 아니다. 이들은 극도로 스트레스가 심한 상황에서 군인들에게 위안을 준다. 인간-동물 유대의 효과에 대한 많은 연구에 따르면, 동물이 인간에게 줄 수 있는 이로움이 우리가 이전에 생각했던 것보다 훨씬 크다.

동물의 치유 능력은 더 이상 우연이 아니라 과학적으로 입증된 것이다. 예를 들어 동물은 (주인이) 운동을 더 하게 만들어서 그 결과 건강을 증진시킬 수 있다. 개를 기르는 노인들은 그렇지 않은 노인보다 병원을 적게 방문한다(Siegel, 1990). 그리고 건강 관리 시스템에 들어가지 않고도 스트레스가 심한 삶의 과정들을 보다 잘 이겨낸다. 애완동물을 기르는 사람은 그렇지 않은 사람에 비해 혈압이 낮고 (동맥경화의 원인인) 트리글리세리드(triglyceride)와 콜레스테롤 수치가

그림 10.3. 고양이 마리와 포즈를 취한 토머스 콜.
(사진: Kate Turington)

낮다(Anderson, Reid, Jennings, 1992). 자질구레한 건강 문제가 적고(Friedmann 외, 2000), 심장마비로 인한 사망률이 낮고(Friedmann, Katcher, Lynch, Thomas, 1980), 관상동맥성 심장 질환에 걸렸을 때의 1년 생존율(1 year survival rates)이 더 높다(Friedmann 외, 1980). 첫돌까지 애완동물에 노출된 어린이들은 알레르기성 비염과 천식을 나타날 확률이 낮다.

반려동물과 함께 살면 측정 가능한 정서적인 이득도 있다. 반려동물과의 기밀한 관계는 고독감을 줄여주고(Salbe, 1995), 어린이가 가족 안에서 심각한 질병이나 부모의 죽음에 더 잘 적응하도록 돕고, 심리적인 신경과 자존감을 높인다. 애완동물은 부모가 이혼한 어린이나 가족 잃은 노인에게 감정적인 위안이고 의지가 된다(Hart, 1995). 애완동물이 있는 사람은 개와 함께 걷거나 함께 살 때 범죄를 당할 것 같은 공포를 덜 느낀다. 병원 진료나 배심 재판 같은 법정 업무나 병원 진료에 개를 동반하면 어린이가 받는 스트레스를 줄이고 안도감을 줄 수 있다(Hansen 외, 1999). 동물은 어린이들에게 주의를 집중시켜 주고, 인지 발달을 증진시키며, 정서가 안정되게 한다. 동물

이 있으면 학교 출석률이 높아지고, 선생님 말을 더 잘 들으며, 학습과 기억력이 향상된다. 몇몇 연구에 의하면 애완동물과 접촉하는 어린이들은 보살핌 행동(nurturing behavior)이 발달해 나중에 보살핌 행동을 잘 보이는 성인으로 성장할 수 있다. HIV/AIDS 감염자도 애완동물을 기르면 우울증이 줄고 스트레스가 감소한다(Allen, Kellegrew, Jaffe, 2000).

그림 10.4. 「밸런타인데이」 (Dan Piraro, 만화 제공: www.bizarro.com)

반려동물과 함께 살면 건강과 정서에 많은 이로움이 있기 때문에 최근 20여 년간 신체 장애가 있거나 건강 문제가 있는 사람들이 반려동물을 기르도록 돕는 단체들이 생겨났다. 인간−동물 지원 서비스(human-animal support service)를 제공하는 이런 단체들은 그들이 애완동물을 키울 수 있도록 재정적이고 실제적인 지원을 한다. 샌프란시스코 PAWS(애완동물은 훌륭한 도우미Pets Are Wonderful Support)'는 이런 단체 중 하나로 HIV/AIDS 감염자에게 애완동물 진료, 애완동물 사료, 동물병원 이송 서비스를 제공한다. PAWS 자원봉사자들은 HIV/AIDS 감염자의 집을 방문해서 반려동물이 환자의 행복과 건강을 유지하는 데 필요한 것이 있는지 살핀다.

애완동물과 함께 사는 것은 사회적으로도 이득이 된다. 사회적 윤활유(social lubricant)로 불리는 동물이 그렇다. 이들은 대화를 이끌어내거나, 불안감을 줄여서 다른 사람들과 잘 어울릴 수 있는 능력을 키워준다. 이들은 다양한 상황에서 사회적 상호작용, 대화, 신뢰를 유도한다(McNicholas, Collis, 2000; Wells, 2004). 예를 들면 요양원에서 애완동물은 재원자들 사이의 사회적, 언어적 상호작용을 증가시킨다(Bernstein, Friedman, Malaspina, 2000). 그리고 애완동물을 기르는 자폐아들은 더 친사회적인 행동을 보이고 자기몰두

(self-absorption) 같은 자폐 행동을 덜한다. 애완동물과 함께 사는 아이는 스포츠나 취미 활동, 클럽 활동, 합창단 활동 같은 사회 활동에 더 많이 참여하며, 그렇지 않은 아이보다 공감이나 친사회성 척도(prosocial orientation scale)에서 높은 점수를 보인다.

이런 연구는 이제 잘 알려져서 미국 국립보건원은 인간의 건강과 동물 반려 유무 여부의 연관성을 잘 이해하기 위해 향후 국민 보건 조사에 애완동물과 관련된 질문을 포함시켰다(NIH 1987). 인간의 삶에서 동물의 존재가 처음에는 주로 실용적인 관점에서 시작되긴 했지만, 이는 분명 우리가 어떻게 반응하고, 어떻게 느끼는가에 초점을 맞춘 어떤 것들로 진화해 나가고 있다. 그러나 마지막 질문이 남아 있다. 동물 보조 활동은 동물에게 이득이 되기는 하는 걸까?

동물이 누리는 이점은 무엇인가

가축화된 동물은 확실히 인간-동물 유대가 증진되는 환경 안에서 살아감으로써 이득을 얻는다. 인간과 긴밀하게 접촉하며 살아가는 반려동물은 이들의 주된 기능인 반려 관계를 제공한다. 이들은 물리적인 조건을 충족하고, 정서적인 유대도 맺음으로써 이득을 얻는다. 인간과 친밀한 관계 속에서 살아가는 동물은 더 나은 신체적, 정서적, 정신적 건강 상태를 유지할 가능성이 높으며, 고립된 생활을 하거나 경주, 오락, 식품 기능을 하는 동물보다 더 나은 사회적 상호 관계를 갖게 된다. 예를 들어 한 연구에 따르면, 개를 쓰다듬어 줄 경우 (심박수로 측정한) 개의 스트레스 정도가 낮아진다(Gnatt, Newton, Royer, Stephans, 1996). 그리고 또다른 연구에서는 말에서도 같은 효과가 있음이 증명됐다(Hama, Yogo, Matsuyama, 1996). 그러나 인간과 함께 살아감으로써 동물이 얻는 이득에 대한 연구는 거의 없고, 인간이 얻는 이득에 대한 연구가 압도적으로 많다.

동물(동물 보호소의 동물 같은)을 구조하고 재활시키고, 보조견으로 배치하는 동물 보조 프로그램은 확실히 개에게 이득이 된다. 안타깝게도 이런 프로 그램은 점점 더 특수 목적을 위해 사육되는 개들에 초점을 맞추고 있다. 왜 나하면 성견이 되어 구조된 개보다 강아지 때부터 사육되고 훈련된 개들이 훈련 후 성공률이 높기 때문이다.

더 읽을거리

Abdill, Margaret N. and Denise Juppe, eds. 1997. *Pets in Therapy*. Ravensdale, WA: Idyll Arbor.

Beck, Alan and Aaron Katcher. 1996. *Between Pets and People: The Importance of Animal Companionship*. West Lafayette, IN: Purdue University Press.

Becker, Marty. 2002. *The Healing Power of Pets*. New York: Hyperion.

Fine, Aubrey, ed. 2000. *Handbook on Animal-Assisted Therapy: Theoretical Foundations and Guidelines for Practice*. San Diego: Academic.

Jalongo, Mary Renck, ed. 2004. *The World's Children and Their Companion Animals: Developmental and Educational Significance of the Child/Pet Bond*. Olney, MD: Association for Childhood Education International.

Levinson, Boris and Gerald P. Mallon. 1997. *Pet-Oriented Child Psychotherapy*. Springfield. IL: Charles C. Thomas.

McCormick, Adele and Marlena McCormick. 1997. *Horse Sense and the Human Heart: What Horses Can Teach Us about Trust, Bonding, Creativity and Spirituality*. Deerfield Beach, FL: Health Communications.

Wilson, Cindy and Dennis Turner, eds. 1998. *Companion Animals in Human Health*. Thousand Oaks, CA: Sage.

참고할 만한 영상물

Kids and Animals: A Healing Partnership. VHS. Directed by Michael Tovias. Rur, Fins, and Reathers M.D., 2000.

War Dogs: America's Forgotten Heroes. VHS. Directed by William Bison. San Fernando, CA: GRB Entertainment, 1999.

참고할 만한 웹사이트

Delta Society: http://www.deltasociety.org

Equine Assisted Growth and Learning Association(EAGALA): http://www.eagala.org

Equine Facilitated Mental Health Association: http://www.narha.org/SecEFMHA/
WharIsEFMHA/asp

Guide Dogs for the Blind: http://www.guidedogs.com

Latham Foundation: http://www.latham.org

National Center for Equine Facilitated Therapy: http://www.nceft.org

North American Riding for the Handicapped Association: http://www.narha.org

Nowzad Dogs: http://www.nowzad.com

Operation Baghdad Pups: http://www.spcai.org/baghdad-pups.html

Pets Are Wonderful Support: http://www.pawssf.org

Therapy Animals: http://www.therapyanimals.org

동물이 주는 치유의 선물, 동물 매개 치료

신시아 케이 챈들러(Cynthia Kay Chandler, 노스텍사스 대학교)

애완동물을 껴안거나 잡고 있는 것이 얼마나 위안이 되는지에 대해서는 의심할 여지가 없다. 특히 우리가 다쳤거나 슬프거나 외로울 때는 더욱 그렇다. 동물이 사랑과 반려 관계를 통해 인간에게 주는 위안과 기쁨은 그 가치가 매우 높다. 동물과의 상호작용에서 오는 이익은 매우 커서 다양한 직종의 많은 치료사들이 자신의 애완동물을 동물 치료사(pet practitioner)로 일터에 데려오기도 한다. 이런 종류의 진료를 동물 매개 치료(Animal Assisted Therapy, AAT)라고 한다. 동물 매개 치료는 전문적인 치료사, 오락 요법 치료사(recreational therapist), 물리 치료사, 언어 치료사, 상담가나 정신과 의사, 사회복지사 같은 정신 건강 치료사들이 주로 활용한다. 전문적으로 동물 매개 치료를 하기 위해서는 신체 건강 및 정신 건강 분야의 저절한 훈련과 인증을 받아야 하며, 이에 부가적으로 동물 매개 치료에 대한 일정 훈련을 받아야 한다. 가장 일반적인 동물 치료사는 개이고 그 다음은 말이다. 치료 역할을 담당하는 다른 애완동물로는 고양이, 토끼, 새, 기니피그, 게르빌루스쥐, 햄스터 등이 있고, 라마, 미니 돼지, 소, 닭 같은 다양한 농장동물도 있다. 치료 동물(therapy animal)로 일할 애완동물은 사회적 접촉과 인간을 좋아하고, 친절하고, 얌전하게 행동하고, 소음과 스트레스를 잘 견뎌야 한다. 동물을 다루는 사람과 해당 동물은 치료팀으로서 표준 평가를 통과해야 한다. 이 평가는 대개 30분 정도 걸리고 동물 관리자와 동물이 동물 매개 치료를 수행하기에 적절한 기질과 성향을 가졌는지 알아본다. 그렇다면 치료 동물은 치료 동물로 일하면서 어떤 효능(benefit)을 보일까? 동물과 즐거움을 나누는 환자라면, 치료 동물과 상호작용을 할 수 있을 때 더 의욕적으로 치료를 받으러 나오고 치료에 참여한다. 동물을 쓰다듬거나 동물과 함께 노는 것을 포함하는 치료에 참여하는 것은 재미있고 즐겁다. 그래서 환자들이 치료에 동반되는 고통으로부터 주의를 돌릴 수 있게 해준다. 동물을 안거나 쓰다듬으면 두려움이 완화되어 환자가 안정된다. 연구자들은 사람이 개 같은 동물을 쓰다듬거나 다정하게 안고 있을 때 스트레스 호르몬이 유의하게 감소되고 건강이나 복지와 관련된 호르몬이 유의하게 증가한다는 것을 밝혀냈다. 이런 효과가 매우 커서 다른 연구자들은 병원에서 심장 질환 환자들이 일주일에 한 번씩 치료견의 방문을 받을 경우 치료견의 방문을 받지 않은 대조군의 환자보다 빨리 회복하고, 재활 기간 중에 통증 치료도 더 적게 요한다는 것을 증명할 수 있었다. 치료 동물과 상호작용을 함으로써 얻는 이득은 본질적으로 사회적이고, 감정적이며, 육체적이다. 이는 많은 신체 건강 또는 정신 건강 치료사들이 애완동물과의 상호작용을 환자 치료의 한 부분으로 포함시키는 이유이기도 하다. 치료 동물과의 상호작용은 환자의 치료와 회복을 촉진시킨다.

나는 10년간 북부 텍사스에서 전문 상담가 자격으로 동물 매개 치료를 제공하며 개, 고양이, 말과 함께 일해 왔다. 나는 미국 대학 인증 상담가 준비 과정에서 처음 동물 매개 치료 훈련 프로그램을 시작했다. 내가 대학에서 동물 매개 치료를 가르치기 시작했을 당시에는 적절한 교재가 없어서 내가 환자들에게 제공한 동물 매개 치료 경험에서 배운 것들을 포함해 많은 다양한 참고 자료에서 교육 자료를 만들어내야 했다. 그래서 나는 내 경험과 현존하는 동물 매개 치료 자료를 통합해 책을 한 권 쓰기로 결심했다. 그렇게 함으로써 강의하기 쉽고 대중이 접근하기도 쉬운 자료로 만들고자 했다. 책은 2005년에 『상담에서의 동물 매개 치료(Animal Assisted Therapy in Counseling)』란 이름으로 출간됐다. 이 책은 정신 건강 전문가들에게 동물 매개 치료 방법을 가르치는 내용을 담은 최초의 종합서이다. 가르치는 사람이 되어 가장 즐거운 일 중 하나는 다른 사람들이 무언가를 설치하도록 영감을 불어넣는 일이다. 나는 나와 동물 매개 치료에 대한 관심을 나누었던 대학원생들을 멘토링하는 데 큰 즐거움을 느꼈다. 대학원생들의 연구를 지도하고 그들의 논문에 공저자가 되는 영예도 누렸다.

내가 동물 매개 치료에 애정을 가지고 있는 것처럼 여러분도 한 분야에 애정을 가진다면 더 큰 가능성을 이끌어내는 아이디어를 생각하는 데 많은 시간을 보낼 것이다. 나는 최근 동물 매개 치료 책 두 번째 판을 출간하기 위한 작업을 해 왔다. 이 책이 처음 출간된 이래 진화해온 내 생각에서 도출된 상세한 논점들을 다룰 것이다. 예를 들면 정신 건강 분야에서 동물 매개 치료에 중요한 논점은 치료사가 따르고 있는 주요 상담 이론에 상관없이 동물 매개 치료가 상담 치료에 통합될 수 있다고 설명한 점이다. 정신 건강 치료는 이 분야에서 선구자들이 발전시켜온 이론에 근거하고 있다. 기초심리학 강좌에서 이 사람들에 대해 배웠거나 이름 정도는 들어봤을 것이다. 이를테면 지그문트 프로이트, 카를 융, 알프레드 아들러 같은 사람들이다. 어떤 이론들은 생각을 공유하거나 중복되기도 하지만, 서로 다른 몇몇 상담 이론이 존재한다. 정신 건강 분야에서 동물 매개 치료를 증진시키기 위해 나는 치료사들이 동물 매개 치료가 어떻게 다양한 상담 이론과 일관성을 유지하는지 이해하는 것이 중요하다고 생각한다. 그리고 나는 내 책의 다음 판과 최근에 발표한 논문(*Journal of Mental Health Counseling*, 2010. 10)에서 이 주제에 많은 시간을 할애했다. 내 책이 다음 판에서 깊이 있게 설명할 다른 부분은 내가 현재 이해하고 있는 동물 매개 치료의 기본 정신역학(psychodynamics)으로, 아직 이 분야에서는 적절히 설명되지 못한 부분이다. 상담 과정에서 정신역학을 이해한다는 것은 환자와 치료사 간 상호작용의 치료적인 함의를 이해하는 것이다. 동물 매개 치료의 정신역학을 이해한다는 것은 부가적으로 치료 동물이 포함되는 상호작용을 이해하는 것이다. 이는 환자와 동물 간의 상호작용이나 동물에 대한 반응만 이야기하는 것이 아니라, 동등한 중요성을 가지고 치료 동물과 환자의 상호작용과 환자에 대한 치료 동물의 반응까지 이해하는 것이다. 또한 치료사와 치료 동물 간의 상호작용을 환자가 관찰하는 것이 환자에게 가지는 의미를 평가하는 것은 매우 가치 있는 일이며, 이런 상호작용은 건강하고 적절한 인간-동물 상호작용, 인간-동물 관계를 모델링하는 데 활용 가치가 높다.

동물 매개 치료는 인기가 높아지고 있는 전문적인 치료 양식이다. 애완동물을 일터로 데려오는 것이 즐거울 뿐만 아니라 동물과의 상호작용이 환자를 위한 치료 과정에 유의하게 기여할 수 있기 때문이다. 나는 북부 텍사스의 쉼터로 옮겨진 허리케인 카트리나의 생존자들이 재난의 영향으로 받은 감정적인 스트레스를 공유하는 과정에서, 내 치료견들인 붉은색과 흰색의 아메리칸 코커스패니얼 '러스티'와 '돌리'를 안고 쓰다듬으면서 얼마나 많은 위안을 얻었는지 기억한다. 어린이와 노인 모두 이 개들의 사랑스러움 덕분에 위안받을 수 있었다며 나와 내 개들에게 고마움을 표했다. 동물 매개 치료를 하면 나의 개와 내가 함께 시간을 보낼 수 있을 뿐 아니라 내 개가 가진 사회적 치유 능력을 필요한 사람들과 나눌 수 있다. 동물 매개 치료는 가장 즐거운 일이다.

동물을 대하는
인간의 태도

11

동물과 함께 일하는 사람들

적어도 15,000년 전 개가 인간의 파트너가 된 이래, 인간은 계속 비인간 동물(nonhuman animal)과 함께 일해 왔다. 10장에서 살펴본 바와 같이, 인간은 동물을 식용으로 길렀고 역용 동물(draft animal), 보호 수단, 사냥 파트너로 이용했으며 수색 구조와 장애인 안내 등 여러 임무를 맡겨 왔다. 인간-동물 간 상호작용의 근간에는 이와 같은 (대부분 비상호적이고 강압적으로 맺어지는) 다양한 관계가 놓여 있다. 이 징에서는 일을 통해 맺어지는 인간과 동물 사이의 다양한 관계를 좀더 구체적으로 논의해 보고자 한다. 아울러 동물에 대한 깊은 사랑으로 그들을 구하는 동물 구조 자원활동가, 동물에 대한 사랑과 친밀감 때문에 관련 일을 하지만 그들을 죽이기도 해야 하는 동물 보호소 종사자와 수의사, 동물을 상대로 실험을 하거나 실험 대상 동물을 돌보는 실험실 종사자, 도살될 동물을 기르면서도 그들과 종종 복잡한 관계를 맺는 목축업자, 인간의 소비를 위해 동물을 죽이는 일을 하는 도축 근로자에 대해서도 다룰 것이다. 이 모든 사례들을 통해 우리는 인간과 동물 사이의 관계가 실은 복잡하고 사람들의 생각과는 다른 방식으로 형성되는 것임을 알게 될 것이다.

문화기술적 현지조사

사람들이 일을 하며 동물과 맺는 관계에 대하여 우리가 아는 것은 주로 사회학, 특히 사회학자인 아널드 알루크(Arnold Arluke)와 클린턴 샌더스(Clinton Sanders)의 연구에서 온 것이다. 『동물에 대하여(*Regarding Animals*)』 (1996)라는 획기적인 저서에서 이들은 문화기술적 접근(ethnographic approach)을 통하여 동물병원, 연구소, 의과대학, 동물 보호소, 서커스단, 개 훈련 학교, 애완동물 가게 등 인간과 동물이 공유하는 수많은 환경을 연구했다.

알루크와 샌더스는 매일매일 자신의 업무를 처리하는 동물 관련 산업 종사자들의 대응 기제(coping mechanism) 및 그들의 양립 불가능한 태도를 파악하기 위해 케이지를 청소하고 수술을 도왔으며 동물 실험과 안락사에도 참여했다. 문화기술지 작업에는 '현지인(natives)의 관점'을 이해하기 위한 노력이 수반되는데, 여기서 현지인이란 동물과 함께 일하는 사람들을 의미한다. 그들은 자신의 일에 대해 어떻게 느끼는가? 그들에게 동물은 어떤 의미인가?(하지만 이것이 동물의 관점에 대한 이해는 아니다. 학생들은 동물을 안락사하는 것에 어떠한 윤리적 문제가 있는지 문화기술적 연구의 일부로서 고려해 보는 것도 좋을 것이다.) 이러한 환경에서 인류학자와 사회학자들이 수행하는 작업 중 하나는 참여관찰(participant observation)로서, 개인적 참여를 통해 얻는 주관적 지식과 관찰 내용의 엄격한 기록을 통해 얻는 객관적 지식을 결합하는 것이다. 참여관찰을 통해 연구자는 연구 환경에 참여하면서 동시에 그곳에서 무슨 일이 일어나는지를 관찰한다. 인간과 동물 사이의 상호작용을 관찰하는 것은 사람들이 동물과 어떠한 관계를 맺고 그들에게 어떤 감정을 느끼는지 이해하기 위한 것이다. 정보 제공자와 동물 사이의 상호작용(혹은 그것의 결핍)을 관찰하면 그 사람들이 하는 말과 실제로 느끼는 감정이 다를 수 있음을 알 수 있다.

도축장이나 동물 실험실처럼 일반 대중에게 공개되지 않는 환경에서 수행되는 문화기술지 연구에는 난점이 있다. 이런 시설에서 일하는 이들은 외부인을 의심한다. 그들의 일은 일반인들로부터 이해받지 못하거나 비난받기 때문이다. 뿐만 아니라 이런 시설은 동물권 운동가와 다큐멘터리 활동가들이 들어가 기물을 파손하고 동물을 풀어주는 잠입 활동의 표적이 되기도 한다. 이런 시설에 접근하려면 연구자는 자신을 도와줄 수 있을 만큼 힘있는 위치의 게이트키퍼(gatekeeper)를 찾아야 하고, 그곳에서 연구할 수 있도록 허가를 받기 위해 엄청난 서류 작업을 해야 한다. 인류학자와 사회학자는 연구 대상자와 시설의 이름을 모두 바꾸어 기록함으로써 정보 제공자의 익명성을 보호한다.

문화기술적 현지조사는 결코 완전히 중립적이지 않다. 동물 실험실 종사자를 연구하든 성판매자(prostitute)를 연구하든, 연구자의 성별, 나이, 민족, 성격, 배경 등 개인적 특성은 정보 제공자와 연구자 사이의 관계 형성에 영향을 끼친다. 특히 인간동물학에서 연구자가 동물에 대한 어떠한 감정을 가짐으로써 연구 주제에 대한 편견을 갖는다면 중립성과 객관성을 유지하기가 더욱 어려울 것이며 이는 바람직하지 않을 수 있다.

동물과 일하는 사람들

동물과 일하는 사람들에 대하여 알아두어야 할 몇 가지 분명한 사실이 있다. 이들은 반려동물과 함께 사는 사람들과는 다른 방식으로 동물을 이해하고 그들과 관계 맺는다. 예를 들어 동물과 일하는 사람은 다른 이들보다 자신이 동물을 더 잘 안다고 생각한다. 예를 들어 목축업자는 동물에 낙인을 찍고 꼬리를 자르는 축산 방식에 반대하는 동물 애호가들을 비난한다. 개 조련사 또한 전문 지식을 내세우며 다른 이들과 구별된다고 생각한다. 이들은 자신이 동물을 대하는 방식을(그 방식이 외부로부터 비판받을 때조차) 정당화하는 데 그 지식을 이용한다.

그리고 동물과 일하는 이들은 그렇지 않은 사람들과 다르게 동물을 본다. 동물과의 관계 및 동물에 대한 이해는 동물이 자신에게 갖는 의미와 가치에 의해 형성되는 것이기에, 동물은 개인마다 다른 의미로 다가오게 된다.

예를 들어 애완견과 경주견의 차이는 그들이 사는 환경과 담당하는 기능에 따라 사회적으로 구성되는 것이다. 그레이하운드를 반려견으로 데리고 사는 사람은 그 개를 삶의 역사와 이해(interests)와 욕망을 가진 존재로, 사랑하는 친구로 바라본다. 하지만 그레이하운드를 경주견으로 기르고 훈련시키는 사람은 그 개를 경주에 나가 경제적 가치를 창출하는 존재로 본다. 이 경우 그레이하운드는 가족의 일원도 아니고, (경주로 밖에서의) 역사가 부인되는 존재이며, 그들의 이해는 전혀 중요하지 않다. 개들은 이렇게 서로 다른 방식으로 사회적으로 구성되고 다르게 대우받는다. 어떤 개는 집 안에서 살고 사람과 함께 침대 위에서 자는 반면, 어떤 개는 다른 개들과 경주를 하다가 주인의 눈 밖에 나면 도살되거나 버려진다.

이러한 상호작용과 관계성은 우연히 형성되는 것이 아니라, 동물을 가치 있는 생산물이나 기계 또는 상품으로 여기는 작업 환경의 산물이다. 동물 보호소와 실험실에서 일하는 사람들은 동물과 감정적으로 연결되는 것을 피하기 위해 자신과 동물 사이에 경계를 만든다. 보호소 종사자와 수의사 같은 이들은 동물을 돌보면서 동시에 그들로부터 자신을 분리시킬 수 있어야 한다. 도축 종사자 같은 이들은 본인이 하는 일과 그 일의 대상인 동물로부터 자신을 금방 분리시키는 법을 터득해야 한다.

클린턴 샌더스(1996)는 동물과 관련된 일의 상당수가 '더러운 일(dirty work)'이라고 표현한다. 왜냐하면 그런 일들은 대개 피, 고름, 똥, 오줌 같은 역겨운 물질을 처리하는 작업을 수반하며 이는 정체성에 부정적 영향을 끼칠 수 있기 때문이다. 게다가 그런 일들은 슬픔, 분노, 우울 같은 달갑지 않은 감정을 불러일으켜서, 감정적으로도 더러운 일이다. 반면 동물을 구조하는 등의 일을 하는 이들은, 예컨대 종기를 짜고 닦아내는 것이 얼마나 쉬운 일인지 자랑스럽게 말하며 더러운 일을 하는 것을 명예로 여긴다.

많은 사람들이 자신은 동물을 사랑하기 때문에 동물과 관련된 일을 한다고 말한다. 어떤 이들은 단순히 그 일이 자신의 직업이기 때문에, 또 어떤 이들은 동물이 수익을 낳는 유용한 수단이기 때문에 동물과 관련된 일을 한다. 그런데 많은 이들에게 이런 이유들은 복합적으로 작용한다. 예를 들어 애완동물 사육자는 동물을 사랑하기 때문에 그 일을 한다고 이야기하지만 사실 그들은 동물로부터 수익을 얻는다. 뿐만 아니라 겉으로는 동물을 사랑하기 때문에 하는 일이라고 해도, 그들의 사육은 개체수 과잉을 이유로 한 안락사나 (원치 않거나 불완전한 자견에 대한) 도태를 통해 직간접적으로 개들을 죽이는 결과로 이어진다. 많은 투견업자와 투계업자 또한 자신의 개와 닭을 '사랑'한다고 말하지만 이 사랑 또한 모순으로 가득 차 있다. 그 개와 닭은 싸움을 잘하지 못하면 죽음을 맞게 되고, 잘 싸운다 하더라도 결국 그 과정에서 죽게 될 공산이 크다.

8장에서 논의한 바와 같이, 동물과 함께하는 삶이 동물과 다른 사람에 대한 우리의 태도에 영향을 끼친다는 것이 여러 연구에서 밝혀졌다. 마찬가지로 동물과 관련있는 일을 하는 것 역시 동물에 대한 우리의 태도에 영향을 미친다. 생태학자 스티븐 켈러트(Stephen Kellert, 1989)는 동물을 이용하는 것에 대한 사람들의 대도를 추적하여, 동물에 대한 기본 태도의 아홉 가지 유형을 제시했다. 켈러트의 연구는 동물에 대한 태도를 형성하는 데 사회적 지위(계급, 민족, 젠더 등), 환경에 대한 태도, 동물과 관련있는 경험과 실천 등 세 가지 요인이 작용한다는 것을 보여주었다. 지위 면에서 백인, 여성, 도시인, 중산층, 청년층일수록 동물에 대하여 더 긍정적인 태도를 보인다. 또 환경에 대해 긍정적 태도를 가질수록 동물에 대해서도 긍정적 태도를 갖는다.

동물과 관련된 일을 하는 것에 있어서는, 동물을 생업의 수단으로 삼지 않는 사람이 그런 이들에 비해 동물에 대하여 더 긍정적인 태도를 갖는다. 예를 들어 농업 경험이 있는 사람은 실익을 더 중요시하는 경향이 있고(즉 동물을 이용 가치로 인식하고), 농장동물 대우에 대한 법이 지금도 충분하다고 여기며, 농업인들이 동물을 잘 대해 주고 있다고 주장한다. 이러한 상관관계는 놀라운 것은 아니지만 중요한 부분이다. 동물과 일을 하는 사람들, 특히나 (목장이나 도축장 등에서처럼) 실리적 입장에서 동물에게 해를 끼치는 방식으로 일하는 이들은 통계적으로 동물에 대해 더 부정적인 태도를 갖게 된다. 이러한 태도는 동물을 대하는 방식을 형성한다. 그러나 해당 연구에서 발생 요인이 무엇인지는 확실치 않다. 다시 말해, 동물에 대한 부정적 태도가 일하는 자로 하여금 동물을 혹사하거나 인간의 이익을 위해 이용하게 하는 것일까, 아니면 그런 일을 함으로써 태도가 변하게 되는 것일까?

동물 구조 자원활동가

동물 구조 단체는 일반적으로 민간 자금을 기반으로 하며, 그곳의 자원활동가들은 주로 동물을 구조해 입양 보내는 일을 하고 있다. 그 동물들은 공립·사립 보호소에 남겨져 있는 동물이거나, 사람들로부터 선택받지 못한 혹은 버려져 길을 떠도는 애완동물 등이다. 오늘날 대부분의 선진국에서 동물 구조 단체는 시나 카운티가 관리하는 보호소와 함께 활동하고 있다. 많은 단체들이 토끼나 그레이트데인 혹은 치와와만 구조하는 식으로 특정 종 또는 하위종을 대상으로 구조 활동을 한다.

일반적으로 지역 보호소에 동물이 들어오면 보호소 직원은 그 동물의 종, 하위종과 조건이 맞는 구조 활동가에게 연락을 하고 그 구조 활동가가 동물을 데려가게 된다. 구조원 활동은 지역 보호소 내의 동물 수 감소에 도움이 되고, 동물의 종, 하위종, 기질에 잘 맞는 입양 가정을 보호소보다 더 잘 찾을 수 있다. 그 단체들 가운데 상당수는 나이, 건강, 기질 때문에 입양되지 못할 것으로 판단되는 동물을 위한 영구적 안식처(sanctuary)를 운영하고 있으며, 장애가 있거나 나이가 많은 동물같이 특정한 유형의 동물만을 대상으로 안식처와 입양처를 제공하는 단체도 있다.

동물 구조 자원활동가들이 사람들로부터 버려지거나 선택받지 못한 동물을 구하는 최전선에서 중성화 수술 및 진료, 사료, 그 밖의 관리 등에 들이는 총 비용은 연간 수백만 달러에 달한다. 그들은 자신을 동물 대량 생산 사육자, 소비자에 대한 자격 확인 및 교육도 없이 동물을 판매하는 애완동물 가게, 동물 유기자의 물결을 헤치며 동물을 구하기 위해 싸우는 존재로 생각한다. 구조와 동물 옹호 활동을 아무리 열심히 해도 동물을 구하는 일은 끝이 보이지 않는다.

연민 피로

연민 피로(compassion fatigue)는 의사, 간호사, 응급 구조 대원, 상담원, 사회복지사, 성직자, 동물 보호소 종사자 등 심리적 외상의 고통에 노출된 이들이 경험하게 된다. 치료 없이 방치하면 증상이 점점 악화되고 극도의 피로감을 느껴 일을 그만두게 될 수도 있다.

연민 피로는 업무 수행과 자존감에 악영향을 미치며, 그것을 경험한 이는 더 이상 일을 할 수 없게 되기도 한다. 또한 자신이 사는 집에서도 계속 긴장 상태가 나타날 수 있으며, 심한 경우 우울증 등 정신 건강 문제를 겪게 된다.

연민 피로의 징후는 전투, 강간, 폭행 등 외상적 사건을 경험한 사람이 겪게 되는 외상후스트레스장애와 유사하다. 불면증, 화, 불안, 위축감, 특정 업무 회피, 동료 관계 차단, 무력감, 부적응, 플래시백(flashback, 순간적 기억 재현) 등이 그것이다.

이들은 얼마나 많은 동물이 버려지고 안락사되는지 알기 때문에 가끔 헤어날 수 없는 피로감을 느낀다. 아무리 노력해도 해결되지 않는 동물들의 끝없는 고통과 그에 대한 지식 때문에 연민 피로(compassion fatigue)라고 알려진 심리적 외상과 괴로움을 겪기도 하는 것이다. 많은 이들이 우울증을 경험하며, 그들 중 일부는 자기치유의 건강하지 못한 방식, 예컨대 음식, 술, 심지어 약물 등을 이용하여 문제를 해결한다.

동물 구조 자원활동가들이 경험하는 또다른 난점은 자신이 협력하는 보호소 종사자와 빈번히 적대적 관계를 맺게 된다는 점이다. 동물 구조 자원활동가들은 자신이 보호소 종사자보다 동물을 더 위하고 자신이 구조하는 특정 종·하위종의 동물에 대하여 더 나은 지식을 지니고 있다고 생각하는

그림 11.1. 땅굴 속에 있는 프레리도그를 구조하고 있는 에드 어번스키(Ed Urbanski)와 딕 웨스트팔(Dick Westphal). (사진: Yvonne Bourdreaux, Prairie Dog Pals)

경향이 있다. 그리고 직업적으로 동물을 안락사해야 하는 보호소 종사자들을 가끔은 비판적으로 바라본다. 반대로, 보호소 종사자는 구조 자원활동가들이 미숙하고 전문적이지 못하며 보호소의 현실, 특히 안락사를 할 수밖에 없는 엄연한 현실을 이해하지 못한다고 여기곤 한다.

보호소 종사자와 수의사

최근 몇몇 연구에서 보호소 종사자와 수의사 등 자신의 직무로서 동물을 죽여야 하는 이들이 경험하는 스트레스 문제를 다루었다. 이 연구들에 따르면 관련자의 상당수가 자신이 돌보는 동물을 죽이며 가해행위로 인한 외상 스트레스(perpetration-induced traumatic stress)를 경험한다. 사회학자 아널드 알루크(1996)는 동물에 대한 애착 때문에 동물 관련 일을 하는 사람들이 역설적으로 동물의 죽음에 관여하게 되는 이러한 상황을 '돌봄-죽임의 역설(caring-killing paradox)'이라고 표현한다. 동물 구조 자원활동가들과 마찬가지로 이들도 우울증, 약물 남용, 고혈압 등과 같은 건강 문제를 겪게 된다.

수의사의 경우 처음부터 반려동물을 치료해 온 것이 아니다. 수의업은 가축을 진료하는 것에서 시작됐으며, 수의사의 일은 경제적 가치가 있는 동물이 도살되기 전까지 일을 잘할 수 있도록 건강을 관리하는 데 초점이 맞추어져 있었다. 그러다가 20세기 들어 애완동물이 늘어나고 내연기관이 발명되면서(즉 운송 수단으로서 말 이용이 감소하면서) '소동물 진료' 또는 반려동물 진료가 중요한 분야가 되었다.

오늘날에는 대동물 또는 가축 진료보다 반려동물 진료를 하는 수의사의 수가 더 많다. 이들은 자기 일의 목적이 동물을 돕는 것이며 그 사실에 크게 만족하며 일하고 있다. 그러나 수의사(그리고 수의 테크니션 및 여타 수의 종사자)들은, 무책임하면서 가끔은 동물에게 해가 되는 행동을 하는 애완동물 주인을 다루는 일도 해야 한다. 그들은 애매모호한 상황에 대처해야 한다. 예를 들어 동물 주인이 고양이 발톱 제거를 위해 발가락의 첫 번째 마디를 절단해 달라거나 개의 꼬리나 성대를 제거해 달라는 식으로, 수의사 본인은 동의할 수 없는 시술을 요청하면 어떻게 해야 할 것인가. 설상가상 수의사는 동물의 피할 수 없는 죽음과 그 주인이 겪게 되는 고통스런 상황을 빈번하게 겪어야 한다. 실제로 수의대에서는 '동물의 죽음(end-of-life)' 문제를 다루는 강좌를 정기적으로 열고 있다. 이는 이 주제가 수의사에게 얼마나 중요한지 보여준다.

보호소 종사자들은 대부분 동물을 돕고 싶은 마음에 그 일을 하게 되지만, 그렇지 않은 이들에게는 그냥 일일 뿐이다. 동물을 사랑하는 보호소 종사자들의 경우 자신이 생명을 살리는 일을 하고 있다는 점에 매우 만족한다. 그러나 수의사들과 마찬가지로, 그들은 자신의 동물을 버리는 무책임한 주인들을 매일 직면해야 하고, 일부는 자신이 그곳에서 일하는 목적인 바로 그 동물들을 죽이는 업무를 맡게 된다. 이러한 이유로 보호소 종사자들은 연민 피로 조사에서 매우 높은 수치를 보이며, 보호소 종사자와 수의사들은 가해 행위로 인한 외상후스트레스장애를 경험하게 된다.

사회학자 레슬리 어바인(Leslie Irvine, 2004)은 사람들이 자신의 동물을 포기하고 보호소로 보내는 세 가지 이유를 제시한다. 이사, 알레르기, 행동 문제가 바로 그것인데, 다수의 인터뷰 자료에 따르면 사람들이 동물을 포기하는 데는 그들이 진술하는 주요 원인뿐 아니라 여러 가지 원인이 함께 작용한다. 또한 어바인은 많은 동물 주인들이 반려동물에 대한 기초 지식이 부족하다 보니 동물을 버리게 된다는 것도 알아냈다. 새 입양인의 성공적인 입양을 위해 보호소가 동물 행동 강좌, 전화 상담, 상담원 등을 통해 많은 자료를 제공하고 있지만 동물을 포기하는 많은 이들이 그러한 자료에 무지하다는 사실은 그들이 자신의 동물 유기 문제를 해결하는 데 관심이 없음을 분명히 보여준다.

프로머와 알루크(Frommer and Arluke, 1999)에 따르면 동물을 보호소로 보내는 많은 이들이 자신의 행동에 죄책감과 부끄러움을 느낀다. 특히 경비 선서님 실행 속식으노 기른 동물이 아닌 반려동물를 포기일 때 너 큰 죄책감을 느낀다. 보호소 종사자와 마찬가지로 이들은 자신의 죄책감에 대처하기 위한 방법을 찾는다. 타인, 즉 자신이 애완동물을 포기하도록 '만든' 집주인이나 파트너 같은 이들에게 책임을 전가하곤 한다. 또한 많은 이들은 동물을 보호소에 보내는 것 외에 다른 대안이 없었던 척하며 동물을 죽게 만든 상황과 거리를 두려 한다. 그들은 자신의 동물 유기에 대한 책임을 회피하기 위해 (예컨대 '개를 원하는 사람이 없다'고 말하며) 이러한 상황을 만든 사회를 탓한다. 그리고 상당수는 동물에게 문제가 있어 그들을 돌볼 수 없었다며 동물 탓을 한다. 마지막으로 그들은 자기 애완동물을 보낼 가정을 찾아주지 않는다고 보호소와 구조 활동가들을 탓한다.

동물 주인들 중 일부는 자신이 보호소에 버리는 동물에 대하여 매우 좋은 설명을 남긴다. 그렇게 할 경우, 만약 동물이 안락사되면 그것은 새 입양 가정을 찾기 위해 더 노력하지 않은 보호소의 탓이 되는 것이다. 그들은 동물이 가진 장점을 강조해 말하면서 동물이 좋은 입양 기회를 갖게 될 거라고 생각한다. 이는 죄책감을 덜어내기 위한 행동이면서, 동물이 더 좋은 가정을 찾게 될 거라고 스스로 믿기 위한 행동이다. 또한 동물 주인들은 안락사 대신 입양을 더 잘 시킬 것처럼 보이는 보호소를 선택한다. 자신이 동물을 포기하는 것에 대한 또다른 면책 전략은 바로 (그들이 너무 물건을 씹거나, 물거나, 혹은 다정하지 못하다는 식으로) 동물 탓을 하는 것이며, 일부는 차라리 자기 동물이 죽는 것이 더 나을 것이라고 말하며 자신의 행동을 정당화한다.

보호소 종사자들은 매일같이 시설에 버려지는 동물들을 보면서, 그 주인들이 내보이는 죄책감을 마주하면서, 동물에게 고통을 주는 가해자들을 상대해야 하는 상황에 어떻게 대처하고 있을까? 보호소 종사자는 동물을 안락사하는 자신의 역할에 대한 죄책감 때문에 스트레스를 느끼는데, 이는 동물을 돌보는 일과 죽이는 일 사이의 명백한 갈등에서 비롯된다. 동물을 돌보는 것과 죽이는 것은 서로 모순되지만 둘 다 필요한 업무이며, 대부분 동물을 사랑하는 보호소 종사자들은 다른 사람들이 동물을 버리기 때문에 그 일을 맡게 된다.

보호소 종사자들이 이 문제를 처리하는 한 가지 방법은 동물 주인들이 그러하듯 자신의 감정을 다른 곳으로 전치시키는 것이다. 많은 이들은 보호소 운영진과 특히 동물을 포기하는 사람들을 탓한다. 동물 주인들을 비난할 뿐만 아니라 그들이 자신의 행동에 책임지기를 원하기도 한다. 또 많은 보호소 종사자들이 이 사회를, 그리고 너무 많은 동물을 생산하는 애완동물 사육자를 탓한다. 그들이 채택하는 또다른 대응 기제는 자신이 사회의 다른 사람들보다 도덕적으로 더 우월하다는 인식이다. 문제를 만든 것은 사회지만, 보호소 종사자들은 그것을 해결하기 위해 용기 있게 노력하는 소수의 집단인 것이다.

그리고 동물 보호소 종사자들은 동물 주인들의 대응 기제를 차용하여, 동물이 입양될 거라는 기대를 품기보다 이들에게 '최선의 대안'은 안락사일 거라는 생각을 한다. 일반적으로 보호소 종사자들이 취하는 많은 대응 전략은 감정적 거리두기와 관련있다. 신입 직원들은 동물에게 애착을 갖고 안락사되는 것을 막기 위해 모든 노력을 기울이지만 경험 많은 직원들은 자신의 정신 건강을 위해 거리를

그림 11.2. 이구아나를 진찰하는 수의사 제럴드 기번(Gerald Givan). (사진: Mary Cotter)

두어야 한다는 것을 안다. 예를 들어 많은 보호소 직원들은 동물을 살릴지 죽일지 결정하는 데 있어 동물과의 감정적 교감이 아닌 입양 가능성과 시장성에 근거하여 동물을 평가한다. 어떤 이들은 일로부터 받는 스트레스와 불가침 영역인 집 사이의 감정적 분리를 확보하기 위해 집에서는 일에 대한 이야기를 하지 않는다.

설상가상 최근에는 동물의 인도적 대우를 위한 운동 내부에 죽이지 않기 운동(no-kill movement)이 등장하여 새로운 갈등이 만들어졌다. 이 운동은 미국의 보호소에서 건강한 동물을 대상으로 실시하는 안락사의 중단을 목적으로 하는데, 갈등의 양쪽에는 안락사를 실시하지 않는 사설 보호소와 계속 동물을 안락사시키는 개방형 기관(open-door facilities)이 있다. 사회학자 아널드 알루크(2008)는 동물을 안락사시키지 않는 보호소(no-kill shelter)와 '안락사시키는 보호소(kill shelter)'의 종사자들이 서로에게 문제의 탓을 돌리는 양상을 연구했다. 개방형 기관의 종사자들은 안락사시키지 않는 보호소가 동물을 들일 때 선별하기 때문에 그곳의 동물들은 안락사시키는 개방형 보호소보다 입양되기가 더 쉽다고 비판한다. 그리고 안락사시키지 않는

보호소가 마치 창고같이 너무 많은 동물을 너무 오랜 기간 데리고 있는데 이는 일종의 학대라고 공격한다. 반면 안락사시키지 않는 보호소의 종사자들은 안락사시키는 보호소와 달리 잘 무는 습성이 있는 동물, 겁 많은 동물, 사회성이 부족한 동물 등에게도 기회를 줄 수 있다는 점에 자부심을 갖는다. 그들의 정체성에서 중요한 점은 자신이 동물 학대와 관련이 없고 모든 동물을 구하기 위해 고군분투하고 있다는 사고이며, 이는 안락사시키는 보호소의 종사자들을 일면 나쁜 사람으로 만드는 것이기도 하다. 안락사시키지 않는 보호소 종사자들은 안락사시키는 보호소들이 변화를 거부해서 동물이 죽임을 당할 수밖에 없는 현실이 지속되고 있다고 주장한다.

목축업자

소 목축업자는 동물과 매우 복잡한 관계를 맺고 있다. 우선 그들에게 동물은 젖소로부터 우유를, 육우로부터 고기를 얻기 위한 목적으로 기르는, 경제적 가치를 가진 상품이다. 그런데 다른 한편으로, 관련 연구자들에 따르면 목축업자들은 소를 정신세계를 지닌 존재로 인식하고 애정을 기울인다. 이와 같이 인간과 소 사이에는 복잡한 상호작용이 이루어지며, 목축업자들은 동물 보호소 종사자와 마찬가지로 일련의 대응 기제를 갖는다. 사회학자 콜터 엘리스(Colter Ellis, 2009)는 소 목축업자 같은 이들의 노동을 통해서만 사회가 직접 동물을 사육하거나 도살하지 않고도 어떤 동물(가축)을 먹으면서 다른 동물(애완동물)과 사랑하는 관계를 맺을 수 있다고 지적한다.

콜로라도의 소 목축업자들에 대한 엘리스의 연구는 그들 중 상당수가 자신의 소에게 감정적 애착을 갖는다는 것을 보여주었다. 흔히 송아지 기르는 일을 맡아 하는 여성 목축업자들은 일반적으로 자신의 감정에 더 솔직하다. 일부 목축업자들은 소를 도축장으로 데려갈 때, 그것이 본인에게 이득이 되는 일임에도 갈등을 느낀다. 또 분만 시기가 되면 많은 목축업자들은 출산이 임박한 소의 곁에서 함께 자고 도우며 큰 기쁨을 느낀다. 목축업자들은 어리거나 '특별하게' 여겨지는 소와 종종 다정한 관계를 맺지만, 소가 자라면서 그 관계가 변한다. 법학자 게리 프랜시온(Gary Francione, 2000)은 동물에게 고통을 야기하고 착취하면서 동시에 그(혹은 다른) 동물을 사랑하고 아끼는 이들의 인지 혼란을 설명하며 도덕적 정신분열(moral schizophrenia)이라는 용어를 사용했다. 죽음을 맞이할 동물과 거리를 두는 보호소 종사자와 마찬가지로, 많은 목축업자들은 예를 들어 소가 죽었을 때 심리적 불편함을 최소화하는 식의 거리두기 전략을 이용한다. 엘리스는 목축업자들이 이러한 전략 없이는 자신의 일을 해나갈 수 없을 것이라고 설명한다.

엘리스와 어바인(Ellis and irvine, 2010)은 동물에 대해 자연스러운 친밀감을 느끼는 아이들이 동물에 대한 실용주의적 태도를 배우며 사회화되는 방식을 이야기한다. 목축업자가 될 아이들은 4-H와 FFA(Future Farmers of America) 같은 영농 후계자 프로그램을 통해 교육받으며 동물에 대한 새로운 태도를 갖게 되는데, 이 과정은 감정적 노력을 필요로 한다. 원래 동물을 사랑했던 아이들이 자신이 기르던(결국 식용으로 도살될) 동물과 작별하는 법을 배워야 한다. 엘리스와 어바인은 자신의 감정을 관리하고 특히 자신의 동물에 애착하지 않는 법을 배워야 하는 이 아이들을 '감정적 견습생(emotional apprentice)'이라고 표현한다. 좀더 큰 아이들이 배우는 전략 중 하나는 예컨대 자신의 동물에게 이름을 붙여주지 않는 것이다. 동물이 이름을 갖게 되면 애착 관계가 맺어지기 쉽기 때문이다.

실험실 종사자

동물을 이용하는 의학 연구 실험실에서 일하는 이들 역시 본인이 돌보는 동물과 갈등 및 모순의 관계를 맺는다. 여기에는 연구 프로토콜을 따르는 숙련된 과학자 및 그들보다 동물과 훨씬 긴 시간을 보내는 동물 관리자 등이 포함된다.

최근 일련의 연구에서는 실험실에서 동물을 죽이는 일을 하는 사람들이 경험하는 스트레스를 다루었다. 아널드 알루크(1996)의 연구에 따르면, 실험실의 많은 테크니션들은 돈을 위해 혹은 다른 곳으로 가기 위한 징검다리로 이 직업을 택한다. 그런데 또 많은 이들은 동물에 대한 사랑 때문에 이 일에 끌리게 된다. 물론 자신의 일을 업무로만 바라보는 사람은 동물 역시 업무의 일부로만 여기며 대개 자신이 돌보는 동물에 대한 시각도 상당히 부정적이다. 이런 종사자들은 예를 들어 자신이 제공하는 환경과 대우에 대해 원숭이들이 소리 지르고 잡아당기고 움켜잡고 싸우고 물면서 반감을 표시하는 것을 싫어한다. 고통받고 죽임을 당하는 동물에 대하여 이 종사자들은 아무것도 느끼지 못하고 동물의 복지 개선을 위한 노력도 거의 하지 않는다는 것은 놀라운 일이 아니다. 반면 동물에 대한 친밀감으로 이 일을 선택한 종사자들은 동물과 관계를 맺고 시간을 보내며 동물의 입장을 옹호하는 목소리를 낸다. 그리고 동물에 대한 강한 애착 때문에, 돌보던 동물이 고통을 받거나 죽게 되면 본인도 크게 고통스러워한다.

이렇게 심적으로 동요되는 상황을 극복하려고 많은 실험실 연구자와 관련 종사자들은 퇴근 후에는 실험실에서 개에게 했던 행동에서 비롯된 나쁜 기분을 지우고 자신의 개를 만나러 귀가하는 식으로 동물에 대한 과학적 대응과 일상적 대응을 구분한다.

동물 실험을 하는 이들은 자신의 행동을 어떻게 정당화할까? 한 가지 방법은 동물이 고통을 느낄 수 있는 존재라는 사실을 부인하는 것이다. 실험실 종사자들의 일부는 동물이 느끼는 것을 '고통(pain)'이 아닌 '불쾌감(discomfort)'이라는 단어로 표현한다. 동물복지법(Animal Welfare Act)이 통과된 오늘날에도 '과학적 필요'가 인정될 경우 과학자는 진통제 없이 동물에게 고통을 가할 수 있다. 안타깝게도 그것을 결정하는 주체가 연구자이기 때문에 동물에게 고통을 가하는 모든 연구가 시행될 수 있다. 뿐만 아니라 마우스와 래트는 동물복지법에 포함되어 있지 않아 동물 복지 규정에서도 벗어나 있다. 연구자들이 신경도 쓰지 않기 때문에 혹은 데이터에 변수로 작용할 것을 우려하여, 대부분의 실험에서 수술 후 동물에게 진통제를 투여하지 않는다.

우리는 9장에서 과학자들이 과학적 글쓰기를 할 때 동물을 '탈동물화(de-animalize)'하는 방식을 다루었다. 수동태 사용, 그래프와 차트 제시, '죽임(kill)'보다는 '희생(sacrifice)' 같은 용어의 사용 따위의 방법을 통해 연구자들은 동물, 그리고 자신이 동물에게 가하는 행위로부터 거리를 둔다. 생물학자 린다 버크(Lynda Birke, 1994)의 표현에 의하면, 이는 '대상 분리(objective detachment)'로서, 감정으로부터 영향을 받지 않기 위한 전략이다. 버크에 따르면, 우리 문화에서 여성은 공감을 느끼도록 사회화되기 때문에 이러한 전략은 여성보다 남성이 습득하기 쉽다. 실험실 종사자들에게 감정과 공감은 자신의 평안 그리고 업무 자체를 위해 억제되어야 하는 것들이다.

일부 연구자와 테크니션들은 연구에 이용되는 동물에 대하여 분명히 무언가를 느낀다. 1993년 캐나다의 궬프 대학교는 연구에 이용된 동물들을 위한 특별한 추도식을 개최하고 해마다 이를 진행해 왔다. 다른 대학들은 물론이고 사설 동물 실험 및 연구 기관들까지도 자기네가 이용한 동물을 추모하는 행사를 만들었지만, 대부분의 연구 기관은 매년 수백만 마리의 동물을 이용하고 있다는 사실을 인정하지는 않는다. 이러한 형태의 추모를 통해 관계자들은 죄책감이 완화돼고 만족감을 느낀다. 궁극적으로 이는 동물이 인류의 생존을 위해 과학에 위대한 기여를 하고 있다고 관계자, 학생, 나아가 대중에게 호소하며 생물의학 연구에 정당성을 부여하기 위한 행사라 할 수 있다.

도축 근로자

도축 근로자는 언제나 오명을 쓴 존재였다. 많은 문화 속에서 도축은 죄수가 하는 일이었으며 어떤 문화에서는 하층 계급이, 특히 인도에서는 불가촉천민이 담당하는 일이었다. 도축장은 보통 도시 외곽에 위치하기 때문에 일반 시민이 동물의 비명 소리를 듣고 피 냄새를 맡을 일이 없다. 프랑스의 인류학자 노엘리 비알(Noelie Vialles)은 도축 근로자에 대한 책『먹어도 되는 동물(*Animal to Edible*)』(1994)에서, 사회가 고기는 간절히 원하면서도 동물이 고기로 변형되는 과정을 보거나 도축 근로자를 저녁 식사에 초대하고 싶어 하지는 않는 데 주목한다.

업턴 싱클레어(Upton Sinclair)의 『정글(*The Jungle*)』은 시카고의 정육원인 유르기스 루드쿠스(Jurgis Rudkus)라는 허구 인물의 삶을 다룬 소설로, 대부분의 미국인이 도축장의 상황을 알지 못했던 시대인 1906년에 출간됐다. 싱클레어의 소설은 의식이 온전한 상태에서 고통스럽게 비명 지르며 도살되는 동물들이 마주하는 공포, 그리고 많은 직원이 팔과 생명까지 잃으며 직면하는 위험한 상황을 독자들에게 폭로했다. 미국인들은 분노했고, 그 결과 1906년 의회는 육류검사법(Meat Inspection Act)과 식품및의약품법(Pure Food and Drug Act)을 통과시켰다. 1930년대에는 미국 노동자 운동의 성장과 함께 도축업계에 노조가 결성되고 임금과 환경이 개선됐다. 여전히 도축은 잔혹하고 위험한 것이었지만, 작업안전보건행정국(Occupational Safety and Health Administration) 같은 연방 기관이 근무 환경을 감독하게 되면서 이전보다 더 안전하게 일할 수 있게 됐다. 1970년대에 이르러 도축 근로자들은 시간당 18달러를 받게 됐고 자녀를 대학에 보낼 수 있게 됐다.

하지만 이렇게 개선됐던 상황은 정육원들이 대규모로 비노조화되고 합병되고 노동 인력의 대부분이 이민자로 채워지면서 다시 나빠졌다. 오늘날 수십만 명의 이주노동자들이(그들의 대부분은 중앙아메리카에서 온 불법 체류자이다) 끔찍한 환경의 도축장에서 일하고 있다. 평균 시급은 7.70달러이다. 그들은 영어를 못하고, 대부분 이주증명서가 없으며, 임금과 처우 개선을 위해 조직화하거나 정부에 도움을 요청하지도 못한다. 저널리스트 찰리 르더프(Charlie Leduff, 2000)는 노스캐롤라이나 주의 도축장을 조사한 후, 도축 및 육가공 산업이 멕시코 노동자들을 고용함으로써 비용을 줄일 뿐 아니라 직무는 인종에 따라 (관리와 정비는 백인이, 창고 업무는 인도인이, 킬플로어kill floor 업무는 아프리카계 미국인이, 고기 자르는 일butchering은 멕시코인이 담당하는 식으로) 분절되어 있음을 보고했다.

7장에서 살펴본 바와 같이, 도축 근로자들은 오랜 시간 위험한 장비와 날카로운 도구를 사용하며 빠른 속도로 반복 노동을 한다. 이들은 스트레스 받고, 힘들고, 위험하고, 인간과 동물 모두를 비인간화하는 이 일에 어떠한 방식으로 대처할까? 당연히 동물을 기계처럼 다루는 법을 터득하고, 동물의 고통을 외면하는 법을 익힌다. 노엘리 비알의 지적에 따르면, 도축 근로자들은 하루에 죽이는 동물의 수를 이야기할 때 '5,300마리의 소'가 아니라 '5,300'이라고 말함으로써 살아 있는(곧 죽게 될) 동물을 신경 쓸 필요

그림 11.3. 「남성성」(Dan Piraro, 만화 제공: www. bizarro.com)

없는 존재로 치부한다. 결국 그들의 대부분은, 전부는 아니지만, 죽이는 것에 익숙해진다. 많은 도축 근로자들이 힘든 일과 비위생적 환경으로 인한 육체적 문제와 심리적 외상으로 고통받는다.

변호사 제니퍼 딜라드(Jennifer Dillard)는 도축 근로자들을 조사한 후 2008년 발표한 글을 통해, 킬플로어에서의 장기간 노동은 근로자들을 외상후스트레스장애와 같은 심리적 손상의 위험에 노출시킨다고 주장했다. 그리고 사회학자 에이미 피츠제럴드와 동료들(Amy Fitzgerald and her colleagues, 2009)은 도축상에서의 폭력적 업무가 주변 환경에 영향을 미치는 파급 효과를 지적한다. 그들의 연구에 따르면 미국에서 도축장 있는 카운티들이, 인구통계학적으로 비슷하지만 도축장 없는 카운티들보다 지속적으로 높은 범죄율을 보이고 있다. 오늘날 관련 연구들을 보면, 도축장의 부정적 효과인 높은 범죄율이 미국의 농촌 지역으로 퍼지고 있다. 일부 학자들은 범죄율 상승의 원인을 도축 근로자들의 인구학적 특성, 이민 공동체 내부의 사회 해체, 그리고 실업률의 증가로 설명하지만, 피츠제럴드는 범죄율 증가와 도축장에서의 폭력적 업무 사이에 분명한 링크(link)가 있으며, 이것은 도축 근로자

들이 경험하게 되는 공감의 상실로 설명할 수 있다고 주장한다. 고통에 둔감해지면서 인간의 고통 역시 더 쉽게 야기할 수 있다는 것이다.

인도주의영농협회(Humane Farming Association)의 게일 아이스니츠(Gail Eisnitz, 2007)는 도축장에서 이루어지는 극단적 형태의 폭력에 가담한 적 있는 근로자들을 인터뷰했다. 많은 증언에 따르면 그들은 자신이 맞추어야 하는 회선 속도와 할당량 때문에 살아 있는 동물을 때리고 목 조르고 끓는 물에 집어넣고 신체를 잘라낸다. (미국의 법에는 동물을 죽이기 전에 기절시키도록 되어 있다.) 그들은 이러한 폭력이 자신의 삶에 (자기 치유를 위한 술과 약물 사용 및 가정 폭력 등) 부정적 영향을 미쳤음을 증언했다.

더 읽을거리

Arluke, Arnold, and Clinton R. Sanders. 1996. *Regarding Animals.* Philadelphia: Temple University Press.

Irvine, Leslie. 2004. *If You Tame Me: Understanding Our Connection with Animals.* Philadelphia: Temple University Press.

Sanders, Clinton R. 1999. *Understanding Dogs: Living and Working with Canine Companions.* Philadelphia: Temple University Press.

Vialles, Noelie. 1994. *Animal to Edible.* Cambridge: Cambridge University Press.

Young Lee, Paula. 2008. *Meat, Modernity and the Rise of the Slaughterhouse.* Durham: University of New Hampshire Press.

참고할 만한 영상물

Katrina's Animal Rescue. VHS. Written by Kim Woodard. New York: Thirteen/WNET New York: PBS Nature, 2005.

Shelter Dogs. DVD. Directed by Cynthia Wade. Burbank, CA: Red Hen Productions, 2004.

War Dogs: American Forgotten Heroes. VHS. Directed by William Bison. San Fernando, CA: GRB Entertainment, 1999.

동물과 일하는 사람들에 대한 현장 연구

클린턴 샌더스(Clinton Sanders, 코네티컷 대학교)

나는 문화기술자(ethnographer)이다. 나의 연구는 사람들의 사고방식을 알아내기 위해 다른 조사 연구들처럼 다수에게 간단한 질문을 던지는 방식으로 이루어지지 않는다. 사람들을 작은 무균실에 집어넣고 그들에게 별 의미 없는 실험 과제를 주지도 않는다. 나는 가장 풍성하고, 가장 의미 있고, 진실에 가까운(즉 '타당한') 정보(즉 '데이터')는 내가 이해하고자 하는 삶과 경험을 실천하고 있는 이들의 집단에 직접 참여하는 데서 온다고 믿는다. (현지조사 혹은 참여관찰로 불리는) 이러한 연구 활동은 시간이 많이 들고, 혼란스럽고, 어수선하고, 무섭고, 다른 길로 빠지기 일쑤라는 점에서 현실과 비슷하다.

　　사람들의 집단행동에 대한 개인적, 직업적 관심 때문에 나는 직업 활동에 대한 조사를 많이 했다. 연구 생활 초기에 나는 전문 음악인, 마약 단속 경찰, 문신 아티스트, 마약상 등 (대부분 주변적 위치의) 종사자들에 대하여 공부하고 저술을 했다. 그러나 최근 들어서는 좀더 일상적인 주제와 다양한 직업에 흥미를 갖게 됐다. 나는 사람들이 비인간동물과 맺는 관계를 조사하며, 특히 사람과 반려견 사이의 상호 관계에 관심을 갖고 있다. 문화기술지 연구의 중요한 원칙 중 하나는 '내가 서 있는 곳에서 시작하라(start where you are)'이다. 자신에게 친숙한 주제 혹은 집단에 초점을 맞추는 것은 조사자에게 더 쉽고 더 생산적인 일이다. 이 기본 지침을 따라 나는 인간과 동물 간의 상호 관계를 연구하게 됐다. 몇 년 전, 나의 첫 번째 개가 숨을 거둔 후 나는 뉴펀들랜드 품종의 강아지 두 마리를 들이게 됐다. 사회과학자로서 나는 그 강아지들이 어떻게 상호 관계를 맺는지 흥미롭게 바라보았고, 나에게 어떻게 반응하는지 기록했으며, 내가 그들과 함께 공공장소에서 다른 사람을 만나는 것이 그들에게 미치는 영향을 관찰했다. 나는 지역 동물병원에서 하는 '강아지 유치원'에 그들을 등록시켜 그곳에서의 경험을 적기 시작했고, 또 집 근처 숲과 공원에서 함께 산책할 때 일어나는 일과 개들이 노는 모습을 관찰하여 '필드노트(field note)'에 기록했다. 나는 이렇게 얻은 정보를 이용하여 자기 개가 다른 사람들 앞에서 잘못된 행동을 했을 때 보호자가 어떻게 변명하는지 기술하고, 또 상대와의 상호작용 속에서 형성되는 반려동물의 사회 활동 행동 방식(이것에 중심이 되는 것은 사회학자들이 말하는 '타자 역할 취득take the role of the other' 능력이다)을 분석할 수 있었다.

인간-동물 문제와 점점 더 깊은 관계를 맺게 되면서 나는 동물병원에서 일어나는 일들을 그곳에 '함께 어울리면서' 관찰(그리고 사실상의 참여)할 수 있을지 동의를 구해 보기로 했다. 처음에 나는 주로 동물 '주인'들에게 관심을 갖고 주목했지만, 곧 수의사와 병원 직원들의 직업 생활에 초점을 맞추게 됐다. 그곳에서 2년을 보낸 후 나는 문제적 동물 환자와 진료 의뢰인의 특징 및 수의사가 이들의 문제를 처리하는 방식 같은 주요 쟁점에 대한 글을 썼으며, 반려동물 안락사를 통해 종종 겪게 되는 고통스러운 상황을 탐구하기도 했다.

이후, 동물병원에서 맺어진 몇몇 관계를 통하여 나는 시각장애인과 보조견 사이의 강한 인간-동물 관계에 대한 연구를 하게 됐다. 다행히도 내가 사는 곳 근처에는 몇 년 전 설립된 '안내견' 훈련 프로그램이 있었고, 여러 책임자들의 허가를 받은 뒤 나는 특별한 형태의 이종간 상호작용에 대한 조사를 시작했다. 물론 나는 안내견 프로그램의 트레이너들과 많은 시간을 함께했는데(안내견 주인들보다도 트레이너들과 너 많은 시간을 보냈다), 그들이 자기 직업에 대해 가진 인식, 또 훈련받는 개들을 개별적 존재로 이해하고 그러한 이해를 바탕으로 훈련 과정을 구성하는 방식이 흥미롭게 다가왔다. 인간 언어를 구사하지 못하는 존재인 개들의 정신세계와 독특한 개성을 인정하면서 진행되는 훈련 과정이 무척 흥미로웠다. 이러한 부분은 내가 지난 20년간 조사하고 사고하고 저술한 핵심 주제 중 하나가 됐다.

안내견과의 경험은 개와 사람 사이의 매우 감정적이고 상호의존적인 관계에 대한 관심을 촉발시켰다. 나는 서로 생산적인 상호 관계를 맺고 있는 것으로 보이는 K-9 경찰관과 개들의 생활을 조사해 보기로 마음을 먹었다. 경찰 연구를 해본 사람이라면 경찰 쪽 배경 없이 그들의 직업 세계에 접근하는 것이 얼마나 어려운 일인지 잘 알 것이다. 나는 개들과 상당히 광범위한 경험을 공유해 왔기 때문에 대체로 이러한 일이 수월하게 해결됐지만, 경찰 및 그 개들과 시간을 보낼 수 있도록(새로 들어온 개들을 훈련시키는 초보 경찰관과 조련사 경험이 풍부한 고참 경찰관 중 일부를 관찰하고자 했다) 허가를 받는 일은 아주 힘들었다. 승인이 나기를 가만히 기다리지 않고, 나는 그 시간 동안 동물병원으로 돌아가 수의 테크니션들을 만나 직업에 대한 인터뷰를 진행했다. 인터뷰를 통해 알게 된 가장 흥미로운 사실은, 그 직업이 무척 힘들고 또 감정적 노력을 기울여야 하는 일이지만 그들은 자신의 일을 사랑한다는 점이었다. 이를 토대로 나는 육체적, 감정적으로 고된 수의 테크니션들의 업무 및 그들이 어떤 점 때문에 자신의 직업 생활을 의미 있는 것으로 느끼는지에 관한 글을 썼다. 나는 인터뷰를 통해, 수의 테크니션들은 반려동물과 함께 일하고, 그들을 치료하고 돌보며, 죽음으로부터 구하고, 많이 아픈 동물들이 편히 죽을 수 있게 도우면서 자신과 자신이 하는 일에 특별한 가치를 부여한다는 점을 분명히 알 수 있었다. 동물과 관련된 일을 하며 받게 되는 이러한 보상은 그들이 견뎌야 하는 힘듦과 슬픔을 그럴 만한 가치가 있는 것으로 만들고 있었다.

마침내 나는 K-9 훈련 프로그램 관련 허가를 받았다. 그곳에서의 경험은 재미있고 유익했으며 가끔은 무서웠다(훈련 중이던 경찰견의 공격을 수차례 받았기 때문이다. 부상은 없었지만). 앞에서 밝힌 바와 같이 문화기술지 연구는 '귀납적' 방식으로 이루어진다. 가설이나 특정한 '연구 문제'를 갖고 시작하는 것이 아니다. 그 대신 연구자는 '자료가 설명하게끔(let the data talk)' 하고 조사 과정에서 드러나는 문제에 주의를 기울인다. 경찰견 훈련을 관찰하고 거기에 참여하면서, 나는 인간-동물 관계에 관한 많은 문헌에서 발견되는 한 가지 쟁점에 주목하게 됐다. (음식물 또는 가족으로서의 동물, 실험대상 또는 귀중한 환자로서의 동물 등에서와 같이) 동물에 대하여 사람들이 보이는 양면성은 '끝없는 역설'로 이야기되어 왔다. 비인간동물은 어떤 경우에는 일개 사물로, 또 어떤 경우에는 지각력 있는 개별적 존재(sentient individual)로 규정되고 대해진다. 이렇게 양면적인 규정과 상호 관계는 K-9 경찰과 그들의 파트너 경찰견과의 관계에서 분명히 나타났다. 함께 일하는 존재로서 경찰견은 직업적 자원이자 무기였다. 그 개들은 사람을 쫓고 특정 사물을 찾아내도록 훈련받았으며 다루기 힘든 무법 시민을 위협하고 체포하는 데 이용됐다. 이러한 역할을 위해 그들은 집중력 강하고 잘 훈련된, 그리고 가끔은 폭력적인 존재가 되어야 한다. 하지만 이와 동시에 경찰견은 경찰관의 가족 구성원 같은 존재가 되어, 유순하고 위협적이지 않고 순종적인 모습이 요구되는 학교나 도시 축제 같은 공공장소에 곧잘 함께하기도 한다. 나는 경찰과 개의 관계 속에 구축된 양면성을 상당히 흥미롭게 보았다. 이렇게 이중적이고 모순적인 기대로 인해, 경찰이(대중문화 속 그들의 이미지와 달리 항상 신뢰할 수만은 없는) 개와 맺는 관계에는 상당한 수준의 긴장이 형성된다. 한 경찰관은 나에게 본인은 다른 가족 구성원보다 자기 개와 보내는 시간이 더 많다며 이렇게 말했다.

"이건 마치 매일 세 살배기… 몸무게 백 파운드에 체인톱이 달린 세 살배기 녀석과 함께 일하러 출근하는 것 같아요."

12

동물에 대한 폭력

> 동물 살해는 모든 인간-동물 관계의 구조적 특성 중 하나이다. 그것은
> 극단적 차원에서뿐 아니라 일상적 차원에서도 동물에게 행사되는 인간 권
> 력이 투영된 것이다.
>
> — ANIMAL STUDIES GROUP, 2006:4

2010년 여름의 어느 한 주 동안, 서로 멀리 떨어진 두 지역에서 동물 관련 사건이 발생했고 그 뉴스들은 인터넷을 통하여 순식간에 확산됐다. 첫 번째는 영국의 어떤 여성이 고양이를 길거리 쓰레기통 속에 버리는 모습이 촬영된 동영상에 관한 것이었다. (그 고양이는 길을 가다 울음소리를 들은 행인에 의해 14시간 만에 구조됐다.) 그리고 두 번째는 보스니아의 한 소녀가 가냘프게 우는 강아지들을 강에 던져 죽게 한 모습을 찍은 동영상에 관한 것이었다. 이 두 개의 동영상은 모두 유튜브(YouTube)에 공개됐으며, 특히 인기 있는 인터넷 게시판 '포챈(4Chan)'의 이용자들이 사건에 개입하면서 미디어의 화제를 불러일으켰다. (포챈 이용자들은 가해자들의 신원을 밝히는 데 도움을 주었고 결국 두 명 모두 각 나라에서 동물 학대 혐의로 검거됐다.)

당시 내가 강의하던 '동물과 사회' 수업 중에 한 학생이 어린이를 포함해 수많은 사람들이 굶어 죽거나 전쟁, 질병, 가난으로 고통받고 있는 상황에서 왜 이런 이야기들이 더 대중의 격분을 일으키는지 (좀 화를 내며) 물었다. 왜 우리는 인간의 고통보다 동물과 관련된 이 두 사건에 더 관심을 갖는 것일까? 답이 간단하지 않은 이 질문은 내게 교학상장의 기회가 됐다. 나는 학생들에게 앞의 두 사례 같은 개별 동물 학대 사건에 대한 대중의 격분과, 동물 또는 인간이 겪는 광범위한 고통에 대한 우리의 관심 및 사회 정책, 이 둘사이의 차이점을 설명할 기회를 갖게 됐다.

동물에 대한 제도화된 폭력

동물에 대한 폭력을 이야기할 때, 우리는 개인이 아무 이유 없이 대놓고 한 마리 또는 한 무리의 동물에게 위해를 가하는 경우를 떠올리곤 한다. 그러나 이 사회에서 동물에 대한 폭력이 얼마나 일반적이고 사회 구조의 일부가 되어 있는지는 잘 생각하지 않는다. 사실 동물에 대한 폭력은 모든 문화와 모든 시대에서 발견되는 보편적인 것이다.

음식이나 옷을 만들 용도로 사육하는 동물 대부분이(미국에서만 약 100억 마리의 동물들이) 일말의 친절과 자비도 없이 완전히 갇힌 상태로 태어나고, 길러지고, 죽음을 맞이한다. 의학 실험이나 제품 시험의 대상이 되는 동물은 태어나서 죽는 순간까지 작은 케이지에서 괴롭고 외로운 삶을 살게 된다. 서커스와 로데오 동물들은 자신이 제공하는 즐거움에 대한 대가 없이 우리의 오락에만 이용되는 삶을 산다. 야생동물들은 서식지 파괴로 목숨을 잃고 이국적인 동물로 매매되고 사냥 대상이 되는 등 다른 방식으로 고통받는다. 심지어 우리가 가족의 일원으로 들이는 동물들조차 그들을 생산하는 애완동물 산업 때문에 고통받고 있다. 우리는 수많은 동물을 마치 가구나 의복처럼 구입하고, 부적절한 환경에 방치하고, 질리면 버려 버린다. 그러나 우리 대부분은 이러한 일들을 '폭력'의 사례로 간주하지 않는다. 분명 이 모든 것은 불법이 아니다.

사실 육류, 의류, 생체 해부 산업, 사냥과 야생동물 통제, 애완동물 산업의 과잉 생산과 안락사로 인하여 동물들이 겪는 고통과 죽음은 폭력의 한 형태로 받아들여지지 않음은 물론이고 사회적으로 용인되는 것으로 받아들여진다. 우리는 이러한 형태의 잔인함을 제도화된 폭력(institutionalized violence)이라고 부를 수 있다. 그것을 더 잘 이해하기 위해 인종주의에 대한 사회학적 이해를 참고해 보도록 하자.

인종주의(racism)는 인종(현대의 사회과학자들은 이것이 환상에 불과하다고 주장한다)이라는 개념에 근거한 우월함의 이데올로기로서, 편견과 차별을 품고 있다. 개인적 인종주의(individual racism)는 열등한 존재로 규정된 특정 인종, 민족 집단을 향하여 스스로 우월한 위치에 있다고 생각하는 사람들이 개인적 태도와 행위를 통해 표출하는 것이다. 혐오 범죄를 일으키거나, 인종주의적 표현을 하거나, 타인종 노동자를 거부하는 등의 개인적 인종주의는 일반적으로 '교양 있는' 사회 구성원들로부터 지탄을 받는다. 반면 제도적 인종주의(institutional racism)는 인종주의적 믿음이 사회의 제도 속에 뒤섞이면서 작동한다. 시스템의 법과 정책 속에 차별이 존재하는 것이다. 이 인종주의는 관습, 법, 그리고 인종 불평등을 반영하고 생산하는 시스템의 실천과 관련되어 있다. 그 시스템 안의 개인들이 실제로 인종주의적 의도를 갖고 있는지 여부와는 상관없이 말이다. 제도적 인종주의는 사회 제도 안에서 지배적 집단에 속하는 이들이 누리는 경제적·정치적 권력 때문에 지속된다. 그것은 지속적인 경제 불평등, 형사 사법 제도의 인종 프로파일링, 교육 시스템 내 분절, 백인에 비해 더 낮은 소수자 집단 학생들의 시험 점수 등의 모습으로 나타난다.

동물에 대한 제도화된 폭력은 생물의학 산업, 농업, 오락 산업, 애완동물 산업의 핵심인, 동물에 대한 '고정적(regular)' 형태의 폭력을 의미한다. 해마다 수십억 마리의 동물에 폭력을 가하는 농업과 (공식적으로는 수십만, 비공식적으로는 수백만 마리의 동물에게 폭력을 가하는) 생물의학 산업 분야는 광범위하게 벌어지는 폭력의 가장 대표적인 사례라 할 수 있다. 대부분의 사람들은

그림 12.1. 멕시코의 한 결혼식에서 벌어지고 있는 투계. (사진: Jo Simon, Wikimedia Commons)

이러한 폭력을 보거나 생각하지 않는다. 또다른 사례는 목축업자와 지역 주민에게 문제를 일으키는 것으로 여겨지는 코요테, 늑대, 프레리도그 등 야생 '유해 동물' 수백만 마리를 죽이는 주(州) 야생동물 관리 사업이다. 이는 동물 중심적 반응을 야기한 인간 중심적 말살의 사례이다(우리가 야생동물의 서식지를 파괴하자 야생동물이 인간과 접촉하게 됐다). 우리의 해법은 그 동물들을 죽이는 것이다.

애완동물 산업 역시 제도적 폭력에 가담하며 그것으로부터 이익을 얻는다. 품종 기준에 맞지 않는 강아지, 새끼 고양이, 토끼를 도태시키는 것은 사육 과정에서 허용되는 부분이다. 한때는 사랑받았지만 너무 늙어서, 제멋대로여서, 감당하기 힘들어서 지역 보호소로 보내진 반려동물을 죽이는 것 또한 시스템의 '불가피한' 부분이다. 그런데 이러한 행위들이 말 그대로 폭력이라는 점을 우리가 인정한다면, 왜 그 동물들에 대해 신경을 쓰지 않는 걸까?

다른 형태의 제도화된 폭력으로 동물의 뿔, 상아, 머리, 몸통을 트로피로 획득하기 위한 사냥 경기를 들 수 있다. 여기서 동물을 죽이는 이유는 소비하기 위함이 아니다. 동물을 추적하고, 죽이고, 그것을 집에 두고 과시하는 것을 즐기기 때문에 하는 것이다. 미국에서 사냥 경기를 옹호하는 가장 큰 조직인 국제사파리클럽(Safari Club International)은 사냥에 관한 수백 개의 공로상을 수여하고 있다. 그중에는 동물 한 마리에 대하여, 예컨대 사슴 뿔의 크기를 기준으로 수여하는 상도 있으며, 많은 상들은 여러 종류의 동물을 잡은 것에 대해 시상을 하고 있다. 아프리카 5대 그랜드슬램을 달성했다는 것은 사냥꾼이 아프리카의 사자, 표범, 코끼리, 코뿔소, 아프리카들소를 모두 잡았음을 뜻한다.

우리는 과거에 비해 동물에 대하여 더 신경 쓰는 것처럼 보이는 시대를 살고 있다. 애완동물을 기르는 것이 요즘처럼 유행했던 적은 없어서, 수많은 미국인과 다른 세계인들이 반려동물에서 오는 즐거움이 없는 삶은 상상도 할 수 없을 정도나. 동물 복지 단체에 대한 후원도 오늘날보다 더 많았던 적이 없다. 수많은 사람들이 유튜브와 텔레비전 프로그램을 통해 동물 동영상을 보고 있고, 내셔널 지오그래픽 채널(National Geographic Channel)과 애니멀플래닛(Animal Planet) 방송을 통해 또는 극장을 방문하여 동물 다큐멘터리를 즐겨 본다. 그러나 살펴본 바와 같이 매년 수십억의 동물들이 고통받다 죽어가고 있으며 우리 대부분은 이러한 현실에 무지하거나 그것을 외면한다. 눈에 보이지 않고 멀리 떨어진 곳에서 이루어지는 폭력은 우리가 용인한 것일 뿐 아니라 본질적으로는 우리가 의뢰한 것이기도 하다. 그럼에도 우리는 개별 동물에 대한 폭력은 비난한다. 그런가 하면, 다른 문화권에서 동물들이 다루어지는 방식에 대해 매우 민감하게 반응한다.

문화별 폭력

앞에서 언급한 제도화된 형태의 폭력 외에, 모든 사회에는 완전히 제도화되지는 않았더라도 특정한 배경 속에서 문화적으로 용인되는 폭력 관행이 있다. 예를 들어 스페인의 투우, 영국의 여우 사냥, 미국 농촌 지역의 투계 등은 제도적으로 확립된 것은 아닐지라도 문화적으로, 적어도 특정 인구에게 용인되고 있는 동물 폭력의 사례들이다. 투계는 미국에서 루이지애나 (2007년)와 뉴멕시코(2008년)를 마지막으로 모든 주에서 불법이 됐고 오늘날 대부분의 사람들이 일탈 행위로 여기지만, 일부 지역에서는 문화적으로 여전히 용인되고 있다. 더 심한 사례로, 개를 먹거나 동물을 종교적 제물로 희생시키는 것은 미국에서 강하게 비난받는 행동이지만 다른 나라들에선 문화적으로 용인되고 있다. 우리는 이러한 차이를 어떻게 설명할 수 있을까? 어떻게 문화는 동물에 대하여 이토록 다른 태도를 만들어내는가?

이러한 차이들을 이해하기 위한 한 가지 방법은 사람들의 생계 방식을 살펴보는 것이다. 4장과 11장에서 우리는 사람들이 동물을 자원으로 이용해 온 역사적 방식과 그것이 동물에 대한 태도와 어떻게 연관되는지를 논의했다. 누군가에게는 동물 학대로 여겨지는 행동이 다른 이에게는 생계를 꾸려 나가기 위한 수단이다. 하지만 경제적 요소만이 동물에 대한 우리의 관점과 이용 방식에 영향을 끼치는 것은 아니다. 문화적 전통을 따르다 보면 종종 해당 문화 밖에 있는 이들은 이해할 수 없는 방식으로 동물을 이용하게 된다. 미국의 경우 새로운 이민자들이 동물을 다루는 방식을 보면 이러한 차이가 극명하게 드러난다.

예를 들어 동남아시아에서 온 이민자들이 개를 죽였다가 체포된 일이 몇 번 있는데, 이는 미국에서는 잔인하고 비난받을 일로 받아들여지지만 그들이 자란 나라에서는 일상적인 것이었다. 1995년 디오노에서 온 몽족 이민자 한 명이 독일셰퍼드 강아지를 때려죽여 캘리포니아 주 프레스노에서 체포된 적이 있다. 대중은 격분했고 그를 재판에 회부할 것을 요구했다. 하지만 그가 속한 공동체에서는 샤먼인 그 남자가 자신의 아내를 괴롭히던 영을 달래기 위해 개를 죽인 것이라고 변호했다. 그는 개를 죽임으로써 그 개가 영을 찾아내 아내의 영혼을 되찾게 해줄 것으로 믿었다. 몽족은 희생된 동물이 다시 태어날 수 있도록 동물의 영혼을 해방시켜 주는 의식을 거행한다.

그들에게 이러한 관행은 절대로 잔인한 것이 아니다.

이보다 앞서 몇 년 전에도 동남아시아인에 의한 비슷한 사건이 발생하여 캘리포니아 주의 법 제정에 영향을 끼친 일이 있었다. 1989년 두 명의 캄보디아 출신 남성이 강아지를 죽이고 먹어 체포된 뒤 대중은 미국에 개 식용을 막는 법이 없음을 깨달았다. 그 두 명이 풀려나자 캘리포니아 주 의회는 "전통적으로 또는 일반적으로 애완동물 혹은 반려동물의 위치에 있는" 동물을 죽이고 먹는 것을 엄격히 금지하는 법안을 미국에서 처음으로 통과시켰다. 그런데 토끼 같은 많은 동물이 전통적으로 또는 일반적으로 애완동물의 위치에 있어 왔음에도, 그 법으로 기소된 사람은 고양이와 개를 먹은 이들뿐이었다. 이는 우리의 법이 지닌 변덕스러움을 보여준다. 특정 동물을 먹기 위해 죽이는 것은 불법이고, 다른 동물을 그렇게 하는 것은(누군가가 애완동물로 기르는 동물이라 하더라도) 합법이다. 더 난감한 점은 이 법이 개와 고양이가 잡아먹히지 않게 보호하고 있지만, 동물 보호소에서 안락사당하지 않게 보호하는 법은 없다는 것이다. 캘리포니아에서 식용을 금지하는 법이 생기기 전에도 개와 고양이가 잡아먹힌 경우는 거의 없었다. 하지만 미국에선 매년 엄청난 숫자의 개와 고양이가 합법적으로 죽임을 당하고 있다. 캄보디아인, 베트남인, 몽족 등 이민자들이 거주하는 주에서 동물과 관련된(특히 먹는 문제에 있어) 매우 다양한 문화적 관행이 안타깝게도 민족 간 갈등과 인종주의적 논란을 야기했다. 이를테면 모든 이들이 소, 돼지, 닭, 토끼 등 원하는 모든 동물을 자유롭게 먹을 수 있는 반면, 동남아시아인들만 그들이 원하는 동물을 먹는 것이 금지됐다.

동물 희생 의례(animal sacrifice)는 몽족만의 문화가 아니다. 아프리카 출신 이민자들과 카리브해 지역민들의 종교인 산테리아(Santeria) 역시 동물을 제물로 이용한다. 이러한 관행은 그것을 야만적인 것으로 바라보는 일부 주류 미국인들을 분노케 한다. 그들이 백인도 아니고 '미국인'처럼 보이지도 않는다는 점은 유리하게 작용하지 않는다. 예를 들면 1980년대 중반 산테리아의 루쿠미 바발루 교회(Church of Lukumi Babalu)가 플로리다 주 하이얼리어 시에 교회를 세우려 하자 하이얼리어 시의회는 동물학대방지법의 범위를 동물 희생 의례까지 포함하는 것으로 개정했고 곧 다른 시들도 이러한 결정에 뒤따랐다. 대법원까지 가게 된 이 사건은 결국 1993년 "동물 희생 의례를 시가 금지한 것은 수정헌법 1조에 대한 위반"이라는 판결로 종결됐다.

지리학자 글렌 엘더, 제니퍼 월치, 조디 에즈넬(Glen Elder, Jennifer Wolch, Jody Eznel, 1998)은 이런 사례들에 대하여 미국인들이 분노하는 것은 동물을 죽였기 때문이 아니라고 주장한다. 미국에서는 매년 (산테리아 의식에 사용되는 염소와 닭과 양

그림 12.2. 이 문신봉은 돼지 공장에서 그들에게 일련번호를 찍기 위해 잉크를 묻혀 후려치는 방법으로 사용된다. (사진: Mercy for Animals)

을 포함하는) 동물 수십억 마리가 도살된다. 그러나 미국인들은 그들이 동물을 공개적으로 죽인다(보이지 않게 도축장에서 죽이지 않는다), 불법적이다(많은 이들이 산테리아를 합법 종교로 여기지 않는다), 야만적으로 보인다(대부분의 미국인은 도축장에서 동물이 얼마나 '야만적'으로 죽임을 당하는지 알지 못한다)는 등의 여러 이유로 동물 희생 의례를 문제시한다. 결국 대부분의 미국인에게 동물 자체, 그리고 그들이 어디서 어떻게 죽는가는 중요한 문제가 아니다. 동물 희생 의례를 치르는 이들이 미국인이 아니라 보이지 않는다는 점이 중요하다. 그들은 브라질인, 아이티인, 캄보디아인, 베트남인이다. 덧붙여 엘더 등(1998)은, 샤먼과 산테리아 사제들이 동물을 죽이기 위한 제대로 된 '자격'이 없는 것처럼(그리고 미국인 도축원들은 충분한 자격을 가진 것처럼) 여겨진다는 점을 지적한다. 이러한 문제들은 동물에 대한 합법적 살해와 불법적, 일탈적 살해를 규정하는 데 영향을 끼친다.

일탈적 폭력

현대 사회에서 동물에 대한 일탈적 폭력(deviant violence)은 대체로 용인되지 않으며 범죄시된다. 일탈적 폭력에는 반려동물을 죽이는 것이나, 농장동물이라 하더라도 사회와 법이 허용하지 않은 방식으로 죽이는 것 등이 포함된다. 심리학자 프랭크 아시온과 랜들 록우드(Frank Ascione and Randall Lockwood)는 학대(cruelty)'를 "동물에게 의도적으로 불필요한 고통과 괴로움(pain, suffering or distress) 또는 죽음을 야기하는, 사회적으로 용인되지 않는 행위"라고 규정한다(1998:85). 학대로 판단되는 것은 행위 자체가 아니라 "사회적으로 용인되지 않는" 또는 "불필요한" 것이라는 점에 주목해야 한다. 이미 논의한 바와 같이, 사회적으로 용인되고 필요한 것으로 여겨진다면 그것은 학대로 간주되지 않는다. 제도화된 폭력 그리고 문화적으로 용인되는 폭력과 마찬가지로 일탈적 폭력 역시 사회적으로 구성된다. 어떤 맥락에서는 용인되지 않아 일탈적인 것이 다른 어떤 맥락에서는 용인된다. 개를 죽이고 먹는 행위는 북미와 유럽에서는 분명히 용인되지 않지만 중국과 한국에서는 용인되며 불법이 아니다.

대부분의 미국인에게 반려동물은 가족의 일원이며 그들은 반려동물을 보호하기 위해 무엇이든 할 것이다. 하지만 그렇게 운이 좋지 못한 수많은 동물들이 학대와 방치의 사례로 계속 뉴스에 등장하고 있다. 많은 사례들이 심각한 문제로 미디어의 관심을 받지만, 고통을 받는 압도적 다수의 동물들은 관심을 받지 못한다. 비참하게도 그들 대부분은 생존하지 못하고 학대자의 손에 살해되거나 동물병원 또는 비좁은 보호소에서 안락사당한다.

보고된 학대의 대부분은 반려동물 사례인데, 학대를 당하고 방치되는 동물의 정확한 수치는 집계되지 않는다. 미국휴메인소사이어티(HSUS)가

---

* 'cruelty'와 'abuse'는 비슷한 의미를 담은 단어들로 사실상 혼용되고 있으며, 따라서 이 책에서는 두 단어를 모두 '학대'로 통일하여 번역했다. 옮긴이

크러시 비디오

크러시 비디오(Crush Video)는 보통 뾰족한 스틸레토 힐을 신은 여성이 작은 동물을 짓밟아 죽이는 행위를 담은 영상이며, 그 행위는 극단적으로 일탈적인 폭력이다. ('스쿼시 비디오squish video'라고도 알려진) 크러시 비디오를 보는 사람들은 동물이 짓밟혀 죽는 것을 보며 성적 쾌감을 얻는 크러시 페티시를 지니고 있다고 한다. 크러시 페티시가 있는 이들 중 일부는 (주로 여성이 커다란 발로) 포도나 치약 튜브를 쭈그러뜨리는 모습을 보며 즐기기도 하지만, 일반적으로 이 용어는 그런 방식으로 동물을 죽이는 걸 보는 사람들에게 적용된다. 이러한 형태의 페티시는 하드 크러시(hard crush)로 불린다. 하드 크러시 비디오는 곤충과 벌레를 죽이는 것부터 기니피그, 토끼, 고양이, 강아지 같은 포유동물을 죽이는 것까지 그 폭이 넓다. 많은 비디오가 동물이 죽을 때까지 30분 혹은 그 이상 동안 학대당하는 모습을 보여준다.

미국에서 크러시 비디오를 만들고 배포하고 소유하는 것은 1999년 금지됐으며, 다른 많은 나라들에서 역시 금지됐다. 그럼에도 불구하고 이것은 인터넷에 광범위하게 퍼져 있다. 지난 몇 년간 중국에서 고양이, 개, 토끼, 두꺼비 등을 죽이는 비디오가 유포되어 왔다. '큰 여성, 작은 남성(great women, small men)'들의 비디오 OTO로 일컬어지는 이 비디오들은 그것에 반대하는 여론에도 불구하고 중국에서 불법이 아닌 것으로 보인다.

2010년 4월 미국 대법원은 크러시 비디오를 금지하는 1999년 법의 범위가 너무 광범위하고 사냥이나 동물에 대한 합법적 폭력을 담은 비디오까지 불법화할 수 있다는 이유로 이 법을 무효화했다.

그러나 바로 다음 날, 두 명의 의원이 대법원의 판결에 동조하는 사냥업계의 반감을 일으키지 않도록 범위를 좁혀 크러시 비디오에 초점을 맞춘 새 법안을 제출했고, 2010년 11월 통과됐다.

세간의 주목을 받은 동물 학대 사례들을 분석한 조사(Humane Society of the United States First Campaign 2003 Report of Animal Cruelty Cases) 결과에 따르면 전체의 57퍼센트가 의도적 학대, 43퍼센트가 심각한 방치의 사례였다. 방치된 동물의 70퍼센트는 영양실조였으며 30퍼센트는 굶주림으로 고통받았다. 그 밖의 많은 동물들이 익사당하거나, 칼에 찔리거나, 산 채로 불에 태워졌다. 동물 학대는 도시와 농촌 모두에서 널리 자행되며 사회경제적 경계를 가로지른다.

미국휴메인소사이어티는 학대의 가장 큰 피해 동물이 전체 사례이 60퍼센트를 넘게 차지하는 개이고 그 다음이 고양이라고 보고했다. 특히 핏불의 피해 비율이 증가하고 있다. 가축 학대 사례는 위장 조사를 통해서만 드러날 수 있기 때문에, 얼마나 많은 수의 가축이 계류장과 도축장에서 받는 통상적 학대 외에 다른 고통도 받고 있는지 실질적으로 파악할 수가 없다. 사실 많은 주들이 학대에 관한 법에서 가축이나 '일반적' 농업 관행은 예외로 하고 있다. 적절한 법이 존재하는 경우에도 법 집행을 통해 체포를 하거나 학대 또는 방치된 동물을 압수하는 것은 힘든 일이다. 그래도 가끔은 체포가 이루어지기도 한다.

2010년 5월 시카고의 동물권 단체 '동물에게 자비를(Mercy for Animals)'은 오하이오 주 플레인시티에 위치한 콘클린 낙농장(Conklin Dairy Farms)의 노동자들이 젖소와 송아지를 짓밟고 찌르고 때리는 것을 찍은 잠입 동영상을 공개했다. 이 동영상(그리고 다른 수많은 잠입 동영상들)의 공개 이후 등장한 의문은 이것이었다. 이 사건은 '일탈적' 동물 학대인가, 아니면 업계에서 고질적으로 이루어지는 학대 가운데 하나인가? 콘클린 낙농장은 신속하게 대응하면서, 이 동영상은 전체 업계나 현장에 '나쁜 사람들(bad apples)'이 조금씩 있기 마련임을 보여주는 것일 뿐이고 그 소수가 전체 업계의 상황을 반영하는 것은 아니라고 말했다. 콘클린 낙농장의 발표에 따르면, 해당 동영상에 찍힌 피고용인들은 해고됐고 회사에 남은 피고용인들은 재교육을 받아야 했다.

동물에 대한 폭력과 인간에 대한 폭력 간의 링크

최근 대중이 동물 학대에 관심을 갖게 된 이유 중 하나는 심리학자, 사회복지사, 법 집행 전문가들이 최근 불편한 사실들을 보고하고 있기 때문이다. 그들은 동물에 대한 폭력과 인간에 대한 폭력 사이에 흔히 '링크(Link)'라고 하는 강한 상관관계가 존재한다는 것에 대부분 동의한다. 동물을 학대하면서 범행을 시작한 연쇄살인범들의 사례가 많이 보고됐는데, 특히 젊은 살인자들에게서 이러한 면모를 흔하게 볼 수 있다. 콜로라도 주 리틀턴의 교내 총격범인 에릭 해리스(Eric Harris)와 딜런 클리볼드(Dylan Klebold), 그리고 십대 살인범인 앤드루 골든(Andrew Golden), 루크 우드햄(Luke Woodham), 마이클 카닐(Michael Carneal) 등이 대표적 사례이다. 이 소년들은 모두 부모, 급우, 선생님에게 총을 쏘기 전 고양이, 다람쥐, 개, 소 같은 동물을 학대하고 불구로 만들었다. 제프리 다머(Jeffrey Dahmer), 보스턴 스트랭글러(Boston Strangler), 테드 번디(Ted Bundy) 같은 성인 살인범들 역시 어렸을 때 동물을 죽이는 것으로 범행을 시작했다. 많은 사례들에서 동물에 대한 폭력은 다른 범죄 행위(폭력적인 것이든 아니든)로 이어졌다.

최근에 와서야 이러한 링크가 논의되고 있지만, 이미 수백 년 전에 이 문제에 주목한 관찰자들이 있었다. 예를 들어 18세기 영국의 예술가인 윌리엄 호가스(William Hogarth)는 1751년 「잔혹함의 네 단계(The Four Stages of Cruelty)」라고 불리는 네 점의 판화로 구성된 작품을 만들었다. 이 작품은 소년에서 성인으로 성장하며 점점 더 잔혹해지는 톰 네로(Tom Nero)라는 허구의 인물을 묘사하고 있다. 첫 번째 단계에서 여러 소년이 다른 동물들을 학대하는 동안 그는 개를 학대한다. 두 번째 단계에서 다른 남자는 양을 때려 죽이고 짐을 너무 많이 진 당나귀가 힘들어하며 (이제 성인이 된) 네로는 다리를 저는 말을 구타한다. 세 번째 판화「잔혹함의 완성(Cruelty in Perfection)」은 네로의 폭력이 발전하여 인간을 향하는 모습을 보여주며 그가 자신의 연인을 잔인하게 살해하는 장면을 묘사한다. 마지막 네 번째 판화「잔혹함의 대가(Reward of Cruelty)」에서 네로는 자신이 저지른 많은 죄로 인하여 포박되어 몸이 해부되고 심장은 개에게 먹힌다. 호가스는 동물권 옹호자는 아니었지만 잔혹함(또는 학대cruelty)은 잔혹함을 낳는다는 사실을 알고 있었다. 그는 자신의 작품이 영국의 빈곤 문제에 대한 경각심을 일깨워 주기를 바랐다.

이러한 연계가 어떻게 시작되는지 알 수 있는 한 가지 방법은 동물 폭력의 가해자가 어떤 사람인지 살펴보는 것이다. 인구학적 요인은 무엇이고, 그들의 폭력과 아동기 경험 간에 어떤 링크가 있을까? 성인 여성과 소녀에 비해 성인 남성과 소년이 압도적으로 더 많이 동물에게 직접적이고 물리적인 학대를 가한다. 동물 학대 사건에서 피고인의 95퍼센트가 남성이다. 우리는 2장에서 동물에 대해 여성이 남성보다 더 긍정적인 태도를 보인다고 언급했는데, 동물 폭력에 대한 통계는 이러한 성차가 낳는 매우 현실적이고 비참한 결과를 보여준다. 하지만 애니멀 호딩 사례에서는 여성이 남성보다 더 높은 비율을 차지하며, 동물 방치의 경우 남성이 여전히 더 많긴 하지만 남녀 가해자가 비교적 비슷하게 분포한다. 성별과 상관없이 대부분의 사례에서 동물 학대자는 동물의 주인이다.

또한 우리는 대표적인 동물 학대자가 바로 아이들임을, 그중에서도 특히 소년이 압도적으로 많음을 알고 있다. 이 점은 여러 면에서 중요하다. 동물에게 잔혹한 행위를 하는 아이는 다른 아이보다 심각한 심리적, 감정적, 행동적 문제를 지니고 있다. 동물 학대와 아동 문제에 관한 최근의 몇몇 연구는 교내 총격 사건을 일으킨 이들의 절반이 동물 학대 전력이 있음을 보여주었다(Verlinden et al., 2000). 1985년의 한 연구(Kellert and Felthous)는 폭력적이지 않은 범죄 행위를 한 사람의 6퍼센트만이 동물에 대한 폭력 경험이 있는 것에 반해 폭력범의 경우는 25퍼센트가 그러한 경험이 있음을 밝혀냈다. 캐나다의 한 연구에 따르면 동물 학대로 체포된 자의 70퍼센트가 과거에 인간에게도 폭력을 저지른 전력이 있었으며, 대부분의 동물 학대자가 체포된 지 10년 이내에 다른 범죄를 저질렀다. 또다른 연구(Ressler, 1988)에 따르면 성폭력 살인을 저지른 자의 36퍼센트가 아동기에 동물을 (주로 성적으로) 학대한 경험이 있다. 오늘날 미국정신의학회는 '동물 학대'를 행동 장애의 한 징후이자 성인기까지 지속될 수 있는 반사회적 행동 양식으로 간주한다.

왜 아이들은, 특히 소년들은 동물을 학대할까? 그들 중 많은 수가 학대 (성적 학대 포함)의 피해자였다. 그리고 또래괴롭힘(bullying)의 피해자 또는 가해자이기도 했다(Henry and Sanders, 2007). 동물을 해치는 아이들이 속해 있는 가정은 일반적으로 제대로 기능하지 않으며 다른 형태의 폭력과 방치도 존재한다. 그 가정의 혹독한 양육 방식도 동물 학대로 연결될 수 있다. 아동 학대 전력이 있는 88퍼센트의 가정에서 동물 학대도 일어났으며(DeVinny et al., 1983), 동물을 학대하는 아이는 그 자신이 학대의 피해자일 가능성이 두 배 더 높다는 연구(Duncan et al., 2005)도 있다. 한편 그런 아이는 자신의 아버지나 다른 어른이 동물을 학대하는 것을 목격했을 수도 있다. 연구(Flynn, 1999)에 따르면 동물 학대를 목격한 아이들은 반려동물을 해칠 가능성이 더 높고, 그중 8퍼센트는 본인이 동물을 죽인 적이 있다고 증언했다. 만약 가정에서 성적 학대가 있었다면 당한 아이 또한 동물을 성적으로 학대할 수 있다. 부모 간에 발생하는 폭력을 목격하는 것 역시 원인 중 하나이며, 부모 중 한 명이 구타당하는 것을 목격한 아이는 그 경험으로 인해 동물을 해치는 행동을 하게 될 수 있다. 두 건의 연구(Currie, 2003; Baldry, 2005)에 따르면, 자신의 집에서 가정 폭력을 목격한 아이는 그렇지 않은 아이보다 동물을 해칠 가능성이 세 배 더 높았다. 동물이나 가족이 학대당하는 것을 목격한 아이는 자신의 심리적 외상을 표출하거나 권력감을 회복하려고 동물을 학대할 수 있다. 이러한 아이는 폭력을 규범으로 삼게 됐거나 공감 능력이 와해됐을 수 있다. 학대를 직접 당하거나 목격하지 않은 아이도 동물에 대한 부모의 갈등에서 비롯된 감정적 문제를 표출할 수 있다.

그림 12.3. 윌리엄 호가스(William Hogarth)의 「잔혹함의 네 단계(The Four Stages of Cruelty)」는 동물에 대한 폭력이 인간에 대한 폭력으로 연결됨을 보여준다. 위의 그림은 잔혹함의 네 번째 단계. (사진: Wikimedia Commons)

그런가 하면 아이들이 자신의 어머니와 애완동물을 보호하기 위해 폭력 상황에 끼어드는 경우도 흔한데, 그중 일부는 자신의 애완동물을 살해와 폭력으로부터 구하려다 피해를 입기도 한다. 이러한 폭력의 링크는 양방향으로 작용하여, 동물이나 다른 가족을 해치는 성인이 있는 가정의 아이들은 본인이 폭력을 저지를 수 있는 위험뿐 아니라 자신이 폭력을 당할 수 있는 더 큰 위험에 처해 있기도 하다. 안타깝게도, 가정 내 학대와 동물 학대 사이에 분명한 상관관계가 있다는 연구에도 불구하고 동물 학대를 공식적으로 보고하도록 하는 법이 미약하다 보니 이런 조기 경보가 간과되기 일쑤다.

가정 폭력과 동물 학대

동물에 대한 폭력과 가정 폭력 사이의 링크 역시 많이 연구되고 있다. 관련 연구들(Ascione et al., 1997; Ascione, 1998; Flynn, 2000; Faver and Strand, 2003)에 따르면, 가정 폭력을 피해 집을 탈출한 여성의 최소 50퍼센트, 최대 85퍼센트가 자신의 파트너가 반려동물도 학대했다고 보고했다. 미국에서는 매년 150만 명가량의 여성이 친밀한 파트너에 의해 강간을 비롯한 육체적 폭력을 당하고 있으며, 가정 폭력은 여성이 가장 빈번하게 경험하는 학대이다. 미국휴메인소사이어티는 파트너로부터 폭력을 당하는 여성의 수 및 학대자가 자신의 반려동물도 함께 공격했다고 보고한 여성의 수에 근거하여, 가정 폭력과 연관되어 죽거나 학대당하는 동물이 1년에 약 100만 마리에 달한다고 추산하고 있다.

이는 여성과 아이 그리고 그들의 동물에게 매우 현실적인 위협이다. 학대자는 자신의 파트너에게 통제력을 행사하기 위해 종종 폭력을 사용하거나 그 위협하다. 동물을 죽이거나 죽이겠다고 위협하는 것은 여성의 고립을 강화하고, 삶에 대한 자기통제를 약화시키며, 많은 경우 학대자가 파트너 여성을 구속한다. 이러한 폭력의 위협은 여성을 혼내고, 겁주고, 떠나지 못하게 하려고 가해진다. (가정 폭력의 가해자 중에는 여성도 있지만, 파트너 및 동물에게 심각한 해를 끼치는 사람의 대부분은 남성이다.) 반려동물들은 맞고, 문에 못질당하고, 익사당하고, 질식당하고, 차 밖으로 던져진다. 가정 폭력 가해자에 대한 조사(Carlisle et al., 2004)에 따르면, 남성들은 동물을 소유물로 간주하고 자신이 느끼는 분노의 희생양으로 이용했다. 그리고 이들의 절반은 아동기에 자신의 애완동물이 학대당하는 것을 본 적이 있다.

어떤 가정 폭력 가해자는 동물을 성적으로 학대하거나 여성에게 동물과 섹스할 것을 강요한다. 그리고 성인 또는 아이와 섹스를 하기 전에, 혹은 상대가 없을 때 수간을 한다. 관련 연구들에 따르면, 동물을 강간하는 자는 사람을 강간할 가능성도 높다(Quinn, 2000). 다른 아이를 성적으로 학대한 아이들의 20~37퍼센트는 동물을 성적으로 학대한 전력도 있다. 여성이나 동물을 강간하거나 동물로 하여금 여성을 강간하게끔 하는 학대자들은 여성과 동물을 사물로 취급한다. 동물과 섹스하도록 강요하는 것은 궁극적으로 여성에게 굴욕을 주려는 것이다. 신기하게도 미국 열다섯 개 주에서 수간은 여전히 합법이다(2017년 현재, 수간이 불법화되지 않은 주는 5개이다. 옮긴이). 하지만 동물에 대한 성적 폭력과 가정 폭력의 연관성에 대한 지식의 증가로, 다른 주들에서는 수간을 범죄로 간주하고 있다. 그리고 앞서 언급한 바와 같이 가정 폭력은 아이들에게도 영향을 끼친다. 연구(Carlisle, 2004)에 따르면, 가정 폭력 보호소에 있는 아이들은 가정 폭력괴 함께 동물 학대도 목격했을 가능성이 보호소 밖의 아이들보다 20배나 높다.

대부분의 가정 폭력 보호소가 반려동물을 임시로도 받아들이지 않는다. 따라서 피해 여성은 동물이 계속 학대당할 것을 알면서도 집에 남겨놓은 채 학대자로부터 탈출하거나, 동물과 함께 집에 남아 있어야 한다. 여성이 학대자 파트너를 떠나지 못하는 또 하나의 요인인 것이다. 가정 폭력으로부터 탈출한 여성에 관한 조사(Faver and Strand, 2003)에서 그들의 4분의 1이 자신의 애완동물에 대한 걱정 때문에 보호소 입소를 미루었다고 대답했다. 다행히도 이러한 상황에 있는 여성을 돕기 위한 몇몇 피난처(safe haven) 프로그램이 있다. 예를 들어 뉴멕시코 주의 반려동물구조활동(CARE, Companion Animal Rescue Effort)은 피해 여성의 반려동물을 위한 임시 위탁 보호 서비스를 제공하며, 위스콘신 주의 피학대동물보호(Sheltering Animals of Abuse Victims) 프로그램은 폭력 가정의 동물을 은신처에서 돌보아주는 임시 가정·보호소·농장 네트워크를 운영하고 있다. 뿐만 아니라 많은 가정 폭력 보호소들이 가정 폭력 피해 동물을 위한 도피처를 마련하기 위해 지역 동물 보호소와 연계하고 있다. 그러나 대부분의 가정 폭력 보호소들이 접수 면접시 여전히 피해자의 애완동물에 대한 문의를 등한시한다.

이러한 폭력을 방지하고 여성과 아이 및 애완동물을 돕기 위해서는 더 많은 노력이 필요해 보인다. 가정 폭력 보호소는 파트너 폭력의 확대 양상을 판단하기 위해 피해 여성에게 가정에서 동물에 대한 폭력이 있었는지 물어야 하고, 학대 가정의 애완동물에게 피난처를 제공하기 위해 동물 보호소 및 유관 기관과 협력함으로써 동물도 보호하고 피해 여성이 학대자의 곁을 벗어날 수 있도록 지원해야 한다. 경찰 역시 학대자를 떠나는 여성에게 동물에 대한 질문을 해야 한다. 이를 통해 피해 여성은 도움을 받을 수 있는 동물 보호소와 구조 단체에 대한 정보를 얻게 될 것이다. 아울러 더 많은 동물 보호 조직들이 학대 가정 동물의 위탁 보호를 위해 가정 폭력 실무자들에게 접근해야 한다. 그런데 이는 미국의 애완동물 '소유' 시스템 때문에 간단치 않은 문제이다. 만약 해당 동물이 양쪽 파트너가 함께 소유했던 존재라면 상황이 복잡해진다. 학대자를 피해 보호소에 와 있던 애완동물을 남자가 다시 돌려달라고 할 때 동물 보호소는 어떻게 대처해야 하는가? 성인 학대자 및 동물 폭력의 목격자·피해자·가해자인 아이들에게 필요한 접근법은 무엇이고 결국 이러한 폭력은 어떻게 해야 중단시킬 수 있는가?

폭력의 치료와 예방

사회복지사, 사회학자, 심리학자, 법 집행 관계자들의 노력 덕분에 우리는 이제 동물에 대한 폭력과 인간에 대한 폭력 사이에 링크가 존재함을 알게 됐다. 다음 문제는 이것이다. 이러한 폭력은 어떻게 예방할 수 있는가? 그리고 폭력이 발생할 경우 어떻게 대처해야 하는가?

좋은 소식은, 어린 학대자의 폭력이 확대되기 전에 그를 도와줄 수 있는 다양한 상담 및 재활 프로그램이 있다는 것이다. 미주리 대학교의 법집행연수원(Law Enforcement Training Institute)은 동물 학대와 인간 폭력 사이의 링크에 초점을 맞추어 법집행관들에게 동물 학대 수사에 관한 교육을 실시하는 국립동물학대수사학교(National Animal Cruelty Investigation School)를 운영하고 있으며, 지역에도 이러한 기구들이 존재한다. 그런가 하면, 동물 학대와 다른 폭력의 관계에 대한 사회의식을 높이기 위한 미국휴메인소사이어티의 퍼스트 스트라이크(First Strike) 프로그램도 있다. 퍼스트 스트라이크는 동물, 가정, 공동체 폭력을 줄이기 위해 지역 동물 보호 단체, 법 집행 기관, 사회복지 기관과 연계하여 활동하고 있다. 또한 미국휴메인소사이어티와의 연계를 통해 미국 전역에서 동물 학대를 중범죄화하는 법을 통과시키기 위한 운동을 전개하고 있다.

이 책을 쓰는 동안에도 미국의 28개 주에서 동물 학대로 유죄 판결을 받은 이들에게 상담 권고 또는 명령이 내려지고 있다. 그러나 유감스럽게도 모든 심리상담가가 동물 학대자를 어떻게 상담해야 할지 훈련받는 것은 아니다. 이 영역 역시 동물 보호 단체들이 참여하는 부분이다. 일례로 동물 학대를 법 집행 사안이자 폭력의 지표로 인식시키기 위해 의료, 교육, 형사 전문가들과 함께 일하는 동물과사회연구소(ASI, Animals and Society Institute)는 치료 프로그램도 운영하고 있다. '동물 학대 치료를 위한 애니케어 모델(AniCare Model of Treatment for Animal Abuse)'은 17세 이상의 동물 학대자를 위한 심리학적 중재 프로그램이며, 애니케어 차일드(AniCare Child)는 17세 미만의 범법사를 대상으로 한다(이 장 끝의 관련 글 참조).

예를 들면, 젖소를 때리다가 동물권 조직의 잠입 동영상에 포착되어 체포된 낙농장 직원의 사례를 이 장의 앞부분에서 소개한 바 있다. 그 직원은 여섯 번에 걸친 동물 학대를 저지른 것에 대하여 유죄를 인정했는데, 동물 옹호자들의 생각에는 그가 소와 송아지들에 가한 고통에 비하여 너무 가벼운 징역 8월(실제 형기는 4월이었다)과 벌금 1,000달러의 판결을 받았다. 그런데 판사는 판결의 일부로 그에게 동물과사회연구소의 애니케어 프로그램에서 제공하는 동물 학대자를 위한 상담을 받을 것을 명령했다.

동물 보호 법제

미국의 동물 보호 관련 법제는 특이한 모양새를 하고 있다. 우선 세 개의 연방법이 있는데, 동물복지법, 인도적도살법(Humane Methods of Slaughter Act), 28시간법(Twenty-Eight-Hour Law)이 바로 그것이다. 동물복지법은 실험동물, 오락 동물, 그리고 동물의 운송과 사육 환경 등 매우 넓은 범위를, 28시간법과 인도적도살법은 각각 동물의 운송과 도살이라는 매우 구체적인 문제를 다루고 있다. 그 밖에도 다양한 방식으로 동물을 보호하는 주 법과 지역 법이 존재한다. 현재 46개 주와 워싱턴 D.C.에는 동물에 대한 특정 유형의 학대를 중범죄로 간주하는 법이 존재한다. 이는 즉 4개 주(아이다호, 미시시피, 노스다코타, 사우스다코타)에서는 아무리 많은 동물을 학대하거나 죽여도 최대 경범죄의 처벌만 받게 됨을 의미한다. 일반적으로 경범죄에 대해서는 드물게 최대 6개월의 징역형, 또는 1,000달러의 벌금과 보호관찰 판결을 받는다. 46개 주에는 동물 학대를 두 번 이상 저지를 경우는 물론이고, 가중처벌이 가능한 반려동물 학대 등에 대해서는 초범인 경우도 중범죄로 처벌하는 조항이 존재한다. 최대 10만 달러의 벌금과 5년형이 선고될 수 있는 중범죄를 저질러도 가해자가 기소되거나 법이 허용하는 최고형을 받는 경우는 드물지만, 적어도 옳은 방향으로 나아가고 있다고 말할 수 있다. 덧붙이면, 23개 주가 학대 판결이 있은 뒤 일정 기간 동물 소유를 금지하고 있고, 28개 주는 특정한 학대 범죄에 대하여 심리 상담을 명령하고 있다(2012년 미국에서 이 책이 발간됨 이후로도 많은 변화가 있었으며, 2014년 사우스다코타 주를 마지막으로 이제는 미국 전역에서 동물 학대를 중범죄로 처벌하는 것이 가능해졌다. 옮긴이).

동물 학대 통계 자료를 통합하는 국가 시스템이 없어서 입법자들은 이 문제를 제대로 파악하기가 어렵다. 우리는 주로 언론 보도를 통해 동물 학대에 대하여 알게 된다. 2009년에는 전국사건기반보고시스템(National Incident-Based Reporting System)과 표준범죄보고프로그램(Uniform Crime Reporting Program) 등에 동물 학대를 별도의 범죄 항목으로 올릴 것을 요구하는 법안이 상원사법위원회에 상정됐다. 동물 학대를 보고 항목에 포함시키면, 이 자료를 통하여 법 집행 기관, 사회복지 기관, 연구자 등이 주 및 국가 차원에서 동향을 추적하고 동물 학대와 관련있는 인구학적 특성 및 그 밖의 요인들을 파악할 수 있다. 그러나 이 글을 쓰고 있는 지금까지 그 법안은 위원회에서 통과되지 않은 상태이다(2014년 표준범죄보고프로그램과 전국사건기반보고시스템이 제공하는 살인, 강도, 폭행 등의 범죄 데이터 항목에 동물 학대를 포함시키는 법안이 통과됐고, 이에 따라 2016년 FBI는 미국 전역의 동물 학대 데이터를 취합하는 통계화 작업을 시작했다. 옮긴이).

미국의 50개 주가 동물 관련 법제에 있어 얼마나 동물 친화적인지에 관한 미국휴메인소사이어티의 최근 조사에서 1위를 차지한 주는 캘리포니아였다. 반려동물, 말, 농장동물, 야생동물을 다양한 학대로부터 보호하는 법들 덕분이었다. 동물 학대자의 신상정보를 등록하도록 하는 법안이 주 입법부를 통과한다면 캘리포니아의 동물들은 좀더 보호받을 수 있을 것이다. 만약 통과되면 미국 최초로 기록될 이 법(SB 1277)은, 성폭력범죄자등록법(Jacob Wetterling Crimes Against Children and Sexually Violent Offender Act)이 성범죄자들에게 그러하듯, 동물 학대로 중범죄 판결을 받은 사람의 신상정보를 경찰에 등록하도록 하고 있다. 이 법안은 성범죄자의 신상을 지역사회에 공개하도록 한 메건법(Megan's Law)을 반영한 것이기도 하다. SB 1277은 캘리포니아 주에서 동물 학대자 데이터베이스를 관리하는 것뿐 아니라 그의 이름, 주소, 사진까지 온라인에 등록하도록 하고 있다. 이 법안의 소요 자금은 애완동물 사료에 붙는 세금으로부터 조달될 것이다.

이러한 법의 효과는 어느 정도일까? 2009년 연구에 따르면 메건법은 성범죄를 막고 성범죄 피해자의 수를 줄이는 데 실패했다. 그러나 대중은 여전히 성범죄자의 신상을 등록하고 공개하는 것을 지지하며, 그 법의 지지자들은 자기네 지역사회에 성범죄자가 사는지 여부를 부모들이 확인할 수 있기에 아이들을 더 잘 보호할 수 있다고 주장한다. SB 1277 역시 유사한 기능을 할 것으로 예상된다. 사람들이 동물 학대를 하지 않도록 막기는 힘들겠지만, 대중에게, 특히 동물을 팔거나 입양시키는 이들에게 잠재적 입양자의 동물 학대 전과 유무를 확인할 수 있는 방법을 제공할 수 있을 것이다. 오늘날 동물 구조 단체들이 잠재적 입양자의 전과를 확인할 수 있는 방법은 없기 때문에, 이 법은 입양 자격을 평가하는 데 도움이 되는 또 하나의 도구가 될 수 있다. 그리고 (은행털이범이나 음주 운전자, 또는 살인범이 아니라) 성범죄자가 메건법 같은 법의 표적이 되는 한 가지 이유는 재범률이 특히 높기 때문이다. 동물 학대자 역시 마찬가지다. 예를 들어 애니멀 호더(animal hoarder)는 재범 가능성이 특히 높은데, 이와 같은 법은 최소한 그들이 동물을 쉽게 구하지 못하도록 대중에게 정보를 제공할 수 있을 것이다(결국 SB 1277은 비용 문제에 대한 우려로 통과되지 못했다. 그러나 2017년 현재 테네시 주와 일부 카운티에서 동물 학대범의 신상 정보를 등록하고 공개하는 제도가 이미 시행되고 있으며 점차 많은 주들이 그 뒤를 따를 예정이다. 옮긴이).

더 읽을거리

Ascione, Frank. 2008. *The International Handbook of Animal Abuse and Cruelty: Theory, Research and Application.* West Lafayette, IN: Purdue University Press.

Ascione, Frank and Phil Arkow, eds. 1999. *Child Abuse, Domestic Violence, and Animal Abuse: Linking the Circles of Comparison for Prevention and Intervention.* West Lafayette, IN: Purdue University Press.

Carlisle-Frank, Pamela and Tom Flanagan. 2006. *Silent Victims: Recognizing and Stopping Abuse of the Family Pet.* Lanham, MD: University Press of America.

Jory, Brian and Mary-Lou Randour, 1999. *The AniCare Model of Treatment for Animal Abuse.* Ann Arbor, MI: Animals and Society Institute.

Lockwood, Randy and Frank Ascione. 1998. *Cruelty to Animals and Interpersonal Violence: Readings in Research and Application.* West Lafayette, IN: Purdue University Press.

Randour, Mary Lou and Howard Davidson. 2008. *A Common Bond: Maltreated Children and Animals in the Home: Guidelines for Practice and Policy.* Englewood, CO: American Humane.

Randour, Mary Lou, Susan Krinsk, and Joanne L. Wolf. 2002. *AniCare Child: An Assessment and Treatment Approach for Childhood Animal Abuse.* Ann Arbor, MI: Animals and Society Institute.

참고할 만한 영상물

Beyond Violence: The Human-Animal Connection. VHS. Ann Arbor, MI: Animals and
　　Society Institute, n.d.
Breaking the Cycles of Violence. DVD. Alameda, CA: The Latham Foundation, 2004.

참고할 만한 웹사이트

Animals and Society Institute AniCare Program: http://www.animalsandsociety.org/
　　anicare
HSUS First Strike Campaign: http://www.hsus.org/firststrike
Latham Foundation: http://www.latham.org
The Human LINK: http://www.thehumanelink.com

동물 학대 문제의 해법

케네스 샤피로(동물과사회연구소Animals and Society Institute)

동물 학대와 인간에 대한 폭력의 동시 발생 문제에 대해 정책적으로 고려해야 할 사항 중 하나는 동물을 학대하는 개인을 도와주는 것이 중요하다는 점이다. 이를 위해 우리는 어떤 청소년과 성인이 이러한 행동을 하기 쉬운지 파악하고 그들에게 적절히 개입하여야 한다. 문제의 심각성에 따라 그 개입 방법에는 교육, 부모를 위한 자녀 지도 안내, 개인 및 집단 상담, 거주 치료 등이 포함될 수 있다.

하지만 먼저 그들을 어떻게 구분해낼 수 있을까? 동물 학대가 심각한 문제로 받아들여지지 않고 예컨대 평범한 통과의례의 하나로서 여겨진다면('사내아이들이 다 그렇지 뭐'), 이러한 사건에 주의를 기울이는 것은 부모, 교사, 그 밖의 사회적 행위자들에게 중요한 의제가 되지 못할 것이다. 동물과 인간 모두를 위해 동물 학대를 심각한 문제로 인식하는 것은 이 나라에서 벌어지고 있는 폭력의 악순환을 끊기 위한 중요한 정책적 전환이다.

여러 연구에서 동물 학대가 널리 행해지고 있음이 보고되고 있다. 상당수(30~40퍼센트)의 남자 대학생이 어린 시절 동물을 학대한 것으로 나타났다(Miller and Knutson, 1997). 그러나 보고에 따르면 비교적 적은 수의 학대 사건만 기소되고 있으며, 유죄 판결을 받는 비율은 더욱 낮다(Arluke and Luke, 1997). 다행히 지난 20여 년간 46개 주에서(현재는 전 지역에서. 옮긴이) 학대를 중범죄로 보는 법들이 통과됐다. 이제 동물 학대는 더 심각한 문제로 여겨져, 예전보다 더 많은 학대자들이 기소되고 유죄 판결을 받는다.

동물 학대의 심각성을 사회 정책 문제로 인식하여 개발된 또 한 가지 정책은 바로 동물 학대범에 대한 판결에 심리 치료를 포함하도록, 또는 포함할 수 있도록 한 것이다. 이러한 입법은 1998년 캘리포니아를 필두로 27개 주에서 이루어졌다.

이러한 입법 활동의 결과, 동물 학대 문제를 다루는 다양한 프로그램에 대한 요구가 늘어나게 됐다. 동물 학대에 대한 1차적 예방은 일반 대중을 대상으로 동물 학대의 심각성과 중요성 및 그것이 다른 형태의 폭력과 맺는 관계를 교육하는 것이다. 많은 학교의 교과과정에 인도주의 교육(humane education)이 포함되어 있다. 보통은 초등학교부터 교육을 받게 되며 하나의 전문 분야로서 대학원 과정 프로그램도 점점 늘어나고 있다. 그리고 2차 예방 프로그램은 어떤 이들이 동물을 학대할 위험이 높은지 파악하는 것이다. 가정에서 적절한 관리를 받지 못하는 아이가 그 안에 포함될 수 있는데, 캘리포니아의 '물망초 농장(Forget Me Not Farm)'은 그러한 아이에게 농장동물을 책임감 있게 돌볼 수 있는 경험과 교육을 제공하고 있다.

그리고 치료 전문가와 임상 연구자들은, 자신의 감정적 문제를 표출하고 해결하기 위한 수단으로 이미 동물 학대에 '의존'하고 있는 이들의 상황을 진단하고 개선하기 위한 조정 프로그램을 개발해 왔다.

애니케어 차일드(AniCare Child: Randour, Krinsk and Wolf, 2002) 프로그램은(동물의 관점을 취해 보는) 공감 및 (더 나은 문제해결 능력을 위한) 자기 관리 기법에 관한 교육을 진행한다. 동물을 학대하는 많은 아이들은 애칙 문제를 지니고 있다. 그들은 부모와 안정감 있는 유대 관계를 맺지 못했을 수 있고, 반려동물과의 관계에 과도하게 의존하는 것일 수 있고, 자신의 욕구가 충족되지 않은 불만을 반려동물에게 해소하는 것일 수 있다.

성인을 위한 애니케어(AniCare: Jory and Randour, 1998) 프로그램은 학대자가 자신의 행동에 책임질 수 있도록 돕는 네 중점을 둔다. 동물 학대자는 대개 자신의 행동이 잘못된 것이라고 인정하거나 문제가 있는 것으로 받아들이지 않는다. 그는 학대의 사실 여부와 심각성을 부인하기 위해, 학대 과정에서 자신이 한 행위를 왜곡하기 위해, 어떤 식으로든 학대를 정당화하기 위해, '이야기'를 지어낸다. 상담자는 그가 자신의 행동에 문제가 있음을 깨닫고 자신의 행동에 책임을 질 수 있도록 도와야 한다.

자신의 행동을 정당화하는 성인 및 아이의 이야기는 그들을 둘러싼, 그리고 그들을 사회화하는 ('기껏해야 동물일 뿐인데'라는 식의) 하위 문화로부터 영향받은 것이다. 치료 전문가가 하는 일 중 하나는 그들이 더 이상 학대를 하지 않도록 문화적 층위를 재구성하여 받아들일 수 있게끔 돕는 것이다.

형사 사법 분야 종사자들에게 치료 프로그램에 관한 교육을 하면 그 프로그램에 대한 수요가 있게 되고, 그들과 함께 일할 수 있도록 치료 전문 가들을 교육하면 그 수요는 충족될 수 있다. 이러한 상호 발전을 통하여 동물 학대 및 그와 함께 나타나는 인간에 대한 폭력 사건을 줄일 수 있다. 이 긍정적 순환에 덧붙일 수 있는 다른 혁신 정책으로 다음과 같은 것들을 들 수 있다.

복지 담당자는 본인이 인지한 동물 학대를, 동물 보호 담당자는 아동 학대나 가정 폭력을 보고하도록 하는 교차교육(cross-training)과 교차보고 (cross-reporting), 가정 폭력 피해자를 위한 피난처(safe haven)와 그들의 반려 동물을 위한 공간 마련, 반려동물까지 포함하는 보호 명령, 유죄 판결을 받은 동물 학대자의 신상정보 등록 등.

정책 제안을 위해 지나치게 멀리 내다볼 필요는 없다. 아동 학대, 여성 학대, 노인 학대와의 유사성에서 동물 학대 문제의 해법을 위한 모델을 찾을 수 있다.

13

인간의 억압과 동물의 고통

> 터놓고 말씀드리겠습니다. 우리를 에워싸고 있는 타락, 진혹힘, 살해의
> 기획은 독일 제3제국에 필적할 만한, 아니 능가하는 것입니다. 그것은 토
> 끼, 쥐, 가금, 가축을 계속해서 그들을 죽이려 하는 세상으로 내모는, 끝없
> 고 자발적인 기획입니다.
>
> — 존 쿠체(John Maxwell Coetzee), 『동물로 산다는 것(*The Lives of Animals*)』(1999)

상호 연결된 착취 시스템

지금까지 살펴본 바와 같이, 비인간동물은 인간으로부터 엄청난 착취
를 당하고 있다. 그런가 하면 (주로 반려동물에 속하는) 많은 동물이 큰 사랑, 보
살핌, 인도적인 대우를 받고 있는 것 또한 사실이다. 따라서 우리는 모든 동
물이 동일한 대우를 받는 것은 아니라고 말할 수 있다. 모두 똑같은 대우를
받지 못하는 것은 인간 역시 마찬가지다. 수많은 사람이 빈곤, 질병, 전쟁, 범
죄로 고통받고 있고, 인류의 절반이 하루 2.5달러 이하의 돈으로 살아가고

있다. 소수의 사람들이 세상 대부분의 부와 자원을 쥐고 있으며, 많은 사상가는 그들이 소유한 거대한 부가 다른 사람들의 희생에서 오는 것으로 본다.

많은 학자들에 따르면, 동물이 겪는 고통과 착취 그리고 인간이 겪는 고통과 착취는 서로 연결되어 있다. 달리 말하자면 계급 체계, 카스트 제도, 인종주의, 노예제도와 같이 인간을 완전한 잠재력에 도달하지 못하게 하는 억압 시스템은 동물 역시도 억압한다. 그 반대의 경우도 마찬가지다. 예를 들면 육식 산업이나 생물의학 산업에서 볼 수 있는 동물 착취 시스템은 어떤 이의 이익을 위해 일부 사람들 또한 착취하고 있다.

불평등을 연구하는 페미니즘 이론가와 학자들은 착취 시스템들이 서로 연결되어 있음을 보여주었다. 예를 들어 인종주의는 단독으로 작동하지 않는다. 그것은 호모포비아(homophobia)와 마찬가지로 성차별주의와 계급 차별 등 다른 억압 시스템과 연결되어 있다. 일례로 미국 원주민 여성은 여성이라는, 그리고 미국 원주민이라는 자신의 위치로 인해 예속된다. 인종주의와 성차별주의는 함께 작동하고 나아가 서로를 강화하기 때문이다. 동물 착취 역시 우리 사회 안에서 더 큰 억압 시스템으로 엮이고, 다른 시스템과 마찬가지로 은폐되어 대대손손 영속화된다. 이 장에서는 이렇게 서로 연결된 억압 시스템에 대하여 살펴보려 한다.

억압의 기원

우리는 2장에서 종차별주의와 인간에 의한 동물 지배의 기원을 동물의 가축화(domestication)에서 찾았다. 혹자는 사냥이야말로 동물에 대한 인간의 권력을 분명히 보여주는 것이라고 주장하지만, 진정한 통제가 시작된 것은 1만여 년 전 '식용 동물'을 가축화하면서부터였다. 특히 유럽과 중동, 아시아에서 농업이 발달하면서 인간이 동물과 자연을 우월한 위치에서 통제한다는, 동물과 인간에 대한 새로운 개념이 등장했다.

타인에 대한 억압과 농업의 등장 시기가 같은 것은 우연의 일치가 아니다. (관개 기술 사용, 연속 경작, 동물 배설물을 이용한 토지 비옥화, 동물 노동력을 이용한 경작으로 특징지어지는) 집약 농업이 발달하며 인구 집단의 크기는 마을에서 도시로, 그리고 국가로까지 확대됐다. 나일강 유역, 메소포타미아, 중국, 인도, 그리고 신대륙의 페루 고랭 지역과 유카탄 반도에서 국가 차원의 문명이 처음으로 번성하게 됐다. 이들 문명은 타 문명과 무역 관계를 맺고 전쟁을 통해 영토를 확장했으며, 극단적 형태의 불평등 관계가 내재해 있었다. 일하지 않는 최상류층을 떠받치는 것은 농민과 노예의 노동이었다. 인간을 노예로 삼는 것은 동물을 식량과 노동력으로 이용한 것에서 파생한 것으로 보인다. 인간 노예와 소유 동물을 사고팔고 낙인찍고 가두어놓는 방식은 서로 매우 유사했다.

여성 또한 국가 차원의 문명이 등장하면서 자신의 사회적 지위가 하락하는 것을 목도해야 했다. 수렵채집 문화에서는 여성의 지위가 남성과 비교적 동등했다. 남성은 오직 사냥으로만 자신의 지위를 상승시켰지만, 당시 여성은 전반적으로 경제에 큰 기여를 했고 남성과 비교적 동등한 지위를 누렸다. 그러나 작물을 재배하고 동물을 사육하게 되면서, 생산 노동에서의 역할이 줄어들고 가사 노동과 생식 및 양육에서의 역할이 커지면서 여성의 지위가 하락했다. 남성은 생산 자체뿐 아니라 농작물과 동물이라는 생산 산물도 지배하기 시작했으며, 그와 함께 더 높은 지위를 갖게 됐다.

고대국가들은 그 안에 내재된 불평등 시스템으로 인해 여러 형태의 사회계층이 형성됐다. 사회계층은 임의의 기준을 근거로 사람들의 범주가 위계적으로 서열화되는, 제도화된 형태의 불평등으로 정의할 수 있다. 개인은 그 사회적 위계 속 어디에 위치하는가에 따라 서로 다른 자원과 기회를 얻게 된다. 이러한 시스템의 결과로, 일부 개인과 집단은 더 가치 있는 존재로 간주되고 더 높은 위치를 차지하며 더 많은 사회적 자원을 가진다. 가장 먼저 등장한(그리고 가장 오래 지속된) 사회계층 형태는 노예제였으며 곧 다른 형태의 사회계층들이 만들어졌다. 예를 들어 인도에서는 카스트 제도라는 시스템이 만들어졌다. 이것은 사람들이 특정 카스트(caste) 혹은 자티(jati)로 태어나 사회적 규범에 의해 그 안에 얽매여 결혼하고 일하고 죽는 종교적·직업적 시스템이다. 그 안에 사회적 유동성은 존재하지 않으며, 그 시스템의 최상위 계층은 순수한 존재로, 최하위 계층은 불순한 존재로 여겨진다. 중세 유럽의 신분제는 카스트와 마찬가지로 출신에 근거한 것이었지만, 귀족으로 태어난 이들의 토지 소유는 제한됐다.

15세기 들어 제국주의가 부상하고 유럽 초강대국들이 비서구 문화권을 정복하면서 인종에 근거하는 새로운 불평등 시스템이 생겨났다. 이 구조 또한 카스트 제도와 마찬가지로 출생에 근거하는 매우 엄격한 것이었으며, 개인에 대한 사회적 대우가 타고난 신체적 특성에 따라 결정됐다. 미국에도 존재하는 이 인종화된 시스템 속에서, 이른바 인종 집단 간의 신체적 차이는 심리적·지적·감정적·문화적 차이와 상호 연관되는 것으로 여겨진다. 이 추측성 차이들은 '열등한' 집단을 구분짓고 자원과 권력에 대한 그들의 접근을 막는 것을 정당화하는 데 이용된다.

타자화와 본질화

타자화(othering)는 사람을 (혹은 동물을) 다르게 대하는 것을 정당화하기 위해 그들을 다른 존재로 만드는 것을 뜻한다. 타자화에 의존하는 것의 한 예로 인종주의를 들 수 있다. 사람들 사이엔 인종에 따라 서로 다르게 보이는 차이 외에도 서로 다르게 생각하고 느끼고 행동하게 하는 본래적이고 본질적인 차이가 있다고 주장함으로써, 그리고 이러한 차이가 '인종'이라는 용어로 요약될 수 있다고 주장함으로써 우리는 더 쉽게 타자를 배척하고 권력으로부터 배제할 수 있다. 자원을 함께 나누고 싶지 않은 이들과 거리를 두면 둘수록 우리는 그들을 나쁘게 대할 수 있다. 대중을 상대로 유대인을 이질적이고 위험한 존재, 외국인, 비인간으로 묘사한 나치의 캠페인이 성공하지 못했다면 홀로코스트는 일어나지 않았을 것이다. 유대인 '타자화'에 성공함으로써 독일인들은 역사상 최악의 집단 학살(genocide)에 더 쉽게 가담할 수 있었다. 클린턴 샌더스와 아널드 알루크(1996)는 이렇게 사람과 사람 사이에, 동물과 사람 사이에, 동물과 동물 사이에 경계를 만드는 것을 '경계 작업(boundary work)'이라고 칭했다. 나치의 경우 그들은 집시나 유대인 같은 이들을 예컨대 해충으로 표현하며 동물화하고 동시에 순종견 같은 일부 동물을 도덕적으로 격상시키면서 아리아인과의 사이에 경계를 만들었다.

동물은 당연히 '타자화'된 존재이다. 2장에서 인간-동물의 분리에 대하여 논했다. 모든 종의 동물로부터 인간이라는 하나의 종을 구별하는 경계를 세워 인간은 다른 동물을 지배할 권력을 갖게 됐다. 그러한 경계 없이 동물에 대한 인간의 지배는 가능할 수 없었다. 하지만 이미 살펴본 바와 같이 그 경계는 영혼·언어·이성·정신과 같은 임의의 특성들로 세워진 허약한 구조물이다. 17장에서 다루겠지만, 이 대부분의 특성이 동물에게 없다고 더 이상 부인할 수 없으며 영혼 같은 일부 특성은 인간과 동물 모두에서 증명할 수 없는 것들이다. 하지만 많은 사람이 인간과 (다른) 동물이 질적으로나 양적으로나 서로 완전히 다른 존재라고 확신하고 있으며, 그 확신만으로도 우리는 동물에 대한 동등한 대우나 그와 비슷한 모든 것을 거부할 수 있다.

동물에 대한 대우와 일부 인간에 대한 대우가 링크되는 또 한 가지 측면은 **본질화**(essentializing)이다. 본질화란 개별(individual) 존재를 그들과 같은 인종·성별·종에 속한 다른 이들과 똑같은 존재로 대하는 것을 뜻한다. 예컨대 모든 여성은 같은 호르몬과 같은 생식기관을 갖고 있기 때문에 모두 같은 존재이며, 따라서 그들은 모두 똑같이 행동한다. 여성은 보살핌을 잘하고 남성은 공격적이라는 특성이 본질로 여겨진다. 인종주의적 사고 역시 본질적이다. 흑인 모두가 지적·정서적·문화적으로 똑같은 존재가 아니라면, 백인이 어떻게 예외 없이 모든 흑인으로부터 권리를 빼앗는 법을 만들 수 있었겠는가? 특정한 종에 속하는 동물(또는 종과 상관없이 모든 동물) 역시 마찬가지다. 쥐도 전부 똑같은 존재이며, 그 어떤 쥐도 개성과 욕구를 갖고 있지 않다.

특히 여성, 빈곤층, 인종적 소수자를 가리킬 때 동물 용어를 사용하는 것은 역사적으로 그들을 타자화한 주된 방식이다. 1790년 정치철학자 에드먼드 버크(Edmund Burke)는 프랑스 혁명 지지자들을 칭하며 "돼지 같은 민중(swinish multitude)"이라는 용어를 사용했다(Burke, 1790/2001). 그의 눈에는 그들이 무지하고 위험하고 '돼지 같아' 보였기 때문이다. 그 시대의 다른 최상류층과 마찬가지로 버크는 빈곤층이 빈곤한 것은 그들의 본래적이고 본질적인 특성, 좀더 정확하게는 최상류층이 가진 지성, 이성, 도덕적 감수성의 결핍 때문인 것으로 생각했다. 이러한 특성은 냉대받아 마땅한 반(半)인간(semi-human) 상태의 하위 계층이 아닌 상위 계층만 공유하는 것이었다. 비(非)인간화(dehumanization)와 본질화는 억압을 정당화하는 역할을 한다.

버크가 선택한 '돼지 같다'는 표현은 열등한 인간을 동물과 결부시키는 단 하나의 사례에 불과하다. 17세기 영국의 목사였던 로버트 그레이(Robert Gray)는 1609년 "야수… 또는 무지하여 신을 믿지 않고 불경스런 우상 숭배를 한다는 점에서 야수보다 더 나쁜, 짐승 같은 미개인들이 이 땅의 더 위대한 부분을 찬탈하여 소유하고 있다"고 적었다(Thomas, 1983:42). 식민지 건설을 옹호한 대표적 인물이었던 그레이는 '인디언'이 야수 같은 본성을 지니고 있으므로 영국이 그들의 땅을 가져도 된다고 주장했다. '원주민'을 동물과 결부시키는 것은 실제로 당시 식민주의의 주요 관행이었다.

현실에서, 좋은 대우를 받을 자격이 있다고 가정되는 존재와 그렇지 않은 존재 사이의 경계선은 고정되어 있지 않다. 그것은 계속 움직이면서 권력을 가진 자의 욕망을 반영한다. 모든 인간이 올바른 대우를 받아야 하는 존재로 여겨지지 않는 것과 마찬가지로(사람들은 노예, 빈곤층, 소수자, 이민자, 불가촉천민, 동성애자 등을 자신과 다른 열등한 존재로 받아들인다), 모든 동물이 부당한 대우를 받아 마땅하다고 여겨지는 것은 아니다. 어떤 동물은 인간에게 주는 즐거움 또는 경제적 가치 때문에 다른 동물보다 더 가치 있는 존재로 간주된다. 경계선의 어느 한쪽에 있는 인간이 다른 쪽에 있는 인간보다 더 많은 권리를 갖는 것처럼, 그 경계선을 기준으로 어떤 동물은 다른 쪽에 위치한 동물보다 더 많은 권리를 갖는다. 그런데 그 경계선은 인간 일부도 동물과 같은 쪽에 위치하도록 이동할 수 있다. 위험한 것은 경계선의 존재, 그 자체이다. 그것이 일단 사회에 존재하는 한, 패자의 위치에 서게 될 가능성에서 완전히 안전한 집단은 존재하지 않는다.

흥미롭게도, 인간에 대한 편견을 다룬 많은 심리학과 사회학 연구에 비

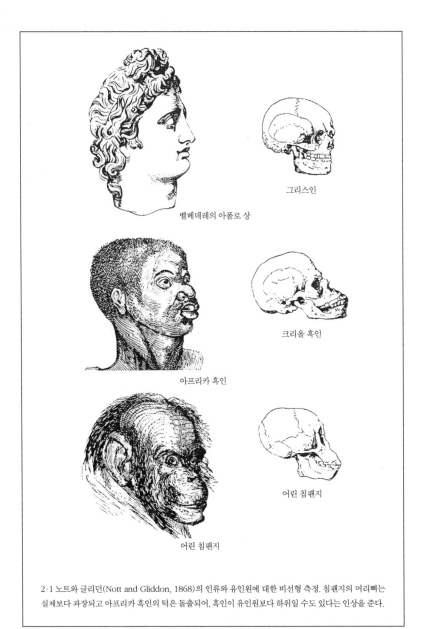

벨베데레의 아폴로 상

그리스인

아프리카 흑인

크리올 흑인

어린 침팬지

어린 침팬지

2·1 노트와 글리던(Nott and Gliddon, 1868)의 인류와 유인원에 대한 비선형 측정. 침팬지의 머리뼈는 실제보다 과장되고 아프리카 흑인의 턱은 돌출되어, 흑인이 유인원보다 하위일 수도 있다는 인상을 준다.

그림 13.1. 스티븐 제이 굴드(Stephen Jay Gould)가 『인간에 대한 오해(*The Mismeasure of Man*)(1981) 에서 소개한 이 그림은 조사이어 클라크 노트(Josiah Clark Nott)와 조지 로버트 글리던(George Robert Gliddon)이 흑인을 유인원과 비교하며 『지구상의 토착인종들(*Indigenous Races of the Earth*)』(1857)에 실었 던 것이다. (사진: Wikimedia Commons)

해 비인간동물에 대한 편견을 다룬 사회과학 연구는 거의 없다. 그러나 최근 한 연구(Hyers, 2006)에서는 **사회적 지배 이론**(social dominance theory)을 이용하여 동물에 대한 우월감을 설명했다. 이 이론에 따르면 사회적 지배 지향성(social dominance orientation)이 높게 측정된 이들은 자신이 우월한 위치를 차지하고 있는 사회에 대해 위계적 관점을 선호한다. 심리학자 로리 하이어스(Laurie Hyers)는 동물에 대한 우월한 태도를 예측하기 위해 이 모델을 시험했고, 이를 통해 일부 집단에 대한 우월감이 그 밖의 집단들로까지 일반화할 수 있음을 보여주었다. 하이어스는 또한 자신이 동물보다 우월하다고 생각하는 이들은 동물 이용을 스스로 승인하는 '정당화의 신화(legitimating myths)'를 만들고 활용한다는 것도 밝혀냈다. 자신이 다른 섹슈얼리티를 가진 사람이나 다른 인종보다 우월하다고 여기는 이들도 이와 같은 모습을 보인다.

성차별주의와 종차별주의

페미니즘 학자들은 여성이 자신의 몸에 의해 규정되고 나아가 제약을 받는 방식에 대해 활발하게 논의해 왔다. (전부는 아니지만) 많은 사회과학자들이 젠더가 사회적으로 구성된다는 것에 동의하고 있음에도, 생물학은 여성의 몸에 대한 문화적 관점에 여전히 주요 요소로 작용하고 있다. 월경을 하고, 아이를 낳고 젖이 나온다는 이유로 대부분의 문화는 여성을 남성과 근본적으로 다른 존재로 대했고 관련 의례와 금기를 만들어냈다. 여성의 몸은 산아 제한부터 다이어트까지 수많은 문제에 대한 정치적 논쟁과 통제의 대상이 된다. 페미니스트들은 영원한 젊음과 부자연스러운 날씬함을 요구하는 미의 기준에 여성이 예속되는 현실을 지적했다. 또한 여성은 자신이 지닌 호르몬과 신체 기능 때문에 기회를 박탈당했고 (통제할 수 없는) 감정에 휘둘리는 존재로 여겨져 왔다.

역사적으로 여성과 동물은 남성에 비하여 지능이 떨어지는 존재로 간주되어 왔다. 여성과 동물을 통제하고 착취하기 위해 대상화와 조롱 등의 책략이 사용됐다. 여성은 젖소, 암퇘지, 돼지, 개, 암캐, 여우, 암탉 등으로 불리며 상징적으로 동물과 결부됨으로써 비하된다. 기원전 4세기 아리스토텔레스(Aristotle, 1977)는, 남성은 이성을 가진 유일한 존재이므로 그것을 갖지 못한 여성과 동물을 노예처럼 지배하는 것이 자연스럽고 필연적인 일이라고 적었다. 여성과 노예 그리고 동물은 남성의 필요를 위해 일하는 존재였다.

1970년대에 인류학자 셰리 오트너(Sherry Ortner, 1974)는 남성에 대한 여성의 보편적 종속을 설명하며, 자연이 문화에 대해 종속적 위치에 놓여 있는 상황에서 여성은 자연과, 남성은 문화와 상징적으로 결부된다고 주장했다. 그런데 여성이 자연에 더 가까운 존재로 보이는 것은 왜일까? 여성은 오랜 기간 재생산 활동에 묶이게 되는 몸 때문에 자연과 동물의 영역에 더 가까운 것처럼 보이게 된다. 오트너의 지적대로, 여성의 몸이 가진 특성과 기능은 여성 자신의 생존에 도움이 되기보다 인간이라는 종에 도움이 되는 것이기에 그들은 인간 종의 희생자가 되는 것이다. 실제로 큰 가슴, 월경 불편감, 유방암·자궁암·난소암, 임신 등의 특성은 여성에게 불리한 요인이다. 여성은 남성보다 자기 몸에 더 속박되며, 이로 말미암아 남성은 문화를 창조하는 등의 자유를 누린다. 오트너의 이론을 동물에까지 확장시키는 것은 어려운 일이 아니다. 즉 여성과 동물이 남성에게 예속되는 한 가지 이유는, 그들이 서로 비교되면서 사회 내에서 남성보다 열등한 위치를 차지하기 때문이다.

여성 인간과 암컷 동물은 번식 능력에 의해 특징지어지기 때문에, 육체적 의미가 아닌 문화적 의미로 제약을 받는다. 사회는 여성이 아이를 낳고 기르는 데 상당히 많은 시간과 에너지를 기울일 것을 기대하기 때문에, 남성이 성취한 수많은 것들 앞에서 여성은 항상 사회적·법적 장벽에 부딪혀 왔다.

동물 또한 자기 몸에 속박되며, 생식 능력에 의해 존재가 규정되는 경우가 흔하다. 예를 들어 호르몬 대체 약품인 프레마린(Premarin)은 임신한 말의 소변으로 만들어진다. 그 약을 만들기 위해 인간은 암말을 우리에 가둔 채, 태어나자마자 빼앗길 망아지를 반복적으로 수태시키고, 임신 기간 내내(즉 평생 동안) 침습적 시술(invasive procedure)을 가한다. 이런 암말이 겪는 고통은

동물권을지지하는페미니스트

동물권을지지하는페미니스트(Feminists for Animal Righs)는 여성에 대한 학대와 동물에 대한 학대 사이의 연계성에 주목하고 여성, 동물, 그리고 지구에 대한 학대를 종식시키기 위해 활동한 교육 조직이다. 이 조직은 여성과 자연에 대한 학대가 긴밀히 연관되어 있음을 인지한 에코페미니스트 마티 킬(Marti Kheel)과 티나 프리스코(Tina Frisco)가 1982년에 설립했다. 아래는 그들의 홍보 전단에서 발췌한 내용이다.

> 가부장제 사회 속에서 여성과 동물은…
> 애완동물로서 강간당하고, 구타당하고, 증오당하고, 노예화된다
> 아내로서 착취당하고, 돈을 위해 팔리고,
> 오락, 값싼 노동, 섹스 실험에 이용된다.…
>
> 가부장제 사회 속에서 여성과 동물은
> 이렇게 간주된다.…
> 열등하고, '귀엽고', 아이 같고, 통제가 안 되고,
> 감정적이고, 충동적이고, 본능적이고, 비합리적이고, 사악한,
> 소유물로, 사물로…
>
> 가부장제 사회 속에서 여성과 동물은
> 이러한 존재이다.
> (아래 각 단어 뒤의 괄호 안 속어적 의미는 번역자가 병기했다. 옮긴이)
> 영계(chick, 젊은 여자), 암캐(bitch, 여성에 대한 욕설), 고양이(pussy, 여성

의 성기), 여우(fox, 교활하거나 매력적인 여자), 개(dog, 매력 없는 여자),

　암소(cow, 여성에 대한 욕설), 비버(beaver, 여성의 성기), 새(bird, 젊은 여자), 토끼(bunny, 술집에서 토끼 모양의 복장을 하고 일하는 바니걸), 새끼 고양이(kitten, 매력적인 여자),

　암퇘지(sow, 여성에 대한 욕설), 새끼 양(lamb, 수동적이고 생각 없는 여자), 뾰족뒤쥐(shrew, 성질 더러운 여자), 거위(goose, 멍청한 여자), 암망아지(filly, 천방지축인 젊은 여자),

　박쥐(bat, 창녀), 까마귀(crow, 늙은 여자), 어린 암소(heifer, 몸집이 큰 여자), 암여우(vixen, 성질 더러운 여자)…

아이러니하게도, 질병을 앓고 있는 것으로 간주되는 폐경기 여성에게 판매할 약을 만드는 데 이용된다. 그러나 폐경은 사실 질병이 아니며, 폐경기 증상 완화를 목적으로 사용되지만 사실 암 발병률을 높이는 프레마린이야말로 진짜 질병을 유발한다.

　재생산 능력과 관련하여 착취당하는 것은 다른 동물들 역시 마찬가지다. 젖소(염소와 양 역시)는 반복적으로 수태됨으로써 우유를 생산하지만 그것은 자기 새끼들을 먹이는 데 사용되지 않는다. 어미 소는 송아지를 빼앗기며(수송아지는 송아지 고기 생산 공장으로 팔려간다) 인간이 먹을 유제품 생산에 필요한 젖을 만들어낸다. 달걀을 낳는 암탉의 상황은 최악이다. 날개를 펴거나 엎드려 있기도 힘들 정도로 작고 어두운 닭장 속에 계속 갇혀 지내며, 다른 닭을 쪼아 죽일 수 있다는 이유로 부리는 태워져 제거된다. 이들은 햇빛, 흙, 풀, 휴식을 접하지 못한 채, 탈진해 죽을 때까지 인간의 소비를 위해 달걀을 낳아야 한다.

　남성은 오랫동안 여성과 동물보다 더 큰 정치적, 사회적, 경제적, 육체적 권력을 가져왔기 때문에 그 권력을 이용하여 그들을 지배할 수 있었다. 예컨대 대부분의 유목 사회에서 동물을 소유할 수 있는 존재는 오직 남성뿐

이었으며, 여성은 소나 양처럼 아
버지와 남편의 재산이었다. 고기
소비 역시 또 하나의 전형적인 사
례이다. 페미니스트 저술가인 캐럴
애덤스(Carol Adams, 1991)는 육식
이 오랜 기간 남성 및 남성성과 결
부되어 왔음을 보여준다. 우리는 7
장에서, 역사적으로 고기는 권력을
가진 최상류층이 먹고 여성과 아
이, 빈곤층은 하급 음식으로 여겨
지는 빵, 과일, 채소를 먹어 왔음을
논의한 바 있다. 오늘날에도 채식
은, 특히 샐러드는 부실한 음식 혹
은 '토끼 밥'으로 간주된다.

그림 13.2. 성인 여성과 소녀에게 'USDA Choice
(미국 농무부가 인증하는 쇠고기 등급 중 상급에 속
하는 것)'라고 새길 것을 권하는 임시 문신 상품 광
고. (사진: courtesy of Carol Adams)

애덤스는 여성과 동물이 어떻
게 남성에 의하여 대상화, 파편화
되고 궁극적으로는 소비되는지 보
여준다. 동물은 물건 취급을 받고, 살해되고, 고기로 소비된다. 그리고 여성
은 포르노그래피를 통하여 대상화되고, 몸은 여러 부위(가슴, 입술, 엉덩이, 질)
로 분할되며, 포르노와 성폭력을 통하여 '소비'된다. 여성이 자신이 '고기
조각처럼 썰려나'라고 이야기할 때, 그것은 남성이 아닌 여성과 동물에게
만 가해지는 비하적이고 비인간적인 대우를 나타낸다. 또한 12장에서 우리
는 인간에 대한 폭력과 동물에 대한 폭력 사이의 링크에 대하여 논했다. 많
은 남성이 자신의 아내와 여자 친구를 통제하기 위해 여성에게만 폭력과 위
협을 사용하는 것이 아니다. 여성의 반려동물에게도 폭력을 행사한다. 일부
남성에게는, 여성의 반려동물을 학대하겠다고 위협하거나 실제로 학대하는
것이 여성을 통제하고 괴롭히기 위한 또 하나의 수단이다.

인종주의, 노예제도, 홀로코스트, 그리고 동물 착취

식민주의 시대부터, 정확히는 17세기 아프리카 노예 무역이 시작되고부터 유색인종은 여성처럼 동물과 비교되어 왔다. 유럽인과 유럽계 미국인은 미국과 아프리카의 원주민을 동물과 관련지어 왔으며, 많은 사람이 '존재의 거대한 사슬'이라는 기독교적 사고에 따라 신이 '인종들(human 'races')'을 창조했고 그 꼭대기엔 백인이 위치한다고 믿었다. 19세기경에는 진화론적 사고의 영향으로 많은 이들이 인간과 유인원 사이에 연관이 있다고 여기게 됐지만, 일부는 인간 가운데 유인원에 더욱 가까운 부류가 있다는 식의 생각을 했다. 특히 아프리카인은 영장류와 인간 사이에 존재하는 '잃어버린 고리(missing link)'로 여겨졌다. 18세기와 19세기의 과학자들은 노예제도를 설명하고 정당화하기 위한 온갖 이론들을 내놓았다. 예컨대 과학자와 철학자들은 인종의 기원에 대하여 논의했는데, 단일기원설(monogenism) 이론은 모든 인간이 같은 조상으로부터 유래했지만 유색인종은 시간이 흐르면서 퇴화했다고 설명했다. 다른 이론인 복수기원설(polygenism)은 모든 인간이 서로 다른 조상에서 유래했기 때문에 서로 다른 종으로 이루어져 있다고 주장했다. 복수기원설은 미국처럼 노예를 부리는 나라에서 인기 있는 이론이있다. 아프리카인을 동물과, 특히 원숭이 및 유인원과 관련짓고 아프리카인과 아프리카계 미국인이 이 동물들과 더욱 가깝다고 암시하거나 기술함으로써, 백인은 자신들이 인간으로서 그들보다 우월하다고 주장했다.

아프리카계 미국인은 동물 같은 존재로 여겨지기만 한 것이 아니다. 그들은 동물 같은 대우도 받았다. 동물로 호칭하는 것과 마찬가지로 동물처럼 대하는 것 또한 그들을 비하하고 비인간화하는 방식의 하나이다. 아프리카 노예들은 동물처럼 구타당했고, 동물처럼 쇠고랑과 재갈이 채워졌고, 동물처럼 낙인 찍혔고, 동물처럼 사고팔렸다. 그들은 동물이 인간에게 당하는 것과 똑같은 방식으로 아이를 빼앗겼으며 자신의 인간성과 개성도 무시당했다. 그들은 동물처럼 누군가의 소유물이었고, 소유주가 그들을 죽이는 것은 합법이었다. 많은 아프리카인이 아프리카에서 미국으로 이송되는 과정에서 죽었고, 그 인적 손실은 살아남은 자들의 값으로 흡수됐다. 마찬가지로 미국에서는 많은 동물이 애완동물 가게로 운송되는 과정에서 업계가 '감소 (shrinkage)'라고 부르는 일을 당하게 되는데, 그 생명 손실 또한 살아남은 동물의 값에 포함되어 계산된다.

마저리 스피걸(Marjorie Spiegel)이 1997년에 발표한 책 『무서운 비교(*The Dreaded Comparison*)』는 아프리카 노예들이 받았던 대우와, 동물들이 과거에 받았고 오늘날에도 여전히 받고 있는 대우 사이의 유사성을 분명하게 보여준다. 또 스피걸은 노예 이용과 그들에 대한 대우 방식을 정당화했던 백인들의 근거가, 현대인이 동물을 음식과 의학적 용도로 이용하는 것을 정당화하는 근거와 같다는 것을 보여주었다. 흑인은 고통을 느끼지도 자신의 아이에게 사랑을 느끼지도 못한다고, 그리고 주체적으로 사는 것보다 노예로 사는 것이 더 행복하다고 여겨졌다. 뿐만 아니라 노예제도는 미국 남부 지역의 경제에서 중요한 역할을 했다. 그들 없이 농장주들이 무엇을 할 수 있었겠는가?

동물을 이용하는 것을 정당화하기 위해 우리도 똑같은 해명을 하고 있다. 동물은 고통을 느끼지 못하고, 행복의 의미를 알지 못하며, 자신의 새끼와 유대를 형성하지 않으므로 새끼를 빼앗겨도 슬프지 않다. 그들은 자연보다 농장과 공장과 동물원에서 사는 것이 더 행복하다. 그리고 이것이 가장 중요한데, 인간의 경제는 축산업에 의존하고 있으며 우리는 실험 대상으로 삼을 동물이 필요하다. 차이점이 있다면, 이제는 더 이상 아프리카계 미국인을 그렇게 이용하지 않으며 그렇게 했었다는 것을 모든 사회가 끔찍하게 생각하다는 것이다. 그러나 동물에게는 여전히 똑같은 관행을 지속하면서 똑같은 방식으로 정당화하고 있다.

노예제도가 폐지된 이후에도 한동안, 이른바 짐 크로(Jim Crow) 시대에, 미국의 법과 사회적 관행은 아프리카계 미국인이 백인과 같은 권리를 갖지 못하게 했으며 흑인은 여전히 자기 욕망을 통제할 수 없는 야수 같은 존재로 여겨졌다. 백인은 흑인이 폭력과 (특히 백인 여성에 대한) 강간을 더 잘 저지르는 존재로 생각했고, 빈번히 그들에게 린치를 가했다. 흑인은 동물원, 서커스, 카니발에서 야생동물과 나란히 전시되기도 했다. 믿기 어렵지만 흑인을 원숭이 및 유인원과 연계시키는 관행은 21세기에도 사라지지 않았다. 2008년 미국 대선 기간 중, 그리고 최초로 아프리카계 미국인 대통령이 선출된 이후 몇 년간 인터넷에는 버락 오바마(또는 미셸 오바마)를 원숭이나 유인원으로 그린 만화가 넘쳐났다.

동물화(animalization)되는 것은 다른 집단도 마찬가지다. 19세기 백인 미국인은 중국인과 일본인을 해충이라 부르고 쥐와 비교했다. 제2차 세계대전 중 만주 침략 당시 일본인은 중국인을 돼지로 묘사했다. 디즈니의 만화영화 또한 이러한 동물화에 한몫을 했다. 그동안의 디즈니 만화영화를 보면 동물 캐릭터가 어떻게 '인종화'됐는지 알 수 있다. 까마귀, 원숭이, 유인원은 아프리카계 미국인, 치와와는 라틴계, 고양이는 아시아인으로 그려졌으며, 이들은 모두 부정적으로 정형화된 캐릭터이다.

이와 관련하여 가장 잘 알려진 사례는 1930년대와 1940년대 유대인에 대한 나치의 행위일 것이다. '인종'을 뜻하는 독일어 'Rasse'에 순종 동물 (purebred animal)이라는 의미도 있다는 점은, 사람을 동물화하는 나치의 성향뿐 아니라 그들이 동물과 사람의 '혈통 순수성(blood purity)' 유지에 대하여 갖는 관심까지도 설명해준다. 유대인은 나치 연설문과 독일 매체 속에서 해충·쥐·바퀴벌레로 불렸고 인간 이하의 존재(untermenshen 또는 subhuman)로 여겨졌다. 선전장관이었던 요제프 괴벨스(Josef Goebbels)는 다음과 같이 말했다.

"유대인이 인간인 것은 사실이지만, 그다지 기분 좋지 않은 존재인 벼룩이 생물인 것 역시 사실이다. 그것들이 해를 끼치지 못하도록 하는 것은 우리 자신과 양심에 대한 의무이며, 이는 유대인에 대해서도 마찬가지다."

나치당 선전 책자에는 "모든 선한 아리아인은 유대인 및 기타 '불결한 벽에 붙은 바퀴벌레'와 같은 '열등한 인종들'을 짓눌러야 한다"라는 문장이 있다. 나치의 선전 영화 「영원한 유대인(Der Ewige Jude)」(1940)에는 다음과 같은 대사가 나온다.

"쥐는… 처음부터 기생충처럼 인간을 쫓아다녔다.… 그것들은 교활하고 비겁하고 사나우며, 보통 떼 지어 나타난다. 동물 세계에서 그것들은 비밀스럽게 파괴 작업을 하는 존재에 해당한다.… 인간 세계에서 유대인이 차지하는 위치와 다르지 않다."

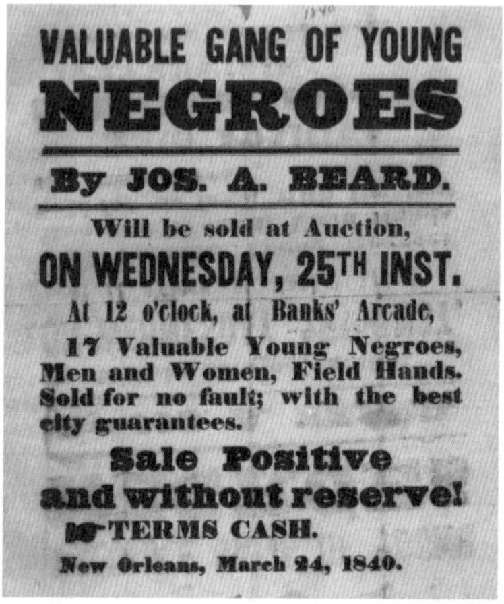

그런데 노예제도와 마찬가지로, 유대인에 대한 동물화 역시 유대인을 동물로 부르는 것 이상의 것이었다. 20세기 초 미국과 독일에서의 우생학(eugenics) 운동 혹은 순종화(race purity) 작업 시기에, 가치 있는 품종은 사육하고 그렇지 않은 동물은 죽이거나 불임 시술을 하는 동물 육종(animal breeding)은 인간 집단을 개선하기 위한 양국의

그림 13.3. 1840년 뉴올리언스의 노예 경매 선전 포스터. (사진: Wikimedia Commons)

우생학적 움직임에 영감과 사례가 되어주었다(예를 들어 히틀러는 순혈동물은 육성하고 늙고 병든 동물은 죽일 것을 지시했다). 이러한 움직임은 미국의 장애인 강제 불임 시술, 그리고 나치 독일의 강제 불임 시술, 안락사, 집단 학살로 이어졌다. 1939년부터 1941년까지 독일은 T4 작전을 통하여 30만 명의 유대인, 집시, 동성애자, 장애인에게 불임 시술을 시행했다. 1942년부터 히틀러는 강제 수용소와 죽음의 수용소, 그리고 주로 동유럽에서 운영된 암살부대를 이용해 모든 유대인을 잡아 죽일 것을 지시하며 **최종해결책**(final solution)을 실행했다.

1942년부터 1945년까지 유럽의 유대인은 가축 운반차에 실려 몽세 수용소로 끌려갔고, 일부에게는 가축처럼 몸에 식별 번호가 새겨졌다. 수백만 명이 그곳에서 인간성과 개성을 완전히 박탈당한 채 대량 학살됐다. 그 수용소들은 유대인 관리 절차를 최대한 빠르고 효율적으로 하고 희생자들을 죽이는 작업의 능률을 높이기 위해 미국의 계류장과 도축장을 본떠 만들어졌다. 대량 학살을 하는 가스실에서는 쥐 잡는 데 널리 사용되는 치클론 B(Zyklon B)라는 약품을 이용했다. 아우슈비츠 수용소장인 루돌프 회스

(Rudolf Höss)는 그 수용소를 "역사적으로 가장 거대한 인간 도축장"이라고 표현했다(Patterson, 2002:122). 그리고 요제프 멩엘레(Josef Mengele)는 유대인, 집시 등을 대상으로 실험을 한 것으로 악명 높은데, 그는 자신의 그 기괴한 실험의 대상이었던 폴란드 여성들을 '토끼 소녀들(rabbit girls)'이라고 불렀다.

많은 작가들이 도축장에서 동물을 대하는 방식과 강제수용소에서 유대인을 대한 방식의 유사성을 지적했다. 유대인 작가인 아이작 바셰비스 싱어(Isaac Bashevis Singer)는 "동물에게 그것은 영원한 트레블링카(Treblinka, 바르샤바 부근의 나치 수용소)이다"라는 유명한 문장을 남겼으며, 독일의 철학자인 테오도르 아도르노(Theodor Adorno)는 "도축장을 보고 '저들은 그냥 동물일 뿐이야'라고 생각할 때마다 아우슈비츠는 시작된다"라고 이야기한 바 있다. 앞에서 살펴본 바와 같이 강제수용소 자체가 도축장을 본떠 만든 것인 만큼, 농장동물에 대한 대우를 보면 수용소의 유대인이 연상되는 것은 우연이 아니다.

동물과의 비교, 무엇이 문제인가?

인간이 노예제 같은 제도의 맥락에서 다른 인간을 대하는 방식, 그리고 축산업과 생물의학 등의 영역에서 동물을 대하는 방식 사이에는 분명한 유사성이 있다. 그래서 동물권 운동가와 조직들은 이 두 가지를 비교함으로써 동물이 현대 사회에서 받는 대우에 대중의 관심을 끌어왔다. 그런데 이러한 비교는 논쟁을 불러일으켰다. 유대인 조직들은 특히 축산업과 홀로코스트의 비교에 충격을 받았다. 예를 들어 유대인에 대한 중상모략에 대항하는 조직인 중상반대연맹(Anti-Defamation League, ADL)은 이러한 비교, 특히 PETA(동물의 윤리적 대우를 위한 모임)가 광고에 홀로코스트 관련 이미지와 문구를 사용한 것을 비난했다. 이를테면 PETA의 대표인 잉그리드 뉴커크(Ingrid Newkirk)는 "강제수용소에선 600만 명의 유대인이 죽었지만, 올해 도축장에선 60억 마리의 식용 닭이 죽을 것이다"라는 표현을 했다. PETA는 심지어 '당신 접시 위의 홀로코스트'라는 광고 캠페인에서 수용소의 유대인 이미지를 공장식 축산 속 동물의 이미지 옆에 나란히 배치하는 방식으로 강제수용소 희생자들의 사진을 사용하기도 했다. 이에 대하여 ADL은, 인간을 닭·돼지와 비교하는 이런 식의 캠페인은 인간의 생명을 끔찍하게 빼앗았던 홀로코스트를 하찮은 문제로 보이게 한다는 반응을 보였다. 동물권에 동조하는 사람들의 일부도 이 캠페인에 대해서는 비난을 했다. '동물권을 지지하는 유대인(Jews for Animal Rights)'의 대표 로버타 칼레초프스키(Roberta Kalechofsky)는 홀로코스트 당시 유대인들은 그들을 증오한 이들에 의해 살해됐지만, 인간은 동물을 죽이면서 그들을 증오하지는 않음을 지적했다. 또 그녀는 유대인과 마찬가지로 동물 역시 "타 집단에 대한 상징주의"적 비교 속에 묻혀 버리고 만다고 기술했다(Kalechofsky, 2003:55). 그런데 PETA를 비판하는 관점에서 볼 때 더 중요한 문제는, 사람들 대부분이 신경 쓰지 않는 동물의 고통을 인간의 고통에 비교하면 인간이 겪는 고통의 영향력이 축소된다는 점이다. 아이러니하게도 미국 홀로코스트기념박물관(United States Holocaust Memorial Museum) 웹사이트의 "왜 홀로코스트를 가르치는가(Why teach about the Holocaust?)" 항목에는 "홀로코스트는 타자에 대한 억압에 침묵하고 무관심한 상태로 있는 것의 위험을 탐구하는 데 맥락을 제공한다"는 설명이 있다. 하지만 이 글에 인간 억압과 동물 억압을 비교하려는 의도가 들어 있지는 않다.

페미니스트이자 동물권 운동가인 캐럴 애덤스(Carol Adams)는 정반대의 견해을 취한다. 그녀는 인간의 고통을 이야기하기 위해 '도살자(slaughter 또는 butcher)' 같은, 동물의 고통과 연관된 용어를 사용하는 것을 강고 묘깨 비판한다. 그렇게 하면 그 단어의 의미에서 죽은 동물의 존재가 지워진다. 애덤스의 표현(1991)에 따르면 동물은 부재하는 지시대상(absent referent)이 된다. 그들은 거기 있지만, 거기 있지 않다. 애덤스와 ADL의 해석에서 보이는 차이점은 바로 이것이다. 동물의 고통을 이야기하면서 역사적 배경이 있고 감정이 많이 실린 홀로코스트나 노예제도 같은 용어를 사용할 때, 우리는 그 용어의 의미와 용어 뒤에 놓인 인간의 고통을 의식한다. 그러나 인간의 고통을 이야기하면서 도살자 같은 용어를 사용할 때는 그 용어 뒤에 실재하는 동물의 고통을 인정하지 않는다.

인종주의와 동물 옹호

앞에서 살펴본 바와 같이, 동물과 인간을 비교하는 것은 여러 차원에서 논쟁을 불러일으킨다. 소수자와 여성을 동물에 비교하는 것은 그들을 비인간화하는 일반적 관행이다. 동물권 지지자들은 동물에 대한 생체 해부와 공장식 축산의 현실을 노예제나 홀로코스트 같은 혐오스러운 상황과 비교한다. 이에 덧붙여, 일부 학자들은 미국에서 외국인과 인종적 소수자의 특정 행위를 동물 옹호자들이 매도한다면 이 또한 논쟁과 인종주의적 주장을 불러일으킬 수 있다고 지적해 왔다.

우리는 7장에서 미국이 개 시용을 법으로 금시하는 것은 인종주의로 보일 수 있음을, 그리고 동물 옹호자들이 (소·돼지·닭에 대한 잔인한 대우는 용납하면서) 개 먹는 사람은 야만적이고 잔인하다고 주장하는 것이 얼마나 편의적인 일인지 논의했다. 게다가 중국인과 한국인을 '개를 먹는 자들' 혹은 '쥐를 먹는 자들'이라고 말함으로써, 과거에 인종주의자들이 유대인과 중국인과 아프리카계 미국인에게 그랬던 것처럼 그들을 비인간화하고 미국인보다 못한 존재로 만든다. 서구의 동물 옹호 운동이 미국 외 지역의 동물과 관련하여 취하는 태도에서도 이와 같은 문제가 보인다. 아시아의 개 식용 문제, 또는 곰을 '크러시 케이지(crush cage)'라는 아주 작은 우리에 가두어 쓸개즙을 추출하는(추출된 쓸개즙은 동양의학의 약재로 팔린다) 문제 등에 대한 비난은 종종 '야만적인' 같은 인종주의적 언어로 쉽게 연결된다. 예를 들어 프랑스의 배우이자 동물권 운동가인 브리지트 바르도(Brigitte Bardot)는 캐나다의 바다표범 학살, 덴마크의 돌고래 사냥, 중국의 코뿔소·호랑이·곰 살해, 이슬람교도의 도살 의례를 비난하고 "프랑스에 너무 많은 외국인, 특히 이슬람교도가 난입했다"고 불평하는 공개 성명을 발표하기도 했다. 동물권을 지지하면서 외국인을 적대하는 바르도의 입장은 공개 성명과 정치적 태도 속에 서로 엮여 있다. 그녀는 동물권에 대한 지지와 외국인에 대한 적대감을 연결시키고 있다.

동물 구하는 일을 하면서 특정 민족 집단과 국가를 비난하는 것은 특정 집단을 동물에 비교하며 비인간화하는 것만큼이나 편의적인 일이다. 특히 자국의 유사한 행위는 못 본 척하면서, 잔인해 보이는 일을 하는 사람을 야만인이나 미개인이라고 부르는 것은 위선일 뿐 아니라 인종주의 및 문화제국주의에 가까운 것이다.

정치학자인 클레어 킴(Claire Kim, 2010)은 법과 미디어와 관련하여 최근의 두 가지 사례를 언급한다. 1990년대 샌프란시스코 차이나타운의 생(生)동물 시장(live animal market) 논란과 2007년 마이클 빅(Michael Vick)의 투견 사건 논란이 바로 그것이다. 차이나타운 시장에서 거북이, 닭, 개구리 등을 판매하고 도살하는 것, 그리고 프로 미식축구 선수 마이클 빅이 투견장을 운영한 것을 각각 동물에 대한 학대로 보고 반대의 목소리를 낸, 대부분 백인 중산층이었던 활동가들은 모두 인종주의와 문화제국주의 의심을 받았다. 차이나타운에서 살아 있는 동물을 판매하고 도살하는 것은 합법, 마이클 빅의 투견장 운영은 불법이었다는 점에서 이 두 사례가 같은 상황은 아니었지만, 백인 활동가들과 중국계 및 아프리카계 미국인 공동체 사이에 생긴 각각의 불신감은 서로 매우 유사했다.

생동물 시장의 사례에서, 중국계 상인들은 자기네 관행이 수백 년 동안 서북피시 으며 중국 문화 속에 깊숙이 자리 잡은 것이라고 주장했다. 게다가 차이나타운 시장에서 동물을 죽이는 방식이 미국의 공장식 축산보다 더 산인하다고 누가 말할 수 있겠는가? 둘 사이의 유일한 차이점은 전자의 경우 공개적으로 드러내놓고 죽이는 것에 반해, 후자의 경우에는 철저히 은폐된 도축장으로 옮겨 은밀하게 죽인 뒤 도살 산물을 깨끗하게 포장하여 슈퍼마켓에서 판다는 것이다. 킴은 또한 차이나타운이 존재하는 것은 중국인 때문이 아니라는 점도 지적한다. 차이나타운은 백인 공동체 안에서 살고 일하는 것이 거부된 중국계 사람들이 일하고 살도록 강요받은 분리된 장소이며, 결국 백인들에 의해 만들어진 공간이라는 것이다. 유사한 사례로 2003년 중국계 미국인들은 조류독감의 확산으로 비난받았고, 2009년에는 돼지인플루엔자의 확산으로 멕시코계 도축장 종사자들이 비난받았다. 두 집단 모두 동물뿐 아니라 질병과도 연관지어졌으며, (스스로 선택한 것이 아닌) 빈곤한 현실 때문에 비난을 받았다.

마이클 빅 사건은 여러 면에서, 차이나타운 시장 논란보다는 O. J. 심슨(O. J. Simpson) 살인 재판 및 무죄 선고를 둘러싼 인종 관련 논쟁과 더 유사하다. 마이클 빅이 한 투견은 미국 사회에서 광범위하게 비난받는 불법 행위였다. O. J. 심슨은 두 사람을 잔혹하게 살해한 죄로 기소됐다. 이 둘은 유명한 흑인 운동선수였다. 하지만 두 사례에서 모두 아프리카계 미국인 커뮤니티의 구성원들은 결집하여 이 유명인사들을 방어했다. 그것은 그들이 투견이나 살인을 지지하기 때문이 아니라, 빅과 심슨이 역사적으로 아프리카계 미국인에 대하여 편파적이었던 인종주의적 사법 제도의 희생양이라고 느꼈기 때문이다. 두 사건 모두에서 백인들은 수사와 재판 그리고 피고인에 대한 그들의 감정에 인종은 영향을 끼치지 않았다고 즉각 주장했다. 그러나 흑인들은 너무나 자주 부유한 흑인 유명인사들이 돈 많고 거만하다며 공공연한 방식으로 처벌받았으며, 이러한 공개 재판은 사실상 현대식 린치라고 반박했다. 뿐만 아니라 미디어와 대중 모두가 동물에게 싸움을 붙여 죽게 만든 빅이야말로 '진짜 동물'이라는 식으로 이야기했다는 점도 놓쳐선 안 될 것이다. 이는 아프리카계 미국인과 야수 사이의 오래된 비교를 떠올리게 한다. 빅의 지지자들은 많은 백인이 왜 빅이 개를 죽인 것에는 분노하면서 아프리카계 미국인이 해마다 수없이, 가끔은 경찰에 의해 살해당하는 것에는 분노하지 않는지 묻는다.

(백인이자 미국인인) 동물 옹호자들이 인종주의의 혐의를 받는다는 것은 안타깝게도, 인종적 소수자에 의해서 또는 미국 밖에서 동물에게 가해지는 행위에 대하여 그들이 안전하게 항의할 수 있는 방법이 거의 없음을 의미한다. 더 문제가 되는 것은, 이러한 논쟁들이 동물권 운동가는 사람보다 동물을 더 위한다는 비난을 불러일으킨다는 점이다. 특히 아프리카계 미국인의

경우 백인 미국인이(그리고 미국 사회가 전반적으로) 아프리카계 미국인보다 개를 더 위하고 더 잘 대우한다고 주장을 할 수 있으며, 이 주장을 부당하다고만 할 수는 없다.

인간이 겪는 기아, 빈곤, 아동 학대, 경찰의 만행, 노숙자 문제 등을 이야기하며 동물권에 반대하고 동물 옹호 운동을 하찮은 것으로 치부하는 것은 너무나 편의적인 일이다. 누군가가 노숙자나 어린이가 아닌 동물을 위해 일한다면, 그는 동물보다 인간에게 신경을 덜 쓰는 사람으로 의미화되어 버린다. 이러한 전략은 항상 동물의 고통을 인간이 겪는 고통에 비교하면서 하찮은 문제로 만들어 버린다. 그러나 많은 동물 옹호자들은 인간에 대한 잘못과 동물에 대한 잘못 모두에 관심을 기울여야 한다고 주장한다. 어떠한 잘못을 다른 잘못의 위에 둘 필요는 없다. 앞에서 논의한 바와 같이 이 두 종류의 잘못은 종종 서로 링크되며, 사회의 잘못된 점을 바로잡고자 한다면 사실 이 둘 모두와 싸워야 한다.

자본주의와 억압의 확대

앞에서 논의한 바와 같이, 인간과 동물에 대한 억압은 작물 재배 및 동물의 가축화 그리고 국가 차원의 문명과 함께 시작됐다. 많은 학자들은 여기서 더 나아가, 인간과 동물에 대한 억압이 **자본주의**라는 경제 시스템의 등장으로 확대됐다고 주장한다.

자본주의는 재산을 사적으로 소유하고, 재화 및 용역의 생산과 유통이 경쟁 속에서 이루어지고, **생산수단**(생산을 위해 사용되는 공장, 토지, 기계, 도구)을 소유한 자의 이윤이 극대화되는 경제 시스템이다. 자본주의 시스템 속에서 이윤은 노동, 자원, 기술 같은 **생산요소** 비용을 억제함으로써 창출된다. 다시 말해, 노동자에게 적은 임금을 주고 여타 생산 비용을 통제함으로써 재산을 소유한 자의 이윤이 상승하는 것이다. 카를 마르크스(Karl Marx)에 의하면 생산수단을 소유한 자는 자본가지만 실제로 생산물을 만드는 자는 노동자이다. 그러나 노동자는 자신이 해낸 생산과 유통으로부터 이익을 얻지 못한다. 즉 그의 설명에 따르면 이윤은 노동자에 대한 착취를 통해 만들어지는 것이다.

동물 역시 자본주의 하에서 착취당하고 있다. (그들은 생산요소의 하나인 자원으로 간주된다. 축산업계는 동물에 들이는 비용을 억제함으로써 이윤을 높인다.) 7장에서 논의한 바와 같이, 오늘날 동물은 공장식 축산 농장이나 밀폐된 가축 사육 시설에 비좁게 갇힌 채 자동화된 방식으로 사료와 물을 공급받는다. 그들은 신선한 공기를 마시거나 햇볕을 쬐거나 운동할 기회를 갖지 못하고, 가장 짧은 시간 안에 가장 많은 고기를 만들어내도록 유전자가 조작되고, 가능한 빠른 기한 내에 도살된다. 털을 손질하거나, 놀거나, 사회화 행동을 하거나, 바닥에 눕는 등의 자연스러운 행동은 금지된다. 즉 자본주의에서는 특정한 사람(노동자)과 모든 자원(동물)은 착취당하고, 그로 인해 일부 사람(소유주)은 이익을 얻는다.

우리는 왜 이토록 착취적인 시스템을 계속 지지하는 것일까? 그 시스템의 꼭대기에 있는 사람인 경영주들이 그렇게 하는 데는 명백한 이유가 있다. 그들은 이익을 얻는다. 그 외의 다른 사람들은 이 시스템으로부터 언젠가 이익을 얻을 수 있기를 희망하면서 자본주의를 착취적인 것으로 보지 않는 경향이 있다. 그런데 모든 인간은 부자든 가난한 자든 동물의 고기로부터 이익을 얻는다. 이 부분에서조차 특정인이 다른 사람들보다 동물 착취로부터 더 많은 이익을 얻는다. 농축산업, 생물의학 산업, 애완동물 사육 및 판매 산업의 경영주들은 이윤을 보호하기 위해, 자기네 산업이 제대로 규제받지 않고 그 안에서 벌어지는 일들이 대중에게 알려지지 않도록 온갖 수단을 동원한다.

그리고 자본주의 시스템의 바닥에 있는 사람들은 잔혹한 노동을 수행해 시스템을 유지시킨다. 그들 역시 '동물 같은' 대우를 받으면서 도축장, 공장식 축산 농장, 육가공 공장에서 일한다. 이런 곳에서의 노동은 위험하기 때문에 가난한 자와 소수자들이 고용된다. 육가공 공장들은 가난하고 취약한 이들을 고용하려고 멕시코에 광고를 하기도 한다.

사회학자인 데이비드 니버트(David Nibert, 2002)는 모든 피억압 집단이

브리티시페트롤륨 원유 유출 사건

2010년 4월 멕시코만에서 한 원유 굴착 시설이 폭발하여 11명의 노동자가 숨지는 사고가 있었다. 이는 미국 역사상 가장 큰 환경 재난이었다. 그 주변에 살던 바다거북, 고래, 돌고래, 참치, 상어, 펠리컨, 굴, 게, 수많은 종류의 새가 원유 유출 사고로 큰 피해를 입었다. 그 원유 굴착 시설의 운영사인 브리티시페트롤륨(British Petroleum, BP)은 이 죽음의 재난에 대하여 "실수가 있었으며", 이것이 회사에 부정적 영향을 끼치지는 않을 것이라고 밝혔다.

그러나 이 원유 유출 이후 언론은 BP가 어떻게 관행적으로 인간·동물·환경을 위험에 빠뜨리는지 폭로했다. 원유 굴착 시설의 폭발은 우연한 사고일 수 있다. 하지만 이러한 사고는 참사를 의도한 사람이 없음에도 발생한다는 점에서 일탈적 사건이 아니며, 기업이 노동자와 동물의 안전보다 이윤을 더 중시할 경우 일반적으로 발생할 수 있는 일이다. BP가 텍사스 정유 공장 노동자들을 위해 어떠한 숙소를 건설할지 결정하기 위해 2002년 비용편익분석을 실시했음을 보여주는 문서들이 2010년 5월 공개됐다. 그 문서는 동화 「아기 돼지 세 마리」에 비유하면서(심지어 돼지 세 마리의 그림까지 그려가며), 정유 공장의 폭발을 견디지 못하는 저렴한 트레일러 숙소와 그보다 열 배의 비용이 들지만 폭발을 견딜 수 있는 콘크리트 및 벽돌로 만든 숙소 중 더 값싼 숙소를 지을 것을 권고했다. BP의 또다른 보고서는 노동자들의 생명에(소송 사건이 발생할 경우 예상되는 비용에 근거하여) 1000만 달러의 가치를 부여했다. 앞으로 있을지 모를 소송 사건과 값싼 숙소를 짓는 데 드는 비용이 비싼 숙소를 짓는 데 드는 비용보다 권장됐다. 3년 뒤 그 정유 공장에는 화재가 났고, 15명의 (대부분 트레일러 숙소에 머물던) 노동자가 죽고 170명이 부상을 당했다.

그림 13.4. 2010년 9월 뉴욕에서 열린 동성 결혼 지지 행진에 참여한 '동물에게 자비를'의 활동가들. (사진: Mercy for Animals.)

똑같이 자본주의 사회의 강력한 영향력에 의한 희생자임을 보여주었다. 이 윤은 노동자에 대한 공정한 대우나 동물에 대한 인도적 대우를 비롯한 다른 모든 것보다 우선한다. 그의 분석에 따르면 고통은 우발적인 것이 아니라, 그 어떤 것보다 이윤을 중시하는 시스템의 논리적 결과이다. 그리고 이는 경제 시스템에서 정치 시스템으로까지 확대된다. 7장에서 살펴본 바와 같이, 부유한 기업 및 업계는 유리한 법 적용을 위해 정부에 로비를 할 뿐 아니라 자기네 산업을 규제하는 연방 기관의 요직을 차지하기도 한다. 이와 같은 방식으로 농축산업계와 미국 농무부는 긴밀한 관계를 맺으며, 농무부는 미국 소비자들에게 고기 소비를 강력하게 홍보한다. 그 결과 더 많은 (1년에 수십억 마리의) 동물이 죽고, 곡물과 물이 고기 산업에 전용되면서 아이러니하게도 더 많은 사람이 굶주림의 고통을 겪게 됐다.

오늘날 사회학 교과서와 강의에는 점차 계급, 인종, 환경 간의 관계에 대한 내용이 포함되고 있다. 사회과학자들은 빈곤층과 소수자 집단이 독성 산업과 폐기물 처리 산업의 표적이 된다는 것에 관심을 갖기 시작했다. 이러한 환경인종주의(environmental racism)에는 미국 원주민의 땅에 방사성 폐기물을 매립하고, 광물 연료와 화석 연료를 얻기 위해 빈곤한 유색인종이 사는 지역에서 채굴을 하고, 미국 원주민의 땅에 원자력 발전소를 짓고, 미국에선 금지된 살충제 및 화학약품을 제3세계 국가에 수출하는 등의 오랜 관행들이 포함된다. 거기에 포함되는 또 한 가지가 바로 빈곤한 지역사회에 도축장과 돼지 공장을 짓는 것이다. 그곳의 주민들에게는 대기와 수질의 악화에 효과적으로 항의할 수 있는 정치적 영향력이 없기 때문이다. 하지만 아직 대부분의 사회과학자들은 이러한 관행과 동물 착취 사이에 존재하는 연관성을 인지하지 못하고 있다. 동물 착취는 동물뿐 아니라 인간과 환경에도 피해를 주며, 사람들의 사회경제적 위상 하락에도 영향을 끼친다.

더 읽을거리

Adams, Carol and Josephine Donovan, eds. 1994. *Animals and Women: Feminist Theoretical Explorations*. Durham, NC: Duke University Press.

Baker, Lee. 1998. *From Savage to Negro: Anthropology and the Construction of Race, 1896-1954*. Berkely: University of California Press.

Birke, Lynda. 1994. *Feminism, Animals and Science: The Naming of the Shrew*. Buckingham: Open University Press.

Davis, Karen. 2005. *The Holocaust and the Henmaid's Tale: A Case for Comparing Atrocities*. New York: Lantern.

Donovan, Josephine and Carol J. Adams, eds. 2007. *The Feminist Care Tradition in Animal Ethics: A Reader*. New York: Columbia University Press.

Gaard, Greta, ed. 1993. *Ecofeminism: Women, Animals, Nature*. Philadelphia: Temple University Press.

Haraway, Donna. 1989. *Primitive Visions: Gender, Race, and Nature in the World of Modern Science*. New York: Routledge.

Kalechofsky, Roberta. 2003. *Animal Suffering and the Holocaust: The Problem with Comparison*. Marblehead, MA: Micah Publications.

Nibert, David. 2002. *Animal rights/Human Rights: Entanglements of Oppression and Domination*. Lanham, MD: Rowman & Littlefield.

Patterson, Charles. 2002. *Eternal Treblinka: Our Treatment of Animals and the Holocaust*. New York: Lantern Books.

Spiegel, Majorie. 1988/1997. *The Dreaded Comparison: Human and Animal Slavery*. New York: Mirror Books/I.D.E.A.

억압의 정당화

데이비드 니버트(David Nibert, 비텐베르크 대학교)

나는 대부분의 사람들과 마찬가지로 동물을 먹고 이용하는 것이 정상적이고 자연스러운 것이라고 믿으며 성장했다. 이 문제에 대하여 고민한 적도 없고, 고민해야 한다고 이야기해 준 사람도 없었다. 하지만 대학에 진학한후 나는 인종주의, 성차별주의, 계급주의 등 여러 형태의 부당함에 대하여, 그리고 그것들이 자본주의 시스템에 기반하고 있음을 배우게 됐다. 커뮤니티 정치에 활발하게 참여했고, 인종주의와 성차별주의에 반대하는 가두행진을 했으며, 임차인들을 위한 조직 활동을 했다.

1983년 위스콘신 주 매디슨을 방문한 나는 우연히 대규모 동물권 시위를 접하게 되어 수천 명과 함께 언덕에 앉아 연사들의 발언을 들었다. 그날 나는 생애 처음으로 다른 동물에 대한 (모든 형태의) 인간의 착취가 옳지 않다는 주장을 들었다. 연사들은 동물의 지각력과, 그들이 수많은 인간에 의해 어떤 식으로 끔찍한 학대와 고통을 겪는지에 대해 이야기했다.

매디슨에서 집으로 돌아온 나는 그동안 동물에 대한 이해와 그들을 대우하는 문제에 무관심했음을 반성했고, 결국 동물에 대한 억압의 기저에는 인간을 억압하는 것과 같은 과정이 놓여 있음을 깨닫게 됐다. 즉 억압은 주로 경제적 이익 때문에 발생하고, 국가 권력의 비호를 받으며, 대중이 그것을 수용할 수 있도록 완전히 합리화되고 정당화된다.

나는 사냥, 공장식 축산 등 다양한 형태의 동물 억압에 반대하는 시위와 동물권을 위한 가두행진에 참여했다. 하지만 그러한 운동을 함께한 내 친구들도 대부분 자본주의에 대한 나의 비판을 선뜻 받아들이지 못했다. 그들 대부분은 동물에 대한 잘못된 대우, 그리고 그들 생각에 차별과 공감의 결핍에서 기인하는 문제를 중단시키는 것에만 관심을 가졌다.

이후 커뮤니티 활동가에서 사회학 교수가 된 나는 동물 억압에 대해 강의를 하고 대학 행사에서 목소리를 내기 시작했다. 일부 교수는 잘난 체하며 동물에 대한 나의 뛰어난 '감성'을 칭찬하면서도, 우리와 같은 존재인

인류 다수에게 영향을 끼치는 '더 중요한'(그리고 그들이 보기엔 동물 억압과 전혀 관련이 없는) 문제에 관심 갖기를 충고했다. 이러한 인간 중심적 비평에 대해 곰곰이 생각하며, 나는 인간에 대한 각종 억압과 동물에 대한 억압은 단순히 비슷한 것을 넘어 서로 얽혀 있으며 모두 함께 숙고해야 하는 문제임을 깨닫게 됐다. 특히 성차별주의와 종차별주의의 연관성을 조명한 페미니스트 학자들의 작업은, 서로 얽혀 있는 억압 관계에 대한 인식을 발전시키는 데 큰 도움이 됐다.

이러한 입장은 사회학 분야에서 지지받기 힘들다. 기존 패러다임 속에서 인간에 대한 억압과 동물에 대한 억압은 비교의 대상이 아니었기 때문이다. 나는 그러한 분석틀을 『동물권/인권: 그 뒤얽힌 억압과 해방의 관계 (Animal Rights / Human Rights: Entanglements of Oppression and Liberation)』(2002) 라는 책을 통해 소개했다. 이 책에서 나는, 소수자 집단(minority group)이라는 낡고 문제적인 사회학 용어가 실은 억압의 현실을 가리는 완곡어법 (euphemism)의 하나라는 주장을 했다. 또 이 용어는 타 집단에 대한 권력 사용을 분석하는 데 있어 인간 아닌 동물을 완전히 배제한다. 따라서 나는 동물을 포함시킬 수 있는 피억압 집단(oppressed group)이라는 용어가 더 적절하다는 제안을 했다.

다음으로 나는, 편견과 잘못된 도덕적 추론에 기인하는 부정의(不正義, injustice)를 의미하는 것으로 동물 옹호자들이 흔히 사용하는 종차별주의 (speciesism)라는 용어가 인종주의, 성차별주의, 계급주의 등과 유사한 개념으로 규정되어야 함을 이야기했다. 이 이데올로기 혹은 신념 체계는 모두 억압적 구조와 실천을 정당화하기 위해 만들어진 것이다. 이러한 통찰은 종차별주의가 자본주의의 작동에 의해 동기화되고 기존의 강력한 제도적 설계를 근간으로 하는 (인종주의, 계급주의, 성차별주의, 호모포비아, 나이주의 등과 같이 억압을 밑받침하는) 하나의 이데올로기임을 이론적 비교를 통하여 볼 수 있게 한다. 따라서 이 모든 유형의 억압을 종식하기 위해서는 편견뿐 아니라, 부정의를 영속화하는 경제적·정치적·사회적 제도도 혁파해야 한다.

동물에 대한 착취 및 부정의의 경제, 국가 권력, 이데올로기적 차원을 조망하는 이러한 분석틀을 이용하여 나는 뒤얽혀 있는 억압의 역사를 검토했다. 자유롭게 살던 동물을 쫓고 죽이기 시작한 시기에 여성의 종속이 함께 시작됐다는 점부터, 억압적 목장 운영을 확대하기 위해 그 땅에 살던 토착민을 이주시킨 것에 이르기까지, 서로 뒤얽혀 있는 인간과 여타 동물에 대한 억압의 역사는 길고 또 비극적이다.

나의 새로운 프로젝트는 인간과 동물 억압의 관계와, (자본주의의 출현과 함께 나타난) 그 억압의 경제적 기반에 대한 『동물권/인권』의 논의를 발전시킨 것이다. 이 새로운 작업은 소, 돼지, 염소, 낙타, 말 등 여러 동물을 대규모로 포획하여 인간의 이익을 위해 착취하는 동물의 '가축화(domestication)' 과정이 초래한 복잡한 억압 관계에 초점을 맞추고 있다. 주류 학계와 언론은 '가축화'의 역사를 인간과 동물 서로에게 이익이 되는 긍정적 동업 관계로 묘사하지만, 사실 인간은 동물을 착취함으로써 사회적 이득을 얻어 왔을 뿐 아니라 그 과정에서 엄청난 규모의 폭력을 행사했다.

예를 들어 약 8,000년 전 유라시아 전역에는 동물을 대규모로 착취하는 강력한 유목 사회가 등장했다. 이들은 칭기즈칸이나 훈족의 아틸라(Attila) 같은 전사들의 인솔 하에 수천 년에 걸쳐 유라시아를 유린하고 공포에 떨게 했다. 인류의 사회 발전 과정에서 지울 수 없는 대규모 폭력이, 전쟁·노동·식량에 도구로 이용된 동물에 대한 착취와 폭력에서 자행됐다. 이러한 대규모 폭력은 사회적 동물이자 대형 동물인 포유류에 대한 착취 없이는 불가능했다. 그리고 동물을 억압적으로 이용함으로써, 소수의 이익을 위해 인민을 재생시키고 노예화하고 나머지의 이익을 박탈하는 로마 제정과 여타 공격적 문명이 생겨날 수 있었다. 이후 동물 억압은 그들에 대한 학대, 횡포, 엄청난 생명 손실과 함께 지난 수세기 동안 서구 식민주의, 제국주의의 팽창, 자본주의의 발전과 깊이 뒤얽힌 관계를 맺어 왔다.

이렇게 서로 뒤얽힌 억압이 오랜 기간 전 대륙에서 낳은 무서운 결과를 재고하면서 이제 나는 21세기의 특징이자 점점 커지고 있는 현대의 억압 관계에 주의를 기울이고 있다. 기업식 농업 및 패스트푸드 기업들이 동물 유래 생산물의 전 지구적 소비를 확대시키고 있는 오늘날, 도축장에서 끔찍한 최후를 맞는 동물 수십억 마리를 사육하자면 제3세계의 경작지와 담수 자원의 사용이 필수불가결하다. 목초지와 목초 생산 때문에 땅에서 쫓겨나 물 부족, 기아 같은 결핍을 겪게 된 사람들의 운명은 지각력 있는 동물의 점점 더 많은 수가 '생체기계(biomachine)'로 치부되고 있는 상황과 깊이 연관되어 있다. 과거 많은 동물을 통제하여 부의 축적을 담보하는 방식으로 이루어졌던 대규모 폭력은 21세기 들어 강력하고 수익성 높은 동물산업 복합체에 의해 지속, 강화되고 있다. 이익률을 늘리기 위해 자본주의가 빚어내는 더 많은 갈등과 대규모 폭력은 지구 온난화, 환경 파괴, 그리고 물·경작지·기름 부족 현상을 낳을 것으로 예상된다. 세계적으로 동물 유래 생산물과 관련된, 심혈관 질환과 각종 암 같은 치명적 질병도 빠른 속도로 늘어나고 있다.

인간 억압과 동물 억압의 뒤얽힌 관계에 주목하는 나의 작업이 인간을 우선시하는 인간 중심주의에 대응하고 여러 피억압 집단 간의 공통점을, 그리고 다양한 형태의 억압에서 자본주의가 하는 핵심 역할을 밝히는 데 도움이 되기를 희망한다. 마지막으로, 인간에 대한 억압을 종식하고 모두를 위해 더욱 공정한 경제 시스템과 더욱 평화로운 미래를 만들고자 한다면 동물에 대한 착취를 끝내야 한다는 사실을 우리는 명확히 이해해야 할 것이다.

IV부

인간 문화 속의
동물

14

인간의 사고와 표현에 이용되는 동물

태초에 사람과 동물이 존재하기 전, 어떤 여인이 동굴 안에 살고 있었다. 그녀는 식물의 뿌리와 열매를 먹으며 살았다. 어느 날 밤, 마술을 부리는 개 한 마리가 동굴 안으로 몰래 들어와 그녀 옆에 몸을 뻗고 누웠다. 밤이 깊어지자 개는 변하기 시작했다. 털이 없어지고 몸이 매끄러워지고, 팔다리가 길어지면서 곧게 펴졌다. 그는 잘 생긴 진사의 모습으로 변했다. 9개월 후 그 여인은 남자아이를 낳았다. 그 아이가 첫 번째 치페와 남성이었으며, 그를 통하여 치페와인들이 생겨나게 됐다.

— 치페와(Chippewa)족의 창조 신화

지금까지 이 책은 동물이 인간의 삶 속에서 실제로 하는 역할, 그리고 인간과 여타 동물 사이에 만들어지는 다양한 관계를 다루었다. 그러나 인간의 문화에서 동물이 담당하는 역할 중 가장 중요한 것은 그들의 표상화를 통해 이루어진다. 동물은 수천 년에 걸쳐 예술, 문학, 민속, 종교, 언어 등의 인간 문화 속에 등장했다. 동물은 우리 세계와 우리 자신을 이해하기 위해 이용하는 가장 중요한 상징이다. 생물학자 에드워드 윌슨(Edward Wilson)은 동물이 "문화적 상징으로 변형되는 자연의 대리자"(1984:97)라고 적었다. 그러나 인간에 의한 동물의 표상화가 단순히 은유의 문제인 것만은 아니다. 우리가 동물을 대하는 방식은 결국 우리가 그들을 그리고, 숭배하고, 이야기하는 방식에 의해 형성된다. 뿐만 아니라 인간이 한때 동물과 맺었던 현실적 관계가 이제는 거의 상징적 표상으로 대체되어 사람과 동물 모두에게 큰 영향을 미치고 있다. 이 장에서 살펴볼 바와 같이 현실의 동물과 은유적·예술적·신화적·가상적 동물은 다양한 면에서 서로 연결된다.

인간의 언어에 이용되는 동물

언어는 의사소통 시스템 이상의 것이다. 언어는 우리가 세계를 보는 방식을 반영하고 또 형성한다. 어떤 면에서 언어는 범주 시스템이다. 우리는 우리를 둘러싼 세계를 범주화하기 위해 단어를 만들어낸다. 예를 들어 '가구'는 우리가 특정한 방식으로 사용하는 탁자, 의자 등과 같은 사물을 가리키는 단어이다. 이러한 언어적 범주 없이 아이들에게 우리가 사는 세계에 대하여 가르치기가 힘들 것이다.

동물에 대한 단어는 동물에 대한 우리의 이해를 형성한다. 우리는 '애완동물(pet)'과 '가축(livestock)' 같은 용어가 어떻게 동물에 대한 이해를 반영하고 또 그들을 대하는 방식을 형성하는지 이미 논의한 바 있다. 우리 문화에서 이미 애완동물로 분류된 동물이 식용 동물이 되기란 힘든 일이다. 마찬가지로, 이미 가축으로 분류된 동물의 소비에 대하여 우리는 문제의식을 가지지 않는다.

즉 언어는 문화적 가치와 관행을 반영하고 형성한다. 이러한 관점은 사피어-워프 가설(Sapir-Whorf Hypothesis)이라는 인류학 이론을 통해 이해할 수 있다. 이 가설에 따르면, 언어가 특정 현상을 표현하는 방식은 그 언어의 사용자들이 세계관과 문화를 정립하는 데 영향을 끼친다. 즉 각기 다른 언어의 문법적 유형에 따라 해당 언어 사용자들은 특정한 방식으로 사고를 하게 되는 것이다.

이렇듯 언어가 세상을 보는 우리의 시각을 형성하고 문화적 가치와 규범을 전수한다면, 개, 소, 여우 같은 단어로 사람을 묘사하거나 누군가를 암캐처럼 싸가지 없다(bitchy, 암캐에서 파생된 단어), 고양이처럼 심술궂다(catty, 고양이에서 파생된 단어), 닭처럼 겁쟁이다(chicken, 닭에서 파생된 단어)라고 표현하는 우리는 세상을 어떻게 보고 있는 것일까?

여기에는 몇 가지 쟁점이 존재한다. 먼저, 우리는 인간의 현실을 이해하는 데 너무나 쉽게 동물을 이용한다. 예컨대 사람을 칭할 때 암캐(bitch), 암퇘지(sow) 같은 동물 지칭어를 사용하며, '죽은 말에 채찍질하다(flog a dead horse, '헛수고하다'라는 의미)', '죽은 고양이의 가죽을 벗기다(skin a dead cat, '목표를 이루다'라는 의미)' 같은 구(句)와 관용어를 사용한다. 왜 우리는 이러한 방식으로 쉽게 동물을 이용할까?

둘째, 이러한 방식으로 동물을 이용하는 것이 미치는 영향을 살펴보아야 한다. 사람을 동물 지칭어로 부르는 것은, 특히 그것이 경멸적인 호칭일 경우 어떠한 결과를 초래할까? 동물 경멸어(animal pejoratives)는 주변화된 인간을 주변화된 또다른 집단인 동물에 비유함으로써 그들에 대한 태도를 강화한다. 동물의 부정적 형상화는 여성과 소수자를 폄하하는 데 가장 많이 사용된다. 암캐(bitch), 암소(cow), 암퇘지(sow) 같은 단어는 여성에게만 사용되는 것으로 어리석음, 수동성, 변덕스러움, 비만 등 일련의 부정적 특성을 내포한다. 여성을 개나 돼지로 호칭하는 것은 그 여성이 못생겼거나 뚱뚱함을 의미하는 것뿐 아니라 여성 일반에 대하여 이야기하는 것이기도 하다: 즉 여성은 주로 외모를 통해 평가받아야 하는 존재이고, 아름다움에 대한 문화적 기준에 미치지 못하는 여성은 동물로 불려 마땅하다는 것이다. 다시 말해, 여성의 부정적 특성을 동물과 연결시키는 수많은 표현들은 동물뿐 아니라 여성에 대한 무시 또한 담고 있다.

셋째는 동물에 대한 영향이다. 동물 관용어와 동물 경멸어를 사용하는 것은 현실세계의 동물을 대하는 데 어떠한 영향을 미칠까? 언어는 결코 중립적이지 않다. 그것은 우리의 행동을 형성한다. 존 더네이어(Joan Dunayer,

1995)에 따르면 동물 경멸어는 특정 범주의 사람들을, 특히 여성과 소수자를 폄하하며, 이는 동물에 대해서도 마찬가지다. 인류학자 에드먼드 리치(Edmund Leach, 1964)는, 동물의 명칭으로 경멸어를 만들어냄으로써 인간은 자신과 (자신들이 상시적으로 학대하고 있는) 동물 사이에 거리를 둔다는 점을 주목한 바 있다. 개, 암소, 돼지, 암퇘지, 암캐, 영계 등의 단어가 부정적으로 사용된다는 사실은 그 동물들이 부정적으로 여겨지는 존재라는 것을 의미한다. 암소로 불리는 여성은 뚱뚱하고 둔한 존재로 여겨진다. 마찬가지로 그 동물, 암소 역시 둔한 존재이며 둔한 동물은 살 가치가 없다. 캐런 데이비스(Karen Davis, 2001)는 터키의 역사와 신화를 분석한 자신의 책에서 같은 주장을 한다. 동물에게 폭력을 가하기로 결정하면, 우리는 먼저 희생자를 그러한 대우를 받아 마땅한 비열한 '것(thing)'으로 만든다.

그리고 '죽은 고양이의 가죽을 벗기다(skin a dead cat)' 같은 관용어는 동물 학대에 대한 사회의 관대한 태도를 야기한다. 언어는 동물이 사회적으로 구성되고 인간 사회에서 대우받는 방식에 영향을 끼친다. 동물에 대해 부정적인 관용어는 동물에 대한 폭력이 정상적이고 하찮은 문제로 보이게 만든다. '죽은 말에 채찍질하다(flog a dead horse)' 같은 표현이 우리의 정상적인 어휘 목록에 포함되어 사용될 경우, 우리는 동물을 향한 인간 폭력의 영향력을 더 이상 인식할 수 없게 된다. 이러한 표현은 실제로 발생하는 폭력을 감추고 동물에 대한 인간의 권력을 확인시켜 준다. 그렇다면 인간에 대한 살해를 이야기할 때 '도살(slaughter)'이나 '도륙(butcher)'이나 '사냥(hunt)' 같은 표현을 사용하는 것은 어떤 의미일까? 이는 인간을 죽이는 것이 끔찍한 행동으로 여겨지게 만든다. 그러나 이와 똑같은 단어들이 동물을 죽이는 상황에서는 정상적이고 일상적인 의미로 사용되는 것에는 아무도 주목하지 않는다.

앞에서 우리는 동물을 탈인격화(depersonalize)·탈동물화하는 동물 산업계의 언어 사용에 대하여 논의한 바 있다. 종축(breeding stock), 고기(meat), 연구 도구(research tool) 같은 용어는 그 뒤에 존재하는 동물을 감추는 부재하는 지시대상(absent referent)의 역할을 한다. 우리는 과학적 글쓰기에 대해, 그리고 삼인칭 수동태("그 동물들은 안락사됐다")가 어떻게 동물을 사물화하고 그들의 죽음에 대한 인간의 책임을 지워 버리는지도 이야기했다. 유명인들이 자신이 저지른 범죄에 대해 실제로는 책임지기 싫으면서도 억지로 사과하는 상황에서 이와 같은 현상을 볼 수 있다. 2009년 R&B 가수 크리스 브라운(Chris Brown)은 자신의 여자 친구였던 가수 리아나(Rhianna)에 대한 가정 폭력 혐의로 기소된 후, 공식 사과문을 통해 "그 사건에 대해 유감스럽게 생각한다"고 밝혔다. 마치 '그 사건'을 일으킨 장본인이 자신이 아닌 것처럼 말이다.

동물 착취를 대하는 태도를 언어가 강화하는 또다른 사례는 인간과 비인간을 죽이는 것에 대한 표현 방식이다. 우리는 사람이 죽임을 당할 경우 대개 살해(murder)나 사형(execution) 같은 단어를 사용하지만, 동물에 대해서는 그러한 단어를 사용하지 않는다. 대신 분명한 의미를 담고는 있으나 살해와 같이 과오(또는 불법성)의 느낌은 포함되어 있지 않은 도살(slaughter)이나 안락사(euthanize) 같은 단어를 사용한다. 그런데 우리는 도살처럼 동물을 위해 의도된 단어를 인간의 상황에도 종종 사용한다. 인간에게 사용되는 도살이라는 단어는 특히 잔혹한 살인을 의미한다. 이 단어를 동물에게 사용할 때 우리 대부분은 그들을 죽이는 것의 잔혹성에 내해서는 진혀 생각하지 않는다.

반려동물에 대한 부정적 의미를 담은 동물 관용어의 상당수는 고양이와 관련있다. 이는 고양이 학대의 긴 역사를 보여준다. 인간은 고양이를 가방에 쑤셔넣고, 익사시키고, 가죽을 벗기고, 공중에 휘둘러 왔다. 이제 더 이상 고양이 가죽을 벗기지는 않지만, 여전히 고양이와 여타 애완동물이 학대당하고 방치되고 버려지고 있다. 그러나 '죽은 고양이를 휘두르다(swing a dead cat: 상자글 14.1 참조)'라는 표현은 재미있고 현실적이지 않은 느낌으로 사용된다. 여전히 끔찍한 학대의 대상인 토끼 역시 일상석으로 경시되는 동물이다. 'dumb bunny(바보 같은 사람)', 'bunny slope(초보자용 스키 슬로프)', 'snow bunnies(스키 초보자)', 'ski bunnies(여자 스키어)' 같은 용어는 모두 여성을 지칭하는 것으로, 여성과 토끼를 멍청하고 어린애 같은 존재로 표현한

동물 관용어

널리 사용되는 아래의 관용어들은 동물에 대한 폭력을 어원으로 하고 있다.

Bleeding like a stuck pig(도살당하는 돼지처럼 피를 흘리다: 피를 많이 흘리다)

Cook someone's goose(누군가의 거위를 요리하다: 누군가의 산통을 깨다)

Dead as a dodo(도도새처럼 멸종한: 완전히 없어진, 완전히 쇠퇴한)

Got bigger fish to fry(튀겨야 할 더 큰 물고기가 있다: 더 중요한 일이 있다)

Killing two birds with one stone(돌 하나로 새 두 마리 죽이기: 일석이조)

Like a chicken with its head cut off(머리 잘린 닭처럼: 정신없이, 미친 듯이)

Like a lamb to the slaughter(도축장에 가는 양처럼: 위험한 줄도 모르고, 천진난만하게)

More than one way to skin a cat(고양이 가죽을 벗기는 데 한 가지 방법만 있는 것은 아니다: 일을 하는 데는 여러 가지 방법이 있다)

Not enough room to swing a cat(고양이를 휘두르기에 방 크기가 충분치 않다: 매우 비좁다)

Shooting fish in a barrel(통 안에 든 물고기를 쏘다: 매우 쉬운 일이다)

So hungry I could eat a horse(배가 고파서 말이라도 잡아먹을 지경이다: 너무 배고프다)

Take the bull by the horns(황소는 뿔을 붙잡아라: 과감하게 상대의 정면을 공략하라)

There's no sense beating a dead horse(죽은 말을 때리는 건 의미가

다. 'harebrained(무모한, 바보 같은)', 'rabbity(소심한)', 'rabbit shouldered(어깨가 처진)' 등에서 볼 수 있듯 토끼와 관련된 용어의 대부분은 경멸적인 내용을 담고 있다.

동물 대우에 영향을 미치는 다른 언어적 관행도 있다. 이야기되는 동물이 남성인지 여성인지 알지 못할 경우 '그것(it)'이라고 표현하는 대중 매체의 관례가 그것이다. 성별을 알 때조차 동물은 '그것'으로 표현되곤 한다. 한번은 유명한 토끼 관련 출판물에 토끼에 대한 글을 기고했는데, 그 잡지가 나온 후 나는 깜짝 놀랐다. 내가 사용한 '그는' 또는 '그녀는', '그의' 또는 '그녀의'라는 표현이 전부 '그것은', '그것의'로 수정되어 있었기 때문이다. 나는 편집자에게 거세게 항의했지만, 편집자는 그것이 출판물의 표준 관행이라고 답했다. 나는 동물에 대한, 동물을 사랑하는 이들을 위한 책을 표방하는 이 잡지의 사례에 충격을 받았다. 이와 비슷하게, 출판물에서 동물에 대한 직접 호칭은 거의 이루어지지 않는다. 데이브 아프탄딜리안(Dave Aftandilian)이 동물들에게 헌정한 책 『우리에게 동물은 무엇인가?(*What Are the Animals to Us?*)』(2007)의 서론에는 다음과 같은 문구가 적혀 있다.

"이 책은 당신들에 대한, 그리고 당신들을 위한 책이다."(p. xvii)

몇 권의 책을 개인적으로 의미 있는 동물들에게 바친 경험이 있는 나에게도 이 문구는 놀랍게 다가왔다. 동물이 주체로 직접 호칭되는 경우는 매우 드물기 때문이다.

상징으로서의 동물

역사적으로, 세계적으로 수많은 문화에서 동물을 상징으로 이용해 왔다. 사람들이 무언가에 다른 어떤 것을 표상하도록 의미를 부여할 경우 우리는 그것을 상징(symbol)이라고 한다. 상징이 갖는 의미는 문화적 맥락에 달려 있으며 우리의 사고방식에 따라 형성된다. 십자가, 미국 국기, 만(卍) 자는 모두 특정 문화적 맥락 속에서 특정한 의미가 담긴 상징들이다. 이 상징들 자체에 고유한 의미가 담겨 있는 것은 아니다. 또한 많은 상징은 '다성적(polyvocalic)'이다. 즉 말로는 쉽고 분명하게 표현하기 힘든 다중적이고 추상적인 개념들을 동시에 나타낸다.

동물은 우리가 자신에게서 발견하는, 그리고 타자에게 투영하고자 하는 위험하고 이질적인 모든 특성을 상징화하는 데 이용된다. 따라서 동물은 욕정적인, 믿을 수 없는, 살의를 띤, 문란한 존재가 될 수 있다. 그런가 하면 사랑, 이타심, 희생같이 긍정적인 특성을 상징하기도 한다. 예를 들어 중세시대에 **동물우화집(bestiaries)**의 인기가 아주 높았었는데, 그 책들에는 동물에 관한 그림과 자연사 그리고 그들이 상징하는 바와 관련있는 내용과 함께 도덕적 교훈이 담겨 있었다.

동물은 우리 같은 존재이면서 우리 같지 않은 존재이기도 하다. 이러한 애매모호함 덕분에 동물은 우리가 자신에게 우리에 대한 정보를 전달하는 데 있어 완벽한 수단이 된다. 앞에서 언어 사용에 대하여 살펴본 바와 같이, 우리는 (개인을 암캐, 암소, 여우로 부르거나 집단을 짐승, 해충으로 부르면서) 사람을 동물화하고 동물을 (의인화하며) 인간화한다. 그리고 우리는 사람의 좋은 면을 강조하는 데 동물을 이용하기도 하지만(이를테면 '사자같이 용감한') 소수자, 특히 소수 인종에 대하여 부정적으로 동물을 이용하는 경우가 많다(이를테면 '여우같이 교활한').

황도 12궁(zodiac)은 많은 문화권에서 동물로 표현된다. 'zodiac'이란 단어는 사실 그리스어로 '작은 동물들로 이루어진 원형(circle of little animals)'을 의미하며, 그 안의 동물들은 미래를 예측하고 현재와 과거를 이야기하는 데 이용된다. 예를 들어 서양 점성술에서 개인의 성격은 태어난 시기의 행성과 (대부분 동물의 이름이 붙여진) 별자리의 위치를 통하여 예측할 수 있다. 태양이 황소자리에 있을 때 태어난 사람의 성품은 황소와 같이 흔들림 없고 완강하고 안정적일 것이다. 동양에서도 이와 유사하여, 십이지(Chinese zodiac, 十二支)는 동물로 표현된 열두 띠로 이루어져 있다. 그러나 이 동물들은 별자리가 아니라 사람이 태어난 해를 나타낸다. 따라서 토끼의 해에 태어난 사람은 토끼 같은, 즉 표현을 잘하고 재능 있고 야심찬 면이 있을 것으로 여겨진다.

동물이 빈번하게 상징으로 이용되는 이유는 무엇일까? 인류학자 클로드 레비스트로스는 『토테미즘(*Totemism*)』(1963)을 통해, 동물은 먹기 좋은 존재라서가 아니라 "사고하기에 좋은" 존재이기 때문에 토템으로 선택된다고 설명한다. 즉 레비스트로스에 따르면 동물은 은유적 잠재성이 풍부하기 때문에 특히 씨족이나 친족 체제 같은 사회 계층을 표현하기에 유용한 존재이다. 고대 및 전통 문화에서는 동물을 인간과 밀접한 관계를 맺는 존재로 보았기 때문에 그들을 인간의 상징 질서에 편입시켜 인간의 행동, 욕망, 꿈을 표현하는 데 이용했다.

그런데 왜 우리는 무언가를 상징하기 위해 특정 동물을 선택하는 것일까? 어떤 면에서 상징은 임의적이다. 미국 국기인 성조기에는 자유나 민주주의를 표시하는 그 어떤 것도 담겨 있지 않다. 그러나 그것이 가진 역사성 때문에 성조기는 특정한 상징적 연계를 갖게 됐고, 오늘날 그러한 상징은 자연스럽게 받아들여진다. 동물의 경우 그들이 갖는 상징적 연계는 일반적으로 사실의 일면, 즉 사람들이 특정한 방식으로 해석하는 동물의 생물학적, 행동적 특성에 근거한다.

예를 들어 고양이는 서양에서 불운, 악, 마법을 상징한다. 왜 고양이일까, 예컨대 개가 아니고. 이는 서양 문화권에서 고양이를 그들이 지닌 어떠한 특성(고양이는 어둠 속에서도 잘 볼 수 있고, 단독 행동을 하며, 싸울 때 오싹한 소리를 내는 것으로 유명하다)과 결부시켜 이용한 것이다. 우리는 종종 동물을 틀에 박힌 방식으로 인식한다. 개미는 팀워크와 규율, 사슴은 우아함과 감수성, 뱀은

(허물 벗는 능력 때문에) 재생 능력, 토끼는 민첩성을 주로 상징한다. 황소, 염소, 유인원 같은 일부 동물은 행동이나 성기 크기 때문에 섹슈얼리티를, 토끼는 널리 알려진 번식 능력 때문에 여성의 섹슈얼리티를 상징하는 것으로 받아들여진다.

많은 미국 원주민 문화 속에서 인간과 가장 가까운 존재로 표현되는 동물은 곰이다. 인간처럼 두 발로 걸을 뿐 아니라 자유롭게 감정을 느끼는 존재로 여겨지기 때문이다. 또한 곰은 단독 행동을 하고 홀로 겨울잠을 잔다는 점 때문에 미국 원주민 문화에서 자기성찰(introspection)을 상징하기도 한다. 그런가 하면, 원주민에게 경제적으로 중요해서 중요한 상징적 존재가 된 동물도 있다. 예를 들어 들소는 대평원 인디언(Plains Indians)에게 식량, 주거, 의복, 거래의 대상으로 이용됐으며, 따라서 그들에게 삶을 의미하는 것이었다.

사회학자 콜린 제롤맥(Colin Jerolmack, 2007)은 비둘기의 은유적 특성을 논의하며, 짝과 평생을 함께하는 그들의 경향을 언급한다. 이 점 때문에 비둘기는 일부일처제와 영원한 사랑의 상징이며, 임신을 위한 마술(fertility magic)에 자주 이용된다. 비둘기는 그리스 신화에서 사랑의 여신 아프로디테를, 힌두교에서 사랑의 신 카마데바를 나타내는 동물이다. 그리고 비둘기는 수천 년간 메시지를 전달하는 역할을 했는데,『성경』의「창세기」에는 비둘기가 노아에게 (올리브 가지를 물고 와) 홍수가 끝나 땅이 모습을 드러냈다는 메시지를 전하는 이야기가 등장한다. 그 후 비둘기는 기독교인들에게 구원과 신의 용서를 의미하게 됐다. 또한 비둘기는 온순한 성격과 하얀색 깃털 때문에 평화의 상징이 되곤 한다. 제롤맥이 지적한 바와 같이, 이렇게 긍정적인 상징적 연계를 물려받은 비둘기가 오늘날에는 도시에서 인간이 남긴 음식물을 먹으며 산다는 점 때문에 더러움을 의미하는 존재가 된 것은 아이러니하다.

참새 역시 상징적 연계가 많이 이루어지는 동물이다. 영국참새(English sparrow)는 나무에 우글거리던 벌레의 수를 줄이기 위해 19세기 중후반에 미국으로 수입됐다. 그 참새들은 원래 서식하던 새들과의 경쟁에서 우위를 점하게 됐으며, 새 애호가들의 변호에도 불구하고 일부 과학자들에 의해 위

그림 14.1. 미국에서 검은 고양이는 종종 불운을 의미하는 동물로 간주된다. (사진: Mercy for Anita Carswell)

협적인 존재로 받아들여졌다. 결국 일부 지역에서 참새를 죽이기로 하는 법안이 통과됐고 포상금 프로그램까지 수립되어 아이들은 수많은 참새를 죽였다. 사회학자 게리 앨런 파인과 라자로스 크리스토포리데스(Gary Alan Fine and Lazaros Christoforides, 1991)는 이른바 '참새 대전'을 다룬 글을 통해, 이 문제가 주요 쟁점이 된 이유 중 하나는 그 시대적 상황이었다고 주장한다. 당시 유럽 남부와 동부는 물론이고 아시아에서도 오는 이민자의 수가 많아 미국인들의 우려가 증가하던 시기였다. 미국에서 태어난 미국인들은 새 이민자들에게 위협을 느꼈고, 당시의 반(反)이민자 레토릭(修辭)들은 참새를 제멋대로 구는 외국인 무법자의 대역으로 삼으며 참새에 반대하는 정서를 부채질했다.

비둘기와 마찬가지로 토끼는 다산성(fertility)과 섹슈얼리티를 의미하지만, 일부일처제는 의미하지 않는다. 토끼는 고대 그리스와 로마의 의례, 신화, 상징 속에서 섹슈얼리티, 특히 여성 섹슈얼리티 및 다산성과 연결되며 출산의 여신 디아나(Diana)와도 관련이 있다. 토끼는 종종 미약(aphrodisiac)으로서 사랑을 위한 주술에 이용됐으며 임신을 돕는 역할을 했다. 메소아메리카, 고대 유럽, 아랍, 아프리카와 마찬가지로 동양 문화에서도 토끼는 다산성과 출산을 의미하는 달과 연관된다. 달의 여신은 보통 토끼와 함께하는, 혹은 토끼 복장을 한 모습으로 보인다. 또한 토끼는 그 출산 능력 때문에 부활절 등 여러 의례와 신화 속에서 부활을 의미하는 존재로 이용된다.

미술 작품 속의 동물

동물은 그들이 갖는 상징적 속성 때문에 예술적 표상의 훌륭한 대상이 된다. 동물은 예술가에 의해 장식적 모티프(decorative motif)로 사용되면서, 있는 모습 그대로 표상화되거나 다른 문화 영역에서처럼 상징된다. 동물과 관련된 이미지의 역사는 구석기시대의 초기 미술로까지 거슬러 올라간다. 3만 년 전 유럽의 동굴 벽화에는 인간보다 동물이 더 많이 등장하며, 포식자와 사냥감으로 인간의 삶에서 중요한 위치를 차지했던 큰 동물들이 포함되어 있다. 이후 신석기시대에 들어 농업이 발달하면서 미술 작품의 대상은 야생동물에서 사육 동물로 대체되기 시작했다. 예컨대 노동·식량·종교 의례적 측면에서 중요한 동물이었던 소의 모습이 위대한 고대 문명 속 보석, 악기, 도자기, 벽, 무덤, 사원 등에서 발견된다.

중세시대의 미술은 동물을 다양한 방식으로 표상화했다. 동물은 보석, 그림, 실용적인 물건에 빈번하게 등장했으며 『성경』 및 여타 종교 서적들에 그려지곤 했다. 양은 인간을 위한 예수의 희생과 순수함으로, 비둘기는 사랑으로, 그리핀(griffin)은 죽은 이를 수호하는 존재로 묘사됐다. 중세시대 영국의 동전은 동전 사용자들에게 분명한 상징적 의미를 갖는 동물로 장식됐다. 영국의 예술가들은 미술과 우화 외에 다른 경로로는 영국에서 잘 알려지지 않았던 (사자나 공작 같은) 동물과 함께, 닭이나 비둘기같이 평범한 동물의 그림도 그렸다. 암탉은 성모교회(Mother Church)를, 공작은 불멸 및 예수의 부활을 의미했다. 예술가들이 한 번도 본 적이 없어 환상적으로 그려지곤 했던 사자는 예수, 그리고 하느님의 경계(watchfulness)를 상징했다. 기독교 전통 속에서 뱀은 악을 상징하는데, 중세시대 동전에서 볼 수 있듯 그것은 방어 능력을 가진 존재를 의미하기도 했다.

유럽에 르네상스시대가 열리면서, 동물은 중세시대와 달리 상징주의보다는 자연주의적으로 표상화됐다. 레오나르도 다빈치나 알브레히트 뒤러(Albrecht Dürer) 같은 작가들은 매우 사실적인 동물 초상화를 그렸다. 과일, 채소, 포도주, 빵에 둘러싸여 있는 죽은 동물의 모습을 음식물로 그린 예술가도 있었다. 르네상스시대에도 사냥은 여전히 미술의 주요 주제였다.

그림 14.2. 중국 모간산 국립공원에 전시되어 있는 십이지 원숭이상. (사진: Jakub Halun, Wikimedia Commons)

일본 역시 오랜 세월에 걸쳐 미술 작품에 동물을 이용했다. 고대 일본의 귀족과 무사는 권력과 힘을 의미하는 매와 독수리의 이미지를 좋아했다. 일본 잉어 코이(鯉)는 수명이 길어 끈기와 장수를 상징했고, 공작은 아름답고 화려한 꼬리 때문에 신에 대한 헌신과 자긍심을 의미했다. 오랜 기간 행운을 의미해온 학은 미술 작품뿐 아니라 병풍 등 실용적인 물건에 그려지기도 했다. 오늘날 학 1,000마리를 접어 선물하는 것은 상대에게 행운 또는 병의 치유를 기원하는 표현이다. 십이지 동물은 일본 미술에도 자주 등장한다. 이 열두 동물은 19세기까지 주변국에 강력한 영향력을 행사한 중국으로부터 건너온 것으로, 각 동물의 해에 태어난 사람들에 대한 상징성을 품고 있다. 예를 들어 말은 지적이고 독립적이며 자유로운 영혼을 가진 동물로 여겨지기 때문에 말의 해에 태어난 사람은 그러한 성격을 갖게 된다.

일본 미술에서 인기 있는 동물 중 하나는 원숭이다. 원숭이는 간혹 사실적인 모습으로 그려지기도 하지만 대개 인간의 옷을 입고 인간의 행동을 하는 모습으로 묘사된다. 원숭이는 말이나 학이나 잉어와 달리 외양과 행동이 인간과 유사하기 때문에 인간의 특징을 표현하는 데 유용한 동물이다. 이런 이유로 일본짧은꼬리원숭이는 일본의 미술과 신화에 자주 등장하며, 신토(神道) 신들의 전령으로 받아들여져 숭상을 받는다. 여우 역시 신과 연계되는 동물이다. 그들은 벼농사를 망치는 쥐를 죽이는 동물이기 때문에 수확의 여신인 이나리(稻荷)의 전령으로 여겨졌다. 그러나 여우는 이후 더 어두운 상징성을 띠게 되어, 인간을 홀리고 인간의 모습으로 변신할 수 있는 교활한 사기꾼 같은 존재가 됐다.

아프리카의 전통 미술 역시 그림, 조각, 가면, 보석, 그리고 암면 미술을 통해 동물을 묘사해 왔다. 다른 문화권과 마찬가지로 아프리카 미술에서도 동물은 외적 아름다움과 특성, 소리, 행동뿐 아니라 그들이 갖는 상징성을 기준으로 선택된다. 예를 들어 산코파(Sankofa)라는 새는 고개가 뒤로 향하는 특이한 모습 때문에 판테(Fante)족의 미술에서 지혜와 온고지신을 상징한다. 아프리카에서 사기꾼 동물로 유명한 거미는 아칸(Akan)족의 미술에서 영리함을 상징한다. 거북과 달팽이 같은 동물은 많은 아프리카 부족에게 중요한 식량 자원인데, 그들을 잡을 때는 무기가 아니라 손을 사용하기 때문에 미술 작품 속에서 이 동물들은 평화를 의미한다. 다른 문화에서도 그렇듯 뱀은 허물을 벗는 특성 때문에 변형의 상징으로 이용된다. 아프리카 미술에서 뱀 가죽의 패턴은 뱀 자체가 갖는 상징적 의미와 함께 장식적 용도로도 사용된다.

현대 미술에서 동물은 과거와 전혀 다른 방식으로 이용된다. 특히 그들이 감상적으로 또는 상징으로 그려지는 경우는 더 이상 보기 힘들어졌다. 영국 작가 데이미언 허스트(Damien Hirst)는 1990년대에 단순한 표상이 아닌 죽은 동물의 부위로 구성된 작품을 발표했다. 그의 첫 번째 대규모 '동물 설치 작품'인 「천 년(A Thousand Years)」(1990)은 유리 상자 안에서 썩어 가는 소머리, 파리와 구더기로 구성되어 있다. 「분리된 어머니와 아이(Mother and Child Divided)」(1993)는 이등분되어 포름알데히드에 담긴 어미 소와 송아지로 이루어져 있다. 그의 작품은 (토하는 관람객들을 우려하는) 갤러리 주인, 그의 작품이 과대평가됐다고 생각하는 평론가, 죽은 동물을 사용하는 것을 개탄하는 동물권 운동가 사이에서 논란이 되어 왔다. '고기 예술(meat art)'은 오늘날 대중 예술의 한 형태이기도 하다. 팝 가수 레이디 가가(Lady Gaga)는 2010년 MTV 비디오뮤직어워즈(VMA)에 고기로 만든 드레스를 입고 나와 화제가 됐다. 그녀는 자신이 '고기 조각'이 아니며 또한 스스로의 권리를 주장하지 않는다면 그 권리는 한낱 '우리 뼈다귀에 붙은 고기' 같은 것이 될 것임을 주장하기 위해 그 옷을 입었다고 이야기했다. 고기를 잘라서 사용하는 예술가들, 니컬러스 램퍼트(Nicolas Lampert)처럼 고기를 묘사는 해도 직접 사용하지는 않는 예술가들에게 은유로서의 고기는 작품의 기반이 된다.

어떤 예술가들은 대중의 반응을 유발하기 위해 동물을 이용하고 가끔은 죽이기도 했다. 예를 들어 2003년 칠레 작가 마르코 에바리스티(Marco Evaristti)는 살아 있는 금붕어를 물로 채운 믹서 속에 풀어놓고 관람객들에게 믹서기의 버튼을 눌러 금붕어를 죽일 수 있게끔 했다. 그는 이것이 대중으로 하여금 '자신의 양심과 싸우도록' 독려하는 작품이라고 설명했다. 스웨덴 사진가 나탈리아 에덴몬트(Nathalia Edenmont)의 작품은 더 논란이 됐다. 그녀는 토끼, 쥐, 닭, 고양이를 죽여 설난한 몸을 꽃이나 과일 등의 사물과 함께 놓아 사진을 찍었다. 에덴몬트는 에바리스디와 마찬가지로 자신의 작품은 대중에게 호소하기 위한 것이라며, 화장품과 음식 때문에 동물을 죽이는 것은 반대하지 않으면서 자기 작품들에 반대하는 이들은 위선자라고 주장했다.

여러 예술가들이 살아 있는 동물을 작업에 포함시켰다. 그리스 작가 야니스 쿠넬리스(Jannis Kounellis)의 1969년작 「무제: 12마리의 말(Untitled: 12 Horses)」은 살아 있는 동물을 사용한 초기 작업 중 하나로서, 로마아트갤러리(Roman Art Gallery)에 살아 있는 말 12마리를 설치했다. 1974년 행위예술가 요제프 보이스(Joseph Beuys)는 「나는 미국을 좋아하고 미국은 나를 좋아한다(I Like America and America Likes Me)」라는 작품을 통해 살아 있는 코요테와 한 방에서 사흘을 보냈다. 보이스는 이 작품이 서구 세계(Euro-America)와 코요테(및 미국 토착민들) 사이의 관계를 표현한 것이라고 설명했다. 코스타리카의 작가 기예르모 바르가스(Guillermo Vargas)는 「전시 1번(Exposicion N° 1)」이라는 작품을 통해 굶주린 개 한 마리를 전시장 벽에 묶어 전시했다. 그 벽에는 개 사료로 만들어진 '당신이 읽는 것이 바로 당신이다(eres lo que lees)'라는 문장이 설치되어 있었다. 그리고 그 개가 전시 중 굶어죽었다는 주장이 퍼졌다(하지만 그것이 사실인지 밝혀지지는 않았다). 바르가스는 이후, 길거리의 개들은 항상 굶주리는데 그것에 대해 아무도 신경 쓰지 않기 때문에 이 전시는 사람들의 위선을 폭로하기 위한 것이라고 이야기했다. 2000년에 미국의 개념미술 작가 에두아르도 캐츠(Eduardo Kac)는 파리에 있는 국립농학연구소(Institut national de la recherche agronomique, IRNA)에 의뢰하여 해파리의 DNA를 토끼의 DNA에 결합시킨 형광빛 나는 토끼를 창조해냈다. 캐츠는 그 토끼 알바(Alba)를 시카고에 있는 집으로 데려가 자신의 가족과 함께 지내게 하기로 IRNA와 합의를 했다고 주장했지만, IRNA는 그런 합의는 전혀 없었다고 반박했다. 결국 자신의 집으로 데려가지 못했지만 그가 창조한 형광빛 나는 토끼는 캐츠의 가장 유명한 작품이 됐다. 살아 있는 동물을 이용하는 것으로 유명한 또 한 명의 작가는 마크 디온(Mark Dion)인데, 대중이 새에 더 주목하길 바라는 그는 설치 작품에 종종 살아 있는 새를 이용했다.

오늘날 예술가들은 동물권을 강력하게 지지하는 입장에서 동물에 대한 문화적 시각에 직접적으로 반론을 제기하는 작업도 하고 있다. 예를 들어 오스트레일리아 태즈메이니아의 작가 이베트 와트(Yvette Watt)는 인간과 (다른) 동물 사이의 변화하는 관계 및 동물의 대상화에 대한 논의의 일환으로 회화 작품 및 동물 인권 포스터를 그린 작품을 발표하고 있다. 와트는 통상동물이 처해 있는 정상적이지 않은 상황을 묘사함으로써, 관람객으로 하여금 그들과의 가깝고도(우리는 그들을 먹는다) 먼(그들은 우리와 멀리 동떨어진 곳에서 사육된다) 관계를 생각해 보게끔 한다. 그녀의 작업에는 비인간동물이 어떻게 묘사되고 있는지, 그리고 비인간동물을 대하는 우리의 생각과 방식을 어떻게 논해야 하는지에 대한 관심이 반영되어 있다. 사진가 조앤 맥아더(Jo-Anne McArthur)는 '우리, 동물들(We Animals)'이라고 이름 붙인 프로젝트를 통해 인간 환경 속 동물들의 사진을 찍음으로써 "우리가 음식, 의복, 연구,

실험, 노동, 오락, 노예, 반려 관계를 위해 이용하는 그 지각력 있는 존재들(sentient beings)과 마찬가지로 인간 역시 동물"임을 보여준다. 그녀의 목적은 비인간동물에 대한 수많은 착취를 용납하는 인간과 동물 사이의 경계에 문제제기를 하는 것이다. 브리타 야신스키(Britta Jaschinski)도 동물과 그들이 겪는 고통에 초점을 맞추는 사진가이다. 그녀의 프로젝트 '동물원(Zoo)'은 감금된 동물과 그들이 느끼는 권태, 죄절, 불행을 다룬 작품이다. 미국 작가 수 코(Sue Coe)는 에칭, 그림, 석판 작업을 통해 공장식 축산

그림 14.3. 이베트 와트(Yvette Watt)의 작품 「번제 제물 #2(Offering #2)」에 묘사된 미리암(「민수기」 참고). 작가 자신의 피로 그렸다. (사진: courtesy of Yvette Watt)

농장과 도축장 같은 곳에서 동물이(그리고 인간이) 겪는 고통을 생생히 기록한다. 그리고 영국의 예술가 집단인 올리수지(Olly and Suzy)는 세계를 돌아다니면서 위기에 처한 야생동물에 최대한 가까이 접근하여 그들을 그리거나 촬영한다. 올리수지는 자신들의 작품에 종종 동물도 참여할 수 있게 허용했는데, 1997년 그들은 바다에서 백상아리를 그린 후 상어 한 마리가 그 그림을 물어 조각 내는 모습을 사진으로 찍었다. 그들은 이러한 작품을 거기에 그려진 동물이 처한 열악한 상황을 알리는 대중 교육에 이용했다.

　뉴질랜드에서 활동하는 영국 예술가 앤절라 싱어(Angela Singer)는 낡은 박제 동물을 이용하여, 동물이 사냥이나 박제 만들기뿐 아니라 사회 전체에 의해 어떻게 학대받는지 보여준다. 그녀는 인터뷰를 통해, 죽은 동물의 머리가 집과 사무실의 벽에 걸리고 그 모습이 자연스럽게 받아들여지는 것이 언제나 충격이었다고 이야기한다. 동물들에게 가해진 폭력에 맞서고 그것을 드러내는 싱어의 작업은 동물에 대한 인간의 우월성에 의문을 제기한다. 또

한 그녀는 사냥 기념 트로피로 희생되어 생명을 빼앗긴 동물들을 추모하고 자 한다. 미술평론가 존 버거(John Berger)는 오늘날 이미 많은 동물들이 사라지고 있으며, 동물과 관련있는 많은 현대 미술 작품은 동물의 죽음에 대한 일종의 추도 작품으로 볼 수 있다고 이야기한다. 그러나 위기에 처한 동물에 초점을 맞추는 올리수지, 최근 작품에서 사라지고 있는 야생동물을 다루고 있는 야신스키 등의 작업은 동물의 죽음에 대한 추도일 뿐만 아니라 이러한 상황의 중단을 외치는 절규이기도 하다.

이베트 와트는 예술가들이 동물을 인간의 조건에 대한 상징 또는 은유로 사용하는 방식을 두고 다음과 같이 논평했다.

예술가들이 인간과 동물의 상호관계를 둘러싼 여러 윤리적 쟁점을 회피할수록 동물은 더욱 주변화될 것이다. 동물 표상의 정치성에 대한 시각 예술계의 회피는, 인간과 동물의 관계를 둘러싼 윤리적, 정치적 쟁점의 중요성을 점점 더 강조하며 동물 및 인간-동물 관계에 대하여 재고하는 다른 분야의 모습과 상충한다.

— 2010:111

인간 정체성의 거울

인간을 동물을 예술, 언어, 그리고 (16장에서 다룸) 문학에 이용함으로써 인간 정체성에 대한 생각을 표현할 수 있다. 이렇게 동물을 이용하고 묘사함으로써 인간은 스스로에 대해 무엇을 알 수 있을까?

인류학자들은 인간의 문화, 가치, 행동에 대한 논의의 일환으로 동물과 연관된 문화적 행동을 오랫동안 분석해 왔다. 예컨대 인류학자 게리 마빈(Garry Marvin, 1994)에 따르면, (문화적 공간인) 투우장에서 (문화를 의미하는) 투우사가 황소의 물리적 힘을 능가하는 지적 능력으로 (길들여지지 않은 자연을 의미하는) 황소를 정복하는 투우는 자연과 문화, 그리고 물리적 힘과 지성 간의 대립을 상징한다. 인류학자 클리퍼드 기어츠(Clifford Geertz, 1994)는 발리 섬의 닭싸움에 대한 자신의 전형적인 설명을 통해, 닭싸움은 발리 사회의 인간관계에 대한 '메타사회적 해설(metasocial commentary)'이라고 이야기한다. 닭싸움꾼들은 자신의 새를 본인의 상징적 표상물로 보기 때문에 투계장 안에서 자신의 명예를 위해 실질적으로 싸우는 자는 바로 그 투계꾼들이라고 기어츠는 설명한다. 기어츠가 보기에, 닭싸움은 발리인이 '자신에 대하여 자신에게 하는' 이야기이다. 그리고 수의사이자 로데오 연구자인 엘리자베스 로런스(Elizabeth Lawrence)는 로데오를 "소치기들의 삶에 걸맞은 가치와 태도를 표현하고 재확인하고 지속시키기" 위한 "의례적 행사"라고 표현했다(1994:211). 1987년 에미코 오누키티어니(Emiko Ohnuki-Tierny)는 일본 사회에서의 동물의 은유적 사용을 논하면서 인간과 원숭이 사이에 존재하는 다양한 의미의 친밀성을 언급한다. 그 친밀성 때문에 원숭이는 신으로, 신과 인간 간의 매개자로, 희생양으로 이용됐고, 인간이 되려고 시도하는 존재로 조롱당하기도 했다. 즉 원숭이는, 앞에서 소개된 다른 사례들과 마찬가지로 일본인이 자기 자신과 일본 문화를 이해하는 데 도움을 주는 역할을 한다. 근대에 들어 일본의 문화가 변화하면서 원숭이에 대한 해석 역시 함께 변해왔다.

더 읽을거리

Baker, Steve. 1993. *Picturing the Beast: Animals, Identity and Representation.* Manchester, UK: Manchester University Press.

Jaschinski, Britta. 1996. *Zoo.* London: Phaidon.

Jaschinski, Britta. 2003. *Wild Things.* London: Phaidon.

Malamud, Randy. 2003. *Poetic Animals and Animal Souls.* New York: Palgrave MacMillan.

Noelker, Frank. 2004. *Captive Beauty.* Urbana: University of Illinois Press.

Palmeri, Frank. 2006. *Humans and Other Animals in Eighteenth-Century British Culture: Representation, Hybridity, Ethics.* Burlington, VT: Ashgate.

Pollock, Mary Sanders and Catherine Rainwater, eds. 2005. *Figuring Animals: Essays on*

Animal Images in Art, Literature, Philosophy, and Popular Culture. New York: Palgrave MacMillan.

Shepard, Paul. 1998. *Thinking Animals: Animals and the Development of Human Intelligence*. Athens: University of Georgia Press.

Wolfe, Cary. 2003. *Animal Rites: American Culture, the Discourse of Species, and Posthumanist Theory*. Chicago: University of Chicago Press.

Wolfe, Cary, ed. 2003. *Zoontologies: The Question of the Animal*. Minneapolis: University of Minnesota Press.

동물과 창조적 예술

캐럴 지글리오티(Carol Gigliotti, 에밀리 카 대학교)

기억에 의하면 내가 동물임을 처음으로 감지한 것은 세 살 반 때, 집 근처에 있는 작은 공립 초등학교에서 토요 예술 수업을 받던 중이었다. 부득이하게 골짜기 너머에 있던 가톨릭 초등학교에 가게 되면서 내가 그곳에 있는 것 자체부터 평범하지 않은 느낌이었다. 처음으로 무언가 깨달은 순간('aha!' moment)이었던 당시의 특별한 경험을 나는 따뜻하게 떠올리곤 한다. 연기를 전공하는 한 젊은 학생이 수업을 담당했었는데, 그녀는 우리를 동그랗게 둘러 세운 다음 특정한 동물처럼 행동해 보자고 했다. 나는 코끼리가 '됐다.' 내가 몸으로 어떻게 코끼리를 흉내 냈는지 아직도 기억이 난다. 나는 코끼리가 되어, 머리 앞으로 팔을 뻗어 양쪽으로 큰 귀를 펄럭였고 거대한 발을 천천히 내딛으며 큰 원을 그려 걸었다. 시간이 지나 생각해보니, 그날은 내 삶에 큰 영향을 끼친 두 가지, 즉 타자가 움직이는 방식에 몰입함으로써 그들이 느끼는 것을 나도 느낄 수 있고 공감을 이루는 데는 종(species) 사이 장벽이 없다는 것을 배운 날이었다.

　나는 고등학교와 대학교 시절 연기를 했지만, 내가 가장 관심 있고 열정을 느껴온 동물과 자연계를 연기를 통해 전달할 기회는 거의 없음을 일찍이 깨달았다. 줄곧 그림을 그려왔던 나는 사회적, 정치적 변화와 밀접한 판화라는 수단을 통해 나의 관심과 열정을 전달할 수 있음을 깨닫고 판화가가 됐다. 1970년대부터 1990년대 초반까지 미술가였던 나의 목표는 처음에는 판화 제작을 통해, 이후에는 공장식 축산과 동물 실험을 다루는 다양한 혼합 미디어 내러티브를 통해 관객에게 동물권 및 동물 해방 사상을 전달하는 것이었다. 이러한 사상을 애니메이션으로 표현하기 위해 초기에 나는 디지털 상호작용 기술과 애니메이션을 다루었다. 오하이오 주립대학교의 '미술과 디자인을 위한 첨단 컴퓨팅 센터(Advanced Computing Center for the Arts and Design)'에서 하이엔드 애니메이션을 배우면서, 나는 가상 환경에 주목한 학위 논문 「상호작용 기술 설계에서의 윤리적 쟁점(Ethical Issues in Interactive Technological Design)」을 집필했다. 이 연구를 통해 나는 유비쿼 터스 상호작용 미디어가 어떻게 이루어지는지, 그리고 그것의 광범위한 이 용이 가져오는 동기와 결과의 중요성을 이해하기 시작했다.

나는 이 새로운 기술의 윤리에 관한 글을 쓰는 데 모든 노력을 기울였 으며 뉴미디어 아트의 세계에 몰두하게 됐다. 또한 사회 정의 문제뿐 아니 라 자연과 동물에 대한 숙고의 필요성에도 초점을 맞추어, 이 문제에 지식 이나 관심이 없는 예술가, 디자이너, 컴퓨터 과학자, 엔지니어에 의해 발전 하고 있는 이 기술 영역 안에서 글을 발표하고 목소리를 내고 활동을 했다. 나의 윤리적 관점은 오랫동안 관여해온 동물권 철학과 실천뿐 아니라 (자연 환경 속 동물을 연구하는) 새로운 학문인 인지동물행동학(cognitive ethology)으로 부터도 영향을 받았다.

과학과 예술 분야에서의 기술 연구 및 개발은 비인간동물 자체의 가치 를 고려치 않고 있으며, 이 점을 잘 보여주는 사례로 몇 년 전 에두아르도 캐츠, 심바이오틱A(SymbioticA), 조 데이비스(Joe Davis)에 의해 도입된 '바이 오아트(bioart)' 장르를 들 수 있다. 이러한 기술들은 인간의 필요와 욕구만 중시하는 인간 중심적 목적에 기반하여 창조되고 사고되어 왔다.

> 비교동물행동학자들이 인간과 다른 존재들의 인지적·감정적 삶에 대한 이해를 넓히는 데 기여하는 동안, 생명공학계는 동물을 우리와 지구를 공유하는 본질적 가치를 지닌 존재로 고려치 않고 물질 언어 의 쓰기 기법으로 이용되는 존재로 그들에 대한 이해를 강화하고 있 다. 다양한 형태의 코드를 조작함으로써 모든 생명 창조를 통제하겠 다는 아젠다의 실현을 위해 동물을 생명공학 기술에 동원해 왔다. 오 늘날 생명공학계에서 동물은 단순한 코드가 되어 버렸다.
> ─ GIGLIOTTI, 2009:Ⅵ-ⅩⅩⅧ

다시 말해, 지금껏 인간의 식량과 노동력으로 이용된 동물이 이제는 생명과학과 의료 행위에 의해 정보의 데이터 저장고(data warehouse)로 취급되고 있는 것이다. 동물은 이제 정보로 설정되고 재코드화되며, 가장 중요하게는 음식, 건강, 군사, 심지어 '친환경적'이거나 '지속가능한' 영리사업에 맞게 재설계된다.

멸종, 지구 온난화 등 여러 환경 문제와 결합된 연구를 통해 나는 우리 기술 세계가 자유롭고 자기의지적이고 자기증식적인 야생 행위성(free, self-willed, self-replicating wild agency)과 맺는 밀접한 관계에 대해 고민하게 됐다. 이 창조적인 야생 행위성에 주로 기술이라는 수단을 통해 계속되는 억압과 파괴는 비인간과 인간 모두의 존속뿐 아니라 인간의 창조성 지속까지 좀먹는 결과를 낳는다. 나는 야생성의 파괴와 인간의 창조성 약화 간의 깊은 관계를 설명하기 위한 연구를 시작했다. 이 새로운 연구를 통해, 나는 인간의 창조적 사고와 행동을 야생 행위성을 중요시하는 창조성의 윤리 쪽으로 전환하기 위한 논의를 펼치고자 한다.

예술과 기술을 관통하며 내가 걷고 있는 이 길은 동물에 대한 우리의 태도와 관계를 전환시키기 위한 나의 열정적 관심과 헌신에서 비롯했다. 되돌아보면, 코끼리가 되는 게 어떤 것일지 상상하는 창조적 과정을 선물해 준 그 젊은 연기 선생님에게 매우 감사한 마음이 든다.

15

종교와 민속에 등장하는 동물

무처가 은둔자로 이 땅에 살고 있을 때, 한번은 길을 잃어 우연히 토끼와 마주치게 됐다. 토끼는 그 은둔자에게 숲 밖으로 나가는 길을 찾는 데 도움을 주겠다고 했지만, 그는 자신이 가난하고 배고픈 처지라 그러한 친절에 보답할 수 없다고 대답했다. 그러자 토끼는 배가 고프면 불을 피워 자신을 구워 먹으라고 이야기했다. 은둔자가 불을 피우자 토끼는 즉시 불 속으로 뛰어들어 자신의 살을 익혔다. 그러자 은둔자는 부처의 모습으로 현신하여 토끼를 불 밖으로 끄집어내었다. 그리고 그 헌신에 감사하는 의미로 토끼를 달로 보내 옥토끼가 되도록 했다. 이것이 바로 토끼가 달에 살게 된, 그리고 오늘날까지도 그곳에 토끼의 모습이 보이는 이유이다.

— 중국 설화

종교 사상 속의 동물

세계의 여러 종교에서 동물은 중요한 역할을 담당한다. 상징으로서의 동물은 우리가 순수, 희생, 도덕, 창조 같은 중요한 종교적 개념을 이해하는 데 도움이 된다. 어떤 종교는 특정 동물을 신성한 존재로 여기고, 어떤 종교는 특정 동물을 숭배하거나 종교적 목적에서 금기시한다. 여러 문화권에서 동물을 집단의 신화적 창시자로 간주하고 토템으로 삼았다. 그리고 여러 종교 의례에서 동물은 신이나 조상을 위한 제물로 이용되어 왔다.

종교는 신화와 관습을 통하여 해당 종교에 부합하는 세계관(world view)을 표현한다. 세계관에는 자연계 및 그 안에서 우리가 차지하는 위치에 대한 가정, 우리가 신성한 영역과 맺는 관계, 현실을 구성하는 관념 등의 내용이 담겨 있다. 그리고 대개 세계관에는 인간이 자연 및 동물과 맺는 관계에 대한 가정이 명시적 또는 암시적으로 포함되어 있다.

예를 들어 신의 지혜가 담긴 원천으로 『구약성경』을 공유하기에 '성경의 종교(religions of the book)'라고 불리는 일신교인 유대교, 기독교, 이슬람교는 동물에 대하여 서로 유사하면서도 다른 관점을 갖고 있다. 『구약성경』에 따르면 신은 자신의 형상대로 인간을 창조하고, 동물과 식물을 만들어 인간이 통치(dominion)하도록 했다(「창세기」 1:26). 이는 동물에 대한 지배(dominance)권을 인간이 갖는다는 의미로 해석될 수 있지만, 일부에서 인간에게 동물에 대한 기본적 의무가 있다는 청지기 정신(stewardship)으로 해석하기도 한다. 어쨌든 『구약성경』 속에서 동물과 인간이 별개의 창조물인 것은 분명하여, 인간은 동물에 대한 권한(authority)을 갖는다. 이 밖에도 『구약성경』에는 인간이 동물을 어떻게 대해야 하는지 알려주는 여러 구절이 있다. 예컨대 「잠언」 12장 10절은 "의인은 자기 가축의 생명도 돌보아준다"라고 이야기한다. 그 밖에도 동물이 불필요한 고통을 받지 않도록 그들을 다루고(「신명기」 12:4), 그들에게 먹을 것을 주고(「신명기」 11:15), 안식일에 그들이 쉴 수 있도록(「신명기」 5:14) 하라고 신도들에게 주의를 주는 구절들이 있다. 하지만 동물들이 인간의 음식, 의복, 노동을 위한 존재라는 점은 여전하다. 실제로 「신명기」와 「레위기」의 대부분의 규례에서 동물에 대한 적절한 대우는 사육 동물에게만 해당되며, 그 적절한 대우라는 것도 동물 희생 의례에서의 적절한 방법과 별다르지 않다.

기독교가 유대교와 함께 공유하고 있는 『구약성경』에 따르면, 인간은 동물과 다르게 창조되어 그들에 대한 통치의 권력과 책임을 갖는다. 기독교인의 경전인 『신약성경』에는 동물에 대한 언급이 거의 없다. 우리는 4세기에 성 아우구스티누스(St. Augustine)가 쓴 글 등을 통해 동물에 대한 기독교의 관점을 알 수 있다. 그는 오직 인간만이 신의 숨결에 의해 이성적 영혼을 가진 존재로 창조된 반면, 동물은 감각만 지니고 있고 영생에 도달할 수 없는 존재라고 기술했다(Augustinus, 2007). (동물의 열등함에 대한 그리스 사상을 차용한) 이러한 아우구스티누스의 관점은 13세기 신학자 토마스 아퀴나스(Thomas Aquinas, 2007)에 의해 확장되어, 인간에게는 동물에 대한 도덕적 의무가 없다는 것이 기독교의 지배적 관점이 됐다. 이러한 관점에서 보면 오직 인간만이 신의 형상대로 창조됐고, 인간만이 영원한 영혼을 가지며, 신은 (예수의 육신으로) 인간이 됐기 때문에 동물과 인간은 서로 다른 **존재론적** 차원에 속해 있다. 다시 말해, 동물은 인간과 근본적으로 다른 존재이기 때문에 똑같은 고려의 대상이 되지 못한다. 예를 들어 교황 회칙 중 '생명의 복음(Evangelium Vitae)'은 동물에 대한 불필요한 고통에 반대하지만, 그것이 동물에게 해롭기 때문이 아니라 인간의 존엄성에 반대되는 것이기 때문이다. 그 복음은 또한 인간은 동물이 아닌 인간의 고통을 없애는 데 돈을 써야 한다고 전한다. 그리고 가톨릭 교회의 1994년 「교리문답서」에 따르면 동물의 운명은 "과거, 현재, 미래의 인류를 위한 공유 재산"이다(1994: par. 2,415, p. 516).

그런데 많은 기독교인은 예수가 연민과 자비를 설파했다며 위와 다른 입장을 취한다. 이들은 동물에게 (실용적 가치가 아닌) 내재적 가치가 있으며 하느님 나라(God's kingdom)에 그들을 위한 자리가 있다고 생각한다. 이들이 보기에 기독교 가치가 요구하는 것은 동물에 대한 통치가 아니라 신의 창조물인 그들을 향한 사려 깊은 청지기 정신이다. 이는 동물과 인간의 유사함을 역설한 아시시의 성 프란치스코(St. Francis of Assisi)에 의하여 정리된 관점이다. 어떤 이들은 예수의 설교 내용뿐 아니라 『신약성경』의 정전 복음서에 포함되지 않은 '그노시스 복음서(Gnostic Gospels)'에 적힌 예수의 삶에 근거하여 예수가 채식주의자였다고 생각한다. 또 어떤 이들은 에덴 동산이 채식주의 공간이었음에 주목하며(「창세기」 1장 29~30절에 따르면 아담과 이브의 타락 이전 인간의 먹을거리는 고기가 아닌 에덴의 씨앗과 과일이었다), 하느님 나라 역시 더 평화롭고 동물 친화적인, 채식주의 공간일 것이라고 생각한다.

『구약성경』을 공유하는 또 하나의 종교인 이슬람교에 따르면 모든 창조물은 그들을 사랑하는 알라(Allah)에 의하여 만들어졌다. 예언자 마호메트(무함마드) 역시 동물을 사랑하라는 계시를 받았고, 동물의 돌봄에 관한 그의 이야기가 다수 전해진다. 하지만 『코란(꾸란)』에는 인간의 이익을 위해 동물을 이용할 수 있다는 내용이 명시적으로 적혀 있다. "신은 너희에게 모든 종류의 가축을 제공했다. 너희는 그들을 탈 수 있고, 먹을 수 있으며, 염원을 충족하기 위해 그 밖의 용도로 사용할 수 있다. 여행을 떠날 때는 그들을 배처럼 이용하라"(『코란』 40:79~80). 이슬람의 전통에서 동물은 친절과 연민으로 다루어져야 하는 존재이기는 했지만 사실 그들은 인류의 이익을 위해 존재했다. 따라서 이슬람에서 사냥이나 동물 싸움 같은 행위가 비난받기는 하지만, 이슬람교도들은 음식, 노동, 의복 등 여러 목적으로 동물을 이용한다. 동물 희생 의례(animal sacrifice)는 (이슬람교 이전부터 존재하긴 했지만) 이슬람교의 중요한 부분이 됐다. 특히 아브라함이 자신의 아들 이삭을 기꺼이 희생시키려 한 것을 기념하여 1년에 한 번 열리는 희생절 때 동물은 신앙에 의하여 희생된다. 뿐만 아니라 아이가 태어나고 7일째에 탄생을 축하하는 제례에서도 희생되고, 그리고 메카 성지순례 기간에 속죄의 의미로도 희생된다.

인도에서 발생한 불교와 힌두교는 동물에 대하여 유대교, 기독교, 이슬람교와 사뭇 다른 세계관을 갖고 있다. 힌두교는 그 안에 매우 다양한 전통이 녹아 있는 다신교이며, 따라서 동물에 대한 관점이 하나가 아니다. 힌두교의 많은 신들은 코끼리의 머리를 한 가네시(Ganesh)나 원숭이 모양을 한 하누만(Hanuman)처럼 동물의 형상을 하고 있으며, 신자들은 소를 신성시한다. 비슈누(Vishnu) 신은 물고기, 거북, 야생돼지, 반사자·반인간 등의 모습을 띠며 오늘날 이 모든 모습으로 숭배된다. 이러한 믿음 때문에 힌두교도들은 소를 먹지 않으며 사람들은 원숭이를 해치지 않는다. 이 두 동물은 인도 법에 의해 보호받는다. 어떤 힌두교도들은 해를 끼치지 않는다는 뜻의 아

그림 15.1. 코끼리 머리를 한 힌두교의 신 가네시의 조각상. (사진: courtesy of Sujit Kumar, Wikimedia Commons)

힘사(ahimsa) 정신 때문에 채식주의자로 산다. 그리고 힌두교도들은 죽은 후 다시 태어나게 된다는 **환생**(reincarnation)을 믿는다. 동물과 인간은 모두 영혼이 있고 함께 윤회의 주기 안에 속해 있기 때문에, 인간은 동물로 다시 태어날 수 있고 그 반대 역시 마찬가지다. 그러나 인간과 동물이 모두 같은 삶의 연속체 안에 존재한다 하더라도 거기서 가장 높은 곳에 위치하는 것은 인간이다. 인간이 동물보다 우월한 것이다. 나쁜 **업보**(karma)가 쌓이게 되면 불행한 운명으로 여겨지는 동물로 환생하게 된다. 힌두교의 많은 경전과 교리가 동물에 대한 인도적 대우와 인간과 동물의 공존을 이야기하지만, 동시에 동물에게 해가 되는 힌두교적 실천들 또한 많이 존재한다.

힌두교와 함께 불교 역시 동물에게 해를 끼치지 않으려 하고 환생(또는 동물과 인간의 재생을 통한 윤회samsara)과 업보의 개념을 믿는다. 힌두교와 마찬가지로 많은 불교도도 채식주의자이다. 그리고 동물과 인간은 모두 '불성 (Buddha nature)'을 가진, 깨달음에 도달할 수 있는 잠재력이 있는 존재이다. 하지만 역시나 힌두교와 마찬가지로, 불교에서도 동물로의 환생은 부정적인 것으로 여겨진다. 동물은 자신의 삶을 개선시켜 나쁜 업을 풀고 깨달음에 도달하기가 힘들기 때문이다. 힌두교와 불교가 동물을 바라보는 방식은 확실히 단순하지 않다.

미국에는 수백 개의 원주민 전통이 있다. 많은 미국 원주민 종교들이 동물을 바라보는 방식은 다음과 같이 개략적으로 이해할 수 있다. 신이 인간을 동물 및 식물과 구분되는 존재로 창조했다고 가르치는 『구약성경』「창세기」 와 달리, 많은 원주민 전통에 따르면 인간, 동물, 식물은 함께 깅그니미 시보 영적 유대를 갖는다. 인간은 자연계의 일부이지, 그것으로부터 분리된 존재가 아니다. 실제로 많은 원주민 문화의 **창조 신화**(creation myth)에서 인간과 동물을 창조한 신은 동물이다. 미국 원주민 종교들은 동물 살해를 금지하지는 않지만, 일반적으로 그들이 필요할 경우에만 존중과 감사의 마음을 갖고 죽이도록 한다.

전 세계에서 동물의 생명에 대해 완전한 비폭력을 명하는 종교는 5,000 년의 역사를 가진 인도의 자이나교뿐이다. 불교와 마찬가지로 자이나교도들은 삶, 죽음, 환생의 순환을 믿는다. 그런데 그들이 이 순환에서 벗어나는 길은 오직 비폭력의 원칙을 최대한 실천하는 것뿐이다. 이러한 비폭력의 실천에는 동물을 먹지 않는 것뿐 아니라, 숨 쉴 때 우연히 벌레가 입으로 들어가지 않도록 마스크를 쓰는 등 작은 곤충조차 해치지 않기 위한 노력도 포함된다. 분명 종교는 동물에 관해, 그리고 동물 대우에 관해 각기 다른 문화적 관점을 형성한다.

동물담

세계적으로 동물은 민속에서 중요한 위치를 차지한다. 전설, 민담, 우화, 속담 속에 반인반수, 말하는 동물, 신비한 동물이 무수히 등장한다. 오늘날 회자되는 설화(folktale)의 상당수가 이미 오래전에 사라진 종교에서 온 것이거나 고대 신화의 내용을 품고 있다. 그중 일부는 무언가의 이유를 설명하는 교육적 내용을 담고 있고, 어떤 것은 우화처럼 도덕적 교훈을 담고 있다. 그리고 이 모든 것들이 재미 또한 목적으로 하고 있다.

동물을 주인공으로 하는 설화를 민속학자들은 **동물담**(動物譚, animal tale)이라고 하는데, 이러한 이야기들은 세계의 거의 모든 문화 속에 존재한다. 동물담의 보편적 유형 중 하나는 '바로 그래서 그렇다(just so)' 이야기 혹은 설명식 이야기이다. 미국 원주민 설화에도 어떤 동물이 왜 그러한지를 설명하는 **바로 그래서 그렇다 이야기**(just so story)들이 다수 존재한다. 예를 들어 수(Sioux)족의 전설 '토끼는 어쩌다 꼬리를 잃었는가'는 토끼의 꼬리가 왜 뭉툭한지 설명한다. 이 이야기에 따르면, 토끼는 원래 꼬리가 길었지만 오만하게도 자신의 힘을 과신한 나머지 서로 꼬리를 엮어 힘껏 잡아당기던 늑대 세 마리 사이에 끼어들었고 결국 늑대들의 힘에 토끼의 꼬리는 반 토막이 나버렸다. 어떤 동물담은 자연계의 특성을 설명한다. 크리크(Creek)족 설화인 '어떻게 토끼는 사람에게 불을 가져다 주었는가'에 따르면, 원래 족제비만이 불을 갖고 있었는데 인간이 토끼에게 그것을 가져다 줄 수 있는지 물었다. 재빠르게 그것을 훔칠 만큼 영리하고 용감한 동물은 토끼밖에 없었다. 이러한 이야기들은 미국 원주민 세계관에서 종종 발견되는 상호연계성(interconnectedness)을 보여준다(족제비, 토끼, 인간은 다 같이 살며 서로 관계를 맺는다). 그 밖에, 인간과 동물이 어떻게 이 세상에 오게 됐는지를 설명하는 (대체로 동물이 창조신인) 창조 신화로서의 '바로 그래서 그렇다 이야기'들이 있다.

우리가 잘 아는 서구의 동물담에는 우화, 중세 동물담, 구비 전설 등이 포함되어 있는데, 이들은 역사 속에서 서로 뒤섞여 왔다. 우리는 주로 이솝이나 그림 형제의 모음집을 통해 이 이야기들을 많이 접한다. 그러나 유럽 설화의 대부분은 유럽에서 탄생한 것이 아니라, 사실 기원전 3세기경의 힌두 설화 모음집『판차탄트라(Panchatantra)』나 기원전 4세기경의 불교 설화 모음집『자타카(Jataka)』에서 유래한 것이다. 일례로「타르 인형과 토끼(The Tarbaby and the Rabbit)」이야기의 원전은『자타카』이며, 이 이야기는 전 세계에 무려 250가지 형태가 있다. 그중 가장 잘 알려진 것은, 어느 아프리카계 미국인이 전하는 이야기로, 조엘 챈들러 해리스(Joel Chandler Harris)가 각색한「브레어 래빗(Brer Rabbit)」시리즈이다.

동물담의 주인공이 된 동물은 대개 다른 동물들에게 없는 특징을 지니고 있다. 예컨대 유럽 전통에서 여우는 사기꾼이고, 토끼는 멍청하거나 비겁하거나 오만하고, 사자는 용감하다. 하지만 아프리카와 아프리카계 미국 전통에서는 토끼가 사기꾼이고 거미가 영리하다. 미국 원주민들에게는 코요테가 사기꾼이고 오소리가 용감한 동물이다. 이러한 설화들은, 인간의 말할 수 있는 능력을 비인간동물세계에 입히는 식의 의인화(anthropomorphism)를 통해 인간에 대한 이야기를 하거나 도덕적 교훈을 전달한다. 고양이와 토끼 등은 여성으로 성별화되고, 말이나 개 같은 동물은 남성으로 성별화된다. 물론 동물의 실제 행동들에서 보이는 모습 또한 동물의 성격 묘사에 이용된다. 사자는 실제로 용감해 보이고, 개는 실제로 충성스럽게 행동하며, 고양이는 실제로 꾀 많은 모습을 보인다.

민속에서 동물은 '유형(type)'으로 등장한다. 민속의 흔한 모티프 중 하나는 사기꾼이다. 그는 기지로 힘센 동물을 속여 자신이 원하는 바대로 일

그림 15.2. 미스터 폭스(Mr. Fox)와 함께 그네를 타는 브레어 래빗(Brer Rabbit). (그림: Palmer Fox for *Harper's Young People*, June 8, 1880, 그림 제공: Sujit Kumar, Wikimedia Commons)

하게 하거나 곤란한 상황에서 탈출한다. 아프리카의 사기꾼 동물은 거미, 토끼, 거북이고, 유럽의 사기꾼 동물은 대개 여우이며, 미국 원주민 설화에서 가장 흔한 사기꾼 동물은 코요테이다. 다른 민속 모티프로 인간과 결혼하는 동물 신부나 신랑이 있으며, 그들은 마법에 걸려 동물의 형상을 하게 된다. 도움을 주는 동물 역시 흔한 민속 모티프인데, 관련 이야기 속에서 대개 인간은 동물로부터 받은 도움에 감사할 줄 몰랐다가 결국 자신의 불손함으로 인한 대가를 치르게 된다.

일반적으로 설화는 도덕적 또는 교육적 정보를 전하는 역할을 하며 동물을 인간의 대역으로 이용하기 때문에, 그 안에서 동물은 있는 그대로의 모습으로 묘사되지 않는다. 대신 인간이 창조한 세계관의 일부인 그들의 모습을 살짝 들여다볼 수 있다. 동물은 인간에게 도움이 될 수도, 해가 될 수도 있는 존재이다. 인간과 동물의 불분명한 관계성을 보여주는 이러한 양면은 한 이야기 안에서도 종종 함께 나타난다. 이 이야기들 속에서 인간과 동물은 서로 협력하고 속이고 싸우고 대화하고 심지어 결혼까지 하기 때문에, 서구 사회에 등장한 인간-동물 경계는 이 이야기들이 만들어진 전통 문화와 고대 문화의 시기에는 아직 존재하지 않았다고 말할 수 있다. 동물은 사람을 돕고 수호했으며 영감과 지혜의 원천이 됐다. 동물은 여전히 인간과 같은 세상을 공유하면서 그 세상에서 중추적 역할을 했다.

동물-인간 변신

동물담과 신화에서 매우 흔한 주제 중 하나는 인간-동물 혼성체 (human-animal hybrid)이다. 수천 년간 전 세계의 여러 이야기와 노래 속에서 인간은 동물로, 동물은 인간으로 변신해 왔다. 일련의 종교적 전통 속에서 동물 신 또는 반인반수 신의 모습이 발견된다. 예컨대 이집트의 신 아누비스 (Anubis)는 개의 머리, 세베크(Sebek)는 악어의 머리, 세크메트(Sekhmet)는 암사자의 머리, 힌두교의 신 가네시는 코끼리의 머리를 하고 있다.

너구리와 오소리를 닮은 일본의 개과 동물 타누키(狸, たぬき)는 일본 설화 속에서 흔히 신체 변형자로 등장하는데, 그는 자신이 원하는 것을 얻기 위해 인간으로(심지어 사물로도) 변신한다. 이 이야기들에 따르면 타누키는 종종 불교 승려로 변신하여 음식을 동냥한다. 일본에는 또 키츠네(狐, きつね)로 알려진, 사람으로 변신하는 여우의 이야기도 있다.

늑대인간은 인간에서 동물로, 그리고 다시 인간으로 변신하는 존재이다. 늑대인간 이야기는 주로 중국과 슬라브 문화에서 등장하는데, 보통 저주에 의해 인간이 야수로 변한다. 반면 샤머니즘에서 인간이 동물로 변신하는 것은 누군가를 치유하기 위한 자발적이고 제의적인 것이다. 예를 들어 남미 아마존 지역의 일부 샤먼은 재규어로 변신하기 위해 환각제를 사용한다.

세계 전역에서 마녀는 동물로 변신할 수 있는 능력이 있다고 여겨진다. 그들의 변신에 대한 최초의 기록에 따르면, 틸버리의 저버스(Gervase of Tilbury)는 고양이 모습을 한 마녀를 목격했다고 주장했다. 스칸디나비아에는 우유 토끼(Milk Hare)에 관한 설화가 있다. 우유 토끼 이야기는 늦춰 잡아도 15세기부터 스웨덴, 노르웨이, 아이슬란드 전역에서 전해져 왔다. 아일랜드의 이야기 「늙은 토끼(The Old Hare)」에 따르면, 어느 오두막집에 마녀라는 소문이 떠돌던 한 늙은 여인이 살고 있었다. 그런데 이웃집에서 거의 매주 우유가 없어지곤 했다. 어느 날 이웃이 늙은 여인의 오두막에서 토끼 한 마리가 나오는 것을 발견하고 토끼의 어깨에 총을 쏘았는데, 다음날 아침 그 오두막에 간 이웃은 늙은 여인의 옷 속 어깨에 피가 흐르는 것을 보게 됐다.

그림 15.3. 토끼-인간 혼성체를 조각한 위 작품은 인간-동물 신들로부터 영감을 받은 조니 러셀(Jonnie Russell)의 혼종 시리즈 중 하나. (사진: Jonnie Russell)

　　중세의 마녀 이야기들은 동물로 직접 변신하는 마녀보다는 자신의 동물 퍼밀리어(familiar)에게 명령을 내리는 마녀를 많이 다루었다. 보리아 색스(Boria Sax, 2009)에 따르면, 이렇게 퍼밀리어가 있다는 이유로 기소된 최초의 인물은 아일랜드 여인 앨리스 키텔러(Alice Kyteler)였다. 1324년 키텔러에게는 개나 고양이의 모습으로 나타나 그녀의 명령을 따르는 정령이 있다는 혐의가 제기됐다. 동물로 변신하는 마녀, 그리고 동물 퍼밀리어가 있는 마녀라는 두 가지 쟁점은 서로 연관된 것일 수 있다. 많은 문화 속 샤머니즘 전통들의 특징은 다른 세상으로 접근하는 데 동물 정령(animal spirits)을 활용한다는 점이다. 동물 정령과 접촉하기 위해서 샤먼은 동물 모양의 의상을 입는다. 마녀에 대한 중세시대의 믿음은 샤먼의 이러한 행동에 근거한 것일 수 있다. 고대 사회의 그리스로마 신들과 동물의 연관(후에 가톨릭 성인들의 동물 마스코트로 자연스럽게 변형됐다) 역시 이러한 개념과 관련있다. 그리고 마녀에게 있다는 퍼밀리어는 요정처럼 기독교 이전 많은 문화권에 존재했던 짓궂은 정령(유럽에서 이 존재들은 기독교의 부상과 함께 악마 및 악마적인 동물 정령으로 변형됐다)에 대한 믿음에서 유래한 것일 수도 있다.

이상의 논의와 관련된 민속 전통 중 하나는 인간과 동물 사이의 결혼이다. 한국의 설화 「누에 공주(Silkworm)」에 따르면, 이웃 나라와 전쟁 중이던 한 나라의 왕이 적장을 죽이는 자는 자신의 딸과 결혼시켜주겠다는 약속을 한다. 그런데 적장을 죽이고 전쟁을 승리로 이끈 존재가 하얀 말이었던 것으로 드러나고, 공주는 그 말과 결혼하겠다고 이야기한다. 그러자 왕은 실제로 그렇게 될까 봐 겁을 먹고는 그 말을 죽이고 가죽을 벗기도록 명령한다. 공주는 슬픔에 잠겨 말의 가죽을 덮어쓰고 결국 그 안에서 누에로 변하게 된다. 왕은 그 벌레를 거두어 그것이 낳은 알을 백성들에게 나누어주었고, 그 덕분에 백성들은 아름다운 비단실을 뽑아낼 수 있게 된다. 미국 원주민 전설 중엔 소녀와 개가 결혼하여 인간 또는 혼성체인 자식을 낳은 이야기들이 있다. 샤이엔(Cheyenne)족의 「개와 결혼한 소녀(The Girl Who Married the Dog)」 이야기에서 소녀와 개 사이에 태어난 강아지들은 플레이아데스 성좌의 별이 된다.

인간과 결혼하는 동물 중 상당수는 저주를 받아 동물의 모습을 하게 된 인간이다. (이러한 저주는 전 세계의 신화와 설화에서 발견된다. 예를 들어 그리스 신화에서 베 짜는 여인 아라크네는 자신의 기술이 미네르바 여신보다 더 뛰어나다고 으스대었고, 그 말을 들은 미네르바는 아라크네를 거미의 모습으로 바꾸어 버렸다.) 그림 형제의 동화 「개구리 왕자(The Frog Prince)」에서처럼(개구리는 이러한 변신 이야기 속에 자주 등장하는 동물이며, 아마도 올챙이에서 개구리로 변하는 존재라는 점 때문일 것이나) 서주받은 농물은 가끔 결혼이나 키스를 통해 다시 인간의 모습으로 돌아오게 된다. 스코틀랜드에는 셀키(selkie)라는 존재에 대한 이야기가 있는데, 그는 평소에는 바다표범이지만 가죽을 벗으면 인간의 모습으로 인간과 결혼을 한다. 셀키는 바다표범 가죽을 찾지 못하면 바다로 되돌아가지 못하며, 그와 결혼한 인간은 셀키가 자신의 가죽을 되찾기 이전에는 배우자의 정체를 눈치 채지 못한다. 한편 중국과 일본의 경우, 인간의 모습으로 변신해 인간을 유혹하여 결혼하는 동물이 주로 여우이다. 이 여우 여인은 다른 동물에 의해서 정체가 탄로 날 수 있으며, 일단 탄로가 나면 다시 여우가 되어 인간 남편으로부터 떠난다. 이와 비슷한 이야기가 일본의 「학 부인(The Crane Wife)」이다. 어떤 가난한 어부가 부상당한 학을 보살펴 상처를 낫게 한 뒤 풀어주었는데, 이 둘은 결국 부부가 된다. 학 부인은 마술을 이용해 돛을 짜면서, 남편에게 자신이 일하는 동안 절대 그 모습을 엿보지 말라고 주의를 준다. 이렇게 부인이 짠 돛을 남편이 내다 팔아 둘은 결국 가난에서 벗어나게 된다. 하지만 어느 날 남편은 커튼 뒤에서 부인이 일하는 모습을 엿보았고, 깜짝 놀란 학 부인은 남편을 떠나 날아가 버린다.

종교적 상징주의

종교 신화에서 상징은 의미를 전달하는 매우 중요한 역할을 담당하며, 동물은 흔히 순수나 희생 같은 중요한 종교적 개념을 전달하는 용도로 이용된다. 기독교는 여러 동물 상징을 이용해 왔다. 물고기는 예수·사도·기독교, 공작은 예수의 부활, 비둘기는 성령·순수·평화, 독수리는 신의 전지전능, 그리고 양은 그리스도·순수·순결·12사도·부활을 뜻한다. 실제로 초기 가톨릭 교회의 십자가에는 예수가 아닌 양이 그려져 있었다. 또한 기독교에서 동물은 부정적 의미를 띠기도 한다. 일례로 까마귀는 무지와 그릇된 생각을 의미하고 한때는 저주받은 영혼을 지옥으로 데려가는 존재로 여겨지기도 했다. 「창세기」 8장 7절에 따르면 노아는 홍수로 불어난 물이 빠졌는지 알아보기 위해 흰 까마귀를 보냈으나 그 까마귀는 돌아오지 않았고(결국 그 일을 제대로 해낸 동물은 비둘기였다), 그에 대한 처벌로 신은 흰 까마귀의 색을 검게 만들고 썩은 고기를 먹고 살도록 했다.

개는 역사적으로 인간과 가까운 관계를 맺어왔기 때문에 전 세계적으로 긍정적 의미를 갖는 편이다. 예컨대 미국 원주민 전통에서 개는 우정과 충성을 상징한다. 그러나 종종 죽은 자들의 수호자가 되기도 한다. 그리스 로마 신화에 등장하는 케르베로스(Cerberus)는 머리가 세 개 달린 개이며 지

동물 미라

고대 이집트에서는 다양한 동물이 미라로 만들어졌다. 많은 가족이 집에서 기르던 고양이와 사후에 다시 만나길 희망하며 고양이를 미라로 만들어 가족 납골당에 묻었다. 또한 고양이와 여타 신성한 동물들은 신이 현현한 존재로 여겨졌기 때문에 경배의 차원에서 미라로 만들어 안치했다. 어떤 동물은 신에게 바치는 제물로, 또 어떤 동물은 죽은 사람에게 주는 식량으로 미라가 되어 땅에 묻혔다.

옥의 문을 지킨다. 고대 페르시아의 조로아스터교에서 개는 신성한 영역과 세속적 영역 사이의 중개자였으며 죽음과 관련된 의례에서 특히 중요한 존재였다. 예를 들어 누군가가 죽으면 사람들은 개를 데려와 그 주검을 보게 하고 장례식에도 참여시킨다. 그리고 죽은 영혼은 사후세계로 가는 길에 두 마리의 개를 동반하게 된다. 올멕, 톨텍, 마야, 아즈텍 등 고대 메소아메리카의 많은 문화에서 털 없는 개는 죽은 자의 수호자로 받아들여졌다. 이런 개는 제물로 바쳐지는 음식이 되거나, 악령으로부터 가정을 지키는 역할 또는 아픈 자를 치료하는 역할을 했다. 뿐만 아니라 메소아메리카인들은 개가 죽은 영혼의 저승길에 동행한다고 믿어, 개를 미라로 만들어 죽은 자의 무덤 속에 함께 묻었다. 오늘날에도 중앙아메리카의 일부 지역에는 작은 개가 질병을 막아준다는 믿음이 존재한다. 한편 이슬람 같은 일부 문화권에서 개는 죽은 동물의 고기를 먹는 습성 때문에 개가 아주 더러운 존재로 여겨지기도 한다.

고대 이집트에서 고양이는 바스테트(Bastet) 여신을 대변하는 존재로 숭배됐으나 기독교 문화에서 그 명성이 추락하게 됐다. 고양이가 비난을 받게 된 것은 그들이 기독교 문화 이전에 누렸던 높은 지위 때문만이 아니라, 사람들이 그들의 야행 습성을 사악함과 결부시켰기 때문이다. 고양이는 행운을 불러오는 존재로 여겨지기도 했는데, 바로 그 점 때문에 종종 죽임을 당하곤 했다. 중세시대 유럽인들은 풍작을 기원하며 고양이를 땅속에 묻거나 악령으로부터 집을 보호하기 위해 벽 속에 묻었다. 또한 고양이는 다른 동물과 마찬가지로 마녀의 퍼밀리어로 여겨져 마녀 피의자와 함께 처형되곤 했다.

염소가 띠는 상징적 의미 역시 부정적이다. 기독교에서 염소는 저주받은 존재를 의미하고, 구원받은 존재를 의미하는 동물은 양이다. 일반적으로 염소는 남성으로 성별화되고 종종 통제 불가능한 남성의 섹슈얼리티를 의미하곤 한다. 중세 유럽에서 염소는 악마로, 혹은 마녀의 퍼밀리어로서 마녀와 섹스를 하는 존재로 묘사됐다. 반은 인간, 반은 염소의 모습을 한 그리스 신 판(Pan)은 이후 기독교에서 악마를 반(半)인간, 반(半)염소의 모습으로 이미지화하는 데 영감을 준 것으로 보인다. 고대 유대교에서는 해마다 속죄일 행사를 열 때 이스라엘의 죄를 속죄하는 의미로 두 마리의 염소를 이용했다. 공동체의 '속죄양(scapegoat)'으로 삼아, 한 마리는 제물로 바치고 다른 한 마리는 황무지로 추방했다(또는 절벽에서 떨어뜨렸다). 염소는 양과 함께 고대 이스라엘에서 제물로 가장 흔하게 희생된 동물이었으며, 빙폐(聘幣, bride-price)로 종종 이용된 동물이기도 하다.

동물 컬트 신앙

주요 종교들 외에, 세계 각지의 여러 종교적 전통에서도 동물은 중요한 역할을 했다. 신으로, 토템으로, 죽은 영혼의 거처로, 제물로 여겨졌다. 동물을 신으로 섬기는 동물 컬트 신앙(animal cults)은 특정한 동물 종을 숭상(revere)하되 숭배(worship)하지는 않는 유목 사회, 동물을 죽이기 전 경의를 표하는 수렵채집 사회, 자기 조상의 기원을 동물 토템에서 찾는 부족 사회, 동물이 샤먼을 돕고 샤먼은 동물의 모습을 취하는 샤머니즘 신앙, 동물 신 또는 동물의 모습으로 나타나는 신을 가진 농경 사회 등에서 발견된다.

소는 경제적 중요성 때문에 농경 사회에서 가장 신성시되는 동물 중 하나이다. 소를 신성시하고 도살 및 소비를 금지하는 힌두교 외에 고대 이집트, 그리스와 로마, 조로아스터교에도 소를 숭상하는 신앙이 있다. 예컨대 이집트의 황소 신 아피스(Apis)는 신중하게 선택되어 살아 있을 때는 숭상되고 죽어서는 땅에 묻힌다. 그리고 새로운 황소가 그 자리를 잇게 된다. 고대 히브리인은 모세가 금지하기 전까지 금송아지를 숭배했는데, 이 역시 이집트의 신 아피스에서 파생된 것으로 보인다. 소를 몰고 다니는 유목 사회도 소를 숭상한다.

곰이나 늑대 같은 야생동물은 수렵채집 문화에서 숭배되는 경향이 있다. 일례로 일본 토착민인 아이누(アイヌ)족의 믿음에 따르면 모든 생명체, 그중에서도 특히 곰에게는 카무이(カムイ)라는 정령이 깃들어 있어서 신이 곰의 모습으로 인간 앞에 나타나게 된다. 특정 동물에 의존하게 되는 수렵문화에서는 알래스카 부족들과 고래의 관계에서 볼 수 있듯 그 동물을 기리는 의례가 열린다. 어업 문화에는 물고기 속에 깃드는 신이 존재하는데, 일례로 어부 또는 상어의 모습으로 나타나는 에비수(惠比須, エビス) 신을 일본 어민들은 숭상했다.

인간이 특정 동물로 환생하게 된다고, 또는 특정 동물 안에 죽은 자의 영혼이 깃든다고 믿는 문화권에서는 동물이 공경받는다. 예를 들어 태국의 불교 신자들은 조상의 영혼이 흰 코끼리의 몸에 깃든다고 믿기에 그들을 죽이지 않고 봉양한다. 마찬가지로 아프리카 일부 지역에서는 조상이 뱀의 모습으로 나타난다고 여긴다. 이와 유사하게, 어떤 동물이 죽은 자를 수호하거나 저승길에 동행한다고 믿는 문화에서도 그 동물이 숭상되기 마련이다. 이를테면 연례 축제인 쿠쿠르 푸자(Kukur Puja)를 통해 개를 숭배하는 네팔의 힌두교도들은 동물을 죽이지 않으며, 콜럼버스의 발견 이전 시대 메소아메리카의 털 없는 개가 그러했듯 동물이 제물로 바쳐지기도 한다.

토테미즘은 동물 컬트 신앙의 가장 흔한 형태 중 하나로 세계 곳곳의 부족 문화에서 발견되며, 그중 가장 잘 알려진 것은 미국 원주민 문화이다. 예

성우(聖牛, SACRED COW)

남아시아의 힌두교 문화에서 소는 신성시되는 존재이기 때문에 도살되거나 소비되지 않는다(하지만 인도와 방글라데시의 이슬람교도는 소를 먹는다). 그리고 인도 대부분의 주에서 건강한 소를 죽이는 것은 불법이다. 인도에서 소는 길거리를 자유롭게 돌아다니며, 일부 사원과 보호소에서 집 없는 소를 돌본다. 소를 신으로 숭배하는 것은 아니지만 소를 기리는 사원과 성지가 존재한다. 8월에는 베일 폴라(Bail Pola), 11월에는 고파시타미(Gopashtami)같이 소를 기리는 행사를 개최하여 소를 목욕시키고, 치장하고, 시내로 행진시키고, 특별히 준비한 맛있는 먹이를 준다. 그리고 힌두교 의례에는 소의 젖으로 만드는 남아시아의 전통 버터, 기(ghee)가 제물로 사용된다.

대부분의 학자들은 힌두교의 소 숭상이 경제적 조건 속에서 만들어진 것이라고 설명한다. 인도 사회에서 소는 인도인이 먹는 유제품, 연료와 비료로 사용되는 분뇨, 역사적으로 계속 담당해 온 농업 역용 동물(draft animal)로서의 역할 때문에 가장 가치 있는 동물이다. 수천 년 전부터 이미 『리그베다(Rig Veda)』, 『푸라나(Purana)』 등 힌두교 경전들은 소의 중요성을 언급했고, 간디 시대에도 소 숭상은 힌두교의 핵심 특성이었다.

실제로 인도에서 소는 헌법에 의하여 보호를 받는다. 그러나 이러한 헌법적 보호 하에서도 소 도살이 허용되는 주(케랄라 주, 서벵골 주 및 인도 북동 지역)로 소를 불법적으로 이동시켜 도살하기도 한다. 또 소 도살이 금지된 주에도 지역 내 소비와 가죽 수출을 위해 소를 도살하는 큰 지하 산업이 존재한다.

그림 15.4. 힌두교도에게 신성한 존재인 소가 인도 델리의 길을 걷고 있다. (사진: John Hill, Wikimedia Commons)

를 들어 틀링기트(Tlingit)족은 까마귀를 인간의 창조신이자 씨족의 조상으로 생각한다. 토테미즘 사회에서 토템 동물은 특정 씨족에게는 신성한 존재가 되지만 그 밖의 씨족들에게는 그 힘을 빙의사나 먹빌 수 있다. 특정 동물을 토템으로 삼는 씨족은 그 동물을 숭상한다. 아주 특별한 의식을 위해 그들을 제물로 삼을 수는 있지만 말이다.

수렵채집 사회와 유목 사회에서 발견되는 샤머니즘 신앙에서 샤먼은 종교적 중개자로서 영적 영역과의 접촉을 통해 치유자의 역할을 했다. 그들은 무아지경과 빙의를 통해 신 또는 조상과 소통했으며, 영적 영역에 접근하기 위해 동물의 도움을 받았다. 샤먼은 보통 특정 동물의 깃털이나 모피를 몸에 걸치고 무아지경에 빠짐으로써 일시적으로 동물 정령을 받아들였다.

일례로 메소아메리카의 샤먼들은 영적 영역을 여행할 때 악령을 막기 위해 재규어의 정령을 동반했다. 샤머니즘에서 동물이 담당하는 또다른 역할은 사냥 의례와 관련있었다. 여기서 샤먼들은 사냥이 성공적으로 이루어질 수 있도록, 동물을 달래거나 그들이 가진 힘을 얻기 위해 동물 가면을 썼다. 표범같이 위험한 동물과 관련있는 다른 형태의 의례에서는 이런 동물들이 자신을 사냥한 것에 복수를 하는 존재로 여겨졌다. 이러한 경우 그 특정 동물에 대한 사냥이 금지되기도 했다.

희생양

자신들이 숭상 또는 숭배하는 동물을 죽이기도 하는 종교적 전통은 외부인에게 이상하게 보일 수 있다. 하지만 동물 희생 의례(animal sacrifice)는 수천 년 동안 종교적 전통의 한 부분이었으며, 일반적으로 신과 조상에게 잘 부탁하는 의미로 동물을 제물로 바쳐 왔다. 인류학자인 마르셀 모스(Marcel Mauss)에 따르면, 동물은 죽는 순간 인간의 영역과 신성한 영역 양쪽을 가로지르기 때문에 의례 참여자는 동물의 도움으로 신성한 영역에 닿을 수 있다. 이러한 의례는 농경 사회에서 가축을 대상으로 이루어졌다. 제물로 사용되는 동물은 주로 닭, 양, 염소, 소였다. 제물로 희생되는 동물은 보통 목이 잘렸고 제물의 필수 요소인 동물의 피는 땅이나 제단에 뿌려졌다. 그리고 의례 참여자들은 그 동물을 먹었다.

고대 그리스의 의례에서 희생된 동물들은 이 죽음에 스스로 찬성한 것처럼 보여야 했기에, 그들을 죽이기 전 머리에 물을 뿌림으로써 동물이 마치 동의하는 것처럼 고개를 '끄덕이게' 했다. 동물의 피를 뽑아낸 다음에는 사제들이 동물의 내장을 빼내 검사함으로써 신들이 이 의례를 받아들였는지 확인했다. 그런 다음 고기는 의례 참여자들이 요리를 하여 먹었는데, 긴뼈 부위만큼은 신들을 위해 남겨두었다.

서기 70년 로마군이 두 번째 성전을 무너뜨리기 이전 고대 이스라엘에서 희생 의례는 유대교 의식의 중요한 부분이었으며, 유대인에게 이것은 유대인과 신 사이의 언약이기도 했다. 아브람이 신의 명령에 따라 소, 염소, 양, 비둘기를 제물로 바치자 신은 그 다음으로 아브람의 살을 요구했다. 아브람과 그 자손이 할례를 받도록 한 것이다. 이후 아브라함의(할례 이후 아브람의 이름은 아브라함이 됐다) 자손들은 희생 의례로 신과의 관계를 강화하고자 했다. 예를 들어 노아는 대홍수가 끝난 뒤 신에게 감사의 뜻으로 모든 '정결한' 동물과 새 중 일부를 구워 제물로 바쳤다. 「창세기」 8장 20~21장에 따르면 "그러자 여호와가 그 향기를 맡고 진심으로 이야기했다. '나는 인간의 마음이 어려서부터 사악하다고 하여, 다시는 그들 때문에 땅을 저주하지 않을 것이다. 다시는 모든 생명체를 멸하지도 않을 것이다.'"

『구약성경』에는 인간의 죄에 대한 신의 벌로, 또는 신의 분노로부터 안전을 지키기 위한 것으로 인간과 동물의 희생에 대한 내용이 포함되어 있다. 「출애굽기」 12장에서 동물은 인간을 대신하여 희생된다. 신은 모세에게 일러 이집트에 사는 유대인 가족들이 양을 잡아 그 피를 문설주에 바르도록 했고, 그렇게 양의 피를 바른 집은 이집트에서 첫째로 태어난 모든 존재들이 죽게 될 때 그것으로부터 제외됐다. 「창세기」 22장에서도 인간을 대신하여 동물이 희생된다. 아브라함이 신에 대한 믿음의 시험으로 자신의 아들 이삭을 죽여 바쳐야 하는 상황에 처하게 되나, 마지막 순간 이삭을 대신하여 죽는 것은 숫양이다. 이후 기독교의 성장과 함께 동물 희생 의례는 중단됐다. 그 대신 기독교인들은 신이 자신의 아들인 예수를 희생함으로써 인류를 구원했다고 믿게 됐다. 이것이 기독교에서 예수가 종종 양의 모습으로 표상화되는 이유이다.

오늘날에도 이슬람교와 힌두교를 포함한 세계의 여러 전통문화 속에서 동물 희생 의례가 시행되고 있다. 특히 인도, 방글라데시, 네팔에서는 매년 10월 방대한 규모로 동물을 동원하는데, 인도 일부 지역과 방글라데시의 두세라(Dussehra) 축제 때는 사원들이 힌두교의 여신 사티(Sati)를 기리는 의례로 수천 마리의 동물을 도살한다. 두르가(Durga) 여신을 기리는 두르가 푸자(Durga Puja) 축제 기간에도 인도와 방글라데시 전역의 사원에서 동물이 도살된다. 인도 대부분 지역에서 동물 희생 의례는 불법이며, 정부 당국과 동물 복지 조직들은 발리(bali)라고 알려진 동물 희생물을 호박, 오이 또는 다른 음식물로 대체하도록 지역을 설득하기 위한 노력을 해왔다.

남아시아에서 동물의 목숨을 가장 많이 빼앗는 축제는 10월 15일부터 15일간 진행되는 네팔의 다샤인(Dashain) 축제이다. 해마다 수십만 마리의 동물이 두르가 여신을 위한 제물로 희생된다. 여신을 기쁘게 하여 악으로부터 보호받을 수 있도록 전국 곳곳의 사원에서 수많은 물소, 돼지, 염소, 닭, 오리를 죽인다. 무척이나 많은 수를 필요로 하기 때문에 동물을 인도와 티베트에서 트럭으로 날라 오는데, 한 뉴스 보도에 따르면 이 기간 동안 하루에 트럭 스무 대 분량의 물소가 들어왔다고 한다. 2009년의 축제 기간에는 100만 마리가 넘는 동물이 목숨을 잃었다. 5년에 한 번씩 한 달 동안 진행되는 네팔의 또다른 행사 가디마이(Gadhimai) 축제는 악을 막고 번영을 부르는 의미로 동물 수십만 마리를 가디마이 여신에게 바친다. 네팔에서 동물 희생 의례는 합법이기 때문에, 이 축제에는 네팔인과 인도인 수백만 명이 참여한다. 최근 네팔동물복지네트워크(Animal Welfare Network Nepal, AWNN) 같은 동물권 조직들은 이러한 기념 행사를 동물 희생이 아닌 다른 방식으로 하도록 유도하고 있지만 아직은 여론을 변화시키지 못하고 있다. AWNN은 동물 희생 의례는 힌두교 가치에 부합하지 않으며 힘과 모성애의 상징인 두르가 같은 여신들은 자신의 이름으로 동물이 도살되는 것을 바라지 않을 것이라고 주장한다.

남아시아의 동물 희생 의례를 지지하는 이들은 이러한 문화적 전통이 수천 년 전부터 이어져온 것일 뿐 아니라 식용을 목적으로 서구의 공장식 축산농장에서 해마다 수십억 마리씩 사육되고 도살되는 동물보다 이런 동물의 삶이 더 낫다는 점을 지적한다. 또 어떤 이는 이렇게 공개적이고 유혈이 낭자하는 방식으로 동물을 죽이는 것에 대하여 서구인이 갖는 불쾌감에 주목한다. 미국에서 동물의 도살은 사람들의 눈에 띄지 않는 곳에서 이루어지기 때문에 극소수를 제외하고는 그 모습을 보지 못한다. 따라서 동물이 겪는 고통의 비가시성은 우리로 하여금 편리하게도 그것을 무시하게끔 만든다.

인도·방글라데시·네팔에서 동물을 죽이는 방식은 물론 잔혹하다(많은 동물을 난도질하거나 목을 베어 죽인다). 그래도 비교를 해보면, 이러한 방식으로 목숨을 잃는 동물의 수는 수십만 마리로(이 나라들에서 고기 소비율은 매우 낮다), 미국에서 해마다 목숨을 잃는 수십억 마리에 비해 상대적으로 적은 숫자이다.

동물 희생 의례가 가장 크게 논란이 된 것은 미국의 산테리아(Santeria) 교와 관련있다. 산테리아교는 아프리카계 카리브해인의 종교로서, 쿠바 노예들에 의하여 희생 제물 같은 아프리카 관례에 가톨릭 및 원주민 전통이 결합되어 형성됐다. 오리샤(orisha)라는 이름으로 알려진 산테리아교의 신들은 그 기원이 본래 서아프리카지만 이후 가톨릭 성인들과 결합됐다. 산테리아교에서는 신에게 제물을 바치는 것을 에보(ebo)라고 하는데, 동물 희생은 그 여러 방식 중 하나이다. 과일, 사탕, 그 밖의 음식을 바치는 경우도 있고, 금주처럼 신자들이 직접 희생을 감수하는 방식도 있다. 오리샤는 자신의 자비로움에 대한 대가로 숭배자들에게 특정한 제물을 요구할 수 있으며, 그중 하나가 동물이 될 수 있다. 특히 숭배자들의 바람이 절실한 경우에는 더욱 그렇다.

동물 희생 의례는 몇 가지 문젯거리를 낳았다. 미국에서 이와 관련한 논쟁은 주로 종교적 실천의 자유와 동물 학대라는 두 상반된 논점의 틀 속에서 진행됐다. 그러나 다른 문화권의 많은 사람들에게 두 번째 논점은 전혀 고민거리가 되지 않는다. 그들에게 동물 희생은 동물 살해를 의미하지 않기 때문이다. 의례의 맥락에서 (신자들의 시각으로 보면) 그 동물은 살아 있는, 숨을 쉬는 생물에서 삶과 죽음의 세계의 세속적 세계를 연결하는 장치로 변하는 것이다. 뿐만 아니라 의례 참가자들이 그 고기를 먹음으로써 신과의 교감과 일체감을 경험하기 때문에 그 동물은 일시적으로 신 자체가 되는 것이기도 하다. 다른 해석에 따르면, 이렇게 희생되는 동물은 죽임을 당함으로써 신과 함께할 수 있는 자유를 얻게 되므로 제물이 되는 것에 기꺼이 찬성한다. 예를 들어 힌두교와 불교에서 바르게 살지 못한 것에 대한 영적 처벌로 인간의 영혼이 동물로 환생할 수 있음을 고려한다면, 동물을 죽이는 것은 그 영혼을 자유롭게 해주는 것일 수 있다. 이러한 해석들에 따르면 동물 희생 의례는 잔인한 것이 아니라 불가피한 선택이다.

동물에 대한 윤리적 대우와 신앙 공동체

동물을 대우하는 문제에 관하여 종교는 무언가 할 말이 있어야 하는 걸까? 많은 신자들이 그렇다고 생각하며, 그들은 사회가 도덕 및 윤리 관념을 발전시키는 과정에서 종교가 항상 도움을 주어왔음에 주목한다. 동물을 사랑하는 많은 이들의 입장에서는 자비와 연민에 대한 종교적 믿음이 동물에게까지 확대되어야 한다. 예컨대 신학자인 앤드루 린지(Andrew Linzey, 1987, 1997)는 동물에 대한 정의와 연민을 교육하는(혹은 교육할 수 있는) 종교 전통들의 역할에 대해 광범위하게 설명하면서, 사실상 세계의 모든 종교가 동물에 대한 인도적 대우에 부합하는 윤리적 기준을 갖고 있다는 결론을 내린다.

아시시의 성 프란치스코(St. Francis of Assisi), 신학자 알베르트 슈바이처(Albert Schweitzer), 작가 아이작 바셰비스 싱어(Isaac Bashevis Singer)같이 신앙심 깊은 많은 이들이 동물을 향한 연민이라는 종교적 책무를 진지하게 받아들였다. 종교친우회(Religious Society of Friends)라는 이름으로 알려진 17세기 기독교 운동인 퀘이커교는 당시로서는 매우 특이하게도 신의 창조물들은 존중받고 숭상받아 마땅한 존재라는 인식을 갖고 있었다. 퀘이커교의 창시자인 조지 폭스(George Fox)는 사냥 등의 행위를 혐오했고, 1891년에는 동물의 과학적 이용을 반대하는 1891년 생체해부반대친우회(Friends' Anti-Vivisection Society)가 영국에 설립됐다.

동물들의 성인으로 알려진 성 프란치스코는 새에게도 복음을 전했고 자연과 동물을 보호하는 것은 인간의 의무라고 믿었다. 그는 성탄화(Christmas Nativity scene or crèche)를 처음으로 그린 사람이기도 한데, 동물도 인간과 같은 신의 창조물이라고 믿어 그림 속 예수 탄생 장면에 동물을 포함시켰다. 동물을 위한 활동을 하는 현대의 기독교인에게 성 프란치스코는 영감을 주는 존재로 남아 있다. 오늘날 많은 성당에서 성 프란치스코의 축일인 10월 4일 **동물을 축복**하는 예식을 올리고 있어서, 이날 신자들은 자신의 애완동물을 데려와 사제로부터 축복을 받게 한다. 동물에 대한 축복은 이전부터 존재한 것이긴 하지만 기독교 전통 속에서 더욱 진화한 것으로 보인다. 이와 관련하여 가장 오래된 기록은 성 안토니우스(St. Anthony the Abbot)의 축일인 1월 17일 행사에 관한 것이다. 성 프란치스코와 마찬가지로 동물의 수호성인인 그는 살아생전 동물을 치료하고 축복하고 돌봐주었다. 사람들은 이미 15세기에 농장동물을 성당에 데려가 축복받게 했는데, 오늘날 축복받는 동물의 대부분은 현대 사회에 들어 그 중요성이 커진 반려동물이다.

사람들이 자신의 동물과 맺는 깊은 애착 관계는 사후세계에서 그들과 함께하는 여러 상상을 통해 확인할 수 있다. 14,000년 전 행해진 개의 장례를 통해 우리는 인류가 자신의 개를 아끼는 마음에서뿐만 아니라 사람을 위한 종교 의례로도 그들을 묻었음을 알 수 있다. 예를 들어 이집트인은 사후에 자신의 애완 고양이와 다시 만나기 위해 그들을 미라로 만들어 가족 무덤에 안치했다. 로마인은 죽은 애완견을 위해 대리석 묘비까지 세워주었지만, 반려동물들은 주인이 사망하면 운명의 공유를 이유로 죽임을 당해야 했다. 그러나 기독교의 등장으로 동물과 인간은 더 이상 사후를 함께할 수 없는 관계가 됐으며 교회는 기독교인이 자신의 반려동물과 함께 묻히는 것을 허락하지 않았다. 19세기 후반에는 사랑하는 애완동물의 죽음을 처리하는 대안적 의례 방식의 하나로 애완동물 묘지가 등장했다.

로마가톨릭의 교리에 따르면 동물은 불멸의 영혼을 갖지 못하므로, 죽은 뒤 천국에 가지 못한다. 하지만 동물을 사랑하는 가톨릭 신자들은 동물이 죽은 후 어떻게 되는지에 진지하게 의문을 갖는다. 사후에 동물과 인간이 함께할 수 있다는 믿음이 허용되지 않는 상황에서, 동물을 사랑하는 많은 이들은 자신의 사랑하는 반려동물을 다시 볼 수 없다는 사실을 그냥 받아들이거나 아니면 사후세계에 동물까지 포함시키는 새로운 개념을 만들어낸다. 많은 이들이 그러한 사후세계를 무지개 다리(Rainbow Bridge)라고 부른다. 애완동물들은 죽은 뒤 자신의 주인이 올 때까지 초원에서 함께 놀면서 기다리는데, 그들의 주인은 사후 무지개 다리를 건너가 자신을 기다리던 애완동물과 재회하여 함께 천국으로 넘어가게 된다. (무지개 다리에 관한 또다른 버전의 설명에 따르면 무지개 다리는 죽은 동물들이 영원히 노는 곳으로, 여기에서 그들이 주인과 재회하거나 천국으로 넘어가지는 않는다.) 어떤 기독교인들은 일부 『성경』 구절을, 천국에 동물도 존재한다는 뜻으로 해석한다. 일례로 "늑대와 양이 함께 먹을 것이며 사자가 소처럼 짚을 먹을 것이다"라는 「이사야」 65장 25절의 내용을 그들은 동물 또한 천국으로 간다는 의미로 해석한다. (그러나 다른 이들은 이 구절 속에서 동물은 갈등의 종식을 표현하기 위해 은유적으로 사용된 것이라고 이야기한다.) 천국을 인간과 (적어도 일부) 동물을 환영하는 공간으로 해석하는 이들도 있다. 이러한 신념 체계에서 가장 흔히 통용되는 설명에 따르면 천국은 '완벽한 행복'의 공간이기 때문에, 누군가에게 완벽한 행복이 자신의 반려동물과 함께하는 것이라면 그 동물은 천국의 필수적 존재로 그곳에 있게 된다. 2009년에는 휴거 (독실한 기독교 신자는 하늘로 '끌어올려져' 천국에서 예수를 만나고 죄인은 땅에 남겨져 지구의 종말을 기다리게 된다)를 믿는 복음주의 기독교인을 위한 새로운 비스니스 모델도 등장했다. 어떤 기업에 돈을 지불하면 자신이 휴거된 후 자신의 애완동물을 돌봐줄 '죄인'을 구할 수도 있었다.

더 읽을거리

Chapple, Christopher Key. 1993. *Nonviolence to Animals, Earth, and Self in Asian Traditions.* Albany: State University of New York Press.

Foltz, Richard. 2006. *Animals in Islamic Tradition and Muslim Cultures.* Oxford: Oneworld.

Hobgood-Oster, Laura. 2008. *Holy Dogs and Asses: Animals in the Christian Tradition.* Urbana: University of Illinois Press.

Kalechofsky, Roberta, ed. 1992. *Judaism and Animal Rights: Classical and Contemporary Responses.* Marblehead, MA: Micah Publications.

Linzey, Andrew. 1995. *Animal Theology.* Urbana: University of Illinois Press.

Sax, Boria. 1990. *The Frog King: On Legends, Fables, Fairy Tales and Anecdotes of Animals.* New York: Pace University Press.

Sax, Boria. 2001. *The Mythical Zoo: An Encyclopedia of Animals in World Myth, Legend and Literature.* Santa Barbara, CA: ABC-Clio.

Schochert, Elijah Judah. 1984. *Animal Life in Jewish Tradition: Attitudes and Relationships.* New York: Ktav.

Toperoff, Shlomo Pesach. 1995. *Animal Kingdom in Jewish Thought.* Northvale, NJ: Jason Aronson.

Waldau, Paul. 2002. *Specter of Speciesism: Buddhist and Christian Views of Animals.* American Academy of Religion Academy Series. New York: Oxford University Press.

Waldau, Paul and Kimberley C. Patton. 2006. *A Communion of Subjects: Animals in Religion, Science, and Ethics.* New York: Columbia University Press.

Webb, Stephen H. 1997. *On God and Dogs: A Christian Theology of Compassion for Animals.* New York: Oxford University Press.

참고할 만한 영상물

Gates of Heaven. DVD. Directed by Errol Morris. New York: New Yorker Films, 2004.

Holy Cow. VHS. Directed by Harry Marshall. New York: Thirteen/WNET New York, 2004.

동물과 종교의 관계

로라 홉굿오스터(Laura Hobgood-Oster, 사우스웨스턴 대학교)

바실리카 성당 벽의 양들이 내려다보고, 종교 유적의 황소들이 열 지어 행진하고, 개들이 자신을 축복하는 이의 손을 핥고, 잡혀서 판매용으로 소금에 절여진 물고기들이 되살아난다. 이러한데도 불구하고 나는 '동물과 종교는 정확히 어떠한 관계를 맺고 있는가?'라는 질문을 계속 받아왔다. 수도 없이 그랬듯이 이럴 때마다 나는 따분한 표정으로 '모든 관계'라는 자동응답을 한다. 그러고는 질문을 한 상대 영장류(인간)가 그것에 대한 토론을 열망하는지 아니면 그저 이 시간을 흘려보내고자 하는지 지켜본다.

인간의 종교 생활이 시작된 이래 '인간과 다른 동물(other-than-human animals)'은 매우 중요한 위치를 차지해왔다. 존 버거(John Berger)는 그의 대표적인 에세이 「왜 동물을 구경하는가(Why Look at Animals)」에서 동물이 "처음에는 고기나 가죽이나 뿔이 아닌 전령이자 약속으로 인간의 상상 속에 자리했었다"고 이야기했다(1980:4). 동물은 수천 년간 인간의 종교적 상상, 의례, 신화, 텍스트, 공동체의 세계 안에 존재해 왔다. 그런데 이 깊은 종교적 관계가 지난 수십 년간 잊혀지고 무시되고 가끔은 거부됐다.

종교사 및 비교연구 학자로서 특히 기독교 전통의 다양한 역사에 초점을 맞추어 온 나는 종교가 흔히 동물에 대한 언급 없이 이야기된다는 사실이 놀랍게 느껴진다. 심지어 동물의 존재조차 인식하지 못한다. 기독교 전통 속에서 자라는 거의 모든 아이들은 (에덴동산, 노아의 방주, 요나와 고래, 예수의 탄생 등) 동물로 가득 찬 『성경』 이야기를 들으며 성장한다. 그러나 이 존재들은 아이들이 성장하고 아마도 더 심각한 인간의 문제들을 안게 되면서 사라져 버리는 것으로 보인다.

어떤 이들은 기독교가 신의 형상을 한 인간 예수를 중심에 두고 인간 외의 동물은 모두 무시해도 상관없다는 신념 체계를 가진, 완전히 인간 중심적인 종교라고 주장한다. 하지만 수년에 걸쳐 전통 이야기들을 캐내고 관련 의례들을 분석하고 작품 속 이미지들을 공부하며 조사를 해본 결과,

그런 주장은 비극적 오해로 보인다. 실제로 동물은 기독교 속 어느 곳에나 있다. 눈을 크게 뜨면 곳곳에 숨어 있는 동물은 물론 당신의 눈을 빤히 쳐다보고 있는 동물까지 볼 수 있을 것이다!

이 조사를 하면서 매우 흥미로웠던 동물은 복음을 전하는 개, 반려 사자, 독실한 황소이다. 서기 1세기경, 사도 베드로는 이단자인 마술사 시몬(Simon Magus)과 오랫동안 논쟁을 벌였다. 베드로가 로마에 왔을 때 시몬은 자신이 벌을 받을 것을 알고 집 안에 숨어 있었다. 베드로는 시몬이 자신을 안으로 들이지 않을 것을 알았기에, 집 앞에 묶여 있던 경비견에게 안으로 들어가 그 이단자에게 맞서라고 했다. 개는 시키는 대로 하며 자신의 방식대로 복음을 전했다. 이 놀라운 장면은 초기 위경에 실려 있다.

교회박사이자 초기 『성경』 번역자이면서 수도원 운동을 이끌었던 성 제롬(Saint Jerome, 히에로니무스)의 이야기도 놀랍다. 그는 노년기에 다른 수도사들과 공동체 생활을 하고 있었는데, 어느 날 수도원 안으로 사자 한 마리가 들어왔다. 대부분의 수도사는 무서워하며 도망갔으나, 제롬은 그 사자가 발에 난 상처 때문에 도움을 구하러 온 것임을 빨리 알아차리고 기꺼이 받아들였다. 이후 제롬과 사자는 평생 동반자가 됐다. 성 제롬을 그린 기독교 초상화들은 종종 이 둘을 함께 그렸는데, 많은 그림 속에서 이 사자는 『성경』을 번역하는 제롬의 발밑에 몸을 웅크리고 있다.

독실한 황소 '일부이(il bui)'는 이탈리아 로레토 아프루티노(Loreto Aprutino)의 작은 마을에서 열리는 대규모 축제의 상징물이다. 마을 사람들의 이야기에 따르면, 몇 년 전 순교 성인의 뼈를 로마에서 마을로 옮기는 행렬 속에서 기적이 일어났다. 성유물이 지나갈 때 길에 줄지어 있던 사람들이 경의를 표하며 무릎을 꿇었는데, 예외적으로 한 농부만 바쁘게 자신의 땅을 경작하고 있었다. 그런데 일을 하던 황소가 갑자기 멈춰 서더니 순교자의 뼈를 향해 경건하게 몸을 굽혔다. 이 마을에선 아직도 그 성인의 축일에 이날의 기적을 기념한다. 리본과 종으로 치장한 흰 황소의 등에 작은 소녀를 태우고, 성유물 앞에 무릎을 꿇게 한다. 그리고 황소는 행렬을 따라 교회를 향한다.

기독교에서 이 모든 이야기들이 의미하는 바는 무엇인가? 이 동물들은 실재인가, 상징인가, 아니면 나의 생각과 같이 두 가지 모두인가? 그들은 종교 전통의 의미를 크게 변화시키는 중요한 존재인가?

매번 나는 그들이 실질적으로 중요한 존재라는 결론에 이르게 된다. 동물은 종교 전통의 지평과 토대를 확장시킨다. 동물은 종교 전통에 경이로움, 신비, 복잡성, 그리고 아름다움을 더해준다. 동물은 인간이 세상의 중심이 아니고 다른 생명들 역시 성스러운, 최소한 존중받을 가치가 있는 존재라는 점을 우리에게 상기시킨다. 그렇게 함으로써 동물은 종교 전통의 연민 발자국(compassion footprint)을 확장시킨다. 살아 있는 모든 존재에 대한 존중과 관심은 종교적 가르침에 있어 중요한 문제가 되고 있다.

빠른 속도로 21세기가 진행되고 있는 지금, 동물을 중요시하는 이러한 시각은 종교 및 문화적 전통에서 더 이상 무시될 수 없다. 오늘날 인간의 주변 환경이 변화하여, 과거에 신성시됐던 많은 동물이 멸종 위기에 처해 있다. 또 어떤 동물은 그 어떤 즐거움도 누릴 수 없는 운명에 처해 있다. 밀집 사육 시설(공장식 축산 농장)의 상황을 떠올려보면 그 심각성을 이해할 수 있을 것이다. 나의 전작 『우리의 친구들: 동물에 대한 기독교의 연민(The Friends We Keep: Unleashing Christianity's Compassion for Animals)』(2010)이 출간됐을 때, 나는 자신의 종교적 연민과 윤리적 고려 대상 안에 동물을 들이려고 기다려온 이들이 그토록 많다는 사실에 깜짝 놀랐다.

뉴욕 시에 있는 세인트존더디바인대성당(Cathedral of St. John the Divine)의 동물 안식처에서 해마다 열리는 동물 축복식에 참석해 보면 정말 장엄하고 영광스러운 느낌을 경험하게 된다. 아시시의 성 프란치스코의 삶을 기리기 위해 고양이, 개, 거북, 연인, 가족, 아이들, 벌, 매 등 수천에 이르는 인간과 동물이 한 자리에 모인다. 동물은 처음에 전령이자 약속으로 인간의 상상 속에 자리했었다. 우리가 시간을 내서 그들을 찾기만 한다면 그것은 여전히 가능한 일이다.

16

문학과 미디어 속의 동물

이브 번팅(Eve Bunting)이 아이들을 위해 쓴 책 『끔찍한 것들: 홀로코스트 우화(*Terrible Things: An Allegory of the Holocaust*)』(1989)에서, 그 '끔찍한 것들'은 숲을 찾아와 깃털 가진 동물을 찾아 데려간다. 개구리, 토끼, 다람쥐같이 숲에 살던 다른 동물들은 자기네는 깃털이 없으며 깃털 가진 동물보다 더 나은 존재라고, 그리고 새가 없어지니 숲이 더 좋아졌다고 말한다. 이후 그 끔찍한 것들은 다시 돌아와, 꼬리가 북실한 동물을 데려간다. 다른 동물들은 그렇게 사라지게 된 다람쥐에 대해 그가 너무 탐욕스러웠다고 말한다. 끔찍한 것들은 또다시 돌아와, 이번에는 헤엄치는 모든 동물을 데려간다. 남은 동물들은 개구리와 물고기가 친절하지 않았었다며 이번에도 기뻐한다. 끔찍한 것들은 그 다음에 호저를 데려가고, 마지막으로 남아 있던 흰 토끼마저 잡아간다. 끔찍한 것들을 피해 숨어서 유일하게 남은 흰 토끼 한 마리는 마침내 이렇게 이야기한다.

"우리가 힘을 합치기만 했어도 상황은 달라졌을 텐데."

얀 마텔(Yann Martel)의 근작 『베아트리스와 버질(*Beatrice and Virgil*)』(2010)의 주인공은 베아트리스와 버질이라는 이름을 가진 박제된 동물이다. 당나귀 베아트리스와 붉은고함원숭이 버질은 그들이 '호러스(Horrors)'라고 부르는 동물 몰살의 상황에서 살아남기 위해 몸부림쳤던 이야기를 들려준다. '끔찍한 행위'를 목격한 후 그들은 결국 잔인하게, 즉 버질은 개머리판에 맞아, 베아트리스는 총알 세 발을 맞아 살해된다.

이 두 책은 모두 홀로코스트에 대한 알레고리로서 동물의 목소리와 경험을 통해 이야기되고 있다. 『끔찍한 것들』에서 그 끔찍한 것들은 나치를 의미하며, 그들이 여러 집단을 차례로 제거해 나가는 동안 남아 있는 자들은 그것을 중단시키기 위한 어떤 노력도 하지 않았다. 독일의 신학자 마르틴 니묄러(Martin Niemöller)가 이에 관하여 교훈이 될 만한 글을 남긴 바 있다. 홀로코스트 시기에 공산주의자, 노동조합, 유대인 같은 독일의 시민 집단들이 차례차례 제거되는 동안 독일인들이 보였던 무관심에 통탄하며 그가 썼던 글은 다음과 같이 끝난다.

"그러고 나서 그들은 나를 찾아왔다. 하지만 목소리를 낼 사람은 이제 아무도 남아 있지 않았다."

『베아트리스와 버질』에서 그 동물들이 목격한 '끔찍한 행위'는, 유대인 여성 두 명이 나치 무리의 추격을 피해 도망치다가 나치가 자신의 아기를 죽이지 못하도록 하기 위해 결국 아기들과 함께 마을 연못에 빠져죽은 것이다.

13장에서 우리는 동물이 겪는 고통을 묘사하기 위해 홀로코스트 이미지를 이용하는 것에 관한 논쟁을 살펴보았다. 위의 두 책은 홀로코스트를 이해하기 위한 수단으로 동물을 이용한다. 『끔찍한 것들』은 출간되고 나서 수많은 긍정적인 평가를 받았고 여러 학교에서 아이들에게 홀로코스트를 가르치기 위한 교재로 사용됐다. 반면 『베아트리스와 버질』은 엇갈린 평가를 받았다. 예컨대 《뉴욕타임스》의 평론가는 작가가 '동물을 몰살시키는 것'과 동물이 겪는 고통 문제를 환기시키면서 홀로코스트를 사소한 문제로 보이게 만들었다고 비판했다(Katutani, 2010). 인간의 고통과 동물의 고통을 비교하는 기색만 보여도 그것은 인간의 고통을 하찮은 문제로 치부하는 것처럼 여겨진다는 점이 다시 한 번 확인됐다.

그런데 인간의 고통을 환기시키기 위해 동물을 빈번하게 이용하는 이유는 무엇일까? 『베아트리스와 버질』과 『끔찍한 것들』외에 홀로코스트를 다룬 아트 슈피겔만(Art Spiegelman)의 그래픽노블 『쥐: 한 생존자의 이야기 (Maus: A Survivor's Tale)』(1986, 1991) 또한 동물을 통해 홀로코스트를 이야기한다. 퓰리처상을 받은 이 책에서 유대인은 (독일인이 유대인에 대하여 떠올리곤 했던 동물인) 쥐, 독일인은 고양이, 그 밖의 나라 사람들은 다른 동물들로 표현된다. 슈피겔만은 여러 나라의 국민을 동물의 종(species)별로 표현한 것은 국가와 민족의 특징으로 사람들을 분류하는 것이 얼마나 멍청한 것인지 드러내기 위한 시도였다고 말했다. 그런데 인종화에 대한 그의 풍자를 넘어, 이와 같이 동물을 사용하는 내러티브가 갖는 중요한 의미는 그것이 고통을 묘사하는 효과적인 방법의 하나라는 점이다.

문학 속의 동물

동물이 문학에 빈번히 이용되는 이유는 무엇일까? 동물은 앞의 사례들과 같이 문학 속에서 항상 인간의 대역을 맡는 것일까? 문학 속에서 동물이 동물 자체였던 적이 있을까? 우리는 지난 수천 년간 미술, 종교, 민속, 신화를 통한 인간의 상징적 행위 속에서 동물이 큰 역할을 해왔음을 알고 있다. 글과 (나중에 나타난) 영화 등의 영역에서 새로운 스토리텔링 방식이 등장했지만 동물은 계속 중요한 역할을 했다.

고대 문명 신화에서도 그랬듯, 동물은 「베다(Veda)」와 「푸라나(Purana)」 같은 인도의 서사시, 그리고 그리스와 로마의 희곡과 시 속에 자주 등장한다. 예를 들어 그리스 비극 『바커스의 여신도들(The Bacchae)』에서 각각의 캐릭터는 동물에 비유되어, 사냥꾼과 희생자 간의 경쟁으로 이야기가 전개된다. 동물을 주인공으로 하는, 도덕적 교훈이 담긴 이야기 모음집 『이솝 우화 (Aesop's Fables)』는 그리스의 가장 유명한 동물 관련 서적일 것이다. 원숭이 신인 하누만(Hauman), 전설의 새인 자타유(Jatayu)같이 여러 동물이 중요한 역할로 나오는 인도의 서사시 「라마야나(Ramayana)」에서 주인공 라마는 원숭이, 곰 등의 동물로 이루어진 군대의 도움을 받아 주요 격전지에서 승리한다. 호메로스의 『오디세이(Odyssey)』에는 전장으로 떠난 주인이 돌아오기를 오랜 시간 기다리는 늙은 개 아르고스가 등장하는데, 그는 20년 만에 율리시스가 돌아오자 그제야 자신의 임무를 다하고 아르고스는 숨을 거둔다. 아르고스의 충성심은 지난 수천 년간 개에 관한 서양 문학의 보편적 테마가 되어왔다.

기독교가 지배한 중세 유럽에서 접할 수 있었던 문학의 내용은 대부분 종교적인 것이었으며, 15세기에 인쇄기가 발명되기 전까지 세속적 내용의 글은 널리 읽히지 못했다. 동물이 등장하는 가장 초기 형태의 글 중 하나는 중세의 동물 우화집(bestiary)인데, 여기서 동물은 독자에게 도덕적 교훈을 전달하기 위한 알레고리적 장치로 이용됐다. 동물 우화집에서 동물은 각자 개성과 도덕적 특성을 가진 존재로 묘사되는데, 일례로 다른 새의 알을 훔친 자고새의 경우 그가 가진 '비도덕성'은 인간이 피해야 할 특성의 하나로 제시된다. 당시의 유럽인은 대부분 글을 읽지 못했기 때문에, 주로 설교를 준비하는 성직자들이 글을 모르는 교인도 그림을 보며 내용을 좇을 수 있도록 동물 우화집을 이용했다.

계몽주의 시대에도 동물 이용은 계속됐다. 하지만 종교의 영향력이 줄어들고 있던 시기였으므로 동물은 도덕적 교훈의 전달보다는 패러디와 풍자의 역할을 하게 됐다. 예컨대 18세기 영국 작가 조너선 스위프트(Jonathan Swift)의 『겸손한 제안(A Modest Proposal)』(1729)은 굶주리는 아일랜드인의 수를 줄이기 위해 가난한 아이들은 어육으로 팔리지 크게 하자는 우상을 남은 풍자 수필이다. 아이들의 섭식 습성, 사육 및 판매 가격 등을 논의하며 스위프트는 일반적으로 동물에게 해당되는 언어를 사용했다.

19세기 낭만주의 시대에는 자연보전 개념이 등장하여 문학이 동물을 다른 방식으로 다루기 시작했다. 윌리엄 워즈워스(William Wordsworth), 로드 바이런(Lord Byron), 존 키츠(John Keats) 같은 작가와 시인은 야생동물과 그들의 아름다움, 그리고 인간이 그들의 야성으로부터 받을 수 있는 영감에 대하여 글을 썼다. 빅토리아 시대에는 찰스 다윈을 필두로 동물에 대한 자연사적 글쓰기가 많이 이루어졌다. 그러나 이와 동시에 동물을 사육하는 것이 영국과 미국 가정의 특징적 모습으로 두드러지게 부각됐다. 많은 이들이 애완동물을 기르게 되면서, 아이들에게 친절함과 같은 긍정적 특성 및 도덕성을 가르치기 위한 수단으로 다시금 동물 캐릭터를 이용하는 방식이 문학의 새로운 형태가 됐다.

20세기와 21세기에 걸쳐 동물은 계속 서양 문학의 주인공으로 등장해 왔다. 인간과 동물의 경계가 허물어지고 있는 이 분명한 포스트다윈주의 시기에 작가들은 동물과 관련된 다른 문제들과 씨름을 해왔다. 프란츠 카프카(Franz Kafka) 같은 20세기의 작가들은 우리를 인간으로 만드는 것이 무엇인지 이해하기 위해 동물성을 이용한다. 그의 단편소설 「변신(Metamorphosis)」(1915)의 주인공 그레고르는 어느 날 아침 잠에서 깨어나 벌레가 되어 버린 자신을 발견한다. 그의 가족은 겉모습과 행동이 변한 주인공을 피하고, 결국 그는 굶주린 채 아버지가 던진 사과에 맞아 죽게 된다. 카프카의 다른 소설 「어느 학술원에의 보고(A Report to an Academy)」(1917)에서는 침팬지가 자신이 어떻게 인간이 됐는지 이야기한다. 사냥 원정대에게 붙잡혀 어떤 선박의 우리 안에서 깨어난 침팬지, 빨간 피터는 인간이 되는 것만이 그 우리에서 벗어날 수 있는 유일한 방법임을 깨닫는다. "자유는 나의 선택이 될 수 없다는 사실이 항상 전제됐기 때문에 나에게 다른 방법은 없었습니다(258)." 이 두 작품 속에서 카프카의 동물들은 인간성 개념을 불안정하게 만든다.

20세기는 많은 여성 작가가 동물에 관한 작품을 남긴 시기이기도 하다. 아프리카계 미국인 시인 마야 안젤루(Maya Angelou)의 자서전 『새장에 갇힌 새가 왜 노래하는지 나는 아네(I Know Why the Caged Bird Sing)』(1969)는 폴 로런스 던바(Paul Laurence Dunbar)의 시 「동정(sympathy)」에서 제목과 주제를 차용한 작품으로, 새장에 갇힌 채 자유를 갈망하며 자신의 날개로 헛되이 창살을 두드리는 새의 상황을 환기시킨다. 다른 아프리카계 미국인 작가 앨리스 워커(Alice Walker)의 단편소설 「앰 아이 블루?(Am I Blue?)」(1989)는 블루라는 이름의 말이 자신의 동반자인 (블루를 임신시키기 위해 사람이 데려왔던) 브라운이라는 말과 헤어지게 된 후 느끼는 상실감을 이야기한다. 블루와 다른 동물의 욕구를 무시한 채 그리고 말은 다른 동물과 의미 있는 유대관계가 깨지면 슬퍼한다는 사실을 인정하지 않은 채 인간이 그들을 이용한다는 점에서, 이 작품은 노예제도에 대한 알레고리로 읽혀질 수도 있다. 그러나 「앰 아이 블루?」에서 동물은 수사적 장치 이상의 존재이다. 워커는 블루와 깊이 공감해서, 동물에게도 감정이 있으며 그 감정은 인정받고 충족되어야 하는 것임을 독자들이 이해하길 바란다. 이야기의 끝에서 워커의 화자는 자신이 먹던 스테이크 조각을 내뱉는다. 고기를 먹는 것은 '비참함을 먹는 것(eating misery)'이라는 것을 깨달았기 때문이다. 또한 그녀는 인간이 동물을 이런 식으로 대한다면 그들 역시 인간을 같은 방식으로 대할 수 있다는 점을 깨닫게 된다.

아동문학 속의 동물

동물을 가장 많이 활용하는 문학 영역은 아마 아동문학일 것이다. 아동문학의 상당수가 동물이 등장하고 대화가 많은 설화(folktale) 및 동화(fairy tale)로부터 온 것임을 감안한다면, 상상 속 세상과 존재를 떠올리게 하는 아동문학에 동물이 많이 등장한다는 것 역시 놀라운 일이 아니다.

어린이용 책에서 동물은 크게 두 가지 방식으로 이용된다. 우선 그들은 인간이 지닌 혹은 저자가 독자에게 가르치고자 하는 여러 특성을 표상하는 인간의 대리자이거나, 아니면 그냥 곰, 여우, 토끼 같은 동물이다. 아동문학에서 흔히 그들은 인간의 모델, 배게는 의식의 대칭으로 이용된다. 표현되는 방식을 보면 그들은 사랑, 공포, 신의 등을 전달하는 동물로서 현실적 모습을 하고 있거나, 아니면 인간의 의상, 습성, 언어를 가진 존재로 완전히 의인화되어 나타난다. 후자의 사례라 할 수 있는 꼬마 돼지 올리비아(Olivia the Pig), 화이트 래빗(the White Rabbit), 모자 쓴 고양이(the Cat in the Hat), 곰돌이 푸(Winnie the Pooh) 등은 동물의 모습을 한 인간 캐릭터라고 할 수 있다. 『세 친구의 머나먼 길(*The Incredible Journey*)』(1961)에서 독자에게 사랑과 인내, 고난 극복을 가르쳐준 개 두 마리와 고양이 한 마리, 그리고 『아버지의 남포등

(*Sounder*)』(1969)에서 신의와 사랑을 보여준 주인공 개의 경우는 전자의 사례에 해당하며, 중요한 도덕적 특성을 보여주는 이 동물들은 현실적인 모습으로 그려진다.

약간의 의인화를 결합하여 현실적으로 동물을 묘사하는 책도 있다. 로널드 로클리(Ronald Lockley)의 『토끼의 사생활(*The Private Life of the Rabbit*)』(1964)에 기초하여 쓰인 리처드 애덤스(Richard Adams)의 소설 『워터십 다운의 열한 마리 토끼(*Watership Down*)』(1972)는 토끼들의 사회 구조, 구멍 파는 방식, 짝짓기 행위, 싸움, 야생토끼와 집토끼 간의 관계 등 그들이 경험하는 다양한 현실적 모습을 그려낸다. 이 책은 그들이 어떻게 (총에 맞고, 토끼굴 안에 주입된 가스에 질식하고, 올가미에 걸리는 등의 방식으로) 인간의 손에 죽임을 당하는지 사실적으로 보여준다. 이 작품 속에서 토끼는 다른 무엇에 대한 상징도 아니고 인간의 대역도 아니다. 하지만 독자들이 토끼의 생각과 동기를 이해할 수 있도록 하기 위한 필수적 장치로 그들이 말을 한다.

어떤 아동서 작가는 아이들에게 민족 고정관념(ethnic stereotype) 없이 다양성을 보여줄 수 있다는 점 때문에 동물 캐릭터를 이용한다. 동물 캐릭터는 또한 인간 캐릭터가 할 수 없는 위험하거나 특이한 경험을 할 수 있다. 물론 아동 서적 속에서 동물 캐릭터가 하는 행동은 실제 동물도 할 수 없는 것이긴 하지만, 그래도 그들이 인간은 아니라는 점 때문에 독자의 불신이 유예된다. 실제로 아동문학 속 동물 캐릭터들은 대부분 현실의 어린이나 동물들처럼 행동하지 않는다.

아동문학에서 동물이 이토록 중요한 역할을 담당하는 이유는, 아이들이 동물을 사랑하는 것이 자연스러운 일이기 때문일 수도 있다. 모든 문화권의 어린이들이 아주 어릴 때부터 동물에게 이끌려 애착관계를 형성하고 그들을 삶에서 매우 중요한 존재로 여긴다. 그리고 아이들은 동물을 의인화한다. 학자들에 따르면, 어른과 달리 아이들은 동물의 세상과 인간의 세상이 분리되어 있다는 인식에 아직 도달하지 못한 상태이다. 많은 어린이에게 동물은 놀이 상대이고, 부모이고, 친구이고, 선생님이다. 그렇기 때문에 어린이는 동물에게 '인간'의 특성을 투영한다. 그리고 학자들은 최근에 와서야

인간과 많은 동물이 사랑, 분노, 질
투 같은 감정을 분명히 공유한다는
생각을 하게 됐지만, 아이들의 경
우 동물 경험과 연결된 자신의 신
체적 경험을 통해 직관적으로 그러
한 생각을 하게 된다. 브루노 베텔
하임(Bruno Bettelheim)은 자신의 동
화 연구 서적 『옛이야기의 매력(*The
Uses of Enchantment*)』(1989)을 통해, 인
간과 동물 사이의 경계는 아이와
어른 사이에 존재하는 경계보다 훨
씬 얇다고 설명한다. 따라서 동물

그림 16.1. 『300편의 이솝 우화(*Three Hundred Aesop's Fables*)』 중 「거북과 토끼(The Tortoise and the Hare)」 (사진: courtesy of Wikimedia Commons)

이 아이가 되거나 인간으로 변할 수 있다는 사고가 가능한 것이다. 또한 아
이들에겐 작은 사람처럼 보이는(예컨대 곰은 사실 사나운 동물이지만 두꺼운 몸, 큰 머
리, 짧은 팔에 직립보행을 하는 작은 사람처럼 보인다) 동물에게 끌리는 경향이 있으
며, 그것이 테디 베어(teddy bear)가 탄생한 이유이기도 하다.

빅토리아 시대 즈음부터 사람들은 아이들에게 가치 있는 사회성을 교
육하는 데 어린이와 동물 사이에 존재하는 자연스런 친밀감을 이용할 수 있
다는 점을 깨닫게 됐다. 동물에 대한 책을 읽음으로써 아이들은 공감, 관계
기술, 친절함, 연민 등을 배운다. 우선 아이들은 동물과 자신을 동일시하는
데, 이러한 방식으로부터 공감이 생겨지다 동물과 공감함으로써 아이들은
타인과의 공감도 더 수월히 할 수 있으며, 누구를 좋게 대하고 나쁘게 대하
는 것 간의 차이 역시 더 쉽게 배울 수 있다. 또 동물과의 관계는 아이들이 인
간으로서 자신의 정체성을 형성하는 데도 도움이 된다. 그리고 아이들에게
동물은 슬프고 혼란스럽고 두려울 때 피할 수 있는 감정적 안전망이 되어준
다. 동물을 표상화한 장난감, 아동 서적, 아동 미술 등이 인기가 높은 것은 어
린이와 동물 사이의 이러한 관계성 때문이다.

만약 동물이 '아이들이 사고하는 데 도움이 되는' 존재라면, 아이들이

어른이 되기 위한 기술을 습득하면서부터는 더 이상 동물이 필요하지 않을 것으로, 또는 필요해서는 안 될 것으로 여겨진다. 성장하면서 아이들은 동물과 거리를 두라는 압력을 받으며, 그렇게 하지 않으면 성숙하지 못하고 아동기에 머물러 있는 것으로 여겨진다. 많은 아동 서적들이 아이와 동물의 긴밀한 관계를 강조하면서도 끝에 가서는 아이의 성장, 가끔은 동물의 죽음으로 글을 마무리한다. 가장 대표적인 사례가 프레드 깁슨(Fred Gipson)의 『내 사랑 옐러(*Old Yeller*)』(1956)이다. 이 책은 소년 트래비스와 그의 개 옐러 사이의 사랑을 섬세하게 묘사한다. 하지만 옐러가 광견병에 걸리자 트래비스는 어쩔 수 없이 그를 총으로 쏘게 된다. 결국 옐러의 자리는 그 새끼들과 이후 트래비스가 선물로 받은 말이 대신하는 것으로 이야기가 끝난다.

빅토리아 시대 연구자인 테스 코슬렛(Tess Cosslett)의 『영국 동화 속의 말하는 동물들, 1786-1914(*Talking Animals in British Children's Fiction, 1786-1914*)』 (2006)에 따르면 동물이 등장하는 아동 대상의 이야기가 등장한 것은 빅토리아 시대인 18세기 후반으로, 당시 사람들은 진화, 동물에 대한 대우, 종교, 인종주의, 제국 등의 문제와 씨름하고 있었다. 예를 들어 러디어드 키플링(Rudyard Kipling)의 『정글북(*The Jungle Book*)』(1894)은 인도를 배경으로, 말하는 동물이 등장하는 도덕적 이야기 모음이다. 저자는 늑대를 많은 동물이 생명을 해치는 정글 속에서도 결코 재미를 위해 목숨을 빼앗지 않는, 따라서 도덕적 교훈을 주는 존재로 만들어냈다. 키플링은 당시 영국의 식민지였던 인도에서 태어났는데, 그의 이야기들은 일면 영국 제국주의에 대한 찬양으로 해석되곤 한다. 제국주의를 정당화한다는 평을 듣는 다른 동물 이야기로 장 드 브루노프(Jean de Brunhoff)의 『바바 이야기(*Histoire de Babar*)』(1931) 시리즈 역시 유명한 작품이다. 이 시리즈에서, 정글에 살던 코끼리 바바는 도시로 가 문명의 이점을 발견하고는 다시 정글로 돌아와 동료 코끼리들에게 서구식으로 옷 입는 법을 가르친다. 코슬렛은 서구인이 과거 종교적 성격을 띤 도덕적 이야기들로부터 멀어지던 시기인 계몽주의 시대에 동물 이야기가 등장하게 된 모순적 상황에 주목한다.

궁극적으로 동물은 우리와 같은 존재는 아니어도 우리 같은 존재가 될 능력이 있다는 점에서 어린이의 교육과 오락을 위한 유용한 도구가 된다. 상상 속 존재들이 살고 동물들이 서로(그리고 인간에게) 말을 하는 가상 세계는 우정, 도덕, 친절, 용기, 인내에 관한 교훈을 담기에 이상적인 세계이다.

말하는 동물

『이솝 우화』 이후, 성인과 어린이를 위한 여러 문학 작품 속에 말하는 동물이 등장했다. 이러한 전통은 인간과 동물이 같은 시간과 장소를 공유한 점에 기초한 것이다. 둘은 서로 분리된 영역에서 생활하지 않았기에, 종종 같은 언어를 사용하여 소통한다는 발상이 지나치게 엉뚱한 것으로 여겨지지는 않았다. 말하는 동물은 어린이를 위한 이야기 속에서 큰 역할을 담당한다. 아이들은(오늘날도 마찬가지다) 동물이 인간의 특성을 갖는 세상, 동물이 친구·선생님·부모가 될 수 있는 세상에 있기 때문이다.

그런데 말하는 동물은 최소 수백 년간 성인을 대상으로 하는 문학에서도 중요한 자리를 차지해 왔다. 18세기와 19세기의 풍자 작가들은 가난하고 탄압받는 자들의 문제를 다루기 위해 동물을 이용했다. 또 어떤 작가들은 말하는 동물 캐릭터를 통해 동물이 겪는 고통의 문제를 이야기했다. 예를 들어 애나 슈얼(Anna Sewell)의 1877년 소설 『검은 말 이야기(*Black Beauty*)』는 동명의 말을 화자로 하는 자서전이다. 블랙 뷰티가 풀어내는 이야기 속에는 그가 만난 다른 여러 말의 경험도 담겨 있는데, 그 말들 대부분이 블랙 뷰티와 마찬가지로 인간 주인의 학대로 고통을 받았다. 슈얼은 미국 사회에서 말이 받는 대우를 개선하기 위해 이 소설을 집필했다.

조지 오웰(George Orwell)의 『동물 농장(*Animal Farm*)』(1945)은 러시아의 스탈린주의에 대한 알레고리로서, 말하는 농장동물이 인간 농장주에게 봉기하는 내용을 담고 있다. 동물 농장 속 동물은 일반적으로 인간 사회의 위계를 이야기하기 위한 문학적 장치로 여겨지지만, 오웰 본인은 말을 때리는 한 소년의 모습을 보고 이 소설을 쓰게 됐다고 말했다. 그는 부자가 가난한 자를 착취하는 만큼 인간도 동물을 착취한다는 것을 깨달은 것이다. 요컨대 동물 농장은 공산주의 치하 노동자들의 처우 및 동물에 대한 인간의 대우, 이 둘 모두를 다룬 작품이라고 할 수 있다. 더 최근의 작품인 폴 오스터(Paul Auster)의 1999년 소설 『팀북투(Timbuktu)』는 작은 개 미스터 본즈(Mr. Bones)라는 캐릭터를 통하여 독자에게 어떤 개의 신의를 이야기하면서 동시에 노숙 생활의 위험성(미스터 본즈의 주인은 죽어가는 노숙자이다)과 인간의 잔혹함을 보여준다. 그 다음 해에는 미술평론가 존 버거의 소설 『왕: 거리의 이야기(King: A Street Story)』가 불법 거주자들이 기르는 개 킹의 목소리를 빌려 그들의 삶을 이야기하며 역시 노숙 문제에 대한 관심을 환기시켰다. 이 두 책은 사회로부터 너무나 쉽게 버려지는 사람들의 현실을 독자에게 알리기 위한 수단으로 개 화자를 이용한다. 그리고 E. B. 화이트(E. B. White)의 『샬롯의 거미줄(Charlotte's Web)』(1962)에서, 거미 샬롯은 자신의 친구 윌버가 살아 있을 만한 가치가 있는 돼지라는 것을 농장주에게 납득시킴으로써 그를 도살의 위험에서 구해낸다.

애나 슈얼의 『검은 말 이야기』부터 버지니아 울프(Virginia Woolf)의 『플러시(Flush)』까지, 19세기 이후 동물에게 목소리를 부여한 작가 대부분이 여성이라는 사실은 우연이 아니다. 플러시는 시인 엘리자베스 바렛 브라우닝(Elizabeth Barrett Browning)과 함께 산 코커스패니얼 '플러시'의 전기로, 독자에게 1930년대 런던 사교계, 울프와 바렛 브라우닝 같은 여성 지식인, 그리고 플러시 자신에 대해 이야기하는 책이다. 에드워드 시대와 빅토리아 시대부터 많은 여성 작가가 동물의 목소리로 이야기하거나 책 속에서 동물과 친구가 되어 주었고, 그 과정에서 동물이 해방될 수 있도록 도움을 주었다.

영화와 텔레비전 속의 동물

만약 종교, 민속, 문학, 특히 아동문학 속에서 동물이 레비스트로스의 설명대로 '사고하기에 좋은(good to think)' 존재라면 영화와 텔레비전에서도

그것은 마찬가지다. 사실 최초로 만들어진 움직이는 이미지(moving images)
는 동물의 모습을 담은 것이었다. 에드워드 마이브리지(Eadweard Muybridge)
가 1878년 발표한 연속 사진은 질주하는 말의 모습을 담고 있다. 여러 장의
사진을 연속으로 보면 말의 움직이는 모습이 만들어졌다. 1895년 진정한 활
동사진(motion picture, 동영상)용 카메라의 발명으로 동물이 싸우고 걷고 달리
고 움직이는 모습이 필름에 곧바로 녹화될 수 있게 됐다.

20세기 초 영화 산업이 발전하고 1950년대에 텔레비전이 보급되면
서, 동물은 영화와 텔레비전 프로그램에 단순히 출연하는 것을 넘어 당당
히 스타로 발돋움했다. 린 틴 틴(Rin Tin Tin), 래시(Lassie), 벤지(Benji), 플리퍼
(Flipper), 토토(Toto), 고양이 모리스(Morris the Cat), 치와와 타코벨(Taco Bell
Chihuahua) 등의 동물이 수십 편의 영화, 텔레비전 프로그램과 광고에 출연
하며 미국 문화의 한 부분을 차지하게 됐다. (앞의 동물 캐릭터 중엔 다수의 동물 배
우가 연기한 캐릭터도 있다. 예컨대 벤지는 히긴스라는 개 한 마리가 연기했지만, 래시는 1943
년부터 2005년의 마지막 영화까지 10마리 이상의 다른 개가 연기했다.) 텔레비전과 영
화의 역사 속에는 수백 마리의 가상 동물도 존재한다. 만화 속 동물인 미키
마우스(Mickey Mouse), 벅스 버니(Bugs Bunny), 도널드 덕(Donald Duck), 덤
보(Dumbo), 밤비(Bambi), 가필드(Garfield), 로저 래빗(Roger Rabbit), 그리고
「마다가스카(Madagascar)」, 「쿵푸 팬더(Kung Fu Panda)」, 「아이스 에이지(Ice
Age)」, 「헤지(Over the Hedge)」, 「라따뚜이(Ratatouille)」 같은 최근의 애니메이
션 영화 속 동물이 바로 그들이다. 동물 없는 할리우드 영화는 상상하기 힘
들 정도이다.

동물의 활용은 호러 영화계에서 두드러진다. 호러 영화의 인기 있는 하
위 장르 '에코호러(eco-horror)' 영화의 특징은 무섭게 변한 자연, 예컨대 엄
청나게 큰 곤충과 토끼 및 그 밖에 사람을 죽이는 개, 쥐, 새, 상어, 그리고 늑
대인간이나 「플라이(The Fly)」(1958)의 피조물 같은 인간-동물 혼성체가 등
장한다는 점이다. 호러 영화에서는 종종 아나콘다, 상어, 비단뱀 등 야생동
물이 괴물의 모습으로 나타나고, 가장 충성스러운 동물로 여겨져 온 개 같
은 사육 동물이 악한 존재로 변해 사람을 공격한다. 대부분의 경우 그들은

죽이거나 통제하기 어려운 존재이다. 냉전이 최고조로 치달았던 1950년 대와 1960년대에는 「거미(Earth vs. the Spider)」(1958), 「비기닝 오브 더 엔드 (Beginning of the End)」(1957), 「나이트 오브 레퍼스(Night of the Lepus)」(1972), 그리고 「고질라(Godzilla)」 시리즈같이 인간을 무자비하게 공격하는 돌연변 이 동물이 등장하는 일련의 B급 영화들이 만들어졌다. 이 작품들은 핵 시대 에 대한 문화적 공포가 반영된 것이다. 동물이 사람을 공격하는 더 최근의 작품들로는 「죠스(Jaws)」(1975), 「공포의 벌떼(The Bees)」(1978), 「쿠조(Cujo)」 (1983), 「플래시드(Lake Placid)」(1999) 등이 있는데 이러한 영화들은 우리가 엉 망으로 만들어버린 자연이, 그리고 그곳에 사는 동물이 '반격'해 올 것에 대 한 두려움과 관련있는 것으로 보인다. 각각의 사례 속에서 동물은 분명 '타 자성(otherness)'을 상징하고 있다.

최근에 텔레비전은 야생동물 프로그램이 확연히 늘었다. 한동안 동물 배우들이 다양한 텔레비전 프로그램에 등장하더니 이제 동물은 그들만의 텔레비전 채널을 갖게 됐다. 1996년 처음으로 전파를 탄 애니멀 플래닛은 이제 애니멀 호더부터 동물 훈련, 수의사, 동물 학대, 위험한 동물까지 동물 의 모든 것을 다루는 수십 개의 프로그램을 갖게 됐다. 미식축구를 좋아하지 않는 시청자를 위한 슈퍼볼 대체 프로그램 「퍼피볼(Puppy Bowl)」에는 모조 축구장에서 노는 귀여운 강아지들이, 하프타임 때는 새끼 고양이가(2010년 이 후에는 토끼와 닭도 함께) 등장하는데, 이 프로그램은 2008년 800만 명이 시청했 다. 내셔널 지오그래픽 채널은 야생동물에 관한 엄청난 수의 프로그램을 편 성하고 있으며, 2010년에는 야생동물 프로그램만을 방송하는 냇지오와일드 (Nat Geo Wild) 채널을 새로 내놓았다. 이러한 채널들의 밑천은 자연이나 집 에 사는 동물의 귀엽고 위험하고 기이한 모습을 보고 싶어하는 시청자의 욕 구라 할 수 있다.

최근 영화들에서 동물을 표상화하는 방식은 문학에서처럼 주로 인간의 대리자로 이용하는 것이지만, 그렇지 않은 새로운 방식의 접근도 존재한다. 기술의 발전 덕분에 다큐멘터리 영화 제작, 특히 야생동물 촬영이 더 수월 해져서 사람들은 이제 과거에 전혀 불가능했던 방식으로 그들을 볼 수 있게 됐다. 자크 페랭(Jacques Perrin)과 자크 클뤼조(Jacques Cluzaud)가 4년에 걸쳐 촬영한 작품 「철새의 이동(winged migration)」(2001)은 관객으로 하여금 직접 새들과 함께 나는 기분을 느끼게 한다. 뤽 자케(Luc Jacquet)가 연출한 「펭귄: 위대한 모험(March Of The Penguins)」(2005)은 남극에서 혹독한 교미기를 견뎌 내고 자신이 낳은 알을 보호하며 생존하기 위해 노력하는 황제펭귄을 찍은 작품이다. 「펭귄: 위대한 모험」은 (개별 존재가 아닌 집단에 초점을 맞추고, 보이스-오버 내레이션voice-over narration[전지적 화자의 화면 밖 해설]을 사용하고, 동물의 삶에 영화 제작자가 개입하지 않는 등) 다큐멘터리의 진부한 구성 방식을 답습하고 있는데, 그럼에도 관객들이 펭귄의 삶에서 인간과 다르지 않은 가치를 깨닫고 그들의 생존에 공명하도록 하는 매혹적인 작품이다. 이 펭귄들은 공동체 의식이 있고, 열심히 일하고, 만족 지연(deferred gratification)을 실천하고, 책임감 있게 새끼를 돌보고, 집단의 생존을 위해 자신을 희생하는 모습을 보여주었다. 작품 속 펭귄은 의인화되지 않았음에도 관객은 그들로부터 중요한 교훈을 얻고 그들의 생존에 감정적으로 빠져들었다.

「미어캣 보호구역(Meerkat Manor)」(2005~2008)은 아프리카의 칼라하리 사막에 사는 한 무리의 미어캣을 다룬 애니멀 플래닛의 다큐멘터리 시리즈이다. 「펭귄: 위대한 모험」과 마찬가지로 이 다큐멘터리의 제작진은 미어캣들의 삶에 개입하지 않았으며(그들이 아플 때조차 그러했다. 예컨대 프로그램 시즌 3에서 플라워라는 주요 캐릭터가 뱀에 물렸고 그 상처로 결국 죽음을 맞이했다), 땅굴 카메라 같은 혁신적인 기술을 통해 그들의 삶을 촬영할 수 있었다. 그런데 다른 다큐멘터리들과 달리 「미어캣 보호구역」은 동물들에게 이름을 붙여주고 소프 오페라 마냥 그들의 삶에 내레이션을 해준다. 사람들은 그 내레이션의 해설과 함께, 인간의 모습과 매우 흡사한 미어캣의 애정 관계, 싸움, 우정, 심지어 '패거리 싸움(gang wars)'까지 시청할 수 있었다. 우리는 마치 인간 사회처럼 미어캣 집단에도 용감한 미어캣, 동정적인 미어캣, 집단 따돌림을 하는 미어캣 등이 있음을 알게 됐다. 그리고 시청자들은 미어캣들의 삶에 감정이입을 하게 되어, 자신이 좋아하는 '캐릭터'가 죽으면 충격을 받고 비통해했다. 「미어캣 보호구역」이 성공하자 애니멀 플래닛은 비슷한 내레이션 방식으로 야생동물의 삶을 좇는 시리즈물「오랑우탄 섬(Orangutan Island)」과「여우원숭이 거리(Lemur Street)」등을 만들었다. 냇지오와일드는 인도의 도시에 사는 한 원숭이 패거리에 대한 프로그램「반항 원숭이(Rebel Monkeys)」를 제작하기도 했다.

동물을 다룬 최근의 대중영화 중엔 동물권 메시지를 담고 있는 작품도 있다. 예를 들어「꼬마 돼지 베이브(Babe)」(1995)에 등장하는 돼지는 자신이 도살될 것이라는 것을 알고서 주인에게 양치기 기술을 보여줌으로써 자신이 특별한 존재라는 것을 알리고, 결국 농장 주인은 그를 도살하지 않는다. 「꼬마 돼지 베이브」는 전 세계적으로 엄청난 성공을 거두었는데, 그것은 베이브가 부분 가발과 독특한 목소리와 행동을 통해 인격화된 캐릭터이고 이 영화에 고난 극복, 도전 직면, 타자 존중, 기회 포착 등 도덕적 주제가 담겨 있기 때문이다. 그런데 이 영화는 베이브뿐 아니라 베이브 같은 모든 돼지가 특별하고 음식물로 취급되어선 안 되는 존재임을 사람들이 깨닫기를 바라는 농물 애호가들에게도 중요한 영화였다.「샬롯의 거미줄」에서처럼 주인은 이 돼지가 특별하다는 것을 알게 되고 베이브는 결국 살아남게 되지만, 식용으로 도살되는 농장동물의 전반적 상황은 영화 속에서 다루어지지 않는다. 베이브는(「샬롯의 거미줄」에서 윌버 역시) 동물을 죽여서 먹는 방식 자체에 대한 문제제기를 하진 않는다. 이 돼지들은 단지 자신이 그 운명을 피할 수 있기만 바랄 뿐이다.

다른 최근작들도 이와 유사한 주제, 즉 감금 등의 학대로 고통을 겪으며 그것으로부터 해방되고자 하는 동물을 다루고 있다. 예를 들어「치킨 런(Chicken Run)」(2000)은 파이가 되기 전에 농장 탈출을 시도하는 닭,「니모를 찾아서(Finding Nemo)」(2003)는 가족과 헤어져 수족관에 갇힌 작은 물고기, 그리고「프리 윌리(Free Willy)」(1993)는 한 소년 친구의 도움으로 해양 포유동물 파크에서 탈출하게 되는 돌고래를 다룬 이야기이다. 이러한 영화들에 대한 관심은 대중의 인식에 영향을 미치기도 한다.「꼬마 돼지 베이브」에서 농장 주인을 연기했던 배우 제임스 크롬웰(James Cromwell)은 영화 개봉 이후, 꼬마 돼지 베이브를 좋아하는 아이들에게 돼지를 먹지 말자고 설득하는

PETA의 캠페인에 참여했다. 「프리 윌리」 상영 이후에 실제로 멕시코의 해양 포유동물 파크에 갇혀 있던 영화 속 고래 케이코(Keiko)를 바다로 돌려보내기 위한 재단이 만들어졌다.

미술평론가 존 버거(Jon Berger, 1980)는 현대 사회에서 동물 이미지의 유행은 동물과의 직접적 관계 부재를 대신하는 의미가 있다고 해석했다. 이는 매우 정확한 지적으로, 「철새의 이동」, 「펭귄: 위대한 모험」 등 자연을 다룬 영화와 「미어캣 보호구역」 같은 텔레비전 야생동물 프로그램이 증가하는 현상을 설명해준다. 그런데 우리 주변의 이 모든 동물 이미지는 어떠한 영향을 미치고 있을까?

고고학자이자 영화사 연구자인 조너선 버트(Jonathan Burt, 2002)에 따르면, 영화 속 동물의 모습에 따라 우리가 동물을 바라보고 사고하는 방식 또한 변화해 왔다. 영화, 텔레비전 프로그램, 광고 등이 특정 동물을 다루어 그 동물에 대한 입양과 구매, 그리고 유기가 폭발적으로 증가한 많은 사례를 우리는 알고 있다. 예컨대 디즈니 영화 「101마리 달마티안」 때문에 달마티안 개가, 타코벨의 텔레비전 광고와 「베벌리힐스 치와와」 때문에 치와와 개가, 인기 텔레비전 드라마 「프레이저(Frasier)」 속의 개 '머리'의 인기 때문에 잭러셀테리어 개가 그랬었다. 또 어떤 영화들은 논쟁적인 동물 문제에 대한 우리의 시각에 영향을 끼쳐, 「꼬마 돼지 베이브」나 「치킨 런」은 채식주의에 대한 관심을, 「프리 윌리」는 고래를 가두어놓는 문제에 대한 관심을 높였다. 아이러니한 것은, 「니모를 찾아서」 같은 동물 친화적 주제의 영화조차 동물에게 해가 되는 결과를 초래할 수 있다는 점이다. 「니모를 찾아서」는 물고기를 가두는 것은 나쁘다는 메시지가 담긴 작품이었음에도, 영화 개봉 이후 흰동가리의 판매가 급등했고 더 많은 물고기가 어항과 수족관에 갇히게 됐다.

동물권 영화들이 영향을 끼친 다른 예도 있다. PETA 같은 동물권 조직들은 모피농장, 도축장, 계류장, 동물 실험실에 위장 잠입하여 찍은 영상을 이용하여 수십 편의 영화를 만들었다. 이 영화들이 보여주는 고통받는 동물의 이미지는 현대 사회의 동물 이용에 대한 인식을 바꾸는 데 적지 않은 역할을 했다. 대표적인 사례 중 하나로, 펜실베이니아 대학교 실험실에서 동물의 머리에 상해를 입히는 장면이 담긴 PETA의 26분짜리 다큐멘터리 영화「불필요한 호들갑(Unnecessary Fuss)」(1984)을 들 수 있다. 이 영화에는 실험실 종사자들이 동물에게 극심한 고통을 가하며 웃는 모습을 포함하여, 개 코원숭이의 머리에 상해를 가하는 여러 영상이 담겨 있다. 이 영화의 제목은 수석 연구원 토머스 제나렐리(Thomas Gennarelli)의 표현에서 따온 것이다. 그는 자신의 연구가 알려지는 것을 바라지 않았으며, 그 이유는 동물 애호가들이 "불필요한 호들갑을 떨 수 있기 때문"이라고 말했다(Finsen and Finsen, 1994:68). 이 영화가 공개되자 대중은 분노했으며, 결국 그 실험실은 폐쇄되고 제나렐리의 연구는 중단됐다.

동물 영화의 유행은 동물이 처해 있는 곤경에 관한 인식을 높일 수는 있지만, 인간이 동물에게 끼치는 영향에 대응해 관객이 실제로 행동을 하게 되는지 여부는 확실치 않은 상황이다. 뿐만 아니라, 동물 배우가 출연하는 영화에는 우리가 고려해야 할 또다른 윤리적 문제가 있다. 미국에서 영화 촬영을 위한 동물의 사육과 대우에 대한 규정은 매우 느슨하며, 세나가 미국 밖에서 촬영되는 영화는 미국 법을 따를 필요가 없기에, 예컨대 외국에 위치한 촬영장에서는 동물을 죽여도 처벌을 받지 않는다. (미국의 경우, 촬영장에서 동물이 받는 대우는 미국인도주의연합American Humane Association의 감시를 받는다. 하지만 촬영장 밖의 상황을 감시하도록 강제하는 법은 없다.) 이에 덧붙여, 평론가 랜디 맬러머드(Randy Malamud, 2007)는 스스로 카메라 앞에 서는 동물은 없다는 점을 지적한다. 오늘날 영화나 텔레비전에 출연하는 동물 중에는 그들을 스타로 만들고자 하는 주인으로부터 사랑받고 사는 반려동물의 수도 많지만, 조련사의 소유물로 사육장에서 길러지는 가축과 야생동물 또한 많다. 일부 조련사는 동물에게 가혹한 환경에서 사육하며, 자신이 독점적으로 사용할 가축을 얻기 위해 동물 보호소에서 그들을 입양하곤 한다. 또한 영화와 텔레비전에 출연시키기 위해 야생동물과 가축을 훈련시키는 사설 조련사를 감독할 수 있는 방법이 없기 때문에 그 동물들이 인도적으로 대우받고 있는지 파악하기도 힘들다.

연기를 시킬 목적으로 야생동물을 구입하고 사육하는 문제는 더 심각하다. 대부분 자연에서 포획된 이 야생동물들은 동물원, 서커스, 개인 수집가, 사냥 농장(game farm)에 동물을 공급하는 이들로부터 구입한 것이다. 동물 한 마리를 구해 작품 하나에 사용한 뒤 다시 동물 중개인에게 되파는 조련사도 있다. 그런가 하면, 어떤 프로젝트에 이용하기 위해 여러 마리의 동물을 직접 번식시키거나 사육자와 계약하여 구입하고, 프로젝트가 끝나면 동물을 팔아버리는 조련사도 있다. 일례로 「꼬마 돼지 베이브」에는 900마리가 넘는 동물이 동원됐는데, 촬영이 끝난 뒤 그들 중 일부는 반려동물로 가정에 입양됐지만, 입양되지 못한 동물들은 농장에 팔려 결국 도살되어 잡아먹혔다.

평론가 랜디 맬러머드는 동물 촬영을 둘러싼 다른 윤리적 문제도 제기했다. 야생동물에게 주는 인간의 시선이 그들의 삶을 침해하는 것은 아닐까 하는 것이다. 그는 야생동물 영화와 다큐멘터리에 대한 우리의 관심에 의문을 제기한다.

"이는 야생동물에 대한 우리의 관심과 배려가 증가한 것인가, 아니면 그들을 대중오락의 수준으로 끌어내린 것인가?"(2010:146)

고양이들로 이루어진 인터넷

최근 텔레비전에 동물들이 넘쳐나고 있다면 인터넷은 동물들로 폭발하고 있다. 이제 인터넷 어디서나 귀엽고 재미있는 동물 사진과 영상을 볼 수 있으며, 동물을 다루는 웹사이트는 높은 방문자 수를 기록하고 있다. 2010년 말 현재 하루 평균 10만 명의 사람들이 큐트 오버로드(Cute Overload) 웹사이트를 방문한다. 그런데 신화, 문학, 영화 등 인간의 다른 문화 영역에서와 달리, 인터넷상에서 동물은 상징으로서보다는 주로 동물 자체의 모습으로 보여진다. 비디오카메라와 동영상 폰의 유행으로 이제 전 세계의 수많은 사람들이 자신의 동물, 자신이 본 야생동물을 찍어 유튜브 같은 인기 높은 웹사이트에 올릴 수 있다. 햄스터 댄스(Hamster Dance) 같은 초창기 동물 웹

그림 16.2. 자기 사진이 담긴 모니터 앞에 앉아 있는 새끼 고양이 트러스티. (사진: Vicki DeMello.)

사이트에서 본사이 키튼(Bonsai Kitten)같이 거짓 내용으로 꾸며놓은 웹사이트, 그리고 인기가 가장 많은 롤캣까지, 인터넷에 올라온 동물의 모습을 업무 시간에까지 보는 이들이 많아졌다. 최근 몇 년간 많은 동물의 이미지와 영상이 인터넷을 통해 바이러스처럼 확산됐다. 즉 인터넷 밈(Internet meme)이 된 것인데, 그 사례 중 하나가 「영 프랑켄슈타인(Young Frankenstein)」의 영화 음악에 맞춰 고개를 휙 돌리는 프레리도그의 5초짜리 영상 「후카시 잡는 얼룩다람쥐(Dramatic Chipmunk)」이다. 단순하기 짝이 없는 이 짧은 영상은 2007년에 1000만 건의 조회수를 기록했고, 패러디되어 수많은 다른 동영상을 낳았으며, 카맥스(Carmax) 사의 텔레비전 광고에 이용됐다. 인터넷 밈의 또다른 예는 티셔츠를 입은 오렌지색 얼룩무늬 고양이 팻소(Fatso)가 키보드를 연주하는 모습을 담은 영상 「키보드 고양이(Keyboard Cat)」이다. 「키보드 고양이」는 원본 영상 자체도 수많은 사람들이 보았지만, 이후 그것을 누군가가 편집하여 다른 영상의 끝부분에 이용함으로써 더 인기 있는 밈이 됐다.

동영상 속 어떤 사람이 이상한 행동을 그만두도록, 예컨대 경연대회에 나온 형편없는 출연자의 공연을 중단시키는 등의 용도로 키보드 고양이의 장면을 편집하여 사용한 것이다.

이 밖에 「재채기하는 판다(Sneezing Panda)」, 「소아성애 곰(Pedo Bear)」, 「놀란 새끼 고양이(Surprised Kitty)」, 「나쁜 조언을 하는 개(Bad Advice Dog)」, 「스파게티 고양이(Spaghetti Cat)」, 「컵케이크 개(Cupcake Dog)」, 「마루(Maru)」 등도 인기 있는 인터넷 밈이다. 판지 상자 속에서 대부분의 시간을 보내는 일본의 스코티시폴드 고양이 '마루'는 다른 인기 동영상 속 동물과 달리 패러디에 의존하지 않고 자신의 매력만으로 인터넷 스타가 됐다. 마루의 유튜브 채널은 일본에서 여덟 번째로 인기 있는 채널이며, 그의 동영상은 편당 평균 100만 건의 조회 수를 기록하고 있다.

많은 이들이 인터넷에서 가장 인기 있는 동물로 고양이를 꼽는다. 웹사이트 RatherGood.com의 설립자 조엘 비치(Joel Veitch)는 고양이의 인기를 찬양하는 비디오 「고양이로 이루어진 인터넷(The Internet is Made of Cats)」을 통해, 인터넷은 키보드 고양이나 마루 같은 고양이 없이는 유지되지 못할 것이라고 이야기한다. 고양이는 인터넷에 가장 잘 어울리는 동물이다. 그들은 무척이나 훈련시키기 힘든 동물이기에 영리한 행동을 하면 더 놀랍게 여겨진다. 또 개보다 더 냉담하고 속을 읽기 힘들기 때문에 그들이 무슨 생각을 하는지 추측해 보는 것은 재미있는 일이다. 고양이가 인터넷 세계 어디에나 존재하는 것은 그들이 우리가 사는 현실세계의 어디에나 존재하기 때문이다. 고양이는 미국에서 가장 인기 많은 애완동물이며 따라서 우리의 사진과 동영상 속에 자주 등장하는 것은 놀라운 일이 아니다. 또한 고양이는 다른 동물에 비해 심각해 보이기 때문에 카메라에 찍힌 그들의 멍청한 모습이 더 재미있게 느껴진다. 문법적으로 맞지 않는 문구('catois'라고도 한다)를 넣은 재미있는 고양이 사진 롤캣이 인기를 얻은 이유도 바로 그 때문이다. 롤캣 문구의 내용은 대부분 그 사진 속 고양이가 하는 생각을 옮긴 것이며, 많은 사진은 인간의 행동에 관여하는 고양이의 모습을 담고 있다. 최초의 롤캣은 2007년 초에 프로그래머 에릭 나카가와(Eric Nakagawa)가 만든 것으로, 애원하는 듯한 표정의 뚱뚱한 회색 단모종 고양이 사진에 "치즈 버거 하나 먹을 수 있을까?(I Can Has Cheezburger?)"라는 글이 적혀 있다. 롤캣이 사랑받는 것은 그들이 고양이이기 때문이지만 (많은 이들이 고양이가 인간을 무시하는 등 일반적 특성으로부터 유머를 끌어낸다), 또한 그들을 통해 롤캣 제작자의 재미있고 어두운 사고가 표현되기 때문이기도 하다. 이러한 면에서 롤캣 역시 인간을 대신하는 역할을 한다. 롤캣 문구에 담긴 정서를 우리가 공감할 수 있는 이유는, 그것이 결국 우리의 정서이기 때문이다.

더 읽을거리

Armstrong, Philip. 2008. *What Animals Mean in the Fiction of Modernity*. New York: Routledge.

Bouse, Derek. 2000. *Wildlife Films*. Philadelphia: University of Pennsylvania Press.

Burt, Jonathan. 2002. *Animals in Film*. London: Reaktion.

Chris, Cynthia. 2006. *Watching Wildlife*. Minneapolis: University of Minnesota Press.

Cosslett, Tess. 2006. *Talking Animals in British Children's Fiction, 1786-1914*. Aldershot, UK: Ashgate.

Fudge, Erica. 2002. *Perceiving Animals: Humans and Beasts in Early Modern English Culture*. Champaign: University of Illinois Press.

Lippit, A. M. 2000. *Electric Animal: Toward a Rhetoric of Wildlife*. Minneapolis: University of Minnesota Press.

Malamud, Randy. 2003. *Poetic Animals and Animal Souls*. New York: Palgrave MacMillan.

Mason, Jennifer. 2005. *Civilized Creatures: Urban Animals, Sentimental Cultures, and American Literature, 1850-1900*. Baltimore: Johns Hopkins University Press.

Mitman, Gregg. 2000. *Reel Nature: America's Romance with Wildlife on Film*. Cambridge, MA: Harvard University Press.

Norris, Margot. 1985. *Beasts of the Modern Imagination: Darwin, Nietzsche, Kafka, Ernst and Lawrence*. Baltimore: Johns Hopkins University Press.

Paietta, Ann C. and Jean L. Kauppila. 1994. *Animals on Screen and Radio: An Annotated Sourcebook*. Metuchen, NJ: Scarecrow.

Rohman, Carrie. 2009. *Stalking the Subject: Modernism and the Animal*. New York:

Columbia University Press.

Sanders Pollock, Mary and Catherine Rainwater, eds. 2005. *Figuring Animals: Essays on Animal Images in Art, Literature, Philosophy, and Popular Culture*. New York: Palgrave MacMillan.

참고할 만한 영상물

Babe. DVD. Directed by Chris Noonan. Kings Cross, Australia: Kennedy Miller Productions, 1995.

Chicken Run. DVD. Directed by Peter Lord, Nick Park. Bristol, UK: Aardman Animations, 2000.

Creature Comforts. DVD. Directed by Nick Park. Bristol, UK: Aardman Animations, 1990.

March of the Penguins. DVD. Directed by Luc Jacquet. Los Angeles: Warner Independent Films, 2005.

참고할 만한 웹사이트

Bonsai Kitten: http://www.ding.net/bonsaikitten

Cute Overload: http://www.cuteoverload.com

Hamster Dance: http://www.webhamster.com

The Internet Is Made of Cats: http://www.rathergood.com/cats

Lolcats: http://www.icanhascheezburger.com

Maru: http://www.youtube.com/user/mugumogu

문학 속의 동물 읽기

필립 암스트롱(Philip Armstrong, 캔터베리 대학교)

두 명의 여행자가 각기 다른 두 개의 섬에 고립되어 있다. 첫 번째 여행자는 주위에 애완동물을 가족으로 두고 외로움을 달랬고, 두 번째 여행자는 자신이 애완동물 같은 존재가 됐다. 첫 번째 여행자는 주인 없는 동물을 총으로 쐈으며, 두 번째 여행자는 본인이 위험한 동물 취급을 받았다. 그리고 첫 번째 여행자는 염소 무리를 사육하여 새 농업 식민지를 구축했다. 반면 두 번째 여행자는 짐 나르는 짐승처럼 착취당하고 서커스 동물처럼 구경거리가 되거나 자연사 표본이 되어 조사당했으며, 우월한 존재인 말에게 업신여김을 당했다.

당연히 첫 번째 여행자는 로빈슨 크루소(Robinson Crusoe)이고 두 번째 여행자는 레뮤엘 걸리버(Lemuel Gulliver)이다. 만약 위의 내용 요약이 이상하게 들렸다면, 그 이유는 내가 보통은 무시되지만 사실상 두 소설의 근간이 되고 있는 서사적 요소를 강조했기 때문이다. 그것은 바로 인간과 인간외 동물의 만남과 관계이다.

일단 한번 인식하기 시작하면 동물 그리고 인간-동물 관계는 모든 문학 작품 속에서 발견된다. 윌리엄 블레이크(William Blake)의 시는 울새, 굴뚝새, 비둘기를 비롯하여 굶주린 개, 사냥당한 토끼, 다친 종달새, 학대받는 양, 군마, 그리고 파리, 거미, 나방, 나비, 각다귀 등 다양한 동물들을 동정할 것을 권유하는 내용으로 가득 차 있다. 새뮤얼 테일러 콜리지(Samuel Taylor Coleridge)의 「노수부의 노래(Rime of the Ancient Mariner)」(1798, 1817)에서 이유 없이 알바트로스 새를 쏘아 뱃사람이 걸리게 된 저주는 그가 "인간과 새와 짐승을 모두 사랑하는 자가 기도도 잘하는 자(He prayeth best, who loveth well/Both man and bird and beast)"라는 깨달음을 얻음으로써 풀린다. 메리 셸리(Mary Shelley)의 『프랑켄슈타인(Frankenstein)』(1818)에 등장하는 피조물이 인간뿐 아니라 동물의 몸도 함께 봉합되어 창조된 존재임을 기억하는 사람은 거의 없다. 한 사람과 한 고래의 극적인 만남을 향해 계속 진행되는 작품인 허먼 멜빌(Herman Melville)의 『모비딕(Moby-Dick)』(1851)에는 인간이 고래를 어떻게 생각해 왔는지에 대한 사전적 조사 내용이 포함되어 있다. 버지니아 울프의 『플러시(Flush)』는 엘리자베스 바렛 브라우닝의 스패니얼 개에 관한 전기이고, D.H. 로런스(D.H. Lawrence)는 동물 캐릭터가 등장하는 우화를 썼으며, 어니스트 헤밍웨이(Ernest Hemingway)는 사냥 기념물인 동물 사체로 벽을 장식한 방을 떠올리게 하는 작가이다.

현대 문학 역시 내용적으로 동물에 많이 의존하고 있다. 폴 오스터의 『팀북투(Timbuktu)』(2000)는 개의 시각에서 도시의 소외 문제를 들여다본다. 얀 마텔의 『파이 이야기(Life of Pi)』(2002)는 한 구명보트를 타고 표류하는 어느 청년과 벵골호랑이 사이의 상호의존 관계에 초점을 맞춘다. 마거릿 애트우드(Margaret Atwood)의 『오릭스와 크레이크(Oryx and Crake)』(2003)에는 유전자 조작 혼성 동물인 돼지구리(pigoon), 너구컹크(rakunk), 늑개(wolvog), 봅키튼(bobkitten), 뱀쥐(snat) 등이 과학적 조작과 자연의 대량 소비에 대한 우리의 불안이 반영된 존재로 등장한다.

이 모든 텍스트 속에 위치한 동물을 우리는 어떻게 독해하고 있는가? 기본적으로 그들에게 상징적 가치를 관행처럼 부여해 왔다. 『이솝 우화』부터 중세시대의 동물 우화집들에 이르기까지, 애니미즘의 '토템'에서 스포츠 팀명에 이르기까지, 동물은 언제 어디서나 인간 문화의 매우 중요한 기표(시니피앙)에 속해 있었다. 문학에서도 동물은 자신과 거의 관련없는 의미에 대한 은유로 이용된다. 『로빈슨 크루소』의 염소 축산 이야기를 통해 저자인 대니얼 디포(Daniel Defoe)는 투자 자본주의에 대한 기념비적 우화를 만들어냈다. 『걸리버 이야기』의 휴이넘(Houyhnhnm)과 야후(Yahoo)는 세상__의 ____ 유럽에 대한 회의가 담긴 풍자적 존재이다. 『모비딕』은 당시 미국이라는 배를 침몰 상황으로 이끌며 막 발발하려던 남북전쟁의 전조였다.

하지만 많은 텍스트 속에 담긴 동물 관련 내용들은 상징적 해석으로만 볼 수 없는 그 이상의 것들이다. 어쩌면 동물은 상징적 해석으로 한정하기에 너무나 활기차고 생기 넘치는 존재일지 모른다. 아니면 동물을 은유물로 한정하기엔 우리가 그들에게 관심이 너무 많은 것일 수도 있다. 우리는 한 가지 이상의 의미로 그들에게 관심을 갖는다. 동물은 가끔 우리의 상징적 독해로부터 탈출한다. 그들을 표상화하는 가운데, 우리와 그들 사이의 실제 상호작용을 구성하는 관행·행위·투자 등에 대한 환기가 이루어지기도 하기 때문이다.

동물이 갖는 상징적 의미는 이러한 상호작용에 대한 고려를 통해 수정되거나 부정될 수 있다. 자급자족적 자본주의 사업의 모범이 됐던 크루소의 농업 경제는 사실 염소에 의존하는 것이었는데, 실제로 육지에서 멀리 떨어진 섬에 가축이 전해진 것은 15세기 이후 유럽 뱃사람들에 의해서였다. 따라서 크루소와 그의 염소들은 앨프리드 크로즈비(Alfred Crosby)가 자신의 책 제목으로 사용한 용어인 『생태제국주의(Ecological Imperialism)』(1986)의 산물이라 할 수 있다. 새로운 땅을 식민화하는 것과 마찬가지의 방식으로 유럽인은 동물 중개업자를 통하여 돼지, 양, 소, 토끼, 족제비, 새를 비롯한 수많은 동물을 수출했다. 스위프트는 『걸리버 여행기』의 후반부에서 영국 식민지 사람들을 해충같이 유해한 종족인 야후로 보며 이러한 역사를 조롱했다. 한편 이성적이고 지적인 말인 휴이넘족은 18세기 유럽인의 말에 대한 물질적, 농업적, 상업적 의존을 상기시킨다. 걸리버는 유럽인이 휴이넘족을 침략하면 결국 패배할 것이므로 차라리 스스로 개화되기 위해 휴이넘에게 파견단을 보내는 편이 좋은 방법일 거라고 생각한다. 이러한 걸리버의 상상을 통해 스위프트는 유럽의 말이 처한 노예적 위치를 역전시킨다. 『모비딕』의 경우, 19세기에 공장을 돌아가게 하고 산업혁명 도시의 불을 밝히기기 위해 포경 어부들이 수천 마리의 고래를 도살하여 기름과 경랍을 얻는 과정에 대한 세부적 묘사로 가득 차 있다. 이 모든 사례 속에서 동물 및 동물 관련 행위에 대한 독해는 텍스트와 그 텍스트의 경제, 사회, 역사적 맥락 간 관계에 대한 새로운 접근법을 제공한다.

텍스트 속의 동물을 독해하는 세 번째 방식은, 인간-동물 서사(human-animal narratives)에서 이루어지는 (픽션의 가장 오래되고 중요한 역할 중 하나인) 감정과 감수성 구조를 탐구하고 표현하는 것이다. 20세기 대부분 동안 인간과 다른 동물 간의 정서적 유대를 떠올리게 하는 것은, 적어도 '(대중적인 것과 거리가 먼) 문학적' 글쓰기 영역에서는 좋지 못한 취향으로 여겨졌다. 감상적이라거나 유치하다는 평가가 그나마 나았고, 최악의 경우 심리적, 정치적 조작으로 간주되기까지 했다. 하지만 언제나 그랬던 것은 아니다. 동물은 18세기 소설가와 그들의 뒤를 이은 낭만주의 시인이 문학의 문화적 책무, 즉 인간적이라는 것의 의미를 찾고 개인적·시민적 덕성의 핵심 요소로 감수성과 동정심에 대한 사고를 가다듬는 작업을 하는 데 있어 필수적인 존재였다. 그러나 동물에 대한 감정을 느끼게 하는 문학은 19세기 후반에서 20세기 초반을 지나며 빅토리아 시대의 현실안주성(complacency)에 대한 (문학 비평에서 모더니즘이라고 칭하는) 거대한 반발로 인하여 저평가를 받았다.

동물에 대한 동정심의 거부 역시 역사적 힘의 산물이었다. 과학은 과거 기독교가 강력하게 쥐고 있던 인식론적 권위를 가로챘고 또 실험의학이라는 이름으로 동물 실험에 대한 반대를 물리치는 역사적 순간을 만들어냈다. 동시에 산업혁명은 예컨대 시카고의 육가공 지구에 작업 라인(assembly-line) 도축 방식을 도입함으로써 집약 농업을 발전시켰다. 이 거대한 사회적 전환은 동물에 대해 동정하는 문화적 역량을 격하시켰고, 결과적으로 동물에 대한 동정은 어린애 같은(childish) 것, 여성스러운(effeminate) 것, 또는 (오늘날 경멸적으로 감정적 얕음, 하찮음, 책략, 단순함, 지루함 등의 의미를 내포하는 단어인) 감상적인(sentimental) 것으로 여겨지게 됐다.

감상적인 것에 대한 모더니즘의 거부는 과학기술적 실증주의 시대에 더 이상 예술에 없는 특정한 (남성주의적이고, 엄격하고, 지적으로 완강한) 신뢰성을 되찾기 위한 노력이다. 모더니스트들은 동물에 대하여 완전히 반감상적인 글쓰기를 했다. 헤밍웨이와 로렌스는 각자 다른 방식으로 잔혹하고 원시주의적인 형태의 인간-동물 관계에 초점을 맞추었고, 울프와 캐서린 맨스필드(Katherine Mansfield)는 도시 부르주아의 무기력한 삶을 상징하는 것으로 애완동물과의 친밀한 유대를 묘사한다.

그러나 엘리트적 사고방식에 동물을 주제로 한 감상적 글쓰기를 회피하는 경향이 남아 있는 중에도 대중문화 속에선 동물에 대한 동정의 서사가 결코 힘을 잃지 않았고, 20세기 후반에 그것은 문학계에 다시 등장하기 시작했다. 첫 번째 이유는 포스트모던 시대의 과학기술적 근대성에 대한 믿음의 위기 및 그와 함께 높아진 (동물 옹호와 환경 의식의 부상을 통해 확인되는) 비인간 생물 대우에 대한 관심 때문이다. 두 번째 이유는, 포스트모더니즘이 문학과 예술 행위에 있어서의 엘리트주의에 의문을 제기하며 작가들이 예전엔 경멸받았던 대중적 형태의, 예컨대 감상적인 서사가 가진 힘과 유용함을 재발견하게 됐기 때문이다.

대표적인 사례가 바로 존 쿠체(John Maxwell Coetzee)의 노벨상 및 부커상 수상작인 『추락(Disgrace)』(2000)이다. 이 책을 읽는 독자는 냉소적이고 이기적이며 타자의 삶에 전혀 신경을 쓰지 않는 기질의 주인공 데이비드 루리의 관점에서 내러티브를 경험하게 된다. 자신의 행동이 타자에게 어떠한 영향을 주는지 숙고하지 않는 그는 나이 어리고 취약한 자신의 학생에게 성폭력을 저지르고도 그 행동을 합리화한다. 결국 그는 이 일로 대학에서 해고되고 망명처로서 케이프타운에서 멀리 떨어진, 딸 루시가 살고 있는 한 소규모 농지로 가게 된다. 세상을 바라보는 시각이 과도하게 지식화되어 있는 루리는 이후에도 계속 다른 사람과 공감을 하는 데 실패한다. 하지만 굴욕스럽게도 그는 자신도 모르는 사이 동물에게 연민을 느끼기 시작한다. 그는 동물 보호소에서 입양되지 못한 개들을 죽이고 그 주검을 처리하는 일을 돕게 되는데, 이 경험은 소설 속에서 감정적으로 매우 강렬한 순간들을 만들어낸다.

> 그는 자신이 그 일에 익숙해질 거라고 생각했다. 하지만 그렇게 되지가 않는다. 죽이는 일을 도우면 도울수록 그는 점점 더 신경과민이 되어 간다. 어느 일요일 저녁, 그는 루시의 콤비를 타고 집으로 가던 중 정신을 차리기 위해 결국은 차를 길가에 세운다. 얼굴을 타고 흐르는 눈물은 멈추지 않고, 두 손은 떨려온다. 그는 자신에게 무슨 일이 일어나고 있는지 이해할 수가 없다.
>
> — 『추락』(142~143)

가장 특권없고, 가장 힘없고, 가장 가치절하된 생명체를 향하여 체화된 연민은 루리의 추상적이고 합리적인, 감정에 흔들리지 않는 기질을 허물어뜨리고 그것을 대체하게 된다. 그는 죽어가는 개에 대한 동정심에 '완전히 사로잡힌다'.

"그들은 죽음의 추락을 강하게 느끼는 것 마냥 귀를 접고 꼬리를 아래로 떨어뜨린다"(143).

이와 같은 순간들은 문학이 가장 중요하고 가장 오래된 기능 중 하나로 복귀한 전형적 사례라 할 수 있다. 그 기능은 바로 감정(feeling)이라는 것이 갖는 복잡하고 강렬하면서도 이해하기 힘든 면을 탐구하는 것이다. 또 이런 순간들은 문학 속 동물을 통한 문제제기를 읽을 때 우리가 더 주의 깊고 현실에 덜 안주하는 태도로 독해할 필요가 있음을 보여준다.

인간은 동물을
어떻게
이해하는가

17

동물행동연구와 행동학

역사 속에는 동물이 다른 동물이나 인간을 위해 영웅적 행동을 한 이야기들이 가득하다. 이러한 이야기들은 동물을 인간화(humanize)하기 위해, 또는 아이들에게 도덕적 교훈을 가르치기 위해 계속 반복되어 왔다. 유튜브의 시대인 오늘날 우리는 이러한 이야기들을 전해듣는 것에 그치지 않고 눈으로 직접 볼 수 있게 됐다. 2010년 한 해 동안만도, 예를 들면 화살 맞은 동료 말이 도움의 손길을 받기까지 그 상처를 핥아주며 살 수 있도록 해준 영국 어느 시골의 말, 차에 치인 동료 개를 길가로 끌고 가는 칠레의 개, 차에 치인 동료 고양이를 되살리려 마사지하는 터키의 고양이 등의 모습이 담긴 수많은 동영상이 인터넷을 통해 퍼져나갔다. 우리는 이러한 사례들을 통해 동물이 다른 동물에게 마치 사랑·충성·헌신 같은 강한 감정을 느끼는 것처럼 행동하는 모습을 보게 된다. 칠레의 개와 같은 사례에서 동물은 다른 생명을 살리기 위해 자기 생명의 위험을 감수하기도 한다. 얼마 전까지만 해도 동물행동학자들은 이런 이야기들을 믿지 않았다. 그들은 동물이 다른 동물에 대해 어떤 감정을 갖는다는 것을 결코 인정하지 않았기 때문이다. 그러나 오늘날 우리는 위와 같은 이야기들에 과거와 다른 방식으로 반응한다.

동물행동연구의 역사

동물행동연구(animal behavior studies)가 과학 분과의 하나로 부상한 시기는 19세기 중반이지만, 실제로 동물의 행동에 대하여 인간이 사고하기 시작한 것은 이보다 훨씬 전이다. 우리는 고대 그리스 시대까지 거슬러 올라가는 동물에 대한 이론적, 철학적 사상의 일부를 이미 검토한 바 있다. 과학자들이 박물학적으로 동물에 대해 사고한 것은 18세기부터였다. 카롤루스 리나이우스(칼 폰 린네)의 『자연의 체계(*Systema Naturae*)』(1735)는 모든 생물을 대상으로 한 첫 과학적 분류 체계로, 현대 생물학에서도 여전히 이용되고 있는 그 체계 안에는 식물, 동물, 그리고 인간까지 속해 있다(그는 인간 역시 동물이라고 인식했다). 이 체계는 동물을 이해하는 데 획기적인 것이었으나, 여전히 생명은 신이 창조했고 그 모두가 상하 관계 속에 놓여 있으며 그중 가장 완벽한 생명은 인간이라는 그리스와 성경적 사고에 근거를 두고 있었다. 리나이우스의 체계는 종(species)에 초점을 맞추어, 개체 간에 존재하는 차이는 보지 못하는 문제점도 있었다. 19세기 들어 등장한 동물행동연구자들 또한 종에 따른 표준적 행동(종-전형적 행동species-typical behavior)에 초점을 맞추었다. 따라서 그들은 개별 동물 간에 존재하는 행동 차이를 주목하지 않거나 혹은 보지 못했다. 오늘날까지도, 과학자든 비전문가든, 사람들이 '개는 이렇게 한다' 또는 '사자는 저렇게 한다'와 같이 말하게 된 데는 이러한 사고의 책임이 크다. 많은 혹은 대부분의 개가 특정한 상황에서 특정한 방식으로 행동하는 것이 사실이기 하지라도 '모든 개가 다 그렇게 행동한다' 또는 '모든 개가 모든 상황에서 그렇게 행동한다'는 사실이 아니다. 이는 **생물학적 결성론**(biological determinism)의 한 예로서, 즉 (가끔은 인간을 포함한) 동물의 행동 양식은 특정한 방식으로 각인되어 있고 그들의 행동은 생물학적으로 결정된다는 인식이다. 과학자들이 이렇게 종-전형적 행동에 전념해 온 가운데, 처음으로 각각의 동물을 개별적 존재(individual)로 논의하고 과학자들도 그럴 수 있도록 길을 터 준 존재는 바로 애완동물의 주인들이다.

찰스 다윈의 자연선택에 의한 진화론(1859)은 인간의 기원 및 인간과 다른 동물의 관계에 대한 우리의 이해를 변화시켰을 뿐 아니라 동물행동연구의 형성에 중요한 기여를 했다는 점에서도 혁신적인 것이었다. 그의 이론은 환경 자극에 대한 적응으로 신체적 특징의 진화만 설명하는 데 그치지 않고 감정, 지적 역량, 행동 또한 진화적 근거를 갖는 것으로 보았다. 예컨대 다윈은 성선택(sexual selection) 이론을 통하여, 수컷 새의 화려한 깃털이나 수컷 포유동물의 큰 엄니 같은 특징은 성별 특이적 번식 전략(reproductive strategies)으로부터 유래한 것이라고 설명했다. 즉 암컷 동물이 생산하는 알이나 새끼보다 더 많은 정자를 생산하는 수컷 동물은 교미 기회를 더 많이 갖기 위해 다른 수컷들과 경쟁을 해야 하기 때문에 점차 암컷 동물에겐 없는 현란한 외양적 특성을 갖추게 된 것이다. 이 이론에 따르면 수컷과 암컷은 외양만 다른 것이 아니라 행동도 다르게 하며, 이 행동의 차이는 진화에 의해 만들어졌다.

현대 행동학(ethology)의 아버지라고 불리는 동물학사 찰스 오티스 휘트먼(Charles Otis Whitman)은 환경 자극에 의해 촉발되는 동물의 무의식적 행동양식에 대하여 본능(instinct)이라는 용어를 사용했다(Whitman and Ridddle, 1919). 고정 행동 양식(fixed action pattern)이라고 알려진 이 개념에 따르면 동물은 자신을 스스로 통제하지 못한다. 휘트먼을 계승한 사람은 현대 동물행동연구의 선구자인 오스트리아의 동물학자 콘라트 로렌츠(Konrad Lorenz, 1952)이다. 로렌츠 또한 동물의 본능적 행동에 관심을 가져, 일부 동물은 태어나서 (종에 상관없이) 처음 보는 동물을 뒤쫓고 그의 행동을 모방한다는 각인(imprinting) 개념을 세상에 알렸다. 네덜란드의 조류학자 니콜라스 틴베르헌(Nikolaas Tinbergen)은 로렌츠와 동시대 학자로서 1973년 그와 함께 노벨상을 수상했다. 틴베르헌(1952)은 주로 동물 행동의 요인이 무엇인지, 그리고 나이듦에 따라 동물의 행동이 어떻게 변화하는지에 관심을 가졌다. 로렌츠와 틴베르헌은 당시 동물 행동을 연구하던 다른 학자들과 마찬가지로, 야생 상태의 동물 행동에 초점을 맞추고 침습적(invasive) 실험에는 참여하지 않았다.

이는 행동주의(behaviorism)의 부상과 함께 변화하게 됐다. 행동주의라는 심리학적 관점의 원형적 설명에 따르면, 행동은 외부의 자극에 대한 단순한 기계적 반응이지 내적 사고나 감정에 의한 것이 아니다. 가장 엄밀한 차원으로 말하자면, 이 이론은 동물에게는 관찰 가능한 행동만 존재할 뿐, 사고나 감정 같은 정신적 활동은 없음을 시사했다(그것은 직접 관찰할 수 없기 때문이다). 또한 행동주의는 환경 자극이 행동을 형성하는 방식에 주목했다. 동물에게 새로운 자극을 줌으로써 그들로부터 새로운 행동을 이끌어낼 수 있다는 것이다. 그리고(인간을 포함한) 동물은 본질적으로 백지 상태와 같으며 그들의 행동은(개별 동물이 가진 특수성뿐 아니라) 경험에 의하여 형성되는 것이라고 보았다.

심리학자 B. F. 스키너(B. F. Skinner)는 행동주의의 선구자 중 한 명으로, 실험실 쥐를 훈련시키고 먹이로 보상하여 다양한 행동을 이끌어낸 것으로 유명하다. 스키너의 작업(1938)은 동물의 종별 행동을 비교하기 위한 비교심리학 연구의 한 사례였다. 행동학(ethology)과 달리 그의 연구는 동물 행동의 진화론적 기원이 아닌 환경적 요인에 초점을 맞추었다. 이러한 유형의 연구 중 또다른 사례가 바로 러시아의 생리학자 이반 파블로프(Ivan Pavlov)의 작업이었다. 파블로프의 연구 중 가장 유명한 것은 개가 맛있는 먹이를 먹게 될 것을 예상하고 침을 흘리는 반응을 설명한 것이다(1927). 그는 개가(많은 개가 목줄에서 산책을 연상하기 때문에 목줄을 보면 흥분하는 것처럼) 특정한 소리나 감각을 접하면 먹이를 연상하도록 훈련시킴으로써 이러한 반응을 끌어낼 수 있었다. 이제 파블로프식(Pavlovian)이라는 단어는 특정한 자극에 특정한 반응을 보이도록 소신정 잉디는 방서을 일커느 용어가 됐다. 오늘날 행동과학(behavioral science)과 조작적 조건형성(operant conditioning)은 동물 훈련에 종종 이용된다. 그것이 강제나 처벌에 의존하는 것보다 더 긍정적인 훈련 방식이 되기 때문이다. 예컨대 행동주의 방식으로 훈련함으로써 동물원과 실험실의 동물이 채혈을 위해 자발적으로 팔다리를 내놓게 할 수 있다. 그 지지자들의 시각에 의하면 이러한 훈련 방식을 통하여 인간과 동물 사이에는 소통 체계가 형성된다(Sutherland, 2009).

해리 할로(Griffin and Harlow, 1966)의 모성 박탈 연구(maternal deprivation studies)는 비교심리학의 악명 높은 사례 중 하나이다. 심리학자인 할로는 붉은털원숭이를 대상으로, 다양한 환경에서 양육되는 새끼 원숭이들이 어떻게 발달하는지 관찰하기 위한 실험들을 진행했다. 한 실험에서 그는 새끼 원숭이에게 철사로 만들어진 대리모와 테리 직물로 만들어진 대리모를 제공하고, 그중 어느 한 쪽의 대리모를 통해서만 우유를 공급했다. 새끼 원숭이들은 일반적으로 우유 공급 여부와 상관없이 천으로 만들어진 대리모에 의지하며 그것을 끌어안았는데, 그 대리모를 빼앗자 새끼 원숭이들은 낯선 상황에 불안함을 느껴 울거나 비명을 질렀다. 젖을 뗐기 때문에 더 이상 어미로부터 우유를 공급받을 필요가 없는 새끼 원숭이들조차 천으로 만든 대리모에 편안함을 느끼며 매달렸다. 할로의 연구는 철사로 만든 대리모와 함께한 새끼 원숭이에게는 심리적 문제가 생긴다는 점을 보여주었다. 이 연구는 어머니에게 아이와의 접촉을 줄이라고 조언했던 1950년대의 대중적 육아 이론을 반박하는 데 이용됐다. 할로는 다른 연구에서 새끼 원숭이를 완전한 격리 상태에 처하게 했는데, 우리가 예상할 수 있는 바와 같이 이들은 매우 심각한 심리적 문제를 갖게 됐다.

초기 행동학과 비교심리학은 동물 행동에 대한 '본성-양육(nature-nurture)' 접근 방식의 사례라고 할 수 있다. 동물 행동은 고정된 것인가(즉 본성에 의한 것인가), 아니면 환경(양육)에서 기인하는 것인가?

동물에게 정신(mind)이 있을까? 다시 말해, 그들에게도 감성(feeling), 사고(thought), 의도(intention)라는 것이 있을까? 아주 최근까지도 이 질문에 대한 답은 '아니오'였다. 19세기 심리학자 C. 로이드 모건(C. Lloyd Morgan)에 따르면 "어떤 행동이 심리 척도상 낮게 평가되는 작용의 결과물일 경우, 우리는 그것을 높은 정신 능력이 발휘되어 나타난 결과로 해석할 수 없다"(1894:53). 다시 말해, 자신의 짝이 죽은 뒤 거처를 서성이는 동물의 행동을 비통함으로 해석하는 것보다는 그냥 배고파하는 것으로 해석하는 것이 더 쉬운 일이다. 전통적 동물행동주의자에게 본능은 감정보다 항상 앞서는 것이다. 그러나 모건의 그 다음 문장을 기억해야 한다. "동물에게 고등정신과정(higher mental process)이 존재한다는 독립적 증거가 있다면 그것을 결코 배제해선 안 될 것이다"(ibid.). 즉 동물에게 고등정신이 있다는 증거를 확인하게 되면 우리는 그들이 그것을 사용한다는 점도 무시할 수 없다고 모건조차 인정한 것이다. 문제는 이것이다. 우리가 관찰 가능한 동물의 행동만으로, 특히 그들의 사고와 감정을 관찰하는 게 쉽지 않은 상황에서, 항상 소극적 방식으로 가정을 세운다면 그 증거를 어떻게 확인할 수 있겠는가.

동물행동연구와 환원주의

이 장에서 살펴본 바와 같이, 오늘날의 행동학은 과거의 연구에 많이 빚지고 있다. 하지만 현대의 많은 학자들은 초기의 **환원주의**(reductionism)적 접근에서 멀리 벗어나 있으며 전통적 의미의 행동주의는 이제 거의 받아들여지지 않는다. 여기서 환원주의란 복합적 현상을 가장 단순한 생물학적 설명으로 환원하는 방식을 가리킨다. 생물학자 린다 버크(Lynda Birke)는 오늘날 우리가 동물에게 가하는 열악한 대우의 근저에 생물학적 결정론이 있음을 지적했다. 동물이 18세기 데카르트의 주장처럼 기계 이상의 존재가 아니라면, 그리고 다수의 행동주의 설명처럼 환경 자극에 반응만 할 수 있는 존재라면, 또는 특정한 방식으로만 행동하도록 고정되어 있는 존재라면, 그들은 우리 인간이 당연히 누리고 있는, 예컨대 피해를 입지 않을 권리 같은 어떠한 권리도 누릴 수 없는 것이다. 또한 버크는 여성이 한때 오직 생물학에 근거하여 규정된 존재였음에 주목한다. 일례로 여성은 아이를 낳는 존재이기 때문에 교육을 받을 수 없었다. 너무 많이 배우면 사궁에서 피가 빠져나가 출산이 불가능해진다는 이유 때문이었다. 오늘날 우리는 이 말이 얼마나 어처구니없는지 알고 있지만 이는 여성의 사회적, 정치적 운명이 종종 생물학과 연결되어 왔음을 보여주는 분명한 사례라 할 수 있다. 페미니즘 덕택에 오늘날 여성을 제약하는 데 생물학적 결정론이 이용되는 일은 별로 없지만, 과학에 의해 개별적 존재가 아닌 하나의 종(species)으로만 받아들여지는 동물에 대해선 여전히 그리고 분명하게 생물학적 결정론이 이용되고 있다.

환경사회학자 아일린 크리스트(Eileen Crist, 1999)는 과학자들이 동물을 논하며 사용하는 언어가 동물을 생물학의 영역에 묶어놓는 데 어떤 역할을 하는지 주목한다. 그녀는 동물을 묘사하는 데 중요한 역할을 하는 언어가 중립적이지 않음을 지적한다. 크리스트는 충실히 수행된 동물행동연구의 내용과, 동물이 자신의 세계 속에서 실제로 드러내 보이는 모습이 근본적으로 다르다고 설명한다. 과학이 언제나 객관성을 의미하는 것은 아님을 그녀는 보여준다. 예를 들어 우리가 동물의 삶을 표현할 때 전문 용어를 사용하면 (일례로 '사랑love' 대신 '애착attachment') 동물은 객체로 개념화되기 쉽고, 반대로 일상용어를 사용하면 동물을 주체로 고려하는 관점이 반영된다. 비교심리학 연구가 수행되는 조건에 대해서도 문제를 제기할 수 있다. 우리에 갇혀 계속 주삿바늘에 찔리고 조사받고 투약당하는 상황에서는 동물이 자연스럽게 행동하지 못한다.

인류학자 바버라 누스케(Barbara Noske, 1989, 1977)는 동물에 대한 과학적 이해가 거의 전적으로 환원주의적이며 동물을 객체화하고 있다고 서술한다. 인간에 대한 과학적 이해는 이제 그러한 경향에서 완전히 멀어졌음에도 말이다. 노스케가 보기에 문제는 동물을 이해하기 위한 학문인 생물학과 행동학이 둘 다 환원주의를 기반으로 한다는 점이다. 인간에게는 다행스럽게도 오늘날 자신을 설명하는 학문인 문화인류학이 있다. 반면 동물에 관한 것은 그들을 객체화하는 생물학적, 유전적 설명뿐이다. 동물 행동을 다루는 과학은 동물의 삶이 지닌 주관적 차원을 (접근 불가한 것으로 규정하거나) 부인함으로써 이러한 시각을 지지하고 강화한다. 동물이 하는 행동이 강화된 조건 반응이든, 유전적으로 고정된 것이든, 아니면 다른 메커니즘이든 간에 결론은 언제나 같다. 동물은 기계와 별다르지 않은, 내재적 삶이 없는 존재라는 것이다.

일부 생물학자들은 여전히 (생각하고 느낄 수 있는) 인간과 (그럴 수 없다고 추정하는) 동물 사이에 본질적 차이가 존재한다고 생각한다. 그들은 동물이 개별적 행위성(individual agency)과 자기 결정의 여지없이 전적으로 유전자 또는 환경에 대한 자동 반응에 따라 지배되는 존재라고 이야기한다. 반면 많은 행동학자들을 포함한 다른 과학자들은 동물에게 개별적 행위성의 여지가 있음을 인정한다. 앞으로 살펴보겠지만, 오늘날에는 완전히 새로운 세대의 행동학자들이 이러한 접근 방식을 훨씬 넘어선 움직임을 보여주고 있다. 이들은 '침팬지는 가부장적이다', '개들은 위계적 관계를 맺는다', '토끼는 영역 동물이다' 같은 일반화된 서술을 하는 대신, 하나의 종 내부에서 발견되는 풍부하고 다양한 속성에 집중한다. 동물과 함께 살거나 일하는 이들은 동물의 '개성(personality)'이 만들어내는 이러한 다양성을 아마도 당연한 것으로 받아들일 것이다.

동물의 능력에 관한 일반의 상식을 과학자들은 종종 보지 못한다. 철학자 제프리 메이슨(Jeffrey Masson, 1995)이 지적한 바와 같이, 동물은 인간이 지닌 (감정과 정신 같은) 것을 가질 수 없는 존재라고 가정할 필요는 없다. 과학자들은 일화적 증거(anecdotal evidence)를 (제인 구달이 말한 바와 같이 흔치 않은 사건들에 대한 세심한 기록임에도) 받아들이기 주저한다. (애완동물처럼) 갇혀 있는 동물과의 경험이나 조사를 통해 만들어진 증거는 그 환경이 자연스럽지 못하다는 이유로 (실험실에서 몇 년간 연구되는 동물이야말로 분명히 인공적인 환경에서 살고 있음에도) 평가절하된다. 하지만 그것이 그들의 감정 표현이나 사회적 행동의 근거가 적다는 의미는 아니다. 감정과 사고는 복잡하고 해석하기 어려운 것이지만, 그렇다고 해서 그것이 존재하지 않는다는 뜻은 아니다. 어떤 사람의 머릿속에 들어갈 수 없다고 하여 그가 스스로 표현하는 감정에 대해 우리가 아무 사고도 할 수 없는 것은 아니다. 우리는 타인이 어떤 생각을 하는지 알 수 없다고 해서 그가 아무것도 느끼지 못하고 사고하지 못한다고 가정하지 않는다. 동물에게도 이와 같은 상식이 적용되어야 할 것이다.

현대 행동학의 부상

일반적으로, 동물의 행동에 대한 과학적 연구인 행동학(ethology)은 1930년대 콘라트 로렌츠와 니콜라스 틴베르헌에 의해 시작된 것으로 여겨

그림 17.1. 제인 구달 박사와 곰베의 침팬지 '프로이트'. (사진: courtesy of Michael Neugebauer and the Jane Goodall Institute)

진다. 인간의 심리를 더 잘 이해하기 위해 시작되어 주로 실험실에서 연구가 진행된 비교심리학과 달리, (한때 동물학의 하위 분야로 받아들여졌던) 행동학은 전적으로 동물에 초점을 맞추었다. 역사적으로 볼 때 행동학은 '현장에서' 야생동물과 함께 진행됐고, 인간 행동과의 비교에 별로 관심을 기울이지 않았다. 또한 앞에서 언급한 바와 같이, 비교심리학이 환경 요인에 더 주목해온 것에 비해 행동학은 유전 요인에 훨씬 더 초점을 맞추는 경향이 있었다. 이 두 영역은 오늘날 여전히 구분되어 있지만 많은 부분 중첩되어 있기도 하다. 행동학과 비교심리학의 현대적 연구의 대부분은 동물의 자아 인식 문제 및 그들의 인지와 감정에 초점을 맞추고 있다.

현대 행동학은 1960년대부터 아프리카의 침팬지를 연구한 영장류 학자 제인 구달(Jane Goodall)의 작업에 의해 형태가 갖추어졌다고 해도 과언이 아니다(Goodall, 1971, 1986, 1990). 생물학자인 스티븐 제이 굴드(Stephen Jay Gould)는 제인 구달의 책『인간의 그늘에서(In the Shadow of Man)』의 서문에서,

제인 구달

제인 구달(Jane Goodall)은 1934년 런던에서 태어나, 1958년부터 인류학자 루이스 리키와 함께 연구를 시작했다. 리키의 도움으로 그녀는 탄자니아에서 침팬지의 행동에 대한 최초의 장기 연구에 착수했다. 그러다 아프리카에서의 연구를 잠시 중단하고 1965년 케임브리지 대학교에서 행동학 박사 학위를 받은 구달은 다시 아프리카로 가서 지금까지 연구를 계속하고 있다.

구달의 연구는 주로 곰베강국립공원에서 이루어졌는데, 그녀의 노력 덕분에 그곳의 침팬지들은 법의 보호를 받게 됐다. 침팬지의 행동에 대한 그녀의 연구는 오랫동안 지속되어 온 많은 억측에 도전했다. 예를 들어 구달은 침팬지가 도구를 이용할 뿐 아니라 스스로 제작도 하여 그것으로 자신의 몸이 아플 때 치료를 하고 원숭이 등에 대한 협동 사냥을 한다는 사실을 보여주었다.

그녀의 연구 방법이 끼친 영향으로 현대 행동학이 변화했다는 점 역시 중요하다. 이전에는 아무도 장기적이고 체계적인 야생동물 연구를 하지 않았고, 구달과 같은 방식의 관계를 수립하지 않았었다. 구달의 작업은 오늘날 곰베강연구센터(Gombe Stream Research Center)의 학자들에 의해 계승되고 있다.

그녀는 현재 곰베강연구센터의 연구를 지원하고 젊은이늘을 위한 뿌리와 새싹(Roots & Shoots) 프로그램을 운영하는 제인구달연구소를 관리하면서, 전 세계를 돌며 침팬지 보호를 위한 연설 및 동물 복지와 보호를 위한 프로젝트를 진행하고 있다.

탄자니아 곰베 국립공원의 침팬지에 관한 구달의 획기적 기술 방식에 대하여 이야기한다. 구달은 침팬지들을 우두머리 수컷(alpha male)과 수유하는 암컷(lactating female) 같은 유형으로 나누는 기존 방식이 아니라 마이크(Mike)와 플로(Flo)라는 개별적 존재로 기술했다. 그녀는 자신이 연구하는 침팬지들에게 과감하게 이름을 붙였으며 이는 초기 영장류 연구에서 전례가 없는 방식이었다. 그렇게 '우두머리 수컷'은 마이크, '수유하는 암컷'은 플로가 됐다. 굴드는 다음과 같이 기술한다.

> 이렇게 해서 우리는 우두머리 수컷이 언제나 제일 크거나 강하지 않더라도 특유의 영리함(마이크는 허세를 부리며 텅 빈 석유 초롱을 두드리면서 우두머리의 자리에 올랐다)과 절묘한 동맹(고블린은 몸이 침팬지 평균보다 작음에도 '분할 정복divide and conquer'이라는 제국주의의 가장 오래된 전략을 이해함으로써 현재 우두머리 자리에 있다)을 통해 그 지위를 차지할 수 있음을 알게 된다. 그리고 이 곰베 침팬지들의 25년 역사는 침팬지 일반에 적용되는 원칙이 아닌 특정한 사건들에 의해 특별하게 만들어진 역사임을 우리는 발견하게 된다.
>
> — 1988: VI

구달은 또한 침팬시의 사회 구조 형성에 있어 (침팬지들의) 개별적 행위성과 역사적 특수성이 차지하는 중요성을 인식했다. 그녀는 일반화가 가능한 '침팬지 세력권 행동(chimp territorial behavior)'뿐 아니라 하나의 집단이 두 개의 분파로 갈라지는 등의 다른 행동도 침팬지 사회만의 특징에 포함될 수 있음을 깨달았다. 구달은 우리가 동물에 대하여 설명할 때 사용하는 (모든 침팬지는 똑같다, 모든 박쥐는 똑같다는 식의) 균질화 및 정형화 담론에 처음으로 반기를 든 과학자 중 한 명이다.

이후 구달은 자신의 작업을 비과학적이라고 생각하는 학계 동료들로부터 정당성과 존중을 받기 위해 본인이 경험한 것을 바탕으로 저술 활동을 했다(Goodall, 1999, 2000). '객관적인' 과학자들은 구달과 달리, 자신이 연구하는 동물들에게 이름을 붙이지 않으며(대신 번호를 부여한다) 그 동물들에게 감정, 개성, 지능이 있다고 기술하지 않는다. 철학자 제프리 메이슨은 과학계의 구달 같은 사례에 대하여 아래와 같이 논평한다.

> 여성은 특히 공감으로 인한 의인화의 오류와 악영향에 빠지기 쉽다고 여겨졌다. 오랜 세월 동안, 여성은 너무 많은 감정을 느끼기 때문에 현실에서 분명 남성보다 하등하며 연구 대상인 동물에게 지나친 동질감을 갖는다고 여겨져 왔다.
>
> — MASSON, 1995:33

즉 여성은 동물에 대한 공감 때문에 동물을 잘 이해할 수 없다는 소리이다!

의인화

최근까지도 과학자들은 동물의 행동을 서술할 때 '슬픔', '질투', '비통', '기쁨' 같은 용어를 사용하면 의인화(anthropomorphism)를 한다는 무섭기 그지없는 혐의를 받았다. 여기에는 타당한 근거가 있다. 그 어떠한 인간도 (해부하지 않고서는) 동물의 머릿속을 들여다볼 수 없고, 동물의 행동을 해석하기 위해 그들이 어떻게 느끼는지 물어도 우리는 그 답을 들을 수 없다. 하지만 분명한 것은, 동물에게 지능과 감정과 개성이 없다는 믿음이 동물을 이용하는 이들에게 이득을 가져다 주었다는 점이다. 동물이 생각하고 감정을 느끼고 이성 능력이 있음을 인정하면 '우리 사회는 동물을 어떻게 대해야 하는가'라는 문제가 담긴 판도라의 상자는 열리게 된다. 예를 들어 최근 연구에 따르면 조류와 포유류뿐만 아니라 어류까지도 고통을 느낀다. 동물이 (심지어 무표정한 얼굴에 아무 감정도 없는 것처럼 보이는 어류조차도) 고통을 느낀다는 사실을 알게 되면, 동물에게 고통을 주고 싶지 않지만 예컨대 고기를 계속 먹는 사람들의 마음이 불편해진다.

환경사회학자 아일린 크리스트는 의인화에 대하여 "생활 세계(말하자면 행위와 의미로 가득 찬 삶을 사는 행위자의 세계)"의 언어로 동물의 삶을 표상화하는 것이라고 정의하고 그것을 옹호한다:

> 동물의 행동에 의미를 부여함으로써 그들은 주체로 떠오르게 되고, 동물을 주체로 묘사함으로써 그들은 확실하고 분명하게 정신 생활을 하는 존재가 된다.
> — CRIST, 1999:4

사랑, 증오, 비탄, 질투 같은 용어가 인간이 만들어낸, '인간'의 말인 것은 사실이다. 그러나 인간이 만들어냈다고 해서, 감정을 표현하기 위해 우리가 사용하는 이 단어들이 우리만의 소유물인 것은 아니다. 찰스 다윈조차 그의 획기적 저서 『인간과 동물의 감정 표현(The Expression of Emotions in Man and Animals)』(1872)에서 인간의 감정적, 지적 능력은 비인간동물과 공유하는 것임을 인정하고, '사랑' 같은 단어를 이용하여 동물의 행동과 그들이 경험하는 감정을 묘사한다. 우리는 앞에서 이미, 동물 행동을 더 단순한 과정의 결과로 설명할 수 있는데도 그것을 더 고차원적 정신의 결과로 해석하는 것을 경계하는 모건 준칙(Morgan's canon) 혹은 인지적 절약(cognitive parsimony)에 대하여 살펴보았다. 그러나 우리는 다윈이 설명한 진화적 절약(evolutionary parsimony) 또한 주목할 필요가 있다. 즉 인간과 침팬지처럼 서로 근접한 관계의 종들이 공통된 행동 양식을 공유하고 있다면 그들의 정신 작용 역시 근본적으로 유사한 것일 수 있다.

오늘날 많은 과학자들이 '조심스러운 의인화'라고 할 만한 방법으로, 우리 자신의 정신과 감정 상태에 대해 알고 있는 지식을 이용하여 동물의 정신과 감정 상태를 해석하려 하고 있다. 이러한 시도는 그 자체로 끝나는 것이 아니라 후속 연구 및 분석을 위한 토대를 형성하게 된다.

그러나 모든 사람들이 이러한 입장에 서는 것은 아니다. 생리학자 존 케네디(John Kennedy)는 행동학계 내에 의인화가 부상하는 것에 비판적이다. 케네디에 따르면 "동물이 우리와 마찬가지로 감정을 느끼고, 목적의식이 있고, 행동하는 존재라는 그 어떤 직접적 증거도 없다"(Kennedy, 1992:1). 케네디가 요구하는 증거가 무엇인지 분명히 알 수는 없다. 그는 단지 우리는 우리 자신이 경험하는 인간의 감정에 대해서만 알 수 있다고 말한다. 우리는 동물의 감정을 경험할 수 없기에 결코 그것이 존재한다고 말할 수 없다는 것이다. 그러나 동물은 단지 생물학적 기계일 뿐이라는 케네디의(그리고 초기 행동주의의) 입장 역시 입증이 불가능하다. 동물과 가깝게 지내거나 그들과 함께 일하는 사람들에게, 동물이 많은 면에서 우리와 똑같은 감정을 공유하고 있다는 점은 (동물의 감정에 대한 우리의 해석이 옳은지 여부에 관한 문제는 있더라도) 입증 가능성을 떠나 의심의 여지가 없는 문제이다. 그런 이유로 동물의 능력을 도외시하는 것은, 인류학자가 자신의 연구 대상이 연애가 아닌 중매결혼을 했기 때문에 또는 본인이 노래와 시와 가십을 해석하는 방법을 모르기 때문에 그에게 낭만적 사랑이 없다고 주장하는 것만큼이나 가당찮은 일이다.

동물의 지능

앞에서 언급한 바와 같이, 동물의 지능을 이해하기 위한 최초의 이론적 틀은 행동주의였다. 그에 따르면, 우리는 동물의 행동을 관찰할 수는 있지만 그 행동의 기저에 놓인 동기가 무엇인지 추론할 수는 없다. 그러나 1960년대부터 일부 과학자들은 동물의 행동을 이해하기 위해, 인간의 정신 작용에 대해 알고 있는 지식을 가지고 그와 비슷한 정신 작용의 증거가 다른 종에게도 있는지 찾아나섰다. 현대 인지행동학(cognitive ethology)의 창시자인 도널드 그리핀(Donald Griffin) 등은 1970년대 초에 최초로 동물을 인지(cognition), 사고(thinking), 의식(consciousness), 의식적 혹은 의도적 행동(conscious or deliberate behavior)이 가능한 존재로 상정했다. 그리핀은 현장과 실험실에서 얻은 증거를 이용하여, 동물의 행동은 융통성 있고 다양하기 때문에 환경이 변하면 그들의 행동 역시 변할 수 있음을 밝혀냈다. (연구자들은 이러한 적응행동adaptive behavior이 가능한 존재는 인간뿐이라고 오랫동안 믿어 왔다.) 그리핀의 연구(1976, 2001)는 고정적인 것처럼 보이는 동물의 행동이 상황의 전개에 따라 변할뿐더러, 기존의 추측과 달리 융통성 없고 틀에 박힌 것이 아님을 보여주었다.

최근에 연구자들은 동물에게 도구의 제작 및 이용(tool making and tool use), 범주 형성(category formation), 공간 기억(spatial memory), 거짓 행동(deceptive behavior), 사회적 교양(social sophistication), 인지 적응(cognitive adaptability), 상징(symbolism), 추상적 감정의 소통(communication of abstract feelings), 조건적·목적적 사고 및 행동('if-then' and 'purposive' thinking and behavior) 같은 복잡한 능력이 있음을 발견했다. 예를 들어 연구자들은 동물이 과거에 먹이가 놓여 있던 장소를 기억하고는 감각적 신호가 주어지지 않아도 그것을 찾아내는 사례들을 보고했다. 동물이 과거의 무언가를 기억하고 그 정보를 현재에 (심지어 자극이 없어도) 이용한다는 생각은, 동물은 생각할 수 없는 존재라고 믿는 이들에게 상당히 신기하게 여겨질 수 있다.

인간과 마찬가지로 동물은 구분할 수 있는 능력 또한 지니고 있다. 행동학자 존 펜트리스(John Fentress)는 1960년대에 루피(Lupey)라는 늑대와 함께 살며 그를 연구했다. 펜트리스(2000)는 루피가 어떻게 실수로 행동을 잘못한 자와 자신을 해치려 한 자를 구별할 수 있었는지 소개했다. 늑대가 묻어놓은 닭뼈를 펜트리스가 우연히 밟자 루피는 으르렁거리며 반응했지만, 그가 실수한 것임을 알고는 금방 용서했다. 반면 한 관리인이 루피의 머리를 삽으로 때렸을 때 루피는 이 사람을 절대 용서하지 않았지만, 그 남자의 공격 행위를 결코 다른 사람들에게까지 일반화하지는 않았다. 다른 사람들과는 평소와 똑같이 지내면서 자신을 때린 사람과의 관계만 영원히 차단했던 것이다.

연구자들은 또 동물이 추상적 범주를 이해할 수 있다는 사실도 발견했다. 예컨대 침팬지는 빨간색 공 두 개와 빨간색과 초록색이 섞인 공 한 개처럼 두 가지 부류의 사물들 간의 관계를 파악할 수 있다. 더 놀라운 것은 페인트 통을 열 때는 페인트 붓이 아닌 캔오프너를 이용해야 한다는 것처럼 닫힌 것을 여는 열쇠의 개념을 이해한다는 것이다.

모든 대형유인원은 도구를 만들어 그것으로 먹이를 획득한다. 침팬지는 협동, 영향력, 지위가 필요한 복잡한 전략을 이용하여 협동 사냥을 한다. 침팬지는 거짓말을 할 줄 알고, 대형유인원은 유머 감각도 있는 것으로 보인다. 그들은 상징을 이해하고 이용할 수 있으며, 일부는 숫자도 이해한다. 오랑우탄은 나뭇잎을 비막이, 베개, 냅킨으로 사용하거나, 심지어 나무를 오를 때 상처를 입지 않도록 손 안

그림 17.2. 브라우니는 소리 나는 장난감을 물고 서로 잡아당기는 놀이를 좋아한다. (사진: 저자)

쪽에 대고 '장갑'의 형태로 사용하는 등 새로운 문화적 행동을 계발한다.

까마귓과와 앵무새과의 새들은 사회적인 동물이며, 발육기가 길고, 큰 전뇌를 갖고 있다. 이 모든 것은 높은 지능의 근거이다. 일부 새들은 숫자를 셀 수 있고, 먹이가 있는 곳으로 가기 위해 독창적으로 우회로를 개척할 수 있으며, 먹이를 얻기 위해 도구를 만들어 사용할 수 있음이 여러 실험을 통해 밝혀졌다. 뿐만 아니라 그들은 이러한 행동들을 서로에게 가르쳐주고, 협동해서 사냥하며, 모방을 통해 학습하고, 필요한 경우 즉흥성을 발휘하기도 한다. 인간의 언어를 사용할 수 있는 동물은 앵무새뿐인데, 그들의 능력에 대한 연구 결과는 정말 믿기 힘들 정도이다(이 장의 뒷부분에서 소개하도록 하겠다).

코끼리는 인간 및 일부 다른 동물과 마찬가지로 성장하는 과정에서 여러 행동을 배운다. 수명이 매우 긴 새들처럼 코끼리는 긴 발육기를 거치는데, 그 기간에 어른 코끼리가 알아야 할 것들을 배운다. 코끼리는 도구를 사용할 줄 알며(코로 그것을 집는다), 일부 아시아 코끼리는 다른 코끼리나 여러

자연물을 그리는 법을 터득하기도 한다. 코끼리는 복합적 수행 능력과 독립적 문제 해결 능력을 지니고 있다. 아프리카코끼리는 아프리카인이 아플 때 쓰는 것과 똑같은 야생식물을 이용하여 자가 치유하는 법을 알고 있다. 코끼리가 가진 가장 특별한 능력은 인간을 능가하는 기억력과 청각 능력일 것이다. 코끼리는 수십 년 전에 방문했던 장소를 기억할 수 있으며, 자신의 가족이 1마일 이상 떨어진 곳에서 보내는 (죽어가며 지르는 비명을 포함한) 소리를 듣고 그것을 해석할 수 있다. 그들은 수십 년 전에 헤어진 가족이 남긴 오줌 냄새 흔적까지도 인식할 수 있다. 유사한 사례로, 높은 지능을 가졌음에도 그 사실이 잘 알려지지 않은 양의 경우, 가족 등 자신과 아는 관계에 있는 다른 존재의 얼굴을 인식할 수 있으며 그것을 수년간 기억할 수 있다. 또 그들은 행복한 얼굴과 불행한 얼굴을 구분할 수 있고, 익숙한 얼굴이 주위에 있을 때 편안해한다.

연구자들은 지난 30년간 돌고래의 지능을 이해하기 위한 연구를 시도해 왔고, 이 동물이 지구상에서 인간에 이어 두 번째로 영리한 존재임을 알아냈다. 돌고래는 매우 큰 뇌를 가졌을 뿐 아니라 수많은 문제를 해결할 수 있고, 인간의 언어를 이해하고 그에 반응하며, 많고 적음에 대한 개념을 이해할 수 있고, 심지어 자신의 코로 키보드를 이용할 수도 있다. 문제 해결 능력에 더하여, 그들은 미래에 대한 계획도 세울 수 있다. 또 주위 환경에 맞추어 각종 도구를 (입으로 물기나 코 주위에 두르는 식으로) 이용하기도 한다.

동물의 지능에 관한 익숙한 사례는 대부분 '영리한' 동물, 즉 유인원, 돌고래, 까마귀, 앵무새, 개에 관한 것이다. 그렇다면 다른 동물들의 경우는 어떨까? 세계에서 가장 많이 소비되면서 가장 많이 폄하되는 동물 중 하나인 닭조차 다양한 지적 측면을 보여주고 있다. 수년간 닭과 함께하며 그들을 연구한 캐런 데이비스(Karen Davis, 1995)는 닭의 지능에 관한 광범위한 내용의 저술을 했다. 예컨대 닭은 어떤 포식자가 등장했는지 그들을 구분하여 알림음(alarm calls)을 내며(다른 닭들이 이 소리에 반응하여 행동한다), 많은 수의 개별 존재들을 각각 따로 인식할 수 있는 잘 발달된 식별 능력과 기억력을 지니고 있다. 또 닭은 또 먹이의 위치 및 여타 환경에 관한 많은 정보를 다양한 발성을 통해 주고받을 수 있다. 그리고 남을 속이거나, 무언가를 예상하고 미래에 대한 계획을 세울 수도 있다.

동물의 감정

철학자, 과학자, 그리고 동물과 함께 사는 사람들은 동물의 감정에 대하여 지난 수천 년간 각자 다른 방식으로 이야기해왔다. 그러나 동물의 감정은 직접적으로 관찰되는 것이 아니기 때문에(행동주의의 경우 직접 관찰을 통해 얻은 자료만 수용 가능한 데이터로 인정한다) 핵심 문제에 대한 답을 구하기가 힘들다.

하지만 그럼에도, 동물의 감정을 연구하는 과학자들은 놀라운 진척을 이루어냈다. 오늘날 대부분의 행동학자들은 인간의 기본 감정(primary emotions)인 행복, 공포, 분노, 놀람, 슬픔 등이 동물에게도 존재함을 인정한다. 많은 학자들은 여기서 더 나아가, 동물이 후회, 갈망, 질투 같은 이차 감정(secondary emotions)도 느낀다고 보고 있다. 한 초기 연구를 통하여 우리는 동물이 무언가를 예상하고, 자신이 기대한 바대로 일이 일어나지 않으면 실망한다는 것을 알게 됐다. 동물 애호가들에게 이는 분명한 사실이다. 개는 주인이 신을 신으면 흥분하지만, 그러다 그가 혼자서만 밖으로 나가면 낙담한다. 최근의 한 연구에 따르면 계속 홀로 지내며 불안함을 느끼는 개는 비관적 행동을 보인다. 그러한 개를 인간으로 생각하여 표현한다면, 긍정적인 개가 자신의 삶을 '절반이나 찬' 컵으로 보는 것에 반해 비관적인 개는 자기 삶을 '절반이나 빈' 컵으로 본다고 이야기할 수 있을 것이다. 무언가를 예상한다는 것은 그들이 기억을 한다는 뜻이기도 하다. 그리고 동물이 기억을 한다는 사실은 그들이 자신의 기대가 꺾였을 때 놀람, 분노, 실망 같은 강렬한 감정을 느낄 수 있음을 의미한다.

최근의 다른 연구에서 밝혀진 바에 따르면, 동물은 고통을 느낄 수 있고 또 그 고통과 관련있는 감정적 상처가 남을 수 있다. 동물은 자신이 고통을 느낀다는 증거들을 드러내 보이며, 이는 동물과 일을 해본 사람이라면 누구나 아는 바이다. 꼬리가 밟힌 고양이, 갑자기 가슴이 꽉 조여진 말, 너무 꽉 잡힌 토끼가 아파서 내는 비명소리나 울부짖음을 생각해보라. 야생동물 고기 거래로 어미가 도살된 침팬지, 서커스단에 있었던 코끼리, 학대받고 방치됐던 개, 실험실 동물이었던 토끼 등 학대받았던 동물과 지내는 사람들 역시 동물의 감정적 외상이 몇 년이 지나도 지속된다는 점을 증언한다.

야생 및 감금 상태의 코끼리에 대한 연구 덕분에 우리는 동물이 비통(grief)이라는 감정도 느낄 수 있다는 것을 알게 됐다. 신시아 모스(Cynthia Moss, 2000)는 자신의 친족이나 친구가 죽었을 때 코끼리가 보이는 반응을 가슴 아픈 묘사로 기록하고 있다. "그들은 정신을 차리지 못하고 닥친 현실을 부정하며 죽은 코끼리를 일으켜 세우거나 그 입에 먹을 것을 넣어주기도 했다. 또 시신의 일부를 묻어주고는 밤새도록 그 곁을 지켰다. 심지어 코끼리는 다른 코끼리의 뼈를 발견하면 그것이 누구의 뼈인지 인지하고 그 인지에 맞게 반응한다." 제인 구달(1971)은 침팬지가 경험하는 비통에 관한 삼농적인 기록을 남겼다. "올리(Olly)는 생후 4주 된 새끼를 잃고서, 며칠 후 결국 단념하기 전까지 계속 그를 안고 손질해주고 젖을 주려 하면서 돌보았다. 플린트(Flint)는 어미가 죽자 비통해하다 결국 3주 반이 지난 후 자신 역시 세상을 떠났다." 노래하는 고릴라 코코(Koko)는 자신의 새끼 고양이 올볼(All Ball)이 죽자 분명하게 그리고 가슴 깊이 비통해했다. 고래, 돌고래, 개, 원숭이, 토끼 등 다른 동물들 역시 자신이 사랑하는 존재의 죽음 앞에서 비통함을 느낀다. 뿐만 아니라 자신의 친구 또는 사랑했던 존재가 죽자 그 뒤를 따라 자살한 동물에 관한, 주로 19세기에 쓰인 다수의 일화성 보고도 있다.

그렇다면 기쁨, 사랑, 우정의 경우는 어떠할까? 동물이 '부정적' 감정을 느낀다고 인정하는 연구자들조차 행복한 감정을 인정하는 것에 대해서는 조심스럽다. 하지만 오늘날에는, 동물과 함께 생활하고 일하는 사람들과 마찬가지로 많은 연구자들 역시 동물이 다양한 방식으로 즐거움을 느낀다는 것을 분명한 사실로 받아들인다. 코끼리가 오랫동안 떨어져 있던 동료와 기쁨의 재회를 갖는 것에 대한 보고도 있다. 예를 들어 1999년 셜리(Shirely)라는 코끼리는 루이지애나의 동물원에서 테네시에 있는 안식처로 옮겨졌다.

그곳에서 셜리는 제니(Jenny)라는 코끼리를 만나게 됐는데, 제니는 셜리를 보기 위해 크게 울며 둘 사이에 놓인 문을 차기 시작했고 셜리에게 가고자 하는 열망 때문에 쇠막대를 휘어놓기까지 했다. 마침내 둘이 함께 있게 되자 그들은 서로를 거의 떠나지 않고 항상 붙어 있었다. 알고 보니 두 코끼리는 22년 전 같은 서커스단에서 공연을 하던 사이였으며 그동안 서로를 잊지 않았던 것이다.

동물의 노는 행위 중 어떤 것은 진화적 행동으로 간단히 설명이 가능하지만(예컨대 새끼 고양이가 실을 갖고 놀거나 서로를 쫓으며 노는 것은 사냥 연습이 된다), 그들은 생존하는 데 별 도움이 되지 않는 놀이도 한다는 점을 묵살해서는 안 된다. 파도를 타는 돌고래, 휴지심을 내던지는 고양이, 사람에게 장난치는 동물, 호랑이에게 장난치는 원숭이, 창의적 방식으로 장난감을 뒤집는 앵무새 등은 생존 기술을 연습하는 것이 아니라 순전히 자신의 즐거움을 위해 그러한 행동을 하는 것이다. 돼지, 양, 염소, 고양이, 토끼 등 수많은 종의 새끼 동물이 놀이를 한다. 그들은 모두 달리고 날쌔게 움직이고 빙빙 돌기를 좋아한다. 심지어 문어도 목표물에 물을 쏘며 놀이를 한다는 사실이 알려졌으며, 쥐의 경우 놀이를 하며 떠들썩한 소리를 내는데, 어떤 과학자들은 그것을 쥐의 웃음소리로 해석한다.

이제 일부 연구자들은 동물이 이타심, 연민, 영웅심, 협동심, 당혹, 자랑스러움 등 더 복잡한 감정까지 느낀다고 생각한다. 고양이와 함께 사는 이들은 평소에 우아하던 자신의 고양이가 실수로 발을 헛디뎠을 때 누가 자기의 시빈꾸 꼬습을 봤으까 봐 주위를 둘러보고는 즉시 아무 일 없었던 것처럼 행동한다고 종종 이야기한다. 제인 구달도 이와 같은 침팬지 사례를 보고한 바 있다. 이는 마치 우리가 다른 사람들 앞에서 실수로 발을 헛디디고 나서 하는 행동과 같지 않은가! 행동학자 조지 페이지(George Page, 1999)에 따르면 당혹(embarrassment)이라는 감정은 인간 공동체 내의 중요한 사회적 조절 장치이며, 따라서 그것이 다른 동물에게서도 발견된다는 사실은 전혀 놀라운 일이 아니다.

코끼리들이 넘어진 동료를 일으켜 세우기 위해 다 함께 돕는 모습을 많

은 이들이 관찰하고 기록했다. 그
리고 코끼리들은 야자나무의 잎과
가지로 죽은 친구를 '묻어' 줄 뿐
아니라, 가족을 보호하기 위해 생
명의 위험을 감수하고, 다른 코끼
리를 위해 새끼를 대신 봐 주고, 상
처 입거나 병에 걸린 코끼리를 돕
고, 예컨대 아는 코끼리가 죽는 모
습을 본 후에는 외상후스트레스장
애(PTSD)의 징후를 보인다.

그림 17.2. 「돌고래」(Dan Piraro. 만화 제공: www.
bizarro.com.)

암컷 쥐는 자신이 살던 곳을
떠나게 되면 그 자리에 다른 젊은
암컷 쥐를 데려다놓는다. 새끼 범

고래는 장난기 많고 호기심이 강한 존재라서 그 어미는 인간 때문에 야기되
는 위험, 예컨대 보트 모터에 가까워지는 것 등으로부터 새끼를 보호하기 위
해 일부러 그들을 위험에 노출시키곤 한다. 화재가 발생했을 때 잠자고 있
던 사람을 깨운 반려견의 이야기가 많이 전해지는데 사실 앵무새, 돼지, 햄
스터 등 다른 동물도 그같은 행동을 해왔다.

1세기에 쓰인 플루타르코스의 글에는 어미 닭과 병아리 사이의 깊은
관계를 다룬 내용이 담겨 있다.

암탉이 자신의 병아리들을 얼마나 소중히 여기는지 우리는 매일 지켜
본다. 어미는 날개를 펼쳐 그들을 품고, 병아리들이 자기 등 위로 올라가 뛰
어도 아픈 것을 참으며, 기쁘고 다정한 목소리로 다시 그들을 품는다. 모두
의 안전이 염려되는 상황에서는 닭과 뱀이 없는 곳으로 날아가지만, 병아
리들을 보호해야만 하는 순간에는 위험을 무릅쓰고 강하게 싸운다.
― PLUTARCH, 1874

얼마 전 발표된 한 연구(Fraser and Bugnyar, 2009)에 따르면 큰까마귀는 싸움을 한 뒤에 서로를 위로하고, 곤란한 상황에 처한 친구나 친족을 돕기 위해 노력한다. 생물학자 마크 베코프(Marc Bekoff, 2004)는 동물에게 정의(justice), 도덕(morality), 페어플레이(Fair Play) 등에 대한 감각이 있으며, 인간에게 이런 개념이 있는 것 또한 동물로부터의 진화를 통해 이루어진 것으로 상정한다. 동물이 서로 협력 관계만 맺는 것은 아니다. 서로 놀다가 어떤 동물이 공격적으로 무는 '편법'을 쓰거나 먹이가 있는 곳을 알려주지 않거나 하면 상대 동물은 일반적으로 화를 내며 반응한다. 이는 많은 동물이 페어플레이와 도덕적 행동의 가치를 중시한다는 것을 보여주는 모습이다. 일례로 아이린 페퍼버그(Irene Pepperberg, 1999)의 연구 보고에 따르면, 그녀가 앨릭스(Alex)라는 앵무새에게 속임수를 쓰자 앨릭스는 격렬한 분노로 해석되는, 즉 눈을 가늘게 뜨고, 깃털을 부풀리고, 날개를 펴고, 고개를 숙이는 행동을 보였다.

동물의 언어

인류학자와 언어학자들은 인간과 비인간동물의 차이를 규정하는 것 중 하나가 상징 언어(symbolic language)의 사용이라는 입장을 오랫동안 견지해 왔다. 학자들은 많은 동물이 복잡한 의사소통 체계를 갖고 있다는 사실을 기꺼이 인정한다. 그런데 인간의 언어에서는 같은 언어 공유자와의 추상적 개념 소통을 위해 임의적 상징이 이용된다. 인간 언어를 연구하는 내부분의 학자는 인간이 다른 영장류로부터 분화되고 한참 지난 후부터 언어를 사용하였으므로 인간은 언어 사용에 있어 비인간동물과 공유하는 부분이 없다고 주장한다. 동물의 '구두 의사소통 체계(oral communication system)'는 (먹을거리나 위험 등) 특정한 자극에 대한 반응으로 나오는 한정된 수의 소리로 이루어진 '콜 시스템(call systems)'인 것으로 이해된다. 정보를 주고받기 위한 동물의 의사소통은 소리뿐 아니라 신체 언어, (포유동물의 경우) 얼굴 표정, 냄새 등의 신호를 이용함으로써 이루어진다. 사회적 동물, 이를테면 영장류와 고래목 동물(고래와 돌고래), 많은 조류는 상당히 복잡한 의사소통 체계를 지니고 있다.

하지만 동물이 '진정한' 언어를 가질 수 있을까? 언어학자들에 따르면 인간의 언어에는 고유한 특징들이 있다. 멀티미디어적 가능성(multimedia potential), 문화적 전달성(cultural transmission), 자의성(arbitrariness), 창조성(creativity), (시간·공간적으로 동떨어진 사물이나 사건에 대해 말할 수 있는 능력인) 전위성(displacement) 등이 그것이다. 그동안은 이러한 특징을 가진 언어를 사용하는 존재는 인간뿐이라고 생각해 왔다. 그러나 비인간동물의 의사소통 체계에 대한 새로운 연구, 즉 **동물 언어 연구**(유인원에 대해서만 연구할 경우에는 '유인원 언어 연구')는 그러한 기존 인식에 도전하고 있다.

언어학자 콘 슬로보치코프(Con Slobodchikoff)는 여러 초원 지역에서 살고 있는 **설치류**, 프레리도그를 연구하여 그들이 언어를 사용하고 있음을 알게 됐다. 그의 연구(Slobodchikoff, Perla, and Verdolin, 2009)에 따르면 프레리도그 집단 내에는 명사, 동사, 형용사를 포함하는 의사소통 체계가 존재한다. 그들은 서로에게 사람, 매, 코요테, 개 중 어떤 침입자가 어떤 속도로 접근하고 있는지 알려줄 수 있으며, 인간의 손에 총이 들려 있는지 아닌지도 표현할 수 있다. 또 코요테 수가 여러 마리여도 그들을 각각 구별할 수 있으며, 그 중 어느 코요테가 오고 있는지 알려줄 수 있다. 뿐만 아니라, 접근하는 코요테가 곧장 무리 쪽으로 와서 굴에서 멀리 떨어져 있는 프레리도그를 습격하려 하는지, 아니면 구멍 옆에 누워 프레리도그가 나오길 끈기 있게 기다리려 하는지도 파악하고 알려줄 수 있다. 그들은 어떤 사람이 무슨 색 옷을 입었는지와 그의 크기 및 형상에 대해서도 서로 대화를 나눌 수 있다. 그리고 슬로보치코프는 프레리도그가 태어날 때부터 이와 같은 알림음을 아는 것은 아니라는 증거를 찾아냈다. 새끼 프레리도그는 그냥 울기만 할 수 있을 뿐, 위의 모든 것은 그들이 배워야 하는 것이다. 슬로보치코프는 그 근거로 프레리도그가 플래그스태프, 애리조나 등 지역별로 각기 다른 사투리를 사용한다는 점을 든다.

슬로보치코프의 프레리도그 연구는 그들의 의사소통이 띠는 복잡성뿐 아니라 그들이 현재 일이 아닌 것에 대해 대화할 수 있다는 것도 보여준다. 즉 그들의 언어는 전위성(displacement)을 갖는다. 프레리도그가 큰 키에 파란 옷을 입은 사람에 대하여, 그가 없을 때도 대화를 나눌 수 있다는 사실은 동물의 인지 능력에 대한 사람들의 뿌리 깊은 관념에 도전하는 정말 놀라운 발견이다. 또 한 가지 믿기 힘든 발견은, 프레리도그가 자기 주변에 등장한 새로운 사물이나 존재에 해당하는 새로운 단어를 만들어낸다는 점이다. 이는 그들의 언어에 생산성(productivity)도 있음을 의미한다.

개에 대한 연구에서도 이전에 알려지지 않았던 동물의 복합적 언어 및 추론 능력이 밝혀졌다. 예컨대 독일의 보더콜리 종 리코(Rico)는 200개 이상의 단어를 이해하고 그에 반응한다. (파란색 뱀을 가져오라는 식의) 올바른 명령을 들으면 장난감 더미에서 그것을 빼오고, 명령으로 새로운 단어를 들었을 땐 배제의 절차(process of elimination)를 이용하여 그것이 이전에 본 적 없는 장난감을 뜻하는 단어일 거라고 추론한다. 이는 빠른 의미 연결(fast mapping)이라고 알려진, 새로운 단어를 익히는 능력이다. 다른 보더콜리 종 베시(Betsy)는 무려 340개의 어휘를 이해하고 그에 반응할 수 있다. 뿐만 아니라 그녀는 사진과 그 사진에 찍힌 사물을 연결시키는, 개에게서 기대하지 않았던 기술도 보여주었다.

앵무새 역시 인간의 언어를 사용하는 놀라운 능력을 지녔는데, 그들은 영어 같은 인간의 언어를 실제로 말할 수 있는 유일한 동물이다. 예를 들어 2007년에 세상을 떠난 회색앵무 앨릭스(Alex)는 아이린 페퍼버그(1999)에게 훈련받아 영어를 이해하고 말할 수 있었다. 앨릭스는 1,000개 이상의 단어를 알았으며 색, 수량, 형태, 감촉 등을 기준으로 사물을 분류하여 인식할 수 있었다. 그는 페퍼버그 박사와 대화를 이어나갈 수 있었고 자신의 생각과 감정을 분명히 말할 수 있었다(페퍼버그 박사가 그에게 처음 말을 가르친 이유는 그가 세상을 어떻게 바라보는지 묻기 위해서였다). 에이미 모가나(Aimee Morgana)라는 학자와 함께 지내는 회색앵무 은키시(N'kisi) 역시 유명하다. 은키시는 동사를 문장에 맞게 활용하고 과거와 미래 일의 표현을 위해 단어를 사용할 수 있는 유일한 동물로 알려져 있다. 그는 자신의 과거 경험을 이야기하면서, 단순한 기억력을 넘어 지금 이곳에 해당하지 않는 문제에 대해 이야기할 수 있는 능력을 보여주었다. 은키시는 다른 이에 대한 염려를 표현할 수 있고, 농담할 수 있고, 거짓말을 할 수 있고, 가짜로 어떤 행세를 할 수도 있다. 현재 모가나는 은키시가 언젠가 글을 읽을 수 있길 바라며 그에게 철자를 가르치고 있다.

언어 실험 대상 동물 중에는 돌고래도 있다. 아케아카마이(Akeakamai)라는 큰돌고래는 하와이의 해양 포유류 실험실에서 장기간 진행한 언어 연구에 2003년 세상을 떠날 때까지 참여했다. 그녀는 인간의 단어와 기초적 문장을 이해하고 그것에 적절한 반응을 할 수 있었다. 인간, 코끼리, 그리고 일부 새와 함께 큰돌고래는 '발성학습(vocal learning)'이 가능한 동물로 알려져 있다. 즉 그들은 타자의 복잡한 발성을 모방할 수 있다. 그리고 그들에겐 고유한 '서명 휘파람(signature whistle)'이 있어서, 심지어 그 소리를 수중 스피커로 재생해도 자기 친족 돌고래와 친구의 휘파람을 인식하고 그것에 반응한다.

비인간동물의 언어 능력에 대한 연구 중 가장 잘 알려진 것은 아마도 영장류의 사례들일 것이다. 수년간 연구자들은 영장류 동물에게 인간의 언어를 가르쳐왔다. 그들 대부분은 수화법을 배워왔기에 인간의 신호와 말을 이해하고 그것에 자신의 신호로 응답할 수 있다. 다음은 그중 잘 알려진 예들이다. 침팬지 와쇼(Washoe)는 미국 수화 언어(American Sign Language, ASL)의 어휘를 100개 이상 습득했다. ASL을 익힌 두 번째 침팬지 루시(Lucy)는 위탁 가정에서 지내다가 이후 야생에서 살게 됐지만 결국 밀렵꾼에게 살해당했다. 캘리포니아고릴라재단(Gorilla Foundation in California)의 연구 시설에서 생활하는 고릴라 코코(Koko)는 평소 400개의 ASL 어휘를 사용하며, 한때는 700개가 넘는 어휘를 사용하기도 했다. 그리고 칸지(Kanzi)라는 보노보는 특정 단어를 의미하는 각각의 기호가 그려진 키보드인 렉시그램(lexigram)을 이용하여 연구진과 의사소통을 할 수 있다.

연구자들에 따르면 이 유인원들은 속임수, 창조성과 생산성, 전위성, 멀티미디어적 가능성, 문화적 전달성 등을 포함하는 폭넓고 다양한 언어 능력을 보여주었다. 예를 들어 코코는 새로운 생각을 주고받기 위해 종종 새로운 신호를 개발함으로써 창조성을 발휘한다. 어느 누구도 코코에게 '반지(ring)'라는 단어를 가르쳐주지 않았는데도 그녀는 '손가락(finger)'과 '팔찌(bracelet)'를 결합한 '손가락-팔찌(finger-bracelet)'라는 단어로 그것을 표현했다. 코코는 거짓말을 하는 데도 언어를 이용할 수 있다. 한번은 코코가 벽에 설치된 싱크대를 바닥으로 떨어뜨려 놓고는 고양이 올볼의 탓으로 돌렸다. 코코와 연구 작업을 하는 페니 패터슨(Patterson and Linden, 1981)에게 올볼이 그렇게 했다고 말한 것이다. 또 코코는 유머를 사용하여 우스갯소리를 할 수도 있다. 한편 수년간 코코와 함께 살았던 고릴라 마이클(Michael)은 연구자에게 자신의 엄마가 총 맞는 것을 목격한 경험에 대한 묘사를 시도했다. 이는 전위성(displacement)을 보여주는 사례이다. 언어 사용과 관련하여, 영장류 동물에게 가장 덜 발전된 영역은 문법이다. 하지만 그들이 기초 문법을 사용할 수 있다고 볼 만한 근거가 있다. 와쇼를 연구한 로저 파우츠(Roger Fouts, 1997)는 와쇼가 'me tickle you(내가 너를 간질이다)'와 'you tickle me(네가 나를 간질이다)'의 차이를 인식하며 주어와 목적어의 차이를 이해했음을 강조했다.

그러나 이러한 사례들에 대해, 유인원이 잘 훈련되어 특정 신호에 반응해 보상을 기대하도록 조건형성된 것이지 언어를 사용하는 것은 아니라는 비판이 존재한다. 즉 유인원이 상징 언어를 사용하는 것이 아니라는 주장이다. 또 신호를 사용하는 유인원들의 모든 기량을 합치면 인간 언어의 기준까지 충족되지만, 각각의 유인원을 볼 때 그 기준을 만족시키는 개체는 없다. 반면, 오늘날 미국 수화 언어(ASL)의 최고 권위자인 언어학자 윌리엄 스토키(William Stokoe)조차 와쇼가 손으로 표현하는 신호는 자발적인 것이고 인간의 말에 의해 만들어진 행위가 아님을 지적하며 동물 언어 연구의 진실성을 인정했다.

칸지(상자글 17.2. 참조)는 오늘날 유인원 언어 연구에서 매우 유명한 동물 중 하나이다. 인간의 언어를 이해하고 렉시그램을 이용해 대답함으로써 인간과 의사소통하는 칸지의 모습을 본 사람들은 그가 가진 능력에 깜짝 놀랐

칸지

칸지는 30여 년간 진행되고 있는 수 새비지럼보 박사의 연구를 통해 뛰어난 영어 이해력을 가진 보노보로 잘 알려져 있다. 칸지는 구어체 영어를 이해하고 렉시그램(특정 단어를 의미하는 기호들이 그려진 특수 키보드)을 이용하여 인간과 의사소통을 한다. 칸지는 300개 이상의 단어를 사용할 수 있으며 수천 개의 단어로 만들어지는 문장들에 대해 정확하게 반응할 수 있다. 그는 어떤 단어를 들으면 그에 해당하는 렉시그램 기호를 누르며, 어떤 사물이나 행동과 관련 있는 명령을 듣고 그에 부합하는 반응을 보일 수 있다. 이뿐만이 아니다. 새비지럼보 박사에 따르면 그는 자신의 여동생 판바니샤(Panbanisha)에게 어떤 사물을 의미하는 '단어'를 소리 내어 말한다. 비록 인간처럼 말하는 것은 아니지만 그는 분명히 영어 단어를 '보노보' 언어로 번역하여 그것으로 다른 보노보들과 소통할 수 있다. 칸지는 자신의 여동생과 양모(養母) 마타타(Matata) 등 다른 보노보들과 함께 내형유인원 트러스트에 살며 계속 연구자들의 작업에 참여하고 있다. 그를 포함한 트러스트의 보노보들은 자동판매기에서 음식을 꺼내 전자레인지로 그것을 데울 수도 있고, 텔레비전으로 자신이 선택한 영화를 볼 수 있다. 칸지는 동물의 지능과 언어에 관한 여러 편의 다큐멘터리에 출연하기도 했다.

다. 수 새비지럼보(Sue Savage-Rumbaugh)는 대형유인원트러스트(Great Ape Trust)에서 칸지를 비롯한 보노보들을 연구했고, 놀라운 기록물인 「감금 상태 유인원의 복지: 특정 유인원 집단에 대한/의한 논평(Welfare of Apes in Captive Environments: Comments on, and by, a Specific Group of Apes)」을 2007

그림 17.4. 새비지럼보 박사와 칸지는 렉시그램으로 의사소통을 한다. (사진: courtesy of the Great Ape Trust)

년 《응용동물복지과학회저널(*Journal of Applied Animal Welfare Science*)》에 발표했다. 새비지럼보와 보노보인 칸지, 판비샤(Panbisha), 니오타(Nyota)가 공저자인 이 논문은 감금되어 있는 유인원들에게 더 나은 대우를 해주어야 한다고 주장한다. 그리고 새비지럼보는 이 세 보노보들에게 질문하여 그들의 요구사항 목록을 작성했다. 이곳저곳 이동할 수 있고, 자신이 선택한 신선한 음식을 먹을 수 있고, 가족 및 친구와 접촉하며 삶을 길게 지속할 수 있고, 자신의 자손에게 교육을 시킬 수 있을 것 등을 그들은 요구했다. 일반적으로 사람들이 동물에게 (심지어 동물을 대변하는 행동하는 비틀기까지 기의 음 읽혀느게 물어보지 않는다는 점을 생각하면, 이 논문은 매우 특별한 작업이었다. 새비지럼보는 물어볼 생각만 한 것이 아니라 그들과의 언어 작업을 통해 분명하고 일관성 있는 답을 얻어냈다. (새비지럼보와 칸지의 작업은 2010년 세라 그루언Sara Gruen의 소설 『보노보의 집(*Ape House*)』으로 발표되기도 했다.)

최근 수년간 비인간동물의 지적, 정서적 능력을 기록하고 평가하기 위해 이루어진 연구 중 가장 큰 의미가 있는 것은 아마도 동물 언어 연구일 것이다. 동물이 생각할 수 있고, 계획을 세울 수 있고, 고통을 느낄 수 있다는 점을 알게 되면 우리는 그것을 기반으로 동물에 대한 대우를 재고하게 된다. 많은 사람들이 동물도 생각하고 느낄 수 있다는 내용의 연구를 들어보았거나 직관적으로 그 사실을 알고 있지만 여전히 쉽게 무시한다. 왜냐하면 오랫동안 동물에게는 언어가 없다고 여겨왔기 때문이다. 자신의 감정을 이야기하지 못하는 그들에게 우리는 주의를 기울일 필요가 없는 것이다. 그러나 유튜브에서 새비지럼보 박사와 칸지가 대화하는 동영상을 보고 나면, 일부 동물은 자신이 어떻게 느끼는지 우리에게 말할 수 있다는 불편한 진실을 무시하기 힘들어진다.

동물의 자아

돌고래나 유인원처럼 자아인식(self awareness) 능력을 가진 것으로 알려진 동물의 수는 얼마 되지 않는다. 다시 말해, 그들은 자신을 대상으로서 바라볼 수 있는 존재이다. 사회학자들은 우리가 이러한 방식으로 자신을 바라봄으로써 복잡한 사회적 환경 속에서 타자와 관계를 맺게 된다고 설명한다. 그들은 또 오직 인간만이 이러한 방식으로 자신을 응시할 수 있다고 가정했다. 그런데 이는 어떤 방법으로 확인할 수 있을까?

이 분야에서 가장 잘 알려진 연구 기법은 거울 테스트(mirror test)로서, 침팬지나 돌고래 같은 동물의 얼굴에 페인트를 묻혀 거울 속 자신의 모습을 보도록 하는 것이다. 거울 속 이미지가 자신의 모습임을 인지하지 못하는 다른 동물과 달리 돌고래, 대형유인원, 코끼리, 그리고 일부 새는 자기가 바라보고 있는 것이 자신임을 인지함은 물론이고 얼굴에 묻은 페인트 자국을 가까이 쳐다보며 그것을 지우려 한다. 돌고래는 거울에 비친 자신의 모습을 보고 장난을 치며 매우 즐거워한다. 그들은 엄청난 곡예를 하는 자신의 모습을 바라보는 걸 즐기는 듯 보인다. 많은 동물이 거울 테스트를 통과하지 못하는 상황을 둘러싼 논란도 일부 연구자들 사이에 존재한다. 이 테스트는 시각에 초점이 맞추어져 있는데, 사실 개를 포함한 많은 동물은 후각 등 다른 감각에 의존하고 있기 때문이다.

자기인지(self-recognition)와 연관된 개념인 메타인지(metacognition)는 동물이 자신의 생각에 대해 생각할 수 있는 능력을 뜻한다. 이를 검증하는 방법 중 하나는 자신이 무엇에 대해 아는지 모르는지 여부를 인간처럼 동물도 알고 있는지 알아보는 것이다. 동물의 지식과 문제 해결 능력에 대한 테스트는 일반적으로 질문에 대답하고 퍼즐을 푸는 능력을 평가하는 데 비해, 메타인지 테스트는 동물이 자신은 그것을 알지 못한다는 부정적인 응답을 할 수 있는지 여부, 즉 불확실성 대응(uncertainty response)을 평가한다. 원숭이, 돌고래, 유인원은 자신이 무언가를 알지 못한다는 사실을 아는 것으로 밝혀졌다. 뿐만 아니라 앵무새는 새로운 단어를 배웠지만 아직 사람들 앞에서 그것을 사용해본 적이 없는 상황에서, 혼자 그 단어를 중얼거려 보기도 한다.

자아에 대한 의식 혹은 감각의 또다른 사례로 마음이론(theory of mind)을 들 수 있다. 이는 믿음(belief), 의도(intent), 욕망(desire), 가장(pretending), 지식(knowledge) 등의 정신적 상태를 자신 및 다른 이들에게 결부시키는, 그리고 다른 이들은 나와 다른 믿음, 욕망, 의도를 지니고 있음을 이해하는 능력에 관한 것이다. 예컨대 누군가의 주의를 다른 곳으로 끌기 위해 그곳을 가리키거나 쳐다보는 식의 속임수(deception)도 마음이론과 관련있다. 예를 들어 돌고래와 앵무새는 몸으로 어느 쪽을 가리킬 수 있으며 유인원과 일부 새는 거짓말을 할 수 있다. 개는 자기 주인이 무엇을 보는지 알기 위해 그의 눈빛이 향하는 곳을 따라 볼 수 있으며, 그의 표정을 읽고 그에 맞추어 행동할 수 있다. 네덜란드 영장류학자 프란스 플로이(Frans Plooij)는 자신이 폼(Pom)이라는 침팬지를 어떻게 속였는지 소개한 바 있다. 그는 자신의 머리카락을 고르는 폼의 행동을 중단시키고자, 다른 쪽에 무언가 흥미로운 것이 있는 것처럼 쳐다보는 척을 했다. 그러자 폼의 눈은 그의 시선을 따라갔고 그곳에 어떤 흥미로운 것이 있는지 확인하기 위해 발걸음을 떼었다. 자신이 속았다는 사실을 알게 되자 폼은 다시 돌아와 플로이의 뺨을 때렸다.

또 일부 학자들은 동물에게 자아 개념이 있는지 파악하기 위해 동물과 인간 사이의 관계를 사회학적으로 연구했다. 예를 들어 상징적 상호작용주의(Symbolic Interactionism)에 따르면 인간의 자아는 타자와의 상호작용 속에서 발달한다. 개나 고양이처럼 인간과 빈번히 상호작용을 하는 동물은 인간 파트너의 요구를 이해하고 그것에 반응할 수 있다는 점에서 분명히 자아 감각을 지니고 있다고 일부 연구자들은 설명했다. 다시 말해 이 동물들은 공감할 수 있고 타자 역할을 취할 수 있는데, 이는 자아성의 핵심 요소이다. 동물들 간의 상호작용 역시 이러한 접근 방식으로 살펴볼 수 있다. 그들은 본능만으로 행동하지 않으며, 구체적으로 상황이 요구하는 바에 따라 다르게 행동한다. 이는 그들에게 행동적 융통성은 물론, 자신의 행동을 점검하고 갱신할 수 있는 의식과 능력이 있음을 뜻한다.

이 모든 연구는 많은 동물에게 감정을 표현하고 타자와 효과적으로 소통하고 타자 역할을 취하고 자신의 이해(interests)를 표현할 수 있는 능력이 있음을 보여줌으로써, 그들에게 자아 개념이 있음을 입증한다.

많은 비인간동물이 자아를 인식하고, 언어를 알아듣고 응답할 수 있으며, 인간처럼 사랑, 비통함, 증오, 질투 같은 복잡한 감정을 느낀다는 사실을 현대의 연구자들이 밝혀내고 있는 상황에서 다음 문제는 무엇일까? 이 동물들이 인간과 정신적, 감정적 역량을 아주 많이 공유하고 있다면, 이 사실은 우리가 이들을 대하는 것에 어떤 의미가 있을까? 우리는 우리의 즐거움을 위해 계속 그들을 서커스나 동물원에 잡아 가두고 전시해야 할까? 죽여서 잡아먹기 위해 계속 그들을 야만적 환경에서 사육해야 할까? 많은 부분에서 우리와 다를 바 없이 사고하는 동물에 대해 우리가 가져야 할 의무가 있다면 그것은 무엇일까? 18장에서 이 문제를 살펴보려고 한다.

더 읽을거리

Bekoff, M. and J. A. Byers, eds. 1998. *Animal Play: Evolutionary, Comparative, and Ecological Perspectives*. Cambridge: Cambridge University Press.

Bekoff, Marc, ed. 2000. *The Smile of a Dolphin: Remarkable Accounts of Animal Emotion*. New

York: Discovery Channel.

Bekoff, Marc. 2002. *Minding Animals: Awareness, Emotions and Heart*. Oxford: Oxford University Press.

Blum, Deborah. 2002. *Love at Goon Park: Harry Harlow and the Science of Affection*. Cambridge, MA: Perseus.

Byrne, R. 1995. *The Thinking Ape: Evolutionary Origins of Intelligence*. Oxford: Oxford University Press.

Crist, Eileen. 1999. *Images of Animals: Anthropomorphism and Animal Mind*. Philadelphia: Temple University Press.

Darwin, C. 1872. *The Expression of the Emotions in Man and Animals*. New York: Appleton and Company.

Dawkins, M. S. 1993. *Through Our Eyes Only? The Search for Animal Consciousness*. New York: W. H. Freeman.

De Waal, F. M. 1996. *Good Natured, The Origins of Right and Wrong in Humans and Animals*. Cambridge, MA: Havard University Press.

Goodall, Jane. 1971. *In the Shadow of Man*. London: Collins.

Griffin, D. R. 1992. *Animal Minds*. Chicago: University of Chicago Press.

Masson, Jeffrey Moussaieff and Susan McCartney. 1995. *When Elephants Weep: The Emotional Lives of Animals*. New York: Delta Trade Paperbacks.

Mitchell, Robert W., Nicholas S. Thompson, and H. Lyn Miles, eds. 1997. *Anthropomorphism, Anecdotes, and Animals*. Albany: State University of New York Press.

Parker, S. T., R. W. Mitchell, and M. L. Boccia, eds. 1994. *Self-Awareness in Animals and Humans, Developmental Perspectives*. New York: Cambridge University Press.

Savage-Rumbaugh, S. and R. Lewin. 1994. *Kanzi, the Ape at the Brink of the Human Mind*. New York: Wiley.

Sutherland, Amy. 2009. *Kicked, Bitten, and Scratched: What Shamu Taught Me About Life, Love, and Marriage*. New York: Random House.

참고할 만한 영상물

The Ape: So Human. DVD New York: Films for the Humanities and Sciences, 1998.

A Conversation with Koko. VHS. Directed by Nigel Cole. New York: Thirteen/WNET New York, 1999.

Inside the Animal Mind. DVD. Directed by Nigel Cole. New York: Thirteen/WNET New York, 2002.

Jane Goodall: Reason for Hope. VHS. Directed by Emily Goldberg. St. Paul, MN: KTCA-TV, 1999.

Koko: A Talking Gorilla. DVD. Directed by Barbet Schroeder. Paris: Les Films du Losange, 1978.

When Animals Talk. DVD. Produced by Rob Weller. North Hollywood, CA: Weller/Grossman Productions, 2000.

Why Dogs Smile and Chimpanzees Cry. DVD. Directed by Carol L. Fleisher. Jackson, NY: Fleischerfilm, Inc., 1999.

참고할 만한 웹사이트

Ethologists for the Ethical Treatment of Animals: http://www.ethologicalethics.org

Jane Goodall Institute: http://www.janegoodall.org

개와 사람 사이의 놀이 행동

로버트 W. 미첼(Robert W. Mitchell, 이스턴켄터키 대학교)

개와 인간의 놀이는 너무 흔하고 새롭지 않은 일이라 과학적 연구의 영역에 잘 포함되지도 못하는 듯하다. 그럼에도 내가 그것을 연구하는 이유는 놀이에 참여하는 개와 인간 모두로부터 흥미로운 심리 작용을 읽어낼 수 있기 때문이다.

개와 인간 사이의 놀이에 처음 관심을 갖게 된 것은 나의 박사 학위 논문 주제였던 까마귀의 의사소통 연구에 실패하고 나서부터이다. 까마귀들은 나를 보기만 하면 날아가 버렸다. 개와 인간의 놀이에 있어 한 가지 신나는 부분은 내가 나타나도 그들이 도망가지 않는다는 점이었다. 두 종(species) 간의 놀이를 지켜보며 나는 그것이 어떻게 이루어지는 건지 궁금증을 갖게 됐다. 맞다, 개는 오랜 기간에 걸쳐 가축화됐다. 하지만 예전에 난 붉은털원숭이와 개, 그리고 붉은털원숭이와 고양이 간의 놀이 상호작용을 관찰한 적이 있는데, 가축화나 계통발생의 유사성 등은 이종간 놀이와 상관없는 것이었다. 나는 그레고리 베이트슨(Gregory Bateson)의 아이디어에 영향을 받아, 개와 인간이 함께 노는 것은 어떤 면에서 이문화 교류(cross-cultural exchange)와 비슷하다는 사실을 깨닫게 됐다. 개와 인간의 놀이든 이문화 교류든, 당사자 양쪽이 모두 만족하든가, 아니면 교환관계가 아예 끝나버리든가 둘 중의 하나이다. 베이트슨은 상호작용을 다음과 같은 세 가지 유형으로 구분했다. 보완적 유형(complementary. A가 d를 하면 B가 e를 한다. A가 e를 하지 않으면 B는 d를 하지 않는다), 대칭적 유형(symmetrical. A가 c를 하면 B가 c를 한다. 반대의 경우도 마찬가지), 상호적 유형(reciprocal. A가 d를 하면 B는 e를 한다. B가 e를 하면 A가 d를 한다). 베이트슨의 견해에 따르면, 잘 유지되는 것은 상호적 유형의 관계이며 보완적 유형이나 대칭적 유형은 그렇지 않다. 이러한 견해를 기반으로, 나는 개와 사람 간의 놀이와 관계에 대하여 다음과 같은 질문을 던지게 됐다. 개와 인간은 서로 만족하기 위해 어떠한 방식으로 협력하는가?(실제로 그들의 놀이는 모두를 만족시키는 것으로 보인다.) 즉 그들의 관계는 보완적인가, 대칭적인가, 상호적인가?

　나는 개와 사람이 놀이를 할 때 자신이나 어떤 물체를 보여주다가 상대가 다가서면 뒤로 빼는 행동에도 강한 흥미를 느꼈다. 당시 속임수(deception)에 관한 책을 공동 편집하고 있던 나는 사람과 개의 속임수가 서로 유사한지, 아니면 사람이 동물보다 '심리적으로 더 복잡한' 속임수를 쓰는지 궁금했다.

　학위 논문 지도교수였던 닉 톰슨(Nick Thompson)과 나는 사람과 개가 하는 행동의 상응성(compatibility)을 평가하는 이론을 만들기 시작했다. 즉 (예컨대 상대에게 달려가거나 상대로부터 도망치기, 사물을 상대 쪽으로 움직이거나 상대로부터 떨어뜨려 놓기, 상대가 갖고 있는 사물을 잡아당기기 같은) 중요한 목표를 달성하도록 조직화된 과제에 각각의 행위자를 참여시켰다. 과제 구성은 1. 상대로 하여금 자신을 쫓게 하면서도 잡히지 않기(self-keepaway), 2. 내가 가진 물건을 상대가 뺏도록 유도하면서도 뺏기지 않기(object keepaway), 3. 달아나는 상대를 쫓아가기(chase), 4. 사물을 내밀었다 당겼다 하며 상대가 갖도록 유도하면서도 뺏기지 않는 속임 동작(fakeout) 등으로 이루어졌다. 만약 개의 과제와 사람의 과제가 상응한다면 양쪽의 행동이 서로 짝이 맞게 진행될 것이고, 상응하지 않는다면 그렇지 않을 것이다. 우리는 양쪽의 과제 행동이 동시적으로 발생할 때 그것을 '루틴(routine)'이라 했고, 과제가 상응하는 식의 루틴이 가장 많이 관찰될 것이라고 예상했다. 즉 한 행위자가 '잡히지 않기'를 하는 동안 파트너가 '속임 동작'을 하면 과제가 상응하지 않는 것이고, 한 행위자가 '뺏기지 않기'를 하는 동안 파트너가 '쫓아가기'를 하면 과제가 상응하는 것이다. 예상대로 대부분의 경우 과제가 서로 짝을 이루어 상응하는 루틴이 발생했고, 그것이 잘 이루어지지 않을 경우 한 파트너가 자신이 수행하던 과제를 바꾸거나 아예 놀이 자체가 중단됐다. 이러한 모습은 사람들이 친한 개와 놀 때뿐 아니라 낯선 개와 놀 때도 관찰됐다. 그리고 과제가 상호적으로 수행되는 경향도 관찰됐다. 개와 사람은 여러 과제를 수행했는데, 만약 개가 e와 상응하는 d 과제를 수행하면 인간은 대부분 e를 하고 사람이 d를 하면 개는 e를 했다. 과제가 이루어지는 관계를 보면 개중에는(서로 잡아당기기 놀이같이) 대칭성을 이루는 루틴도 있고 보완성을 이루는 루틴('속임 동작' 하기와 '속임 동작' 거부하기)도 있었지만, 일반적으로 수행된 것은 상호적 관계의 루틴이었다. 처음에 우리는 사람만 '속임 동작'을 하고 '속임 동작'을 거부하는(즉 자신이 가질 수 있다는 것이 분명해질 때까지 사물에 반응하기를 거부하는) 이는 개뿐일 것이라 생각했지만, 우리의 분석에 포함되지 않은 오래된 비디오테이프를 확인한 결과 두 과제에 개와 사람 모두가 참여한 것으로 드러났다.

놀이를 하며 속임수를 쓰게 되는 것은, 자신은 통제당하지 않으면서 다른 이를 통제하기 위해 상대가 성공하지 못하도록 유도하는 것이 사회적 놀이의 중요한 특성이기 때문이다. 그래서 '잡히지 않기'를 할 때 개는 사람이 자기를 쫓도록 하면서도 잡히지 않으려 하고, 잡힐 듯 행동하면서도 도망치는 개를 붙잡고자 사람은 '쫓아가기'를 한다. 어찌 보면 놀이는 불만과 좌절을 즐기는 것에서 탄생한다! 현상이 실재를 거스르듯 많은 놀이는 본래 속임수의 방식으로 이루어진다. 물론 그 속임수 행위 중 개와 인간 행위자의 계획으로 이루어지는 것은 하나도 없다.

개와 인간의 놀이 장면이 녹화된 영상을 통해 우리는 놀이 행동 중 벌어지는 일에 대해 더 많은 것을 검토할 수 있었다. 놀이 중에 사람들이 하는 아주 흔한 행동 중 하나는 개에게 말을 거는 것이다. 왜 개에게 말을 거는 것일까? 개들이 단어 몇 개 정도는 알긴 했지만 사람들이 그들에게 다양한 단어를 사용했으므로 대부분의 경우 그것은 어떠한 결과도 발생시키지 않았다. 같이 노는 개에게 "이리 와"라고 말한다고 해서 개가 더 숙달된 반응을 보이는 것은 아니다! 개에게 중요한 것은 단지 사람의 통제를 거스르며 노는 것이다. 따라서 엘리자베스 에드먼슨(Elizabeth Edmonson)과 나는 사람들이 개에게 말을 거는 목적이 무엇인지 이해하기 위한 조사를 해보았다. 그 목적은 개를 통제하기 위한(그리고 개의 주의를 끌기 위한) 것인가, 그냥 대화하는 척하기 위한 것인가, 아니면 개에게 말한다기보다 앞으로 무얼 할지 혼자 계획을 말해보는 것인가. 이는 생각하는 바를 입으로 말하는 사고발화법(think-aloud protocol)과 아기에게 말하는 행동(개에게 하는 것과 유사

하게, 말의 의미를 거의 이해하지 못하는 아기에게도 사람들은 주의를 끌기 위해 말을 한다)
에 대한 연구를 토대로 세운 가설들이었다. 가끔 사람들은(개가 할 응답까지 본인이 대신하며) 개와 대화도 하고 앞으로 무엇을 할지에 대한 계획을 소리 내어 말하기도 한다. 하지만 우리가 발견한 바에 따르면, 대부분의 경우 사람들이 함께 놀면서 개에게 말을 하는 것은 개의 주의를 끌어 (성공하지 못할 때가 많긴 하지만) 통제하기 위한 것이었다. 이후 우리는 사람들이 놀이 도중 개에게 하는 말과 아기에게 하는 말을 비교하는 더 직접적인 분석을 했다. 이 서로 다른 형태의 말하기에 대한 빈도 조사가 성차(性差, sex differences)나 친숙성 효과(familiarity effect)에 대한 검토와 함께 이루어졌다. 그 결과, 아기에게 말하는 듯한 화법(baby talk)은 놀랍게도 자신과 친숙한 개보다 친숙하지 않은 개에게 더 많이 사용됐다. 낯선 존재와 친해지기에 그것이 좋은 방법이기 때문일 것이다.

개와 인간의 놀이에 대한 다음 단계의 분석으로 나는 '속임 동작'과 '속임 동작' 거부하기 행동을 살펴봄으로써 개와 인간의 놀이 참여 정도, 놀이 도중 인간의 웃음이 갖는 맥락, 놀이 중 사람이 말을 할 때 사람과 개가 보이는 행동 등을 파악하고자 한다. 개와 사람 간의 놀이는 일상적으로 벌어지는 아주 매혹적인 활동이며, 세심히 살펴보면 흥미로운 결과를 얻을 수 있다. 평소 우리가 뻔하게 여겨온 것들도 시간을 내서 지켜보기만 한다면 흥미로운 것이 될 수 있다.

18

동물의 도덕적 지위

> 그 외계인은 나와 말을 하려는 시도조차 하지 않았다. 그것은 며칠 동안 내 옆에 머물렀고, 나를 쳐다보았고, 나를 만졌다. 하지만 그 모든 동작은 소통을 위한 것이 아닌, 어떤 목적을 가진 행동이었다. 그 외계인은 분명 자기 자신만 생각하는 독립적 존재였으며, 이는 그가 지닌 잔혹함을 설명하는 데 도움이 될 만한 부분이었다.
>
> — 어슐러 르 귄(Ursula Le Guin), 『미로(*Mazes*)』(1987)

어느 날 과학소설 영화의 상황이 실제로 일어난다고 상상해보자. 고도의 지능을 가진 다른 태양계의 외계인들이 자기네 행성의 식량 자원이 바닥나자 지구를 침략한 것이다. 외계인들은 지구를 식민지로 삼아 우리의 자원을 자기네 식량으로 사용하기로 결정한다. 특히 그들은 인간을 자신들의 주식량원으로 선택한다. 외계인들은 기술적으로나 지적으로나 인간보다 우월하고, 애초에 바로 이 점 때문에 이곳에 오기로 한 것이다. 그들은 인간을 사냥하고 죽일 뿐 아니라 칸칸이 가두어 밀집 사육하고 도살하는 생산 시스템을 운영하며, 이러한 대규모 인간 착취를 자신들의 우월성으로 정당화한다.

인간의 관점에서 볼 때 이는 우리의 방식을 졸렬하게 모방한 것에 불과하다. 하지만 외계인의 관점에서 생각해보자. 그들에게는 이 같은 방식으로 인간을 사육하고 도살하고 먹을 권리가 없는 것일까? 만약 그렇다면, 또는 그렇지 않다면 그 이유는 무엇일까?

데즈먼드 스튜어트(Desmond Stewart, 1972)의 단편에서 차용해 온 이 가상상황, 그리고 이 장의 서두에 인용한 어슐러 르 귄의 글은 동물의 권리 및 오늘날 우리가 동물을 대하는 방식의 도덕적 정당화 문제를 논하기에 좋은 시작점이 될 수 있다. 이 문제에 있어 우리의 윤리적 선택에 대한 명쾌하고 간단한 답이 존재하는 것은 아니다. 어떤 존재가 특정 대우를 받을 자격이 있는지에 관하여 우리는 어떻게 결정을 내릴 수 있을까? 만약 외계인이 앞의 방식대로 인간을 대하는 것이 적절하다면, 이는 어떤 종(species)에게 다른 종에 대한 권리를 가질 수 있게 하는 무언가가 있다는 뜻이다. 하지만 인간을 그렇게 대하는 것이 적절치 않은 것이라면, 우리가 동물에게 그와 똑같은 행동을 하고 있다는 점은 어떻게 정당화될 수 있을까?

당신은 외계인들이 지적으로 그리고 (아마도) 도덕적으로 우월하기에 무엇이든 할 수 있는 권리가 있고 그들의 모든 행위는 정당하다고 주장할 수 있다. 심지어 적자생존은 자연스러운 것이라는 주장도 할 수 있다. 하지만 지적 우월성이 다른 종을 죽이는 문제에 유일한 근거가 되는 것은 아니므로 외계인에게 그러한 행동을 할 권리가 없다고 주장할 수도 있다. 또는 사육되는 종이, 즉 인간이 고통을 느낄 수 있거나 자기에게 무슨 일이 일어나고 있는지 인식할 수 있다면 외계인들의 행위는 정당하지 않다고 주장할 수도 있다. 그리고 예를 들어 범죄자나 노년층이나 지적, 신체적 장애가 있는 이들처럼 특정인들에 대해서만 그러한 대우를 하는 것이 가능하다고 주장할 수도 있다. 이는 죽임을 당해도 괜찮은 존재, 또는 삶이 다른 사람들만큼 '가치'있지 않은 사람들만 고통을 받아야 한다는 인식이다. 이 시나리오는 황당무계해 보이는 만큼이나 동물의 도덕적 지위를 논하는 데 좋은 출발점이 될 수 있다.

동물에 대한 철학적 논쟁의 역사

고대 그리스 시대부터 서양의 철학자들은 동물의 도덕적 지위에 대하여 논쟁해 왔다. 기원전 4세기 아리스토텔레스는 이성의 징표인 말을 할 수 있는 존재는 인간뿐이며, 따라서 인간만이 유일하게 윤리적인 존재라고 기술했다. 비인간동물은 그렇지 않기에 인간을 위해 기여해야 하는 존재이다. 그는 식물과 동물과 인간이 자연의 위계질서 속에 놓여 있다고 생각했다. 인간은 이성을 가진 존재이기에 동물보다 우월하고, 동물은 의식을 지니고 있기에 식물보다 우월하다. 즉 동물은 인간에게 기여하기 위해 태어났으며 인간의 노예 같은 존재이다.

모든 그리스 철학자들이 아리스토텔레스와 같은 시각을 가진 것은 아니다. 그리스 사상가들 중에는 채식주의자도 있었는데, 그중 한 명이 피타고라스이다. 그는 인류와 마찬가지로 동물에게도 살 권리가 있고 채식주의를 통해 평화를 얻을 수 있다고 이야기하면서, 본인이 육식을 하지 않음은 물론이고 제자들도 고기를 먹지 않게 했다(Riedweg, 2005). 700년 뒤, 다른 그리스 철학자 플루타르코스는 「육식에 대하여(Of Eating Flesh)」라는 글을 통해 다음과 같이 이야기했다.

> 피타고라스는 대체 왜 고기를 먹지 않은 거냐고, 당신은 내게 묻는다. 하지만 내 입장에선, 어떤 마음과 정신을 가졌는지 모르겠으나, 도살된 동물의 살에 입을 갖다 대고, 그리고 방금 전 울고 움직이고 응시하던 그 영혼과 몸에 섬뜩하게도 고기와 음식물의 이름을 붙일 수 있는 사람이 놀라울 따름이다. 그의 시각은 도살된 동물의 토막 나고 가죽 벗겨진 몸과 피를 어떻게 견딜 수 있을까. 그의 후각은 그 냄새를 어떻게 견딜 수 있을까. 다른 존재의 상처를 씹고 그 치명상으로부터 나오는 액과 즙을 마시며 어떻게 그 맛을 기분 좋게 느낄 수 있을까.
>
> ― 1874:3

그러나 약간의 살점을 먹기 위해 우리는 그에게서 태양과 빛을, 그리고 즐기려고 태어난 삶과 시간을 빼앗는다. 그리고 그 동물이 우리에게 보내는 비명 소리는 불명확한 소음일 뿐이라고 여기며, 그것이 항의와 간청과 애원의 소리라고는 생각하지 않는다.

— 1874:6

플루타르코스는 대(大)플리니우스(Gaius Plinius Secundus) 등 다른 철학자들과 함께 동물도 이성을 지니고 있다는 철학(일명 Theriophily)을 공유했다. 이러한 견해는 고대 그리스 문화가 사라진 후 수천 년간 진지하게 받아들여지지 않았다. 동물과 관련하여 후대의 사상가들에게 영향을 끼친 그리스 철학자는 아리스토텔레스였다. 유대교인과 기독교인은 아리스토텔레스의 견해를 진지하게 받아들였으며 이집트의 영혼 개념을 수용했다. 초기 유대교 학자들은 인간이 동물에 대하여 갖는 차이와 우월성을 구체화하는 신학을 만들어냈다. 이것은 「창세기」에 잘 드러나 있다.

"그리고 하느님이 말했다. 우리와 비슷하게 우리의 모습대로 사람을 만들어 그가 바다의 물고기, 하늘의 새, 가축, 모든 땅, 그리고 그 땅 위를 기어다니는 모든 것을 지배하도록 만들자"(「창세기」 1:26).

성 아우구스티누스 또한 4~5세기에 쓴 저서를 통해, 동물(또는 여성)과 달리 신과 연결된 존재인 인간이 더 가치 있는 존재라는 사고를 보여주었다(Augustinus 2000). 아리스토텔레스에게서 영향을 받은 (신은 위계질서에 따라 모든 생명을 창조했으며 인간은 신 아래의, 동물은 인간 아래의 존재이다) '존재의 거대한 사슬' 혹은 자연의 단계(scala naturae)라는 중세의 관념은 이러한 견해를 너욱 강화했다.

동물보다 높은 인간의 위치는 13세기 신학자인 토마스 아퀴나스에 의해 더욱 공고해졌다. 그는 세상이 이성을 가진, 따라서 불멸의 영혼을 갖는 인격체(person)와 그렇지 않은 비인격체(nonperson)로 나누어진다고 주장했다. 본질적으로 비인격체는 어떤 방식으로든 인간의 이익을 위해 이용되는 존재이다(Thomas, 1906). 인격체는 이성적이기에 내재적 가치를 지닌, 존중받아야 하는 존재이다. 반면 비이성적 존재인 동물에게는 오직 도구적 가치만이 있기에 그들은 도구로서 인간이 결정하는 방식대로 이용된다. 아퀴나스는 스스로 자신의 행동을 지배할 수 있는 존재는 인간뿐이기에 인간에 대한 동물의 종속은 자연스러운 것이고, 따라서 인간은 동물에게 자선을 베풀 필요가 없다고 기술했다.

유럽 철학이 르네상스와 계몽주의 시대를 거치는 동안 인간에겐 동물에게 없는 특별함이 있다는 사고가 더욱 강화됐고, 이는 비인간동물에 대한 우리의 대우를 정당화했다. 예를 들어 17세기 철학자 르네 데카르트는 동물과 구별되는 인간의 기본적 특성은 정신과 말할 수 있는 능력이라고 주장했다(Descartes, 1991). 동물은 언어를 사용하지 못하기 때문에 데카르트는 그들을 고등정신이나 의식 없이 작동하는, 마음 없는 자동기계(automata)로 간주했다. 이러한 기구학(theory of mechanism)적 접근은 모든 자연계를(생각의 징표인, 말할 수 있는 능력을 가진 인간은 제외하고) 기계론적 용어를 통해 실명할 수 있는 것으로 보았다. 실제로 데카르트는 살아 있는 개를 의식 있는 상태로 해부했고 그들의 비명을 고통이 아닌, 기계가 만들어냄 직한 본능적 소음으로 해석했다. 이렇게 그들의 의식을 고려하지 않은 채 동물 행동을 설명하는 것은, 증명할 수 없다는 이유로 그들의 내면을 부정하는 단순한 설명 체계이다. 그에 따르면 "동물은 그 어떤 것도 느끼거나 의식할 수 없고…… 발로 걸어차이거나 외양간에 갇혀 있을 때 그들은 단지 고통을 느끼는 것처럼 행동할 뿐이다"(Smith, 1952:136 and 140). 그러나 그와 동시대를 살았던 위대한 사상가들 모두가 그렇게 생각한 것은 아니다. 예를 들어 존 로크(John Locke)는 동물도 분명히 고통을 느낄 수 있다고 주장했다. 비록 동물 학대가 잘못된 것임을 이야기하면서 그것이 사람에게 나쁘기 때문이라는 점만 언급하긴 했지만 말이다(Locke, 1996). 당대의 다른 사상가인 볼테르(Voltaire)는 이보다 더 나아가, 데카르트에 대한 응답으로 다음과 같은 유명한 글을 남겼다.

사람보다 훨씬 더 큰 애정을 품고 있는 개 한 마리가 어떤 야만적인 기술자들에게 붙잡혀 있다. 그들은 이 개를 테이블 위에 못으로 고정해 놓고 당신에게 장간막정맥을 더 잘 보여주기 위해 살아 있는 상태로 해부한다. 당신은 이 개의 몸속에 우리와 같은 감각기관이 있음을 알게 된다. 기계공이여, 이제 어떻게 생각하는지 한번 답해 보라. 이토록 많은 것을 느끼는 개를 자연이 아무것도 못 느끼도록 만들었다는 것인가? 이 개가 갖고 있는 신경은 아무 고통도 느끼지 못하는 신경인가? 창피한 줄 알아야 한다! 자연에 그렇게 약점과 모순을 씌우지 말도록 하라.

— 1796:34~35

데카르트 다음 세기의 철학자인 이마누엘 칸트는 인간을 동물과 구분 짓는 핵심적 특성으로 이성과 자율성을 들었다(Immanuel Kant, 1998). 이성적, 도덕적 선택을 할 수 있는 능력이 없기 때문에 동물은 도덕적 행위자가 아니며 도덕적 지위를 지니고 있지도 않다. 칸트에 따르면, 그들이 선택 자체는 할 수 있다 하더라도 주의 깊게 판단한 최선의 행동 방침에 근거하여 이성적 선택을 할 수 있는 것은 아니다. 이 점에서 동물은 자율성과 내재적 가치가 없는 존재이며 인간이 그들에게 해주어야 하는 것은 없다. 또 한 가지, 우리는 자율성을 가짐으로써 타자와 관계를 맺고 상호 의무를 다할 수 있는 역량을 갖게 된다. 의무를 지지 않는 존재에 대하여 인간이 져야 할 의무는 없다. 그는 다음과 같이 적었다.

이성적인 존재는 모두 목적 그 자체로 존재하는 것이지, 단순히 이런저런 데 이에 의해 마음대로 이용되는 수단으로 존재하는 것이 아니다.…… 자신의 의지가 아닌 자연에 기대어 존재하는 자, 즉 이성적이지 못한 존재는 수단으로서 상대적인 가치만 지닌다. 따라서 물건(thing)이라고 할 수 있다. 반면 이성적인 존재는 인격체(person)로서, 그들의 본성 자체가 목적이 된다.

— KANT, 1998:428

존 로크와 마찬가지로, 칸트 역시 동물을 학대하는 것은 사람에게 나쁘

그림 18.1. 생명의 위계질서를 표현한 마크 디온(Mark Dion)의 「자연의 단계(scala naturae)」. (사진: Mark Dion and Tanya Bonakdar Gallery, New York)

기 때문에 잘못된 것이라고 생각했다.

18세기는 근대 들어 처음으로 주요 사상가들이 동물의 제한적 권리에 관한 정리된 이론을 만들어낸 중요한 시기이다. 프랑스의 철학자 장 자크 루소(Jean-Jacques Rousseau)는 동물이 이성적이지 않고 법과 권리 같은 개념을 인식하지 못한다 할지라도 지각이 가능한 존재이므로 상처 입는 것으로부터 보호받아야 한다고 적었다.

> 내가 동료 생명체들에게 해를 끼치지 말아야 한다면, 그 이유는 사실 그
> 들이 이성적이어서라기보다 그들이 지각력 있는 존재(sentient beings)이
> 기 때문인 것 같다. 인간과 짐승 모두에게 공통적으로 존재하는 이 특성 때
> 문에, 최소한 인간으로부터 고의적으로 학대받지 않을 권리만큼은 짐승에
> 게 주어져야 하는 것이다.
>
> — 1984:14

루소의 이 글은 소극적 권리(negative right)와 적극적 권리(positive right)
의 차이를 보여주는 사례라 할 수 있다. 적극적 권리는, 예컨대 미국 헌법이
보장하는 언론의 자유나 종교의 자유와 같은 권리처럼 무언가를 할 수 있는
권리이다. 반면 소극적 권리는 자신에게 어떤 일이 일어나지 않도록 할 수
있는 권리이다. 루소는 지적 역량과 상관없이 동물에게는 해를 입지 않을 소
극적 권리가 있다고 기술했다.

공리주의 철학을 수립한 제러미 벤담(Jeremy Bentham)은 루소의 생각보
다 훨씬 더 나아가, 그로부터 몇 년 뒤 "문제는 '그들에게 이성이 있는가'나
'그들은 말을 할 수 있는가'가 아니라 '그들은 고통을 느낄 수 있는가'이다"
라는 유명한 말을 남겼다. 프랑스의 노예제 철폐에 관한 글을 통해서 그는,
프랑스인들이 마침내 피부색 같은 피상적 특성이 자유와 노예 상태를 구분
지을 수 있다는 관념을 버리게 됐다는 점에 주목한다.

> 설령 다리의 숫자, 피부에 난 털, 뼈의 모양 등에 차이가 있다 하더라도
> 그러한 차이가 감각 있는 존재의 고통을 방관해도 되는 이유가 될 수 없음
> 을 깨닫게 될 날이 올지도 모른다. 그렇다면 넘지 못할 만큼 견고하게 그어
> 진 이 경계선의 기준은 무엇인가? 이성 능력인가? 아니면 담화 능력인가?
> 완전히 성장한 말이나 개는 태어난 지 하루나 일주일이나 한 달이 지난 아
> 기보다 훨씬 이성적이며 우리와 말이 잘 통한다. 하지만 설사 그렇지 않다
> 하더라도 그게 무슨 상관이 있겠는가?
>
> — 1996:283

벤담의 논리는 이후 21세기 동물 옹호론의 토대가 된 피터 싱어의 획기적 작업에 기초가 됐다.

윤리적 휴머니즘과 동물의 권리

지금까지 살펴본 많은 철학적 접근은 윤리적 휴머니즘(ethical humanism)의 사례라고 할 수 있다. 윤리적 휴머니즘은 오직 인간만 도덕적 고려(moral consideration)의 대상이 될 자격이 있다는 신념, 그리고 동물과 달리 인간은 모두 자신의 지능이나 능력과 상관없이 도덕적으로 고려되어야 한다는 신념을 뜻한다. 철학자 제임스 레이철스(James Rachels)는 윤리적 휴머니즘 혹은 종차별주의를 다음과 같이 두 가지로 구분한다. 인간이라는 종의 구성원만 도덕적 고려를 받을 자격이 있다는 무조건적 종차별주의(unqualified speciesism)와, 인간은 다른 종에 비해 도덕적으로 우월하기 때문에 특별 고려의 대상이 된다는 조건적 종차별주의(qualified speciesism)가 바로 그것이다. 무조건적 종차별주의는 동물에게 도덕적 고려를 받을 자격이 없다고 보기에, 그들의 이해(interests)에 대한 고려 또한 불필요한 것이 되어 버린다. 하지만 이러한 윤리적 접근에 동조한다 해도 그것이 곧 동물을 막 해쳐도 된다는 뜻은 아니다. 그들을 해치지 말아야 할 다른 이유들도 있기 때문이다. 예컨대 내가 고양이를 죽이면 그 고양이의 주인은 고통을 느낄 것이다. 또 사람들이 주위의 동물을 마구 죽인다면 이는 사회의 폭력화로 연결되어 우리에게 좋지 않은 결과를 낳을 수도 있다. 이런 상황에서는 죽임을 당하는 고양이가 어떻게 느끼는지는 중요한 사항이 아니다.

아리스토텔레스까지 거슬러 올라가는, 동물에 대한 인간 권력을 지지하는 모든 윤리적 입장은 (그것이 무조건적이든 조건적이든) 종차별주의에서 비롯한 것이다. 아리스토텔레스는 인간이 동물과 구별되는 것은 이성 때문이고 바로 거기에서 동물에 대한 인간의 권력이 나왔다고 했다. 『성경』의 저자들은 인간에겐 영혼이 있고 인간은 신의 형상대로 만들어져 다른 종의 동물들과 구별되고 그들에 대한 권한을 갖는다고 기술했다. 그리고 토마스 아퀴나스는 이성과 신의 섭리를, 데카르트는 정신과 언어를 내세웠다. 칸트는 누군가에게 의무를 지는, 따라서 권리를 가질 수 있는 자의 기준으로 이성적, 도덕적 선택을 할 수 있는 역량을 제시했다.

제러미 벤담 이후, 철학자들은 다음 문제를 해결하기 위해 노력했다. 비인간동물에 대한 인간의 착취를 정당화할 수 있는, 도덕적으로 유의미한 차이가 정말 존재하는 것일까? 그리고 그것을 경험적으로 입증할 수 있을까?

이 질문에 대한 답을 찾기 위해, 17장에서 논의한 방대한 연구 내용을 살펴보자. 과학자들은 비인간동물의 정신에 대한 기존의 가정에 도전하며 우리에게 새로운 질문을 제기했다. 예를 들면 이런 것이다. 언어의 부재는 곧 사고의 부재를 의미하는가? 동물행동연구는 동물의 정신이 복잡성을 띤다는 사실을 보여주었고, 대형유인원과 앵무새와 프레리도그의 언어 사용 능력에 주목했다. 또한 그들은 얼마나 많은 종의 동물들이 복잡한 감정과 자아인식 능력을 지니고 있는지 보여주었다. 동물행동연구는 비교적 새로운 분야이므로 아직 본격화된 단계가 아니라고 이야기할 수 있지만, 빠른 속도로 성장하고 있는 이 학문을 통해 우리는 비인간동물의 인지적·지적·감정적 역량에 대해 매년 많은 것을 밝혀내고 있다.

차이가 인간의 동물 착취를 정당화할 수 있는지에 관한 논의는 동물의 능력에 대한 문제에서 벗어나, 동물행동연구에서 철학 및 윤리 연구의 영역으로 이동한다. 인간과 비인간을 구분하는 단일 요인을 찾을 수 있든 없든, '그 차이가 차별 대우를 정당화할 수 있는가'라는 윤리적 문제는 여전히 남는다. 어떤 부분에서는 신체적, 지적 차이가 특별 대우를 정당화할 수 있다. 예컨대 휠체어를 사용하는 사람은 걸을 수 없기 때문에 대학 축구팀에서 뛸 수가 없다. 그러나 휠체어를 사용한다고 해서 그 사람이 은행 직원 일을 못하게 해서는 안 된다. 미국 장애인보호법(Americans with Disabilities Act)은 피부색, 신체 능력, 젠더, 성적 지향 등의 차이를 차별의 근거로 절대 이용하지 못하도록 하는 미국 연방법 중 하나이다. 누군가가 휠체어를 사용한다는 사실이, 그를 잡아먹기 위해 죽이거나 약물 실험이나 화학 실험의 대상으로 삼는 것을 정당화하지는 못한다.

그리고 인간은 모두 각자 다른 신체적, 지적 능력을 지니고 있다는 점에서 윤리적 휴머니즘은 또다른 문제를 안게 된다. 모든 인간은 자신이 가진 지능 및 능력과 상관없이, 동물이라면 결코 받을 수 없는 고려를 받을 자격이 있다. 그런데 인간 중에는 정서적·지적 장애가 있는, 일부 동물이 할 수 있는 것도 하지 못하는, 언어나 이성같이 '도덕적으로 의미 있기' 위한 기준에 도달하지 못하는 이들이 있다. 아주 어린, 그리고 아주 늙은 사람 역시 다른 이들만큼의 기술과 능력을 지니고 있지 못하다. 조건적 종차별주의에 따르면 인간은 그러한 특성들이 있기 때문에 특별한 고려를 받는 것이므로, 그러한 특성이 없는(예컨대 태어난 지 얼마 안 됐거나, 혼수상태이거나, 지능이 낮은) 인간은 온전한 수준의 도덕적 고려를 받을 수 없다. 이를테면 대부분의 인간이 언어를 사용하기 때문에 특별 보호를 받고 있으므로, 장애나 나이 및 기타 요인 때문에 언어 능력을 갖추지 못한 인간은 그러한 보호를 받을 자격이 없다. 의미 있는 존재인 '정상인'의 욕구 충족을 위해 잡아먹히거나 실험 대상이 되거나 가죽이 벗겨질 수도 있는 것이다.

이것이 바로 철학에서 이야기되는 가장자리 사례(marginal cases) 논변이다. '가장자리 사례'는, 윤리적 휴머니즘에서 특별한 것으로 간주하는 특성들을 출생이나 질병 때문에 갖지 못한 인간을 가리키는 용어이다. 현행법상 이 '가장자리 인간(marginal humans)'들은 말하고 사고하고 수변 환경을 이해하는 것이 불가능할지라도 모든 면에서 다른 미국인과 똑같은 권리를 갖는다. 이들에게는 모든 권리를 주면서, 렉시그램을 사용하는 보노보 '칸지'나 노래하는 고릴라 '코코'처럼 이성 및 언어 능력을 지닌 동물들에게 같은 권리를 주지 않는 상황을 우리는 어떻게 정당화할 수 있을까? 동물권의 관점에서 보면, 이 동물들 역시 도덕적 고려의 대상이 돼야 한다. 그러지 않으면 가장자리 인간들도 도덕적 고려를 하지 말아야 한다.

휴머니스트들은 모든 유아, 지적장애인, 노인, 혼수상태 환자에게 다른 사람들과 같은 권리를 누릴 자격이 있다고 주장한다. 왜냐하면 지금은 이성과 언어 능력이 없어도, 유아의 경우 언젠가 그것을 갖게 될 것이고 노인은 과거에 그것을 가졌었기 때문이다. 그렇다면 그러한 능력이 과거에도 없었고 미래에도 있을 수 없는 사람들의 경우는 어떨까? 휴머니스트들은 일부 인간이 언어를 사용하지 못하더라도 대부분의 인간이 언어를 사용할 수 있음을 강조한다. 다시 말하면, 일부의 예외가 있더라도 표준(norm)적으로 인간이라는 종에게는 언어 능력이 있다는 것이다. 따라서 '가장자리 인간'은 여전히 '인간'일 수 있다. 같은 맥락으로, 유인원 일부가 수화를 사용한다 하더라도 대부분의 유인원은 그렇지 않다. 결국 대형유인원은 표준적으로 언어 능력이 없는 존재이다. 따라서 지적으로 매우 뛰어난 유인원도 권리를 갖지 못한다. 종의 표준을 근거로 하는 이러한 논변을 통하여, 언어 능력 같은 장점을 지닌 인간만 도덕적 고려의 대상이 되고 다른 모든 동물은 그럴 수 없다는 윤리적 휴머니즘의 입장이 합리화되는 것이다.

한편 윤리적 휴머니즘과 관련있는 다른 입장에 따르면, 동물 역시 지각력을 지니고 있으므로 (이성이나 자아인식 같은 특성을 가진) 인간만큼은 아닐지라도 어느 정도의 도덕적 고려를 받을 자격이 있다. 이 접근법에서는, 동물이 지각할 수 있는 존재이기에(그들은 느낄 수 있고 고통을 감지할 수 있다) 우리는 그들에게 해를 가해서는 안 된다. 그러나 동물이 고통을 겪지 않음으로써 얻는 이익보다 더 큰 이익을 얻을 수 있다면 인간은 동물에게 고통을 야기할 수 있다.

피터 싱어와 공리주의

피터 싱어(Peter Singer)는 20세기에 큰 영향력을 끼친 철학자 중 한 명이다. 싱어는 1975년 『동물 해방(*Animal Liberation*)』이라는 획기적 저서를 발표했는데, 제러미 벤담의 작업을 기반으로 하는 이 책을 통해 그는 동물 해방을 지지하는 명확한 이론을 개진했다. 피터 싱어의 **공리주의** 이론은 동등 고려의 원칙을 기반으로 한다. 즉 우리는 모든 동물의 이해(interests)를 동등하게 고려해야 하며, 우리의 행동에 영향받는 모든(또는 최다) 존재의 이익이 가급적 많이 충족되도록 해야 한다.

싱어는 윤리적 휴머니즘, 그리고 인간에게 높은 지위를 부여하는, 즉 동물에게 없는 인간만의 특성(들)이 존재한다는 사고방식에 반기를 들었다. 그가 유일하게 중요한 특성으로 든 것은 지각력(sentience), 즉 고통과 쾌락을 느낄 수 있는 능력뿐이며, 정도의 차이는 있지만 이는 인간과 동물 모두가 공유하고 있다(최근 연구 결과에 따르면 어류도 고통을 느낄 수 있다). 지각력 있는 생명체는 모두 서로 비슷한 수준으로 추정되는 고통과 쾌락을 느낄 수 있기에, 싱어는 동물이 가진 능력과 우리가 가진 능력을 같은 무게로 받아들이기를 요구한다. 어떤 생명체가 나와 마찬가지로 느낄 수 있는 능력을 가졌다면 그의 이해(interests)보다 나의 이해가 더 크다고 볼 수 없는 것이다. 이러한 접근법에 따르면, 동물을 죽이는 행동은 그렇게 함으로써 개인 또는 집단 전체가 얻는 이득이 동물의 고통이나 죽음보다 분명히 중요한 것일 때만 정당화될 수 있다. 따라서 예컨대 한 인간이 고기 맛을 좋아한다는 점은 고기를 위해 한 동물을 죽이는 것을 정당화하기에 충분한 이유가 되지 못한다. 한 인간의 입맛은 그 동물이 살해되지 않음으로써 누리는 이익보다 크지 않다. 모든 인간이 고기 맛을 좋아한다 하더라도, 그 모든 인간이 고기를 먹음으로써 얻는 이익보다 매년 수십억의 동물이 식용으로 사육되고 도살되면서 상상할 수 없을 정도로 겪는 고통이 더 크다는 점은 분명하다. 그런데 싱어의 이론이 '육식 허용은 생각도 할 수 없는 것'이라는 의미를 담고 있는 것은 아니다. 이를테면 축산농업에서 동물의 고통이 발생하지 않게 되면, 고기를 얻기 위해 동물을 죽이는 것이 수용될 수도 있다. 하지만 그렇다 하더라도 살아 있는 동물에게는 자신의 삶을 즐김으로써 얻는 이익이 있으며, 고기에 대한 인간의 식욕이 이것보다 더 중요하다고 할 수는 없을 것이다.

싱어는 가장자리 인간의 사례를 이용하여 윤리적 휴머니즘에 이의를 제기한다. 조건적 종차별주의의 논리에 따른다면 개와 대형유인원은 뛰어난 이성 능력을 지니고 있으므로 유아나 지적장애인보다 더 많은 권리를 가져야 한다는 점을 지적한 것이다. 그는 또 이성, 언어, 자율성, 도덕적으로 행동할 수 있는 능력 같은 몇몇 특성을 기본 권리의 근거로 삼는 것은 인종주의와 유사한 것이라고 지적했다. 많은 인종주의자는 자기 인종이 다른 인종보다 도덕적으로 더 우월하고, 더 지적이고, 더 이성적이라고 믿는다. 오늘날 우리는 여러 인종 사이에 유전적으로 지적·도덕적 차이가 존재하지 않음을 알고 있지만(뿐만 아니라 많은 인류학자와 과학자는 '인종'을 실재하는 것으로 여기는 사고 자체에 반대해 왔다), 설령 그러한 차이가 존재한다 하더라도 그것을 근거로 차별 대우를 하는 것은 정당화될 수 없다는 것이 싱어의 지적이다.

톰 리건과 동물의 권리

톰 리건(Tom Regan) 역시 영향력이 큰 철학자로서, 1983년 펴낸 저서 『동물권 옹호론(The Case for Animal Rights)』을 통해 싱어와 함께 20세기의 동물 윤리 이론을 확립했다. 리건은 싱어와 입장이 달랐다. 그에 따르면, 동물은 인간과 동등한 도덕적 지위를 지녀서 권리를 가져야 하는 존재인데, 그 권리는 공리주의 원칙이나 이익 극대화에 근거한 것이 아니다.

리건은(포유류와 조류 등) 많은 동물에게 본래적(inherent) 가치가 있으며 가치 있는 모든 존재에게는 자동적으로 권리가 부여된다고 했다. 왜냐하면 그들은 '삶의 주체(subjects of a life)'이기 때문이다.

> 삶의 주체는 다음과 같은 것들을 지니고 있다. 믿음과 욕망/ 지각력, 기억 미래(자신의 미래 포함)에 대한 감각/ 쾌락과 고통을 모두 느끼는 감정적인 삶/ 선호와 복지에 관련된 이해(interests)/ 자신의 욕망과 목표를 향해 행동을 시작할 수 있는 능력/ 시간이 흘러도 유지되는 심리적 동일성(psychological identity)/ 다른 누군가의 이익이나 유용함과는 상관없이 편한 또는 고된 삶을 경험하는 의미에서의 개별적 복지.
> — 1983:243

리건에 따르면, 동물은 삶의 주체로서 무시되지 말아야 할 이해(利害,

interests)를 지닌 존재이다. 누구의 것인지에 따라 어떤 자의 이해가 다른 자의 이해보다 더 중요하다고 말할 수 없다. 중요한 것은, 인간과 마찬가지로 동물에게도 '이해'라는 것이 있다는 점이다. 인간이든 동물이든 잡아먹히지 않고 실험당하지 않을 수 있어야 한다. 그들을 먹고 실험함으로써 공익을 얻을 수 있는지 여부와 상관없이 말이다. 요컨대 리건이 주장하는 것은 적극적 권리보다는 소극적 권리로서의 동물의 권리이다. 다시 말하면, 현재 착취의 대상인 대다수의 동물(그리고 '가장자리' 인간)이 투표권 같은 적극적 권리보다는 간섭당하지 않을, 소극적 의미의 도덕적 권리를 가질 수 있어야 한다는 것이다.

다른 접근 방식들

철학자 마일런 엥겔(Mylan Engel, 2000)은 일관성 개념에 근거한 이론을 제안했다. 대부분의 사람들이 '진실'이라고 여기는 것 중에는 '다른 모든 조건이 똑같다면 고통 적은 세상이 고통 많은 세상보다 낫다'는 생각이 포함되어 있다. 엥겔의 설명에 따르면, 이러한 관점을 지닌 사람은 논리적으로 공장식 축산을 지지할 수 없다. 그가 지닌 신념과 가치는 너무나 불필요한 고통을 야기하는 공장식 축산 관행을 거부할 수밖에 없기 때문이다. 그것이 어디서, 누구에게, 어떻게 발생한 것이든 피해는 다 같은 피해이다.

변호사인 스티븐 와이즈(Steven Wise)는 인간에게 특별 보호와 특별한 권리를 가져다주는, 오직 인간만 지니고 있는 특성들이 다른 모든(혹은 대부분의) 동물에게는 없다는 조건적 종차별주의에 주목했다. 와이즈의 이론(2000, 2002)에 따르면 일부 동물은(특히 대형유인원, 돌고래, 앵무새 등은) 자아인식, 지능, 사회적 학습, 언어 능력 등 고유한 특성을 가졌다는 점에서 법적 인격성(legal personhood)의 기준을 충족하므로 그들에게도 일련의 권리와 보호들이 주어져야 한다. 와이즈는 동물이 인격체로 간주되기 위해 갖추어야 할 특성으로 무언가를 욕망할 수 있는 능력(ability to desire things), 의도적으로 행동할

대형유인원프로젝트

대형유인원프로젝트(Great Ape Project, GAP)는 대형유인원을 인격체로 받아들여 그들에게 생명권, 자유권, 그리고 동물 실험으로 고통받지 않을 권리 등 일부 기본권을 주기 위한 활동을 위해 철학자, 영장류학자 및 여러 분야의 학자가 모인 연합 조직이다. 철학자인 파올라 카발리에리(Paola Cavalieri)와 피터 싱어, 영장류학자인 제인 구달, 그리고 변호사 스티븐 와이즈 등이 이 프로젝트의 선봉에 서 있다. 이들은 높은 지능, 복잡한 감정, 자의식, 인간과의 의사소통 능력 등을 소유하고 있는 대형유인원의 인격성(personhood)과 기본권이 인정되어야 한다고 주장한다. 이 조직은 UN이 대형유인원선언(Declaration on Great Apes)을 지지함으로써 모든 UN 가입국이 이 동물들에게 생명권, 자유권, 고문받지 않을 권리 같은 기본권을 보장하도록 하기 위한 캠페인을 벌이고 있다.

수 있는 능력(ability to act in an intentional manner), 자각 능력(ability to have a sense of self) 등을 제시했다. 동물권 커뮤니티 내부에서는 와이즈의 인격체 논의가 특정 동물들에게만 특권을 부여한다는 비판이 나오기도 했다. 대부분의 동물은 침팬지와 보노보가 지닌 기술이 없기 때문에, (와이즈의 기준에 따르면) 그들은 좋은 대우를 누릴 자격이 더 적은 존재가 된다는 것이다. 와이즈의 입장을 비판하는 존 더네이어(Joan Dunayer) 같은 이들은 일부 동물이 다른 동물들에 비해 더 많은 권리를 가져야 한다는 사고를 일컬어 우수종주의(superspecies) 또는 신(新)종차별주의(new-speciesism)라고 한다.

역량 중심 접근법(capability approach)이라고 알려진 철학자 마사 누스바움(Martha Nussbaum)의 이론은 '존엄한 삶(dignified existence)'을 살고자 하는 인간과 동물의 욕망에 근거한 것이다. 누스바움이 보기에, 존엄한 삶이 의미하는 바는 각각의 종(species)에 따라 다를 뿐 아니라 같은 종 내에서도 각각의 존재에 따라 다르다. 예를 들어 어떤 사람은 다른 이들보다 더 큰 지적 역량을, 또 어떤 사람은 더 뛰어난 운동 능력을 지니고 있다. 이렇게 서로 다른 능력들이 의미하는 바는, 각자 자기 삶에서 이루고자 하는 것이 모두 같지 않을지라도 우리에게는 자신의 역량에 따른 최고치의 행복과 만족을 성취할 수 있는 기회가 주어져야 한다는 것이다. 이는 동물들에게도 똑같이 해당된다. 누스바움에 따르면, 이성을 기준으로 하여 권리를 부여할 경우 동물은 물론 일부 사람들 역시 권리로부터 배제된다. 예를 들어 나의 개들은 지적 능력 때문에 대학에 가지 못한다. 하지만 그럼에도 그 개들은 자신의 방식대로 행복한 삶을 살면서 자신이 가진 (사람 품에 잘 파고든다거나 혼자 있을 때만 변을 보는 등의) 역량을 펼칠 수 있어야 한다. 반면 나의 개들이 강아지 공장(puppy mill)에서 자기 능력을 펼칠 수 없고 애정도 경험힐 수 없는 철망에 갇혀 살아야 한다면 이는 그들의 역량을 무시하는 비극적 사례가 될 것이다. 나의 개들은 존엄한 삶을 누리기 위해 배심원이 될 필요도, 투표를 해야 할 필요도 없다. 그들이 필요로 하는 것은 사랑이 있는 가정, 동물과 인간 친구들, 질 좋은 먹이, 의료적 보살핌이다.

코라 다이아몬드(Cora Diamond, 2001)를 비롯한 철학자들이 윤곽을 그린 덕윤리(virtue ethics)는 유덕한 자(virtuous person)가 관여하는 행동을 중시한다. 유덕한 자는 예컨대 개를 걷어차 죽이는 행동을 하지 않을 것이다. 그것은 그 사람의 품성이 전혀 유덕하지 않음을 보여주는 행동이기 때문이다. 자비롭지 않거나 친절하지 않거나 유덕하지 않은 태도에 기초한 행동을 한다면 우리는 자비롭거나 친절한 존재가 아니다. 이 접근법에 따르면, 인간과 동물은 도덕 공동체의 같은 구성원이며 도덕 공동체 구성원들은 서로를 발로 걷어차 죽이지 않는다. 로절린드 허스트하우스(Rosalind Hursthouse)는 다음과 같이 이야기한다.

고기 음식에 대한 나의 태도가 불필요하고 탐욕스럽고 제멋대로이고 유아적인 것으로, 또 호화로운 저녁 만찬을 위해 쇼핑하고 요리하는 나의 태도가 편협하고 역겹고 방종한 것으로 느껴지기 시작했다.…… 동물에게도 권리가 있다는 생각을 하지 않고도 나는 우리가 먹는 동물과 야생동물을 자신의 삶을 살며 즐겨야 하는 존재로 보기 시작했다. 나는 변했다. 나와 여타 동물들이 도덕적 지형 속에서 차지하는 위치를 다르게 지각하게 된 것이다.

— 2000:165-166

한편 (미국 철학과 대조되는) 대륙 철학으로부터 동물 윤리를 이론화하는 비교적 새로운 입장이 등장했는데, 이는 자크 데리다(Jacques Derrida), 마르틴 하이데거(Martin Heidegger), 질 들뢰즈(Gilles Deleuze), 펠릭스 가타리(Felix Gattari) 같은 이들의 작업에 기반을 두고 (아울러 그것에 도전하고) 있다. 이러한 전통 속에서 연구하는 랠프 아캄포라(Ralph Acampora, 2006)나 매슈 칼라코(Matthew Calarco, 2008) 같은 철학자들은 인간과 동물이라는 이항대립 위에 놓인 인간중심주의를 거부하고, 동물의 능력이나 지능에 근거를 두지 않는 새로운 방식의 관계를 제안한다. 예컨대 현상학으로부터 도움을 받은 랠프 아캄포라는 인간과 동물이 몸을 통한 삶의 경험을 공유하는 방식에 초점을 맞추어, 그것이 서로의 이해(understanding)에 근거한 새로운 형태의 이종 관계(interspecies relationship)를 형성하는 기반이 될 수 있다고 보았다. 이러한 새로운 접근 방식들은 동물이 가진 지능과 역량에 따라 권리와 도덕적 지위를 나르게 부여하고 인간을, 그리고 영장류나 고래목 동물같이 지능이 매우 높은 동물을 서열 관계의 꼭대기에 자리매김하는 윤리적 접근 방식에 비해 이점이 있다.

마지막으로 페미니즘에 근거한, 오늘날 인기가 높은 이론적 접근 방식들이 있다. 그중 하나인 에코페미니즘(ecofeminism)은 여성에 대한 억압과 자연 파괴 사이의 링크에 초점을 맞추는 철학이자 사회운동이다. 에코페미니스트들은 산업자본주의와 가부장제의 관계, 그리고 동물 착취를 포함한 다수의 불평등 체계에 대하여 설명한다. 캐럴 애덤스(Carol Adams)와 그레타

가드(Greta Gaard)는 여성과 동물이 직면하게 되는 이중 억압을 강조하고 동물의 권리가 페미니즘의 입장이 되어야 한다고 주장하는 페미니스트이다. 이런 페미니즘과 에코페미니즘(Gaard, 1993; Adams, 1994; Adams and Donovan, 1994)은 개인적 차원의 불평등보다는 (사회의 권력 구조 및 다양한 형태의 제도적 불평등에 초점을 맞추며) 구조적 차원을 중요시하고, 개인적인(예를 들어 채식주의자가 되는) 변화보다 거시적 차원의 사회 변화를 주장한다.

반면 돌봄의 페미니즘 윤리(feminist ethic of care)는 개인주의적 접근 방식이며, 인간과 비인간의 관계에 초점을 맞춘다. 인간과 마찬가지로 동물 역시 감정을 느낄 수 있는 존재이기에 인간은 그들에 대한 도덕적 의무를 갖는데, 그것의 기반은 권리나 정의 같은 추상적인 것이 아닌 관계에 대한 고찰이다. 이 이론의 지지자들(Donovan and Adams, 1996, 2007 참조)은 다른 윤리적 접근들이 지나칠 정도로 이성에 근거하며 공감·돌봄·사랑같이 여성과 연관된 특성들을 경시한다고 주장한다. 조지핀 도너번(Josephine Donovan) 같은 이론가들은 동물 복지 논의에 감정을 다시 결합시켜야 한다고 주장한다. 동물의 고통에 대한 감정적 반응이 없이 학대가 없어지지 않을 것이기 때문이다. 도너번은 다음과 같이 이야기한다.

> 비인간 생명과의 감정적, 영적 대화에 기초한 윤리는 불가능한 것이 아니며, 실은 꼭 필요한 것이다. 동물 대우에 관한 페미니즘 윤리의 기반은 돌봄과 배려하는 사랑 같은 여성의 관계적 문화를 통해 만들어질 수 있다. 우리는 동물을 죽이지 말고, 먹지 말고, 괴롭히지 말고, 착취하지 말아야 한다. 왜냐하면 그들이 그렇게 대우받기를 원치 않으며, 그 점을 우리가 알고 있기 때문이다. 귀를 기울이면 우리는 그들의 목소리를 들을 수 있다.
> — 1990:375

더 읽을거리

Acampora, Ralph. 2006. *Corporal Compassion: Animal Ethics and Philosophy of Body.*

Pittsburgh: University of Pittsburgh Press.

Atterton, Peter and Matthew Calarco, eds. 2004. *Animal Philosophy: Essential Readings in Continental Thought*. London: Continuum.

Calarco, Matthew. 2008. *Zoographies*. New York: Columbia University Press.

Carruthers, Peter. 1992. *The Animals Issue: Moral Theory in Practice*. Cambridge: Cambridge University Press.

Francione, Gary L. 1996. *Rain Without Thunder: The Ideology of the Animal Rights Movement*. Philadelphia: Temple University Press.

Gaard, G., ed. 1993. *Ecofeminism: Women, Animals, Nature*. Philadelphia: Temple University Press.

Midgley, Mary. 1983. *Animals and Why They Matter*. Athens: University of Georgia Press.

Nussbaum, Martha C. 2006. *Frontiers of Justice: Disability, Nationality, Species Membership*. Cambridge, MA: The Belknap Press of Harvard University.

Rachels, James. 1990. *Created from Animals: The Moral Implications of Darwinism*. Oxford: Oxford University Press.

Regan, Tom. 2004. *The Case for Animal Rights*. Berkeley: University of California Press.

Regan, Tom and Peter Singer, eds. 1989. *Animal Rights and Human Obligations*, 2nd ed. Englewood Cliffs, NJ: Prentice-Hall.

Sapontzis, Steve F. 1987. *Morals, Reason, and Animals*. Philadelphia: Temple University Press.

Singer, Peter. 2006. *In Defense of Animals: The Second Wave*. Malden, MA: Blackwell.

Sunstein, Cass R. and Martha Nussbaum, eds. 2004. *Animal Rights: Current Debates and New Directions*. New York: Oxford University Press.

Wise, Steven M. 2000. *Rattling the Cage: Toward Legal Rights for Animals*. Cambridge, MA: Perseus.

참고할 만한 영상물

Earthlings. DVD. Directed by Shaun Monson. Burbank, CA: Nation Earth Films, 2005.

In Defense of Animals: A Portrait of Peter Singer. VHS. Directed by Julie Akeret. Oley, PA: Bullfrog Films, 1989.

Jane Goodall: Reason for Hope. VHS. Directed by Emily Goldberg. St. Paul, MN: KTCA-TV, 1999.

인식의 도덕

케이티 제니(Kathie Jenni, 레드랜즈 대학교)

나는 동물윤리학과 도덕심리학이 교차하는 지점을 탐구한다. 즉 도덕적 삶의 내적 차원인 감정, 지각력, 상상, 동기 등에 대한 연구를 하고 있다. 나의 관심사는 인식의 도덕(morality of awareness), 즉 고통을 의식하는 것에 관한 윤리이다. 교육받은 사람이라면 동물이 끔찍한 방식으로 학대받고 착취당한다는 사실을 알기는 하지만, 우리는 그 지식을 흐릿한 상태로 묶어두고 잊어버린 채 일상을 보내는 것에 놀라울 정도로 능숙하다. 동물의 고통을 인식함으로써 우리는 그들을 돕기 위한 행동을 할 수 있지만 자기기만, 회피, 의도적 무지, 망각은 그것을 무력화할 수 있는 강한 힘을 갖고 있다. 이러한 힘들에 주목하면서, 나는 인간으로부터 동물이 받는 고통에 주의(attention)를 기울이는 것에 관한 윤리적 문제를 탐구한다. 그들의 고통을 얼마나 인식하는 것이 도덕적으로 적절한 것일까? 어떻게 우리는 그 고통을 인식하면서도 우울과 절망에 빠지지 않을 수 있을까? 동물을 아끼는 이는 자신의 정신을 어떻게 '관리'하면서 행동을 해나가야 할까? 어떻게 해야 세상에 대한 현실 감각을 얻을 수 있고, 우리의 정신 건강을 유지할 수 있으며, 세상을 개선할 수 있는 능력을 향상시킬 수 있을까? 동물 학대를 가시화하고 대중이 그들을 욕되게 하지 않기를 바라는 우리는 동물이 존중받을 수 있도록 무엇을 해야 할까?

부주의(inattention)는 흔히 등한시되지만 사실 아주 중요한 현상이다. 집단 학살 같은 극단적 악의 사례에서, 그리고 일상 속에서 은밀히 용인되는 참상에서, 사람들은 자신의 도덕적 가치관에 분명히 어긋나는 행동을 계속 반복한다(또는 그러려다 만다). 왜 우리는 스스로 해선 안 된다고 생각하는 것을 종종 하는 것일까? 그 중요한 이유로 철학자와 심리학자들은 의지박약과 자기기만이라는 통찰력 있는 설명을 내놓았다. 하지만 우리 삶의 중요한 도덕적 문제인 부주의 현상에 대한 설명은 아직 부족하다. 『부주의의 부도덕함(Vices of Inattention)』(2003)을 통해 나는 부주의함의 도덕적 차원에 대하여, 즉 그것이 문제인 이유는 무엇인지, 그것은 어떤 면에서 부도덕한지, 그것을 극복하기 위해 우리가 해야 할 의무는 무엇인지, 우리가 어떤 노력을 할 수 있을 것인지에 관해 설명했다. 나는 부주의가, 폐해를 막아야 할 우리의 책임을 흐리게 만들고 우리의 자율성을 무너뜨리고 용기와 연민 같은 미덕이 드러나지 않게 하고 올곧음(integrity)을 약화시킨다고 주장했다. 따라서 우리에게는 주의를 기울일 의무가 있다. 우리는 우리 자신의, 우리의 영향력 안에 있는, 우리가 그동안 잘못된 실마리를 붙잡고 지향해 온 도덕적 가치가 완전히 파괴되지 않도록 노력해야 한다. 자신의 가치관에 맞추어 (예컨대 공장식 축산을 통해 만들어진 제품 이용하지 않기 같은) 개인적 방침을 세우기 위해 우리는 고통에 대하여 충분히 인식할 필요가 있다. 그러나 고통에 대한 인식이 지나칠 경우 오히려 실천의 지속이 불가능해진다. 이러한 종류의 인식은 우리가 고통을 이해할 때 그것과 약간 거리를 둠으로써 계속 유지될 수 있다. 너무 지나칠 정도로 참상을 직면하지 않으면서 그 고통을 의식하는 것이다. 이런 방식으로 우리는 도덕적으로 잔혹한 행위에 대한 의식을 계속 유지할 수 있고, 미쳐버리거나 절망에 빠지지 않으면서 그 문제에 주의를 기울일 수 있다.

위와 관련된 것으로, 동물 윤리를 가르치는 나의 경험 속에서 이런 문제도 떠올랐다. 동물의 고통에 관한 시각 자료를 보여주면 학생들은 커다란 반응을 보인다. 고기 생산을 위해 동물이 처하게 되는 끔찍한 상황에 관한 글을 읽을 때 학생들은 진심으로 우려는 하지만 그것이 열정과 행동으로 이어지진 않는다. 그런데 다큐멘터리 영상을 통해 공장식 축산 농장에서 동물이 받는 대우를 보면 그들은 도덕적 깨달음의 순간을 생임이게 된다. 그것이 매우 긴급하고 중요한 문제로 받아들여지는 것이다. 그들이 목격한 고통은 깊은 공감과 도덕적 분노를 불러일으키고 굳은 결의로 이어져, 공장식 축산 제품의 구매를 거부하거나 이러한 관행을 종식시키기 위한 활동에 동참하는 등 동물을 도우려는 행동을 이끌어낸다. 시각적 경험에서 비롯되는 이 강렬한 반응은 희망적이기도 하고 무섭기도 하다. 냉담하고 무관심하기만 했던 사람들 안에 공감이 잠재해 있음을 보여준다는 점에서는 희망적이지만, 시각적 자극 없이는 공감적 관심이 영원히 작동하지 않을 수 있다는 것을 보여준다는 점에서는 무서운 일이다. 또 공장식 축산에 대해 알게 된 후 삶을 변화시킨 이들이 있긴 하지만, 시각적 이미지가 학생들에게 불러일으킨 공감, 분노, 신념은 대개 시간이 지나면 무뎌지게 된다. 『시각의 힘(The Power of the Visual)』(2005)에서 나는 보는 것의 힘, 즉 우리로 하여금 도덕적으로 움직이게 만들고 또다시 잊게 하는 그것의 도덕적 영향력에 대해 탐구했다. 그리고 보는 것을 통해 갖게 되는 도덕적 통찰, 보이는 사실과 보이지 않는 사실에 대해 상이하게 반응하는 우리의 문제적 본성, 이미지가 존재하지 않을 때는 상상력을 활성화해야 하는 우리의 책임에 대해 연구했다.

일부 동물 학대 이미지들은 매우 생생해서, 그들이 받는 모멸적이고 잔혹한 대우가 포르노와 같은 방식으로 포착된다(나는 중국의 노동자들이 너구리의 가죽을 살아 있는 채로 벗기는 인터넷 영상을 보며 이러한 생각을 갖게 됐다). 이렇게 끔찍한 기록물을 접하는 가장 책임감 있는 자세는 무엇일까? 보는 것과 보지 않는 것 중 어느 쪽이 희생동물을 더 존중하는 태도일까? 나는 『동물의 고통에 대한 증인 되기(Bearing Witness to Animal Suffering)』(2009)를 통해, 동물이 겪는 고통의 증인이 된다는 것에 담긴 존중의 의미를 설명했다. 이 글은 홀로코스트 같은 인간의 잔학 행위에 증인이 되는 것이 왜 중요한지에 관한 질문으로 시작된다. 우선 그러한 모습들을 봄으로써 도덕적 동기 및 재발 방지를 위한 실천을 유도할 수 있다는, 미래 지향적이고 결과주의적인 이유가 있다. 하지만 또다른 (미래뿐 아니라 뒤를 돌아보는, 그리고 표현적인) 이유도 있다. 즉 죽은 자들에게 존중을 표하기 위해, 우리의 연대와 비통함을 드러내기 위해, 생존자에 대한 예우로, 죽은 자와 살아남은 자 모두의 도덕적 가치를 분명히 인정하기 위해 우리는 그들이 당했던 잔학 행위를 기억하는 것이다. 물론 비인간 희생자와 인간 희생자 사이에는 중요한 차이점이 있다. 죽은 동물은 기억될 만큼 가치 있는 존재로 여겨지지 않으며, 생존 동물은 자신이 겪은 참혹함을 (아마도) 집합의식(collective consciousness)적 차원에서 서로 공유하지 않는다. 하지만 우리에게는 그들을 기억해야 할 의무가 있다. 인간-동물 폭력의 증인이 되는 것은 동물 희생자의 도덕적 지위를 분명히 인정하는, 또 그들이 겪은 고통에 주목함으로써 존중을 표하는 일이다. (인간들 간의 잔학 행위뿐 아니라) 동물에 대한 학대의 증인이 되는 것은 정의를 위한 실천의 일부이며, 이는 잔인하게 고통받고 사망한 동물에게 우리가 진 빚이다.

하지만 증인이 된다는 것은 도덕적 딜레마를 불러일으킬 수 있는 문제이므로 그것을 어떻게 해야 하는지가 매우 중요하다. 한 가지 문제는, 그러한 이미지를 보는 사람 중에 연민을 갖는 이만 있는 것이 아니라 쾌감을 얻기 위해 고문당하는 동물을 찾아보는 사람도 있다는 것이다. 희생자들에 대한 존중과 경의의 의미로 증인이 되는 이들에게 이는 최악의 경우이다. '존중의 방식으로 기억하기'에 대한 논의를 마무리하며 나는 증인이 되는 것의 사적 맥락, 그리고 (누가, 어떤 미디어를 통해, 어떤 방식으로 동물의 고통을 다루는가라는) 사회적 맥락의 중요성을 탐구했다. 나는 결국 증인 되기는 죽은 동물을 존중하는 자에 의해 이루어져야 한다는, 도덕적 판별의 문제라고 결론을 내리게 됐다.

인간은 고통에 대한 인식을 뚜렷하게 또는 흐릿하게 만들 수 있는 우리 스스로의 힘을 몹시 과소평가하고 있다. 나의 연구를 통해 그러한 작동 방식이 드러날 수 있기를 바라고, 뿐만 아니라 더 나은 도덕적 지각을 모색함으로써 동물을 고통으로부터 구하는 데 실질적 도움이 될 수 있기를 바란다.

19

동물 보호 운동

니의 대괸식이 있고 나서 26년이 지나 앵무새, 구관소, 아두나, 붉은거
위, 들오리, 물새, 박쥐, 여왕개미, 테라핀, 뼈 없는 어류,··· 거북, 호저, 사슴,
황소, 오카펀다, 야생당나귀, 야생비둘기, 집비둘기, 그리고 먹지도 이용하
지도 않는 모든 네발 생명체 등 다양한 동물을 보호해야 함을 공표했다. 새
끼를 뱄거나 새끼에게 젖을 줘야 하는 암염소, 암양, 암퇘지 및 그들의 생후
6개월 미만의 새끼는 보호받는다. 수탉을 거세해서는 안 되고, 생명이 숨어
있는 수풀을 태워서도 안 되며, 이유 없이 또는 동물을 죽이기 위해 숲을
태워서도 안 된다. 그리고 동물에게 다른 동물을 먹이로 주어선 안 된다.

　— "아소카 왕의 칙령", 다섯 번째 석주에 적힌 비문

기원전 3세기 인도의 아소카 왕은 스스로 불교 신자가 되어, 인도를 넘
어 동아시아 지역에 불교를 전파하는 데 크게 기여했다. 그의 재임 기간에
희생 의례를 금지하는 등의 내용이 담긴 세계 최초의 동물 보호법이 만들
어졌다. 그러나 아소카 왕이 품었던 동물에 대한 의식은 그가 죽은 뒤 역사
에서 사라졌으며, 이후 2000여 년간 동물을 보호하는 법은 세상에 등장하

지 않았다.

자연의 보전

동물권 운동(animal rights movement)은 18세기에 생겨난 비교적 최근의 사회운동이다. 그런데 동물권 운동이 있기 전에 먼저 (동물의 영역으로 여겨지는) 자연에 대한 사회적 사고의 전환이 있었다.

역사학자 키스 토머스(1983)에 따르면, 16세기 이전 대부분의 유럽인은 자연을, 그리고 거기에 서식하는 동물을 무섭고 위험하고 통제할 수 없는 것으로 보았다. 그러나 자연을 어느 정도 통제할 수 있겠다고 느끼게 되자 사람들은 그것을 좀더 애정 어린 시선으로 바라볼 수 있게 됐다. 이와 비슷한 시기에 동물은 동화 속에 모습을 보이기 시작했다. 예컨대 야생의 무서운 존재로, 가르침을 주는 이야기 속 말하는 동물 등의 모습으로 등장했다. 19세기경이 되자 유럽인과 미국인의 의식 속에, 자연은 보전될 가치가 있는 것이라는 새로운 사고가 등장했다.

물론 2장과 5장에서 논의한 바와 같이, 비서구 문화에서 자연과 동물을, 그리고 인간 및 문화가 동물과 맺는 관계를 아주 다른 방식으로 이해하고 있었다. 이들 문화권에서는 보전이라는 발상이 필요하지 않았다. 비서구 토착민들은 유럽인처럼 자연은 정복되어야 하고 인간은 동물과 다르게, 그들보다 우월하게 창조됐다고 생각하지 않기 때문이다. 물론 서구 국가들만 환경과 동물에게 해를 끼쳤다고 주장하는 것은 지나치게 단순한 시각일 것이다. 미국 원주민은 북미 지역 많은 거대동물의 멸종을 야기한 것으로 보이고, 중국에는 엄청난 환경 파괴에 대한 책임이 있다. 하지만 문화적 성장 때문이든 경제적 성장 때문이든, 자연 파괴에 대한 대부분의 책임이 서유럽과 미국에 있다는 점을 부인하기는 힘들다.

북미에서 보전 운동(conservation movement)은 19세기에 시작됐다. 이와 관련하여 앨버트 비어슈타트(Albert Bierstadt)와 프레더릭 에드윈 처치

(Frederic Edwin Church)는 미술가로서 미국 서부의 풍경을 그렸고, 헨리 데이비드 소로(Henry David Thoreau) 등의 작가들은 자연에 대한 글을 써 미국 도시인들의 호기심과 흥미를 이끌어냈다. 일례로 존 뮤어(John Muir)는 랠프 월도 에머슨(Ralph Waldo Emerson)이 자연에 대하여 쓴 책에서 영감을 받았다. 에머슨이 저술한 요세미티 계곡에 관한 글은 뮤어가 그곳을 방문하여 오두막을 짓고 궁극적으로는 그 지역을 보존할 수 있도록 하는 데 도움을 주었다. 뮤어는 미국의 야생지역 보존을 위한 적극적 운동가가 되어, 이후 요세미티 국립공원과 세쿼이아 국립공원이 된 지역의 자연보호를 위한 활동을 하고 미국의 유력 환경 조직인 시에라클럽(Sierra Club)을 공동 창립했다.

공공 정책에 대한 영향력 면으로 볼 때 20세기 초반의 가장 중요한 보전주의자는 시어도어 루스벨트 대통령일 것이다. 아이러니하게도 루스벨트는 세계를 여행하며 큰 동물들을 죽이고 그 사체를 트로피로 보존하던 사냥꾼이었다. 그런데 사냥꾼의 한 명으로서 루스벨트는 정부의 규제 없이 그들을 죽이나가는 동물이 영원히 사라지게 될 것임을 깨닫게 됐다. 그래서 루스벨트는 대통령으로서 사냥, 특히 20세기 전환기에 확산된 상업적 사냥과 동물 멸종 문제에 맞서 싸웠다. 루스벨트는 대통령 재임 중에 사냥꾼이 죽일 수 있는 동물 수를 제한하는 법을 만드는 데 일조했고, 국유림을 관리하기 위해 1905년 미국 산림청(U.S. Forest Service)을 설립했으며, 1906년에는 유적보호법(Antiquities Act)을 제정함으로써 이후 많은 국립공원과 야생보호구역이 만들어지게 됐다. 루스벨트 등이 시작한 이러한 운동은 이후 미국의 보전 운동이 됐는데, 그 초기 모습은 자연과 야생동물의 본질적 가치를 인정하고 그들을 보존하는 것과 관련이 없었다. 목표는 사냥꾼에게 필요한 야생동물과 그 서식지를 보전하는 것이었으며, 이는 야생동물 및 그들이 사는 땅을 공유화함으로써 상업계와 소수의 부자들이 그것을 파괴하지 못하도록 못박았다. 아이러니하게도 초기 보전 운동을 이끈 이들은 주로 미국의 부유한 사냥꾼이었다. 노동 계급 사냥꾼은 야생동물을 모피, 가죽, 깃털같이 경제적으로 중요한 자원으로 보았던 반면, 부유한 그들은 루스벨트와 마찬가지로 야생동물과 야생지가 자신들의 오락적 욕구 때문에 없어지는 것을 우려했다. 북부 평원의 들소 수가 줄어드는 것에 놀란 루스벨트도 본래 들소 사냥 지역을 좋아하는 사냥꾼이었고, 결국 얼마 남지 않은 들소 한 마리를 자신의 트로피 컬렉션에 추가했다.

루스벨트는 미래의 효용을 위해 야생지와 야생동물을 보전하고자 한 보전주의자(conservationist)였다. 반면 존 뮤어는 자연 그 자체를 위해 자연의 보존을 주장한 보존주의자(preservationist)였다. 운동으로서 동물권은 뮤어의 철학에 더 가깝게 연결되어 있다. 하지만 동물권 운동이 제일 먼저 시작된 곳은 유럽이었다.

동물권 운동의 선구자들

동물권 운동은 19세기 유럽에서 시작됐지만, 처음으로 동물 보호법이 제정된 것은 이보다 훨씬 이른 17세기였다. 아일랜드의 총독이었던 토머스 웬트워스(Thomas Wentworth)는 1635년에 말의 꼬리를 잡아당기거나 살아 있는 양의 털을 뽑는 행위를 금지하는 법을 제정했다. 몇 년 뒤인 1641년에는 청교도 성직자였던 너새니얼 워드(Nathaniel Ward)가 매사추세츠 식민지의 법전 「자유의 본체(The Body of Liberties)」를 작성하며 그 안에 "인간에게 이용되는 동물에 대한 잔인한 학대"를 금지하는 내용을 포함시켰다. 이 법전은 특히 소를 이동시킬 때 휴식과 식량과 물을 제공해야 함을 규정하고 있다.

그 이전에도 영국 의회는 동물과 관련하여 특정한 행위를 제한하는 법을 수차례 제정한 바 있다. 하지만 그것들은 학대 방지법(anticruelty law)이 아니라, 특정 행위를 특정 시기에(일요일에는 투계를 해선 안 된다는 식으로) 또는 특정 장소에서 하는 것을 제한하는 법이었다. 예를 들어 1488년 의회는 런던 월(London Wall) 안에서 도살하는 것을 금지하는 법안을 통과시켰다. 동물을 도살할 때 발생하는 피, 악취, 역겨운 부산물 때문이었다. 13세기부터는 곰 미끼놀이(bearbaiting), 투계(cockfighting), 황소미끼놀이(bullbaiting) 등을 규제

최초의 「동물학대방지법」(1635)

[말의 꼬리를 이용하여 말이 경작하고 일하도록 하는 행위의 금지]
이 왕국의 많은 곳에서 말, 암말, 거세한 말, 망아지를 그들의 꼬리
를 잡아당겨 경작하고 써레질하고 마차를 끌고 일하게 하는 야만적
관행이 오랫동안 있어 왔다. 그로 인해 이 왕국의 말들은 극심한 상
해를 입게 됐다. [야만적 관행으로 말이 입는 피해] 그리고 살아 있
는 양의 털을 매년 자르거나 깎지 않고 뽑는 야만적 관행이 계속되
고 있다. 따라서 국왕과 상하원이 이 법을 제정하는 바, 이번 의회가
종료되고 1년 뒤부터 누구도 말, 암말, 거세한 말, 망아지를 그들의
꼬리를 이용하여 경작하고 써레질하고 마차나 짐을 끌고 일을 하게
해서는 안 된다. [살아 있는 양의 털을 자르거나 깎는 대신 뽑는 것
의 금지] 그리고 이번 의회가 종료된 후부터 아무도 살아 있는 양의
털을 자르거나 깎는 대신 뽑아서는 안 된다. [판사에 의한 벌금형
및 감옥형 부과] 만약 누군가 이에 반하는 행동을 하거나 그러한 의
도를 가질 경우 판사는 그 위법 행위를 재판하여 자신의 재량에 따
라 위법 행위에 합당한 벌금형이나 구금형을 신고할 수 있다.

하는 법이 만들어지기 시작했다. 그러나 이러한 법은 대부분 빈민 계층이 제
멋대로 행동하는 것을 통제하기 위한 것이었으며, '동물 학대'를 금지하는
법은 17세기가 되어서야 처음으로 만들어졌다.

이후 19세기까지 영국이나 미국에서(그 밖의 어느 곳에서도) 동물 보호법
은 전혀 만들어지지 않았다. 사실 동물의 권리는 당시 사상가들에게 어울
리는 주제가 아니었다. 1792년 페미니스트인 메리 울스턴크래프트(Mary
Wollstonecraft)의 책 『여성의 권리 옹호(*A Vindication of the Rights of Woman: with*

Strictures on Political and Moral Subjects)』가 출판되자, 영국의 철학자 토머스 테일러 (Thomas Taylor)는 그것을 비꼬는 책『짐승의 권리 옹호(*A Vindication of the Rights of Brutes*)』를 발표했다. 테일러의 생각에 여성의 권리라는 것은 가당치도 않은 것이었기 때문에, 여성이 권리를 가질 수 있어야 한다면 동물의 권리까지도 인정해야 하지 않겠냐는 식으로 주장을 편 것이다.

하지만 18세기 후반에는 동물 문제를 다룬 철학 서적들이 등장하여 20세기 동물권 운동의 형성에 큰 영향을 끼쳤다. 예를 들어 법률가이자 공리주의 철학의 주창자인 제러미 벤담(Jeremy Bentham)은 동물은 영혼과 이성과 권리가 없는 존재라는 지배적 인식에 처음으로 정면 도전한, 당대 가장 영향력 있는 인물이었다. 벤담은 도덕적 관점에서 동물을 평가하는 데 중요한 것은 이성이 아닌 고통을 느낄 수 있는 능력이라고 주장했다(Bentham, 1781).

18세기 후반의 다른 사상가들은 벤담의 견해를 공유했다. 영국과 미국의 의원들은 학대 방지법이 제정되기를 바라는 내용의 글을 썼다. 또 많은 이들이 동물 학대는 사람에 대한 학대로 이어질 수 있다는 화가 윌리엄 호가스(William Hogarth)의 견해를 공유하며, 동물 학대를 금지하는 법을 만들어야 한다고 주장했다. 예컨대 (「독립선언문」의 서명자이기도 한) 의사 벤저민 러시 (Benjamin Rush)는 다음과 같이 썼다.

> 나는 짐승들에 대한 휴머니티와 도덕 사이의 연관성을 분명히 인정한다. 따라서 우선 그들을 잔학 행위와 탄압으로부터 보호하는 법 체계 수립을 위한 입법이 반드시 이루어져야 한다고 생각한다.
> — RUSH, 1812

다른 저자들은 다른 이유가 아닌 오직 동물을 위해 동물 학대에 반대했다. 18세기 영국 시인 윌리엄 쿠퍼(William Cowper)는 자신이 기르던 토끼 세 마리에게서 받은 느낌을 바탕으로 유혈 스포츠에 분명히 반대하는 입장을 취했다. 그는 《젠틀먼스 매거진(*Gentlemen's Magazine*)》에 아래와 같은 글을 기고했다.

별로 궁금하시진 않겠지만, 저는 제가 잘 아는 사람의 경험을 보며 이런 스포츠를 통해 재미를 얻는 이들을 혐오하게 됐습니다. 그는 자신이 온순한 동물들을 괴롭히고 있다는 사실을, 그 동물들이 무엇에 고마워할지를, 그들이 얼마나 생기 넘치는 존재인지를, 그들이 삶을 통해 어떤 기쁨을 누리는지를 알지 못합니다. 동물들은 사람에 대한 이상한 두려움을 보이는데, 그들을 그렇게 만든 것은 바로 사람입니다.

— 1784:414

퀘이커교도와 여타 신앙의 구성원들도 동물 학대에 반대하는 입장을 취했다. 퀘이커교도들은 사냥에 반대하는 것으로 유명하다. 목사인 찰스 도베니(Charles Daubeny)는 1799년에 쓴 「말 못 하는 동물 학대에 대한 설교(A Sermon on Cruelty to Dumb Animals)」를 통해, 동물 역시 하느님의 피조물로서 사람과 동등한 대우를 받을 가치가 있으며 그들을 학대하는 자는 살아 있는 동안 또는 죽은 뒤 고통을 받게 될 것이라는 입장을 밝혔다. 다른 목사 험프리 프리맷(Humphrey Primatt)은 1766년 「동물에 대한 자비 의무와 동물 학대의 죄에 관한 논고(A Dissertation on the Duty of Mercy and Sin of Cruelty to Brute Animals)」에서 다음과 같이 기술했다.

당신이 돌보는 동물이든 아니든, 그 어떤 동물도 방치하거나 학대해서는 안 된다. 이윤 추구, 관습 추종, 세상 조롱 걱정 때문에 어떤 생명에게도 학대나 부당한 행동을 하지 않도록 하라. 대신 '내가 대우받고 싶은 대로 다른 이들도 대우하기'를 언제 어디서나 불변의 규칙으로 삼아라.

— MERZ-PEREZ AND HEIDE, 2004:8

존 오스월드(John Oswald)의 『자연의 비명 또는 박해받는 동물을 위한 자비와 정의의 호소(The Cry of Nature or An Appeal to Mercy and Justice on Behalf of the Persecuted Animals)』(1791)는 동물 학대에 관한 초창기 주요 서적 중 하나이다. 오스월드는 인도에서 영국군 생활을 한 정치 혁명가로서 힌두교에 영감을 받아 채식주의자가 됐다. 그는 인간과 동물에 대한 연민을 옹호하고, "사람만 위하는 평화와 선의의 정서가 확대되어 하위 생명체들까지 자비의 넓은 영역 안에 포함되는 날이 오게 될 것"이라고 이야기했다. 몇 년 뒤 토머스 영(Thomas Young)은 『동물에 대한 휴머니티(*An Essay on Humanity to Animals*)』(1798)를 발표했다. 영은 동물이 겪는 고통과 포로·노예·빈민 등 주변화된 사람들이 겪는 고통 사이의 링크를 인식하고, 동물에 대한 인도적 대우와 함께 노예 무역 폐지를 주장했다. 그리고 영국의 존 로런스(John Lawrence)는 『말, 그리고 짐승에 대한 인간의 도덕적 의무(*A Philosophical and Practical Treatise on Horses and on the Moral Duties of Man towards the Brute Creation*)』(1796)라는 글을 통해 "사람을 위한 정의(justice)와 짐승을 위한 정의가 서로 다른 것일 수 있을까"라는 질문을 던졌다.

그리고 18세기 후반에는, 출판물로서는 처음으로 아이들에게 동물을 친절하게 대하도록 유도하는 아동문학이 등장했다. 예컨대 도러시 킬너(Dorothy Kilner)의 『어느 쥐의 삶과 발걸음(*The Life and Perambulations of a Mouse*)』(1783), 세라 트리머(Sara Trimmer)의 『굉장한 역사(*Fabulous Histories*)』(1786), 메리 울스턴크래프트의 『실제로 있었던 기발한 이야기들(*Original Stories from Real Life*)』(1788), 토머스 데이(Thomas Day)의 『샌퍼드와 머턴의 역사(*The History of Sandford and Merton*)』(1789), 그리고 존 에이킨(John Aikin)과 안나 바볼드(Anna Barbauld)의 『집에서의 저녁(*Evenings at Home*)』(1795) 같은 책들이 아이들에게 동물을 친절하게 대하라고 이야기했다. 이러한 독서를 통해 아이들은 노예 내 하인같이 사회적 지위가 낮은 이들을 친절히 대해야 한다는 점 또한 배울 수 있었다.

동물권 운동의 첫 번째 물결

동물권 운동은 19세기에 학대 방지 운동과 생체 해부 반대 운동(anti-vivisectionist movement)으로부터 시작됐다. 서로 별개이면서도 동시에 중첩

되는 이 두 운동은 동물권 운동의 첫 번째 물결로 여겨진다. 이 운동은 여권 운동(women's rights movement)의 첫 번째 물결(참정권 운동) 및 노예제 철폐 운동(abolitionist movement)과도 광범위하게 겹치는 부분이 있었다. 사실 상당수의 같은 사람들이 노예제를 타도하고 여성의 참정권을 얻기 위해, 그리고 동물이 겪는 고통을 종식하기 위해 노력했는데, 이는 13장에서 논의한 바 있는 동물의 고통과 사람이 겪는 고통 사이의 링크를 다시 한 번 보여주는 지점이다.

19세기에는 동물 학대 방지를 위한 조직적 노력이 먼저 영국에서, 이후 미국에서 이루어졌다. 1800년, 운동가들은 황소미끼놀이를 금지하는 법이 의회를 통과할 수 있도록 노력했지만 실패했다. 1802년에도 같은 시도가 있었지만 성공하지 못했다. 1809년에는 어스킨(Erskine) 경이 '동물에 대한 악의적 학대의 방지(preventing wanton and malicious cruelty to animals)'라는 더 일반적인 법안을 발의했는데, 상원은 통과했지만 하원을 통과하지 못했다. 1810년 재발의했을 때도 결과는 마찬가지였다. 그러니 1822년 아일랜드 출신의 영국 하원의원 리처드 마틴(Richard Martin)이 제출한 법안이 결국 통과하게 되면서 200년 만에 처음으로 동물학대방지법이 만들어지게 됐다. 이 법에는 "말, 노새, 당나귀, 소, 양 등에 대한 잔혹하고 부당한 대우"의 방지 및 이 동물들에 대한 잔혹한 구타와 학대 금지, 그리고 이를 어긴 자에게 10실링 이하의 벌금 또는 3개월 이하의 징역형에 처하는 처벌 규정이 담겨 있었다. '마틴법(Martin's Act)'이라고 알려진 이 법의 하원 통과를 주도했던 리처드 마틴은 그러나 경찰에게 이 법을 집행할 인력도, 의지도 없음을 깨닫게 됐다. 1824년, 목사인 아서 브룸(Arthur Broome)은 한발 더 나아가 동물 보호 및 마틴법 시행을 목적으로 하는 왕립동물학대방지협회(Royal Society for the Prevention of Cruelty to Animals, RSPCA)를 설립했다. 그전에 영국에는 동물 보호 조직이 1809년 설립된 동물에대한악의적학대억제및방지협회(Society for the Suppression and Prevention of Wanton Cruelty to Animals) 하나밖에 없었는데 그마저도 오래 지속되지는 못했다. RSPCA는 고양이 가죽을 벗기는 것과 개를 역용 동물로 이용하는 것을 막고 짐 끄는 말의 고통을 덜어주는 등의 활동을 하는, 세계에서 가장 오래된 동물 보호 조직이 됐다. 이 조직은 또 투견 (1835년에 결국 투계와 함께 금지됐다), 투우, 황소미끼놀이 등을 금지하기 위한 노력을 기울였고, 경찰과 함께 마틴법의 중요성을 알리기 위한 교육 활동도 병행했다.

9장에서 살펴본 바와 같이 17세기부터 야생동물, 농장동물, 그리고 사육 고양이와 개를 대상으로 하는 동물 실험이 의학 연구의 표준이 됐다. 그러나 19세기 무렵이 되자 동물 실험에 대한 지식은 많은 대중의 마음을 불편하게 만들었다. 그 이전에도 알렉산더 포프(Alexander Pope)나 새뮤얼 존슨 (Samuel Johnson) 같은 유럽의 주요 사상가들이 동물 실험을 비판한 바 있었는데, 19세기가 되어서는 마침내 생체 해부에 반대하는 이들이 조직화되어 영국에서 처음으로 동물 실험에 반대하는 조직을 만들고 1875년 왕립 위원회가 영국에서 처음으로 동물 실험에 대한 조사를 하도록 이끌었다.

당시 사회정의 운동에 앞장섰던 이들은 처음부터 동물 실험 금지를 위한 싸움에 동참하고 있었다. 일례로 생체해부동물보호협회(Society for the Protection of Animals Liable to Vivisection)의 공동 창립자인 프랜시스 파워 코브 (Frances Power Cobbe)는 여권 옹호자이기도 했다. 생체해부철폐협회(Society for the Abolition of Vivisection), 런던생체해부반대협회(London Anti-Vivisection Society) 같은 당시의 여러 조직이 1876년 세계에서 처음으로 생체 해부를 규제하는 내용이 담긴 동물학대법(Cruelty to Animals Act)을 통과시키는 데 기여했다. 비록 동물 실험을 금지한 것은 아니었지만, 대신 이 법은 내무장관의 허가를 받은 의사가 시설 점검을 받은 곳에서만 실험을 할 수 있도록 했다. 생체 해부 반대자들은 이에 만족하지 않고 생체 해부를 완전히 금지하는 법을 통과시키려 했지만 성공하지 못했다.

미국의 동물 학대 반대 운동은 당시 영국의 움직임으로부터 강한 영향을 받았으며, 특히 헨리 버그(Henry Bergh)라는 사람의 역할이 컸다. 뉴욕 시의회 의원이었던 버그는 많은 지역을 여행하며 미국 곳곳에서 학대당하는 동물들을 목격했다. 1865년 런던을 방문하여 RSPCA의 대표를 만난 그는 귀국 후 그 이듬해에 미국동물학대방지협회(American Society for the Prevention of Cruelty to Animals, ASPCA)를 설립했다. 동시대 영국인들의 생각과 마찬가지로, 버그가 보기에 가장 고통을 많이 받는 동물은 대형 사역동물, 특히 말이었다. 그들은 구타당하고, 죽을 때까지 일하고, 더 이상 일을 할 수 없을 때까지 굶주려야 했다. 또 영국과 마찬가지로 미국에도 곰미끼놀이, 투견, 투계같이 동물을 학대하는 대중적 오락거리들이 존재했다. ASPCA가 설립되고 몇 달 뒤 뉴욕 주는 말에 대한 혹사 및 과적, 투계, 황소미끼놀이, 투견, 물과 먹이를 충분히 주지 않는 행위, 유기 행위 등 동물에 대한 잔혹한 대우를 금지하는 동물학대방지법을 통과시켰다. 뿐만 아니라 ASPCA(그리고 헨리 버그)에게 그 집행 권한을 주었다. 버그는 예컨대 마부가 말을 때리면 그 상황에 개입하여 그것이 불법 행동임을 알려주는 식으로 미국인들의 사적 관행에 관여했기 때문에 '위대한 간섭자(Great Meddler)'라고 불리기도 했다. 뉴욕 주의 법은 미국 다른 지역의 관련법 제정에 있어 중요한 본보기가 됐다. 비슷한 시기인 1873년에는 미국 연방 정부가 처음으로 동물을 보호하기 위한 법을 제정했다. 28시간법(Twenty-Fight-Hour Law)이 바로 그것인데, 이 법은 철도 운송시 동물들에게 28시간에 한 번씩 휴식과 먹이와 물을 제공하도록 하는 내용을 담고 있었다. (2005년이 되어서야 미국 농무부는 동물권 조직들의 노력 덕분에 오늘날 농장동물이 주로 철도가 아닌 트럭으로 운송된다는 사실을 깨닫고 법 집행에 이 점을 반영하기 시작했다.)

　　ASPCA는 1860년대 후반부터 펜실베이니아, 매사추세츠, 샌프란시스코를 필두로 미국 곳곳에서 생겨나기 시작한 SPCA(동물학대방지협회) 및 여타 인도주의 조직의 본보기가 됐다. 1890년 무렵에는 무려 31개 주에서 이러한 조직들이 활동했다. 동물학대방지법의 시행을 위해 많은 단체가 필라델피아에서 개발된 모델에 따라 동물 보호소를 운영하기 시작했다. (동물학대방지법이 전국적으로 적용되는 영국과 달리, 미국에서는 주별로 적용됐다.) 헨리 버그 시대 이전에도 몇몇 주에 이미 동물학대방지법이 제정되어 있었는데, 미국 최초의 입법은 1828년 뉴욕에서 이루어졌으며 1835년에는 매사추세츠, 1838년에는 위스콘신과 코네티컷 주가 그 뒤를 이었다. 하지만 이 법들은 집행력을 거의 갖추지 못했으며, 실효성을 갖게 된 것은 뉴욕에 ASPCA가 설립된

1866년부터였다.

아이러니하게도, 버그의 노력으로 제정된 동물학대방지법들 중 하나가 학대로 고통받는 미국 아동을 돕는 데도 기여했다. 1873년까지 아이들은 동물과 같은 존재였다. 그들은 부모의 소유물이었으며 그들만의 권리도, 법의 보호도 보장받지 못했었다. 버그는 자신을 굶기고 구타하는 양어머니를 둔 메리 엘런 윌슨(Mary Ellen Wilson)이라는 소녀를 알게 됐다. 당시 미국에는 부모와 자식 사이에 이루어지는 '사적' 행위에 개입할 수 있는 법이 없었기 때문에 ASPCA는 이 사건을 재판으로 끌고 가, 이 아이 역시 한 동물이기 때문에 1867년 수정된 동물학대방지법에 의거하여 보호를 받을 자격이 있다고 주장했다. 이후 버그는 아이들을 도와달라는 수많은 요청을 받게 됐고, 결국 1875년 그들을 대신하여 미국아동학대방지협회(American Society for the Prevention of Cruelty to Children)를 설립했다. 2년 후에는 아동과 동물의 보호를 위한 미국인도주의연합(American Humane Association)이 만들어졌다.

미국 동물 보호 운동이 성장하면서 (영국에서와 마찬가지로) 중요하게 다룬 또 한 가지 주제는 생체 해부 반대 운동이었다. 생체 해부 철폐를 위해 활동한 미국 최초의 조직은 1883년 캐럴라인 얼 화이트(Caroline Earle White)가 설립한 미국생체해부반대협회(American Anti-Vivisection Society, AAVS)이다. 그리고 1895년 뉴잉글랜드생체해부반대협회(New England Anti-Vivisection Society), 1903년 생체해부개혁협회(Vivisection Reform Society) 등이 뒤를 이었다. 하지만 영국과 달리 미국의 생체 해부 반대 운동은 법적 변화를 이끌어내기 못했다. 생체 해부에 대한 규제나 제한에 전면 반대하는 미국 의료 기관의 힘이 너무 강했기 때문이다. 1966년 실험동물복지법(Laboratory Animal Welfare Act, 후에 '동물복지법'이 됐다)이 통과되기 전까지 미국에는 동물 실험에 대한 법적 규제가 존재하지 않았다. 그러나 이 운동은 동물 역시 신의 창조물이므로 고문당해서는 안 되는 존재라는 관점을 확산시키는 데 큰 역할을 했다.

영국과 마찬가지로 미국의 생체 해부 반대 운동을 이끈 사람들 중 많은 수가 다른 사회정의 운동을 하던 이들이었다. 일례로 캐럴라인 얼 화이트의 경우, 변호사였던 아버지는 흑인의 자유를 위한 법적 활동을 했으며 본인 역시 노예제 철폐 운동에 앞장섰다. 화이트는 19세기 페미니즘의 경향을 보여주는 사례이기도 하다. 화이트 같은 당시의 여성들은 공공 조직에서 여성의 역할을 확대하기 위해 별개의 조직을 만드는 노력을 기울였다. 예를 들어 미국생체해부반대협회가 만들어지기 20년 전 화이트는 펜실베이니아동물학대방지협회(Pennsylvania Society for the Prevention of Cruelty to Animals) 설립에 주도적 역할을 했지만 여성이라는 점 때문에 이사회 임원이 되지는 못했다.

1920년대가 되자 영국과 미국에서 생체 해부 반대 운동에 대한 열기가 식었지만 인도주의적 운동의 힘은 양국 모두에서 커져 갔다. 산업화와 자동차 발명으로 짐 운반을 위한 말 이용이 감소하며, 운동의 초점이 말이나 소 같은 대동물에서 고양이와 개 같은 소동물로 이동하게 됐다. 이 시기 양국 모두에서 애완동물 사육이 늘어나면서, 대중에게 개와 고양이의 문제는 이전보다 한층 더 중요한 문제가 됐다.

동물권 운동의 두 번째 물결

19세기 동물 보호 운동이 생체 해부 반대와 대형 사역동물의 보호를 중심으로 이루어졌다면, 20세기의 운동은 반려동물에 대한 관심으로부터 시작됐다. 특히 미국은 엄청난 경제적, 인구학적 변화의 중심지가 되어, 농사일을 하거나 시골에 사는 사람은 점점 줄어들고 축산농업을 떠나 도시나 교외에서 사는 사람의 수가 증가했다. 야생동물과 농장동물로부터 점점 더 거리를 두게 된 미국인들에게 제2차 세계대전이 끝날 무렵부터 불붙은 반려동물 문화는 지금까지 수그러들지 않고 있다. 애완동물 기르기의 확산은 동물에 대한 인도적 태도 및 특히 반려동물 문제에 대한 관심이 높아지는 데 영향을 끼쳤다. 19세기 후반에 SPCA가 설립된 몇몇 주부터 시작해 점점 더 많은 지역사회에 동물 보호를 위한 인도주의 조직들이 생겨났다. 20세기 중반에는 미국복지협회(American Welfare Institute, 1950), 미국인도주의연합에서 1954년 갈라져 나온 미국휴메인소사이어티(HSUS), 동물보호입법협회 (Society for Animal Protective Legislation, 1955) 등 전국 규모의 인도주의 조직들이 설립됐다. 인도적도살법(1958), 실험동물복지법(1966), 멸종위기종보호법(1969), 야생말및당나귀보호법(Wild and Free-Roaming Horses and Burros Act, 1971), 해양포유동물보호법(Marine Mammal Protection Act, 1972) 등 미국의 주요 동물보호법들은 모두 이러한 조직들의 노력으로 만들어졌다. 페미니즘 운동과 시민권 운동이 성차별과 인종차별을 사회적 문제로 인식했던 것처럼 미국인들이 특정 동물을 대하는 일부 방식을 사회적 문제로 보기 시작한 것도 바로 이 시기였다.

　　19세기부터 영국과 미국의 운동가들이 동물 보호를 위해 노력해 왔지만, 대부분의 사람들은 동물권 운동이 1970년대에 와서 탄생했다고 생각한다. 동물권 운동의 두 번째 물결이라고 할 수 있는 이 시기의 운동에 불을 붙인 것은 피터 싱어의 획기적 저서 『동물 해방』(1975)이었다. 싱어와 1980년대 톰 리건의 작업은 현대 동물권 운동을 위한 철학적 기반을 제공하고 오늘날의 동물운동가들을 탄생시켰다. 시민권 운동이 성숙하고 여성 운동이 부상하던 1970년대는 동물권 철학이 출현하기에 딱 좋은 때였다. 1970년대는 자조 운동, 뉴에이지 운동, 여성 영성 운동, 남성 운동, 생태 운동 등 많은 사회운동이 일어난 시기였다. 당시 미국 사회에는 밖이 아닌 내부를 주목하는 경향이 있었고 많은 사회적 액티비즘(activism) 속에서 개인의 변화가 중요시됐다. 평론가들의 설명에 따르면 종교, 사회, 타자, 자신에 대한 사고방식에 영향을 미친 인간의식의 혁명기였다. 표면적으로는 외부의 '타자'(즉 동물)에 초점을 맞추는 동물권 운동 역시 그 참여자들을 상당한 사기생률고 끄는, 매우 자기지시적(self-referential) 속성을 지니고 있다.

현대의 동물권 운동

　　오늘날 국제적인 운동으로 성장한 동물권 운동은 동물의 지위에 대한 철학적 논쟁, 입법 활동, 직접 행동이라는, 크게 세 가지 영역으로 나누어 생각할 수 있다. 19세기는 사역동물의 인도적 대우 및 생체 해부의 철폐 또는 제한에 집중한 시기였고, 20세기 초반은 반려동물의 인도적 대우에 집중한 시기였다. 하지만 현대의 동물권 운동은 서커스의 동물 이용 금지, 비육식 캠페인, 모피와 가죽 제품 거부 등 다양한 문제에 관심을 갖는다.

기본적으로 자신을 동물 보호(animal protection)나 동물 복지(animal welfare)의 지지자로 생각하는 이들이 추구하는 것은 동물을 학대와 위해로부터 보호하는 것이지만, 동물권(animal rights) 운동이 추구하는 것은 인간의 소유물로 여겨지는 동물의 지위, 연구 대상·음식·의류·오락 수단으로 쓰이는 동물의 이용을 종식시키는 것이다. 동물권 운동가 혹은 철폐주의자(abolitionist)들과 동물 복지 옹호자들 사이의 이러한 갈등이, 유인원과 돌고래 같은 특정 종에게는 특별한 대우를 해야 한다는 (이른바 실용주의적) 입장을 둘러싼 갈등과 함께, 동물권 운동 내에 존재해 왔다.

1954년 설립되어 현대 동물권 운동을 이끌고 있는 미국휴메인소사이어티를 제외하면, 오늘날 미국의 핵심 운동 조직들은 모두 1970년대 이후에 설립됐다. 여기에는 동물의법적보호를위한기금(Animal Legal Defense Fund, 1979), PETA(동물의 윤리적 대우를 위한 모임, 1980), 농장동물개혁운동(Farm Animal Reform Movement, 1981), 농장동물안식처(Farm Sanctuary, 1986), 도살에대한연민(Compassion over Killing, 1995) 등이 포함되어 있다.

1970년대와 1980년대, 1990년대는 항의, 시위, 공공 지원 활동, 직접 행동의 시기였다. 동물권 운동가들은 개인으로서든 주요 조직으로서든, 의료·농업·오락의 영역에서 동물을 이용하는 것에 공개적으로 항의했고 동물 대우에 관한 미디어 교육 활동을 모색했다. PETA와 미국휴메인소사이어티는 팸플릿, 스티커, 전단지를 만들어 배포했으며, (추수감사절 다음날을 패션계의 모피 사용에 반대하는 날로 삼는) **모피 없는 금요일**(Fur-Free Friday) 같은 이벤트는 이 운동의 상징이 됐다. **동물해방전선**(Animal Liberation Front) 같은 그림자 집단(shadow group)은 모피 농장, 동물 실험실, 공장식 축산 농장에 잠입하여 동물을 풀어주고 동물이 고통받는 장면을 촬영하는 등의 직접 행동을 했다. 이러한 활동 때문에 동물권 운동은 낙태 반대 운동(prolife movement)과 비교되기도 했다. 두 운동은 모두 '목소리 없는 존재'를 보호할 뿐 아니라 서로 유사한 방법을 사용하기도 한다. 동물이나 태아에게 해를 끼치는 장소나 심지어 낙태 수술을 하는 의사의 집에 가서 시위를 하고, 비폭력 시민 불복종(nonviolent civil disobedience)을 하며, 공격적인 경우 재산에 손실을 입히기도 한다. 하지만 둘 사이에는 차이가 있는데, 공격적 반(反)낙태주의자들은 실제로 사람을 죽이기도 했지만 동물권 운동가는 아무리 극단적 성향일지라도 항의와 습격 과정에서 사람을 해치지는 않았다. 직접 행동과 입법 활동 중 어떤 방식으로 더 큰 성과를 거둘 수 있는지는 1970년대 이후 동물권 운동의 뜨거운 쟁점이 됐다.

성공적인 동물권 캠페인을 위해 필요한 것은 무엇일까? 사회학자 레이철 아인보너(Rachel Einwohner, 1999a)에 따르면, 사냥이나 생물의학 연구처럼 관련 당사자들이 보기에 불가피한 관행에 대한 캠페인은 성과가 크지 않다. 반면 모피를 입는 것이나 서커스는 불가피한 일로 보이지 않기 때문에, 그것을 하지 않도록 사람들을 설득하는 일은 사냥꾼에게 사냥 중단을 요청하는 것보다 훨씬 쉬운 일이다. 아인보너는 동물권 운동가들이 항의 대상의 특성을, 그리고 그들을 설득하는 것이 가능한 일인지 여부를 잘 따져봐야 한다고 지적한다. 대체로 동물권 조직들은 다양한 전선에서 싸움을 벌이고 있다. 즉 전통, 동물을 이용하여 이윤을 얻는 기업, 인간의 탐욕과 허영, 완고한 법 체계, 동물 억압의 비가시성에 대항하여 싸우고 있다. 사회학자 보니 베리(Bonnie Berry, 1997)는, 2000년에서 2008년까지 조지 W. 부시(George W. Bush) 집권기에 미국 사회 내에서 인권이 쇠퇴했던 것처럼, 동물의 권리를 받아들이도록 운동가들이 대중을 설득하기 훨씬 힘든 시기가 올 수 있다고 이야기한다.

동물 복지 진영과 마찬가지로 동물권 운동가들 역시 20세기 말 수십 년간 중요한 성과를 일구어냈다. 그들의 큰 업적 중 하나는 제품 테스트를 하는 과정에서 동물이 불필요한 고통을 받는다는 사실을 대중에게 알려 수많은 대기업이 화장품과 가정용품 생산을 위한 동물 실험을 중단토록 한 것이다. 동물을 이용하지 않는 방법으로 제품 테스트를 하고 의학 연구를 (제품 테스트만큼은 아니지만) 하는 경향이 급증했다. 그들이 이룬 다른 성과는 공장식 축산 농장에 내재하는 학대에 대한 인식을 높이고, 그 결과로 채식주의와 비건주의를 확산시켰다는 점이다. 아울러 19세기 후반 미국의 각 주에 만들어진 동물학대방지법들이 동물권 조직의 활동 덕분에 최근 훨씬 더 강화됐다는 점도 들 수 있다.

사실 입법 분야야말로 오늘날 동물권 운동이 참여하고 있는 가장 중요한 영역이다. 한 세대 전만 해도 동물권 운동가는 맥도날드나 KFC 앞에서 시끄럽게 시위하는 대학생 정도로만 생각됐는데, 오늘날 그들은 변호사, 홍보 전문가, 로비스트로서 조용히 대중의 인식을 변화시키고 법 제정에 영향력을 행사하는 일을 하고 있는 듯하다. 지난 몇 년간 이 운동은 미국과 세계 곳곳에서 중요한 법들을 통과시켰다. 그러나 여전히 미국에는 동물 복지와 관련된 연방법이 동물복지법, 28시간법, 인도적도살법 등 3개밖에 없으며, 이 법들은 학대 문제를 제대로 다루지 못하고 있다. 그래서 각 주에는 자체적으로 만든 학대 관련법들이 존재하는데, 안타깝게도 대부분의 주에서 농장동물은 아무런 보호를 받지 못한다. 반면 동물을 보호하는 법을 잘 갖춘 나라들을 보면, 예를 들어 유럽연합에 속한 모든 나라는 반려동물을 고통과 유기로부터 보호하는 내용의 애완동물보호를위한유럽협약(European Convention for the Protection of Pet Animals)을 따라야 한다. 아울러 이와 유사하게, 농업용동물보호를위한유럽협약(European Convention for the Protection of Animals for Farming Purposes), 국제운송시동물보호를위한유럽협약 (European Convention for the Protection of Animals during International Transport), 도살동물보호를위한유럽협약(European Convention for the Protection of Animals for Slaughter) 등 농장동물에 관한 법도 존재한다. 이 모든 법은 지난 25년간 만들어진 것이며, 모두 미국의 연방법들에 비해 더 넓은 범위의 보호 내용을 담고 있다. 뿐만 아니라 유럽연합은 산란계 사육용 배터리 닭장 (battery cage), 임신한 돼지 사육용 임신틀(gestation crate), 식용 송아지 사육을 위한 송아지 사육상자(veal crate) 등 미국에서 여전히 합법적으로 지속되고 있는, 농장동물에 대한 끔찍한 관행 중 상당수를 금지하거나 단계적으로 폐지해 가고 있다.

미국휴메인소사이어티 같은 조직들의 활동으로 최근 몇 년간 미국의 일부 주에 농장동물을 보호할 수 있는 법들이 만들어졌다. 1999년에서 2008년까지 주 의회들은 32개의 동물 보호를 위한 조치를 내놓았고 그중 22개를 통과시켰다. 예를 들면 플로리다와 애리조나는 (각각 2002년과 2006년에) 임신틀 사용을 금지하는 법을 통과시켰고, 캘리포니아는 미국에서 가장 엄격하게 농장동물 학대를 금지하는 '주민 발의안 2호(Proposition 2)'를 통과시켰다. 주민 발의안 2호에는 임신틀과 송아지 사육상자 사용을 금지하는, 그리고 닭을 그들이 몸을 돌리고 휴식을 취하고 완전히 날개를 펼 수 있을 만큼 충분히 넓은 닭장에서 사육하도록 하는 내용이 담겨 있다. 1980년대의 동물권 운동이었다면 이러한 주민 발의에 대중의 지지를 결집시키고 법을 통과시킬 만큼 표를 이끌어내지 못했을 것이다. 하지만 이제 동물권 운동이 많이 성장한 만큼, 앞으로는 이러한 성과를 더 많이 거둘 것으로 보인다.

최근 동물권 운동은 연방법과 관련하여 몇몇 중요한 목표를 갖고 있다. 인도적도살법에 가금류(와 토끼)가 포함되도록 하는 개정 작업, 동물복지법에 설치류와 조류를 포함시키는 개정 작업, **기립불능 동물**(downed animal)을 도살로부터 보호하는 것, 캘리포니아의 주민 발의안 2호가 보장하는 농장동물에 대한 보호를 전국의 모든 농장동물에게 확대하는 것 등이 바로 그것이다. 이러한 활동을 위해, 예컨대 미국휴메인소사이어티는 휴메인 USA(Humane USA)라는 정치 활동 위원회를 만들어 연방 정치인 및 그 후보자들에게 동물 친화적 입법을 위한 로비 활동을 하고 있다.

일부 조직은 이보다 더 큰 목표를 갖고 있다. 일례로 동물(또는 대형유인원이나 고래목 등의 특정 동물)에게 '인격체(person)'로서의 법적 지위를 갖게 함으로써 그들의 자유를 보장하고 고통으로부터 보호하고자 하는 캠페인이 있다. 변호사 스티븐 와이즈가 설립한 비인간권리프로젝트(Nonhuman Rights Project)는 대형유인원들이 인격체로서의 법적 지위를 얻을 수 있도록 활동하는 조직이다. 와이즈의 목표는 갇혀 있는 침팬지 및 대형유인원을 대신하

PETA(동물의 윤리적 대우를 위한 모임)

PETA는 세계에서 가장 큰 동물권 조직으로서, 연간 예산이 3000만 달러가 넘고 세계적으로 200만 명이 넘는 회원을 두고 있다. 1980년 잉그리드 뉴커크(Ingrid Newkirk)와 앨릭스 파체코(Alex Pacheco)가 설립한 PETA는 실버스프링의 원숭이들(9장 참조)을 구하기 위한 싸움으로 널리 알려졌다. 그들은 공장식 축산, 동물 실험, 반려동물 학대, 오락을 위한 동물 이용 등에 반대하는 캠페인을 벌여 왔다.

PETA는 매우 성공적이고 논쟁적으로 동물권 운동을 하고 있는 조직 중 하나이다. 그들이 잠입 활동을 통해 촬영한 동물 영상은 대중에게 널리 확산된다. 유명인들의 누드 및 패멀리 앤더슨(Pamela Anderson)이나 앨릭 볼드윈(Alec Baldwin) 같은 논쟁적 인물의 목소리를 이용하는 그들의 광고와 대중 캠페인은 종종 도발적으로 비쳐지며 많은 비판을 받기도 한다. 그들은 농업 분야에서 이용되는 동물의 현실을 유대인 홀로코스트와 비교하는 등 대중에게 충격을 주기 위한 캠페인을 펼쳐왔고, 낙농업계의 'Got Milk'를 패러디한 'Got Beer' 캠페인을 통해 대학생들에게 우유 대신 맥주를 마시라고 권유하기도 했다.

논란에도 불구하고 PETA의 캠페인은 매우 성공적이었다. 그들의 노력으로 맥도날드와 웬디스는 자기네 식품에 이용되는 동물의 사육 방식을 개선했고, 많은 디자이너들이 의상 제작에 모피 사용을 중지했으며, 상당수의 유명 화장품 기업들이 동물 실험을 중단했다.

여, 대영제국 노예를 해방시키는 데도 이용된 바 있는 **인신보호영장**(writ of habeas corpus)을 근거로 소송을 제기하는 것이다. 이들의 다른 목표는, 1957년 시민권위원회(Commission on Civil Rights)가 설립된 것처럼, 연방동물보호위원회(Federal Animal Protection Commission)를 설립하여 동물 보호법 위반을 조사하고 더 나은 입법을 모색하는 것이다.

누가 동물권 운동을 하는가?: 인구학적 특성

누가 왜 동물권 활동가가 되는가? 켈러트(Kellert)의 동물 태도 척도(animal attitudes scale)에 따르면 동물권 활동가는 동물에 대하여 도덕적 태도를 갖는, 즉 "동물을 바르게 대하는지 나쁘게 대하는지에 깊은 관심을 갖고 동물을 착취, 학대하는 것에 강하게 반대하는"(1980:89) 사람들이라 할 수 있다. 이 운동에 끌리는 사람들은 다른 유형의 사람들보다 도덕주의(moralism) 지수가 높게 나타난다. 11장에서 언급한 바와 같이, 학자들에 따르면 동물에 대한 태도는 세 가지 요인과 관련있다. 사회적 위치(계급, 나이, 젠더, 교육, 수입, 직업, 민족), 환경에 대한 태도, 동물과 관련된 최근의 경험과 실천이 바로 그것이다. 뿐만 아니라 계속 지적한 바와 같이, 동물의 종(예컨대 뱀이나 쥐에 비해 곰에 대한 태도가 보통 더 긍정적이다) 및 그 종이 인간 문화 내에서 하는 역할에 따라 태도가 달라지기도 한다.

이에 따르면, 동물권 활동가는 백인, 여성, 도시인, 중산층, 청년층이자 동물을 이용하지 않아도 되는 직업을 가진 사람일 가능성이 높다(Plous, 1998; Lowe and Ginsberg, 2002). 최근 몇 년간 동물권에 대한 지지는 더욱 확산되고 있는데 특히 어리고, 저학력이고, 부유하지 않은 이들 사이에서 그러하다(Jerolmack, 2003). 그리고 동물권 지지자는 유년 시절에 애완동물을 길렀었거나 성인이 된 지금 그들과 함께 살고 있는 경우가 많다. 그들은 성격 검사에서 더 높은 공감 지수를 기록하며, 환경에 대해 긍정적 태도를 갖는다. 1984년 《동물 의제(*Animal Agenda*)》의 독자를 대상으로 실시한 조사에 따르

그림 19.1. 계란 생산을 위해 벌어지는 학대에 항의하는 '동물에게 자비를(Mercy for Animals)'의 활동가들 (사진: Mercy for Animals)

면, 전체의 65퍼센트에 달하는 응답자가 자신이 불가지론자 또는 무신론자라고 답변했는데, 이는 종교가 없는 것이 동물권을 옹호하는 태도와 상관있음을 의미한다. 사회학자 데이비드 니버트(David Nibert, 1994)는 동물권에 대한 지지가 다른 정치적 입장들과 상관있다는 것을 밝혀냈다. 예를 들어 동물권을 지지하는 입장은 총기를 규제해야 한다는 입장, 인간관계에서 다양성을 수용하는 입장과 높은 연관성을, 폭력을 수용하는 입장과는 낮은 연관성을 보인다. 반면 동물권에 반대하는 입장은 총기 사용, 낙태 반대, 인종주의 및 호모포비아의 입장과 높은 연관성을 갖는다. 사실 이러한 연관성에도 불구하고 변수들 간의 인과관계를 이야기하는 것은 쉬운 일이 아니다. 하지만 분명히 이야기할 수 있는 것은, 정치적 보수주의와 동물권 액티비즘은 대체로 상반된 관계를 갖는다는 점이다. 종교의 유무도 동물권 지지와 관련이 있어서, 창조론자 및 종교 근본주의자와 동물권 지지는 부정적 상관관계를 갖는다.

어떤 학자들은 (이상주의적 도덕률과 관련있는) 낙관적 세계관을 지향하는 성향이 동물권 등 사회적 액티비즘과 연관된 심리적 기질의 중요한 요소라고 설명한다. 심리학자 할 헤르조그(Hal Herzog)는 왜 사람들이 동물권 활동가가 되는가에 대하여 다른 견해를 갖고 있다(Herzog and Golden, 2009). 동물 이용에 대한 사람들의 생각을 고찰하는 대부분의 연구가 공감 같은 긍정적 감정에 초점을 맞추는 반면, 헤르조그는 동물 액티비즘에서 본능적 혐오감(visceral disgust)이라는 부정적 감정이 담당하는 역할을 설명한다. 그의 연구에 따르면, 동물권 활동가들은 동물권 활동가도 채식주의자도 아닌 사람에게 혐오감을 느끼기가 더 쉽다. 흥미로운 것은 그의 연구에서 다수(45퍼센트)의 동물권 활동가 채식주의자가 아니었다는 점인데, 이는 채식주의와 동물 액티비즘 사이에 존재하는 강한 상관관계에도 불구하고 그 점이 반드시 '동물권 활동가는 채식주의자이고 채식주의자는 동물권 활동가'임을 의미하지는 않는다는 사실을 보여준다. 헤르조그의 이 연구에서 응답자들이 (동물 복지, 동물권 등 중에서) 어떤 성격의 동물권 활동가인지는 명시되지 않았다. 한편 브룩 딕슨 프릴로와 히로코 아리카와(Brooke Dixon Preylo and Hiroko Arikawa, 2008)의 연구를 보면, 비채식주의자에 비해 확실히 남성 채식주의자가 인간 외 동물에게 더 많이 공감한다. 적어도 남성의 경우에는 채식주의와 동물 액티비즘 사이에 상관관계가 있었다. 이 연구는 채식주의자가 되는 이유가 도덕적인 것이든 아니면 (건강 등) 다른 것이든, 채식과 인간 외 동물에 대한 공감 사이에 일관된 상관관계가 있음을 보여주었다.

사회학자 라일 먼로(Lyle Munroe, 2005)는 활동가들이 운동에 참여하게 되는 세 가지 주요 동기가 있음을 알아냈다. 그들에게는 지적(intellectual), 감정적(emotional), 현실적(practical) 동기가 있다. 지적 동기는 동물권 활동가의 이야기를 듣거나 이 운동과 관련된 주요 철학자의 책을 읽음으로써 형성되고, 감정적 동기는 도살되는 동물의 이미지를 보는 것부터 반려동물에 대한 사랑까지 가장 다양한 방식으로 경험되며, 현실적 동기에는 동물 구조와 같은 실제 경험이 포함된다. 웰시 제이미슨, 카스파 벵크, 제임스 파커(Welsey Jamison, Caspar Wenk, and James Parker, 2000)는 동물권 참여를 어떤 촉매적 경험을 통한 개종(religious conversion)과 유사한 것으로 보았다. 즉 전향을 하면, 신입 활동가는 자신의 신념을 강화하고 지지 체계를 제공하는 '신자(believer)' 공동체에 참여하게 된다. 이 사회학자들은 동물권 액티비즘이 신념 체계와 의례 및 신자 커뮤니티를 제공하는 일종의 기능적 종교라고 주장한다.

나이의 측면에서 보면, 대체적으로 젊은 활동가들은 시위와 직접 행동분야에서 두드러지고 나이 든 이들은 운동의 지도부에 위치하고 있다. 인종과 계급 면에서는, 이미 언급한 바와 같이 백인과 중산층의 숫자가 압도적으로 많다. 그리고 활동가의 약 75퍼센트, 동물 보호 조직에 돈을 내는 기부자의 약 70퍼센트가 여성이다. 하지만 직접 행동에 참여하거나 동물 복지 및 동물권 운동의 지도부를 구성하는 대다수는 남성이다. 동물 보호 운동에서의 젠더 불균형은 두 개의 일, 즉 여성이 주로 담당하는, 라일 먼로(2005)가 "돌봄 노동(caring work)"이라고 부르는 일과 남성이 주로 담당하는 시설 작업 사이에 광범위하게 존재하는 차이와 관계있다.

일부 학자들은 젠더에 관한 질문을 던졌다. 왜 이렇게 많은 여성들이 동물 복지와 동물권 문제에 참여하는 것일까? 혹자는 동물 착취와 여성 착취의 유사성에 주목했다. 예컨대 여성을 학대하는 남성은 동물도 학대하고, 그 반대의 경우도 마찬가지다. 페미니스트 학자 캐럴 애덤스(Carol Adams, 1991)가 지적한 바와 같이 산란계나 젖소 같은 암컷 동물에게 축산농업의 가장 심한 학대가 가해진다. 그리고 여성과 동물은 상징적으로 종종 결부된다. 여성과 동물은 모두 몸에 얽매인 존재이고, 14장에서 논의된 비하적 용어를 통해 언어적으로도 연결되어 있다. 한편, 여성은 모피나 제품 테스트 반대 운동 같은 주요 동물권 캠페인의 대상이기도 하다. 모피와 화장품의 주 소비자 계층이 여성이기 때문이다. 이 주제와 관련하여 가장 논쟁적이고 오래된 광고 캠페인 중 하나는 옷을 모두 벗은 (주로 유명인) 여성의 사진과 상징적 표어가 등장하는, PETA의 '모피를 입을 바에는 차라리 발가벗겠다(I'd rather go naked than wear fur)' 캠페인이다. 운동 안팎의 많은 페미니스트들은 이러한 광고가(그리고 옷을 아예 또는 거의 입지 않은 여성이 나오는 PETA의 다른 광고들 역시) 여

그림 19.2. 매주 모피 반대 시위를 하는 애니타 카즈웰(Anita Carswell). (사진: courtesy of Anita Carswell)

성을 대상화하고 비하한다고 생각한다.

　여성은 남성에 비해 더 공감적으로 사회화된다. 그들은 인간관계 내에서 돌봄을 담당하는 존재이기에 동물에 대해서도 그러하기 쉽다. 그런데 반드시 여성이 남성보다 높은 공감 지수를 보이는 것은 아니어서, 성 역할 지향성에 따르며 '여성성'에 가까운 남성의 공감과 동물 친화적 태도 지수 또한 높게 나타난다(Herzog, Betchart, and Pittman, 1991). 또한 여성들은 역사적으로 노예제 철폐 운동과 여성 참정권 운동에 깊이 참여해왔다. 그런 여성 중 많은 수는 여러 억압 간의 링크를 인식하고 동물 보호 문제에 참여했다. 안타깝게도 여성의 적극적 참여는 이 운동이 지닌 감정적 호소 측면과 맞물려 외부로부터 '지나치게 감정적'이라는, 따라서 심각하게 고려할 만큼 중요한 문제가 아니라는 비판을 받기 쉬운 결과로 이어졌다.

　사회학자 라일 먼로는 "사람들은 자신의 삶을 의미있게 해주는 사랑과 일을 필요로 한다(2005:1)"는 지그문트 프로이트(Sigmund Freud)의 글을 통해 동물권 운동 참여자의 동기를 설명한다. 동물권 운동의 맥락으로 보자면, 사람들은 동물에 대한 사랑으로 이 운동에 헌신하게 되고 그 활동을 통해 채식주의자나 비건이 되는 등의 개인적 변화를 일구어가며 정치적, 사회적 동물 옹호를 실천한다. 의심할 나위 없이 이 운동은 중요한 법적, 사회적 변화를 만들어왔다. 문제는, 인간-동물 관계의 이러한 변화를 어떻게 하면 미래에도 계속 이끌어낼 수 있을 것인가이다.

동물권 운동의 위상

오늘날 동물권 운동은 과거 어느 때보다 주류이며 정치적으로 위협적인 운동이 됐다. 1970년대와 1980년대에 설립된 조직들은 성숙의 과정을 밟으며 시위보다 입법 활동에 점점 더 노력을 기울여왔다. 수의사·변호사·의사 등 많은 전문가들이 운동의 핵심 역할을 담당하고 있고, 전 세계 대학에 확산되고 있는 인간동물학 또한 이 운동에 부분적으로 기여하고 있다. 인간-동물 관계 연구는 처음에 철학 영역에서 시작됐지만 이제는 사회과학, 인문학, 자연과학 등의 학문 분야로 확산됐고 수백 개의 로스쿨에 동물권에 관한 강의가 개설됐다. (민족 연구, 여성학, 환경 연구 등) 사회 정의 운동에 기초한 학문 영역의 많은 학자들이 학술적 관점에서 이 주제에 접근하며 자기 이론을 현실적으로 적용하는 데 참여하고 있다. 동물권 옹호자들이 이러한 발전을 이끌어내고 있는 것은 사실이지만, 어떤 이들은 같은 대학 내 동물권 옹호자들의 목소리에 다른 학자들이 위협감을 느낄 수 있기에 이러한 점은 학문의 성장을 저해할 수 있다고 생각하기도 한다.

지난 십여 년간 주와 지역 단위에서 수십 개의 법안이 동물 보호를 위한 추가 조치로 통과됐다. 1999년, 주와 연방 기관에 동물 친화적 후보자를 당선시키기 위한 미국 최초의 정치 활동 위원회인 휴메인USA가 만들어졌다. 동물 관련 입법을 위한 연방 정부의 행보가 느리긴 했지만, 2009년에는 동물 친화적 의회 의원들이 동물 복지 관련 입법을 위해 노력하는 양당 의원 80명으로 이루어진 동물보호를위한의원모임(Congressional Animal Protection Caucus)을 결성했다. 휴메인USA, 동물보호를위한의원모임(및 그 전신인 동물들의친구모임Friends of Animals Caucus), 그리고 동물권 조직들의 노력을 통해 최근 몇 년간 미국에서 새로운 법들이 제정될 수 있었다. 동물권 운동가들의 2011년 목표에는 말 도살, 늑대에 대한 항공 사냥, 곰의 신체 일부 거래, 통조림 사냥(canned hunting), 침팬지에 대한 침습적 연구(invasive research), 강아지 공장(puppy mill), 인터넷 사냥 등에 대한 금지 법안 발의가 추가됐다. 그들은 또 중성화 수술 세금 공제법, 모피 장식 옷에 정확한 제품 표시를 명하는 법, 야생마를 도살로부터 보호하고 그들에게 안식처 및 인도적인 출산 조절 방식을 제공하는 법 등이 통과되기를 바라고 있다.

이 모든 전문적 활동에도 불구하고 여전히 많은 사람들은 동물권 운동을 기껏해야 비주류 운동으로, 최악의 경우 '테러' 조직으로까지 생각한다. 실제로 2006년 의회는 "동물 기업 운영에 피해를 주거나 방해할 목적으로 물리력, 폭력, 위협을 행하는 것을 금지"하고 동물권을 동기로 행해지는 재산 범죄에 대하여(그리고 동물권 운동으로 해를 입은 사람이 없었음에도, 신체적 상해 범죄에 대하여) 처벌을 강화하는 동물기업테러법(Animal Enterprise Terrorism Act)을 통과시켰다. 종종 동물해방전선의 침입 활동 대상이 됐던 생물의학 산업계의 대규모 로비 때문에 통과된 이 법은 동물 또는 동물 소재 제품을 이용하거나 파는 기업을 보호한다. 동물권 활동가들은(그들의 대부분은 직접 행동에 가여하지 않으며 침입 같은 불법 행동이나 테러를 하는 사람은 훨씬 더 소수이다) 이 법의 통과를 활동가의 헌법상 저항권을 탄압하기 위한 것으로 보았다. 그리고 이 법 때문에 내부고발자 및 동물 사업 관련 잠입 영상을 촬영하는 이들이 불안함을 느끼게 되지 않을지, 또 앞으로 여러 형태의 시민불복종을 하는 데 걸림돌이 되지는 않을지 많은 활동가가 우려한다. 지금껏 미국에서 대중의 저항과 액티비즘으로부터 이러한 보호를 받은 산업은 없었다. 하지만 생물의학과 농업 관련 산업 등 동물의 이용과 착취에 의존하는 기업들은 상당한 자원을 동원하여 이러한 법을 얻어냈다.

더 읽을거리

Beers, Diane. 2006. *For the Prevention of Cruelty: The History and Legacy of Animal Rights Activism in the United States.* Athens, OH: Swallow.

Finsen, Lawrence and Susan Finsen. 1994. *The Animal Rights Movement in America.* New York: Twayne.

Francione, Gary L. 1996. *Rain Without Thunder: The Ideology of the Animal Rights Movement.* Philadelphia: Temple University Press.

Garner, Robert, ed. 1996. *Animal Rights: The Changing Debate.* New York: New York University Press.

Guillermo, Kathy Snow. 1993. *Monkey Business: The Disturbing Case That Launched the Animal Rights Movement.* Washington, DC: National Press Books.

Guither, Harold D. 1998. *Animal Rights: History and Scope of a Radical Social Movement.* Carbondale: Southern Illinois University Press.

Munro, Lyle. 2005. *Confronting Cruelty: Moral Orthodoxy and the Challenge of the Animal Rights Movement(Human-Animal Studies).* Leiden, the Netherlands: Brill Academic Publishers.

Silverstein, Helena. 1996. *Unleashing Rights: Law, Meaning, and the Animal Rights Movement.* Ann Arbor: University of Michigan Press.

Wand, Kelly. 2003. *The Animal Rights Movement.* San Diego: Greenhaven Press.

참고할 만한 영상물

Behind the Mask: The Story of the People Who Risk Everything to Save Animals. DVD. Directed by Shannon Keith. Los Angeles: Uncaged Films, 2006.

Peaceable Kingdom: The Journey Home. VHS. Directed by Jenny Stein. Ithaca, NY: Tribe of Heart, 2009.

The Witness. DVD. Directed by Jenny Stein. Ithaca, NY: Tribe of Heart, 2000.

참고할 만한 웹사이트

American Anti-Vivisection Society: http://www.aavs.org

American Humane Association: http://www.americanhumane.org

American Society for the Prevention of Cruelty to Animals: http://www.aspca.org

Defenders of Wildlife: http://www.defenders.org

Great Ape Project: http://www.greatapeproject.org

Humane Research Council: http://www.humanespot.org

Humane Society of the United States: http://www.humanesociety.org

Mercy for Animals: http://www.mercyforanimals.org

The Nature Conservancy: http://www.nature.org

People for the Ethical Treatment of Animals: http://www.peta.org

Physicians Committee for Responsible Medicine: http://www.pcrm.org

World Wildlife Fund: http://www.wwf.org

20

인간-동물 관계의 미래

> 인간은 생산 없이 소비만 하는 유일한 동물입니다. 마실 젖을 만들어내지도 못하고, 알을 낳지도 못하며, 힘이 약해 쟁기질도 못하고, 빨리 달리지 못해 토끼를 잡지도 못합니다. 그럼에도 인간은 모든 동물의 주인입니다. 동물들에게 일을 시키면서 겨우 굶어죽지 않을 만큼의 먹이만 주고 나머지는 모두 자기가 챙깁니다.
>
> — ORWELL, 1946:7

21세기에 동물과 인간의 관계는 어떠한 방향으로 흘러가게 될까? 우리가 생존하는 데 고기와 모피와 가죽이 더 이상 필요치 않음에도, 대부분의 사람들은 축산농업 산물에 대한 의존을 중단하고 싶어하지 않고 중단할 능력도 없는 것처럼 보인다. 반려동물과의 관계는 어떠한가. 애완동물 주인들을 상대로 한 2002년 미국동물병원협회(American Animal Hospital Association)의 조사에 따르면 그들 중 73퍼센트가 자기 개의 이름으로 기념일 카드에 사인을 한 적이 있고, 86퍼센트가 애완동물과 명절이나 기념일을 함께 즐기고, 46퍼센트가 자유 시간의 대부분 또는 전부를 자신의 동물과 보낼 계획이고, 58퍼센트가 가족 사진 촬영에 애완동물을 포함시키고, 절반 가까운 이들이 자신의 파트너 사진보다 애완동물 사진을 더 많이 갖고 있다. 이 정도의 열의를 생각하면, 동물 없는 애완동물 애호가의 삶은 상상하기가 쉽지 않다.

뿐만 아니라 우리의 일상, 즉 항상 접하는 텔레비전 프로그램, 영화, 비디오게임, 책 속에서 가상 동물들이 차지하는 역할 또한 매우 크다. 많은 사람들이 근무 시간에도 '치즈버거(I Can Has Cheezburger?)'나 '큐트 오버로드(Cute Overload)' 같은 웹사이트에 틈틈이 접속하고 있다.

인간은 분명 동물과 연결되어 있고자 하는 것 같다. 야생동물과 심지어 아직도 우리가 의존하고 있는 농장동물까지 인간 사회에서 실종되어 버린 이후 애완동물은 우리에게 중요한 존재가 됐다. 일부 학자들은 애완동물을 인간과 자연 사이의 영속적이고 필연적인 링크의 증거로 본다. 생태주의자 폴 셰퍼드(Paul Shepard)의 표현을 빌리면, 그 링크는 "동물이 지닌 어떤 분위기(ambience), 성스러움(sacredness), 타자성(otherness)"(1996:141)을 불완전하게나마 제공하는 존재이다.

사회학자 에이드리언 프랭클린(Adrian Franklin, 1999)에 따르면, 포스트모던 시대의 동물에 대한 태도 변화는 사회의 문화적·경제적 변화에서 비롯한 것이다. 특히 그는 존재론적 불안(ontological insecurity, 물리적, 사회적 환경의 예측불가능함에 대한 느낌), 위험 성찰성(risk reflexivity, 인간이 세상에 끼친 영향 때문에 인간과 동물이 위험에 처해 있다는 의식), 인간 혐오(misanthropy, 인간에 대한 반감)가 인간-동물 관계의 진전을 이루었다고 설명한다. 이 세 가지 태도로 인해 인간은 그 어느 때보다 동물에게 더 가까워진 것이다.

뿐만 아니라 사람들이 (17장에서 살펴본 바 있는) 행동약으노부니 인나 검보 또한 현대 사회에서 동물이 차지하는 역할의 변화에 큰 영향을 미쳤다. 동물이 무엇을 느끼고 어떤 능력을 가졌는지 알면 알수록(그들은 인간의 언어도 사용하고, 동료의 시신을 묻어주기까지 한다!), 더 많은 사람들이 동물과 인간(동물) 사이의 경계가 허술하고 가변적이며 별 대단한 의미가 있지도 않다는 것을 깨닫게 된다. 우리가 지금 그들의 지적, 감정적 역량에 대해 알고 있는 것들을 생각하면, 그리고 많은 동물이 우리와 얼마나 가까운 존재인지를 생각하면, 분명 오늘날 우리가 동물을 대하는 여러 방식을 정당화하기가 힘든 상황이다.

인간과 가축(domestic animal) 사이의 관계는 계속 발전하고 있다. 반려동물은 사랑과 반려 관계(companionship)를 제공할 뿐만 아니라, 다른 종(species)과 연결되고 싶어하는 인간의 복잡한 욕구를 채워 주면서 인간의 삶 속에 깊이 들어오고 있다. 반면 농업용 동물은 공장식 축산 농장에 갇혀 지내다 비공개적으로 도살되기 때문에 점점 더 우리와 거리가 멀어지고 있다. 농장동물과 애완동물은 ('동물성animal-ness'의 상당 부분이 훼손되는) 유전자 조작과 복제의 대상이 되어 신체적으로 인간과 더욱 거리가 멀어지고 있기도 하다.

현대 사회의 세계적 경향 중 또 한 가지는 인도적 정서(humane sentiments)의 부상이다. 많은 사람들이 동물 복지 조직에 기부를 하고 동물 문제에 (동물 입양, 육식 중단, 서커스 반대, 지역 언론에 의견 보내기 등의 방식으로) 개인적 참여를 하고 있다. 하지만 이렇게 동물 액티비즘이 부상한 것은 그만큼 동물에 대한 착취가 심하기 때문이기도 하다. 이것이 오늘날 인간과 동물의 관계에서 가장 이해하기 힘든 지점이다. 우리는 어떻게 동물과 깊은 관계를 형성하고 있는가. 우리는 그들을 가까이에 두고 우리 삶의 가장 중요한 부분으로 삼으면서도, 동시에 농업과 생물의학 영역에서의 유례없는 학대·구속·고통은 용인하고 있다. 한편으로는 배려와 친밀함, 다른 한편으로는 거리 두기와 비가시성이라는 극단적 양면에 대한 대응으로 미국을 포함한 전 세계에서 동물보호 운동의 중요성이 커지고 있다.

지난 20여 년간 우리의 삶에서 동물이 하는 역할을 변화시키기 위한 법적 노력이 급증했다. 특히 유럽 국가들은 사육, 운송, 도살 과정에서 가축을 보호하고 악질적 학대로부터 실험실 동물을 보호하기 위한 중요한 법안을 다수 통과시켰다. 이에 미치지는 못하지만 미국에서도 지난 20여 년간 동물보호를 위한 여러 법이 각 주의 의회를 통과했다. 그 법들의 대부분이 (반려동물 학대에 대한 강한 처벌같이) 반려동물만 보호하고, 야생동물이나 가축 등을 보호하는 법은 아직 소수에 불과한 것은 사실이다. 그러나 의심할 나위 없이 앞으로 더 광범위한 입법이 이루어질 것이고 19장에서 논의한 바 있는 인격성 운동(personhood movement)이 힘을 얻게 될 것이다.

간혹 특별한 사건을 겪으면 어떤 사안을 둘러싼 문화적 정서가 드러나고는 한다. 예를 들어 2005년 발생한 허리케인 카트리나는 현대 미국 사회에 존재하는 인간-동물 관계의 모순된 면을 보여주었다. 우선, 이 사건을 통해 많은 이들이 자기 애완동물에 대한 크나큰 사랑을 확인할 수 있었다. 피난 명령이 내려진 후에도 많은 사람들이 자신의 애완동물을 두고 갈 수 없어 큰 위험을 감수하면서 그곳을 떠나지 않았던 것이다. 또 남겨진 동물을 구조하기 위해 수백 명의 자원봉사자가 멕시코만 연안으로 와 이타심을 발휘했다. 이들의 헌신적인 노력으로 1만 마리 이상의 동물이 목숨을 구할 수 있었다. 하지만 그와 동시에 덜 긍정적인 정서 역시 많이 드러났다. 예컨대 정부가 애완동물에 대한 고려 없이 대피 정책을 수립하여 많은 이들이 수만 마리의 동물을 물에 빠지거나 굶주리든 말든 내버려둔 채 떠나야 했는데, 대부분은 정부 관계자들 때문에 어쩔 수 없이 그래야 했지만 자발적으로 그러한 선택을 한 사람들도 있었다. 허리케인이 지나간 후 10,000~15,000마리의 동물이 구조됐는데, 그중 가족과 다시 만난 동물은 15~20퍼센트에 불과했다. 왜 이토록 많은 가족이 자신의 동물을 되찾지 못한 걸까? 산업화된 농업 환경에 갇혀 있던 동물의 상황은 더 나빴다. 수십만 마리의 닭, 소, 염소 등의 동물이 대피하지 못해 죽었으며 극소수의 사람들만 그 생명들의 죽음에 눈물을 흘렸다. 이 재난으로 동물 관리 시스템에 많은 허점이 드러나 2006년 10월 부시 대통령이 애완동물의피난및운송에관한법(Pets Evacuation and Transportation Act)에 서명을 하게 된 것은 그나마 다행스러운 일이다. 주와 지역 당국으로 하여금 애완동물을 피난 계획에 포함시키도록 하는 이 법이 통과되고 나서 미국 내 여러 주에서도 자체적으로 이와 관련된 법들이 제정됐다. 허리케인 카트리나 사례에서 잘 드러난, 동물을 향한 우리의 문화적 양면성은 21세기 들어 더욱 커지고 있는 것으로 보인다.

감사의 말

문화비평가 캐리 울프(Carry Wolfe)는 최근 "동물연구라고 알려진 급성장하는 분야를 포괄적으로 설명하려는 것은, 말하자면 고양이를 떼로 기르는 것과 같다"(2009:564)고 말했다. 정말이지 고양이를 떼로 기르는 것 같다!

엄청나게 많은 사람들과 조직의 도움 없었다면 이 책을 저술할 수 없었을 것이다. 감사드려야 할 분들이 이루 말할 수 없이 많다. 이 자리에서는 이 책이 출간되는 데 나를 가장 직접적으로 도왔던 분들에게 감사의 말씀을 전하려고 한다. 우선, 인간동물학집행위원회(Human Animal Studies Executive Committee)에 감사하고 싶다. 이 위원회가 꾸려지지 않았다면 나는 이 분야에 참여하지 않았을지도 모른다. 그리고 인간동물학집행위원회는 동물과사회연구소(Animals and Society Institute, ASI)의 도움이 없었다면 설립되지 못했을 것이다. 동물과사회연구소는 공공정책에서 동물의 지위를 향상시키고, 인간-동물 관계에 대한 연구를 증진하는 연구 기관이자 교육 기관이다. 나는 그들의 연구로 내게 영감을 준 위원회 동료들에게 깊은 감사를 드린다. 특히 이 프로젝트를 지원해준 동물과사회연구소의 수장 케네스 샤피로(Kenneth Shapiro)에게 감사한다. 이 책의 판매로 발생하는 모든 수익금은 사실 동물과사회연구소에 기부될 것이다. 만약 2002년 동물권 관련 학회에서 케네스와 만나지 않았다면, 나는 인간동물학이라는 분야가 존재하는지도 몰랐을 것이며, 아마 몇 년 전 이 분야를 떠나 다른 것을 가르치고 있었을 것이다. 케네스가 없었다면 내 삶은 지금과 매우 달랐을 것이다.

나는 이 책에 관심을 가지고 "동물연구(Animal Studies)" 시리즈로 출판을 확장해준 컬럼비아 대학교 출판부의 웬디 로크너(Wendy Lochner)에게도 감사를 드리고 싶다. 나는 2005년쯤부터 이 책을 쓰기 시작했고, 내가 연락했던 모든 출판사로부터 출판하기에는 시장이 너무 작다는 말을 들었다. 웬디는 인간동물학의 중요성과 성장세를 인지하고 이 분야의 성장과 함께 이 책의 독자들이 있을 거라고 생각했다. 웬디를 통해서 익명의 독자 여섯 명이 이 원고에 대해 제공한 피드백을 받았다. 이분들 모두에게도 감사드린다. 이 책의 18장에 대한 철학자 랠프 아캄포라(Ralph Acampora)의 논평은 이 장을 개선하는 데 매우 귀중한 역할을 했다는 점에서 특별히 감사드린다.

이 책의 각 장에 포함된 연구 논고를 제공해준 동료와 친구들에게도 고마움을 전한다. 감사하게도 수전 맥휴(Susan McHugh), 애니 포츠(Annie Potts), 월터 퍼트넘(Walter Putnam), 몰리 멀린(Molly Mullin), 게리 마빈(Garry Marvin), 셰릴 조지프(Cheryl Joseph), 신시아 케이 챈들러(Cynthia Kay Chandler), 클린턴 샌더스(Clinton Sanders), 케네스 샤피로, 데이비드 니버트(David Nibert), 캐럴 지글리오티(Carol Gigliotti), 로라 홉굿오스터(Laura Hobgood-Oster), 필립 암스트롱(Philip Amstrong), 로버트 미첼(Robert W. Mitchell), 캐시 제니(Cathy Jenni)가 이런 휴의적인 기여를 해주었다.

나는 또한 이 책에 사진을 제공해준 모든 분들에게도 감사드리고 싶다. 애니타 카즈웰(Antia Carswell), 애넷 에반젤리스타(Annette Evangelista), 캐럴 애덤스(Carol Adams), 하비스트홈동물보호소(Harvest Home Animal Sanctuary)의 크리스틴 모리시(Christine Morrissey), 뉴멕시코집토끼구호협회(New Mexico House Rabbit Society)의 크리스 스타(Criss Starr), 캐럴린 하비(Carolynn Harvey) 박사, 드루 트루히요(Drew Trujillo), 에드 털링턴(Ed Turlington), 프레리도그동호회(Prairie Dog Pals)의 에드 어번스키(Ed Urbanski)와 이본 부드로

(Yvonne Boudreux), 엘리자베스 테린(Elisabeth Terrine), 대형유인원트러스트(Great Ape Trust), 조니 러셀(Jonnie Russell), 캐런 다이앤 놀스(Karen Diane Knowles), 케이트 털링턴(Kate Turlington), 케리 부시웨이(Kerrie Bushway), 린리 시마트 리스(Lynley Shimat Lys), 타냐보낙다르갤러리(Tanya Bonakdar Gallery)와 마크 디온(Mark Dion), 메리 코터(Mary Cotter), 동물에게 자비를(Mercy for Animals), PETA(People for the Ethical Treatment of Animals, 동물의 윤리적 대우를 위한 모임), 로빈 몽고메리와 크리스토퍼 몽고메리(Robin and Christopher Montgomery), 수지 히버드(Suzi Hibbard), 제인구달연구소(The Jane Goodall Institute), 토머스 콜(Thomas Cole), 트레이시 마틴(Tracy Martin), 비키 드멜로(Vicki DeMello) 그리고 이베트 와트(Yvette Watt)가 도움을 주었다. 위키미디어(Wikimedia)에 자신의 사진을 무료로 올려주신 많은 사진작가들에게도 감사드린다. 이 책의 많은 사진이 위키미디어에서 인용되었다. 특히 자신의 수상작인 만화를 이 책에 싣게 해준, 신문 연재 만화인 「비사로(Bizarro)」의 작가 댄 피라로(Dan Piraro)에게 특별히 감사느린다. 또한 린다 월든(Linda Walden), 티나 오티스(Tina Otis), 리치 시버스(Rich Sievers), 앨리슨 기즈(Alison Giese) 그리고 특히 제니 비어든(Jennie Bearden)의 도움에 감사드리고 싶다.

마지막으로, 개인적으로 아무리 특이한 일을 하더라도 항상 나의 노력을 격려해준 부모님 로빈과 빌의 지원, 애정, 격려에 감사하고 남편인 톰 영(Tom Young)에게도 감사를 전한다. 아울러 나와 삶을 나누었던 토끼, 고양이, 개, 새를 비롯한 동물들에게도 감사한다. 이들이 내 삶에 없었더라면 개인 또는 전문가로서의 나 또한 없었을 것이다.

옮긴이의 말

인간과 동물의 관계를 연구하는 인간동물학이라는 생소한 분야는 1990
년대 이후 빠르게 자리를 잡아왔다. 인간동물학 분야의 가장 대표적인 학회
인 국제인류동물학회(International Society of Anthrozoololgy)의 연차 학술 대회
에서는 사회학, 인류학, 역사학, 생물학, 철학, 행동학, 교육학, 수의학 등 다
양한 분야의 학자들이 연구 결과를 공유한다. 하지만 기존 학문 분야와 다른
시각과 연구 방법론이 적용되는 인간동물학의 특성을 설명하고 공부하는
일은 쉽지가 않다.

인간동물학(Human-Animal Studies, HAS)의 가장 적절한 입문서이자 기
본 텍스트라 할 수 있는 이 책은 다양한 영역에서 인간과 동물이 맺는 관계
및 인간 사회 속에서 동물이 차지하는 위치와 의미를 풍부한 사례와 날카로
운 관점으로 정리해낸 책이다. 이 책은 구체적인 논의에 들어가기 전, 먼저
우리에게 익숙한 범주와 개념에 대하여 환기시킨다. 인간도 동물의 한 종임
을 고려한다면, 우리가 흔히 사용하는 '인간과 동물'이라는 표현은 '인간인
동물과 인간이 아닌 동물'이라고 바로잡는 것이 옳다. 하지만 이러한 표현이
채택되지 않는 이유는 단지 글자 수가 너무 많아지기 때문만은 아닐 것이다.

저자인 드멜로는 우리와 그들 간의 관계를 바라보는 인식틀 자체가 사회·정치적으로 구성된 것임을 강조하며, 모두가 인간 '동물'의 일원일 독자에게 이 책을 읽는 경험이 단순한 정보 습득을 넘어 자기 성찰의 과정이 될 수 있도록 성실히 인도한다.

이 책의 장점은 무엇보다 독자들이 각자의 관심사에 따라 중간의 어떤 장부터 선택해 읽어도 만족할 수 있을 법한, 풍성한 지식과 재미이다. 교양서라 하기엔 깊이 있고, 학술서라 하기엔 재미있다. 특히 최근 들어 우리나라에서도 동물 대우에 대한 대중의 관심과 문제의식이 하루가 다르게 커가고 있는 상황에서, 인간-동물 관계의 뜨거운 쟁점들이 거의 빠짐없이 담겨 있는 이 책의 출간은 학문 영역을 넘어 다양한 계층의 국내 독자들에게 반가운 소식이 될 것이라 믿는다.

또한 이 책은 동물에 관한 여러 주제와 학문의 영역을 넘나들며 다양한 자료와 이론, 학문적 성과들을 소개하고 있기 때문에, 다학문적 또는 학제적 연구에 관심있는 이들에게도 좋은 참고 서적이 될 수 있을 것이다. 이 책의 옮긴이들 역시 서로 다른 학문적 배경을 갖고 있다. 한국연구재단의 "인간동물문화연구" 프로젝트를 통해 인연을 맺은 옮긴이들은 인간동물학을 소개하기에 가장 적절한 책으로 이견 없이 이 책을 선택했다. 우리는 번역을 진행하며 스스로에게 익숙하지 않은 광범위한 영역의 전문 용어와 씨름을 해야 했는데, 그 과정에서 남았을지 모르는 번역의 미진함에 대해선 추후 교정을 통해 수정해 나갈 것임을 약속한다.

마지막으로, 읽기에는 좋으나 작업하기에는 힘든 책, 그리고 무언가 어설픈 옮긴이들 사이에서 많은 고생을 한 도서출판 공존의 권기호 대표에게 감사의 뜻을 전하며, 아무쪼록 독자들이 이 책을 통해 머리와 가슴 속에 새로운 영감과 (좋은 의미에서의) 고민거리를 품게 될 수 있기를 바란다.

2018년 6월
천명선·조중헌

참고문헌

Abdill, Margaret N. and Denise Juppe, eds. 1997. *Pets in Therapy*. Ravensdale, WA: Idyll Arbor.

Acampora, Ralph. 2005. "Zoos and Eyes: Contesting Captivity and Seeking Successor Practices." *Society & Animals* 13(1):69–88.

Acampora, Ralph. 2006. *Corporal Compassion: Animal Ethics and Philosophy of Body*. Pittsburgh: University of Pittsburgh Press.

Acampora, Ralph, ed. 2010. *Metamorphoses of the Zoo: Animal Encounter after Noah*. Lanham, MD: Lexington.

Adams, Frost, L. 1991. "Pets and Lovers: The Human—Companion Animal Bond in Contemporary Literary Prose." *Journal of Popular Culture* 25(1):39–55.

Adams, Carol and Josephine Donovan, eds. 1994. *Animals and Women: Feminist Theoretical Explorations*. Durham, NC: Duke University Press.

Adams, Carol J. 1991. *The Sexual Politics of Meat: A Feminist—Vegetarian Critical Theory*. New York: Continuum.

Adams, Carol J., ed. 1993. *Ecofeminism and the Sacred*. New York: Continuum.

Adams, Carol J. 1994. *Neither Man nor Beast: Feminism and the Defense of Animals*. New York: Continuum.

Adams, Carol J. 2004. *Pornography of Meat*. New York: Continuum.

Adams, Frost, L. 1991. "Pets and Lovers: The Human—Companion Animal Bond in Contemporary Literary Prose." *Journal of Popular Culture* 25(1):39–55.

Aftandilian, David, ed. 2007. *What Are the Animals To Us? Approaches from Science, Religion, Folklore, Literature, and Art*. Knoxville: University of Tennessee Press.

Aikin, John, Anna Laetitia (Aikin) Barbauld, and Dalziel Brothers. 1879. *Evenings at Home*. London: Frederick Warne.

Akhtar, Salman and Vamik D. Volkan, eds. 2003. *Cultural Zoo: Animals in the Human Mind and its Sublimations*. Madison, CT: International Universities.

Alford, V. 1978. *The Hobby Horse and Other Animal Masks*. London: Merlin Press.

Alger, Janet and Steve Alger. 2003. *Cat Culture: The Social World of a Cat Shelter*. Philadelphia: Temple University Press.

Allen, Barbara. 2009. *Pigeon*. London: Reaktion.

Allen, C., and M. Bekoff. 1999. *Species of Mind: The Philosophy and Biology of Cognitive Ethology*. Cambridge, MA: MIT Press.

Allen, Jessica M., Diane Hammon Kellegrew, and Deborah Jaffe. 2000. "The Experience of Pet Ownership as a Meaningful Occupation." *Canadian Journal of Occupational Therapy* 57(4):271–278.

Allen, Karen Miller. 1985. *The Human—Animal Bond: An Annotated Bibliography*. Metuchen, NJ: Scarecrow.

Allen, Mary. 1983. *Animals in American Literature*. Urbana: University of Illinois Press.

Anderson, J. K. 1985. Hunting in the Ancient World. Berkeley: University of California Press.

Anderson, Patricia K. 2003. "A Bird in the House: An Anthropological Perspective on Companion Parrots." *Society & Animals* 11(4):393–418.

Anderson, R. K., B. L. Hart, and L. A. Hart, eds. 1984. *The Pet Connection: Its Influence on Our Health and Quality of Life*. Minneapolis: University of Minnesota Press.

Anderson, R. S., ed. 1984. *Pet Animals and Society*. London: Bailliere Tindall.

Anderson, Virginia DeJohn. 2004. *Creatures of Empire: How Domestic Animals Transformed Early America*. New York: Oxford University Press.

Animal Studies Group. 2006. *Killing Animals*. Champaign: University of Illinois Press.

Anthony, Lawrence and Graham Spence. 2009. *The Elephant Whisperer: My Life with the Herd in the African Wild*. New York: Thomas Dunne.

Appleby, Michael C. 1999. *What Should We Do About Animal Welfare?* Oxford: Wiley-Blackwell Science.

Appleby, Michael C. and Barry O. Hughes, eds. 1997. *Animal Welfare*. Wallingford, England: CAB International.

Aquinas, Saint Thomas and Berardus Bonjoannes. 1906. *Compendium of the Summa Theologica of St. Aquinas: Pars Prima*. London: Thomas Baker

Archetti, E P. 1997. *Guinea Pigs: Food, Symbol and Conflict of Knowledge in Ecuador*. Translated by V. Napolitano and P. Worsley. Oxford: Berg.

Aristotle and Benjamin Jowett. 1943. *Aristotle's Politics*. New York: Modern Library.

Arkow, Phil. 2004. *Pet Therapy: A Study and Resource Guide for the Use of Companion Animals in Selected Therapies*, 9th ed. Stratford, NJ: Privately printed.

Arluke, Arnold. 2002. "Health Implications of Animal Hoarding: Hoarding of Animals Research Consortium." *Health and Social Work* 27(2):125–136.

Arluke, Arnold. 2006. *Brute Force: Animal Police and the Challenge of Cruelty*. Lafayette, IN: Purdue University Press.

Arluke, Arnold. 2008. "Hope and Conflict in the Social World of Animal Sheltering," in *Between the Species: Readings in Human-Animal Relations*, ed. Arnold Arluke and Clinton Sanders. Boston, MA: Pearson Education, pp. 270–280.

Arluke, Arnold and Carter Luke. 1997. "Physical Cruelty towards Animals in Massachusetts, 1975–1996." *Society & Animals* 5(3):195–204.

Arluke, Arnold and Clinton Sanders. 1996. *Regarding Animals*. Philadelphia: Temple University Press.

Arluke, Arnold and Clinton Sanders, eds. 2009. *Between the Species: A Reader in Human–Animal Relationships*. Boston, MA: Pearson Education.

Armbruster, Karla and Kathleen R.Wallace, eds. 2001. *Beyond Nature Writing: Expanding the Boundaries of Ecocriticsm*. Charlottesville: University of Virginia Press.

Armstrong, Philip. 2008. *What Animals Mean in the Fiction of Modernity*. New York: Routledge.

Armstrong, Susan and Richard Botzler. 2008. *The Animal Ethics Reader*. London: Continuum.

Arnold, Albert J., ed. 1996. *Monsters, Tricksters, and Sacred Cows: Animal Tales and American Identities*. Charlottesville: University of Virginia Press.

Ascione, Frank. 1997. "Humane Education Research: Evaluating Efforts to Encourage Children's Kindness and Caring Toward Animals." *Genetic, Social and General Psychology Monographs* 123(1):57–77.

Ascione, Frank. 2005. *Children and Animals: Exploring the Roots of Kindness and Cruelty*. West Lafayette, IN: Purdue University Press.

Ascione, Frank. 2008. *The International Handbook of Animal Abuse and Cruelty: Theory, Research and Application*. West Lafayette, IN: Purdue University Press.

Ascione, Frank and Phil Arkow, eds. 1999. *Child Abuse, Domestic Violence, and Animal Abuse: Linking the Circles of Compassion for Prevention and Intervention*. West Lafayette, IN: Purdue University Press.

Ascione, Frank, Claudia Weber and David S. Wood. 1997. "The Abuse of Animals and Domestic Violence: A National Survey of Shelters for Women Who Are Battered." *Society & Animals* 5(3):205–218.

Atterton, Peter and Matthew Calarco, eds. 2004. *Animal Philosophy: Essential Readings in Continental Thought*. London: Continuum.

Augustinus, Aurelius. 2000. *The Works of St. Augustine: A Translation for the 21st Century*. Translated by John E. Rotelle, and Edmund Hill. Part I: Books. Volume 13. New York: New City.

Baker, Steve. 1993. *Picturing the Beast: Animals, Identity and Representation*. Manchester, UK:

Manchester University Press.

Baker, Steve. 2000. *The Postmodern Animal*. London: Reaktion.

Balcombe, Jonathan. 2000. *The Use of Animals in Higher Education*. Washington, DC: Humane Society.

Balcombe, Jonathan P. 2006. *Pleasurable Kingdom: Animals and the Nature of Feeling Good*. New York: MacMillan.

Baldick, Julian. 2000. *Animals and Shaman: Ancient Religions of Central Asia*. New York: New York University Press.

Bancel, Nicolas, Pascal Blanchard, Gilles Boëtsch, Eric Deroo, Sandrine Lemaire, and Charles Forsdick, eds. 2009. *Human Zoos: From the Hottentot Venus to Reality Shows*. Liverpool: University of Liverpool Press.

Baraty, Erica and Elisabeth Hardouin-Fugier. 2004. *Zoo: A History of Zoological Gardens in the West*. London: Reaktion.

Baron, David. 2004. *The Beast in the Garden: A Modern Parable of Man and Nature*. New York: Norton.

Beck, Alan and Aaron Katcher. 1996. *Between Pets and People: The Importance of Animal Companionship*. West Lafayette, IN: Purdue University Press.

Becker, Marty and Danelle Morton. 2002. *The Healing Power of Pets: Harnessing the Amazing Ability of Pets to Make and Keep People Happy and Healthy*. New York: Hyperion.

Beers, Diane. 2006. *For the Prevention of Cruelty: The History and Legacy of Animal Rights Activism in the United States*. Athens, OH: Swallow.

Beetz, Andrea and Anthony Podberscek, eds. 2009. *Bestiality and Zoophila: Sexual Relations with Animals*. West Lafayette, IN: Purdue University Press.

Beirne, Piers. 1994. "The Law is an Ass: Reading E.P. Evans' 'The Medieval Prosecution and Capital Punishment of Animals.'" *Society & Animals* 2(1):27–46.

Beirne, Piers. 2009. *Confronting Animal Abuse—Law, Criminology, and Human—Animal Relationships*. New York: Rowman and Littlefield.

Bekoff, Marc. 2000. *Strolling with Our Kin: Speaking for and Respecting Voiceless Nonhuman Animals*. New York: Lantern.

Bekoff, Marc, ed. 2000. *The Smile of a Dolphin: Remarkable Accounts of Animal Emotions*. New York: Discovery.

Bekoff, Marc. 2002. *Minding Animals: Awareness, Emotions and Heart*. Oxford: Oxford University Press.

Bekoff, Marc. 2004. "Wild Justice and Fair Play: Cooperation, Forgiveness and Morality in Animals." *Biology and Philosophy* 19(4):489–520.

Bekoff, Marc. 2005. *Animal Passions and Beastly Virtues: Reflections on Redecorating Nature*.

Philadelphia: Temple University Press.

Bekoff, Marc. 2007. *The Emotional Lives of Animals: A Leading Scientist Explores Aimal Joy, Sorrow, and Empathy—and Why They Matter.* Novato, CA: New World Library.

Bekoff, Marc, ed. 2007. *Encyclopedia of Human–Animal Relationships.* Westport, CT: Greenwood.

Bekoff, Marc, ed. 2009. *Encyclopedia of Animal Rights and Animal Welfare,* 2nd ed. Westport, CT: Greenwood.

Bekoff, Marc, C. Allen, and G. Burghardt, eds., 2002. *The Cognitive Animal.* Cambridge, MA: MIT Press.

Bekoff, Marc and J. A. Byers, eds. 1998. *Animal Play: Evolutionary, Comparative, and Ecological Perspectives.* Cambridge: Cambridge University Press.

Bekoff, Marc, and D. Jamieson, eds. 1996. *Readings in Animal Cognition.* Cambridge, MA: MIT Press.

Bell, Michael. 2004. *An Invitation to Environmental Sociology.* Thousand Oaks, CA: Pine Forge.

Benson, G. John and Bernard E. Rollin, eds. 2004. *The Well-Being of Farm Animals.* Oxford: Wiley-Blackwell.

Bentham, J. 1781/1982. *An Introduction to the Principles of Morals and Legislation,* ed. J. H. Burns and H. L. A. Hart. London: Methuen.

Benton, J. 1992. *The Medieval Menagerie: Animals in the Art of the Middle Ages.* London: Abbeville.

Berger, John. 1971. "Animal World." *New Society* 18:1042–43.

Berger, John. 1977. "Animals as Metaphor." *New Society* 39:504.

Berger, John. 1977. "Vanishing Animals." *New Society* 39:664–665.

Berger, John. 1977. "Why Zoos Disappoint." *New Society* 40:122–123.

Berger, John. 1980. *About Looking.* New York: Pantheon.

Berry, Bonnie. 1997. "Human and Non-Human Animal Rights and Oppression: An Evolution toward Equality." *Creative Sociology.* 25:155–160.

Best, Steve and Anthony Nocella. 2004. *Terrorists or Freedom Fighters: Reflections on the Liberation of Animals.* New York: Lantern.

Bieder, Robert E. 2005. *Bear.* London: Reaktion.

Birke, Lynda. 1994. *Feminism, Animals, and Science: The Naming of the Shrew.* Buckingham: Open University Press.

Birke, Lynda. 2003. "Who—or What—Are the Rats (and Mice) in the Laboratory?" *Society & Animals* 11(3):207–224.

Birke, Lynda and R. Hubbard, eds. 1995. *Reinventing Biology: Respect for Life and the Creation of Knowledge.* Bloomington: Indiana University Press.

Birke, Lynda and Mike Michael. 1998. "The Heart of the Matter: Animal Bodies, Ethics, and

Species Boundaries." *Society & Animals* 6(1):245–261.

Birke, Lynda and Luciani Parisi. 1999. "Animals Becoming." In *Animal Others: On Ethics, Ontology and Animal Life*, ed. Peter Steves. Albany: State University of New York Press, pp. 55–74.

Bissonette, John A. and P. Krausman, eds. 1995. *Integrating People and Wildlife for a Sustainable Future*. Bethesda, MD: The Wildlife Society.

Blum, Deborah. 2002. *Love at Goon Park: Harry Harlow and the science of affection*. Cambridge, MA: Perseus.

Boakes, R. A. 1984. *From Darwin to Behaviorism: Psychology and the Minds of Animals*. Cambridge: Cambridge University Press.

Boat, Barbara W. and Juliette C. Knight. 2000. "Experiences and Needs of Adult Protective Services Case Managers When Assisting Clients Who Have Companion Animals." *Journal of Elder Abuse & Neglect* 12(3&4):145–155.

Boehrer, Bruce, ed. 2007. *A Cultural History of Animals in the Renaissance*. Oxford: Berg.

Boehrer, Bruce Thomas. 2002. *Shakespeare Among the Animals: Nature and Society in the Drama of Early Modern England*. Early Modern Cultural Studies. New York: Palgrave.

Bostock, John and Henry Thomas Riley, eds. 1890. *The Natural History of Pliny*, Volume 2. London: G. Bell and Sons.

Bostock, S. 1993. *Zoos and Animal Rights: The Ethics of Keeping Animals*. London: Routledge.

Bourdillion, M. F. C. and M. Fortes, eds. 1980. *Sacrifice*. London: Academic Press.

Bouse, Derek. 2000. *Wildlife Films*. Philadelphia: University of Pennsylvania Press.

Bradley, Janis. 2007. *Dog Bites: Problems and Solutions*. Policy paper. Ann Arbor, MI: Animals and Society Institute.

Bradshaw, Gay. 2009. *Elephants on the Edge: What Animals Teach Us About Humanity*. New Haven, CT: Yale University Press.

Bright, M. 1984. *Animal Language*. London: BBC.

Brightman, Robert. 1993. *Grateful Prey: Rock Cree Human-Animal Relationships*. Berkeley: University of California Press.

Brody, H. 2001. *The Other Side of Eden*. London: Faber and Faber.

Bryld, Mette and Nina Lykke. 2000. *Cosmodolphins: Feminist Cultural Studies of Technology, Animals, and the Sacred*. New York: Zed.

Budiansky, Stephen. 1997. *The Covenant of the Wild*. London: Phoenix.

Budiansky, Stephen. 1999. *If a Lion Could Talk: How Animals Think*. London: Phoenix.

Budiansky, Stephen. 2000. *The Truth About Dogs*. New York: Viking.

Buettinger, Craig. 1997. "Women and Antivivisection in Late Nineteenth-Century America." *Journal of Social History* 30(Summer):857–872.

Bulbeck, Chilla. 2005. *Facing the Wild: Ecotourism, Conservation, and Animal Encounters.* London: Earthscan.

Bulliet, Richard. 2005. *Hunters, Herders, and Hamburgers: The Past and Future of Human–Animal Relationships.* New York: Columbia University Press.

Burghardt, Gordon M. and Harold A. Herzog, Jr. 1980. "Beyond Conspecifics: Is Brer Rabbit Our Brother?" *Bioscience* 30(11):763–768.

Burghardt, Gordon M. and Harold A. Herzog, Jr., eds. 1989. *Perceptions of Animals in American Culture.* Washington, DC: Smithsonian Institution.

Burgon, H. 2003. "Case Studies of Adults Receiving Horse-Riding Therapy." *Anthrozoös* 16(3):263–276.

Burke, Edmund and Jonathan C. D. Clark. 2001. *Reflections on the Revolution in France.* Stanford, CA: Stanford University Press.

Burkhardt, Richard. W., Jr. 2005. *Patterns of Behavior: Konrad Lorenz, Niko Tinbergen, and the Founding of Ethology.* Chicago: University of Chicago Press.

Burns, J. H. and H. L. A. Hart, eds. 1996. *The Collected Works of Jeremy Bentham.* Oxford: Oxford University Press.

Burt, Jonathan. 2002. *Animals in Film.* London: Reaktion.

Burt, Jonathan. 2006. *Rat.* London: Reaktion.

Byrne, R. 1995. *The Thinking Ape: Evolutionary Origins of Intelligence.* Oxford: Oxford University Press.

Byrne, R., and Whiten, A. 1988. *Machiavellian Intelligence: Social Expertise and the Evolution of Intellect in Monkeys, Apes, and Humans.* Oxford University Press.

Caesar, Terry. 2009. *Speaking of Animals—Essays on Dogs and Others.* Leiden, the Netherlands: Brill Academic.

Calarco, Matthew. 2008. *Zoographies.* New York: Columbia University Press.

Candland, D. 1993. *Feral Children and Clever Children: Reflections on Human Nature.* Oxford: Oxford University Press.

Caporael, L. R. and C. M. Heyes, 1997. "Why Anthropomorphize? Folk Psychology and Other Stories" in *Anthropomorphism, Anecdotes, and Animals.* Robert W. Mitchell, Nicholas S. Thompson, and H. Lyn Miles, eds. Albany: State University of New York Press.

Carbone, Larry. 2004. *What Animals Want: Expertise and Advocacy in Laboratory Animal Welfare Policy.* New York: Oxford University Press.

Carlisle-Frank, Pamela and Tom Flanagan. 2006. *Silent Victims: Recognizing and Stopping Abuse of the Family Pet.* Lanham, MD: University Press of America.

Carlisle-Frank, Pamela and Joshua M. Frank. 2006. "Owners, Guardians and Owner-Guardians: Differing Relationships with Pets." *Anthrozoös* 19(3):225–242.

Carlson, Laurie Winn. 2001. *Cattle: An Informal Social History*. Chicago: Ivan R. Dee.

Carnell, Simon. 2009. *Hare*. London: Reaktion.

Carruthers, Peter. 1992. *The Animals Issue: Moral Theory in Practice*. Cambridge: Cambridge University Press.

Carter, Paul. 2005. *Parrot*. London: Reaktion.

Cartmill, Matt. 1993. *A View to a Death in the Morning: Hunting and Nature through History*. Cambridge, MA: Harvard University Press.

Cassidy, Rebecca. 2002. *The Sport of Kings: Kinship, Class and Thoroughbred Breeding in Newmarket*. Cambridge: Cambridge University Press.

Cassidy, Rebecca and Molly Mullen. 2007. *Where the Wild Things Are Now: Domestication Reconsidered*. New York: Berg.

Castricano, Jodey. 2008. *Animal Subjects: An Ethical Reader in a Posthuman World*. Waterloo, ON: Wilfred Laurier University Press.

Catechism of the Catholic Church. 1994. London: Geoffrey Chapman.

Cavalieri, Paola. 2009. *The Death of the Animal: A Dialogue*. New York: Columbia University Press.

Cavalieri, Paola and Peter Singer, eds. 1993. *The Great Ape Project: Equality Beyond Humanity*. New York: St. Martin's.

Cavell, Stanley, Cora Diamond, John McDowell, Ian Hacking, and Cary Wolfe. 2009. *Philosophy and Animal Life*. New York: Columbia University Press.

Chandler, Cynthia. 2005. *Animal-Assisted Therapy in Counseling*. New York: Routledge.

Chapple, Christopher Key. 1993. *Nonviolence to Animals, Earth, and Self in Asian Traditions*. Albany: State University of New York Press.

Chaudhuri, Una. 2003. "Animal Geographies: Zooësis and the Space of Modern Drama." *Modern Drama* (46) 4:646–662.

Chaudhuri, Una. 2007. "Animal Rites: Performing Beyond the Human." *Critical Theory and Performance, rev. ed., ed. Joseph Roach and Janelle Reinelt*. Ann Arbor: University of Michigan Press.

Cherfas, J. 1989. *The Hunting of the Whale*. Harmondsworth UK: Penguin.

Chris, Cynthia. 2006. *Watching Wildlife*. Minneapolis: University of Minnesota Press.

Clark, S. and S. Lyster. 1997. *Animals and Their Moral Standing*. London: Routledge.

Clarke, P., ed. 1990. *Political Theory and Animal Rights*. London: Pluto.

Clarke, S. R. L. 1977. *The Moral Status of Animals*, Oxford: Oxford University Press.

Clubb, R., M. Rowcliffe, K. U. Mar, P. Lee, C. Moss, and G. J. Mason. 2008. "Compromised Survivorship in Zoo Elephants." *Science* 322:1949.

Clutton-Brock, Juliet. 1981. *Domesticated Animals from Early Times*. Austin: University of Texas

Press.

Clutton-Brock, Juliet, ed. 1989. *The Walking Larder: Patterns of Domestication, Pastoralism, and Predation*. London: Hyman.

Clutton-Brock, Juliet. 1999. *A Natural History of Domesticated Mammals*, 2nd ed. Cambridge: Cambridge University Press.

Coetzee, J. M. 1980. *Waiting for the Barbarians*. Harmondsworth, UK: Penguin.

Coetzee, J. M. 1999. *The Lives of Animals*. Princeton, NJ: Princeton University Press.

Coetzee, J. M. 2003. *Elizabeth Costello*. New York: Viking.

Cohen, Carl and Tom Regan. 2001. *The Animal Rights Debate*. Lanham, MD: Rowman & Littlefield.

Cohen, E. 1994. "Animals in Medieval Perceptions: The Image of the Ubiquitous Other," In *Animals and Human Society: Changing Perspectives*, ed. Aubrey Manning and James Serpell. London: Routledge, pp. 59–80.

Connor, J. 1997. "Cruel Knives? Vivisection and Biomedical Research in Victorian English Canada." *Canadian Bulletin of Medical History*, 14:37–64.

Copeland, Marion W. 2003. *Cockroach*. London: Reaktion.

Coppinger, Raymond and Laura Coppinger. 2001. *Dogs: A Startling New Understanding of Canine Origin, Behavior, and Evolution*. New York: Scribner.

Corbey, Raymond. 2005. *The Metaphysics of Apes: Negotiating the Animal–Human Boundary*. New York: Cambridge University Press.

Coren, Stanley. 2003. *The Pawprints of History: Dogs and the Course of Human Events*. New York: Free Press.

Cornwall, I. 1968. *Prehistoric Animals and Their Hunters*. London: Faber and Faber.

Cosslett, Tess. 2006. *Talking Animals in British Children's Fiction, 1786–1914*. Aldershot, UK: Ashgate.

Cowper, William. 1784. *The Gentleman's Magazine*, Vol. 54.

Cox, Christopher and Nato Thompson, eds. 2005. *Becoming Animal: Contemporary Art in the Animal Kingdom*. Cambridge: MIT Press.

Creager, Angela, and Jordan William, ed. 2005. *The Animal/Human Boundary: Historical Perspectives*. Rochester, NY: University of Rochester Press.

Crist, Eileen. 1999. *Images of Animals: Anthropomorphism and Animal Mind*. Philadelphia: Temple University Press.

Croke, Vicki. 1997. *The Modern Ark: The Story of Zoos, Past, Present and Future*. New York: Scribner.

Cronon, William. 1992. *Nature's Metropolis: Chicago and the Great West*. New York: W.W. Norton.

Cronon, William. 1996. *Uncommon Ground: Rethinking the Human Place in Nature*. New York: W.W. Norton.

Culhane, S. 1986. *Talking Animals and Other People*. New York: St. Martin's.

Curnutt, Jordan. 2001. *Animals and the Law*. Santa Barbara, CA: ABC-CLIO.

Curtis, L. P. 1997. *Apes and Angels: The Irishman in Victorian Caricature*. Rev. ed. Washington, DC: Smithsonian Institution.

Daly, B. and L. Morton. 2003. "Children with Pets Do Not Show Higher Empathy: A Challenge to Current Views." *Anthrozoös* 16(4):298–314.

Daly, B. and L. Morton. 2006. "An Investigation of Human Animal Interactions and Empathy as Related to Pet Preference, Ownership, Attachment and Attitudes in Children." *Anthrozoös* 19(2):113–127.

Daly, B. and L. Morton. 2009. "Empathetic Differences in Adults as a Function of Childhood and Adult Pet Ownership and Pet Type." *Anthrozoös* 22(4):371–382.

Darnton, Robert. 1984/2001. *The Great Cat Massacre and Other Episodes in French Cultural History*. New York: Basic.

Darwin, Charles. 1859/1985. *On the Origin of Species*. New York: Penguin.

Darwin, Charles. 1871/1981. *The Descent of Man*. Princeton, NJ: Princeton University Press.

Darwin, Charles. 1965. *The Expression of Emotions in Man and Animals*. Chicago: University of Chicago Press.

Daston, Lorraine and Gregg Mitman, eds. 2005. *Thinking with Animals: New Perspectives on Anthropomorphism*. New York: Columbia University Press.

Davis, H. and Dianne Balfour, eds. 1992. *The Inevitable Bond: Examining Scientist-Animal Interactions*. Cambridge: Cambridge University Press.

Davis, Karen. 1995. "Thinking Like a Chicken: Farm Animals and the Feminine Connection" in *Animals and Women: Feminist Theoretical Explorations*, ed. Carol J. Adams and Josephine Donovan. Durham, NC: Duke University Press, pp. 192–212.

Davis, Karen. 2001. *More than a Meal: The Turkey in History, Myth, Ritual and Reality*. New York: Lantern.

Davis, Karen. 2005. *The Holocaust and the Henmaid's Tale: A Case for Comparing Atrocities*. New York: Lantern.

Davis, Susan and Margo DeMello. 2003. *Stories Rabbits Tell: A Natural and Cultural History of a Misunderstood Creature*. New York: Lantern.

Davis, Susan G. 1997. *Spectacular Nature: Corporate Culture and the Sea World Experience*. Berkeley: University of California Press.

Dawkins, Marian. 1980. *Animal Suffering: The Science of Animal Welfare*. London: Chapman and Hall.

Dawkins, Marian. 1993. *Through Our Eyes Only? The Search for Animal Consciousness.* Oxford: Freeman.

Day, Thomas. 2010. *The History of Sandford and Merton.* Charleston, SC: Nabu Press.

Decker, Daniel J. et al. 2001. *Human Dimensions of Wildlife Management in North America.* Bethesda, MD: The Wildlife Society.

DeGrazia, David. 1996. *Taking Animals Seriously: Mental Life and Moral Status.* Cambridge: Cambridge University Press.

Dekkers, M. 1994. *Dearest Pet.* London: Virago.

Deleeuw, Jamie L., Luke W. Galen, Cassandra Aebersold, and Victoria Stanton. 2007. "Support for Animal Rights as a Function of Belief in Evolution, Religious Fundamentalism, and Religious Denomination." *Society & Animals* 15(4):353–363.

DeMello, Margo. 2007. "The Present and Future of Animal Domestication," in *A Cultural History of Animals: Volume 6, The Modern Age*, ed. Randy Malamud. Oxford: Berg, pp. 67–94.

DeMello, Margo. 2010. "Becoming Rabbit: Living with and Knowing Rabbits." *Spring: A Journal of Archetype and Culture*, 83(Spring):237–252.

DeMello, Margo, ed. 2010. *Teaching the Animal: Human-Animal Studies across the Disciplines.* New York: Lantern.

DeMello, Margo. 2011. "Blurring the Divide: Human and Animal Body Modification," in *A Companion to the Anthropology of Bodies/Embodiments*, ed. Fran Mascia-Lees. Hoboken, NJ: Wiley-Blackwell, pp. 338–352.

Dent, A. 1976. *Animals in Art.* London: Phaidon.

Derr, Mark. 2004. *Dog's Best Friend: Annals of the Dog-Human Relationship.* Chicago: University of Chicago Press.

Derrida, Jacques. 2008. *The Animal That Therefore I Am: More to Follow.* New York: Fordham University Press.

Descartes, René. 1991. *The Philosophical Writings of Descartes.* 3 vols. Translated by John Cottingham, Robert Stoothoff, and Dugald Murdoch. Cambridge: Cambridge University Press.

Descola, P., and G. Pálsson, eds. 1996. *Nature and Society: Anthropological Perspectives.* London: Routledge.

De Silva, A. et al., eds. 1965. *Man and Animal.* London: Educational Productions.

Desmond, Jane. 1999. *Staging Tourism: Bodies on Display from Waikiki to Sea World.* Chicago: University Chicago Press.

De Waal, Frans. 1983. *Chimpanzee Politics: Power and Sex among Apes.* London: Unwin.

De Waal, F. M. 1996. *Good Natured, The Origins of Right and Wrong in Humans and Animals.* Cambridge, MA: Harvard University Press.

De Waal, Frans. 1998. *Bonobo: The Forgotten Ape*. Berkeley: University of California Press.

De Waal, Frans. 2001. *The Ape and the Sushi Master: Cultural Reflections by a Primatologist*. New York: Basic.

Diamond, Cora. 2001. *The Realistic Spirit*. Cambridge, MA: MIT Press.

Diamond, Jared. 1997. *Guns, Germs, and Steel: The Fates of Human Societies*. New York: Norton.

Dillard, Jennifer. 2008. "A Slaughterhouse Nightmare: Psychological Harm Suffered by Slaughterhouse Employees and the Possibility of Redress through Legal Reform." *Georgetown Journal on Poverty Law & Policy* 15(2):391–408.

Dion, Mark and Alexis Rockman, eds. 1996. *Concrete Jungle: A Pop Media Investigation of Death and Survival in Urban Ecosystems*. New York: Juno.

Dizard, Jan. 1994. *Going Wild: Hunting, Animal Rights and the Contested Meaning of Nature*. Amherst: University of Massachusetts Press.

Dizard, Jan E. 2003. *Mortal Stakes: Hunters and Hunting in Contemporary America*. Boston: University of Massachusetts Press.

Dobbs, David. 2000. *The Great Gulf: Fishermen, Scientists, and the Struggle to Revive the World's Greatest Fishery*. Washington DC: Island.

Dolan, Kevin. 1999. *Ethics, Animals and Science*. Ames: Iowa State University Press.

Dolines, F., ed. 1999. *Attitudes to Animals: Views on Animal Welfare*. Cambridge: Cambridge University Press.

Dombrowski, Daniel. 1997. *Babies and Beasts: The Argument from Marginal Cases*. Urbana: University of Illinois Press.

Donaldson, Jean. 2001. *Dogs Are from Neptune*. Montreal: Lasar Multimedia.

Donovan, Josephine. 1990. "Animal Rights and Feminist Theory." *Signs*, 15(2):370–375.

Donovan, Josephine and Carol Adams, eds. 1996. *Beyond Animal Rights: A Feminist Caring Ethic for the Treatment of Animals*. New York: Continuum.

Donovan, Josephine and Carol J. Adams, eds. 2007. *The Feminist Care Tradition in Animal Ethics: A Reader*. New York: Columbia University Press.

Douglass, C. B. 1997. *Bulls, Bullfighting, and Spanish Identities*. Tucson: University Arizona Press.

Douglas, M. 1957. Animals in Lele Religious Symbolism. *Africa* 27(1):46–58.

Douglas, M. 1970. *Natural Symbols*. New York: Vintage.

Douglas, M. 1990. "The Pangolin Revisited: A New Approach to Animal Symbolism," In *Signifying Animals: Human Meaning in the Natural World*, ed. Roy Willis. London: Routledge, 25–36.

Douglas, Mary. 1970. *Natural Symbols*. Harmondsworth, UK: Penguin.

Douglas, Mary. 1975. *Purity and Danger*. London: Routledge.

Dunayer, Joan. 2001. *Animal Equality: Language and Liberation*. Derwood, MD: Ryce.

Dunayer, Joan. 2004. *Speciesism*. Derwood, MD: Ryce.

Dundes, Alan, ed. 1994. *The Cockfight: A Casebook*. Madison: University of Wisconsin Press.

Dupré, John. 2002. *Humans and Other Animals*. Oxford: Clarendon.

Eaton, J. 1995. *The Circle of Creation: Animals in the Light of the Bible*. London: SCM.

Ebenstein, Helene and Jennifer Wortham. 2001. "The Value of Pets in Geriatric Practice: A Program Example." *Journal of Gerontological Social Work* 35(2):99–115.

Einarsson, N. 1993. "All Animals are Equal But Some are Cetaceans: Conservation and Culture Conflict" in *Environmentalism: The View from Anthropology*, ed. Kay Milton. London: Routledge, pp. 73–84.

Einwohner, Rachel L. 1999a. "Gender, Class, and Social Movement Outcomes: Identity and Effectiveness in Two Animal Rights Campaigns." *Gender and Society* 13(1):56–76.

Einwohner, Rachel L. 1999b. "Practices, Opportunity, and Protest Effectiveness: Illustrations from Four Animal Rights Campaigns." *Social Problems* 46(2):169–186.

Einwohner, Rachel L. 2002. "Motivational Framing and Efficacy Maintenance: Animal Rights Activists; Use of Four Fortifying Strategies." *Sociological Quarterly* 43(4):509–526.

Eisnitz, Gail. 2007. *Slaughterhouse: The Shocking Story of Greed, Neglect, and Inhumane Treatment Inside the U.S. Meat Industry*. Amherst, NY: Prometheus.

Elder, Glen, Jennifer Wolch, and Jody Emel. 1998. "Race, Place, and the Human-Animal Divide." *Society & Animals* 6(2):183–202.

Ellis, Colter. 2009. "The Gendered Process of Cattle (Re)Production." Paper presented at the Animals: Past, Present, and Future conference at Michigan State University, East Lansing, MI.

Ellis, Colter and Leslie Irvine. 2010. "Reproducing Dominion: Emotional Apprenticeship in The 4-H Youth Livestock Program." *Society & Animals* 18(1):21–39.

Ellis, Richard. 2005. *Tiger Bone and Rhino Horn: The Destruction of Wildlife for Traditional Chinese Medicine*. Washington DC: Island.

Emberley, J. V. 1997. *The Cultural Politics of Fur*. Ithaca, NY: Cornell University Press.

Emel, Jody. 1995. "'Are You Man Enough, Big and Bad Enough?' An Ecofeminist Analysis of Wolf Eradication in the United States." *Society and Space: Environment and Planning*. 13:707–734.

Emel, Jody and Julie Urbanik. 2010. "Animal Geographies: Exploring the Spaces and Places of Human-Animal Encounters," in *Teaching the Animal: Human Animal Studies across the Disciplines*, ed. Margo DeMello. New York: Lantern, pp. 202–217.

Engel, Mylan, Jr., and Kathie Jenni. 2010. "Examined Lives: Teaching Human-Animal Studies in Philosophy," in *Teaching the Animal: Human Animal Studies across the Disciplines*, ed. Margo DeMello. New York: Lantern, pp. 60–102.

Evans, D. 1992. *A History of Nature Conservation in Britain.* London: Routledge.

Evans, E. P. 1906. *The Criminal Prosecution and Capital Punishment of Animals.* London: William Heinemann.

Evans, Rhonda, DeAnn K. Gauthier, and Craig J. Forsyth. 1998. "Dogfighting: Symbolic Expression and Validation of Masculinity." *Sex Roles* 39(11/12):825–838.

Evans-Pritchard, Edward. 1940. *The Nuer: A Description of the Modes of Livelihood and Political Institutions of a Nilotic People.* Oxford: Oxford University Press.

Faver, Catherine A. and Alonzo M. Cavazos, Jr. 2007. "Animal Abuse and Domestic Violence: A View from the Order." *Journal of Emotional Abuse* 7(3):59–81.

Faver, Catherine A. and Elizabeth B. Strand. 2003. "Domestic Violence and Animal Cruelty: Untangling the Web of Abuse." *Journal of Social Work Education* 39:237–253.

Faver, Catherine A. and Elizabeth B. Strand. 2007. "Fear, Guilt, and Grief: Harm to Pets and the Emotional Abuse of Women." *Journal of Emotional Abuse* 7(1):51–70.

Favre, David. 2003. *Animals: Welfare, Interests, and Rights.* East Lansing: Animal Law and History Web Center, Michigan State University–Detroit College of Law.

Fentress, John C. "Lessons of the Heart," In *The Smile of a Dolphin: Remarkable Accounts of Animal Emotions,* ed. Marc Bekoff. New York: Discovery, pp. 68–71.

Ferguson, Moira. 1998. *Animal Advocacy and Englishwomen, 1780–1900: Patriots, Nation, and Empire.* Ann Arbor: University of Michigan.

Fiddes, N. 1991. *Meat: A Natural Symbol.* London: Routledge

Fine, Aubrey, ed. 2000. *Handbook on Animal-Assisted Therapy: Theoretical Foundations and Guidelines for Practice.* San Diego: Academic.

Fine, Gary A. and Lazaros Christoforides. 1991. "Dirty Birds, Filthy Immigrants, and the English Sparrow War: Metaphorical Linkage in Constructing Social Problems." *Symbolic Interaction* 14(4):375–393.

Finsen, Lawrence and Susan Finsen. 1994. *The Animal Rights Movement in America.* New York: Twayne

Fitzgerald, Amy J., Linda Kalof, and Thomas Dietz. 2009. "Slaughterhouses and Increased Crime Rates: An Empirical Analysis of the Spillover from 'the Jungle' into the Surrounding Community." *Organization & Environment* 22(2):158–184.

Flannery, Tim. 1994. *The Future Eaters: An Ecological History of the Australian Lands and People.* Chatswood, NSW: Reed.

Flynn, Clifton P. 2000. "Woman's Best Friend: Pet Abuse and the Role of Companion Animals in the Lives of Battered Women." *Violence Against Women* 6:162–177.

Flynn, Clifton P. 2001. "Acknowledging the 'Zoological Connection': A Sociological Analysis of Animal Cruelty." *Society & Animals* 9(1):71–87.

Flynn, Clifton P. 2002. "Hunting and Illegal Violence Against Humans and Other Animals: Exploring the Relationship." *Society & Animals* 10(2):137–154.

Flynn, Clifton, ed. 2008. *Social Creatures: A Human and Animal Studies Reader*. New York: Lantern.

Fogle, Bruce. 1983. *Pets and Their People*. New York: Viking.

Foltz, Richard 2006. *Animals in Islamic Tradition and Muslim Cultures*. Oxford: Oneworld.

Foucault, Michel. 1998. *The History of Sexuality, Volume1: The Will to Knowledge*. London: Penguin.

Fouts, Roger. 1997. *Next of Kin: What Chimpanzees Taught Me About Who We Are*. New York: William Morrow.

Francione, Gary L. 1995. *Animals, Property, and the Law*. Philadelphia: Temple University Press.

Francione, Gary L. 1996. *Rain without Thunder: The Ideology of the Animal Rights Movement*. Philadelphia: Temple University Press.

Francione, Gary L. 2000. *Introduction to Animal Rights: Your Child or the Dog?* Philadelphia: Temple University Press.

Francione, Gary L. 2008. *Animals as Persons: Essays on the Abolition of Animal Exploitation*. New York: Columbia University Press.

Franklin, Adrian. 1999. *Animals and Modern Cultures: A Sociology of Human Animal Relations in Modernity*. London: Sage.

Franklin, Julian H. 2005. *Animal Rights and Moral Philosophy*. New York: Columbia University Press.

Franklin, Sarah. 2007. *Dolly Mixtures: The Remaking of Genealogy*. Durham, NC: Duke University Press.

Fraser, David. 2008. *Understanding Animal Welfare: The Science in Its Cultural Context*. Oxford: Wiley-Blackwell.

Fraser, David, Daniel Weary and Marina A.G. von Keyserlingk. 2010. "Two Interdisciplinary Courses on the Use and Welfare of Animals," in *Teaching the Animal: Human Animal Studies across the Disciplines*, ed. Margo DeMello. New York: Lantern, pp. 341–365.

Fraser, Orlaith and Thomas Bugnyar. 2009. "Do Ravens Show Consolation? Responses to Distressed Others." *PLoS ONE* 5(5):8.

Freeman, Carol. 2010. *Paper Tiger: A Visual History of the Thylacine*. Leiden, the Netherlands: Brill.

French, R. D. 1975. *Antivivisection and Medical Science in Victorian Society*. Princeton, NJ: Princeton University Press.

French, R. K. 1999. *Dissection and Vivisection in the European Renaissance*. Brookfield, VT: Ashgate.

Frey, R. G. 1980. *Interests and Rights: The Case against Animals.* Oxford: Clarendon.

Frey, R. G. 1983. *Rights, Killing, and Suffering: Moral Vegetarianism and Applied Ethics.* Oxford: Basil Blackwell.

Freyfogle, Eric T. and Dale D. Goble. 2008. *Wildlife Law: A Primer.* Washington, DC: Island.

Frommer, Stephanie S. and Arnold Arluke. 1999. "Loving Them to Death: Blame-Displacing Strategies of Animal Shelter Workers and Surrenderers." *Society & Animals* 7(1):1–16.

Fudge, Erica. 2002. *Animal.* London: Reaktion.

Fudge, Erica. 2002. *Perceiving Animals: Humans and Beasts in Early Modern English Culture.* Champaign: University of Illinois Press.

Fudge, Erica. 2006. *Brutal Reasoning: Animals, Rationality, and Humanity in Early Modern England.* Ithaca, NY: Cornell University Press.

Fudge, Erica, Ruth Gilbert, and Susan Wiseman, eds. 1999. *At the Borders of the Human: Beasts, Bodies and Natural Philosophy in the Early Modern Period.* New York: St. Martin's.

Fukuda, K. 1997. "Different Views of Animals and Cruelty to Animals: Cases in Fox-Hunting and Pet-Keeping in Britain." *Anthropology Today* 13(5):2–6.

Fuller, R., ed. 1981. *Fellow Mortals: An Anthology of Animal Verse.* Plymouth, UK: Macdonald and Evans.

Gaard, Greta, ed. 1993. *Ecofeminism: Women, Animals, Nature.* Philadelphia: Temple University Press.

Gaard, Greta. 1993. "Living Interconnections with Animals and Nature," in *Ecofeminism: Women, Animals, Nature*, ed. Greta Gaard. Philadelphia: Temple University Press, pp. 647–653.

Galdikas, Biruté. 1995. *Reflections of Eden: My Years with the Orangutans of Borneo.* New York: Little, Brown and Company.

Garber, Marjorie. 1997. *Dog Love.* New York: Touchstone.

Garner, Robert. 2005. *The Political Theory of Animal Rights (Perspectives on Democratization).* Manchester, UK: Manchester University Press.

Gates, P. 1997. *Animal Communication.* Cambridge: Cambridge University Press.

Gee, Nancy, Elise Crist and Daniel Carr. 2010. "Preschool Children Require Fewer Instructional Prompts to Perform a Memory Task in the Presence of a Dog." *Anthrozoös* 23(2):173–184.

Geertz, C. 1994. "Deep Play: Notes on the Balinese Cockfight," in *The Cockfight: A Casebook*, ed. Alan Dundes. Madison: University of Wisconsin Press, 94–132.

George, Kathryn Paxton. 2000. *Animal, Vegetable, or Woman? A Feminist Critique of Ethical Vegetarianism.* Albany: State University of New York Press.

George, W. 1962. *Animal Geography.* London: Heinmann.

George, W. 1969. *Animals and Maps.* London: Secker & Warburg.

Gigliotti, Carol, ed. 2009. *Leonardo's Choice: Genetic Technologies and Animals.* Dordrecht, the

Netherlands: Springer.

Gill, Jerry H. 1997. *If a Chimpanzee Could Talk and Other Reflections on Language Acquisition.* Tucson: University of Arizona Press.

Glosecki, Stephen O. 1996. "Movable Beasts: The Manifold Implication of Early Germanic Animal Imagery," in *Animals in the Middle Ages: A Book of Essays*, ed. N. C. Flores. New York: Garland, 3–23.

Gluck, J. P. and S. R. Kubacki. 1991. "Animals in Biomedical Research: The Undermining Effect of the Rhetoric of the Besieged." *Ethics and Behavior* 1(3):157–173.

Gobster, Paul H. and R. Bruce Hull, eds. 2000. *Restoring Nature: Perspectives from the Social Sciences and Humanities.* Washington DC: Island.

Goedeke, Theresa. 2004. "In the Eye of the Beholder: Changing Social Perceptions of the Florida Manatee." *Society & Animals* 12(2):99–116.

Goedeke, Theresa. 2010. "Putting Society Back in the Wild: 'Wildlife & Society' Curriculum as a Tool for Teaching Ecology," in *Teaching the Animal: Human Animal Studies across the Disciplines*, ed. Margo DeMello. New York: Lantern, pp. 366–388.

Goedeke, Theresa L. 2005. "Devils, Angels or Animals: The Social Construction of Otters in Conflict Over Management," In *Mad About Wildlife*, eds. Ann Herda-Rapp and Theresa L. Goedeke. Boston: Brill, pp. 25 50.

Goodall, Jane. 1971. *In the Shadow of Man.* Boston: Houghton Mifflin.

Goodall, Jane. 1986. *The Chimpanzees of Gombe: Patterns of Behavior.* Boston: The Belknap Press of the Harvard University Press.

Goodall, Jane. 1990. *Through a Window: 30 Years Observing the Gombe Chimpanzees.* Boston: Houghton Mifflin.

Goodall, Jane and Phillip Berman. 1999. *Reason For Hope: A Spiritual Journey.* New York: Warner.

Goodall, Jane. 2000. *40 Years At Gombe.* New York: Stewart, Tabori, and Chang.

Goodall, Jane and Marc Bekoff. 2002. *The Ten Trusts: What We Must Do to Care for the Animals We Love.* San Francisco: Harper.

Gould, J. L., and C. G. Gould. 1994. *The Animal Mind.* New York: Scientific American Library, W. H. Freeman.

Grandin, Temple. 2005. *Animals in Translation: Using the Mysteries of Autism to Decode Animal Behavior.* New York: Scribner.

Greek, C. Ray and Jean Swingle Greek. 2000. *Sacred Cows and Golden Geese: The Human Costs of Experiments on Animals.* New York: Continuum.

Grier, Katherine. 2006. *Pets in America: A History.* Durham: University of North Carolina Press.

Griffin, Donald. 1976. *The Question of Animal Awareness: Evolutionary Continuity of Mental*

Experience. New York: Rockefeller University Press.

Griffin, Donald. 2001. *Animal Minds: Beyond Cognition to Consciousness*. Chicago: University of Chicago Press.

Griffin, Gary A. and Harry F. Harlow. 1966. "Effects of Three Months of Total Social Deprivation on Social Adjustment and Learning in the Rhesus Monkey." *Child Development* 37(3):533–547.

Griffith, Marcie, Jennifer Wolch, and Unna Lassiter. 2002. "Animal Practices and the Racialization of Filipinas in Los Angeles." *Society & Animals* 10(3):221–248.

Groves, Julian McAllister. 1997. *Hearts and Minds: The Controversy over Laboratory Animals*. Philadelphia: Temple University Press.

Gruen, Lori. 1990. "Gendered Knowledge? Examining Influences on Scientific and Ethological Inquiries," in *Interpretation and Explanation in the Study of Animal Behavior*, eds. Marc Bekoff and Dale Jamieson. Boulder, CO: Westview, pp. 56–73.

Gruen, Lori. 1993. "Dismantling Oppression: An Analysis of the Connection between Women and Animals," in *Ecofeminism: Women, Animals, Nature*, ed. Greta Gaard. Philadelphia: Temple University Press, pp. 60–90.

Gruen, Lori. 2009. "The Moral Status of Animals," in *The Stanford Encyclopedia of Philosophy*, ed. Edward N. Zalta, Stanford: Stanford University. http://plato.stanford.edu/archives/fall2010/entries/moral-animal. Accessed April 2, 2012.

Gruen, Lori and Kari Weil. 2010. "Teaching Difference: Sex, Gender, Species," in *Teaching the Animal: Human Animal Studies across the Disciplines*, ed. Margo DeMello. New York: Lantern, pp. 127–143.

Guggenheim, S. 1994. "Cock or Bull: Cockfighting, Social Structure, and Political Commentary in the Phillipines," in *The Cockfight: A Casebook*, ed. Alan Dundes. Madison: University of Wisconsin Press, 133–173.

Guillermo, Kathy Snow. 1993. *Monkey Business: The Disturbing Case that Launched the Animal Rights Movement*. Washington, DC: National.

Guither, Harold D. 1998. *Animal Rights: History and Scope of a Radical Social Movement*. Carbondale: Southern Illinois University Press.

Hahn, D. 2003. *The Tower Menagerie*. London: Simon and Schuster.

Hall, Molly J., Anthony Ng, Robert J. Ursano, Harry Holloway, Carol Fullerton, and Jacob Casper. 2004. "Psychological Impact of the Animal–Human Bond in Disaster Preparedness and Responses." *Journal of Psychiatric Practice* 10(6):368–374.

Ham, Jennifer and Matthew Senior. 1997. *Animal Acts: Configuring the Human in Western History*. New York: Routledge.

Hancocks, D. 2001. *A Different Nature: The Paradoxical World of Zoos and Their Uncertain Future*.

Berkeley: University of California Press.

Hanselman, Jan L. 2001. "Coping Skills Interventions with Adolescents in Anger Management Using Animals in Therapy." *Journal of Child and Adolescent Group Therapy* 11(4):159–195.

Hansen, K. M., C. J. Messinger, M. M. Baun, et al. 1999. "Companion Animals Alleviating Distress in Children." *Anthrozoös* 12(3):142–148.

Hanson, Elizabeth. 2002. *Animal Attractions: Nature on Display in American Zoos*. Princeton, NJ: Princeton University Press.

Haraway, Donna. 1989. *Primate Visions: Gender, Race, and Nature in the World of Modern Science*. New York: Routledge, Chapman & Hall.

Haraway, Donna. 1991. *Simians, Cyborgs, and Women: The Reinvention of Nature*. London: Routledge.

Haraway, Donna. 1991. "Situated Knowledges: The Science Question in Feminism and the Privilege of Partial Perspective," in *Simians, Cyborgs and Women*, ed. Donna Haraway. London: Free Association, pp. 575–599.

Haraway, Donna. 1997. *Modest_Witness@Second_Millenium. FemaleMan_Meets_Oncomouse: Feminism and Technoscience*. New York: Routledge.

Haraway, Donna. 2003. *The Companion Species Manifesto: Dogs, People, and Significant Otherness*. Chicago, IL: Prickly Paradigm.

Haraway, Donna. 2007. *When Species Meet*. Minneapolis: University of Minnesota Press.

Harbolt, Tami and Tamara H. Ward. 2001. "Teaming Incarcerated Youth with Shelter Dogs for a Second Chance." *Society & Animals* 9(2):177–182.

Harbolt-Bosco, Tami. 2003. *Bridging the Bond: The Cultural Construction of the Shelter Pig*. West Lafayette, IN: Purdue University Press.

Hardin, Rebecca. Forthcoming. *The Heart of Parkness: Trophies, Tours, and Transvalued Wildlife in the Western Congo Basin*.

Hargrove, Eugene, ed. 1992. *The Animal Rights/Environmental Ethics Debate: The Environmental Perspective*. Albany: State University of New York Press.

Harris, Marvin. 1966. "The Cultural Ecology of India's Sacred Cattle." *Current Anthropology* 7:51–66.

Harris, Marvin. 1974. *Cows, Pigs, Wars and Witches*. New York: Vintage.

Harris, Marvin. 1983. "Some Factors Influencing Selection and Naming of Pets." *Psychological Reports* 53(3, Pt. 2):1163–70.

Harris, Marvin. 1985. *Good to Eat: Riddles of Food and Culture*. London: Allen and Unwin.

Harris, Marvin. 1987. *The Sacred Cow and the Abominable Pig: Riddles of Food and Culture*: New York: Touchstone.

Hart, L. 1995. "The Role of Pets in Enhancing Human Well-Being: Effects for Older People," in *The Waltham Book of Human-Animal Interaction: Benefits and Responsibilities of Pet Ownership*, ed., I. Robinson. Exeter: Pergamon, pp. 19–31.

Hawkins, Ronnie Z. 1998. "Ecofeminism and Nonhumans: Continuity, Difference, Dualism and Domination." *Hypatia* 13(1):158–197.

Hawley, Fred. 1993. "The Moral and Conceptual Universe of Cockfighters: Symbolism and Rationalization." *Society & Animals* 1(2):159–168.

Hearne, Vicki. 1987. *Adam's Task: Calling Animals by Name*. New York: Alfred A. Knopf.

Hearne, Vicki. 1994. *Animal Happiness*. New York: HarperCollins.

Hearne, Vicki. 1995. "A Taxonomy of Knowing Animals: Captive, Free-Ranging, and at Liberty." *Social Research* 62(3):441–456.

Hearne, Vicki. 2007. *Adam's Task*. New York: Skyhorse Publishing.

Hediger, H. 1970. *Man and Animal in the Zoo*. London: Routledge and Kegan Paul.

Heidegger, Martin. 1971. "A Dialogue on Language (between a Japanese and an Inquirer)," in *On the Way to Language*. Translated by Peter D. Hertz. New York: Harper & Row.

Heimlich, Katherine. 2001. "Animal-Assisted Therapy and the Severely Disabled Child: A Quantitative Study." *Journal of Rehabilitation* 67(4):48–54.

Henninger-Voss, Mary, ed. 2002. *Animals in Human Histories: The Mirror of Nature and Culture*. Rochester: University of Rochester Press.

Henry, Bill. 2006. "Empathy, Home Environment, and Attitudes Towards Animals in Relation to Animal Abuse." *Anthrozoös* 19(1):17–34.

Henry, Bill and Cheryl E. Sanders. 2007. "Bullying and Animal Abuse: Is There A Connection?" *Society & Animals* 15(2):107–126.

Herda-Rapp, Ann and Theresa L. Goedeke, eds. 2005. *Mad about Wildlife: Looking at Social Conflict over Wildlife*. Leiden, the Netherlands: Brill Academic Publishers.

Hergovich, Andreas, Bardia Monshi, Gabriele Semmler, and Verena Zieglmayer. 2002. "The Effects of the Presence of a Dog in the Classroom." *Anthrozoös* 15(1):37–50.

Herzog, Harold, Jr. 2010. "Are Humans the Only Animals that Keep Pets?" Blog on *Psychology Today* website. http://www.psychologytoday.com/blog/animals-and-us/201006/are-humans-the-only-animals-keep-pets.

Herzog, Harold, Jr. 2010. *Some We Love, Some We Hate, Some We Eat: Why It's So Hard to Think Straight About Animals*. New York: Harper Collins.

Herzog, Harold, Jr., and G. Burghardt. 1988. "Attitudes toward Animals: Origins and Diversity," in *Animals and People Sharing the World*, ed. Andrew Rowan. Hanover, NH: University Press of New England, pp. 75–94.

Herzog, Harold, Jr., and Lauren Golden. 2009. "Moral Emotions and Social Activism: The Case of Animal Rights." *Journal of Social Issues* 65(3):485–498.

Herzog, Harold A., Jr., 1988. "Cockfighting and Violence in the South," in *The Encyclopedia of Southern Culture*, ed. W. Ferris. Chapel Hill: University of North Carolina Press, pp. 1477–1478.

Herzog, Harold A., Jr., 1993. "The Movement is My Life: The Psychology of Animal Rights Activism." *Journal of Social Issues* 49(1):103–120.

Herzog, Harold A., Jr., Nancy S. Betchart, and Robert B. Pittman. 1991. "Gender, Sex Role Orientation, and Attitudes Toward Animals." *Anthrozoös* 4(3):184–191.

Herzog, Harold A., Jr., Tamara Vore, and John C. New. 1988. "Conversations with Veterinary Students: Attitudes, Ethics, and Values." *Anthrozoös* 2(3):181–188.

Hicks, C. 1993. *Animals in Early Medieval Art*. Edinburgh: Edinburgh University Press.

Hinde, R. 1970. *Animal Behavior: A Synthesis of Ethology and Comparative Psychology*. London: McGraw-Hill.

Hines, Linda M. 2003. "Historical Perspectives on the Human-Animal Bond." *American Behavioral Scientist* 47(1):7–15.

Hoage, R. J. and William A. Deiss, eds. 1996. *New Worlds, New Animals: From Menagerie to Zoological Park in the Nineteenth Century*. Baltimore: The Johns Hopkins University Press.

Hobgood-Oster, Laura. 2008. *Holy Dogs and Asses: Animals in the Christian Tradition*. Urbana: University of Illinois Press.

Hobgood-Oster, Laura. 2010. *The Friends We Keep: Unleashing Christianity's Compassion for Animals*. Waco, TX: Baylor University Press.

Hogan, Linda, Deena Metzger, and Brenda Peterson, eds. 1998. *Intimate Nature: The Bond Between Women and Animals*. New York: Ballantine.

Holmberg, Tora. 2009. *Investigating Human/Animal Relations in Science, Culture and Work*. Uppsala, Sweden: Uppsala University Press.

Houston, Pam, ed. 1995. *Women on Hunting*. Hopewell, NJ: Ecco.

Houston, W. 1993. *Purity and Monotheism: Clean and Unclean Animals in Biblical Law*. Sheffield: JSOT.

Howell, S. 1996. "Nature in Culture or Culture in Nature? Chewong Ideas of 'Humans' and Other Species," in *Nature and Society: Anthropological Perspectives*, eds. P. Descola and G. Pálsson. London: Routledge, 127–144.

Hubert, H. and Marcel Mauss. 1981. *Sacrifice: Its Nature and Functions*. Chicago: Midway Reprints.

Hughes, T. 1995. *Collected Animal Poems*. London: Faber and Faber. The Humane Society of the United States (HSUS), First Strike Campaign. 2003. *2003 Report of Animal Cruelty Cases*. Washington, DC: HSUS.

Hume, C. W. 1957. *The Status of Animals in the Christian Religion*. London: Universities

Federation for Animal Welfare.

Hursthouse, Rosalind. 2000. *Ethics, Humans and Other Animals: An Introduction with Readings.* New York: Routledge.

Hyers, Lauri. 2006. "Myths Used to Legitimize the Exploitation of Animals: An Application of Social Dominance Theory." *Anthrozoös* 19(3):194–210.

Ingold, Tim. 1980. *Hunters, Pastoralists and Ranchers.* Cambridge: Cambridge University Press.

Ingold, Tim, ed. 1988. *What is an Animal?* London: Routledge.

Ingold, Tim. 1994. "From Trust to Domination: An Alternative History of Human-Animal Relations," in *Animals and Human Society*, eds. Aubrey Manning and James Serpell . New York: Routledge, pp. 61–76.

Ingold, Tim. 2001. "Animals and Modern Cultures: A Sociology of Human-Animal Relations in Modernity." *Society & Animals* 9(2):183–188.

Irvine, Leslie. 2001. "The Power of Play." *Anthrozoös* 14(3):151–160.

Irvine, Leslie. 2002. "Animal Problems/People Skills: Emotional Interactional Strategies in Human Education." *Society & Animals* 10(1):63–91.

Irvine, Leslie. 2004. *If You Tame Me: Understanding Our Connections with Animals.* Philadelphia: Temple University Press.

Irvine, Leslie. 2009. *Filling the Ark: Animal Welfare in Disasters.* Philadelphia: Temple University Press.

Isenberg, Andrew C. 2000. *The Destruction of the Bison: An Environmental History, 1750–1920.* New York: Cambridge University Press.

Jacobs, Joseph. 1894. *The Fables of Aesop.* New York: Shocken.

Jalongo, Mary Renck, ed. 2004. *The World's Children and Their Companion Animals: Developmental and Educational Significance of the Child/Pet Bond.* Olney, MD: Association for Childhood Education International.

Jamieson, Dale. 2002. *Morality's Progress: Essays on Humans, Other Animals, and the Rest of Nature.* New York: Oxford University Press.

Jamison, W. V., C. Wenk, and J. V. Parker 2000. "Every Sparrow that Falls: Understanding Animal Rights Activism as Functional Religion." *Society & Animals* 8(3): 305–330.

Janega, James. 2007. "That Researcher in the Ape House? She Was Studying You." *Chicago Tribune*, April 26, 2007.

Jaschinski, Britta. 1996. *Zoo.* London: Phaidon.

Jaschinski, Britta. 2003. *Wild Things.* London: Phaidon.

Jasper, James M. 1996. "The American Animal Rights Movement," in *Animal Rights: The Changing Debate*, ed. Robert Garner. New York: New York University Press.

Jasper, James M. and Dorothy Nelkin. 1992. *The Animal Rights Crusade: The Growth of a Moral*

Protest. New York: Free Press.

Jepson, Jill. 2008. "A Linguistic Analysis of Discourse on the Killing of Nonhuman Animals." *Society & Animals* 16(2):127–148.

Jerolmack, Colin. 2003. "Tracing the Profile of Animal Rights Supporters: A Preliminary Investigation." *Society & Animals* 11(3):245–258.

Jerolmack, Colin. 2007. "Animal Archeology: Domestic Pigeons and the Nature-Culture Dialectic." *Qualitative Sociology Review* 3(1):74–95.

Jory, Brian and Mary-Lou Randour. 1998. *The Anicare Model of Treatment for Animal Abuse*. Ann Arbor, MI: Animals and Society Institute.

Joseph, Cheryl. 2010. "Teaching Human-Animal Studies in Sociology," in *Teaching the Animal: Human Animal Studies across the Disciplines*, ed. Margo DeMello. New York: Lantern, pp. 299–340.

Joy, Melanie. 2002. "Toward a Non-Speciesist Psychoethic." *Society & Animals* 10(4): 457–458.

Joy, Melanie. 2009. *Why We Love Dogs, Eat Pigs, and Wear Cows: An Introduction to Carnism*. Newburyport, MA: Conari.

Kahn, Peter H., Jr., and Stephen R. Kellert, eds. 2002. *Children and Nature: Psychological, Sociocultural, and Evolutionary Investigations*. Cambridge, MA: MIT Press.

Kalechofsky, Roberta, ed. 1992. *Judaism and Animal Rights: Classical and Contemporary Responses*. Marblehead, MA: Micah Publications.

Kalechofsky, Roberta. 2003. *Animal Suffering and the Holocaust: The Problem with Comparisons*. Marblehead, MA: Micah Publications.

Kalland, A. 1993. "Management by Totemization: Whale Symbolism and the Anti-Whaling Campaign." *Arctic* 46(2):124–33.

Kalof, Linda. 2007. *Looking at Animals in Human History*. London: Berg.

Kalof, Linda and Amy Fitzgerald, eds. 2007. *The Animals Reader: The Essential Classic and Contemporary Writings*. New York: Berg.

Kalof, Linda and Brigitte Resl, eds. 2007. *A Cultural History of Animals*. New York: Berg.

Kant, I., 1785. *The Groundwork for the Metaphysics of Morals*. Translated by Mary J. Gregor. Cambridge: Cambridge University Press, 1998.

Kappeler, Susanne. 1995. "Speciesism, Racism, Nationalism . . . Or the Power of Scientific Subjectivity," in *Animals and Women: Feminist Theoretical Explorations*, ed. Carol J. Adams and Josephine Donovan. Durham, NC: Duke University Press, pp. 320–352.

Kass, Philip H., John C. New Jr., Janet M. Scarlett, and Mo D. Salman. 2001. "Understanding Animal Companion Surplus in the United States: Relinquishment of Nonadoptables to Animal Shelters for Euthanasia." *Journal of Applied Animal Welfare Science* 4(4):237–248.

Kean, H. 1999. *Animal Rights: Political and Social Change in Britain Since 1800*. London:

Reaktion.

Kean, H. 2003. "An Exploration of the Sculptures of Greyfriars Bobby, Edinburgh, Scotland, and the Brown Dog, Battersea, South London, England." *Society & Animals* 11(4):353–373.

Kean, Hilda. 2001. "Imagining Rabbits and Squirrels in the English Countryside." *Society & Animals* 9(2):163–175.

Kehoe, Monica. 1991. "Loneliness and the Aging Homosexual: Is Pet Therapy an Answer?" *Journal of Homosexuality* 20(3):137–142.

Kellert, Stephen and J. K. Berry. 1985. *A Bibliography of Human/Animal Relations*. Lanham, MD: University Press of America.

Kellert, Stephen and J. K. Berry. 1987. "Attitudes, knowledge, and behaviors toward wildlife as affected by gender." *Wildlife Society Bulletin* 15:363–371.

Kellert, Stephen and Edward Wilson, ed. 1993. *The Biophilia Hypothesis*. Washington, DC: Island.

Kellert, Stephen R. 1980. "American attitudes toward and knowledge of animals: An update". *International Journal for the Study of Animal Problems* 1(2):87–119.

Kellert, Stephen R. 1985. "Historical trends in perceptions and uses of animals in 20th century America." *Environmental Review* 9:34–53.

Kellert, Stephen R. 1989. "Perceptions of animals in America." In *Perceptions of Animals in American Culture*, ed. R.J. Hoage. Washington, DC: Smithsonian Institution.

Kellert, Stephen R. 1994. "Attitudes, knowledge and behavior toward wildlife among the industrial superpowers." In *Animals and Human Society*, ed. Aubrey Manning and James Serpell. New York: Routledge.

Kemmerer, Lisa. 2006. *In Search of Consistency: Ethics and Animals*. Leiden, the Netherlands: Brill Academic Publishers.

Kemmerer, Lisa. 2006. "Verbal activism: 'Anymal.'" *Society & Animals* 14(1):9–15.

Kennedy, J. S. 1992. *The New Anthropomorphism*. Cambridge: University of Cambridge Press.

Kete, Kathleen. 1995. *The Beast in the Boudoir: Petkeeping in Nineteenth-Century Paris*. Berkeley: University of California Press.

Kheel, Marti. 1985. "Speaking the Unspeakable: Women in the Animal Rights Movement." *Feminists for Animal Rights Newsletter* 2(Summer/Fall):1–7.

Kheel, Marti. 1995. "License to Kill: An Ecofeminist Critique of Hunters' Discourse," In *Animals and Women: Feminist Theoretical Explorations*, eds. Carol J. Adams and Josephine Donovan. Durham, NC: Duke University Press, pp. 85–125.

Kheel, Marti. 2004. "The History of Vegetarianism," in *The Encyclopedia of World Environmental History*, eds. Shepard Krech III, C. Merchant, and J. R. McNeil. New York: Routledge, pp. 1273–1278.

Kheel, Marti. 2004. "Vegetarianism and Ecofeminism: Toppling Patriarchy with a Fork," in

Food for Thought: The Debate Over Eating Meat, ed. Steve F. Sapontzis. Amherst, NY: Prometheus, pp. 327–341.

Kheel, Marti. 2006. "The Killing Game: An Ecofeminist Critique of Hunting." *Journal of the Philosophy of Sport* 23(1):30–44.

Kheel, Marti. 2008. *Nature Ethics: An Ecofeminist Perspective*. Lanham, MD: Rowman & Littlefield.

Kidd, A. H. and R. M. Kidd. 1990. "Factors in children's attitudes toward pets." *Psychological Reports* 66:775–786.

Kidd, A. H. and R. M. Kidd. 1994. "Benefits and Liabilities of Pets for the Homeless." *Psychological Reports* 74(1):715–722.

Kilner, Dorothy. 1795. *The life and perambulation of a mouse*. London: J. Marshall.

Kim, Claire Jean. 2010. "Slaying the Beast: Reflections on Race, Culture and Species." *Kalfou*, Spring 2010.

Kipling, Rudyard and Peter Washington. 2007. *Poems*. New York: Alfred A. Knopf.

Kirsch, Sharon. 2008. *What Species of Creatures: Animals Relations from the New World*. Vancouver: New Star.

Kistler, John. 2002. *People Promoting and People Opposing Animal Rights*. Westport, CT: Greenwood.

Knight, John, ed. 2000. *Natural Enemies: People-Wildlife Conflicts in Anthropological Perspective*. London: Routledge.

Knight, John. 2002. *Wildlife in Asia: Cultural Perspectives*. London: RoutledgeCurzon.

Knight, John. 2002. *Wildlife in Asia: Cultural Perspectives*. London: RoutledgeCurzon.

Knight, John, ed. 2005. *Animals in Person: Cultural Perspectives on Human–Animal Intimacies*. Oxford: Berg.

Knight, Sarah and Louise Barnett. 2008. "Justifying Attitudes toward Animal Use: A Qualitative Study of People's Views and Beliefs." *Anthrozoös* 21(1):31–42.

Koebner, L. 1994. *Zoo Book: The Evolution of Wildlife Conservation Centres*. New York: T Doherty.

Kogan, Lori R., Sherry McConnell, Regina Schoenfeld-Tacher, and Pia Jansen-Lock. 2004. "Crosstrails: A Unique Foster Program to Provide Safety for Pets of Women in Safehouses." *Violence Against Women* 10(4):418–434.

Kowalski, Gary. 1999. *The Souls of Animals*. Walpole, NH: Stillpoint Publishing

Kunkel, H. O. 2000. *Human Issues in Animal Agriculture*. College Station: Texas A&M University Press.

Landry, Donna. 2009. *Noble Brutes: How Eastern Horses Transformed English Culture*. Baltimore: The Johns Hopkins University Press.

Langley, Gill, ed. 1989. *Animal Experimentation: The Consensus Changes*. London: MacMillan.

Lansbury, Coral. 1985. *The Old Brown Dog: Women, Workers, and Vivisection in Edwardian England*. Madison: University of Wisconsin Press.

Lawrence, Elizabeth A. 1982. *Rodeo: An Anthropologist Looks at the Wild and the Tame*. Chicago, IL: University of Chicago Press.

Lawrence, Elizabeth A. 1985. *Hoofbeats and Society: Studies of Human-Horse Interactions*. Bloomington: Indiana University Press.

Lawrence, Elizabeth A. 1994. "Rodeo Horses: The Wild and the Tame," in *Signifying Animals: Human Meaning in the Natural World*, ed. Roy Willis. London: Routledge, pp. 222–235.

Lawrence, Elizabeth A. 1997. *Hunting the Wren: Transformation of Bird to Symbol: A Study in Human-Animal Relationships*. Knoxville: University of Tennessee Press.

Lawrence, John, H. D. Symonds, and Charles Whittingham. 1802. *A Philosophical and Practical Treatise on Horses and on the Moral Duties of Man towards the Brute Creation*. London: Printed by C. Whittingham, Dean Stree, Fetter Lane for H.D. Symonds, Paternoster-Row.

Leach, Edmund. 1964. "Anthropological Aspects of Language: Animal Categories and Verbal Abuse," in *New Directions in the Study of Language*, ed. E. Lenneberg. Cambridge, MA: MIT Press, pp. 23–63.

Leach, Edmund. 1970. *Claude Lévi-Strauss*. Chicago: University of Chicago Press.

Leahy, M. 1994. *Against Liberation: Putting Animals in Perspective*. London: Routledge.

LeDuff, Charlie. 2000. "At a Slaughterhouse, Some Things Never Die." *New York Times*, June 16, 2000, A1, A24–A25.

Lee, Keekok. 2006. *Zoos: A Philosophical Tour*. New York: Palgrave MacMillan.

Leist, Anton and Peter Singer. 2010. *J. M. Coetzee: Philosophical Perspectives on Literature*. New York: Columbia University Press.

Lemm, Vanessa. 2009. *Nietzsche's Animal Philosphy: Culture, Politics, and the Animality of the Human Being*. Bronx, NY: Fordham University Press.

Levinson, Boris and Gerald P. Mallon. 1997. *Pet Oriented Child Psychotherapy*. Springfield, IL: Charles C. Thomas Publisher Ltd.

Lévi-Strauss, C. 1963. *Totemism*. Translated by R. Needham. Boston: Beacon.

Lightman, Bernard and Ann Shteir, eds. 2006. *Figuring it Out: Science, Gender and Visual Culture*. Hanover: University of Wisconsin Press.

Lilequist, J. 1992. "Peasants Against Nature: Crossing the Boundaries Between Man and Animals in 17th and 18th Century Sweden," in *Forbidden History, the State, Society and the Regulation of Sexuality in Modern Europe*, ed. J. Fout. Chicago: Chicago University Press, pp. 57–87.

Linden, E. 1976. *Apes, Men and Language*. Harmondsworth, UK: Penguin.

Linné, Carl von, M. S. J. Engel-Ledeboer, and Hendrik Engel. 1964. *Systema Naturae, 1735.* Nieuwkoop, the Netherlands: B. de Graaf.

Linzey, Andrew. 1987. *Christianity and the Rights of Animals.* New York: Crossroad.

Linzey, Andrew. 1995. *Animal Theology.* Urbana: University of Illinois Press.

Linzey, Andrew. 2007. *Creatures of the Same God: Explorations in Animal Theology.* New York: Lantern.

Linzey, Andrew and Dan Cohn-Sherbok. 1997. *After Noah: Animals and the Liberation of Theology.* New York: Cassell.

Lippit, Akira Mazuta. *Electric Animal: Toward a Rhetoric of Wildlife.* Minneapolis: University of Minnesota Press, 2000.

Loar, Lynn and Libby Coleman. 2004. *Teaching Empathy: Animal-Assisted Therapy Programs for Children and Families Exposed to Violence.* Alameda, CA: Latham Foundation.

Locke, John, Ruth Weissbourd Grant, Nathan Tarcov, and John Locke. 2007. *Some Thoughts Concerning Education; and, of the Conduct of the Understanding.* Indianapolis: Hackett Publishing Company.

Lockwood, Randy and Frank Ascione. 1998. *Cruelty to Animals and Interpersonal Violence: Readings in Research and Application.* West Lafayette, IN: Purdue University Press.

Lodrick, D. 1981. *Sacred Cows, Sacred Places. Origins and Survivals of Animal Homes in India.* Berkeley: University of California Press.

Lorenz, Konrad. 1952. *King Solomon's Ring; New Light on Animal Ways.* New York: Crowell.

Lorenz, Konrad. 1970. *Studies in Animal and Human Behavior.* London: Methuen.

Love, Rosaleen. 2001. *Reefscape: Reflections on the Great Barrier Reef.* Washington, DC: Joseph Henry.

Lowe, B. M. and C. F. Ginsberg. 2002. "Animal Rights as a Post-Citizenship Movement." *Society & Animals* 10(2):203–215.

Lucie-Smith, E. 1998. *Zoo: Animals in Art.* London: Aurum.

Luke, Brian. 2007. *Brutal: Manhood and the Exploitation of Animals.* Urbana: University of Illinois Press.

Lundin, S. 1999. "The Boundless Body: Cultural Perspectives on Xenotransplantation." *Ethnos* 64(1):5–31.

Macauley, D. 1987. "Political Animals: A Study of the Emerging Animal Rights Movement in the United States." *Between the Species* 3:66–74.

MacDonald, Helen. 2005. *Falcon.* London: Reaktion.

Mack, Arien, ed. 1999. *Humans and Other Animals.* Columbus: Ohio State University Press.

MacKenzie, John M. 1988. *The Empire of Nature: Hunting, Conservation and British Imperialism.* Manchester, UK: Manchester University Press.

Malamud, Randy. 1998. *Reading Zoos: Representations of Animals and Captivity.* New York: New York University Press.

Malamud, Randy. 2003. *Poetic Animals and Animal Souls.* New York: Palgrave MacMillan.

Malamud, Randy. 2010. "Animals on Film." *Spring: A Journal of Archetype and Culture,* 83(Spring):135–160.

Manfredo, Michael J. 2008. *Who Cares About Wildlife? Social Science Concepts for Exploring Human-Wildlife Relationships and Conservation Issues.* New York: Springer.

Manley, Frank. 1998. *The Cockfighter.* Minneapolis, MN: Coffee House.

Manning, Aubrey and James Serpell, eds. 1994. *Animals and Human Society: Changing Perspectives.* London: Routledge.

Manzo, Bettina. 1994. *The Animal Rights Movement in the U.S. 1975–1990: An Annotated Bibliography.* Metuchen, NJ: Scarecrow.

Marino, Lori, Scott Lilienfeld, Randy Malamud, Nathan Nobis, and Ron Broglio. 2010. "Do Zoos and Aquariums Promote Attitude Change in Visitors? A Critical Evaluation of the American Zoo and Aquarium Study." *Society & Animals* 18(2):126–138.

Marks, S. A. 1991. *Southern Hunting in Black and White: Nature, History, and Ritual in a Carolina Community.* Lawrenceville, NJ: Princeton University Press.

Martin, Stephen. 2009. *Penguin.* London: Reaktion.

Marvin, Garry. 1994. *Bullfight.* Urbana: University of Illinois Press.

Mason, Georgia and Jeff Rushen. 2007. *Stereotypic Animal Behavior: Fundamentals and Applications to Welfare,* 2nd ed. Wallingford, UK: CAB International.

Mason, Jennifer. 2005. *Civilized Creatures: Urban Animals, Sentimental Culture, and American Literature, 1850–1900.* Baltimore: The Johns Hopkins University Press.

Mason, Jim and Peter Singer. 1990. *Animal Factories: What Agribusiness Is Doing to the Family Farm, the Environment, and Your Health.* Rev. ed. New York: Harmony.

Masson, Jeffrey Moussaieff. 1997. *Dogs Never Lie About Love.* New York: Crown Publishers.

Masson, Jeffrey Moussaieff. 2003. *The Pig Who Sang to the Moon: The Emotional World of Farm Animals.* New York: Random House.

Masson, Jeffrey Moussaieff and Susan McCarthy. 1995. *When Elephants Weep: The Emotional Lives of Animals.* New York: Delta Trade Paperbacks.

Matheson, Megan, Lori Sheeran, Jin-Hua Li, and R. Steven Wagner. 2006. "Tourist Impact on Tibetan Macaques." *Anthrozoös* 19(2):158–168.

Mauer, Donna. 2002. *Vegetarianism: Movement or Moment?* Philadelphia: Temple University Press.

McConnell, Patricia. 2002. *The Other End of the Leash.* New York: Ballantine.

McCormick, Adele and Marlena McCormick. 1997. *Horse Sense and the Human Heart: What*

Horses Can Teach Us about Trust, Bonding, Creativity and Spirituality. Deerfield Beach, FL: Health Communications.

McElroy, Susan Chernak. 1998. *Animals as Teachers and Healers.* New York: Ballantine.

McFarland, Sarah and Ryan Hediger, eds. 2009. *Animals and Agency.* Leiden, the Netherlands: Brill Academic Publishers.

McHugh, Susan. 2004. *Dog.* London: Reaktion.

McIntosh, Peggy. 1988. *White Privilege and Male Privilege: A Personal Account of Coming to See Correspondences through Work in Women's Studies.* Wellesley, MA: Wellesley College Center for Women.

McKenna, Erin and Andrew Light. 2004. *Animal Pragmatism: Rethinking Human-Nonhuman Relationships.* Bloomington: Indiana University Press.

McNicholas, J. and G. Collis. 2000. "Dogs as Catalysts for Social Interactions: Robustness of the Effect." *British Journal of Psychology* 91:61–70.

Melson, Gail F. 2001. *Why the Wild Things Are: Animals in the Lives of Children.* Cambridge, MA: Harvard University Press.

Melville, E. 1994. *A Plague of Sheep: Environmental Consequences of the Conquest of Mexico.* Cambridge: Cambridge University Press.

Melvin, V. A., W. McCormick, and A. Gibbs. 2004. "A Preliminary Assessment of How Zoo Visitors Evaluate Animal Welfare According to Enclosure Style and the Expression of Behavior." *Anthrozoös* 17(2):98–108.

Merchant, Carolyn. 1980. *The Death of Nature: Women, Ecology and the Scientific Revolution.* San Francisco: Harper and Row.

Merz-Percz, Linda and Kathleen Heide. 2004. *Animal Cruelty: Pathway to Violence against People.* Lanham, MD: Altamira Press/Rowman and Littlefield.

Midgley, Mary. 1978. *Beast and Man: The Roots of Human Nature.* Ithaca, NY: Cornell University Press.

Midgley, Mary. 1983. *Animals and Why They Matter.* Athens: University of Georgia Press.

Miller, H. and W. Miller, eds. 1983. *Ethics and Animals.* Clifton, NJ: Humana.

Miller, K. and J. Knutson. 1997. "Reports of Severe Physical Punishment and Exposure to Animal Cruelty by Inmates Convicted of Felonies and University Students." *Child Abuse and Neglect* 21:59–82.

Miller, W. I. 1997. *The Anatomy of Disgust.* Cambridge, MA: Harvard University Press.

Mills, C. Wright. 1959. *The Sociological Imagination.* Oxford: Oxford University Press.

Mitchell, Robert W., Nicholas S. Thompson, and H. Lyn Miles, eds. 1997. *Anthropomorphism, Anecdotes, and Animals.* Albany: State University of New York Press.

Mithen, S. 1999. "The Hunter-Gatherer Prehistory of Human Animal Interactions." *Anthrozoös*

12(4):195–204.

Mitman, Gregg. 1992. *The State of Nature: Ecology, Community, and American Social Thought, 1900–1950.* Chicago: University of Chicago.

Mitman, Gregg. 1999. *Reel Nature: America's Romance with Wildlife on Film.* Cambridge, MA: Harvard University Press.

Montgomery. Georgina M. and Linda Kalof. "History from Below: Animals as Historical Subjects" in *Teaching the Animal: Human Animal Studies across the Disciplines,* ed. Margo DeMello. New York: Lantern, pp. 35–47.

Morales, E. 1995. *The Guinea Pig: Healing, Food, and Ritual in the Andes.* Tucson: University of Arizona Press.

Morley, Christine and Jan Fook. 2005. "The Importance of Pet Loss and Some Implications for Services." *Mortality* 10(2):127–131.

Morris, B. 2000. *Animals and Ancestors: An Ethnography.* Oxford: Berg.

Morris, Desmond. 1967. *The Naked Ape: A Zoologist's Study of the Human Animal.* London: Jonathan Cape.

Morris, Desmond. 2009. *Owl.* London: Reaktion.

Morse, Deborah Denenholz and Martin A. Danahay, eds. 2007. *Victorian Animal Dreams.* Burlington, VT: Ashgate.

Morton, J. 1990. "Rednecks, Roos, and Racism: Kangaroo Shooting and the Australian Way." *Social Analysis* 7:30–49.

Moss, Cynthia. 2000. *Elephant Memories: Thirteen Years in the Life of an Elephant Family.* Chicago: University of Chicago Press.

Mullan, B. and Marvin Garry. 1999. *Zoo Culture.* Urbana: University of Illinois Press.

Mullin, Molly. 2010. "Anthropology's Animals" in *Teaching the Animal: Human Animal Studies across the Disciplines,* ed. Margo DeMello. New York: Lantern, pp. 145–201.

Mullin, Molly H. 1999. "Mirrors and Windows: Sociocultural Studies of Human-Animal Relationships." *Annual Review of Anthropology* 28:201–224.

Mullin, Molly H. 2002. "Animals and Anthropology." *Society & Animals* 10(4):387–393.

Munro, Lyle. 2001. "Caring about Blood, Flesh and Pain: Women's Standing in the Animal Rights Movement." *Society & Animals* 9(1):43–61.

Munro, Lyle. 2001. *Compassionate Beasts: The Quest for Animal Rights.* Westport, CT: Praeger.

Munro, Lyle. 2005. *Confronting Cruelty: Moral Orthodoxy and the Challenge of the Animal Rights Movement (Human-Animal Studies).* Leiden, the Netherlands: Brill Academic Publishers.

Myers, Gene. 2006. *Children and Animals: Social Development and Our Connections to Other Species.* West Lafayette, IN: Purdue University Press.

Nadeau, Chantel. 2001. *Fur Nation: From Beaver to Brigitte Bardot.* New York: Routledge.

National Institutes of Health. 1987. "The Health Benefits of Pets." Workshop, September 10–11, 1987. http://www.ncbi.nlm.nih.gov/books/NBK15172. Accessed March 23, 2011.

National Survey of Fishing, Hunting, and Wildlife-Associated Recreation, U.S. Fish and Wildlife Service, May 2007. http://library.fws.gov/nat_survey2006.pdf.

Neate, Patrick. 2003. *The London Pigeon Wars*. London: Penguin.

Nebbe, Linda Lloyd. 1995. *Nature as a Guide*. Minneapolis, MN: Educational Media Corporation.

Nelson, Barney. 2000. *The Wild and the Domestic: Animal Representation, Ecocriticism, and Western American Literature*. Las Vegas: University of Nevada Press.

Nelson, Richard K. 1986. *Make Prayers to the Raven: A Koyukon View of the Northern Forest*. Chicago: University of Chicago Press.

Nelson, Richard K. 1997. *Heart and Blood: Living with Deer in America*. New York: Knopf.

Netting, E., J. New, and C. Wilson. 1987. "The Human-Animal Bond: Implications for Practice." *Social Work* 32(1):60–64.

Neumann, R. P. 1998. *Imposing Wilderness: Struggles over Livelihood and Nature Preservation in Africa*. Chicago: University of Chicago Press.

Nibert, David. 2002. *Animal Rights; Human Rights: Entanglements of Oppression and Domination*. Lanham, MD: Rowman & Littlefield.

Nibert, David. 2007. "The Promotion of 'Meat' and its Consequences," in *The Animals Reader: The Essential Classic and Contemporary Writings*, eds. Linda Kalof and Amy Fitzgerald. Oxford: Berg, pp. 182–189.

Nibert, David A. 1994. "Animal Rights and Human Social Issues." *Society & Animals* 2(2):115–124.

Nibert, David A. 2003. "Humans and Other Animals: Sociology's Moral and Intellectual Challenge." *International Journal of Sociology and Social Policy* 23(3):4–25.

Nimmo, Richie. 2010. *Milk, Modernity and the Making of the Human: Purifying the Social*. London: Routledge.

Niven, C. D. 1967. *History of the Humane Movement*. New York: Transatlantic Arts.

Noble, B. E. 2000. "Politics, Gender, and Worldly Primatology: The Goodall-Fossey Nexus" in *Primate Encounters: Models of Science, Gender and Society*, eds. Shirley C. Strum and Linda M. Fedigan. Chicago: University of Chicago Press, pp. 436–462.

Noddings, Nell. 1984. *Caring: A Feminist Approach to Ethics and Moral Education*. Berkeley: University of California Press.

Noelker, Frank. 2004. *Captive Beauty*. Urbana: University of Illinois Press.

Nordenfelt, L. 2006. *Animal and Human Health and Welfare: A Comparative Philosophical Analysis*. Wallingford, UK: CAB International.

Norris, Margot. 1985. *Beasts of the Modern Imagination: Darwin Nietzsche, Kafka, Ernst and Lawrence*. Baltimore: The Johns Hopkins University Press.

Noske, B. 1993. "The Animal Question in Anthropology." *Society & Animals* 1(2):185–190.

Noske, B. 1997. *Beyond Boundaries: Humans and Animals*. Montreal: Black Rose

Noske, Barbara. 1989. *Humans and Other Animals: Beyond the Boundaries of Anthropology*. London: Pluto.

Nussbaum, Martha. 2006. *Frontiers of Justice: Disability, Nationality, Species Membership*. Cambridge, MA: Harvard University Press.

Ohnuki-Tierney, E. 1987. *The Monkey as Mirror: Symbolic Transformations in Japanese History and Ritual*. Princeton, NJ: Princeton University Press.

Ohnuki-Tierney, E. 1990. "The Monkey as Self in Japanese Culture," in *Culture Through Time: Anthropological Approaches*, ed. E Ohnuki-Tierney. Stanford, CA: Stanford University Press, pp. 128–153.

Ojeda, Auriana. 2004. *The Rights of Animals*. San Diego: Greenhaven.

Ojoade, J. Olowo. 1994. "Nigerian Cultural Attitudes to the Dog," in *Signifying Animals: Human Meaning in the Natural World*, ed. Roy Willis. New York: Routledge, pp. 215–221.

Oliver, Kelly. 2009. *Animal Lessons: How They Teach Us to Be Human*. New York: Columbia University Press.

Orlan, Barbara. 1998. *The Human Use of Animals: Case Studies in Ethical Choice*. Oxford: Oxford University Press.

Ortner, Sherry B. 1974. "Is Female to Male as Nature Is to Culture?", in *Woman, Culture, and Society*, eds. M. Z. Rosaldo and L. Lamphere. Stanford, CA: Stanford University Press, pp. 68–87.

Orwell, George. 1946. *Animal Farm*. New York: Harcourt, Brace.

Oswald, John. 1791. *The Cry of Nature, or An Appeal to Mercy and to Justice, on Behalf of the Persecuted Animals*. London: J. Johnson.

Page, George. 1999. *Inside the Animal Mind*. New York: Broadway.

Palmer, Clare. 2010. *Animal Ethics in Context*. New York: Columbia University Press.

Palmeri, Frank. 2006. *Humans and Other Animals in Eighteenth-Century British Culture: Representation, Hybridity, Ethics*. Burlington, VT: Ashgate.

Pálsson, G. 1991. *Coastal Economies, Cultural Accounts: Human Ecology and Icelandic Discourse*. Manchester, UK: Manchester University Press.

Pálsson, G. 1994. "The Idea of Fish: Land and Sea in the Icelandic World-View," in *Signifying Animals: Human Meaning in the Natural World*. ed. R.G. Willis. London: Unwin Hyman.

Parker, S. T., R. W. Mitchell, and M. L. Boccia, eds. 1994. *Self-Awareness in Animals and Humans, Developmental Perspectives*. New York: Cambridge University Press.

Paterson, David, and Richard D. Ryder, eds. 1979. *Animals' Rights: A Symposium*. London: Centaur.

Patterson, Charles. 2002. *Eternal Treblinka: Our Treatment of Animals and the Holocaust*. New York: Lantern.

Patterson, Francine and Eugene Linden. 1981. *The Education of Koko*. New York: Holt, Rinehart and Winston.

Paul, Elizabeth and James Serpell. 1993. "Childhood Petkeeping and Attitudes in Young Adulthood." *Animal Welfare* 2:321–337.

Pavlov, I. P. 1927. *Conditioned Reflexes: An Investigation of the Physiological Activity of the Cerebral Cortex*. Trans. and ed. G. V. Anrep. London: Oxford University Press.

Payton, Brian. 2006. *Shadow of the Bear: Travels in Vanishing Wilderness*. New York: Bloomsbury.

Pedersen, Helena. 2010. *Animals in Schools: Processes and Strategies in Human-Animal Education*. Lafayette, IN: Purdue University Press.

Peek, Charles W., Charlotte Chorn Dunham, and Bernadette E. Dietz. 1997. "Gender, Relational Role Orientation, and Affinity for Animal Rights." *Sex Roles: A Journal of Research* 37(11–12):905–921.

Peek, Charles W., Mark A. Konty, and Terri E. Frazier. 1997. "Religion and Ideological Support for Social Movements: The Case of Animal Rights." *Journal for the Scientific Study of Religion* 36(3).429–439.

Pepperberg, Irene. 1999. *The Alex Studies: Cognitive and Communicative Abilities of Grey Parrots*. Cambridge, MA: Harvard University Press.

Perlo, Katherine. 2003. "Would You Let Your Child Die Rather Than Experiment on Nonhuman Animals? A Comparative Questions Approach." *Society & Animals* 11(1):51–67.

Perlo, Katherine Wills. 2009. *Kinship and Killing: The Animal in World Religions*. New York: Columbia University Press.

Phillips, Mary T. 2008. "Savages, Drunks and Lab Animals: The Researcher's Perception of Pain" in *Social Creatures*, ed. Clifton P. Flynn. New York: Lantern, pp. 317–333.

Philo, Chris and Chris Wilbert, eds. 2000. *Animal Spaces, Beastly Places: New Geographies of Human–Animal Relations*. New York: Routledge.

Pink, S. 1997. *Women and Bullfighting: Gender, Sex and the Consumption of Tradition*. Oxford: Berg.

Plooij, Frans. 2000. "A Slap in the Face," in *The Smile of a Dolphin: Remarkable Accounts of Animal Emotions*, ed. Marc Bekoff. New York: Discovery, pp. 88–89.

Plous, Scott. 1991. "An Attitude Survey of Animal Rights Activists." *Psychological Science* 2(3):194–196.

Plous, Scott. 1998. "Signs of Change Within the Animal Rights Movement: Results from a

Follow-Up Survey of Activists." *Journal of Comparative Psychology* 112(1):48–54.

Pluhar, Evelyn. 1991. "The Joy of Killing." *Between the Species* 7(3):121–128.

Pluhar, Evelyn. 1996. *Beyond Prejudice: The Moral Significance of Human and Nonhuman Animals*. Durham, NC: Duke University Press.

Plumwood, Val. 1993. *Feminism and the Mastery of Nature*. London: Routledge.

Plumwood, Val. 2000. "Integrating Ethical Frameworks for Animals, Humans, and Nature: A Critical Feminist Eco-Socialist Analysis." *Ethics and the Environment*, 5(2):285–322.

Pluskowski, Aleksander, ed. 2007. *Breaking and Shaping Beastly Bodies: Animals as Material Culture in the Middle Ages*. Oxford: Oxbow.

Plutarch. 1874. "Of Eating of Flesh." *Plutarch's Morals*, translated from the Greek by R. Brown, corrected and revised by William W. Goodwin. Boston: Little, Brown and Co.

Plutarch. 1874. "On Affection for Offspring." *Plutarch's Morals*, translated from the Greek by R. Brown, corrected and revised by William W. Goodwin. Boston: Little, Brown and Co.

Podberscek, Anthony L., Elizabeth S. Paul, and James A. Serpell. 2000. *Companion Animals and Us*. Cambridge: Cambridge University Press.

Pollock, Mary S. and Catherine Rainwater, eds. 2005. *Figuring Animals: Essays on Animal Images in Art, Literature, Philosophy and Popular Culture*. New York: Palgrave.

Porter, Pete. 2010. "Teaching Animal Movies" in *Teaching the Animal: Human Animal Studies across the Disciplines*, ed. Margo DeMello. New York: Lantern, pp. 18–34.

Potts, Annie and Philip Armstrong. 2010. "Hybrid Vigor: Interbreeding Cultural Studies and Human-Animal Studies," in *Teaching the Animal: Human Animal Studies across the Disciplines*, ed. Margo DeMello. New York: Lantern, pp. 3–17.

Preece, Rod and David Fraser. 2000. "The Status of Animals in Biblical and Christian Thought: A Study in Colliding Values." *Society & Animals* 8(3):245–263.

Preylo, Brooke Dixon and Hiroko Arikawa. 2008. "Comparison of Vegetarians and Non-Vegetarians on Pet Attitude and Empathy." *Anthrozoös* 21(4):387–395.

Pryor, Karen. 1995. *On Behavior*. North Bend, WA: Sunshine.

Pryor, Karen. 1999. *Don't Shoot the Dog*. New York: Bantam.

Quammen, David. 2000. *The Boilerplate Rhino: Nature in the Eye of the Beholder*. New York: Scribner.

Quiatt, D. 1993. *Primate Behavior: Information, Social Knowledge and the Evolution of Culture*. Cambridge: Cambridge University Press.

Rachels, James. 1990. *Created from Animals: The Moral Implications of Darwinism*. Oxford: Oxford University Press.

Radford, Mike. 2001. *Animal Welfare Law in Britain: Regulation and Responsibility*. Oxford: Oxford University Press.

Ramirez, Michael. 2006. "'My Dog's Just Like Me': Dog Ownership as a Gender Display." *Symbolic Interaction* 29(3):373–391.

Randour, Mary Lou. 2000. *Animal Grace*. Novato, CA: New World Library.

Randour, Mary Lou and Howard Davidson. 2008. *A Common Bond: Maltreated Children and Animals in the Home: Guidelines for Practice and Policy*. Englewood, CO: American Humane Association.

Randour, Mary Lou, Susan Krinsk, and Joanne L. Wolf. 2002. *Anicare Child: An Assessment and Treatment Approach for Childhood Animal Abuse*. Ann Arbor, MI: Animals and Society Institute.

Raphael, Pamela, Libby Coleman, and Lynn Loar. 1999. *Teaching Compassion*. Alameda, CA: Latham Foundation.

Regan, Tom, ed. 1986. *Animal Sacrifices: Religious Perspectives on the Use of Animals in Science*. Philadelphia: Temple University Press.

Regan, Tom. 2001. *Defending Animal Rights*. Urbana: University of Illinois Press.

Regan, Tom. 2003. *Animal Rights, Human Wrongs: An Introduction to Moral Philosophy*. Lanham, MD: Rowman & Littlefield.

Regan, Tom. 2004. *The Case for Animal Rights*. Berkeley: University of California Press.

Regan, Tom. 2004. *Empty Cages: Facing the Challenge of Animal Rights*. Lanham, MD: Rowman & Littlefield.

Regan, Tom and Peter Singer, eds. 1989. *Animal Rights and Human Obligations*, 2nd ed. Englewood Cliffs, NJ: Prentice-Hall.

Ressler, Robert K., et al. 1988. *Sexual Homicide*. Lexington: DC Heath & Company.

Rew, Lynn. 2000. "Friends and Pets as Companions: Strategies for Coping with Loneliness Among Homeless Youth." *Journal of Child and Adolescent Psychiatric Nursing* 13(3):125–132.

Reynolds, Rebecca. 1995. *Bring Me the Ocean*. St. Louis, MO: VanderWyk & Burnham.

Richards, P. 1993. "Natural Symbols and Natural History: Chimpanzees, Elephants and Experiments in Mende Thought," in *Environmentalism: The View from Anthropology*, ed. Kay Milton. London: Routledge, pp. 144–159.

Riedweg, Christoph. 2005. *Pythagoras: His Life, Teaching, and Influence*. Translated by Steven Rendall in collaboration with Christoph Riedweg and Andreas Schatzmann. Ithaca, NY: Cornell University Press.

Risley-Curtiss, Christina. 2010. "Social Work and Other Animals: Living Up to Ecological Practice," in *Teaching the Animal: Human Animal Studies across the Disciplines*, ed. Margo DeMello. New York: Lantern, pp. 281–298.

Risley-Curtiss, Christina, Lynn C. Holley, and Shapard Wolf. 2006. "The Animal–Human Bond and Ethnic Diversity." *Social Work* 51(3):57–268.

Ritter, Erika, 2009. *The Dog by the Cradle, the Serpent Beneath: Some Paradoxes of Human-Animal Relationships.* Toronto: Key Porter.

Ritvo, Harriet. 1987. *The Animal Estate: The English and Other Creatures in the Victorian Age.* Cambridge, MA: Harvard University Press.

Ritvo, Harriet. 1991. "The Animal Connection," in *The Boundaries of Humanity*, ed. J. J. Sheehan and M. Sosna. Berkeley: University of California Press, pp. 68–84.

Ritvo, Harriet. 1997. *The Platypus and the Mermaid, and Other Figments of the Classifying Imagination.* Cambridge, MA: Harvard University Press.

Robbins, Louise E. 2002. *Elephant Slaves and Pampered Parrots: Exotic Animals in Eighteenth-Century Paris.* Baltimore: The Johns Hopkins University Press.

Robbins, Mary E. 1996. "The Truculent Toad in the Middle Ages," in *Animals in the Middle Ages: A Book of Essays*, ed. Nora C. Flores. New York: Garland, pp. 25–47.

Robbins, P. 1998. "Shrines and Butchers: Animals as Deities, Capital, and Meat in Contemporary North India," in *Animal Geographies*, eds. J. Wolch and J. Emel. London: Verso, pp. 218–240.

Roberts, A. 1995. *Animals in African Art.* New York: Museum for African Art.

Roberts, William A. 1998. *Principles of Animal Cognition.* Boston: McGraw Hill.

Robins, D. et al. 1991. "Dogs and Their People: Pet-Facilitated Interaction in a Public Setting." *Journal of Contemporary Ethnography* 20(1):3–25.

Rodd, R. 1990. *Biology, Ethics and Animals.* Oxford: Clarendon.

Rodgers, Diane M. 2008. *Debugging the Link between Social Theory and Social Insects.* Baton Rouge: Louisiana State University Press.

Rodrique, Christine M. 1992. "Can Religion Account for Early Animal Domestication? A Critical Assessment of the Cultural Geographic Argument, Based on Near Eastern Archaeological Data." *The Professional Geographer* 44(4):417–430.

Rogers, Katharine. 2001. *The Cat and the Human Imagination.* Ann Arbor: University of Michigan Press.

Rogers, Katharine M. 2006. *Cat.* London: Reaktion.

Rohlf, Vanessa and Pauleen Bennett. 2005. "Perpetration-Induced Traumatic Stress in Persons Who Euthanize Nonhuman Animals in Surgeries, Animal Shelters, and Laboratories." *Society & Animals* 13(3):201–219.

Rohman, Carrie. 2009. *Stalking the Subject: Modernism and the Animal.* New York: Columbia University Press.

Rohman, Carrie. 2010. "Animal Writes: Literature and the Discourse of Species," in *Teaching the Animal: Human Animal Studies across the Disciplines*, ed. Margo DeMello. New York: Lantern, pp. 48–59.

Rollin, Bernard. 1989. *The Unheeded Cry: Animal Consciousness, Animal Pain, and Science*. Oxford: Oxford University Press.

Rollin, Bernard E. 1992. *Animals Rights and Human Morality*, 3rd ed. Amherst, NY: Prometheus.

Rollin, Bernard E. 1995. *Farm Animal Welfare: Social, Bioethical, and Research Issues*. Ames: Iowa State University Press.

Roman, Joseph. 2005. *Whale*. London: Reaktion.

Rothfels, Nigel, ed. 2002. *Representing Animals*. Bloomington: Indiana University Press.

Rothfels, Nigel. 2002. *Savages and Beasts: The Birth of the Modern Zoo*. Baltimore: The Johns Hopkins University Press.

Rousseau, Jean-Jacques and Maurice Cranston. 1984. *A Discourse on Inequality*. Harmondsworth, UK: Penguin.

Rowland, Beryl. 1973. *Animals with Human Faces: A Guide to Animal Symbolism*. Knoxville: University of Tennessee Press.

Rowlands, Mark. 2002. *Animals Like Us*. London: Verso.

Rubin, James Henry. 2003. *Impressionist Cats and Dogs: Pets in the Painting of Modern Life*. New Haven, CT: Yale University Press.

Ruckert, Janet. 1987. *The Four-Footed Therapist*. Berkeley, CA: Ten Speed.

Rudacille, Deborah. 2000. *The Scalpel and the Butterfly: The Conflict between Animal Research and Animal Protection*. Berkeley: University of California Press.

Rush, Benjamin. 1812. *Medical Inquiries and Observations upon Diseases of the Mind*. Philadelphia: Kimber and Richardson.

Russ, A., ed. 1996. *Reaching Into Thought: The Minds of the Great Apes*. Cambridge: Cambridge University Press.

Ryder, Richard D. 1975. *Victims of Science: The Use of Animals in Research*. London: Davis-Poynter.

Ryder, Richard D. 1989. *Animal Revolution: Changing Attitudes Towards Speciesism*. Oxford: Blackwell.

Rynearson, E. 1980. "Pets as Family Members: An Illustrative Case History." *International Journal of Family Psychiatry* 1(2):263–68.

Sabloff, Annabell. 2001. *Reordering the Natural World: Humans and Animals in the City*. Toronto: University of Toronto Press.

Salisbury, Joyce. 1994. *The Beast Within: Animals in the Middle Ages*. New York: Routledge.

Salisbury, Joyce. 1997. "Human Beasts and Bestial Humans in the Middle Ages," in *Animal Acts: Configuring the Human in Western History*, eds. Jennifer Ham and Matthew Senior. London: Routledge, 9–22.

Salt, Henry. 1892. *Animals' Rights: Considered in Relation to Social Progress*. London: George Bell

& Sons.

Sanders, Clinton. 1999. *Understanding Dogs: Living and Working with Canine Companions.* Philadelphia: Temple University Press.

Sanders, Clinton. 2000. "The Impact of Guide Dogs on the Identity of People with Visual Impairments." *Anthrozoös* 13(3):131–139.

Sanders, Clinton and Arnold Arluke. 1993. "If Lions Could Speak: Investigating the Animal-Human Relationship and the Perspectives of Nonhuman Others." *The Sociological Quarterly* 34(3):377–390.

Sanders, Clinton R. and Elizabeth C. Hirschman. 1996. "Involvement with Animals as Consumer Experience." *Society & Animals* 4(2):111–119.

Sanderson, Ivan Terence. 1946. *Animal Tales: An Anthology of Animal Literature of all Countries.* New York: A. A. Knopf.

Sandlos, John. 1998. "Savage Fields: Ideology and the War on the North American Coyote." *Nature* 9, 2(34):41–51.

Sandøe, Peter and Stine B. Christiansen. 2008. *Ethics of Animal Use.* Oxford: Blackwell Publishing.

Sapontzis, Steve F. 1987. *Morals, Reason, and Animals.* Philadelphia: Temple University Press.

Sapontzis, Steve F., ed. 2004. *Food for Thought: The Debate over Eating Meat.* New York: Prometheus.

Savage-Rumbaugh, S. K., K. Wamba, P. Wamba, and N. Wamba. 2007. "Welfare of Apes in Captive Environments: Comments on, and by, a Specific Group of Apes." *Journal of Applied Animal Welfare Science* 10(1):7–19.

Savage-Rumbaugh, Sue and R. Lewin 1994. *Kanzi: The Ape at the Brink of the Human Mind.* New York: Wiley.

Savage-Rumbaugh, Sue, Stuart G. Shanker, and Talbot J. Taylor. 1998. *Apes, Language and the Human Mind.* New York: Oxford University Press.

Sax, Boria. 1990. *The Frog King: On Legends, Fables, Fairy Tales and Anecdotes of Animals.* New York: Pace University Press.

Sax, Boria. 2000. *Animals in the Third Reich: Pets, Scapegoats and the Holocaust.* London: Continuum.

Sax, Boria. 2001. *The Mythical Zoo: An Encyclopedia of Animals in World Myth, Legend and Literature.* Santa Barbara, CA: ABC-Clio.

Sax, Boria. 2003. *Crow.* London: Reaktion.

Sax, Boria. 2009. "The Magic of Animals: English Witch Trials in the Perspective of Folklore." *Anthrozoös* 22(4):317–332.

Sax, Boria. 2010. *The Raven and the Sun: Poems and Stories.* Providence, RI: The Poet's Press.

Scarce, Rik. 2000. *Fishy Business: Salmon, Biology, and the Social Construction of Nature.* Philadelphia: Temple University Press.

Schenk, S. A., D. I. Templer, N. B. Peters, and M. Schmidt. 1994. "The Genesis and Correlates of Attitudes Toward Pets." *Anthrozoös* 7(1):60–68.

Schiebinger, Londa. 1993. *Nature's Body: Gender in the Making of Modern Science.* Boston: Beacon.

Schlosser, Eric. 2002. *Fast Food Nation.* New York: Perennial-HarperCollins.

Schmitt, J-C. 1983. *The Holy Greyhound: Guinefort, Healer of Children since the Thirteenth Century.* Cambridge: Cambridge University Press.

Schochet, Elijah Judah. 1984. *Animal Life in Jewish Tradition: Attitudes and Relationships.* New York: Ktav.

Schvaneveldt, Paul L., Margaret H. Young, Jay D. Schvaneveldt, and Vira R. Kivett. 2001. "Interactions of People and Pets in the Family Setting: A Life Course Perspective." *Journal of Teaching in Marriage and Family* 1(2):34–50.

Schwartz, M. 1997. *A History of Dogs in the Early Americas.* New Haven, CT: Yale University Press.

Scruton, R. 1996. *Animal Rights and Wrongs.* London. Demos.

Scully, Matthew. 2002. *Dominion: the Power of Man, the Suffering of Animals, and the Call to Mercy.* New York: St. Martin's.

Serpell, James. 1996. *In the Company of Animals: A Study of Human–Animal Relationships.* Cambridge, MA: Cambridge University Press.

Serpell, James A. 1981. "Childhood Pets and Their Influence on Adults' Attitudes." *Psychological Reports* 49:651–654.

Serpell, James A. 1993. "Childhood Pet Keeping and Humane Attitudes in Young Adulthood." *Animal Welfare* 2:321–337.

Serpell, James A. 2002. "Anthropomorphism and Anthropomorphic Selection: Beyond the 'Cute Response.'" *Society & Animals* 10(4):437–454.

Sewell, Anna. 1877. *Black Beauty.* New York: Scholastic Paperbacks.

Shanklin, E. 1985. "Sustenance and Symbol: Anthropological Studies of Domesticated Animals." *Annual Review of Anthropology* 14:375–403.

Shanks, Niall. 2002. *Animals and Science: A Guide to the Debates.* Santa Barbara, CA: ABC-CLIO.

Shapiro, Kenneth. 1998. *Animal Models of Human Psychology.* Cambridge, MA: Hogrefe & Huber.

Shapiro, Kenneth. 2002. "A Rodent for Your Thoughts: The Social Construction of Animal Models," in *Animals in Human Histories,* ed. Mary Henninger-Voss. Rochester: University of Rochester Press, pp. 439–469.

Shapiro, Kenneth. 2008. *Human-Animal-Studies: Growing the Field, Applying the Field*. Ann Arbor, MI: Animals and Society Institute.

Shapiro, Kenneth. 2010. "Psychology and Human-Animal Studies: Roads Not (yet) Taken," in *Teaching the Animal: Human Animal Studies across the Disciplines*, ed. Margo DeMello. New York: Lantern, pp. 254–280.

Shapiro, Kenneth J. 1983. "Psychology and Its Animal Subjects." *International Journal for the Study of Animal Problems* 4(3):188–191.

Shapiro, Kenneth J. 1990a. "Animal Rights Versus Humanism: The Charge of Speciesism." *Journal of Humanistic Psychology* 30(2):9–37.

Shapiro, Kenneth J. 1990b. "Understanding Dogs Through Kinesthetic Empathy, Social Construction, and History." *Anthrozoös* 3(3):184–195.

Sheehan, James and Morton Sosna, eds. 1990. *The Boundaries of Humanity: Humans, Animals, Machines*. Berkeley: University of California Press.

Shepard, Paul. 1996. *The Others: How Animals Made Us Human*. Washington, DC: Island.

Shepard, Paul. 1998. *Thinking Animals: Animals and the Development of Human Intelligence*. Athens: University of Georgia Press.

Shore, Elsie R., Connie L. Petersen, and Deanna K. Douglas. 2003. "Moving as a Reason for Pet Relinquishment: A Closer Look." *Journal of Applied Animal Welfare* 6(1):39–52.

Shukin, Nicole. 2009. *Animal Capital*. Minneapolis: University of Minnesota Press.

Silverstein, Helena. 1996. *Unleashing Rights: Law, Meaning, and the Animal Rights Movement*. Ann Arbor: University of Michigan Press.

Simmons, Laurence and Philip Armstrong, eds. 2007. *Knowing Animals*. Boston: Brill.

Simon, Clea. 2002. *The Feline Mystique: On the Mysterious Connection Between Women and Cats*. New York: St. Martin's.

Simons, John. 2002. *Animal Rights and the Politics of Literary Representation*. Basingstoke, UK: Palgrave.

Simoons, F. J. 1994. *Eat Not This Flesh: Food Avoidances from Prehistory to the Present*. 2nd ed. Madison: University of Wisconsin Press.

Singer, Isaac Bashevis. 1968. "The Letter Writer." *The New Yorker*, January 13, 1968, p. 26.

Singer, Peter, ed. 1985. *In Defense of Animals*. New York: Harper and Row.

Singer, Peter. 2002. *Animal Liberation*, rev. ed. New York: Harper Perennial.

Singer, Peter. 2006. *In Defense of Animals: The Second Wave*. Malden, MA: Blackwell.

Singer, Randall S., Lynette A. Hart, and R. Lee Zasloff. 1995. "Dilemmas Associated with Rehousing Homeless People Who Have Companion Animals." *Psychological Reports* 77:851–857.

Skaggs, Jimmy M. 1986. *Prime Cut: Livestock Raising and Meatpacking in the United States, 1607–1983*. College Station: Texas A&M University Press.

Skinner, B. F. 1938. *The Behavior of Organisms*. New York: Appleton-Century-Crofts.

Sleigh, Charlotte. 2003. *Ant*. London: Reaktion.

Slobodchikoff, C. N., B. Perla, and J. L. Verdolin. 2009. *Prairie Dogs: Communication and Community in an Animal Society*. Cambridge, MA: Harvard University Press.

Slobodichikoff, Con N., ed. 1988. *The Ecology of Social Behavior*. New York: Academic.

Smith, Bradley Philip and Carla Anita Litchfield. "How Well Do Dingoes, *Canis dingo*, Perform on the Detour Task?" *Animal Behavior* 80(1):155–162.

Smith, Julie Ann. 2003. "Beyond Dominance and Affection: Living with Rabbits in Post-Humanist Households." *Society & Animals* 11(2):181–197.

Smith, N. Kemp. 1952. *New Studies in the Philosophy of Descartes*. London: MacMillan.

Sorenson, John. 2009. *Ape*. London: Reaktion.

Spencer, Colin. 1990. *The Heretics Feast: A History of Vegetarianism*. London: Fourth Estate.

Sperling, Susan. 1988. *Animal Liberators: Research and Morality*. Berkeley: University of California Press.

Spiegel, Marjorie. 1996. *The Dreaded Comparison: Human and Animal Slavery*. New York: Mirror.

Steeves, H. Peter, ed. 1999. *Animal Others: On Ethics, Ontology, and Animal Life*. Albany: State University of New York Press.

Steiner, Gary. 2005. *Anthropomorphism and Its Discontents: The Moral Status of Animals in the History of Western Philosophy*. Pittsburgh: University of Pittsburgh Press.

Sterckx, Roel. 2002. *The Animal and the Daemon in Early China*, Albany: State University of New York Press.

Stewart, Desmond. 1972. "The Limits of Trooghaft." *Encounter* 38(2):3–7.

Stott, Rebecca. 2004. *Oyster*. London: Reaktion.

Strimple, Earl O. 2003. "A History of Prison Inmate-Animal Interaction Programs." *American Behavioral Scientist* 47(1):70–78.

Strum, Shirley C. and Linda M. Fedigan, eds. 2000. *Primate Encounters: Models of Science, Gender and Society*. Chicago: University of Chicago Press.

Stull, D. B, M. J. Broadway, and D. Griffith, eds. 1995. *Any Way You Cut It: Meat Processing and Small-Town America*. Lawrence: University Press Kansas.

Stutesman, Drake. 2005. *Snake*. London: Reaktion.

Sullivan, Robert. 2004. *Rats: Observations on the History and Habitat of the City's Most Unwanted Inhabitants*. New York: Bloomsbury.

Sunstein, Cass R. and Martha Nussbaum, eds. 2004. *Animal Rights: Current Debates and New Directions*. New York: Oxford University Press.

Sutherland, Amy. 2009. *Kicked, Bitten, and Scratched: What Shamu Taught Me about Life, Love, Marriage.* New York: Random House.

Swabe, Joanna. 1998. *Animals, Disease, and Human Society: Human-Animal Relations and the Rise of Veterinary Medicine.* London: Routledge.

Tambiah, Stanley J. 1969. "Animals Are Good to Think and Good to Prohibit." *Ethnology* 8:423–459.

Tanner, A. 1979. *Bringing Home Animals: Religious Ideology and Mode of Production of the Mistassini Cree Hunters.* New York: St. Martin's.

Tattersall, Ian. 1998. *Becoming Human: Evolution and Human Uniqueness.* Oxford: Oxford University Press.

Taylor, Angus. 2003. *Animals and Ethics: An Overview of the Philosophical Debate.* Peterborough, ON: Broadview.

Taylor, N. and T. D. Signal. 2005. "Empathy and Attitudes to Animals." *Anthrozoös* 18(1):18–27.

Tester, Keith. 1991. *Animals and Society: The Humanity of Animal Rights.* London: Routledge.

Thomas, Elizabeth Marshall. 1993. *Hidden Life of Dogs.* New York: Pocket.

Thomas, Elizabeth Marshall. 1994. *The Tribe of Tiger.* New York: Pocket.

Thomas, Keith. 1983. *Man and the Natural World: A History of the Modern Sensibility.* New York: Pantheon.

Thomas, Keith. 1991. *Man and the Natural World: Changing Attitudes in England 1500–1800.* Penguin.

Thompson, Paul B. 1997. *Food Biotechnology in Ethical Perspective.* London: Chapman and Hall.

Thompson, Paul B. 1998. *Agricultural Ethics: Research, Teaching, and Public Policy.* Ames: Iowa State University Press.

Thorpe, W. 1974. *Animal and Human Nature.* London: Methuen.

Thu, K. M. and P. E. Durrenberger. 1998. *Pigs, Profits, and Rural Communities.* Albany: State University New York Press.

Thurston, Mary Elizabeth. 1996. *The Lost History of the Canine Race.* Kansas City, MO: Andrews and McMeel.

Tinbergen, Niko. 1951. *The Study of Instinct.* Oxford: Clarendon.

Toperoff, Shlomo Pesach 1995. *Animal Kingdom in Jewish Thought.* Northvale, NJ: Jason Aronson.

Trimmer, Sarah and Legh Richmond. 1977. *Fabulous Histories.* New York: Garland Pub.

Tuan, Yi-Fu. 1984. *Dominance and Affection: The Making of Pets.* New Haven, CT: Yale University Press.

Turner, James C. 2000. *Reckoning with the Beast: Animals, Pain, and Humanity in the Victorian Mind.* Baltimore: The Johns Hopkins University Press.

Twine, Richard. 2010. *Animals as Biotechnology—Ethics, Sustainability and Critical Animal Studies*. London: Earthscan.

Twine, Richard T. 2001. "Ma(r)king Essence—Ecofeminism and Embodiment." *Ethics and the Environment* 6(2):31–58.

Tyler, Tom, ed. 2006. *Animal Beings*. London: Routledge.

Tyler, Tom, ed. 2009. *Animal Encounters*. Leiden, the Netherlands: Brill Academic Publishers.

Tyson, Edward and Ashley Montagu. 1966. *Orang-Outang: Sive, Homo Sylvestris; or, The Anatomy of a Pygmie*. London: Dawsons.

U.S. Department of Agriculture. 2008. "Livestock slaughter 2008 summary." http://usda01.library. cornell.edu/usda/nass/LiveSlauSu/2000s/2009/LiveSlauSu-03-06-2009.pdf. Accessed April 2, 2012.

U.S. Department of Labor, Bureau of Labor Statistics, *Occupational Outlook Handbook, 2006– 2007*, http://www.bls.gov/oco/ocos219.htm#earnings.

Van Dyke, Carolyn. 2006. *Chaucer's Agents*. Madison, NJ: Fairleigh Dickinson University Press.

Varner, Gary E. 1998. *In Nature's Interests? Interests, Animal Rights, and Environmental Ethics*. Oxford: Oxford University Press.

Vauclair, J. 1996. *Animal Cognition: An Introduction to Modern Comparative Psychology*. Cambridge, MA: Harvard University Press.

Vialles, Noelie. 1994. *Animal to Edible*. Cambridge: Cambridge University Press.

Vitebsky, Piers. 2005. *The Reindeer People: Living with Animals and Spirits in Siberia*. New York: Houghton Mifflin.

Voltaire. 1796. "Beasts." *The Philosophical Dictionary, for the Pocket*. Catskill, NY: J. Fellows and E. Duyckinsk.

Waisman, Sonia, Pamela D. Frasch, and Bruce A. Wagman, eds. 2006. *Animal Law: Cases and Materials*, 3rd ed. Durham, NC: Carolina Academic.

Waldau, Paul 2002. *Specter of Speciesism: Buddhist and Christian Views of Animals*. New York: Oxford University Press.

Waldau, Paul. 2010. "Law and Other Animals" in *Teaching the Animal: Human Animal Studies across the Disciplines*, ed. Margo DeMello. New York: Lantern, pp. 218–253.

Waldau, Paul. 2010. "Religion and Other Animals" in *Teaching the Animal: Human Animal Studies across the Disciplines*, ed. Margo DeMello. New York: Lantern, pp. 103–126.

Waldau, Paul and Kimberley C. Patton, eds. 2006. *A Communion of Subjects: Animals in Religion, Science, and Ethics*. New York: Columbia University Press.

Walters, Kerry S. and Lisa Portmess, eds. 1999. *Ethical Vegetarianism from Pythagoras to Peter Singer*. Albany: State University of New York Press.

Wand, Kelly. 2003. *The Animal Rights Movement*. San Diego: Greenhaven.

Warren, A and F. Goldsmith. 1983. *Conservation in Perspective*. Chichester: Wiley.

Warren, Karen J. 1996. *Ecological Feminist Philosophies*. Bloomington: Indiana University Press.

Warren, Mary Anne. 1997. *Moral Status: Obligations to Persons and Other Living Things*. Oxford: Oxford University Press.

Warkentin, T., and L. Fawcett. 2010. "Whale and Human Agency in World-Making: Decolonizing Whale-Human Encounters" in *Metamorphoses of the Zoo: Animal Encounter after Noah*, ed. Ralph Acampora. Lanham, MD: Lexington, pp. 103–122.

Watt, Yvette. 2010. "Animals, Art, and Activism: An Investigation into Art as a Tool for Engaging an Ethical Consideration of Human-Animal Relationships." PhD exegesis, University of Tasmania.

Webb, Stephen H. 1997. *On God and Dogs: A Christian Theology of Compassion for Animals*. New York: Oxford University Press.

Webster, J. 2005. *Animal Welfare: Limping towards Eden*. Oxford: Blackwell Publishing.

Weil, Zoe. 2004. *The Power and the Promise*. Gabriola Island, BC: New Society Publishers.

Wells, D. L. 2004. "The Facilitation of Social Interactions by Domestic Dogs." *Anthrozoös* 17(4):340–352.

Wenzel, G. 1991. *Animal Rights, Human Rights: Ecology, Economy and Ideology in the Canadian Arctic*. Toronto: University of Toronto Press.

Wesley, Martin, Neresa Minatrea, and Joshua Watson. 2009. "Animal-Assisted Therapy in the Treatment of Substance Dependence." *Anthrozoös* 22(2):137–148.

West, T. 1972. *Heroes on Horseback: The Story of the Pony Express*. Glasgow: Blackie.

Wheatley, B. 1999. *The Sacred Monkeys of Bali*. Prospect Heights, IL: Waveland.

Whitman, Charles Otis and Oscar Riddle. 1919. *Postumous works of Charles Otis Whitman*. Washington, DC: Carnegie Institution of Washington.

Williams, Erin and Margo DeMello. 2007. *Why Animals Matter*. Amherst, NY: Prometheus.

Williams, Peter. 2009. *Snail*. London: Reaktion.

Willis, Roy, ed. 1990. *Signifying Animals: Human Meaning in the Natural World*. London: Routledge.

Wilson, Cindy and Dennis Turner, eds. 1998. *Companion Animals in Human Health*. Thousand Oaks, CA: Sage.

Wilson, Edward O. 1984. *Biophilia: The Human Bond with Other Species*. Cambridge, MA: Harvard University Press.

Wise, Steven M. 2000. *Rattling the Cage: Toward Legal Rights for Animals*. Cambridge, MA: Perseus.

Wise, Steven M. 2002. *Drawing the Line: Science and the Case for Animal Rights*. Cambridge, MA: Perseus.

Wittgenstein, Ludwig. 1994. *The Wittgenstein Reader*, ed. Anthony Kenny. Oxford: Blackwell.

Wolch, Jennifer and J. Emel, eds. 1998. *Animal Geographies: Place, Politics and Identity in the Nature–Culture Borderlands*. New York: Verso.

Wolf, David B. 2000. "Social Work and Speciesism." *Social Work* 45(1):88–93.

Wolfe, Cary. 2003. *Animal Rites: American Culture, the Discourse of Species, and Posthumanist Theory*. Chicago: University of Chicago Press.

Wolfe, Cary, ed. 2003. *Zoontologies: The Question of the Animal*. Minneapolis: University of Minnesota Press.

Wolfe, Cary. 2009. "Human, All too Human: 'Animal Studies' and the Humanities." *PMLA* 124(2):564–575.

Wollstonecraft, Mary. 1990. *Original Stories from Real Life*. Oxford: Woodstock.

Wood, Lisa, Billie Giles-Corti, Max K. Bulsara, and Darcy A. Bosch. 2007. "More Than a Furry Companion: The Ripple Effect of Companion Animals on Neighborhood Interactions and Sense of Community." *Society & Animals* 15(1):43–56.

Woodroffe, Rose, Simon Thirgood, and Alan Rabinowitz, eds. 2005. *People and Wildlife: Conflict or Co-existence?* Cambridge: Cambridge University Press.

Woodward, Wendy. 2008. *The Animal Gaze: Animal Subjectivities in Southern African Narratives*. Johannesburg: Wits University Press.

Wuensch, K. L., K. W. Jenkins, and G. M. Poteat. 2002. "Misanthropy, Idealism, and Attitudes towards animals." *Anthrozoös* 15(2):139–149.

Young, Peter. 2003. *Tortoise*. London: Reaktion.

Young, Thomas 1798/2001. *An essay on humanity to animals*, ed. Rod Preece. Lewiston, NY: Edwin Mellen.

Zeuner, Frederick E. 1963. *A History of Domesticated Animals*. London: Hutchinson.

Zilney, Lisa Anne and Mary Zilney. 2005. "Reunification of Child and Animal Welfare Agencies: Cross-Reporting of Abuse in Wellington County, Ontario." *Child Welfare* 84(1):47–66.

찾아보기